U0933076

2016
中国汽车市场展望

国　家　信　息　中　心
国家发展和改革委员会产业协调司　编

机　械　工　业　出　版　社

本书是研究中国汽车市场2015年现状与2016年发展趋势的权威性书籍。

本书是汽车及相关行业众多专家、学者分析研究成果的集萃。全书分为汽车市场宏观环境篇、市场预测篇、细分市场篇、市场调研篇及附录（与汽车行业相关的统计数据）五大部分。

本书全面系统地论述了2015～2016年中国汽车市场的整体态势和重、中、轻、微各型载货汽车，大、中、轻、微各型载客汽车，中高级、中级、普通级、微型等各种档次轿车市场的发展态势，以及汽车市场的重点需求地区和主要需求区域的市场运行特征。

集研究性、实用性、资料性于一体的《2016 中国汽车市场展望》，是政府部门、汽车整车制造商、零部件制造商、汽车研究部门、汽车相关行业、金融证券等领域研究了解中国汽车市场和汽车工业发展趋势的必备工具书。

图书在版编目（CIP）数据

2016中国汽车市场展望/国家信息中心，国家发展和改革委员会产业协调司编.--北京：机械工业出版社，2016. 3

ISBN 978-7-111-53242-2

Ⅰ. ①2… Ⅱ. ①国…②国… Ⅲ. ①汽车—国内市场—市场预测—中国—2016 Ⅳ. ①F724.76

中国版本图书馆CIP数据核字（2016）第049936号

机械工业出版社（北京市百万庄大街22号　邮政编码 100037）

策划编辑：何月秋　　　责任编辑：王彦青　徐强

责任校对：王彦青　徐强　封面设计：鞠杨

责任印制：乔　宇

北京市四季青双青印刷厂印刷

2016年4月第16版第1次印刷

184㎜×260㎜·　32.5印张·531 千字

0 001—2 700册

标准书号：ISBN 978-7-111-53242-2

定价：180.00元

凡购本书，如有缺页、倒页、脱页，由本社发行部调换

电话服务
服务咨询热线：（010）88361066
读者购书热线：（010）68326294
（010）88379203
编辑热线：（010）88379879

网络服务
机工官网：www.cmpbook.com
机工官博：weibo.com/cmp1952
教育服务网：www.cmpedu.com
金书网：www.golden-book.com

《2016 中国汽车市场展望》

主办单位　国家信息中心　国家发展和改革委员会产业协调司

承办单位　国家信息中心经济咨询中心

参加单位　中国第一汽车集团公司

一汽-大众销售有限责任公司

一汽丰田汽车销售有限公司

东风汽车有限公司

神龙汽车有限公司

东风日产乘用车公司

上海大众汽车有限公司

上汽通用汽车有限公司

广汽本田汽车有限公司

北京现代汽车有限公司

浙江吉利控股集团汽车销售有限公司

奇瑞汽车销售有限公司

中国重型汽车集团有限公司

重庆长安汽车股份有限公司

沈阳华晨金杯汽车有限公司

华晨汽车销售公司

安徽江淮汽车股份有限公司

江西五十铃汽车有限公司

长城汽车股份有限公司

北京北辰亚运村汽车交易市场中心

中国汽车流通协会

国机汽车股份有限公司/中国进口汽车贸易有限公司

中国公路车辆机械有限公司

中国汽车技术研究中心

机械工业农用运输车发展研究中心

河南新未来投资有限公司

浙江物产元通汽车集团有限公司

《2016 中国汽车市场展望》
编委会成员

《2016 中国汽车市场展望》
编辑工作人员

主　　编	徐长明　年　勇
副 主 编	吴　卫　黄路明　刘　明
编辑人员	潘　竹　马　莹　高经纬　林　黛　卫光远
	李伟利　谢国平　王　炜　臧　晔　陈　述
	胡　清　王二明　易文华　洪赟鹏　苑伟超

前　言

2015 年，中国经济增速继续放缓，全年 GDP 增长速度为 6.9%，较 2014 年下滑了 0.4 个百分点，是 25 年来的最低增速。居民消费价格指数 CPI 同比上涨 1.4%，创六年来新低，PPI 同比下降 5.9%，连续 46 个月为负。宏观经济持续趋势性减速，对我国汽车市场产生了明显影响。2015 年我国国内汽车市场需求接近 2500 万辆，同比增长不足 4%。股市大幅波动导致财富缩水也对消费者购车带来了不利影响。但在 1.6L 乘用车购置税减半政策作用下，我国汽车市场呈现“V”字翻转态势，第四季度我国乘用车市场需求增速达到 18.4%，增幅比前三季度提高了 15 个百分点。

2016 年，是我国“十三五”规划的开局之年，是推进结构性改革的攻坚之年。供给侧结构性改革将引领今后一个时期。所谓供给侧结构性改革，实质就是提高供给效率，同时提升供给质量，从过去数量型扩展转型到提高供给的效率上来。供给侧改革与扩大需求有所不同，其难度和周期会比较长，政策效果不可能那么立竿见影，“去产能、去库存、去杠杆、降成本、补短板”五大任务的着力点是中长期经济可持续发展。适度扩大总需求仍将是我国经济保持平稳增长的重要保障，以积极的财政政策与灵活的微观政策相配合是稳定投资和消费的主要政策措施。2016 年，全球经济政治格局将继续深度变化，会给我国经济发展带来复杂影响。国际金融动荡加大，新兴市场国家的汇率可能将继续贬值，国际资本回流美国的速度将进一步加快；大宗商品价格低位运行，资源型经济体经济一蹶不振；发达国家再工业化，全球价值链分工调整，贸易保护主义不断升温都将对我国的对外贸易产生不利影响。综合来看，2016 年中国经济将呈现稳中缓降的态势。

2016 年，影响汽车市场需求变化最主要的因素仍是汽车购置税减半政策。本次减税背景与 2009 年基本相同，主要通过扩大汽车消费来稳定经济增长。但政策实施的外部环境与 2009 年存在很大不同，一是当前已有七个城市实施汽车限购，政策效果将打折扣；二是政策所处的经济货币环境不同，2016 年经济处于下行通道，货币供应也将较为稳定；三是汽车市场发展阶段不同，2009 年我国千人乘用车保有量才超过 20 辆，刚刚进入第二高速期。而 2015 年我国千人乘用车已接近 90 辆，进入第二高速期的中后期。所有这些都将使得汽车购置税减半政策达不到 2009 年的效果，但仍将推动乘用车市场保持快速增长。国家环保法规加严以及燃油限值管理措施实施，都将对汽车产品供给产生不同程度的影响。同时，各地大气污染治理的限行措施，将对汽车购买产生一定的限制作用。放开城市落户限制将有利于汽车消费潜力的逐步释放。综合判断，2016 年中国汽车市场需求仍保持较快增长。

为使社会各界对 2016 年我国汽车市场发展趋势有一个深入认识和了解，国家信息中心与国家发展和改革委员会产业协调司联合组织编写了《2016 中国汽车市场展望》，期望本书能为汽车行业主管部门和生产经销企业提供有价值的决策参考依据。本书将汽车市场与宏观经济运行环境紧密结合在一起，采用定量与定性相结合的研究方法，从不同角度对 2016 年的汽车市场进行了深入分析和研究，由于时间仓促，书中难免有疏漏之处，敬请读者批评指正。

2016 年 1 月 26 日

目　　录

细分市场篇

市场调研篇

附 录

宏观环境篇

2016年我国宏观经济形势和政策取向

当前，我国经济运行中结构性问题突出，产能过剩矛盾不断积累、金融风险开始显性化、市场预期有所恶化、宏观调控政策边际效应下降，经济下行压力较大。应改变“多个宏观调控目标、多项调控政策”并行的局面，以经济结构调整为主线，兼顾稳定经济增长和防范经济风险，加大改革力度，激活市场活力，实现增加有效供给和刺激有效需求双轮驱动。

一、2015年国民经济总体保持平稳发展

2015年以来，面对世界经济增长速度缓慢、国内经济下行、财政金融风险加大的复杂形势，国家先后出台了一系列稳增长、调结构、防风险的政策，国民经济运行出现了总体平稳的势头。

1．加强和改善宏观调控，经济运行保持在合理区间

2015年，针对需求不足的问题，不断推出重大投资工程和消费工程包，取消房地产限购、限贷政策，降低住房首付比例和住房交易环节税，完善出口退税和贸易便利化。针对货币政策传导不畅和实体融资成本过高，自2014年11月以来，五次降息、四次降低存款准备金率，并利用其他货币政策工具，引导利率下降。针对地方政府负债率高和财政政策有效性下降的问题，开展了存量债务置换，出台融资平台在建项目的续贷政策，积极推进政府企业合作模式。对地方政府懒政进行问责，加强督导检查和简政放权，财政支出进度明显加快。这些举措初步遏制了经济持续下行的趋势，前三季度，国内生产总值同比增长6.9%，规模以上工业生产同比增长6.2%。消费需求基本平稳，社会消费品零售额名义增长10.5%。基础设施建设投资增长18.0%，保持了较快增长。进口、出口分别下降15.3%和1.9%，但剔除价格因素，实际增速分别为-4.2%和-0.7%。就业形势基本稳定，城镇新增就业1066万人，已经完成全年预期目标，31个大城市调查失业率稳定在5.2%左右。农村外出务工劳动力总量17554万人，与2014年同期基本持平。物价温和回升，CPI上涨1.4%，商品房价格同比上涨7.3%，2014年同期为下跌0.3%。

2. 经济结构调整亮点纷呈，新的增长动力正在逐步形成

（1）服务业主导趋势进一步显现　前三季度第三产业占 GDP 的比重达到51.4%，同比提高2.3个百分点。工业内部结构加快调整，高技术产业增长10.4%，比整体工业增速高出4.2个百分点。新能源汽车、工业机器人、智能终端、轨道交通设备等产品的产量实现两位数甚至成倍增长。

（2）需求结构继续改善，消费拉动作用进一步增强　前三季度最终消费支出对经济增长的贡献达到58.4%，比资本形成高出15个百分点。网络零售等新型消费模式实现迅猛增长，旅游、信息、文化、健康等服务消费持续升温。

（3）收入分配结构有所改善，经济发展进一步惠及居民　前三季度全国居民人均可支配收入名义增长9.2%，居民在国民收入分配中的占比提高，农村居民人均可支配收入实际增长明显快于城镇居民，城乡居民收入差距在缩小。

（4）节能减排取得新成效　前三季度单位国内生产总值能耗同比下降5.7%。

3. 改革开放步伐加快，微观主体活力有所释放

行政审批制度改革继续推进，取消、下放了部分行政审批事项，商事制度不断完善。财政金融体制改革深化，加大结构性减税力度，降低社会保险缴费费率，减轻企业的税收负担。降低了民间资本准入门槛，5家民营银行获批营业。利率、汇率市场化改革取得进展，市场决定资金价格的机制初步形成。价格改革迈出重大步伐，政府定价目录大幅度减少。服务业和制造业开放进一步扩大，外商投资产业目录限制类条目大幅度减少50%，90%以上的境外投资项目实现网上备案。这些改革举措，有利于促进生产要素的自由流动，有利于创造公平竞争的市场环境，有利于形成大众创业、万众创新的局面，有利于我国走出去战略的实施。

二、经济运行中的结构性问题仍然突出

我国经济运行中既有结构性问题，也有周期性矛盾，但结构性问题更加突出，经济下行压力仍然很大。

1. 产业结构矛盾凸现

受外需持续低迷、前期产能扩张过快、国家进入中等偏上收入行列后需求结构从用住行为主开始转向以服务业为主等因素影响，钢铁、有色、建材、化工、煤炭等重化工业出现相对过剩，有的甚至绝对过剩。高质量、个性化消费品难以

满足国内需求，电信、金融、教育、文化、养老、体育等领域被高度垄断或管制，有效供给不足。

2．房地产市场仍处于调整期

经过十余年高增长，我国房屋存量已大幅度增加，2013 年按常住人口计算的城镇居民户均住宅超过 1.05 套，从套数看基本达到饱和点。房地产在建规模仍然较大，住房空置面积较多。与此同时，随着劳动人口总量减少，新增的有效需求减少。受购买力、户籍制度、土地制度等各方面制约，2.7 亿农民工在城市购房率极低。2013 年当年近 1300 万套的销售量基本是我国房地产需求的年度高峰值，房地产市场已经进入趋势性减速和周期性下降的双重调整阶段。根据国际经验和房地产周期变化规律，房地产调整期一般需要 3～5 年，考虑到 2014 年已经开始调整，房地产低迷至少还需要两年左右的时间。

3．地方政府融资能力下降

过去地方政府通过招商引资、土地出让、政府融资平台进行融资，支持基础设施建设和产能投资。但地方政府的融资模式，也加大了重复建设、产能过剩、房地产价格上涨和债务的不断累积，我国地方政府债务 2014 年底增至 24 万亿元。随着地方政府融资的不断规范和土地出让收入的减慢，地方政府融资能力下降。同时，地方财政收入减慢，而社会保障、公共服务支出等财政刚性支出居高不下，地方政府债务负担加重。

4．企业经营困难

企业债务率不断上升，融资成本居高不下。低端劳动力工资上涨较快，社会保障支出特别是部分企业住房公积金支出压力较大，税收负担较重，电价等成本高企。自 2014 年 8 月开始，企业利润出现负增长，三角债增加，影响了企业投资意愿和生产经营活动。

5．潜在金融风险显性化

商业银行的不良贷款率有所上升，股市、汇市出现了较大幅度的调整，地方政府积累的大量债务需要置换，风险隐患防范和化解任务艰巨。

6．需求管理政策效果减弱

产能过剩行业、僵尸企业和地方政府融资平台等部门的资金需求拉高了资金成本，违约风险上升导致金融机构流动性偏好提高，无风险利率水平下降不能有效传导到实体经济部门，货币政策效应明显减小。地方政府融资困难，债务负担重，不能有效提供配套财政资金，机关团体事业单位财政支出缓慢，财政支出的投资乘数和消费乘数减少。

上述问题表明，我国制造业投资下行的趋势没有改变、房地产投资下行的周期没有结束、工业生产下行的势头没有止住，经济下行态势仍在延续。同时，财政和货币政策的边际效果逐步减弱，依靠扩张性政策刺激难以根本扭转经济下行的势头。

三、国际经济环境对我国经济发展中性偏差

2016年，随着美国等发达国家依靠高杠杆、高福利增加消费，中国等新兴国家依靠低劳动成本提供生产，资源富集国提供原材料的世界分工格局和产业链条被打破，全球经济政治格局的大调整、大变革、大重组继续向纵深发展。美国实行再产业化和去杠杆基本完成后，正着力构建新的区域贸易投资规则，对我国经济发展带来复杂影响。我国经济进入新常态，国际市场原材料价格大幅下降，一些新兴国家和资源出口国经济开始调整，反过来对中国经济带来影响。中东局势混乱，地缘政治复杂多变。国际经济政治环境对我国经济总体偏差。

1．世界经济仍将延续温和低速增长态势

IMF秋季报告预计，2016年世界经济将增长3.6%，高于2015年的3.1%。发达国家经济改善，美国保持温和增长态势，2015年和2016年将分别增长2.6%和2.8%。日本有所改善，2015年和2016年分别增长0.6%和1%。欧洲缓慢复苏，2015年和2016年欧元区经济增长1.5%和1.6%。新兴和发展中经济体2015年和2016年经济将增长4%和4.5%，但增长继续分化。印度稳定增长，俄罗斯、巴西等国经济继续衰退。

2．全球贸易难有改观

受发达国家再工业化替代部分进口、世界产业分工发生调整和转移、全球产能过剩、贸易保护主义等影响，近年来，经济增长对贸易的带动作用明显下降。过去30多年，世界经济增长1个百分点，世界贸易量增长1.7个百分点。但2012年以来，贸易量仅增长1个百分点。短期内，这一趋势难以改变，世界贸易组织

预计，2016 年全球贸易量增长 4%左右。

3．国际金融市场动荡加大

美联储 2016 年加息已经毫无悬念，欧元区、日本以及一些新兴大国仍将实施宽松的货币政策，主要国家货币政策出现严重分化，由此带来的全球资产价格重估和投资配置的影响不可低估。国际资本回流美国的速度可能进一步加快，造成其他国家尤其是新兴市场经济体资本外逃、本币贬值、金融市场动荡，将给相关国家的宏观管理带来挑战。

4．大宗商品价格中低位徘徊

发达国家经济复苏不会明显增加初级产品的需求增量，全球大宗初级产品需求增速低于供给增速。美元继续维持强势地位会抑制石油、铁矿石等大宗初级产品价格的上涨。美俄角力、中东局势混乱等地缘政治冲突加大了石油等大宗初级产品价格未来走势的不确定性。

四、我国仍具备保持中高速增长的条件

1．我国经济发展仍有巨大潜力、巨大余地和巨大韧性

目前，我国潜在经济增长水平仍在 7%左右。经过 30 多年的发展，我国物质技术基础日益增强，产业体系完整，国民储蓄率即便逐年小幅回落，但仍显著高于世界上大多数国家水平，人力资本和科技创新对经济增长的贡献逐步提高，具有资金、劳动、科技等生产要素组合的综合优势。同时，我国也有条件通过存量资产的重置，发掘经济增长潜力。据中国社科院的研究，我国国家净资产有近 400 万亿人民币，其中政府净资产占 30%左右，居民占 45%左右，政府的净资产主要是国有企业和土地。而市场上国家政府的净资产基本为零甚至是净负债，居民净资产则占 80%左右。只要我国加快国企、金融、财税、土地等领域的改革，发展好包括股市、债市的资本和土地等要素市场，政府和企业的负债可以通过资本市场转化为居民和民营企业的资产，政府负债和企业高杠杆问题能够得到解决，潜在的金融风险可以化解。

2．改革开放的深入推进，将极大调动和激发经济社会发展的动力和活力

近年来，我国加快了行政管理体制改革，下放一大批行政审批事项，放开了

许多基础设施建设领域，促进了民营经济和服务业的发展，形成了大众创业、万众创新的局面。区域经济协调发展提高到新水平，东部地区创新发展能力进一步增强，新技术、新产品、新业态、新商业模式发展势头良好。实施“一带一路”、京津冀协同发展、长江经济带发展战略和《中国农村扶贫开发纲要（2011～2020年）》，通过引导生产要素合理流动，就会使得城市和沿海地区有可能失去比较优势的产业在农村和内地获得新的优势，进而使得一些产业、产品的生命周期延长，这种跨区域的产业梯度转移和推进效应在大国就会产生新的生产力。

3．国内市场规模巨大，扩大内需潜力加快释放

近年来，我国高度重视保障和改善民生，居民收入保持较快增长，特别是城镇低收入群体和农民工收入增速明显提高。同时，覆盖城乡的社会保障体系基本建立，为扩大国内消费需求奠定了基础。加快破除户籍、土地、教育等方面制约城镇化的制度性障碍，积极稳妥推进城镇化，也将创造新的消费和投资需求。

4．宏观调控水平不断提高，宏观政策仍有运用空间

我国有效应对了 1997 年亚洲金融危机、2008 年国际金融危机和 2010 年欧洲主权债务危机的冲击，宏观调控取得了显著成绩。我们在调控方向、力度和时机的把握上，在调控手段和工具的运用上，都积累了丰富经验。同时，我国宏观政策仍具备较大空间，财政赤字和政府债务余额均处于安全线内，并远低于美、欧、日等主要经济体。银行基准利率和存款准备金率较高，有足够多调节流动性的手段和工具。

五、2016 年宏观经济形势预测和调控目标

考虑到经济政策有一定的滞后影响，2015 年出台的宏观调控政策和改革举措还会继续发挥稳定作用，我国消费需求会保持稳定，基础设施投资、服务业和高技术产业投资保持较快增长，我国经济仍将保持平稳增长态势，预计 2016 年国内生产总值将增长 6.5%左右（见表 1），实际经济增速略低于 7%左右的潜在增长率。

表 1 2016 年宏观经济形势预测表

年份	2014 年	2015 年	2016 年
GDP 增速（%）	7.3	6.9	6.5
一产增加值（%）	4.1	3.8	3.5
二产增加值（%）	7.3	6.0	5.4
三产增加值（%）	7.8	8.3	7.8
规模以上工业增加值（%）	8.3	6.3	5.9
固定资产投资（%）	15.3	10.5	9.5
房地产投资（%）	10.5	2.0	1.0
社会消费品零售总额（%）	12.0	10.7	10.5
货物出口（%）	6.1	−1.5	0.0
货物进口（%）	0.4	−12.5	2.0
贸易顺差/亿美元	3825.0	5924.0	5581.0
新增城镇就业/万人	1322.0	1200.0	1000.0
城镇居民可支配收入实际增长（%）	6.8	6.5	6.0
农村居民可支配收入实际增长（%）	9.2	8.2	7.2
财政收入（%）	8.6	7.3	6.0
财政支出（%）	8.2	10.6	7.6
财政赤字/亿元	13500.0	16200.0	21000.0
居民消费价格指数（%）	2.0	1.6	2.0
工业生产者出厂价格指数（%）	−1.9	−5.0	−3.5

1．固定资产投资继续探底

一是房地产投资继续探底。根据目前的房地产开发节奏、资金到位情况、库存变化、销售现状，2016 年房地产投资会继续小幅回落。二是制造业投资会继续探底。重化工业产能过剩将继续抑制这些行业的投资增长。同时，消费需求稳定、扩大固定资产加速折旧优惠范围等政策，将提高轻工、纺织等消费型制造业的投资意愿。三是基础设施投资基本稳定。调低投资项目最低资本金比例降低了投资门槛，促进相应投资项目落地。但地方政府融资能力下降、财政收支压力加大、PPP 模式进展较慢等因素会抑制基建项目投资。总体来看，我国投资增速将呈现稳中略降的态势，预计 2016 年固定资产投资将增长 9.5%左右。

2. 消费需求将基本稳定

就业稳定和居民收入增加，夯实了消费基础。电商网购等新型消费模式，降低了流通费用和交易成本，提高了居民的购买力，增加了消费意愿。旅游、休闲、文化、健身等新兴消费模式和消费热点涌现。如果进一步改善消费环境，切实提高消费品供给的质量，提高诚信水平，居民消费倾向会进一步提高。预计 2016 年社会消费品零售总额将增长 10.5%左右。

3. 外贸进出口增速小幅反弹

国际环境变化对我国经济的影响中性偏差。世界经济温和复苏和贸易温和增长对我国出口的影响基本是中性的。大宗商品价格回落有利于降低我国进口成本，给我国企业加速走出去和产能合作提供了机遇。但国际金融动荡对我国将形成一定的冲击。《跨太平洋战略经济伙伴协定》（TPP）正式达成，并与《跨大西洋贸易与投资伙伴协议》（TTIP）协调配合，主导了全球贸易和投资的新规则，对我国形成了制约，部分贸易会转移到协议的成员国内，一些企业会重新考虑海外布局，将现有产能和投资转移到成员国。预计 2016 年我国出口增长零左右，进口将增长 2%。

4. 低通胀局势继续延续

通货膨胀形成机制的实证结果显示，产出缺口、通胀预期、农产品价格、输入性因素是影响我国价格的主要因素。其中，通胀预期影响最大，农产品价格次之，产出缺口率再次，输入性因素影响最小。通货膨胀预期低和产出负缺口将加剧工业生产领域的通缩压力，工业品价格低迷还要持续。消费品价格更多地反映在农产品价格的波动和服务价格的温和上升上。预计 2016 年 CPI 将上涨 2%左右，PPI 将下跌 3.5%左右。

5. 隐性失业显性化

我国的产业结构正由工业主导向服务业主导转型，服务业对劳动力的需求强度高于制造业，服务业发展有利于就业增加和收入水平提高，预计 2016 年新增就业达到 1000 万人。但重化工业企业的重组和破产难以避免，裁员会有所增加。出口行业困难，部分企业转移海外，出口部门吸纳就业能力下降，就业岗位流失。

根据对主要宏观经济指标的预测，以及社会各界对我国经济下行形成了普遍预期。兼顾当前和长远，对 2016 年经济社会发展主要目标提出以下建议：经济增长预期目标确定为 6.5%，经济结构进一步优化，居民消费价格总水平涨幅控制在 3%左右，城镇新增就业 1000 万人，国际市场份额保持稳定。

六、宏观调控思路和政策取向

破解当前的经济困难有两个思路。一是以经济结构调整为主线，兼顾经济增长和防范金融风险。这需要进一步加快国有企业、金融、财税、土地等领域的改革，增强微观主体的活力和经济增长的内生动力，提高经济增长的质量和效益，为宏观调控政策发挥更好的作用奠定好微观经济基础。但可能导致短期经济下滑过大、失业增加、局部金融风险暴露。另一个是继续注重“稳增长、调结构、防风险”的平衡。这一思路有利于保持经济稳定，但“多个宏观调控目标、多项调控政策”并行的局面，也会引起国内外对宏观调控的质疑，增加不确定性预期。建议 2016 年的总体思路应以经济结构调整为主要目标，兼顾稳定经济增长和防范金融风险。为此，提出以下政策建议。

1．全面深化体制改革，形成统一、开放、竞争的市场体系

加快国有企业改革步伐。加快落实税制改革政策，完成营业税改征增值税，加快房地产税立法，建立综合与分类相结合的个人所得税制度。进一步推进金融改革，放松对银行业的准入管制，加快完善股票市场的制度建设。推进水、电、油、气、运等资源和基础产品价格改革，通过价格杠杆鼓励民间资本进入基础设施领域。

2．以减税和增加社会保障支出为重点，实施积极的财政政策

一是适当扩大财政赤字和国债规模。建议全国财政赤字占 GDP 的比重在 3%左右。二是加大地方政府债务置换的力度，扩大省政府一般债务发债规模。发挥政府投资的引领作用，加快铁路、城市地下管网、停车场、农村基础设施等项目建设。保证国家批准的 PPP 项目的落地。三是实施结构性减税政策。采取功能性的产业政策，对国家引导发展的行业和小微企业全面减税，支持企业进行技术改造和创新投资。四是加大失业保险和低收入群体的支出力度，托住民生和社会稳

定底线，为顺利推动企业改革提供保障。

3．以创造有利于结构调整的宏观环境为重点，实施稳健的货币政策

一是建议 M2 增长 13%左右，继续适时降准，引导全社会降低企业融资成本。二是以人民币汇率中间价机制调整为契机，完善以市场供求为基础、有管理地浮动汇率制度，增强人民币汇率双向浮动弹性。三是实施结构性货币政策。向部分金融机构定向投放流动性，降低这些金融机构的融资成本；通过支农再贷款和支小再贷款、融资便利等工具，降低部分实体行业或企业的融资成本，定向支持这些行业或企业的发展；采取结构性法定存款准备金政策，对部分金融机构或部分金融业务“减税”。四是稳定股票市场预期和信心，相关部门要及时向市场传递政策信号，不能让市场随意猜测政府的意图，尽快恢复股市的融资功能。

4．加快清理僵尸企业和房地产去产能

下决心建立过剩产能退出和市场出清机制。一是制定破产法实施细则。研究人员安置、企业资产核销、资产处置等指导意见和具体措施。出台财政金融支持措施，解决人员安置和资产处置的资金。二是结合国企改革，辅之以环保、技术等标准，推进企业兼并重组。三是加大房地产去库存力度。推进保障性住房货币化，运用发放租赁补贴方式解决住房保障问题。发展三、四线城市养老和旅游地产。成立政策性住房银行，可考虑把住房公积金作为资本金注入，支持城市低收入群体和农民工购房。

5．推动大众创业、万众创新

一是继续加大简政放权力度，推进政府制定权力清单、责任清单，全面取消非行政许可。为创业、创新营造更好的环境。二是支持区域性资本市场发展，如新三板、担保、众筹等新业态。三是全面落实企业研发费用加计扣除等普惠性措施；完善设备加速折旧等政策，推动企业加快技术改造；把国家自主创新示范区股权激励、科技成果处置权、收益权等试点政策扩大到所有科技园区和科教单位。四是降低电力价格、适当降低失业保险缴费比例。

6．扩大更高层次对外开放

继续扩大市场准入，推进金融、贸易、物流、信息服务、商务服务等生产性

服务业对外开放。推广上海自由贸易区有效做法，促进跨国公司扩大对我国服务业投资。支持企业走出去拓展国际市场，扩大境外项目合作，带动发电、轨道交通、钢铁、化工、有色等装备和产品出口。加强多边双边合作，推动与相关国家的自贸区谈判进程。

（作者：祝宝良）

2015年世界经济形势分析与2016年展望

2015年，全球经济增速比2014年下降大约0.3个百分点，经济增长继续呈现分化现象。发达国家经济温和复苏，但新兴和发展中经济体经济存在较大下行压力；全球贸易低速增长，能源和大宗商品价格持续回落，全球通货紧缩压力逐步显现；发达国家就业市场出现积极变化，但青年失业率仍处较高水平。2016年全球经济发展将继续延续2015年的趋势，美联储货币政策将逐步回归正常化，但欧元区和日本仍将实施量宽政策，全球货币政策分化可能诱发金融动荡，国际政策博弈加剧。预计全球经济增速将与2015年基本持平，增速大致在3.2%左右。面对复杂多变的国际经济环境，我国需要通过国际经济合作进一步增强自己的经济实力、扩大影响力，积极促进世界经济健康发展。

一、2015年世界经济形势分析

1．全球经济复苏步伐弱于预期，新兴和发展中经济体经济存在下行压力

2013年以来，世界经济增长呈现分化趋势，发达国家经济改变之前经济低迷的状态，复苏速度有所加快，新兴经济体复苏态势则明显减弱。这一趋势在2015年更为突出。美日欧等发达经济体温和复苏的态势将得以巩固，但新兴和发展中经济体仍然脆弱，部分国家经济增速下滑，部分国家经济继续衰退。在此背景下，IMF预计2015年全球经济增长3.1%，比2014年低0.3个百分点，比2014年秋季的预期低0.6个百分点。

美国作为世界经济引擎的地位继续得以确立。受极端天气和罢工因素影响，2015年一季度经济增长只有0.6%，但二季度则上升到3.9%，表现出强劲的增长趋势。三季度增长2.1%，主要原因在于库存的减少，库存减少对GDP增长造成的拖累是暂时的，鉴于美国经济基本面良好，内需依然稳健，IMF预计2015年美国经济增长2.6%，2016年将达到2.8%。美国经济保持温和复苏的主要原因如下。一是再工业化政策效果逐步显现。次贷危机后奥巴马提出重振制造业、能源自给等计划，再工业化步伐虽然缓慢但已初现端倪。2010年1月，美国工业恢复

增长，截至 2015 年 10 月，已实现持续 70 个月同比增长，且从 2013 年 8 月开始持续超过 2007 年水平。二是量化宽松的货币政策取得了积极的效果。量宽政策在经济低迷的背景下推高了美国股市和房市复苏，其财富效应在一定程度上刺激了消费，拉动了经济增长。三是能源价格降低了企业生产成本和居民消费负担，企业利润得以改善，居民消费得以提高。

欧元区经济保持温和复苏态势，2015 年一季度 GDP 同比增长 1.3%，二、三季度均为 1.6%，预计全年经济增长将达到 1.5%。11 月欧元区综合 PMI 为 54.4，经济活跃程度为四年半来最高。欧元区经济复苏主要原因有三。一是欧洲央行购债计划的实施压低了融资成本和欧元汇率。欧洲央行购债计划实施以来，欧元区货币市场利率、国债收益率、欧元兑美元汇率均出现了显著下滑，推动了出口，刺激了经济增长。二是改革效应。例如，意大利修订了劳动法案，推行了公共管理改革，进一步改进了营商环境，IMF 预计 2015 年意大利将摆脱衰退，实现 0.8%的增长，2016 年将达到 1.3%。奥地利 2015 年、2016 年实施的税改政策已经并将继续推动私人消费增长，受此影响，预计 2016 年经济增长将达到 1.6%。三是能源价格回落，其效应和美国一致。另外，由于创新能力较强，英国经济比较活跃，2015 年前三季度经济增长分别达到 2.7%、2.4%和 2.3%。

日本经济也将出现回暖趋势，2015 年一季度 GDP 虽然出现 0.8%的衰退，但二、三季度均实现 1%的增长，预计 2015 全年经济增长可以达到 0.6%。日本经济回暖的主要原因有三点：一是量化宽松的货币政策产生了积极的作用；二是能源价格下跌降低了企业生产成本；三是企业设备投资持续增长。2015 年二季度，除金融、保险业外的全产业设备投资达到 90385 亿日元，比 2014 年同期增长 5.6%，连续 9 个季度同比增长。其中，制造业企业的设备投资增长 11.6%，达到 31578 亿日元，汽车相关企业和智能手机零部件厂商出现了增加产能的趋势；非制造业企业的设备投资增长 2.6%，至 58807 亿日元。上述数据说明，日本经济缓慢复苏的基本面较好。

但是，新兴经济体增长普遍乏力。资源输出国巴西和俄罗斯经济出现明显衰退，预计 2015 年 GDP 分别下降 3%和 3.8%。印度经济前三季度分别增长 7.5%、7%和 7.5%，成为世界经济中的亮点。但是，2015 年印度调整了统计方法，导致经济增速高企。从实体经济层面看，2015 年 1～9 月，印度工业生产增速在 2.5%～6.3%之间徘徊，前 9 个月出口持续下跌，服务业利用外资大幅度下滑，这些数据同7%以上的经济增速不相匹配。

2．全球贸易略有改观，但增速仍然较低

考察21世纪以来全球经济和贸易增长的关系可以看出，在经济繁荣的时期，世界贸易以更快的速度增长，但在经济萧条时期，世界贸易则以更低速度增长甚至出现衰退，这在2001年和2009年尤为明显。2012～2014年，全球贸易增速低于经济增速，2015年大致如此，IMF预计贸易增速仅仅高于经济增速0.1个百分点,世界贸易略有改观，但仍以较低的速度增长。

贸易增速下降以及增速低于经济的原因主要有如下几个方面。一是经济低迷时期投资增长回落幅度远远高于GDP，投资的回落直接影响了投资品的国际贸易。二是美国再工业化政策逐步发挥作用，再工业化导致部分生产环节回流国内，能源自给战略导致石油进口减少，这在一定程度上减少了美国进口，贸易逆差不断降低。日本和欧洲也出现了产业回流现象。三是各种贸易保护措施制约了贸易增长。在经济疲软的背景下，一些国家为了维护本国产业的国际市场份额，采取了形形色色的贸易保护主义方式。不仅发达国家层层设置贸易壁垒，一些新兴国家也频频出台新的贸易限制措施。四是地缘政治的影响。乌克兰危机不仅直接影响了俄罗斯和乌克兰两国的外贸，而且其外部效应还不断向中亚和独联体地区扩散，欧美国家对俄罗斯的经济制裁更是将影响扩大到发达国家。五是价格因素，经济低迷时期商品出口价格回落，2015年能源和大宗商品尤为突出。

3．能源和大宗商品价格持续回落，全球通缩压力逐步显现

能源和大宗商品价格主要取决于供求和美元走势。由于全球供给不断加大，但需求增速远远低于供给增速，与此同时，美元持续走强，受供求法则和计价因素的影响，能源和大宗商品价格低位徘徊。尽管地缘政治问题会在一定程度上影响国际能源价格，但随着局势的缓和，这样的冲击也很快消失。受此影响，大多数国家物价低位徘徊，通货压力逐步显现。2015年10月，美国、日本和欧元区消费者价格指数分别为0.2%、0.3%和0.1%。曾饱受通胀压力的印度，批发价格指数持续下降，10月比2014年同期降低3.8%。

出现高通胀的国家主要为俄罗斯和巴西等资源输出国，2015年10月CPI分别达到15.6%和9.9%。这些国家出现高通胀的根本原因在于经济结构不合理，由于多数产品不能自给，汇率贬值直接导致进口商品价格上涨；其次，垄断导致物价上涨，在电力、天然气供应方面，这些国家存在较大的垄断势力，垄断产品价格的上涨加剧了通货膨胀；最后，地缘政治导致物价上涨，俄罗斯中断从欧美国家进口农产品，一方面导致国内物价上涨；另一方面，扩大从巴西等国的进口，又在一定程度上推动了巴西国内物价上涨。

4．发达国家就业市场出现积极变化，但青年失业率仍处较高水平

伴随经济的好转，美国就业状况持续改善，2015 年 10 月失业率下降到 5%，为 2008 年 5 月以来的最好水平。但是，劳动参与率只有 62.4%，为 1978 年以来的最低水平。欧元区就业状况也有所改善，10 月失业率下降到 10.7%，比 2014 年同期降低 0.7 个百分点。但是，青年失业率问题却日益突出。2015 年 10 月欧元区青年人失业率为 22.3%；美国青年人失业率虽然下降到 15.9%，但仍比 2007 年同期高 0.5 个百分点。青年失业率居高不下不仅会造成严重的社会问题，从长期来看，对劳动生产率必将产生深远影响。

二、2016 年世界经济发展趋势及影响因素分析

展望 2016 年，世界经济仍将延续 2015 年复杂多变的形势。发达国家继续保持温和复苏态势，新兴和发展中经济体经济仍存下行压力；全球贸易仍将保持低速增长；美联储货币政策将逐步回归正常化，但欧元区和日本仍将实施量宽政策，金融政策分化加剧，全球金融动荡和风险加大；能源和大宗商品价格低位徘徊，全球面临较大的通缩压力；主要经济体潜在增长率普遍下移，国际政策博弈加剧，经济政策空间继续缩小。IMF 预计 2016 年全球经济增速为 3.6%，高出 2015 年 0.5 个百分点。其中，发达经济体增长 2.2%，增速提高 0.2 个百分点；新兴和发展中经济体增长 4.5%，增速提高 0.5 个百分点。我们认为 IMF 高估发达国家增长的动力，低估了新兴和发展中经济体的困难，预计全球经济增速将与 2015 年基本持平，增速大致在 3.2%左右。

1．再工业化有望推动美国经济继续扩张

前文已指出，美国工业生产已经恢复到进入危机爆发前的水平，而且美国工业并非简单的恢复到过去的状态，而是在新的起点上重塑全球竞争力。次贷危机爆发后，电子产业和新能源已成为美国经济复苏的新动力。如今，美国在信息通信技术、能源技术革命、制造业高端技术的研发和利用方面具有突出的比较优势。

展望未来，新型制造业将促进美国工业持续发展。从经济周期的角度来看，二战以来，美国经历了11个商业周期，平均长度为69个月，其中扩张阶段平均为58个月。美国历史上最长的扩张周期为120个月，即1991年3月到2001年3月的10年时间。在再工业化的推动下，2015年美国经济仍有望处于扩张周期，从整体上看，也将对世界经济产生积极影响。

2．经济结构调整将有效促进经济增长

不论是发达经济体还是发展中国家，都在加大基础设施的投资力度。IMF指出，过去30年里，在发达、新兴和发展中经济体，公共资本存量在产出中所占比例显著下降，表明未来存在较大基础设施需求。例如，新兴市场经济体的人均发电量仅相当于发达经济体水平的1/5，而低收入国家的人均发电量仅相当于新兴市场经济体水平的1/8左右，一些发达经济体的现有基础设施已经跟不上时代。当前，发达经济体经济不景气、货币政策宽松，在这一特定时期扩大基础设施投资可以享受低利率带来的好处。从短期来看，基础设施投资将有效支持需求，从而降低一些国家经济出现衰退的风险；从长期趋势来看，这无疑有助于提高潜在生产能力。

3．美联储货币政策将逐步回归正常化，但欧元区和日本仍将实施量宽政策，全球风险和动荡加大

次贷危机后美联储采取了量宽和零利率等非常规货币政策，加息说明货币政策走向正常化，有利于世界经济长期健康发展。同时，加息意味着美国经济复苏力度较强，有助于提升全球投资者的信心，从而促进全球经济复苏。但是，在美联储加息的过程中欧元区和日本央行将继续实施量宽政策，货币政策出现严重背离。可以预见，在美联储不断加息及加息的预期过程之中，将不可避免地对国际商品和金融市场产生一定的负面影响。一是加息将会导致大宗商品价格维持跌势，对不同经济体影响各异。加息将推动美元持续走强，国际大宗商品价格继续回落或低位徘徊。这对资源输出国造成较大负面冲击，但会进一步降低欧洲、日本以及印度等资源输入国进口成本，对后者相对有利。二是加息将诱发新一轮国际资本流动和金融市场动荡。加息之后国际资本流入美国的速度可能进一步加快，从而对其他国家尤其是新兴市场经济体造成一定冲击，在全球经济低迷的背景下，必然出现新一轮金融市场动荡。

4. 成员国积极推动 TPP 最终协议达成，国际政策博弈加剧

2015 年 10 月 4 日，美国、日本和澳大利亚等 12 国进行了跨太平洋战略经济伙伴协定部长级谈判，达成 TPP 贸易协定。不过，最终协议仍需要得到各国最高领导层及议会的批准才会正式签署，各国将会积极调和国内矛盾，争取议会在 2016 年能予批准。另外，从奥巴马有关 TPP 的措辞来看，TPP 的建立就其本质而言是美国试图建立新的全球贸易和商业规则。在 TPP 逐步建立的过程中，包括我国在内的多个国家也在建立两个或多个自由贸易区，TPP 协议初步达成表明当前国际政策博弈趋于加剧。

5. 主要经济体潜在增长率普遍下移，政策空间继续缩小

影响潜在经济增长率的因素主要有资本、劳动、技术、制度等因素。在当前形势下，不论是发达国家还是新兴市场国家，由于产能相对过剩，资本投入增速在进一步放缓；欧美国家面临老龄化问题，新兴国家人口红利在逐步弱化，劳动力增长对潜在增长率的贡献也在降低；发达国家制度相对成熟，变革的空间有限，同时改革的阻力也较大，制度对潜在增长率的影响不大。从技术方面，新一轮技术革命尚未形成，当前投产的新技术推广和应用空间非常有限，难以形成一个主导产业，技术推动的经济周期难以在最近几年实现。与此同时，发达国家面临的长期问题诸如债务、银行风险等问题都未能从根本上解决，财政政策和货币政策实施的空间愈来愈小。受上述因素影响，2016 年世界经济增长空间有限。

三、2016 年国际经济环境变化对我国的影响

发达国家经济温和复苏对稳定我国出口具有积极意义，能源和大宗商品价格回落有利于降低我国进口成本，但 2016 年不利因素变化对我国将形成较大冲击。

1. 美联储加息导致资本外流，金融市场将会出现剧烈动荡

美联储加息对我国金融市场的影响主要取决于我国经济形势，如果我国经济处于快速增长时期，加息对我国的影响可以忽略不计，2003 年至 2007 年，美联储历次加息对我国金融市场均无显著影响。但 2016 年我国经济增速继续下滑，美联储加息将直接导致资本外流，对金融市场尤其是证券市场将形成较大冲击，居民短期内将人民币资产转化为美元资产的行为也将对银行和保险业形成较大冲击。如果经济不能出现明显回升，我国提高利率也难以阻止资本外流。以成熟

的市场经济国家巴西为例，该国提高利率并没能阻止国际资本流失。虽然我国拥有庞大的外汇储备，但也有较大规模的短期外债，且大量外汇资产并不能迅速变现，如果短期内出现大规模资本流动，金融市场将会出现剧烈动荡。

2．TPP 的影响逐步显现，企业加速海外布局

TPP 的预期效应将导致相关内资和外资企业重新考虑海外布局，一方面暂停在国内的投资，观察形势变化，另一方面将现有产能转移到 TPP 成员国或其他地区。企业出于自身利益加速海外布局无可厚非，对促进国际产能合作也具有一定的积极意义。但是，如果这一现象在短期内形成连锁效应，则可能导致局部地区出现产业空心化，影响经济社会稳定。

3．外需仍然疲弱，有可能冲击国内就业市场

尽管发达国家经济温和复苏，但对外贸的拉动作用远远低于以前，我国商品出口仍将受到种种约束，出口企业和与之相关的配套企业都将受到直接或间接冲击，外需推动经济增长的局面难以再现。受此影响，农民工返乡可能再现，只不过不会同 2008 年一样集中在年底。

4．大宗商品价格回落降低了通货膨胀压力，但其负面影响同样存在

大宗商品价格回落降低了进口成本，在很大程度上降低了通货膨胀水平，为货币政策腾出了空间。但是，相关企业则会受到较大冲击。能源资源类企业投资周期长，前几年的海外投资已经形成生产能力，但价格的回落可能导致这些企业难以获取预期投资回报，同时需要承担巨额财务费用，企业生存和发展能力受到严重影响，国内企业同样存在此类问题。另外，能源价格下跌导致新能源产品失去价格优势，不利于相关行业发展。

四、我国对策

面临复杂的世界经济形势，我国需要通过国际经济合作进一步增强自己的经济实力，提高对外部冲击的免疫力，变被动为主动，扩大我国影响力，积极促进世界经济健康发展。

1．通过扩大对外开放提高潜在经济增长率

一是通过扩大技术和设备进口促进国内产业升级，加强装备制造业、节能节

水和环保技术、高新技术以及传统制造业高端产品和技术的引进，淘汰落后产能，实现相关设备的更新换代，提高劳动生产率，使我国的整体生产水平上一个新的台阶。二是充分利用国际人力资源，吸收一些专家和技术人员到我国企业从事研发、生产和教育培训工作，加快我国对先进技术的消化吸收过程。三是积极并购发达国家企业，提升海内外企业技术水平。

2．进一步增强同新兴和发展中经济体的合作

以“一带一路”为支撑，进一步增强同新兴和发展中经济体的合作。一是通过基础设施建设合作在减轻对方瓶颈因素的同时化解当前国内产能过剩压力。二是通过经济特区合作在促进对方改革的同时提升我国走出去水平，我国在经济特区建设方面取得了世界瞩目的经验，许多新兴国家纷纷效法，我国可以以此为契机增强软实力。三是通过扩大金融合作在稳定对方市场的同时扩大我国影响力。四是通过政策交流分享发展经验、实现互利共赢。比如，我国在应对通货膨胀方面积累了丰富的经验，面临共同的国际环境，近年我们实现了保增长、控通胀和调结构的统一，这些经验对于破解新兴市场经济体货币政策的难题具有重要参考意义。

3．进一步降低企业和个人税赋

降低企业税赋可以增强出口企业价格竞争优势，在当前形势下有利于稳定出口市场；对内销企业而言也可以改善盈利状况，提高再投资水平。降低个人所得税则有利于扩大内需。从 2015 年的国际经验来看，奥地利等国的减税政策直接刺激了经济增长。

4．高度重视金融风险

在美联储加息背景下，我国金融市场出现剧烈动荡的概率较大。因此，我们需要积极防范金融风险。一是加强外债管理，在当前我国国内资金充裕的情况下，应尽可能降低外债规模，防范国际资本市场波动对我国经济的影响。二是加强对各类金融资产的管理，防范人民币资产在短期内快速转换为外汇资产或流向国外。三是加强跨境资本流动的统计和监管，提高信息发布频率，做好应对金融动荡的政策预案。

5．积极探索经济增速减缓情况下的就业增长模式

在当前世界经济形势下，发达国家就业状况持续改善，我国应借鉴其经验，探索经济增速下降情况下的就业增长模式，促进经济和社会的和谐发展。

（作者：张亚雄　程伟力）

2015 年中国财政收支分析及 2016 年展望

2015 年以来，我国需求不足与产能过剩的矛盾更加突出，投资、出口、工业生产和 PPI 持续低迷，财政预算收入增幅创六年新低。在财政收入增长放缓、收支矛盾较大的情况下，有关部门认真落实积极的财政政策，加强支出预算执行管理，积极盘活存量，用好增量，保障了稳增长、惠民生等重点支出需要。2016 年，经济下行压力和财政收支平衡压力仍然较大，建议继续实行积极的财政政策，适当扩大财政赤字规模和债券发行规模，加大盘活存量财政资金的力度，充分发挥财税政策在国家重点项目支持、产业引导、社会政策扶持和托底等领域的重要功能，促进内需稳定较快增长。

一、2015 年全国一般公共预算收支分析及全年预测

1．2015 年 1～10 月一般公共预算收入同口径增幅创六年新低

2015 年 1～10 月，全国一般公共财政收入 128847.57 亿元，比 2014 年同期增长 7.7%（见图 1），同口径增长 5.4%，增幅同比回落 2.8 个百分点，为 2010 年以来同期最低水平；完成预算的 83.5%，进度同比回落 2.2 个百分点。其中，税收收入 106654.43 亿元，同比增长 4.1%，同比回落 3.5 个百分点，为 2010 年以来同期最低水平；完成预算的 83.1%，进度同比回落 2.2 个百分点。

1～10 月公共预算收入增长有以下特点：

（1）全国一般公共预算收入大幅低开后走高，地方财政收入增速回落幅度大于中央 受经济增长放缓、PPI 持续回落、营改增、一般贸易进口增速大幅回落及 2014 年基数等因素影响，2015 年一季度财政收入大幅低开，增幅仅为 3.9%，2015 年二、三季度和 10 月增速分别为 9.0%、 8.9%和 8.7%，同口径增幅前三季度和 10 月分别为 2.4%、6.8%、6.9%和 5.4%。

受增值税收入增幅回落、进口环节税收大幅下降、出口退税增加较多、石油特别收益金减少等因素影响，1～10 月中央一般公共预算收入 59767.31 亿元，增长 6.2%，同口径增长 6.0%，增幅同比回落 0.6 个百分点；完成预算 86.3%，进度

同比回落1.1个百分点。前三季度和10月增幅分别为-0.5%、9.0%、8.6%和8.6%，同口径增幅分别为-0.6%、8.8%、8.2%和8.4%。

地方本级一般公共预算收入69080.26亿元，增长9.0%，同口径增长5.0%，增幅同比回落4.8个百分点；完成预算81.2%，进度同比回落3.1个百分点。前三季度和10月增幅分别为7.5%、9.0%、10.8%和8.8%，同口径增幅分别为4.7%、5%、5.7%和3.6%。

分地区看，增速在10%以上的只有上海、北京、广东、江西、湖北、重庆、西藏等13个省份，个位数增长的有15个省份，其他3个经济结构单一、主要依赖资源型产业和传统工业的省份财政收入出现下降。

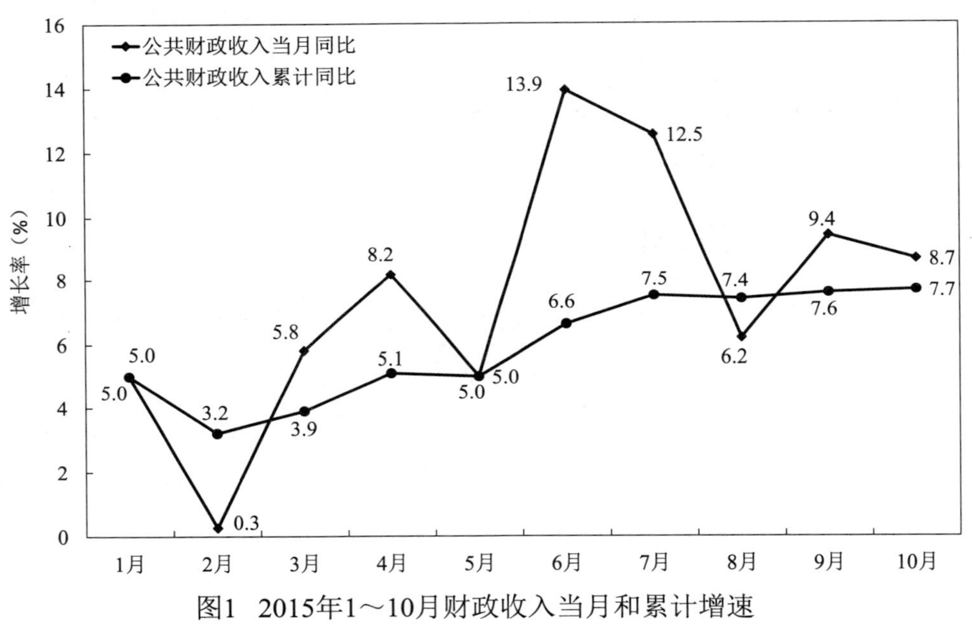

图1　2015年1～10月财政收入当月和累计增速

（2）增值税、企业所得税及进口环节税收增速持续回落　受规模以上工业增加值增长放缓，工业生产者出厂价格持续下降，以及营改增后进项税抵扣增加等因素的影响，国内增值税25416.36亿元，同比增长1.2%，比2014年同期回落6.7个百分点，其中工业增值税同比下降。如果扣除营改增的影响，增值税同比小幅下降。

受企业利润增幅回落以及汇算清缴企业所得税减少的影响，企业所得税25756.48亿元，同比增长4.7%，比2014年同期回落了4.5个百分点，其中工业企业所得税、房地产企业所得税同比下降。

受国内需求疲弱、进口大宗商品价格大幅下滑的影响，1~10 月一般贸易进口（按美元）下降 17.8%，导致进口环节税收大幅下降。进口货物增值税、消费税 10080.87 亿元，同比下降 14.6%，比 2014 年同期回落 20.1 个百分点；关税 2084.58 亿元，同比下降 11.7%，比 2014 年同期回落 23.4 个百分点。

（3）国内消费税、营业税、个人所得税、证券交易印花税增速有所回升　受成品油、卷烟消费税政策调整拉动，国内消费税 8938.41 亿元，同比增长 17.3%，比 2014 年同期加快 9.9 个百分点。

受金融业营业税大幅增长的影响，营业税 16196.15 亿元，同比增长 9.7%，比 2014 年同期加快 8.0 个百分点。如果剔除营改增的影响，增速将有所提高。

受工薪所得项目和财产转让项目增加较多的影响，个人所得税 7334.92 亿元，同比增长 17.8%，比 2014 年同期加快 5.0 个百分点。

受股票市场交易量巨幅增加的影响，证券交易印花税达到 2180.41 亿元，同比增长 374.3%，比 2014 年同期加快 356.8 个百分点。

（4）房地产相关税收走势出现分化　受商品房销售整体向好的影响，1～9 月房地产营业税增长 6%，反映二手房交易的房屋转让所得个人所得税增长在 50% 左右。而受房地产投资增速持续回落的影响，房地产企业所得税、契税、土地增值税、耕地占用税分别下降 3.8%、7.7%、3.5%和 1.4%。从季度走势看，随着房地产政策调整效应显现，二季度房地产市场转暖带动相关税收降幅收窄，6 月变为正增长，三季度后相关税收增幅进一步扩大。

（5）非税收入增速明显加快　受特殊增收因素的影响，非税收入 22193.14 亿元，比 2014 年同期增长 29.5%，同口径增长 12.6%，与 2014 年同期持平。其中，专项收入 5315.53 亿元，增长 79.0%，比 2014 年同期加快 70.5 个百分点；国有资源（资产）有偿使用收入 4302.97 亿元，增长 23.5%，比 2014 年同期放慢 0.1 个百分点；国有资本经营收入 5280.98 亿元，增长 104.3%，比 2014 年同期加快 72.0 个百分点。

2. 一般公共预算支出增速有所加快

在财政收入增长放缓、收支矛盾较大的情况下，有关部门认真落实积极的财政政策，加强支出预算执行管理，积极盘活财政存量，用好财政增量，保障民生等重点支出需要。2015年1～10月累计，全国一般公共财政支出134153.95亿元，比2014年同期增长18.1%（见图2），同口径增长16.7%，比2014年同期加快5.4个百分点。完成预算的78.2%，比2014年同期加快4.0个百分点。其中，中央本级一般公共财政支出20345.93亿元，增长15.8%，同口径增长15.4%，比2014年同期加快6.2个百分点，完成预算的81.3%，比2014年同期进度加快3.2个百分点。地方一般公共预算支出113808.02亿元，增长18.6%，同口径增长17.0%，比2014年同期加快5.3个百分点，完成代编预算的78.0%，比2014年同期进度加快4.2个百分点。

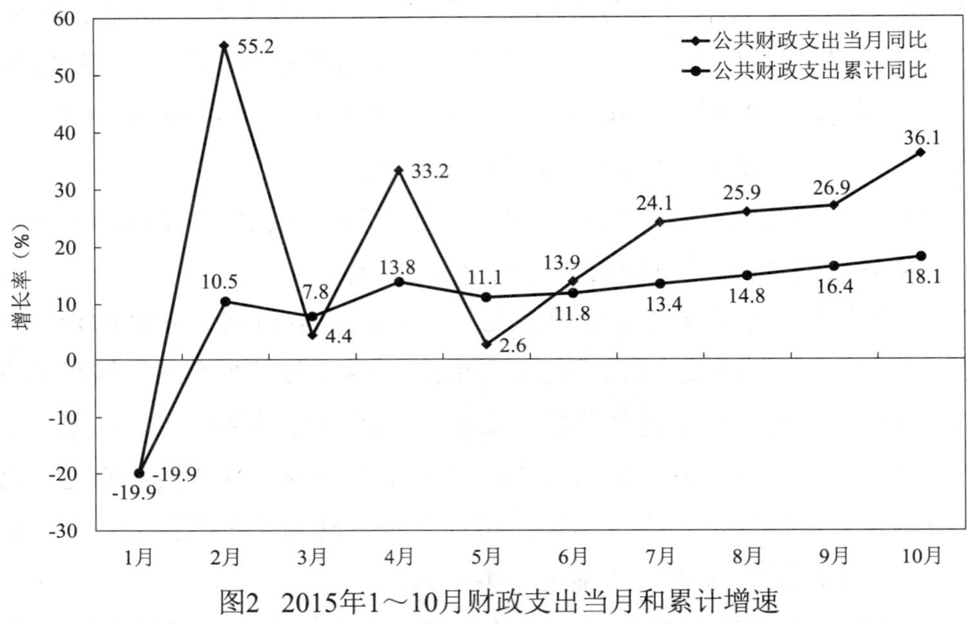

图2 2015年1～10月财政支出当月和累计增速

1～10月一般公共预算主要支出情况如下：

（1）教育支出19213.86亿元，增长16.5%，比2014年同期加快7.5个百分点 继续聚焦贫困地区、聚焦薄弱学校，加大对中西部等地区农村中小学校舍改造补贴力度，全面改善义务教育薄弱学校基本办学条件。普通高中国家助学金标准从年生均1500元提高到2000元。

（2）社会保障和就业支出15787.54亿元，增长21.7%，比2014年同期加快8.8个百分点 按照10%的幅度提高企业退休人员基本养老金水平，城乡居民基础养老金标准统一由55元提高到70元。调整机关事业单位工作人员工资。

（3）医疗卫生与计划生育支出9115.03亿元，增长20.6%，比2014年同期加快 10.2 个百分点 基本公共卫生服务经费标准从人均 35 元提高到 40 元，将新农合和城镇居民医保的补助标准从每人每年 320 元提高到 380 元。

（4）农林水支出 11999.41 亿元，增长 20.8%，比 2014 年同期加快 10.7 个百分点 加大对产粮、产油和制种大县的支持力度，完善粮食主产区利益补偿机制。加强农田水利和重大水利工程终端配套设施建设。完善农业补贴政策，加大补贴资金整合力度。

（5）节能环保支出 3203.76 亿元，增长 34.5%，比 2014 年同期加快 25.3 个百分点 加大大气污染治理投入力度。加强水污染治理，推进国土江河综合整治试点。建立对新能源汽车的全方位支持推广机制。调整完善现有淘汰落后产能资金用途，支持压缩过剩产能。

（6）文化体育与传媒支出 2025.32 亿元，增长 11.7%，比 2014 年同期回落 2.6 个百分点 支持加快建设现代公共文化服务体系，稳步推进国家基本公共文化服务标准化、均等化。支持实施中华文化传承工程，加强文化遗产保护和中国传统村落保护，推动民族民间文化发展。

二、2015 年四季度及全年全国财政收支预测

1．2015 年第四季度全国财政收入同比增速将小幅回落

2015 年四季度，在全球经济复苏乏力低速分化、大宗商品价格持续低迷、贸易保护主义加剧等因素叠加影响下，我国出口增长将难以明显好于前三季度。随着政府稳增长政策逐步发挥作用，内需对经济的支撑作用有望增强。初步预计，GDP 四季度和全年均增长 6.9%左右。居民消费价格四季度及全年将上涨 1.6%和 1.5%左右。经济增速的趋稳有利于财政收入的平稳增长，但考虑到工业、房地产行业税收难有明显改观，股票市场交易额明显萎缩将导致证券交易印花税增幅持续回落，以及继续实行结构性减税和普遍性降费带来的政策性减收因素，如不采取特殊措施，中央财政收入难以维持 1～9 月的增长态势。能源资源价格低迷状况难以明显改观，对资源、能源、重工业依赖程度高的省市财政收入形势难以改观；房地产市场投资难以明显回升，与房地产投资相关的税收和土地出让收入难以明显回升，地方政府财政收入速度将出现回落。初步预测，四季度财政收入同比增长 7.3%左右，全年财政收入同比增长 7.5%左右，达到 150900 亿元左右。

2．2015年四季度全国财政收支同比增速将大幅回落

2015年前三季度，财政支出增速分别为7.8%、14.9%和25.8%。四季度，经济下行压力依然很大，为了实现预期经济增长目标，要充分发挥政府资金的引领作用，加快推进七大工程包以及城市轨道交通、新兴产业、增强制造业核心竞争力、现代物流四大新的工程包建设，努力形成更多实物工作量。同时，可以将重点镇棚户区纳入棚改政策支持范围，拓宽交通建设领域，引导和支持老旧居住小区更新改造，完善政府和社会资本合作的PPP机制，推进全国农产品流通骨干网和冷链流通标准化建设等。同时，要切实落实职工和居民养老保险提标、居民基本医疗保险提标、基本公共卫生服务经费提标、全面实施城乡居民大病保险制度等改善民生的各项工作。持续加大对"中国制造2025"重点工程和结构转型升级的支持。初步预测，四季度财政支出增长4.9%左右，全年财政支出同比增长10.7%左右，达到168100亿元。

三、2016年全国财政收支形势分析与预测

1．2016年国内外经济环境分析

（1）世界经济维持低速增长，我国出口将恢复低速增长　2016年，世界经济将继续维持低增长、低利率和低通胀的新平庸状态。发达经济体复苏略有加快，美国复苏势头比较稳固，欧洲经济增长动力继续增强，日本经济继续低速增长。新兴经济体由于结构问题积重难返，再加上发达经济体宏观政策收紧预期和中国需求放缓的影响，经济增速将连续六年总体回落。2015年10月19日，国际货币基金组织（IMF）发布的《世界经济展望报告》预计，全球经济2016年将增长3.6%，比2015年高0.5个百分点。

2016年，全球贸易难有明显回升。全球产能过剩，资本品贸易大幅萎缩，以及全球价值链分工调整和转移，对全球贸易特别是加工贸易造成的冲击仍将持续。世界贸易组织预计，2016年全球贸易增速为3.9%左右，受国际环境的影响，我国对外贸易难有明显好转。

由于主要经济体宏观经济政策取向出现分化，特别是美联储加息时点的来临，使得国际金融市场风险偏好下降，新兴经济体资本净流出加剧，货币面临新的贬值压力，经济脆弱性增加。美国经济保持复苏，强势美元仍将持续一段时间，

坚挺的美元将继续对全球大宗商品价格上涨起到抑制作用，低通胀仍是全球面临的挑战。国际大宗商品价格低位运行及国内产能过剩没有根本好转将抑制国内PPI回升力度，影响企业利润回升。美元升值将直接带动人民币对非美元货币同步上升，进而对我国商品出口增长产生不利影响。

综合考虑全球经济和全球贸易保持低速增长，人民币不存在大幅贬值条件，我国贸易相对竞争力短期内难有明显改观，TPP协议可能存在的负面影响等因素，预计2016年我国出口增速在1.5%左右。

（2）国内需求对经济支撑力度有所减弱，经济增速将缓中趋稳 2016年，是我国“十三五”规划的第一年，加快落实党的十八届五中全会精神，全面落实创新发展、协调发展、绿色发展、开放发展、共享发展五大发展理念，有助于释放改革红利、激发市场活力、推进转型升级，有助于国内需求和供给空间的拓展及保持经济平稳较快发展。但由于我国需求不足与产能过剩的矛盾相互影响、相互强化的反馈仍未打破，市场有效需求不足，投资、工业生产和PPI继续低迷，经济仍面临较大的下行压力。

第一，投资增速有望缓中趋稳。政府将继续扩大赤字规模，提高地方政府债务规模，加大存量财政资金盘活力度，加大地方债务置换力度，适度放宽平台项目融资条件，加大政策性、开发性金融机构支持基建投资力度，PPP项目逐步推开，有利于解决基建投资资金来源不足的问题，从而稳定和提升基建投资增速；随着近期出台的住房信贷、税收、土地供应等政策的落实，降准降息带来的居民贷款条件和贷款成本的降低，居民购房意愿持续回升，自住和改善性住房需求逐步释放，房地产销售和价格回暖有助于房地产市场投资企稳；调低投资项目最低资本金比例，将提高企业投资能力，扩大固定资产加速折旧优惠范围，将提高轻工、纺织、机械、汽车等四个领域重点行业的新增投资意愿，降低企业债发行门槛，允许借新还旧，将扩大企业债券融资规模，制造业投资有望出现缓中趋稳的走势；服务业等其他投资2015年增速明显下降，随着2016年制造业和出口增速回稳，其增速也有望缓中趋稳。综合分析，固定资产投资2016年将增长9%左右，略低于2015年水平。

第二，消费增速小幅回落。2016年，居民收入增幅继续略高于经济增速，不断完善收入分配和社会保障制度，加快培育新的消费增长点，落实信息消费、绿色消费、住房、旅游休闲、教育文体、健康养老家政六大消费工程，电商等新模式迅速发展，有利于促进消费稳定和结构升级。房地产及家电、建筑装潢销售增速将稳中趋升，销售减免购置税等措施将对汽车消费起到一定的提振作用，汽车销售增长有望小幅回升。预计2016年社会消费品零售总额增长10.3%左右，略低于2015年的水平。

第三，居民消费物价将保持小幅上涨态势。2016年，尽管货币流动性趋于宽松、劳动力成本呈现出刚性上涨态势、地级城市实行阶梯水价和气价、存量和增量天然气价格并轨、提高铁路货运价格等因素将推高CPI涨幅。但由于宏观经济继续降温，社会总供求关系仍然宽松，居民通胀预期有所减弱，国内粮价基本稳定并且高于国际价格，进一步上涨空间较为有限，2015年翘尾因素进一步减弱等因素将抑制CPI过快上涨。总体判断，预计2016年居民消费价格将上涨1.5%左右，与2015年持平。

第四，工业生产者价格跌幅有望逐步收窄。2016年稳增长政策逐步见效，宏观经济缓中趋稳，国际大宗商品价格同比降幅将会明显缩小，进口初级产品价格对工业生产者价格的下拉作用减小，工业企业库存削减可能会放缓，但由于我国工业供给能力充足，部分领域产能过剩问题仍比较突出，工业品价格仍难以明显回升。预计2016年工业生产者价格将下降3.5%左右，比2015年降幅有所收窄。

综合考虑内外需状况，初步预计，2016年我国GDP将增长6.7%左右，工业增加值增长6.0%左右。

2．2016年财政收入增速将继续回落

（1）国内增值税增速将小幅回落　2016年，工业增加值增速将小幅回落，工业品出厂价格指数继续下降，工业增加值的名义增速回落幅度在3个百分点左右，工业增值税增速将继续回落。社会消费品零售总额增速与2015年基本持平，与此相关的商业增值税增速也将基本持平。同时，国家将进一步推进营改增工作，将进一步扩大增值税的税基。综合增减因素，2016年增值税增速将继续小幅回落。

（2）国内消费税增速将出现回落　2016年，随着经济增速和物价水平的继续回落，高档烟酒及贵重首饰的消费将逐步回落，成品油、卷烟消费税政策调整对消费税的拉动效应将消失；汽车、成品油销量增速回稳，将带动相关税收同比增幅回稳。

（3）营业税收入难以大幅增长　2016年，营改增将进一步扩围，相关行业

营业税将减少。房地产市场调整将继续，商品房销售面积和销售额难以出现大幅增长，房地产营业税也难以出现大幅增长。房地产投资增速难以明显反弹，建筑业营业税增速也难以明显反弹。受证券市场交易额增速调整的影响，银行等金融行业营业收入也将受到影响，相关营业税增幅也将明显回落。

（4）所得税增速将有所回落　2016 年，工业增速继续回落，工业品出厂价格继续回落，企业成本居高不下，工业企业利润增速将继续回落，工业企业所得税增速也将回落；房地产市场难有明显改观，房地产企业所得税收入也难以明显向好；由于城乡居民收入增速继续回落，公务员和事业单位加薪及股票市场、房地产市场对个人所得税拉动将逐步减弱。

（5）进口税收增幅有望小幅提高　2016 年，一般贸易进口额增速有望小幅回升，进口税收增速将相应提高。

综合以上因素，并考虑 2016 年政府将加大结构性减税和清理税外收费的力度，证券交易印花税及非税收入增收潜力明显下降等因素，初步预测 2016 年财政收入将增长 6.5%左右，达到 160700 亿元左右。

3. 2016 年全国财政支出增幅继续回落

（1）要加大对实体经济的支持力度　2016 年，经济下行压力依然很大，要继续实行积极的财政政策，充分发挥政府资金的引领作用，在扎实推进 11 大重大工程包与“三大战略”重点项目建设的同时，逐步启动“十三五”规划中的重大项目，开工建设一批重大标示性工程项目。进一步加强棚户区和城乡危房改造及配套基础设施、农村电网、智能电网建设，加快宽带网络等新一代信息基础设施、城市地下综合管廊、停车设施、充电设施等的建设，推动投资消费有机结合，增强内需对经济增长的关键支撑作用。

（2）要切实深化落实保障改善民生的各项工作　2016 年，要进一步实施好 6 大消费工程，推动大学生自主创业税收优惠政策落地，建设完善国家教育资源公共服务平台，加快教育信息化进程，继续改善贫困地区义务教育薄弱学校基本办学条件；进一步落实完善职工和居民养老保险提标、居民基本医疗保险提标、基本公共卫生服务经费提标、公车改革等政策；全面实施城乡居民大病保险制度，加快发展基于互联网的医疗、健康的新兴服务；进一步加大农村饮水安全推进力度，积极推进民生水利发展。

（3）持续加大对结构转型升级的支持　2016 年，要尽快部署一批重大科技项目和重大科技工程，加快培育大数据开放创新、航空航天和海洋工程装备、工业机器人等战略性新兴产业新增长点。加快启动智能制造、绿色制造、高端装备等方面的重大工程，加大技术改造投入力度，通过产业投资基金等模式，增强制造业的核心竞争力。研究设立国家并购引导基金，推进对产业结构调整有重大影响的破局性兼并重组。通过发行长期专项债券筹资设立“过剩行业减产转型基金”，主要用于企业关闭、重组减少产能的引导和补贴，以及职工安置和再就业培训补贴等。

综合考虑以上因素，初步预测，2016 年财政支出将增长 8.7%左右，达到 182700 亿元左右。

四、关于 2016 年财政政策的建议

1．适当扩大财政赤字和政府债务规模

2016 年，经济下行压力和财政收支平衡压力有所加大，在中央和地方政府财力有限的情况下，建议适当扩大财政赤字规模和地方政府债券发行规模，中央财政赤字规模安排 1.45 万亿元，地方政府一般债券发行规模安排 7500 亿元，分别比 2015 年增加 3300 亿元和 2500 亿元，全国财政赤字规模为 2.2 万亿元，赤字率为 3.0%左右。

2．有效缓解地方政府融资压力

根据经济和市场形势，继续适度提高地方政府债务限额，保持适当的置换债券规模，推动地方融资平台转型改制进行市场化融资，探索完善健全地方政府债券市场化发行和定价机制，扩大一般债券和专项债券投资者范围，鼓励社保基金、住房公积金、企业年金、职业年金、保险公司等机构投资者和个人投资者在符合法律法规等相关规定的前提下投资地方债券。继续加大地方结转结余资金清理力度，督促地方尽快拨付使用应按原用途使用的资金，重新统筹安排，将资金调整到重点支出方向。

3．加大对重点项目和新兴产业支持力度

适度扩大中央财政的负债规模和比例，适当提高中央财政铁路、水利、生态环保等大型基础设施和重大建设项目的出资比例。在更大范围内实施加速折旧的

基础上，加大中央财政对重大技改和设备更新投资的支持力度。尽快明确财政补助标准、时限，以及涉及价格、收费、政府让利和法律保障等长期利好预期，实质性地吸引社会资本进入 PPP 模式。全力推进“双创”“互联网+”“中国制造2025”等重大行动计划，促进技术、资本、人才等创新要素向战略性新兴产业集聚，以共享发展理念释放战略性新兴产业的潜在生产力和市场需求，以经过优化整合改造提升的现有各类产业园区或科技园区为依托，形成若干具有国际竞争力的战略性产业集聚区和产业化基地。

4．进一步实施结构性减税政策

加快推进全面营改增，将不动产纳入增值税抵扣范围，并适当简化税率。支持创新驱动，进一步扩大企业研发费用加计扣除优惠政策适用范围，进一步扩大加速折旧实施范围，将国家自主创新示范区先行先试的政策推广到全国。尽快在国内流量较大的机场增设进境免税店，引导出境国内游客加大在进境口岸免税店的消费。采取结构性减税政策以及关税政策，加快培育包括高技能人才教育与专项培训市场、信息产品消费、智能家电消费、农村及中小城市电商和跨境电商体系、高端消费品国际品牌境内消费市场、现代物流体系等消费市场。

5．坚决守住民生保障底线

结合双创进一步调整完善鼓励高校毕业生多渠道就业创业的扶持政策；落实好降低失业保险费率和运用失业保险基金等政策，减轻企业负担，帮扶企业稳定岗位；出台有利于产能出清的财政金融支持政策，通过向银行发行特别国债等方式筹措财政专项资金，用于解决产能出清中的人员安置和债务处置；以更加积极有效的办法在卫生、教育、养老、旅游等民生领域大力推广 PPP 项目，支持采取 PPP 模式推进棚户区改造和公共租赁住房投资运营，加速消化库存并且盘活房地产市场。

（作者：王远鸿）

2015年金融运行与2016年展望

一、2015年金融运行基本特征

1．“稳增长”政策效果在社会流动性层面得以体现

2015年“稳增长”政策不断加码。央行年内5次降息，4次普降法定存款准备金率，5次对支持“三农”和“小微”达标的银行定向降准。财政部加大财政支出力度和降税清费力度，积极盘活财政存量资金，下达了6000亿元新增地方政府债券和3.2万亿元地方政府债券置换存量债务额度。发改委则推出降低企业债发行门槛、发行专项建设债券来成立专项建设基金助力项目建设等一系列促投资政策措施。

受“稳增长”政策影响，货币信贷保持较快增长，社会流动性趋于宽松，企业债券净融资猛增。2015年11月末，M2余额同比增长13.7%，比2014年同期高1.4个百分点，比全年12%的预期增长目标值高1.7个百分点；M1余额同比增长15.7%，比2014年同期高12.5个百分点；人民币贷款余额同比增长14.9%，比2014年同期高1.5个百分点。前11个月社会融资规模增量为13.42万亿元，同比少1.25万亿元，其中，对实体经济发放的人民币贷款增加10.44万亿元，同比多增1.35万亿元。

从结构变化来看，用于固定资产投资的企业中长期贷款和房地产贷款增长加快。2015年9月末，本外币企业及其他部门中长期贷款余额同比增长12.8%，人民币房地产贷款余额同比增长20.9%，分别比2014年同期加快1.6个百分点和2.7个百分点。社会融资规模结构中，贷款占比明显提高。前11个月对实体经济发放的人民币贷款占同期社会融资规模的77.8%，同比提高15.8个百分点。企业债券净融资下半年快速增长，7～11月企业债券净融资累计1.5万亿元，比2014年同期多4914亿元。存款结构中，财政存款少增较多，前11个月累计增加1.37万亿元，同比少增4598亿元。

2．股市剧烈波动及政府“救市”对金融运行形成短期扰动

我国股市自2014年下半年开始经历了近一年的暴涨（最高涨幅达152.8%），

2015 年 6 月 15 日至 7 月 8 日出现一轮暴跌。按收盘价计算，上证综指在短短 17 个交易日内跌去 32.1%。在政府积极“救市”的干预下，股市运行随后趋于平稳。股市剧烈波动及政府的救市行为对金融运行产生较强的扰动。

（1）存款进出股市放大了货币供应量增速的波动　在股市暴涨阶段，企业存款大举向股市分流，造成 M1 增速低增长。2015 年 6 月末，住户存款和非金融企业存款同比增速分别比 2014 年同期低 5.8 个百分点和 5.9 个百分点，而非存款类金融机构存款（主要是证券公司客户保证金）同比增长 64.2%，M1 增速跌至 4.3%。股市暴跌后，居民和企业退场观望，相应减少保证金存款，增加银行存款，从而推高货币供应量增速。2015 年 8～11 月，住户存款和非金融企业存款累计新增 4475 亿元和 1.94 万亿元，比 2014 年同期多增 2159 亿元和 2.02 万亿元，而非存款类金融机构存款累计减少 1.32 万亿元，M1 增速 11 月末反弹至 15.7%。

（2）政府“救市”造成人民币贷款虚增　如果剔除股市波动对人民币贷款的影响，新增贷款规模并不显著。2015 年多数月的当月新增贷款仅比 2014 年同期多增 1000 亿～2000 亿元，只有 7 月当月新增贷款同比多增高达 1.09 万亿元。仅 7 月一个月人民币贷款同比多增部分就占了前 11 个月同比多增的 53.5%。7 月贷款出现猛增的原因在于政府对股市的救助。在 6 月下旬至 7 月初的政府“救市”中，证金公司通过从央行申请再贷款、发行金融债券、抵押融资、向银行同业借款、拆借等多种渠道进行融资，造成 7 月非银行业金融机构贷款增加 8864 亿元，占当月全部新增人民币贷款规模的 60%。

3．利率调控引导社会资金成本下行

自 2014 年 11 月以来，央行已连续 6 次降息，一年期存款基准利率累计下调 1.5 个百分点，一年期贷款基准利率累计下调 1.65 个百分点。存贷款基准利率的下调对引导社会资金价格走低起到了积极作用。就借贷成本看，2015 年 9 月金融机构贷款加权平均利率较 2014 年同期下降 1.27 个百分点，11 月底温州民间融资综合利率较 2014 年同期下降 1.56 个百分点。就发债成本看，11 月公司债、企业债、中期票据和短期融资券发行利率分别比 2014 年同期下降 0.97 个百分点、0.90 个百分点、0.66 个百分点和 0.97 个百分点。就影子银行利率看，11 月底一年期人民币银行理财产品预期收益率比 2014 年同期下降 0.72 个百分点；以余额宝为首的互联网理财产品年化收益率也纷纷跌破 3%；11 月 P2P 网贷行业综合收益率比

2014年同期下降4.05个百分点；非证券投资类信托产品一年期预期收益率同比下降0.95个百分点。

4. “8·11”汇改加剧了人民币对美元的贬值幅度

2015年前7个月，人民币对美元小幅贬值后回升并企稳。8月11日央行宣布完善人民币兑美元汇率中间价报价以增强人民币兑美元汇率中间价的市场化程度。作为基准汇率，人民币汇率中间价与市场交易价之间存在很大偏离，2015年3月中旬两者最大差价曾高达2%。人民币汇率中间价持续偏离市场汇率影响了中间价的市场基准地位和权威性。“8·11”汇改后，人民币汇率中间价与即期汇价走势趋同，中间价市场化程度及其基准性明显提高，但也导致人民币对美元中间价在8月10～13日累计跌幅达到4.45%。人民币中间价的意外急贬引发市场担心，在岸即期汇价和离岸汇价均随之走贬。随后央行加大了对在岸市场和即期汇价的干预，还通过干预离岸市场和远期汇价来稳定预期，人民币对美元汇率有所回升，走势总体保持平稳。11月末，美元对人民币汇率中间价和即期汇价较“8·11”汇改前贬值4.38%和2.94%，较2015年初贬值4.33%和3.03%。

5. 跨境资金流出压力加大

受美国经济持续复苏和美联储加息预期影响，美元走强、国际资本回流美国，新兴市场国家普遍面临资本外逃和本币贬值压力，我国跨境资金也持续由流入转流出。从外汇收支数据看，银行结售汇和代客涉外收付款总体均呈现逆差。2015年前11个月，按美元计价（下同），银行结售汇逆差3764亿美元；涉外收付款逆差1172亿美元。涉外收付款逆差明显低于结售汇逆差，体现出境内居民和企业存在人民币贬值预期，因而在对本外币资产负债结构调整时，增持外汇资产，减少人民币资产和外汇负债。市场主体结汇意愿减弱，购汇意愿增强。衡量企业和个人结汇意愿的结汇率由二季度的74%回落到三季度的67%。衡量购汇动机的售汇率则由二季度的75%升至三季度的91%。

二、2016年金融运行与调控面临的主要问题

1. 经济下行压力与通缩风险持续存在

2015年以来，经济下行压力持续加大，三季度GDP“破7”，6.9%的增长水平创下自2009年第二季度以来的6年半新低。从要素条件变化看，据蔡昉（2015）

测算，2012～2015 年我国潜在增长率分别为 7.9%、7.5%、7.1%和 6.9%，预计“十三五”时期潜在增长率进一步降至 6.2%左右。潜在增长率是经济增长的均衡水平，也是实际增长率扩张的边界和约束。潜在增长率持续放缓决定了未来我国经济增速的中枢水平处于下行通道之中。从增长动力看，制造业“去产能”与房地产“去库存”导致工业生产与固定资产投资持续减速，消费与服务业已成为我国经济运行中最具活力的部分和新的增长动力。但新动力不足和旧动力减弱的结构性矛盾较为突出，增长动力的转换加大了经济下行压力。总体预计 2016 年经济增速将继续小幅下滑，GDP 增速将降至 6.5%左右。

由于需求疲弱，2015 年以来 CPI 持续处于“1 时代”，PPI 则深陷通缩之中。前 11 个月 CPI 同比上涨 1.4%，PPI 同比下降 5.2%。从综合反映物价形势的 GDP 平减指数看，一季度、上半年和前三季度分别同比下降 1.05%、0.43%和 0.28%。综合考虑内需疲弱、产能过剩、猪周期影响弱化、国际大宗商品价格持续低迷、劳动力成本刚性上升、价格改革全面推进等影响因素。预计 2016 年 CPI 同比上涨 1.5%，PPI 同比下降 3.5%。

2．结构性矛盾已成为宏观经济运行最为突出的问题

当前的经济增速下滑与结构性通缩是周期性的，但更是结构性矛盾所致。首先，投资增速持续放缓主要缘于产能过剩、房地产库存压力等结构性问题。

（1）制造业产能过剩与产能不足并存　过剩的都是中低端制造业，尤其是重化工业的产能，符合居民消费升级方向的产品和高技术、高性能、高附加值产品仍然不能满足国内市场需要。另外，2015 年政策刺激下的房地产销售回暖具有“部分一、二线热点城市回暖、非重点二线城市和三、四线城市仍趋冷”“住宅回暖、办公楼与商业营业用房仍趋冷”的结构性特征。

（2）社会资金与劳动力配置存在结构性矛盾　在前期需求结构和产业结构失衡的增长格局下，社会资金与劳动力被大量配置于存在“投资泡沫”的重化工业、房地产行业、产能过剩行业和出口部门。近年来，我国需求格局由投资主导转为消费主导，产业格局则由“第二产业为主导”转变为“第三产业（服务业）为主导”。但沉淀在原有行业、部门和企业中的大量社会资金和劳动力一时调整不过来，低效的行业和企业占用了大量信贷资源和劳动力，加剧了社会融资难、融资贵问题和结构性失业。

3．债务风险与不良风险上升且加速暴露

我国全社会杠杆率迅速攀升，2014年末经济整体（含金融机构）的债务总额占GDP的比重从2008年的170%上升到235.7%㊀。其中，非金融企业部门杠杆率由2008年的98%提升到2014年的149.1%，猛增51.1个百分点，在全球处于高水平，远远超过90%的国际警戒线。

2015年企业债务继续快速扩张。9月末，本外币企业及其他部门贷款余额同比增长11.9%，前三季度公司信用类债券发行规模同比增长16.7%，两者增幅分别比前三季度GDP名义增速高出5.6个百分点和9.8个百分点。据此可判断2015年企业杠杆率仍在高位攀升。在偿债负担日益沉重的同时，产能过剩和工业通缩使企业盈利状况日益恶化。前10个月规模以上工业企业实现主营业务收入同比增长1.2%，增幅比2014年同期低6.7个百分点；工业企业利润同比下降2%，比2014年同期低8.7个百分点。债务负担与营业收入反向运行致使企业资金链脆弱性上升，企业资金链断裂和债务违约事件频发。2015年以来，包括“12湘鄂债”“11天威MTN”“10中钢债”等在内的债券市场违约事件已超过20起，其中不乏国企和央企。与企业债务风险上升和暴露相伴随，银行业资产质量也持续恶化。9月末，商业银行不良率为1.59%，比2014年末提高0.34个百分点；16家上市银行不良贷款余额比2014年末猛增近三成。

4．利率调控面临转型困境

在2015年10月的降息中，作为利率市场化“最后一跃”的存款利率管制被全面放开。从宏观制度安排角度看，利率市场化改革已基本全面落地。利率市场化必然要求利率调控由直接调控向间接调控转型，但从微观基础和实际操作看，利率间接调控的基础条件尚不成熟。一是中央银行利率间接调控框架尚未完全建立，适合我国国情的公开市场操作工具、目标利率选择等一系列重要制度安排仍需进行较长时间的探索。二是利率联动效应差，利率间传导不畅通。目前利率的长短期利率联动关系，期限结构的合理性等方面距离理想条件还存在不小差距。市场化程度高的理财产品收益率、信托产品收益率、P2P网贷和民间借贷利率与目前银行存贷款利率之间差距很大。三是金融基础设施不健全。市场基准利率体系仍不完善，还不能很好地为金融产品定价提供有效的利率基准，商业银行风险定价能力较弱。利率间接调控还难当重任，利率直接调控在未来相当长时间内会

㊀ 摘自《中国国家资产负债表2015：杠杆调整与风险管理》。

在二元化利率调控中继续占据主导地位。

存贷款利率完全放开管制也在弱化利率直接调控的效果。目前“存贷款基准利率”仅具指导性作用，其作用发挥取决于商业银行与企业和居民之间的议价状况和资金供求状况，最终调控结果可能存在“损耗”。例如，金融机构人民币贷款加权平均利率降幅要小于贷款基准利率下调幅度。

5. 国际金融变数加剧金融调控“三难选择”压力

三元悖论（也称三难选择）含义是：本国货币政策的独立性、汇率的稳定性、资本的完全流动性不能同时实现，最多只能同时满足两个目标，而放弃另外一个目标。随着我国全面开放和人民币国际化战略持续推进，我国外汇管制不断放松，人民币汇率的市场化水平日益提高。因而，在资本流动性增强、汇率稳定性趋差的情况下，维持我国货币政策独立性的难度上升。与此同时，近年来，美国经济持续复苏、美联储加息预期升温与我国经济增速不断放缓和央行不断降准、降息形成强烈反差，人民币贬值和跨境资金流出压力持续加大。

年初以来，美联储加息预期已推动美元走强，新兴市场经济体因之普遍面临本币贬值和资本外逃重压。2015 年以来有 117 种货币对美元贬值，平均贬值幅度达 8.91%。新兴市场国家货币贬值尤为显著，例如，前三季度巴西雷亚尔贬值 47%，马来西亚林吉贬值 40%，南非兰特贬值 15%，印尼盾贬值 20%。国际金融协会数据显示，2015 年三季度全球投资者从新兴市场中撤资 400 亿美元，规模创下 2008 年全球金融危机达到顶峰以来的最高水平。12 月 16 日，美联储宣布将联邦基金利率上调 0.25 个百分点至 0.25%～0.5%，这是美联储自 2006 年 6 月以来首次加息。美国加息周期正式开启，2016 年可能还有数次加息。作为新兴市场国家，我国跨境资金流出及人民币贬值压力也将相应加大，金融调控“三难选择”压力上升，表现为“稳增长”央行需要降息降准，但这可能促使资本外流并加剧人民币贬值压力。

三、2016 年金融调控政策建议

1. 稳健的货币政策保持“微刺激”取向

未来经济下行压力仍较大，保持经济平稳增长仍需付出政策努力，稳健的货币政策有必要继续向宽松方向“微调”。由于经济结构性矛盾日益突出，成为经济平稳增长和宏观政策显效的主要障碍，未来货币政策需加大对“调结构”的支持力度。为“调结构”，货币政策需保持定力，保持“微刺激”取向，避免宽松力度过大导致结构性问题进一步强化。根据货币数量方程式进行测算，与 2016 年 GDP 增长 6.5%、CPI 上涨 1.5%相对应的 M2 增速为 13%左右。为防止社会债务规模过度攀升，需要保持宏观杠杆率的基本稳定，2016 年社会融资规模量和新增人民币贷款均与 2014 年基本持平为宜，社会融资规模在 16 万亿元左右，新增人民币贷款在 12 万亿元左右。

2．择机适度降准、降息

通货紧缩会导致实际利率上升，实际利率上升会进一步导致货币流通速度放缓，而通货紧缩和货币流通速度放缓存在相互强化的关系。因此，为“稳增长”和防止通缩形势恶化，需要择机进一步降息。但需要看到一年期存贷款基准利率均已降至历史最低，加之美联储即将加息，中美利率政策反向操作可能加大我国跨境资金流出及人民币贬值压力，未来降息空间已较为有限。

未来跨境资金流出压力较大，外汇占款也将持续净减少从而拖累基础货币增长。为保证货币供应量增长平稳，银行体系流动性充裕，需要下调法定存款准备金率来“对冲”外汇占款的减少。目前大型存款类金融机构法定存款准备金率仍高达 17.5%，未来仍有较大的下降空间。

3．运用定向政策工具实现结构调控

在“调结构”方面，货币政策除了传统的再贷款、再贴现、信贷政策和宏观审慎监管政策外，近年还新增了定向降准、抵押补充贷款（PSL）和信贷资产质押再贷款等定向调控手段。未来应坚持金融服务实体经济的本质要求，综合运用上述结构性调控工具引导银行调整与优化信贷结构，加大对“三农”、小微企业、重点行业和科技、文化、战略性新兴产业等的金融支持，积极配合“十三五”规划和“一带一路”、京津冀协同发展、长江经济带三大战略的落地。

4．通过相机调控保持银行体系流动性平稳、充裕

未来公开市场操作应根据外汇占款增长情况以及财政存款变化、金融机构流动性需求变动等情况，配合法定存款准备金率的下调进行相机操作。同时，相机使用常备借贷便利（SLF）、短期流动性调节工具（SLO）、中期借贷便利（MLF）等创新型流动性调节工具，保证银行体系流动性平稳充裕，引导 7 天回购利率稳定在 2%左右。

5．加快构筑与完善市场化利率调控机制

未来积极推进、加强利率间接调控机制建设，建立一套引导、影响利率总水平和利率结构的货币政策操作体系。

（1）确立中央银行政策目标利率　隔夜 Shibor 和银行间隔夜回购利率都可以作为政策目标利率的选择。逐步构建利率间接调控框架，运用公开市场操作等政策工具来调控政策目标利率，从公布政策目标利率的较宽波动区间，逐步过渡到窄区间调控，逐步收窄操作目标利率波动区间，最后形成单一目标利率值调控，即中央银行公布操作目标利率升降幅度并通过货币政策工具实现升降的目标值。

（2）构建完善的金融市场基准利率体系，建立政策目标利率向市场利率的传导机制　金融市场基准利率体系建设承担了多项职能，既为银行提供定价基准，也为央行提供利率间接调控的操作目标和监测指标。我国金融市场基准利率体系的构建需要规范和完善 Shibor 形成机制，成熟和完善其基准利率地位，完善国债收益率曲线，构建完整的无风险基准利率，构建各类型收益率曲线，丰富基准利率体系。

（3）进一步完善利率走廊机制　未来应继续梳理、优化各种利率调控工具，形成不同的分工，加强利率走廊对市场利率的引导和锁定作用。

（4）抓紧建立和完善央行政策目标利率向整个市场利率体系的传导机制　有效掌握政策目标利率与通货膨胀、经济增长之间的相关性，疏通政策目标利率对市场利率体系，乃至实体经济的传导机制。

（作者：李若愚）

2016年中国对外贸易形势分析展望

2015年，世界经济仍处于深度调整阶段，中国经济增长稳中趋缓，全球需求显著下滑，我国对外贸易延续了减速下行的趋势。外贸结构继续改善，发展质量与效益有所提升。展望2016年，全球处于危机后缓慢复苏时期，世界贸易活跃程度下降，中国进出口将低速增长，但中国产品占国际市场的份额基本稳定。建议下一步重视稳外贸政策落实，加速结构转型，推动新业态发展。

一、“十二五”时期我国对外贸易发展情况

1．进出口增速放缓

2011～2014年，世界经济受金融危机冲击，处于缓慢温和复苏阶段，财政、金融、贸易、投资等领域形势错综复杂。面对风云变幻的国际形势，我国对外贸易保持了稳定增长，增速由“高速增长期”进入“中速增长期”。2011～2014年我国进出口年均增速实现9.6%，其中出口平均增长10.4%，进口增长8.9%。2013年，中国成为世界第一货物贸易大国。2015年以来，受外部环境改善迟缓与国内需求大幅减速影响，我国进出口呈现负增长。预计我国进出口总额完成规划目标具有一定压力，总体增速与金额略低于“十二五”规划“10%”的目标。

2．贸易结构改善

2011～2014年，我国进出口商品结构继续优化升级。出口方面，我国机电产品，传统劳动密集型产品出口稳定增长，机电产品长期占据出口产品的主导地位，占比保持在57%左右，同时传统优势产品在国际市场上仍然保持着较高的竞争力。进口方面，战略性资源能源产品如原油、铁矿石等主要大宗商品的进口量日趋扩大，消费品进口增速明显快于同期我国进口的总体增速。此外，服务贸易保持较快增长，2014年服务进出口总额6043.4亿美元，占对外贸易的比重为12.3%，比重显著提升。根据“十二五”规划目标，机电产品进出口年均增长10%左右。由于世界经济发展呈现分化，新兴经济体经济运行风险加大，投资品与资本品需求下滑，预计“十二五”时期我国机电产品出口实际增长将低于规划目标2～3个百

分点。

3. 自主增长动力增强

金融危机后，我国对外贸易企业积极探索、努力创新，大力转变生产经营方式。2011～2014 年，外资企业在对外贸易领域长期占据绝对比重的情况有所扭转，中国民营企业占比上升，外贸内生增长动力增强。2014 年我国民营企业进出口值占同期中国进出口总值比重为 34.5%，较 2010 年提升了 10 个百分点左右。与此同时，中国加大了对出口企业品牌建设鼓励力度，推动自主品牌、技术产品贸易，引导和鼓励企业采用国内外先进技术标准，参与国际标准制订。中国对外贸易进出口发展质量与效益提高。

4. 多元化战略成效显著

“十二五”期间，中国对外贸易对传统市场贸易比重不断下降，对新兴市场比重上升，市场多元化战略取得积极进展。中国在与欧美等传统市场双边贸易保持较好增长态势的基础上，对东盟、非洲、俄罗斯、印度等新兴市场双边贸易增速明显高于贸易总值增速。截至 2015 年三季度，中国对传统市场美国、欧盟、日本、中国香港进出口总值比重下降至 43.8%。

5. 自贸区建设不断提速

加快实施自由贸易区战略，是适应经济全球化新趋势的客观要求，是全面深化改革、构建开放型经济新体制的必然选择。2015 年，在原有自贸区的基础上，中国-瑞士、中国-冰岛、中韩等自贸协定全面实施；中澳自贸区结束实质性谈判；中国-东盟自贸区升级谈判启动。与此同时国内自由贸易区迅速扩容。2013 年上海自贸区成立，成为探索中国对外开放的新路径和新模式的重要试点，并形成可复制、可推广的经验向全国推广。广东、重庆、天津、厦门等地区借鉴上海经验，按照国家有关政策，结合本地区特点，建立或者申请建立自由贸易区。国内自贸区建设大力促进了对外开放水平的提升。

二、2015 年我国对外贸易运行基本情况

1. 对外贸易减速慢行

2015 年 1～10 月，我国进出口总额同比下降 8.1%，其中出口下降 2.0%；进

口下降 15.2%。国际大宗商品价格下跌导致进口下降幅度偏大，衰退型贸易顺差扩大，1～10 月达到 2.99 万亿元人民币，同比扩大 75.3%。

尽管对外贸易增速明显下滑，但是结构转型继续推进。一是贸易伙伴多元化取得成效，2015 年 1～10 月，我国对部分“一带一路”沿线国家出口增势保持良好，对孟加拉国、巴基斯坦、以色列等沿线国家出口增长较快；对东盟、印度、拉美、非洲等新兴市场出口占比继续提高，较 2014 年同期提升近两个百分点。二是贸易方式结构优化，一般贸易出口保持增长。1～10 月，我国一般贸易进出口占贸易总值的 54.6%，较 2014 年同期提升 0.5 个百分点。其中，一般贸易出口增长 2.3%，高于出口整体增速 4.3 个百分点。三是主要出口产品保持增长，1～10 月，我国机电产品出口增长 1.4%，占同期我国出口总值的 57.4%，其中轨道交通设备、手机、医疗仪器及器械出口呈现快速增长。四是自主贸易动力增强，民营企业比重较 2014 年同期提升 2 个百分点，显示我国外贸逐步由外资主导向国内企业主导转型，从事国际贸易与投资的主动性增强。五是东部沿海地区情况好转，主要外贸大省（市）贸易数据好于总体，1～10 月，占外贸比重较高的广东、浙江、福建出口分别增长 0.4%、1.5%和 2.6%，高于全国平均水平。六是贸易价格条件改善，前三季度我国贸易价格条件指数为 111.8，即出口一定数量商品可以多换回 11.8%的进口商品，意味着对外贸易效益有所提升。

2. 存在问题不容忽视

由于世界经济进入低速温和增长的新常态，国内经济增长进入由高速向中高速转换的新阶段，我国对外贸易呈现减速下滑、结构转型的特点，企业经营困难、产品竞争力不强、贸易价格下滑等问题日益凸显。

（1）进出口减速幅度加大　2015 年以来，我国对外贸易呈现加速下滑的趋势，一季度、二季度和三季度进出口值同比分别下降 6.2%、8.1%和 9.2%，降幅逐季扩大，其中出口增速由正增长转为下降。对比改革开放以来，中国进出口年均增长 19.5%以及出口增长 20%左右的平均增速，2015 年对外贸易减速趋势显著。

（2）产品竞争力较弱　我国加入世界贸易组织后，对外贸易主要凭借低廉的要素成本获得国际价格优势，劳动密集型产品出口比重偏大，机电产品附加值不高。金融危机后，全球市场需求锐减，国际贸易增速下滑，海外市场争夺激烈。发达国家“再工业化”战略使技术进步与创新更加集中在这些国家手中，部分关键技术与零部件制造回流加速。我国尽管是世界第一出口大国，但企业生产的大部分产品尤其是高技术产品往往只是按照其他国家的设计进行，这抑制了我国自主创新能力的提高，也导致我国在全球贸易转型的过程中，高端产品出口受阻。同时，周边发展中国家凭借低廉的劳动力成本优势，在服装、鞋帽等劳动密集型产业以及加工贸易领域不断侵蚀我国市场，抢夺订单，对我国相关出口产品形成替代。

（3）外贸企业抗风险能力不足　当前，我国外贸企业经营成本全面上升，受人口结构变化、房地产价格上涨、节能减排和环保要求趋严等因素影响，我国劳动力、原材料、能源、土地、环境等要素面临成本持续提高，企业的经营利润空间受到挤压，大量传统产业和中小企业缺乏必要的资金、技术、人才积累，风险承受能力较弱，部分中小企业勉强维持经营，甚至出现破产倒闭现象。

3. 客观认识当前形势

尽管我国对外贸易明显降速，但是应从全球视野维度与历史发展角度认识我国外贸发展。

（1）中国产品市场份额稳定　金融危机以来，世界经济增长低迷，国际需求收缩，全球贸易减速。国际货币基金组织最新预测再度调低 2015 年世界经济增长至 3.1%，比 2015 年 7 月预测值下调 0.2 个百分点。国际需求不旺导致贸易减速，WTO 统计 1～7 月，全球出口值同比下降 10.9%，低于中国出口增速 9.1 个百分点。欧盟、美国和日本出口则分别下降 14.3%、5.4%和 8.4%。这意味着我国出口占世界市场的比重并未减少，反而适度增加。

（2）价格下降影响贸易增速　2015 年，国际大宗商品价格延续了 2014 年下跌势头，原油价格从 2014 年的每桶 100 美元左右一度跌破 40 美元，铁矿砂进口价格从 2014 年的每吨 130 美元跌至 60 美元左右。国际大宗商品价格暴跌不仅拉低了中国的进口价格，同时也对世界制成品市场价格形成制约。前三季度，我国进口总体价格跌幅为 11.6%，出口总体价格跌幅为 3.5%。剔除价格影响，我国实际进口增速仅下滑 3.8%，出口实际增长数据为 1.8%，明显好于名义增速。

（3）进出口进入低增长历史阶段　中国经济发展进入“新常态”，对外贸易增长的要素优势与环境优势将发生深刻变化，中国货物贸易高速增长时期基本结束，进入中低速增长阶段。尽管新常态下有利于中国外贸增长的因素仍然较多，但是未来制约因素不容忽视。外贸出口传统比较优势不断丧失、企业生产经营成本普遍上升、国际市场空间逐步收窄、人民币实际有效汇率升幅偏大、贸易制裁日渐繁多等问题将不断深化。总体来看，我国外贸进出口增速将由原来的高速增长转向中低速增长，而且进出口增速越来越接近世界贸易的平均增长水平。此外，在宏观调控更加强调科学发展、结构调整、提质增效的背景下，对外贸易作为国民经济的重要组成部分，发展的重心也将从以往主要关注外贸进出口数量、增长速度，转变到数量与质量、速度与效益、规模与水平并重上来，速度将不再是追求的主要目标。

4. 全年走势分析预判

由于 2015 年世界经济增长低于预期，增速可能较上年有所下滑，美、欧等发达国家经济增长动力不足，我国传统出口市场需求放缓势头不减；新兴经济体受到美国加息预期影响，资本外流现象突出，经济减速在所难免，市场需求不足现象突出。国内产能过剩问题严重，投资加速下滑，企业融资成本居高不下，全年经济增长预计放缓。在国际与国内需求普遍减少的情况下，我国进出口全年预计维持下降走势，出口下降 1.8%，进口下降 15%左右。

三、2016 年对外贸易分析与展望

2016 年是“十三五”规划的开局之年，也是我国经济增长转型发展的关键之年。世界经济持续低速增长，国际贸易环境有所恶化；国内经济领域短期风险集中显现，压力与挑战前所未有。我国对外贸易增速放缓的趋势难以改变，结构调整与转型仍将继续。

1. 国际环境错综复杂

（1）世界经济低速增长　2016 年，世界经济仍将保持温和复苏走势，主要经济体继续分化，发达经济体形势好转，新兴经济体进一步恶化。世界银行、国际货币基金组织等机构多次下调世界经济增长预期。美国房地产市场复苏、制造业扩张、就业指标改善、居民消费能力与预期提高，预计 2016 年增速有望小幅提升。欧元区受原油价格低迷、欧元走弱以及量化宽松政策影响，摆脱衰退的基础进一步增强。日本面临通缩风险，经济增长速度迟缓。新兴经济体减速趋势难以逆转，巴西、俄罗斯等资源型国家 GDP 负增长局面不改，新兴市场资本流出形势严峻。

（2）全球贸易难有改观　金融危机后，由于发达国家实施再工业化政策、发展中国家推进出口导向型战略，海外市场成为各国争夺的重点领域，贸易保护倾向不断增强，加之 WTO 规则被束之高阁，新一轮以区域为主的全球贸易规则正在确立，国际贸易活力受到显著影响。与此同时，发达国家经济结构以消费需求与服务业为主导，中国等主要发展中国家需求与产业结构正在升级，全球需求逐步由实物商品为主向不可贸易的服务商品为主转型。世界贸易在全球需求转变的过程中将持续减速。尽管 IMF 预计，2016 年全球贸易将增长 4.5%，但是结合 2015 年世界贸易大幅下降的实际情况，综合考虑影响贸易活动的各种因素，以及 IMF 报告高估贸易增速的可能性，预计实际增速将低于预期。

（3）国际商品价格低位波动　2016 年国际大宗商品价格在供需因素的影响下，难以出现明显反弹，但是由于油价、铁矿石价格等已经基本处在底部，继续快速下跌的可能较小，预计全年走势基本表现为低位震荡徘徊。一是国际市场原油、铁矿石、粮食等大宗商品供应依然维持宽松局面；二是美元即将进入加息周期，以美元计价的大宗商品价格相对回落；三是俄罗斯对叙利亚反对派发动空袭，伊拉克内战依然难以平息等地缘政治因素将加大国际原油等产品价格走势的不确定性。依据当前国际大宗商品价格水平，预计 2016 年价格波动空间有限，这有利于我国外贸名义增长保持稳定。

（4）贸易与投资规则改变　金融危机后，发达国家采取重构国际贸易秩序战略，启动 TISA（国际服务贸易协定）、TPP（跨太平洋伙伴关系协议）、TTIP（跨大西洋贸易与投资伙伴关系）谈判。其中，由美国主导的 TPP 谈判已于 2015 年 10 月取得实质性进展，涉及零关税和包括货物、服务全部自由流动等内容，成为亚太地区覆盖国家范围最多的区域贸易协定。这一协定将我国排除在外，对下一步外贸企业扩大业务将产生重要影响。有关研究表明，由于 TPP 导致的出口分流与利益损失将使我国 GDP 减少 2.2%。尽管 TPP 最终协议签署尚需一年左右过渡期，但是 TPP 对中国外商直接投资的影响已经显现，2015 年美国对中国投资下降 20%左右。2016 年，TPP 将通过影响我国利用外资进而间接影响货物贸易。

2. 国内环境喜忧参半

2016 年，我国经济长期向好的基本面没有改变，随着改革的全面推开其红利不断释放，但经济运行中一些深层次矛盾和问题不断显现，下行压力仍然较大，外贸发展面临的环境有喜有忧。

（1）外贸企业传统比较优势减弱　一是劳动力成本攀升。当前我国人均GDP已经达到8000美元左右，人民生活水平显著提高，劳动力工资以及相关福利相应得到明显提升。2001年，我国加入世界贸易组织之初，城镇居民人均年收入为6869元人民币，2013年人均年收入为28844元人民币，增长了320%。根据测算，我国就业人员工资年均增速达到10%以上，高于OECD国家平均工资增长水平。与此同时，国家注重民生改善，最低工资和基本福利待遇水平逐年提高，企业需要承担的职工“五险一金”等成本负担增加幅度较大。但是另一方面，周边国家印尼、缅甸、越南、泰国等劳动力成本均低于我国，劳动密集型产品国际市场竞争较为激烈，产品价格常年维持基本稳定。我国劳动力成本大幅上涨导致外贸企业利润空间严重压缩，传统的价格优势受到挑战。二是土地利用成本上涨。土地购买、租赁与厂房构建等成本是贸易企业从事生产、进行固定资产投资的重要支出。以“本年土地成交价款/本年土地购置面积=单位土地价格”计算，2003年底至2014年底，我国土地购置价格涨幅达到460%左右。在经济快速扩张的过程中，土地资源逐步成为稀缺的要素，企业的用地成本与租金成本显著提高。三是环境要素支持能力减弱。入世后，在出口快速扩张过程中，我国出口产品附加值相对较低，对外贸易发展主要依靠资源、能源、土地和环境等有形要素投入，相应造成了国内资源能源供给紧张、开采过度，生态环境遭到显著破坏，环境承载能力下降等问题。新常态理论提出，“从资源环境约束看，过去能源资源和生态环境空间相对较大，现在环境承载能力已经达到或接近上限”。这意味着对外贸易发展以及企业进出口行为，不能继续无视生态环境成本，推进清洁生产、加强预防、后端治理等资源节约与环境保护措施势在必行，这将导致产品生产的附加费用提高，价格优势降低，企业利润下降。

（2）人民币汇率弹性增强　汇率变动直接影响进出口商品的成本与收益，是对外贸易增长的重要影响因素。为提高人民币中间价形成的市场化程度，扩大市场汇率的实际运行空间，更好地发挥汇率对外汇供求的调节作用，中国人民银行决定完善人民币兑美元汇率中间价报价，2015年8月10日之后人民币名义有效汇率指数和实际有效汇率指数下降，此后有效汇率指数保持震荡走势。人民币汇率弹性逐步增强，前期贬值对于出口的滞后作用将略有显现。但是2005年7月汇率改革至今，人民币进入长期单边升值通道，兑美元升值幅度超过30%左右。

根据国际清算银行的测算，2005 年 7 月以来，人民币实际有效汇率累计升值55.5%。汇率升值对于外贸的长期影响仍然不容忽视。

（3）*新型竞争优势逐步形成* 虽然我国传统比较优势发生变化，但支撑贸易升级的新型优势正在逐步形成并显现。一是人力资本优势提升。近年来我国就业人员的受教育水平稳步提升，每年新成长劳动力中高校毕业生将近一半，特别是 2005 年后受益于高等教育普及化，就业人员受教育水平的提高速度进一步加快。同时，高端人才不断回流，2004 年回国人员为 2 万多人，2008 年增加到 5 万人，2013 年增加到 34.5 万人。二是产业基础与创新能力增强。我国产业体系日益完备，具有较强的产业配套能力，基础设施明显改善，科技创新日益深化，战略性新兴产业快速发展带动相关产品和技术的进出口，外贸企业出口的综合优势将进一步增强。三是对外投资带来新的贸易机遇。金融危机后，我国大型企业积极开展海外资产并购、重组等活动，为开拓国际市场创造了良好机会。其中，对于美国、欧洲企业的并购，不仅获得了先进的技术、研发能力、国际品牌和国际销售渠道，而且对于企业提升现有技术能力，提高全球价值链位势具有重要意义。国家下一步稳步推进"一带一路"战略，充分发挥亚投行作用，有利于外贸企业开拓新兴市场，促进资本技术密集产业特别是制成品出口。

（4）*稳定外贸调控政策发力* 国家推进区域通关一体化、实施"三互大通关"政策、加快特殊监管区域的整合优化改革、清理和规范进出口环节涉及企业的收费等政策落实与实施将不断优化外贸发展的环境，促进外贸稳定增长；在"中国制造 2025""互联网+"等战略的推进过程中，跨境电子商务、高速铁路等新产品、新业态、新模式不断涌现，这将为我国对外贸易企业提高竞争力提供新的契机；我国扩大开放的体制变革加快，出口基地产业集聚功能增强，专业市场开展对外贸易能力提升，都将为外贸增长提供竞争动力。

3. 2016 年预测

2016 年，世界经济增长仍然面临较大压力，全球贸易呈现趋势性放缓态势，国内劳动力、土地、环保等成本持续上升，人民币实际有效汇率大幅升值，我国对外贸易出现减速换挡的阶段性变化，增长速度逐步向全球贸易增速靠近，但是国际市场份额有望保持稳定。初步预计 2016 年我国出口将微增 1.5%左右，进口将增长 2%。

四、对策建议

1. 大力提高企业抗风险能力

企业是对外贸易发展的主体，提高企业竞争力与抵御风险能力，是稳定外贸增长的基础与核心，需要做好以下几点。

（1）继续降低外贸企业负担　释放改革红利，保持市场稳定，最重要的是激发微观主体——企业的活力与动力。一方面，企业承担的劳动力、土地、环境等要素成本具有刚性，难以通过政策减负实现下降。下一步可考虑将政策重点落实在降低企业交易与运营成本上，减少对外贸企业的审批环节，清理不必要税费，降低企业行政费用支出，同时加强建立国际贸易资讯系统，帮助企业规避贸易风险，减少贸易壁垒给企业带来的损失。另一方面，结合盘活存量财政资金的契机，提高财政资金对外贸企业的支持，加快出口退税税款返还速度，适当降低对外贸企业的税收，在公共服务方面对外贸企业尤其是中小型企业提供财政优惠。

（2）鼓励外贸企业创新发展　充分发挥市场在资源配置中的决定性作用，全面深化改革，转变政府职能，强化大型企业在创新中的主体地位。政府在发挥调控作用的过程中，要以市场需求为导向、以社会力量为基础，降低企业创新成本，鼓励大型企业集中力量进行研发创新，重点领域通过组建创新联盟等形式实施合作创新。同时，借鉴国际经验，鼓励外贸企业重视集成创新，围绕核心先进制造产品，不断提高零部件、辅助设施、配套服务等方面的基础性、细微性、差异性细节的创新活动，提高产品附加值，增强创新实力。

2. 积极发展跨境电子商务

推进对外贸易新业态发展，促进跨境电子商务体系建设，有利于拓展海外市场，降低企业成本，提高运行效率。一是鼓励有实力的电商走出去，配合实体企业对外贸易扩围，在海外建立分支机构与营销服务体系，借助国际信息化浪潮，构建覆盖全球的电子商务网络体系与物流、仓储、运营系统，探索中国对外贸易发展新路径。二是在财政、税收、信贷等方面加大优惠力度，支持跨境电商重点业务与重大项目建设，鼓励中小企业通过跨境电子商务拓展国际市场，实现大众创新、万众创业目标。三是建立健全跨境电子商务监管，打造系统化服务与监督管理体系，选择部分地区试点跨境电子商务通关、商检、结汇、退税等环节“单一窗口”综合服务体系建设，并逐步扩大试点范围。

3. 积极应对跨太平洋伙伴关系协议的影响

TPP 各国达成协议，短期内对中国外贸影响尚不显著，但是长期影响不容忽视。一是积极开展与亚太国家的双边合作，对冲 TPP 作用。与亚太周边国家尤其是 TPP 成员国家保持密切交往，增加政治互信，挖掘合作潜力，加强在经贸、投资、金融、科技创新、生态环保、人力资源和社会治理等领域合作，通过签署双边自由贸易与投资协定，降低 TPP 对中国出口的冲击。同时全方位升级中国与包括东盟、智利等 22 个国家和地区的十余个自贸协定，以及与有关国家共同推进的《区域全面经济伙伴关系协定》等谈判，逐步打造覆盖全球的自贸区网络，降低 TPP 影响。二是充分发挥亚洲投资银行作用，结合当前国际产业转移趋势，支持国内有实力的外贸企业对外投资建厂、承揽项目、提供服务，扎实稳步推进海外市场占有策略。

（作者：闫敏）

2015 年固定资产投资形势回顾及 2016 年展望

2015 年，我国固定资产投资下行压力较大，增速明显放缓，多项投资相关指标屡创新低。从主要投资领域看，基建投资保持高速增长，制造业投资和房地产开发投资继续明显减速。企业自主投资意愿不强、实际融资成本较高、地方政府及融资平台投资能力受限、PPP 模式进展较慢、房地产市场库存仍然较高等成为困扰投资形势趋稳的主要因素。展望 2016 年，推进“11+6+3+1”重大工程建设、调低投资项目最低资本金比例、投放专项建设基金、加大企业债券支持力度、增强财政资金投资能力、扩大固定资产加速折旧优惠范围等一系列利好政策将释放积极效应，基础设施和服务业仍将是支撑投资平稳增长的重要领域。综合判断，固定资产投资有望呈现稳中略降的态势，预计增长 9%左右。建议推进重大项目建设、用好积极的财政政策、降低企业融资成本、推进 PPP 模式以及深化投资审批制度改革。

一、2015 年固定资产投资的基本特征

1．投资增速跌势明显

受外需大幅萎缩、内需低迷以及房地产市场周期性调整等因素影响，2015 年我国固定资产投资累计增速呈现“逐月放缓”的态势。1～11 月，投资增长 10.2%（见图 1），增幅分别较 2014 年同期和 2014 年全年回落 5.7 个百分点和 5.5 个百分点。逐月看，除 6 月短暂企稳外，投资累计增速逐月放缓。11 月环比增长率仅为 0.73%，表明投资增速下行压力依然较大。固定资产投资价格指数跌至 100 以下，1～9 月，投资价格指数为 98.5，分别较 2014 年同期和 2014 年全年回落了 2.2 个百分点和 2 个百分点。剔除价格因素后，1～9 月投资实际增长 11.9%，同比回落 3.4 个百分点。

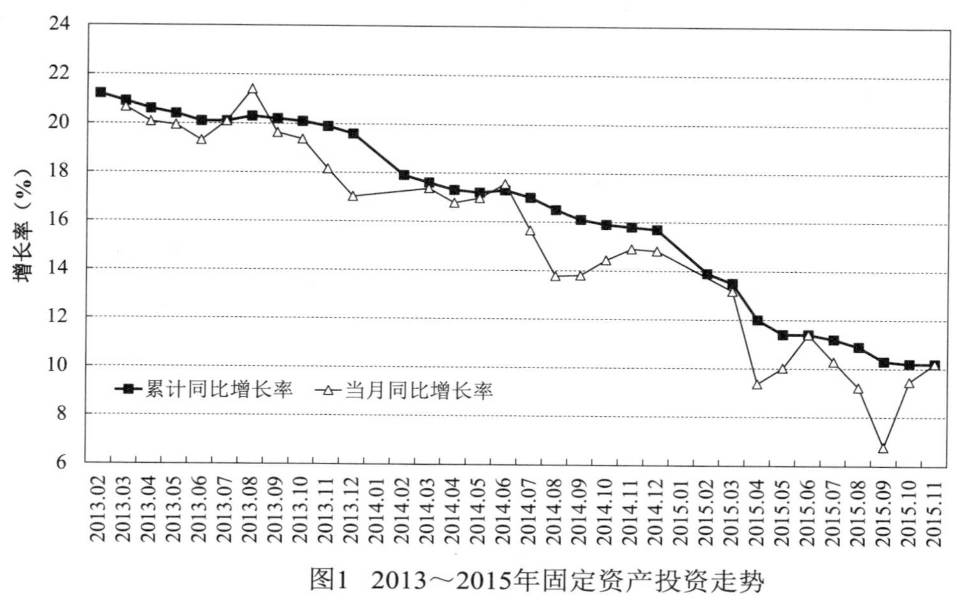

图1 2013～2015年固定资产投资走势

2．基础设施投资快速增长

制造业、基础设施和房地产开发是固定资产投资的三大领域，基本决定着投资走势。2015 年 1～11 月，制造业、基础设施、房地产开发投资分别增长 8.4%、18%和 1.3%，增幅同比分别放缓 5.1 个百分点、2.9 个百分点和 10.6 个百分点。三大领域投资规模合计占总投资的 74%，拉动投资增长 7 个百分点。基础设施投资是支撑投资增速的主要因素，高出投资增速 7.8 个百分点。其中，水利、环境和公共设施管理业投资增长较快，增速高达 21.1%。

在主要行业中，2015 年 1～11 月，高耗能行业投资增长 4.4%（见图 2），同比回落 6.7 个百分点，比制造业投资增速低 4 个百分点。装备制造业投资增长 10.5%，同比回落 2.9 个百分点，比制造业投资增速高 2.1 个百分点。可见，投资行业结构有所优化，装备制造业投资快于制造业投资，更快于高耗能行业投资。

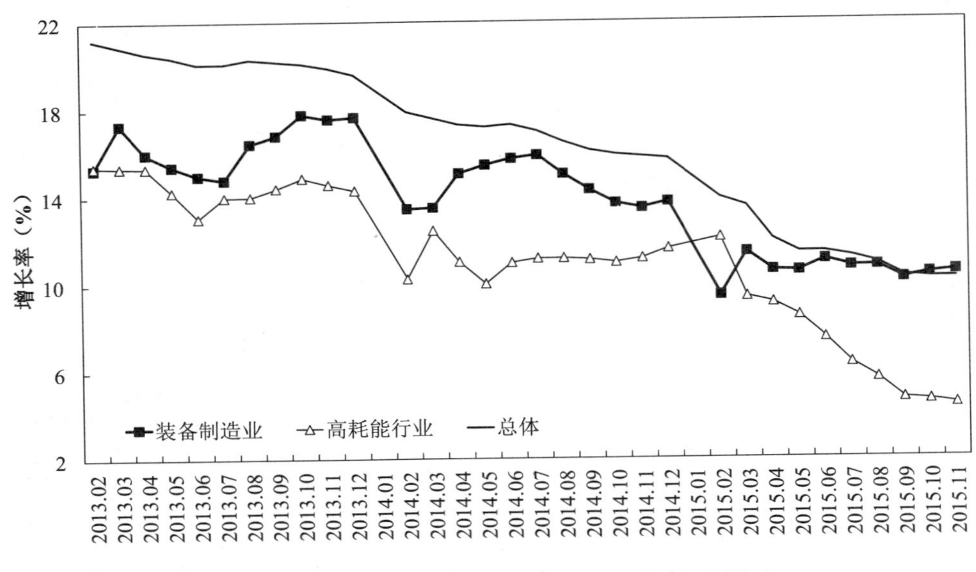

图2 高耗能、装备制造投资累计增速

3．第三产业投资比重有所提高

从投资的产业结构看，2015 年 1～11 月，第一产业投资占比 2.8%，同比提高 0.4 个百分点；第二产业投资占比 40.9%，同比降低 0.8 个百分点；第三产业投资占比 56.3%，同比提高 0.4 个百分点。第三产业投资是稳定投资增速的主要力量，剔除房地产开发投资、基建投资（不含电、热、气及水生产供应业）后同比增速为 14%，高出总体投资 3.8 个百分点，其中卫生和社会工作服务业投资增长 30.4%，同比加快 4.8 个百分点。

4．中部地区投资增速较快

2015 年 1～11 月，东、中、西部地区投资分别增长 8.5%、14.7%和 8.9%，同比放缓了 6 个百分点、2.7 个百分点和 8.8 个百分点，同期东、中、西部地区房地产开发投资分别同比放缓 10.9 个百分点、7.4 个百分点和 13.1 个百分点。东部地区部分经济发达省份及时推动产业结构调整，转型升级取得较好进展，投资效率改善，经济引领带动作用增强。中部地区促投资的政策力度较大，投资增速相对较高，回落幅度较小。西部地区及部分资源省份面临能源资源需求低迷、传统产业产能过剩、房地产市场调整等多重不利因素，投资减速幅度较大。

5．民间投资增速显著放缓

2015 年 1～11 月，民间投资增长 10.2%（见图 3），同比回落 7.7 个百分点，与总体投资增速持平。民间投资占全部投资的比重达到 64.6%。国有及国有控股投资增长 11.7%，高出民间投资增速 1.5 个百分点。民间投资疲弱反映出企业自主投资意愿不强，国有及国有控股企业在促投资中扮演着重要角色。在投资效益普遍较低的经济环境下，国有投资要更多注重有效投资、战略性投资，更多投向经济社会薄弱环节，防止片面地为稳增长而浪费社会资源。

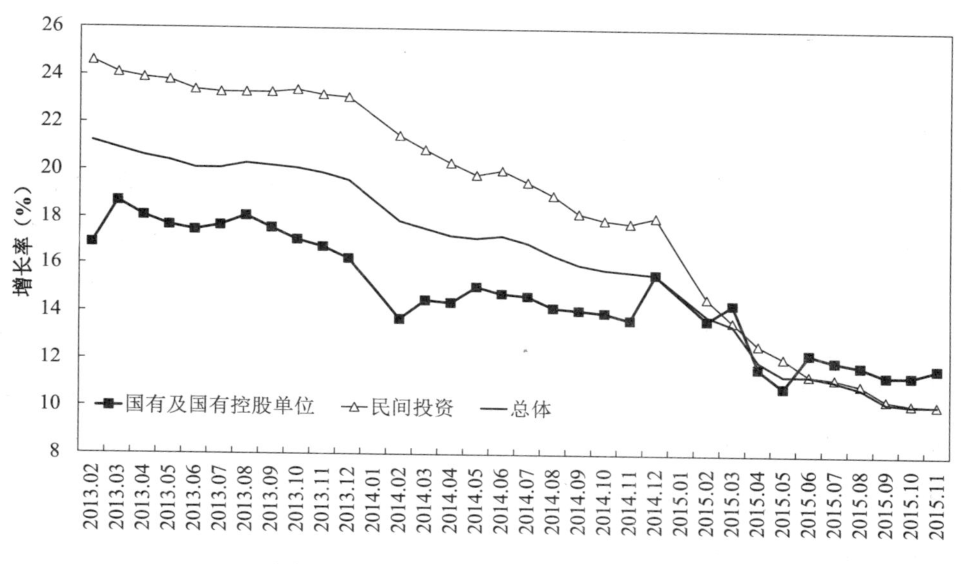

图3 2013～2015年民间投资累计增速

6．到位资金增速降至个位数

2015 年 1～11 月，投资到位资金增长 7.9%，同比回落 3.6 个百分点。资金覆盖率（到位资金/投资完成额）为 1.05，低于历史同期水平。其中，国内贷款同比下降 4.3%，连续 9 个月累计增速为负，信贷资金约束比较明显。自筹资金同比增长 9.2%，回落 5.6 个百分点。国家预算内资金同比增长 21.4%，加快 7.4 个百分点。

7．新开工项目增长缓慢

2015 年 1～11 月，新开工项目（不含房地产开发）计划总投资 37.4 万亿元，仅增长 4.7%，同比回落 8.8 个百分点，增速为历史同期极低水平。其中，亿元以上新开工项目不足的问题比较突出。施工项目（不含房地产开发）计划总投资 98

万亿元，增长 5.6%，同比回落 5.5 个百分点。

二、当前固定资产投资需要关注的主要问题

当前，固定资产投资下行压力仍然较大，底部尚未充分探明。投资领域需要密切关注的主要问题有：企业自主投资意愿不强、实际融资成本较高、地方政府及融资平台投资能力受限、政府和社会资本合作模式进展较慢、房地产市场库存仍然较高。

1．企业自主投资意愿不强

2015 年以来，市场需求总体偏弱，工业领域价格和企业效益低迷，PPI 当月同比增速已经连续 45 个月下跌，工业企业利润受到明显侵蚀，自主投资意愿不强。2015 年 1～10 月，工业企业利润总额下降 2%。传统产业产能过剩矛盾仍在发酵，工业产成品库存增速不断下降，PMI 产成品库存低于荣枯线，工业企业整体仍处在去库存阶段，缺乏扩大再生产的投资意愿。同时，房地产市场下行调整，房地产企业开发投资意愿也明显降低，土地购置面积深度下滑，资金来源增速保持个位数，房屋新开工面积持续下降。由于民间投资主体对投资形势的反应比较灵敏，制造业投资（民间投资比重超过 85%）、房地产开发投资（民间投资比重超过 70%）增速同比明显回落。

2．实际融资成本较高

经济下行时期信贷收缩更为明显，融资难、融资贵问题依然困扰着企业生产经营。尽管金融机构贷款加权平均利率同比有接近 130 个基点的下行，但价格水平同比下降更多。此外，贷转存款、贷转承兑、借款搭售等行为比较普遍，担保、评估、公证等融资相关费用较高。据调查，企业实际融资成本普遍高达 10%以上，部分中小企业甚至超过 20%。融资成本居高不下，对中小企业以及民营企业发展造成较大影响，直接影响了其投资能力。

3．地方政府及融资平台投资能力受限

受公共财政收入低速增长、土地出让收入大幅减少以及偿债高峰期等因素影响，地方政府可用于投资建设的财力明显不足，引导带动社会资本的能力较弱。2015 年 1～11 月，公共财政收入同口径增长 5.7%，政府性基金收入同口径下降 21.4%。此外，作为基础设施项目的主要建设者，地方融资平台因脱钩政府信用，

叠加土地市场遇冷融资成本和难度大幅度提高，投资能力显著削弱。

4．政府会资本合作模式进展较慢

府和社会资本合作模式（PPP 模式）以吸引社会资本进入市政公政府服务领域，拓宽投资资金来源。财政部先后推出两批共 236 个 PPP 用领域额 8389 亿元；国家发展和改革委员会先后推介两批 PPP 项目，目项目计 2125 个项目，总投资额 3.5 万亿元。目前来看，实际效果有待进一前项目签约率仅足三成。项目收益率不高、政府治理水平有待提高、政府制度尚未建立等是制约 PPP 模式推进的主要因素。此外，在已经签约的目中，社会资本方主要是国有企业，民营企业参与程度偏低。

5．房地产市场库存仍然较高

尽管二季度以来商品房销售持续回暖，量价齐升，但受制于库存基数较大，特别是三、四线城市去库存化压力较大，房地产开发企业投资意愿仍然疲弱，房地产投资增速一路下行，2015 年 8 月、9 月、10 月、11 月当月增速连续为负。库存高企压制着房地产投资意愿，土地购置面积、房屋新开工面积等先行指标双双深度下滑。截至 11 月底，全国商品房待售面积高达 6.96 亿平方米，平均去库存周期仍然长达 7 个月，部分三、四线城市甚至达到 20 个月以上。房地产销售走强带动房地产开发投资回升一般需要 6～9 个月的传导期，在库存高企的情况下传导期会显著延长，因而房地产投资形势不容乐观。

三、2016 年固定资产投资形势展望

2016 年是“十三五”开局之年。从“十三五”时期投资形势看，固定资产投资有望筑底企稳。一方面，推动经济转型升级和降杠杆将抑制投资增长。另一方面，改革红利释放、新兴产业以及服务业快速发展等将支撑投资增长。展望 2016 年，固定资产投资增速还将继续探底，预计回落到 9%左右，并将延续“一高两低”的基本格局，即基础设施投资高增速，制造业投资低增速，房地产开发投资极低增速，甚至大概率出现下降态势。

1．促进投资稳定增长的有利因素

（1）推进“11+6+3+1”重大工程建设　国家大力推进 11 大类重大工程包建设，建立重大工程“开工建设一批、投产达标一批、储备报批一批”的滚动机制。

同时，积极推进六大领域消费工程、三大战略、重大装备走出和国际产能合作重点项目建设。这些重大工程建设将对促进投资稳定增长发挥关用。

（2）调低投资项目最低资本金比例　有区别地下调固定资产资本金比例，除产能严重过剩行业外，其他行业最低资本金比例调低项目最低调低投资项目最低资本金比例，可以降低投资门槛，提高投资能力，做点。资项目落地施工。

（3）投放专项建设基金　国家引导并发挥开发性金融、政策性金融的性作用，通过发行债券筹集资金设立专项建设基金，对重点项目直接注入项目本金，支持看得准、有回报、不新增过剩产能的重点领域建设。

（4）加大企业债券支持力度　进一步降低企业债发行门槛，允许借新还旧，简化审核审批程序，扩大企业债券融资规模。同时，出台城市地下综合管廊建设、战略性新兴产业、养老产业、城市停车场等专项债券发行指引，加大企业债券服务实体经济的支持力度。

（5）增强财政资金投资能力　盘活存量财政资金、置换地方政府债务、加快预算执行等举措将提高政府投资能力。按照财政资金统筹使用方案，盘活各领域“沉睡”的财政资金，统筹用于发展急需的重点领域和优先保障民生支出，增加财政资金有效供给。通过地方政府债券置换存量债务，大幅降低地方政府利息支出和融资成本。加快支出预算执行进度，进一步发挥政府投资引导带动作用。

（6）扩大固定资产加速折旧优惠范围　为加大对传统产业投资的支持力度，将加速折旧优惠政策扩大到轻工、纺织、机械、汽车等四个重要行业，有助于激发企业投资和设备更新改造的积极性，促进产业结构优化升级。

2．制约投资稳定增长的不利因素

（1）投资项目储备不足　受市场需求低迷、融资成本较高、预期收益率走低、库存积压等影响，具备可行性的投资项目仍然较少。一般来说，投资项目通常在两年半内完成。2015年新开工项目计划总投资额、房屋新开工面积均处在极低水平，反映出投资项目储备不足，将间接影响2016年投资增速。

（2）出口形势不容乐观　我国对外贸易依存度较高，投资形势与出口状况关系紧密。2016年出口形势仍不容乐观，近期世界贸易组织下调世界贸易增长预期，将2016年全球贸易增长预测值从4.0%降低至3.9%。

（3）融资平台转型改制难度大　地方政府融资平台正在推动转型改制，剥离政府融资职能，成为独立运营的市场主体。融资平台脱钩政府信用后融资成本和难度大幅提高，部分在建项目后续融资困难，新增投资能力明显减弱，或将影响基建投资高速增长的可持续性。此外，地方政府融资平台普遍缺少突出的主营业务和充足的固定资产，参与市场化竞争存在先天不足，转型改制难度较大。

（4）投资统计制度改革引关注　2016 年，我国将在全国范围内进行固定资产投资统计方法制度改革，调查对象由投资项目转变为法人单位，投资额计算方法由形象进度转变为财务支出。2014 年全国试点地区投资总额平均减少 50%，增长速度平均降低 30%。参考试点经验，2016 年投资增速可能面临着因统计制度改革带来的“下行”风险。

四、政策建议

2016 年，建议将投资政策主基调确定为促进投资稳定增长，优化投资结构。以增加有效投资、简化投资审批事项、激发民间投资活力为出发点，通过推进重大项目建设，用好积极财政政策，降低企业融资成本，推进 PPP 模式，深化投资审批制度改革，促进固定资产投资健康运行。

1．推进重大项目建设

第一，完善重大项目的政银企社合作对接机制，细化重大工程项目清单，搭建信息共享、资金对接的平台，保障重大项目的资金供应。第二，积极引导金融机构的信贷投向，鼓励金融机构建立绿色通道，加快重大项目等领域的贷款审评审批。第三，投放专项建设基金，给予国家开发银行、中国农业发展银行适当的流动性支持。第四，统筹落实重大项目建设用地，及时为重点项目建设办理用地手续。第五，制定三年滚动投资计划，充实重点产业、基础设施和民生领域的重大项目储备库。

2．用好积极的财政政策

（1）发挥好中央预算内投资的带动作用　优化调整中央预算内投资安排，重点用于国家重大工程，特别是跨地区、跨流域的投资项目以及外部性强的重点项目，减少竞争性领域投入和对地方的小、散项目投资补助。

（2）加大盘活财政存量资金力度，清理财政专户　清理结转结余资金和财政专户，将盘活的财政资金重点投向民生改善、公共服务和基础设施等领域，提高财政资金使用效益。

（3）实行结构性减税　适当调高工薪所得税起征点，扩大税前扣除项目范围，增加养老、教育、住房等支出能力。完善研发费用计核办法，扩大企业研发费用扣除范围。

（4）推动普遍性降费　减免涉及小微企业的有关行政事业性收费和政府性基金，取缔乱收费，切实减轻小微企业负担。

3．降低企业融资成本

第一，灵活运用降准降息，引导商业银行降低信贷资金成本，加大金融对实体经济的服务。第二，扩大专项贷款规模，推动资产证券化，增强开发性、政策性金融资源服务实体经济的作用。第三，督察金融机构整改违规收费、以贷转存、存贷挂钩等行为。第四，完善多层次资本市场，继续壮大主板市场，积极推动创业板和战略新兴板市场，有序发展新三板市场，规范区域性股权交易中心形成的四板市场，降低中小企业参与资本市场的门槛。第五，充分发挥社会资本在普惠金融中的积极作用，支持民营银行、小额贷款公司、村镇银行、P2P公司等金融机构发展，推动民间金融阳光化。

4．推进PPP模式

第一，中央层面安排PPP项目前期工作费，支持地方政府开展PPP项目的前期工作，推进项目签约及落地实施。第二，加大专项转移支付资金、税收优惠政策、PPP引导基金对PPP项目的支持力度。第三，规范地方政府行为，加强政府承诺的约束机制，对地方政府违约行为，实施上级财政对下级财政的结算扣款惩罚，切实保障社会资本的合法权益。第四，制订PPP项目标准化合同范文和分行业合同，提供更加细化可操作的实施指引。第五，开展PPP项目的推介会和业务培训班，介绍可复制、可推广经验，引导民营资本积极参与PPP项目建设。

5．深化投资审批制度改革

第一，进一步取消和下放投资审批权限，清理和规范核准后、开工前的一些报建手续，切实解决前置手续繁杂、效率低下、依附于行政审批的中介服务不规范和收费不合理等问题。第二，解决不同审批部门权限下放不同步的问题，促进土地、环评、安全等审批权限同步下放，提高简政放权的综合成效。第三，彻底清理审批事项互为前置、互相掣肘的情况，提高审批效率。

（作者：胡祖铨）

2016年我国区域经济发展分析

2015年，各地区经济增幅均呈稳中有降态势，四大板块的增长格局并未发生大的变化，但区域内各地区的增长差异变大，局部地区面临的困难比较大。展望2016年，东部发达地区由于创新能力较强，产业结构相对合理，内在增长动力更强，较适应经济新常态，经济增幅即使回落也有限，大致与2015年相当。中西部以及东北地区在国家政策支持下，积极承接产业转移，利用信息技术发展新业态，在基数相对比较小的情况下，经济增幅将有望企稳，但由于工业占比高，资源型产业比重大，经济增幅回升的概率不大。特别是东北地区以及一些资源大省对大宗商品价格比较敏感，经济相对脆弱，转型发展压力大，存在局部风险的可能。建议：建立有效的跨行政区协调机制，统筹区域空间布局，建立区际利益平衡机制，加大对特殊类型地区的分类指导和支持力度，合理划分基本公共服务方面中央与地方的财权事权，为不同地区的居民享受基本均衡的公共服务创造条件，促进区域间协同发展。

2015年，随着“一带一路”“长江经济带”“京津冀协同发展”这三项重大国家战略的深入推进，经济发展的空间格局进一步优化，区域协同发展有了新进展。2016年，是“十三五”规划实施的第一年，经济社会发展理念将进一步改变，创新在经济增长中将扮演更加重要的角色，传统的地区梯度模式将发生一定的变化，经济增长点（地区）将呈扩散态势，各地区经济增长差异化进一步呈现。

一、2015年区域经济发展基本特点

1．区域合作势头愈加明显

不同层次区域合作不断推进，东中西、跨省市、省内跨市的区域合作与次区域合作广泛开展，合作领域和内容不断拓展，区域一体化步伐不断加快。合作治理机制不断完善，不同类型区域根据自身发展所处阶段，推动区域合作规划的编制和实施。比如2015年长三角地区合作与发展联席会议提出，江浙沪皖将加快构建长三角更加方便快捷的综合立体交通运输体系；加快经济调结构转方式促升级，推进信息基础设施协同共享和信息消费发展；加强产业合作，探索建立共建

共享机制；加快新型城镇化发展，推进世界级城市群建设；继续加强区域信用、金融、通关等社会服务一体化建设。国务院批复的《环渤海地区合作发展纲要》（环渤海地区包括京、津、冀、鲁、辽、晋、内蒙古七省区市），提出了合作发展六方面的重点任务，包括：加快跨区域重大基础设施建设；加强生态环境保护联防联治；推进产业对接合作；构建开放型经济新格局；完善统一市场体系；统筹城乡区域协调发展。总之，加强区域合作已经成为各地在新时代背景下，挖掘经济发展新动能共同的选择。

2．东中西部地区增幅差异变小

从四大区域看，自2007年以来，东部地区经济增长一直低于全国平均增速，但2015年出现反转，东部地区经济增速重新高于平均水平，而且呈现相对稳态，连续多个季度无大波动。中部地区经济增速回落较多，中部各省经济增速普遍下降，山西省增速大幅下滑，前三季度仅增长2.8%。西部地区经济增速下降幅度与平均水平相当，增速仍然最高。东北地区经济增速在2014年低位上继续下滑，辽宁增速列最后一位，黑龙江和吉林增幅分列倒数第三和第四名。

经济新常态、三期叠加背景下，各地区由于资源禀赋不同、经济结构存在一定差异以及经济转型进展不一等，各地经济承压能力尽显。在经济共振的大格局下，四大地区呈现出不同的运行态势，地区经济增长极差有扩大之势，经济增幅标准差也有所扩大（见图1）。2015年前三季度，增幅最高的重庆和西藏达到11%，增幅最低的辽宁仅有2.7%。

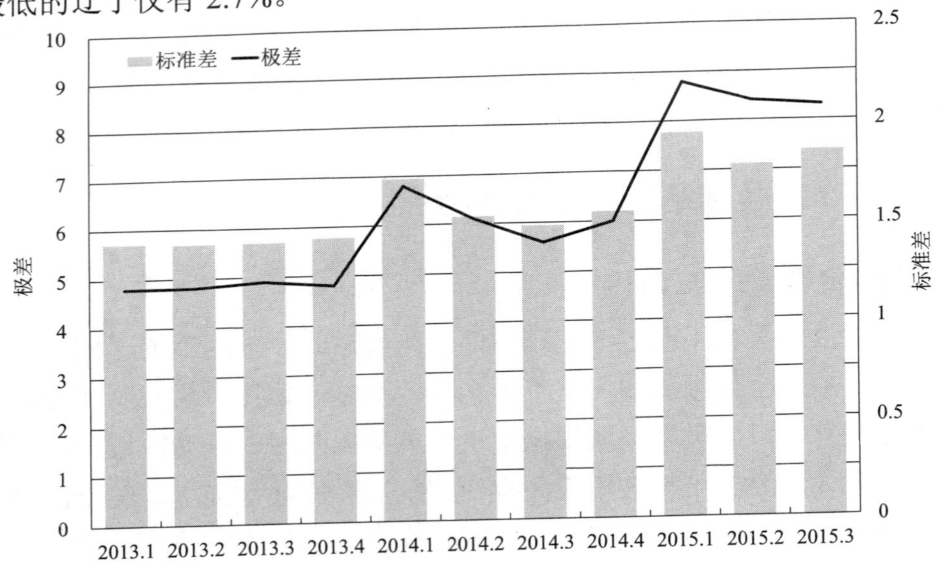

图1 31省市区经济增幅极差以及标准差

东北以及以山西为代表的资源型地区经济增长低迷（见表 1），主要与其既有的产业结构有一定的关联，其主导产业是重化工业，但目前我国工业和制造业的结构正在发生根本性的改变，重化工业高速发展的黄金时期已经结束，以重化工业为主体的经济结构势必会受到较大冲击。其次，尽管历经多年市场经济的洗礼，但这些地区在计划经济时代留下的“后遗症”依旧未能消除，眼下这种弊端依然明显，这种体制障碍也影响了经济的持续健康发展。再次，受国内外环境影响大，尤其是 2014 年至今，这些省份以资源、能源输出为主，主导产业多处于产业链的上游，深加工能力相对薄弱，受需求下降影响较大。另外，过去资源密集产业的东北和产煤大省山西发展过度依赖于快速的、大量的资源要素投入，而与经济活动的密集程度不相适应，导致空间吸引力不足。矿藏资源、土地资源、环境资源的大量开发投入，反而扭曲了原本具有优势的资源要素空间结构，资源优势进而成为经济劣势，经济活动缺乏活力。

表 1　四大区域经济增幅

（%）

时间	地区合计	东部	中部	西部	东北
2013 年 1 季度	9.65	9.22	9.67	11.02	9.26
2013 年 2 季度	9.51	9.14	9.57	10.74	8.92
2013 年 3 季度	9.51	9.13	9.70	10.71	8.65
2013 年 4 季度	9.47	9.08	9.74	10.71	8.42
2014 年 1 季度	8.05	7.74	8.91	8.67	6.46
2014 年 2 季度	8.26	8.02	8.89	9.03	6.53
2014 年 3 季度	8.18	8.03	8.73	8.93	6.02
2014 年 4 季度	8.29	8.14	8.91	9.04	5.91
2015 年 1 季度	7.32	7.63	7.52	7.84	3.47
2015 年 2 季度	7.64	7.88	7.85	8.29	3.94
2015 年 3 季度	7.76	7.91	8.09	8.46	4.17

二、区域发展大趋势

随着互联网经济的加速发展，新常态下各地区经济发展的动力机制发生了变化，地区要素之间的耦合关系也出现了新的变化，由此，地区经济发展可能会出现如下趋势。

1．“雁阵模式”发生改变

经济新常态下，“雁阵模式”正在发生改变。东南沿海地区向中西部的梯度推进和产业转移，过去一段时间确实有效，但随着很多产业向国外转移，这种模式的作用不再明显。一方面，高铁、高速公路的加快建设，极大地缩短了东中西部的时空距离，弥补了中西部地区的区位短板；另一方面，大数据时代，诸如沿海、沿江等区位禀赋已经不再是吸引资金流、人才流、项目流的必然条件，中西部地区一开始就能够站在较高的产业起点。如贵州省率先提出把大数据产业作为重要战略来抓，进行了一系列基础设施和平台建设，受到阿里巴巴、IBM 等信息产业龙头企业的青睐。总之，在新一轮产业革命浪潮中，传统经济版图中不具备竞争优势的地方意识到，和“互联网+”“大数据”概念相关的信息产业可以破解区位、交通等先天不足，成为新的投资增长点。不论是发展大数据等新兴产业，还是摒弃招商引资中的低成本竞争策略，地方政府实际上在有意或者无意地力争超越“雁阵模式”。

2．经济增长极或“遍地开花”

互联网的广泛使用，使经济增长极的形成与发展不再高度依赖地理区位、空间，新极点的形成正在更为广大的地域范围内发生，其成长不再受制于地域差异。“集聚效应”“空间溢出效应”在网络条件下受到挑战，信息被平等公正地分享，平等竞争、机会均等成为可能。产业布局可以避开经济流量过大的中心地区而寻求交通、环境等都更加适宜的区域。网络经济模式为落后地区的跨越式发展提供了可能性。网络的公平性、共享性、迅达性、个性等特征，塑造了一个创新发展、公平竞争、不分贫富、不分先后的新平台。网络创新经济的核心要素，准确来说是知识、信息，其载体是人，同时其产品的营销、供给，几乎不受地理距离的影响。落后地区可以通过自身的独特优势，引入高增长率的网络经济模式的相关产业，与发达地区比肩共进，甚至伺机超越。

3．城市群成为区域经济新符号

随着中国城市化进程与工业化进程的不断加快，城市群地区已经成为今天和今后经济发展格局中最具活力和潜力的核心地区，也是我国生产力布局的增长极点和核心支点，具有将各种生产要素流动汇聚与扩散的功能。城市群已成为中国区域发展的主要空间形态，我国传统的省域经济和行政区经济逐步向城市群经济过渡，城市群的区增长极作用越来越明显。城市群可使大中小城市和相关小城镇充分发挥各自进产业发展和推进城镇化方面的优势，取得新的更强的集聚经济效应和性，使城市群获得比单个城市更大的分工收益和规模效益。从目前支撑发展的三大战略规划看，以城市群建设为依托，跳出过去以省为单位略格局，战略部署更多考虑板块之间的互动，扩展区域经济发展空间域经济发展的路径已经明晰；以基建和装备制造为投资重点、以市场资模式正在形成，投资区域和产业结构已悄然生变。2016 年，这一明确。

2016 年区域经济发展分析

6 年，是“十三五”规划的开局之年，我国经济正处于“爬坡过坎”的关，经济下行压力依然比较大，经济增幅保持平稳甚至略有回落的概率比较，在这样的大环境下，总体上各区域经济增长也会保持大致态势，但不同地区会有所差异，主要在于如下影响区域经济增长因素的驱动力不同。

1．政策

从区域战略看，统筹实施“四大板块”和“三个支撑带”是我国区域发展新的重大布局，2016 年仍将延续。在区域政策方面，针对性的措施将唱主角，中西部地区在公共服务、基础设施建设等方面将获得更大支持。京津冀经济圈、珠三角经济圈、长江经济带大都属东部地区，特别是自贸区也都位于东部地区，在国家改革开放不断深化的情况下，东部地区更容易激发市场活力，激活增长潜力。对于中西部地区而言，“一带一路”实施后，通过向西开放，可以利用当地优势条件，发展对外加工贸易，改变经济发展对资源的路径依赖。积极参与长江经济带等，也将获取区域合作的收益。总体上讲，就政策方面而言，对东中西部地区经济增长的影响与 2015 年差异不大。

2．产业结构

进入 21 世纪以来，东部及沿海地区为加快产业结构升级，逐步调整区域产业布局，实行区域产业转移，逐步将资源和劳动密集型产业转移扩散出去，集中力量发展高新技术产业和高端制造业。东部地区已逐步适应中高速增长的宏观环境，创新型产业和服务业加快发展。第一产业比重较小，第二产业比重逐步下降，第三产业比重持续增高。中西部地区凭借资源优势，承接东部地区产业转移和外来直接投资，传统制造业和能源化工产业发展迅速，形成以重化工和传统制造业为主导的产业结构。2016年，中国经济转型升级态势继续强化，经济结构趋势性转变将延续，由工业主导向服务业主导转变的趋势更加明确，业中传统高耗能的产业规模扩张空间明显缩小，而高新技术产业和服务业发在经济总量中的份额逐步上升。因此，不同的结构，将对地区经济增长产的影响。东部在对全国结构调整、转型升级中的引领作用更加明显，在经长向次高增长的转换过程中弹性相对更大。而中西部地区二产和投资对增拉动作用相对明显，工业对经济增长的支撑力相对较大。两相比较，东性增长机会更大一些。

3．创新

由于生产活动模块化、数字化、智能化程度的不断提高，一个地区的经济发展对劳动力的技能、基础设施（主要指信息通信设施和公共服务设施）的先进水平和制度条件提出了更高的要求。要素的知识性、不可替代性和不可复制性成为决定一个地区竞争优势的重要因素。低成本劳动力、廉价的土地、能源资源，以及地理区位等传统优势，都将由于生产组织方式、商业模式的变革而被替代，对经济活动空间布局的影响力已明显趋于减弱。在此背景之下，基于传统比较优势，主要依托本地资源的“自身消耗型”的区域发展路径，越来越难以适应新常态下区域发展环境的变化。无论是发达地区，还是欠发达地区，都要积极主动向“创造型”的发展路径转变，以适应新时期区域竞争的要求。但在创新方面，显然东部地区具有优势，以北京为例，2014年，全市规模以上大中型工业企业R&D经费内部支出189.2亿元，为2006年的3.2倍。R&D投入强度（R&D经费内部支出占企业主营业务收入比重）为1.2%，比2006年提高0.3个百分点。随着R&D经费投入的增加，技术创新成果也不断涌现，2014年，规模以上工业发明专利9835件，其中大中型工业企业为8010件，为2006年的9.9倍。

4．城镇化

从城市化水平来看，各地区城市化的差距比较大，其水平与人均生产总值高低密切相关，甚至连排位都基本一致。2014年，上海、北京超过了85%，天津达到82%，有16个省区城市化率在50%～70%之间，除西藏外，其他地区城市化处于40%～50%之间。分四大板块看，东部、中部、西部和东北人均生产总值分别为67326元、38336元、37583元和52358元；城镇化率分别为63.6 %、49.8%、47.4%和60.8%。

随着我国经济结构的转型和中西部地区工业化的加速发展，中西部正在成为我国加速推进城镇化的主要区域。东部沿海地区由于产业结构转型升级，技术和资金密集型的产业对高科技创新型人才需求增加，但是对于一般的产业工人需求将逐渐降低。而中西部地区承接东部沿海地区产业转移，以劳动密集和资源密集型为主，就业需求量大。因此，随着区域经济发展的转型和户籍制度的进一步改革，人口跨区域流动从过去大规模流向东南沿海转为向多个经济增长极流动，中西部地区逐步成为城镇化发展的重心，区域之间的城镇化差别将趋于缩小。作为拉动经济增长重要动力之一的城镇化，显然中西部具有一定的优势。

5. 区位

区位优势的差异，在过去地区经济发展过程中起到了很大的作用，也是东西部地区经济差距拉大的重要因素之一。目前，在西部大开发、中部崛起等相关区域政策的持续支持下，中西部地区的交通、通信和能源、基础设施等逐步完备，制度环境、投资环境、市场环境等已经明显改善，中西部地区的区位劣势不断弱化。同时，中西部地区低廉的土地、劳动力成本和丰富的资源，亦逐渐成为区域发展的优势，已经成为沿海地区大规模产业转移的理想区域。各大区域的区位优劣差异不断缩小，同时区位因素对经济增长的作用也不如过去那么重要。

6. 三大需求

就影响各区域最大的投资需求看，2015 年 1～10 月，固定资产投资增长10.3%，分地区看，1～10 月，东部地区投资 184190.8 亿元，同比增长 13.0%；中部地区投资 110924.3 亿元，增长 15.6%；西部地区投资 112350.4 亿元，增长 8.7%；东北地区投资 36613.1 亿元，增长-9.6%（见表 2）。

表 2　2015 年 1~10 月各区域固定资产投资情况

地区	固定资产投资额/亿元	同比增长率（%）	施工项目/个	同比增长率（%）	新开工项目/个	同比增长率（%）
地区合计	444078.6	10.25	583513	8.5	415967	16.3
东部	184190.8	12.99	221159	9.0	161178	17.9
中部	110924.3	15.64	130396	9.5	85977	12.7
西部	112350.4	8.70	188742	6.4	132912	15.4
东北	36613.1	-9.60	43216	12.1	35900	22.2

2016年，尽管从国家政策导向上看，中西部地区会获得更大支持，比如东中西部之间交通基础设施水平差距依然较大，针对中西部基础设施存在的短板，国家仍会给予重点投入。但传统行业化解产能过剩和企业盈利低迷令制造业投资难有起色；中小城市地产销售情况不佳，对中西部地区房地产投资影响更大，加上从施工和新开各项目增长看，中西部地区也没有优势，因此，往年中西部投资增速大幅高于东部地区的情形很难重现，几大区域投资增幅差将进一步缩小。从消费需求看，历年消费需求增长均比较稳定，各区域间差异不大（见图 2）。2016年，消费需求惯性仍将发挥作用，但由于各地区居民收入特别是资产性收入存在差异，会一定程度上对消费产生一定影响，中西部地区相比东部发达地区存在劣势。从进出口情况看，由于国际大宗商品市场低迷，中西部地区出口增长更为不乐观，进出口形势对中西部影响更大一些。综合看，三大需求拉动力中西部相比过去已没有明显优势。

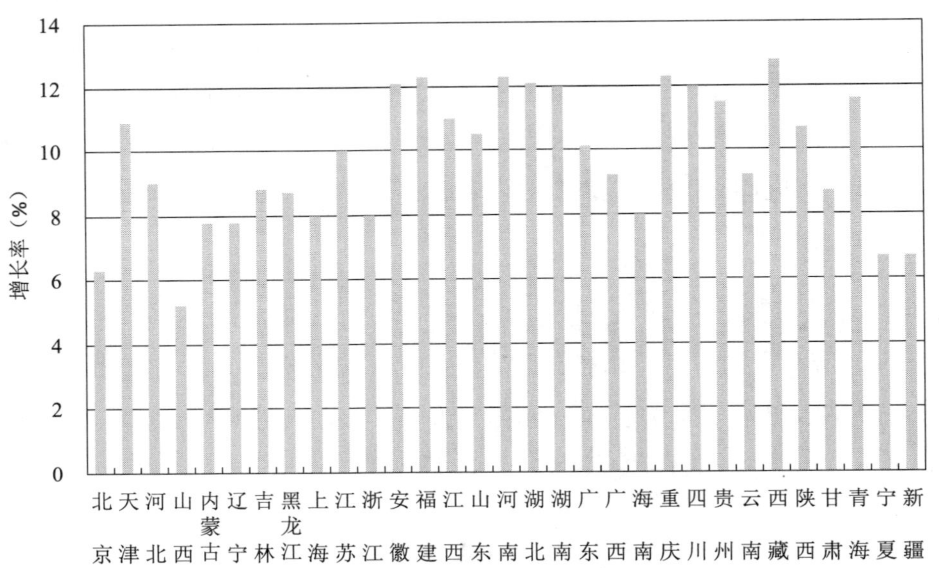

图2　2015年1～9月各地区社会消费品零售总额增长

依据上述分析，初步判断 2016 年区域经济增长格局将呈现如下态势：东部发达地区经济增速将继续维持相对稳态，经济增幅与 2015 年基本相当；中部地区经济增速将有望企稳，经济增速与东部地区相差无几；西部地区经济增速继续领先，但与东中部地区增速差将进一步缩小；东北地区增速将有所回升，但与其他地区相比仍是洼地。

四、区域协调发展依然面临重大挑战

近年来，随着一系列区域发展战略的深入实施，我国区域经济格局得到了一定优化，区域相对差距整体上呈缩小趋势，区域专业化分工和产业集聚程度不断提高，要素空间配置效率有所提升。但受资源禀赋、发展阶段和体制机制等因素制约，区域协调发展还面临着一些突出问题。

1. 区域发展不平衡、发展质量差异较大

总体来看，我国区域差距开始缩小，但区域间发展水平的绝对差距仍然较大，甚至还有进一步扩大的趋势。例如，2014 年各省市人均 GDP 最高的天津，是最低的甘肃的 4.34 倍，绝对差距还有所拉大，尤其是区域发展质量差异明显，东部与中西部在教育、医疗、基础设施等方面的差距十分显著。

2. 区域产业同构化现象严重

由于政绩考核机制和财税体制不健全等原因，各地恶性竞争、产业同构化严重。石化、钢铁等作为拉动 GDP 增长、增加财政收入的重要行业，区域竞争、重复建设的情况最为严重，影响了区域发展效率。

3. 人口和经济集聚与资源环境承载力不匹配

由于资源环境政策不完善、经济发展的环境成本未完全内部化等原因，导致部分地区人口和经济集聚程度与资源环境承载力严重不匹配，资源过度利用、生态环境退化、发展潜力透支的问题突出。

4. 区域协同发展机制尚不健全

我国虽已经制定了一系列区域发展规划，但受中央与地方事权关系不合理、政府和市场关系尚未理顺、财税政策和法律法规不完善等因素制约，区域协同发展缺乏实质性举措，区域分割、恶性竞争、地方保护主义等现象依然严重，不利于要素资源合理自由流动和空间配置效率提升，不利于区域经济一体化和构建全国统一大市场。

5. 区域政策细化不够

国家出台了很多针对特殊类型地区的区域政策，但地区间政策攀比竞争加剧，不同地区的政策越来越呈现趋同特征，政策精准性有待提高。

五、促进区域经济协同发展的建议

1．建立有效的跨行政区协调机制

目前中国跨地区的协调机制难以建立，一方面是缺乏有权威的协调组织机构，另一方面也缺乏“区域治理”的意识和方法创新。“十三五”时期，区域治理要以跨行政区经济一体化为导向，通过政府、社团机构、企业和居民的共同参与，采取区域规划、区域协作组织、行政区划调整、区域自治和立法等手段，处理多方面的地区冲突与摩擦，力求实现产业分工协作、基础设施互联互通、生态环境协防共治、要素流动市场配置等治理目标。当前，针对区域城市间普遍存在的行政分割和区域壁垒，要考虑制定一体化法律法规，明确提出一体化发展任务清单，将其直接与政绩考核指标挂钩，形成区域一体化发展的考核体系。同时，健全区域协调机构，考虑设立由上一级政府牵头组织的有权威的区域协调委员会，并重视发挥政府、协会与企业的不同作用，促进区域主体参与多元化。

2．合理划分基本公共服务方面中央与地方的财权事权

现有的中央和地方财政关系方面，地方事权过大，财权过小，尤其是教育、卫生、社会保障、公共安全、环境保护等基本公共服务供给方面的事权集中由地方承担，但没有相对应的财权。这导致经济发达地区有财力进一步提高本地区的基本公共服务水平，一些欠发达地区尽管得到了中央的转移支付，仍然远跟不上发达地区的基本公共服务财政投入水平。就全国看，包括义务教育、公共卫生、基本社会保障在内的许多基本公共服务项目，仍存在地区间二次分配扩大一次分配差距的逆向转移问题。建议中央政府在教育、医疗、社会保障等基本公共服务方面，担负更主要的支出责任。一是明确界定基本公共服务的范围，并随同经济社会发展水平提高而相应调整。二是明确全国实施基本公共服务均等化的标准，由中央政府平衡各地基本公共服务的投入水平，并建立科学的评价指标体系。三是明确划分各级政府提供基本公共服务的权责，保证责任归属清晰、合理。四是完善财税制度，合理调整政府间财权配置，扩大地方税收来源，并且按照基本公共服务均等化的要求，完善财政转移支付制度。五是鼓励发达地区吸纳欠发达地区的人口，促其融入当地社区，成为稳定的迁徙者。

3．加大对特殊类型地区的分类指导和支持力度

更加关注空间布局分散、共性问题突出的特殊类型区域，进一步明确政策支持单元，完善差别化政策支持体系，加强基础设施建设，强化生态保护和修复，提高公共服务水平，逐步缓解问题区域的突出矛盾。切实改善革命老区、少数民族地区、边疆地区、贫困地区的生产生活条件，扶持贫困地区与扶持贫困人口相结合，提高义务教育、医疗卫生和社会保障等基本公共服务水平，保障贫困人口获得基本的生存权和发展权，提高贫困地区人口的自我发展能力。落实好对滞缓衰退型城市和资源枯竭型城市的相关政策和措施。加强对农产品主产区的支持政策。对重点生态功能区，要继续加大均衡性转移支付力度，建立横向和纵向相结合的生态补偿机制。特别是对山西、东北等过去对我国经济发展做出重大贡献的资源型地区，需要在转型过程中给予一定的政策、资金支持。

4．统筹区域空间布局，建立区际利益平衡机制

国家基于各地的具体情况，统筹进行区域空间布局，特别是产业布局。但现实区域协作实践中，不同主体身份、角色、行为方面的差异是客观存在的，利益诉求更是千差万别。区域协作主体互动协同需要照顾不同主体的群体利益或者个人利益、政治利益或者经济利益。对于愿意将资源、信息、知识、机会进行区域共享的协作主体给予物质性补偿和表扬、名望、友情及信任等形式的奖励性报酬，对那些按照国家统一空间布局发展附加值相对较低产业的地区给予合理的补偿和必要的支持。

（作者：胡少维）

市场预测篇

2015 年汽车市场分析与 2016 年展望

一、2015 年汽车市场分析

1. 2015 年汽车市场运行特征

2015 年我国汽车市场呈现“正常——低速——快速”的三段式发展，大体呈现 V 形的走势。一季度汽车市场运行基本平稳，前三个月保持增长态势，同比增速为 3.2%。从 4 月份开始，我国汽车市场一路持续下降，4 月份同比下降 1.2%，到 7 月份达到谷底，当月同比下降 8.2%。8 月份以后市场逐步企稳回升，9 月份市场恢复到正增长，11 月份月同比增速高达 19.7%，四季度同比增长高达 15.6%，市场呈现快速增长态势（见图 1）。

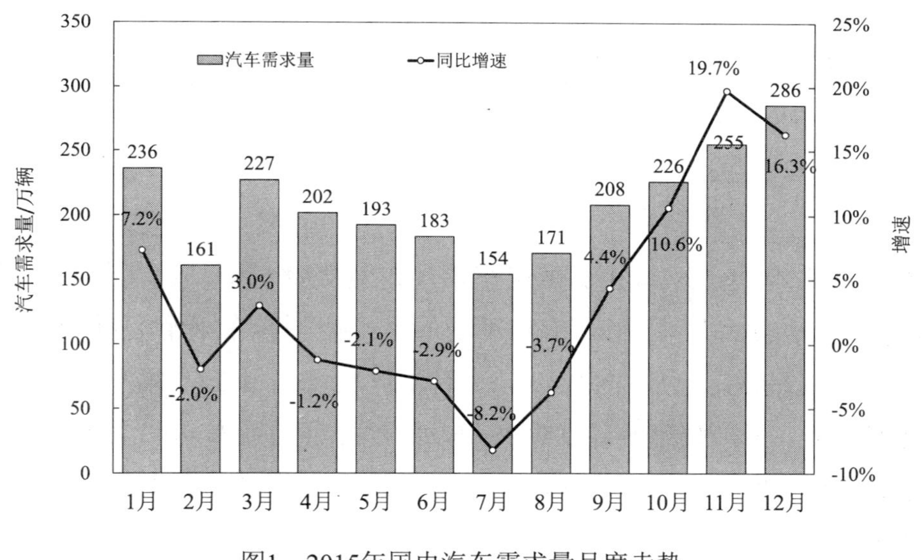

图1　2015年国内汽车需求量月度走势

当前我国汽车需求主体是乘用车，2015 年乘用车需求量占汽车需求总量的 78.4%，汽车市场 V 形走势基本是由于乘用车市场走势所带来的。2015 年一季度累计同比增长 9.6%，基本保持在正常增长水平。从 4 月份开始，乘用车市场增速持续下滑，4 月份同比增长速度下降到 3.4%，6 月份市场出现负增长，到 7 月份乘用车市场需求当月下降 7.2%，8 月份市场仍呈现负增长，但下降幅度减小，9 月份以后市场逐步呈现回升。进入四季度，在购置税减半政策的刺激下，乘用车市场需求迅速回暖，10 月乘用车需求增长 12%，11 月和 12 月增速分别达到 22.4% 和 18.1%（见图 2）。在政策拉动下四季度乘用车市场总需求平均增速回升至 17.6%，呈强力反弹的势头。

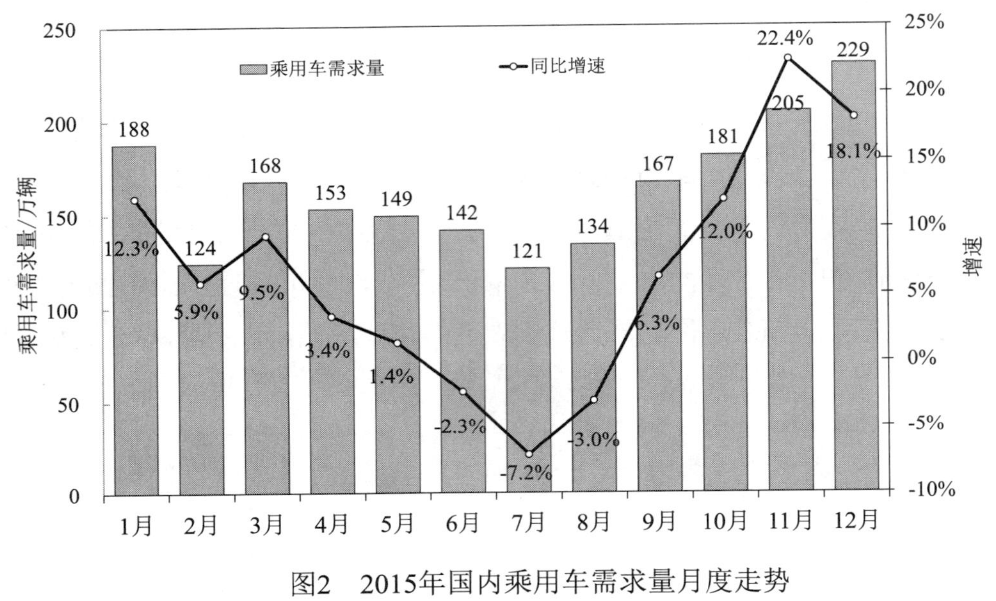

图2　2015年国内乘用车需求量月度走势

2015 年，微型客车市场与狭义乘用车市场走势大体相似，对汽车市场呈现阶段发展也起到了一定加强性作用。略有不同的是，微型客车下滑幅度和在谷底时间要长一些，基本呈现 U 形，微型客车 3 月份同比增长 1.6%，而到 5 月份已经呈现出同比负增长，下降幅度高达 15.7%，6 月、7 月市场基本同比下降 17%左右，8 月份同比下降到 18%，9 月份下滑态势有所缓解，10 月份同比增长 7.8%，市场开始进入快速增长。

2015 年，全年国内汽车总需求达到 2502 万辆，同比增长 4.1%，与 2014 年相比回落 4 个百分点，汽车市场需求连续两年增速下降（见图 3）。

2．2015 年汽车市场走势的原因分析

汽车市场增速下滑是乘用车和商用车双双下降所带来的。2015 年，我国狭义

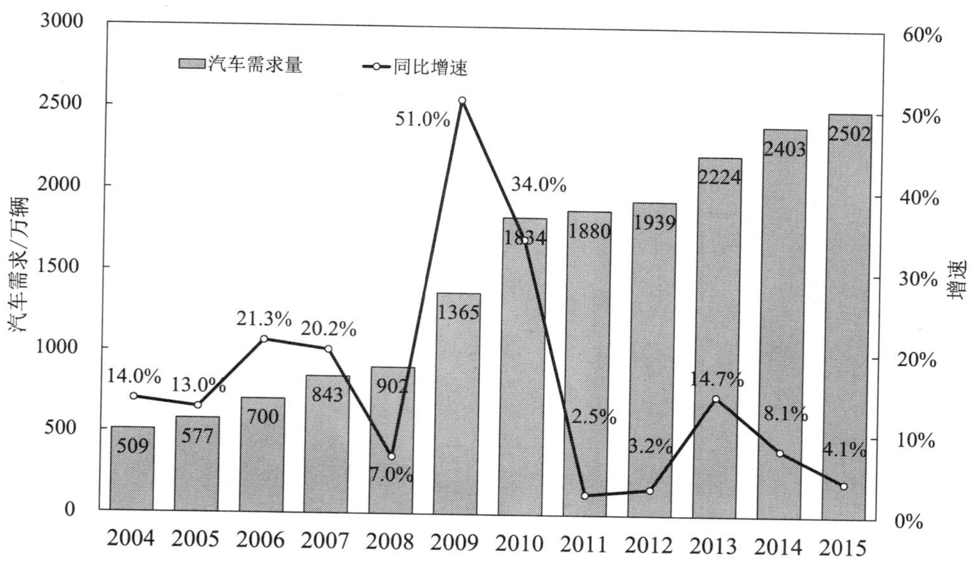

图3　2004～2015年国内汽车需求量年度走势

乘用车内需为 1961 万辆，同比增长 7.4%，增速较 2014 年回落 5 个百分点（见图 4）。微型客车市场出现萎缩，全年国内市场需求同比下降 4.1%，增速较 2014 年回落近 10 个百分点。而商用车市场仍维持负增长，七类商用车销售同比下降 7.7%。

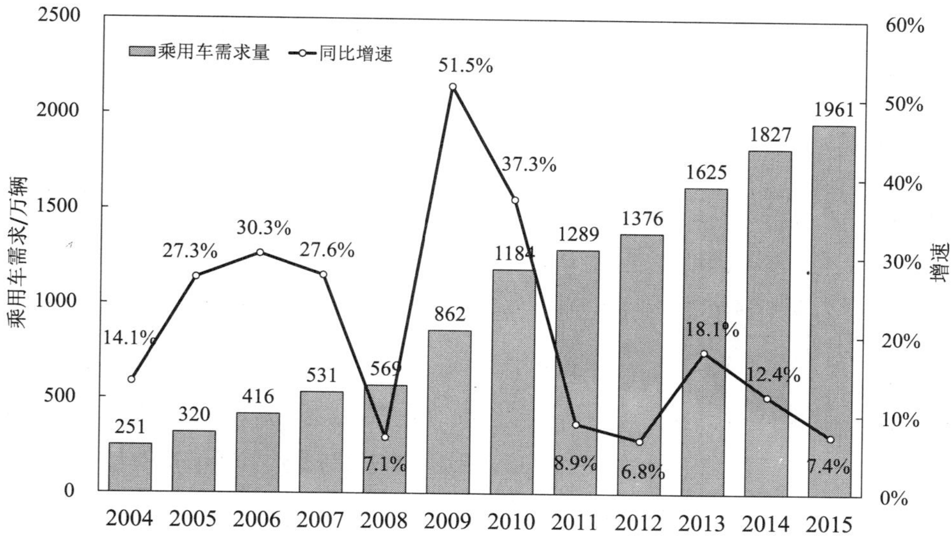

图4　2004～2015年国内乘用车需求量年度走势

当前，我国乘用车保有水平和销售水平距离饱和点还有很大的距离。从 2009 年开始，我国进入乘用车第二个高速发展阶段，即普及期，预计到 2024 年结束。在此期间，乘用车内需增长率大致相当于 GDP 增长率的 1.5 倍左右，即 10%左右的年度增速。2015 年乘用车市场增速仅高于 GDP 增速 0.5 个百分点，应该说，该增速低于现阶段应有的增长水平。

导致 2015 年二、三季度汽车市场急剧滑坡的主因在于经济增速的持续性下滑。首先，从宏观层面来看，2015 年 GDP 增速为 6.9%，较 2014 年下降 0.4 个百分点（见图 5）。

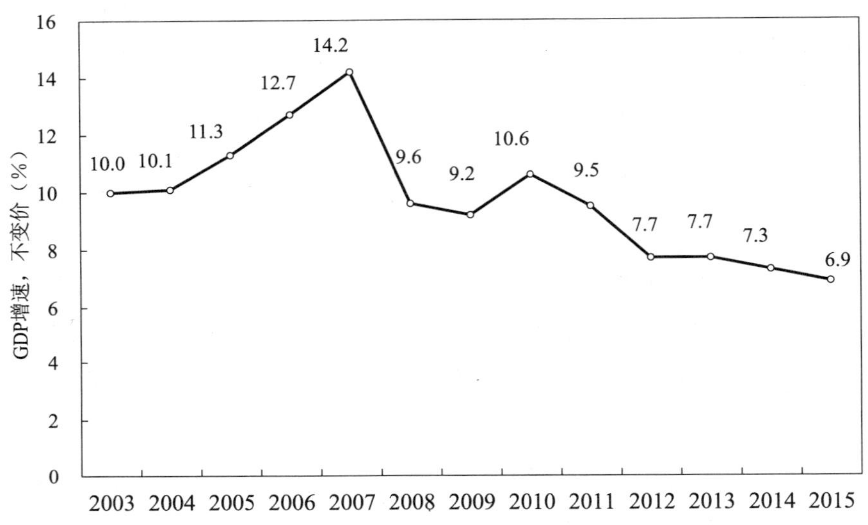

图5 2003～2015年GDP增速年度走势

具体到需求层面，三大需求再下台阶，投资低迷和外需不振成为制约 2015 年经济增长的主因。2014 年固定资产投资累计同比增速为 15.7%，2015 年，房地产市场的深度调整制约了投资的增长，固定资产投资增速逐月走低，全年固定资产投资同比增速仅有 10.0%，比 2014 年下降了 5.7 个百分点（见图 6）。消费需求尽管相对稳定，但增速也继续下降，社会消费品零售总额全年增速为 10.7%，较 2014 年回落 1.3 个百分点。2015 年出口也出现了较大幅度的负增长，主要是因为全球经济增长呈现增长乏力的态势，外需受到较大冲击。

在经济持续降速的宏观背景下，我国城乡居民收入也受到影响而逐步回落。2015 年，城镇居民收入增速逐季下行，一季度城镇居民家庭人均可支配收入增速

7.0%，与当季经济增长一致，到四季度增速回落到 6.6%，低于 GDP 增速；尽管农村人均现金收入增速一直高于 GDP 增长，但增速也由一季度的 8.9%回落到四

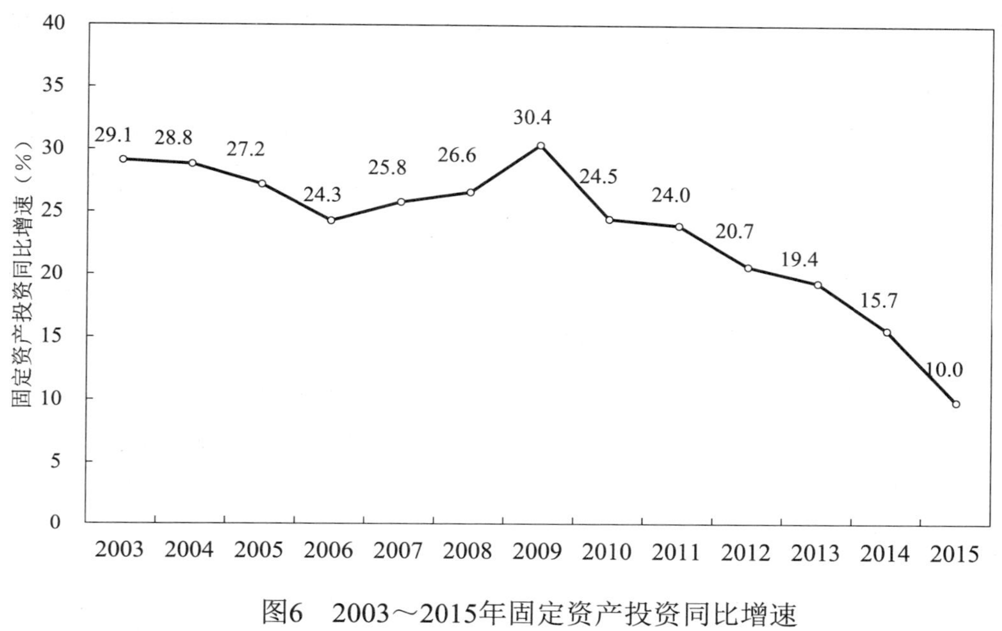

图6　2003～2015年固定资产投资同比增速

季度的 7.5%（见表 1）。经济持续下降对消费者的购车能力和消费者买车信心都产生较强的负面作用，是汽车市场需求持续走弱的主要原因。

表 1　2015 年城乡居民收入情况

季度	城镇居民家庭人均可支配收入增速（%）	农村居民家庭平均人均现金收入增速（%）
第一季度	7.0	8.9
第二季度	6.7	8.3
第三季度	6.8	8.1
第四季度	6.6	7.5

其次，经济回落 0.4 个百分点在微观层面对汽车市场的影响体现更加明显。经济持续下降首当其冲遭受影响的是高收入行业、高收入群体的收入。一些垄断性国企员工的收入都有不同程度下调，而竞争性行业国有、民营企业由于效益下滑，员工收入也受到不同程度的影响。即使不下调工资，但人员内部分流和人员招聘停止或减少，也影响到企业员工对未来发展的信心。而与企业效益下滑相关联的是压缩各种不必要开支，比如各种广告宣传会、新产品发布会都一切从简，

这就会影响到诸如文体明星的商业演出机会，文体明星一大块收入来源就大幅缩减了。而高档酒店、饭店、娱乐场所及高端景区的客流也受到不同程度影响，相关企业遭遇了前所未有的经营压力，经营不善的高档饭店、酒店、会所出现倒闭，直接影响这些领域企业所有者、高管及普通员工的收入。高收入群体收入下降直接导致 2015 年豪华车市场增速大幅下滑。而且，高端行业是社会消费引导或先行者，他们收入下降逐步就会从消费链、收入链逐步向下传导，全社会汽车消费能力都会逐渐显现出负面影响。

从乘用车市场的月度走势来看，二季度以来乘用车市场增速的急剧滑坡，还受到了股市剧烈波动和限购透支这两个短期因素的影响。二季度股市开始急剧上涨，新开户数也随之激增。2015 年 3 月份，新开户数仅为 419 万户，而整个二季度，新开户数达到 3836 万户，资金涌入股市，股市分流了大量的购车资金，对购车需求形成明显的负面拖累。而股市从 6 月 12 日又开始急剧下跌，政府虽积极救市，但股民资金被套牢，财富大量缩水，购车意愿明显降低。此外，限购的透支性影响也是导致汽车市场下滑的另一因素。2013 年底的天津限购和 2014 年的杭州限购带来了大量恐慌性购买，致使一些传闻城市在 2014 年二季度的汽车市场增速达到非常高的水平，比如南京销量增长 93.3%，重庆增长 74.7%，这为 2015 年二季度带来了高基数。2014 年底的深圳限购则令限购传闻再起，限购传闻再度带来的恐慌性购买支撑了 2015 年一季度的销量。但进入 2015 年二季度，限购传闻渐平，传闻带来的恐慌购买明显减少，对销量的拉动作用逐步减弱，再加上高基数的影响，传闻城市出现透支性低增长。进入四季度，股市和限购的负面影响有所减退，乘用车市场本应恢复至 4%的增长水平。但购置税减半政策的推出对四季度需求形成明显支撑，带动汽车市场增速回归至两位数水平，达 17.6%。其中，对 1.6L 以下小排量车型的带动作用尤其明显。

微型客车市场负增长的原因是需求端和供给端均出现萎缩。从需求端来看，有两方面原因：第一，随着购车用户收入提升，消费升级，低价位、没面子、低舒适度的微型客车需求开始萎缩，尤其是拉货少的用户，更倾向于购买乘用车来满足生活需求；第二，由于微型客车原有的生活需求被乘用车分流，传统微型客车逐渐向更为纯粹的货运功能转移，服务于个体户、小企业的生意拉货，而 2015 年宏观经济总体趋势性下行，全社会消费增速下行，也影响了微型客车的需求。从供给端来看，主流厂商产品投放和营销资源更多向乘用车倾斜，加速了微型客车市场的萎缩。主流微型汽车企业为迎合用户升级需求，在传统微型客车产品的投放上有所缩减，精简现有产品线，资源逐渐向更舒适高档的 MPV、SUV 倾斜，比如幻速 S2、宝骏 730、宝骏 560、长安欧尚等。

2015 年，商用车市场需求负增长态势是短期经济下滑和中长期产业结构调整和运输效率提升等叠加共同导致的。一方面，从产业结构的角度来看，经过多年持续高速增长之后，我国经济也进入到产业结构换档的关键时期，投资引擎的效率有所下降。2015 年房地产相关投资持续低迷，全年房地产投资增速仅为 1.0%，较 2014 年下降 9.4 个百分点。因此，建筑领域广泛应用的重型自卸车的需求受到严重冲击，明显拉低了中重型货车市场的需求。同时，国家在结构优化、转型升级等方面取得了积极成效，2013 年，我国第三产业占比首次超过第二产业。近年来，第三产业占比持续提升，以工业为主的第二产业占比逐年下降，粗钢、煤炭、铁矿石等相关工业品量价齐跌，致使重型货物运输车辆的需求受到负面影响。另一方面，从运输效率的角度看，经济低迷的大环境下，运输市场呈现出货运量下滑快，企业效益差的态势，倒逼物流运输企业降本增效。相比大量存在的散户，规模较大、组织效率高的大型物流企业在竞争中优势更加突出。他们通过先进的物流管理平台实现货源与运力的更好匹配，实现对司机的精益管理，实现对车辆的实时管控，大大提升了单车在单位时间内的运营里程，对于商用车的总需求形成抑制。

二、2016 年汽车市场预测

1．乘用车市场预测

（1）*发展规律*　2016 年我国乘用车需求主要受三方面因素的影响，一是汽车发展规律，二是宏观经济形势，三是汽车产业政策。发展规律决定了乘用车市场的长期潜在增长水平；宏观经济形势将导致乘用车需求增速在长期潜在增长水平的基础上来回波动；汽车产业政策更多影响短期汽车市场，在一定时间内刺激或者抑制乘用车需求。

从发达国家的发展经验来看，汽车发展一般经过两个快速发展期。第一高速增长期是乘用车千人保有量由 5 辆达到 20 辆左右，这一时期持续时间较短，一般在 5 年左右，但增速比较高，一般在 30%左右。第二高速增长期是乘用车千人保有量由 20 辆达到 150 辆左右，年均销量增长率在 20%左右。日本 1960～1964

年为乘用车市场第一个高速发展期，乘用车销量由1960年的14.5万辆暴增至1964年的49.4万辆，年均增长率高达35.8%。1965年日本开始进入乘用车第二快速期，当年乘用车销量58.6万辆，到1973年普及期结束，销量已经大幅攀升到300万辆，年均增长22.2%。韩国乘用车市场1981年进入第一高速期，当年乘用车销量4.4万辆，至1985年第一高速期结束，乘用车销量已达到12.9万辆，年均增长25.0%。1986年韩国进入乘用车第二高速期，乘用车销量由1986年的15.4万辆迅速提升至1997年的115.1万辆，年均增长20.0%。按照成长规律对比，我国从2001～2008年花费了8年的时间完成了乘用车第一个高速发展阶段，乘用车销量由最初的86万辆剧增至2008年的570万辆，增长了近6倍，年平均增长率达30.4%。我国从2009年开始进入乘用车第二个高速发展阶段。与日本、韩国发展有所不同，我国地区差距、城乡差距将影响我国乘用车普及进程，我国将用更长的时间、相对较低的增长速度完成汽车普及化工程。2015年我国乘用车汽车千人保有水平已接近90辆，乘用车市场进入第二高速增长期中后期，乘用车需求增速将会进一步降低。

从国际发展轨迹来看，乘用车市场发展规律实现的关键还是取决于经济增长，经济低速增长国家乘用车市场需求也相应比较低。从我国经济长期发展阶段来看，经济增长速度已从高速回落到中高速。2001～2010年经济增长速度为年均10.5%，2011～2014年经济增长速度回落到8%，2015年经济增速下降到6.9%。要实现到2020年我国GDP和人均收入要比2010年“翻一番”的目标，未来5年我国经济需要保持年均6.5%以上的增长速度。是否能够保持这样的增速，回答是肯定的。因为我国具备较强的后发比较优势，主要体现在技术差距。技术差距的大小可以用经济水平的差距来衡量。2013年我国人均GDP相当于美国的13.6%，即使按照购买评价测算我国人均GDP也仅相当于美国的24%。按照潜在要素贡献来看，人口红利减退，劳动力贡献将下降，资本贡献将保持平稳，未来支撑我国经济增长的关键要素是技术贡献，由于还存在后发优势，我们仍可以学习借鉴国际先进技术和经验，促进经济增长。同时，我国改革红利释放会推动配置效率提升，市场在资源配置中的决定性作用发挥是我国经济未来发展的重要推动力。综合来讲，“十三五”期间我国宏观经济能够保持稳定增长态势。

综合发展阶段和经济发展态势，未来10年我国乘用车市场仍将处于快速增长发展时期，乘用车内需增长率大致相当于GDP增长率的1～1.3倍左右，前5

年保持年均 8%～9%的潜在增长水平，后 5 年以年均 6.5%增长，预计到 2024 年我国乘用车第二高速期，即普及期才结束。

据此测算到 2024 年左右我国乘用车需求将在 3600 万辆左右，但就会带来新的疑问，我国乘用车饱和点是多少，这样持续增长能否会突破我国汽车饱和水平。从国际汽车保有水平来看，美国汽车保有水平最高，其汽车千人保有量超过了 800 辆，平均百人汽车年销量达到 5.8 辆；欧洲国家保有水平基本在 600 辆左右，德国、法国、英国汽车千人保有量分别为 564 辆、598 辆和 523 辆；欧洲丹麦的汽车保有水平相对比较低，汽车千人保有量水平不足 500 辆，主要是因为丹麦政府出于环保的考虑，一方面对汽车购买征收高额税费，另一方面大力鼓励自行车的运用，这都在一定程度抑制了乘用车购买需求。日本汽车千人保有辆也将近 600 辆（见表 2）。

表 2　主要国家汽车销量和保有水平

国别	2001～2007 年汽车平均销量/万辆	2001～2007 年平均总人口/万人	平均每百人汽车销量/辆	汽车千人保有量/辆
美国	1712	29301	5.84	802
意大利	260	5812	4.48	672
法国	256	6049	4.23	598
德国	358	8243	4.35	564
英国	284	5995	4.74	523
日本	576	12762	4.51	589
丹麦	22	541	4.09	478

汽车饱和水平和人口密度强相关，从日本区域来看，东京人口密度最高，每平方公里超过 10000 人，其乘用车千人保有量也最低只有 200 多辆。而在石川、爱知、北海道等人口密度在 3000～4000 人/ km^2 地区，千人乘用车保有量都在 500 辆以上。

我国人口密度为 143 人/ km^2，但 94%的人口主要集中在腾冲至黑河线以东 43%的国土上，因此实际人口密度约为 300 人/ km^2。与大多数欧洲国家类似，比日本要好很多，无论是按照欧洲水平还是日本水平，按照未来 15 亿人口测算，中国市场汽车销量饱和水平达到每年 6000 万辆也完全有可能的。

（2）宏观经济　2016年经济环境能基本支撑乘用车长期潜在增长水平，但没有更大作用，2016年宏观经济下行压力仍然比较大。首先，从拉动经济增长的“三驾马车”之一的出口来看，2015年全球经济呈现了金融危机以来最低迷的态势，2016年也是风险之年，全球经济形势难有太大的起色。美国加息将增大全球经济复苏的不确定性，大部分经济体的货币将因此而进一步贬值。在主要经济体货币贬值的情况下，人民币实际有效汇率仍将维持较高的水平，抬高了出口成本；新兴市场国家也可能因美国加息而遭遇撤资风险，从而陷入更加艰难的境地。此外，受主权债务危机影响，欧洲经济复苏仍然乏力，而且内部经济分化愈加明显，内部协调困难重重；日本经济在量化宽松刺激后虽有所改善，但长期遗留的结构性问题未得到解决，增长动力仍不足。这些问题都将影响我国外需，抑制出口。外需风险不小，但仍存积极因素。2015年，我国对美国出口总额为4095.4亿美元，占出口总额的18%。作为我国主要贸易伙伴，美国经济的改善会对我国出口形成一定的支撑。在此背景下，2016年我国对外出口状况很难有大的改善，不过出口增速会略高于2015年。

其次，中央2016年的工作重心将转向解决结构性难题，把“化解产能过剩”“化解房地产库存”作为重要任务，固定资产投资增速将受到一定影响。“十二五”期间去产能工作以淘汰落后产能为主，已获可喜成果，但“十三五”期间将通过兼并重组、破产清算等手段来化解产能过剩，任务更重，三大投资之一的制造业投资增速将处于低位。房地产市场去库存的任务也较为艰巨。房地产库存多过剩在五、六级城市，但人口大多数向一、二级城市聚集，结构错配使得房地产市场去库存推进难度比较大。截至2015年底，房地产市场的库存量仍处于相当高的水平，需要很长时间才能有效消化，房地产投资将难有大的改观。面对投资下滑的态势，政府将急促加大稳定增长力度，制造业提升工程包的实施，电网改造、重大水利工程、铁路、城市轨道交通和重点流域水污染治理等工程的推进以及货币政策加大对工业领域的支持力度，这些都将对稳定投资起到关键作用，投资快速下滑将得到有效抑制。

最后，扩大消费需求将是2016年经济重要的稳定剂，在政府减税等相关政策刺激下，信息消费、旅游休闲消费将继续增长，预计2016年消费市场整体稳步增长，规模将进一步扩大，消费结构将持续改善，消费对经济的贡献作用将不断增强。综合来看，预计2016年经济增长速度在6.6%左右（见表3）。

表 3　各机构对 2016 年中国经济的预测

预测机构	预测时间	2016 年 GDP 增速预测（%）
汇丰银行	2015 年 12 月	6.7
亚洲开发银行	2015 年 7 月	6.8
中金	2015 年 11 月	6.8
世界银行	2016 年 1 月	6.7
中国社会科学院	2015 年 12 月	6.7
摩根士丹利	2015 年 12 月	6.7
IMF	2016 年 1 月	6.3
瑞银证券	2015 年 10 月	6.2
加权平均值		6.6

虽然经济下行压力不减，但结构调整方面取得了可喜的进展。“大众创业、万众创新”效果突出，社会新增就业岗位继续增加，第三产业快速增长推动我国经济吸纳就业能力不断增强，居民收入也能保持较快增长。因此，社会财富逐步向居民转移，在三类部门中居民部门占 GDP 的比重持续提升。这对于以私人家庭消费为主的乘用车需求来说是比较有利的。近年来，私人购车需求快速增长，2015 年私人购车需求占总需求的 94.7%。

（3）产业政策　2016 年，乘用车市场最大的支撑力量来自于购置税减半政策。这一政策在 2009 年也实施过，曾额外拉动需求增长 20.6%。相较于 2009 年，2016 年的政策效果将弱于此前，原因有四个：第一，政策力度弱于此前。2016 年汽车行业整体的政策刺激力度不如 2009 年。2009 年出台了购置税减半，取消养路费，汽车下乡等政策，每项政策都对需求产生明显的拉动作用，带动力强劲。第二，限购城市增多。2009 年仅有上海一个城市限购，而 2016 年有北、上、广等七省市实施限购，即使出台刺激政策，限购城市仍受指标限制，购买力也难以释放。第三，经济环境偏弱。2016 年的经济增速较 2009 年明显放缓，2009 年 GDP 增速达 9.2%，而 2016 年仅为 6.6%。资金环境也较 2009 年明显紧缩。第四，发展阶段不同。2009 年处于普及期初期，汽车千人保有量仅为 21 辆；而 2016 年已进入普及期的中后期，增长潜力亦不如 2009 年。不过，购置税减半政策的刺激效果虽不及 2009 年，但对全年乘用车需求也将产生明显的提振作用，尤其政策年底到期，届时将会刺激大量的提前购买。

2．商用车市场预测

（1）*发展规律* 从商用车发展历史来看，2000～2010 年我国商用车处于高速增长阶段，年均增长速度达到 15.3%，高于 GDP 增速。去除 2009 年、2010 年的超常规增长，2000～2008 年我国商用车年均增长速度为 12.3%。2011 年以来，商用车增速下降既是对 2009～2010 年超常规增长的回归，也是商用车潜在增长潜力下行的表现。未来商用车将保持中低速增长，低于同期 GDP 增速，维持 3%～4%的潜在增长水平，做出以上判断的依据如下。

从先导国家的发展经验来看，经济发展水平与货车千人保有量有如下关系：当人均 GDP 在 15000 美元以下时，千人保有量增长较快；但经济发展到一定水平（人均 GDP 超过 15000 美元），千人保有量增速明显放缓，基本趋于稳定水平。当前我国人均 GDP 尚未达到 15000 美元，货车千人保有量还有增长空间，但以下三个因素将抑制商用车需求。第一，经济内部发生结构性变化。根据经济发展阶段的划分，我国在 2000 年步入工业化，2008 年进入工业化中期，2014 年进入工业化后期。从需求端来看，经济增长的动力已由过去的投资拉动型向消费拉动型转变，最终消费支出对 GDP 增长的贡献率逐年上涨，而消费内部也呈现出转型升级的态势，消费方式由传统型、物质型向现代型、服务型转变。从供给端来看，近年国家在结构优化、转型升级等方面取得了积极成效，2013 年三产占比首次超过二产，且仍保持强劲的增长势头。而以工业为主的第二产业占比逐年下降，粗钢、水泥、煤炭、铁矿石等相关工业品产量持续收缩。这些经济内部的结构性变化都将使得单位 GDP 对于工程类、运输类商用车的潜在需求下降。第二，单车运输效率有所提升。电子商务的快速发展带来了货运内部格局的变化，也带来了快递行业的井喷（见图 7）。快递、生鲜冷链、日用工业品、农副产品等轻量化产品运输份额提升，钢铁、煤炭、砂石料等重化工业产品的运输份额有所下降，这将加大城市对轻物流的需求。但物流企业受制于运价低迷和成本压力，会自发寻求效率提升的方式。我国物流市场长期处于运价扭曲失衡的低水平状态，而租金、油价、劳动力价格都在不停上升，这都将倒逼物流企业不得不寻求“降本增效”的新路径。物流企业、平台企业、货车企业都在不遗余力地提升物流效率，以获取核心竞争力。单车运输效率的提升将抑制商用车的需求。第三，各类商用车型的质量提升延长了使用寿命，也会压缩商用车的更新需求。

（2）*宏观经济* 正如上文所分析，2016 年我国宏观经济形势面临着错综复

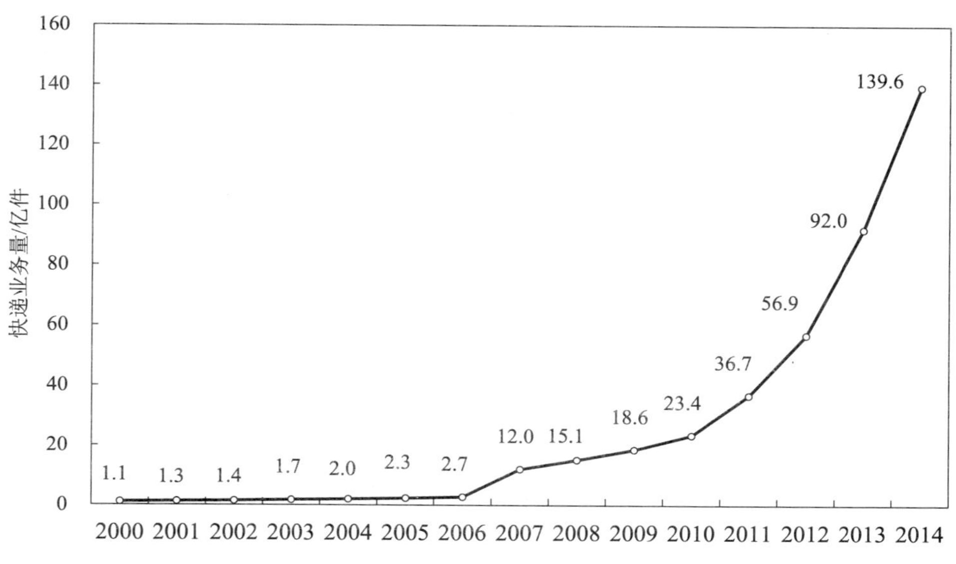

图7 2000～2014年快递业务量年度走势

杂的国际形势和国内结构性矛盾突出的问题，国家将坚持适度扩大总需求，着力加强供给侧结构性改革。在稳定增长政策作用下，宏观经济将保持稳定增长态势。因此，从经济层面来看，商用车市场不具备超正常增长的支撑因素。

（3）产业政策 2016 年商用车需求将从政策层面获得一定支撑，但力度有限。轻型汽油车和重型柴油车将于 2017 年全国执行国Ⅴ排放标准，与油品升级时间基本一致。因此，2016 年四季度将积极地消化库存或提前买断上牌，形成集中购买，对需求形成一定支撑。此外，预计 GB1589 最早将在 2016 年下半年实施，主要修改点包括两方面，一是放宽外廓尺寸，二是鼓励新技术应用。放宽车辆外廓尺寸有利于提高单车货运量，从长远看会抑制更新需求；但从短期看，政策会激励企业更换新车型以提高自身的货运效率，对 2016 年的更新需求也能形成一定支撑。

总体来讲，2016 年商用车市场将按规律即潜在增长率来发展，但在经济增速放缓，投资增速相比以前大幅度降低的大背景下，市场会继续萎缩。因此，2016 年商用车整体增长速度虽高于 2015 年，但仍维持负增长。

综合以上对乘用车和商用车的分析，预计 2016 年我国汽车总需求将达到 2727 万辆，同比增长 9.0%。其中乘用车 2195 万辆，同比增 11.9%，商用车 300 万辆，同比增长-2.6%（见表 4）。

表 4　2016 年我国汽车市场需求预测

车型	2015 年需求量/万辆	2016 年需求量/万辆	增长率（%）
乘用车	1961	2195	11.9
微型客车	233	232	−0.4
商用车	308	300	−2.6
合计	2502	2727	9.0

（作者：徐长明）

2015 年客车市场现状及 2016 年预测

2015 年 1～11 月份，中国客车统计信息网的 50 家企业累计销售 5m 以上客车 212739 辆，同比增长 9.23%，其中座位客车（公路客车）增长 10.74%，校车增长 3.34%，公交客车增长 8.26%（见表 1），其他客车销量较小，不做重点研究。

表 1　2015 年 1～11 月份客车销量同比情况表

项目		总计	12m＜L	11m＜L≤12 m	10 m＜L≤11 m	9 m＜L≤10 m	8 m＜L≤9 m	7 m＜L≤8 m	6 m＜L≤7 m	5 m＜L≤6 m	3.5 m＜L≤5 m
2014 年同期销量/辆	合计	194756	2419	43790	28883	11986	26575	27403	25742	27958	—
	座位	94255	570	19885	10106	5380	14201	14035	14777	15301	—
	校车	22380	—	378	768	1309	1536	4036	4703	9650	—
	公交	74052	1849	23527	17850	4695	10796	9257	4718	1360	—
	其他	4069	—	—	159	602	42	75	1544	1647	—
2015 年累计销量/辆	合计	212739	2293	43232	28727	11227	25139	24502	41269	36350	—
	座位	104378	732	23922	9408	5464	12446	12868	18298	21240	—
	校车	23128	—	284	1035	1836	1267	3863	4412	10431	—
	公交	80165	1561	19000	18165	3449	11246	7618	17417	1709	—
	其他	5068	—	26	119	478	180	153	1142	2970	—
差值/辆	合计	17983	-126	-558	-156	-759	-1436	-2901	15527	8392	—
	座位	10123	162	4037	-698	84	-1755	-1167	3521	5939	—
	校车	748	—	-94	267	527	-269	-173	-291	781	—
	公交	6113	-288	-4527	315	-1246	450	-1639	12699	349	—
	其他	999	—	26	-40	-124	138	78	-402	1323	—
增长（%）	合计	9.23	-5.21	-1.27	-0.54	-6.33	-5.40	-10.5	60.32	30.02	—
	座位	10.74	28.42	20.30	-6.91	1.56	-12.3	-8.31	23.83	38.81	—
	校车	3.34	—	-24.8	34.77	40.26	-17.5	-4.29	-6.19	8.09	—
	公交	8.26	-15.5	-19.2	1.76	-26.5	4.17	-17.7	269.1	25.66	—
	其他	24.55	—	—	-25.1	-20.6	328.5	104.0	-26.0	80.33	—

总销量中，大型客车销量74252辆，同比下降1.12%，中型客车销量60868辆，同比下降7.73%，轻型客车销量77619辆，同比增长44.54%。

从企业的表现来看，销量列前15位的企业多数呈增长态势（见表2）。

表2　2015年TOP15客车企业销量及增速

序号	汽车企业名称	1～11月5m以上销量/辆	2014年同期销量/辆	增量/辆	增长（%）
	总计	212739	194756	17983	9.23
1	郑州宇通集团有限公司	56696	50939	5757	11.30
2	金龙联合汽车工业（苏州）有限公司	21843	22016	-173	-0.79
3	中通客车控股股份有限公司	14496	11694	2802	23.96
4	厦门金龙联合汽车工业有限公司	13360	12121	1239	10.22
5	厦门金龙旅行车有限公司	12060	11312	748	6.61
6	东风襄阳旅行车有限公司	9553	5234	4319	82.52
7	安徽安凯汽车股份有限公司	8681	6855	1826	26.64
8	南京金龙客车制造有限公司	8015	2502	5513	220.34
9	河南少林客车股份有限公司	7947	8830	-883	-10.00
10	东风超龙(十堰)客车有限公司	7069	7132	-63	-0.88
11	北汽福田汽车股份有限公司欧V客车分厂	6972	5408	1564	28.92
12	桂林客车工业集团有限公司	5467	5600	-133	-2.38
13	比亚迪汽车工业有限公司	4357	1525	2832	185.70
14	扬州亚星客车股份有限公司	3364	3088	276	8.94
15	保定长安客车制造有限公司	3249	3497	-248	-7.09

就具体的市场表现，重点分析五个方面。

一、第四季度暴力增长，将预支2016年的销量

5m以上客车销量，2015年10月份同比增长36.28%，11月份同比增长48.81%，进入第四季度，两个月平均增幅已达到42.77%。2015年前三个季度与2014年同期几乎持平，第一季度互有胜负，第二季度下跌，第三季度增长，但幅度都不大，进入第四季度，客车销量呈暴力增长态势。

座位客车与前3个季度的增幅几乎持平，校车大幅下跌，公交客车成为暴力增长的主要支撑因素，2015年10月份，公交客车共计销售10108辆，同比增长

88.83%，11 月份，公交客车销售 15292 辆，同比增长 128.17%。11 月份，公交客车销量创造了新的月度销量纪录（上一个纪录 2014 年 12 月 13101 辆）（见表 3）。

表 3　2015 年 10～11 月销量同比情况表

项目		总计	12m<L	11 m<L≤12 m	10 m<L≤11 m	9 m<L≤10 m	8 m<L≤9 m	7 m<L≤8 m	6 m<L≤7 m	5 m<L≤6 m	3.5 m<L≤5 m
2014 年同期销量/辆	合计	37683	299	7501	5337	2658	5068	5675	4794	6351	—
	座位	21404	166	4301	2549	1435	2722	3114	2970	4147	—
	校车	3329	—	103	81	228	144	465	677	1631	—
	公交	12098	133	3097	2677	901	2194	2080	896	120	—
	其他	852	—	—	30	94	8	16	251	453	—
2015 年累计销量/辆	合计	53801	674	9528	7102	1596	6560	4781	13471	10089	—
	座位	23762	203	4117	2263	833	1939	2286	5445	6676	—
	校车	2527	—	33	136	141	156	364	440	1257	—
	公交	25400	471	5372	4689	517	4406	2103	7286	556	—
	其他	2112	—	6	14	105	59	28	300	1600	—
差值/辆	合计	16118	375	2027	1765	-1062	1492	-894	8677	3738	—
	座位	2358	37	-184	-286	-602	-783	-828	2475	2529	—
	校车	-802	—	-70	55	-87	12	-101	-237	-374	—
	公交	13302	338	2275	2012	-384	2212	23	6390	436	—
	其他	1260	—	6	-16	11	51	12	49	1147	—
增长（%）	合计	42.77	125.42	27.02	33.07	-39.95	29.44	-15.75	181.00	58.86	—
	座位	11.02	22.29	-4.28	-11.22	-41.95	-28.77	-26.59	83.33	60.98	—
	校车	-24.09	—	-67.96	67.90	-38.16	8.33	-21.72	-35.01	-22.93	—
	公交	109.95	254.14	73.46	75.16	-42.62	100.82	1.11	713.17	363.33	—
	其他	147.89	—	—	-53.33	11.70	637.50	75.00	19.52	253.20	—

企业增长情况，四季度增量列前 15 位的企业（见表 4）。从增量来看，传统优势企业的贡献并不大。

表4　2015年10～11月客车企业销量TOP15

序号	单位	四季度销量/辆	增量/辆	$12<L$	$11<L\leqslant 12$	$10<L\leqslant 11$	$9<L\leqslant 10$	$8<L\leqslant 9$	$7<L\leqslant 8$	$6<L\leqslant 7$	$5<L\leqslant 6$	$3.5<L\leqslant 5$	增长（%）
1	东风襄阳	3971	2841	—	-19	16	-38	-13	-101	2060	936	—	251
2	南京金龙	3471	2691	—	350	-270	—	22	-9	165	2433	—	345
3	中通客车	3633	1908	38	-133	210	-96	8	-37	1918	—	—	111
4	比亚迪	1746	1679	1	1378	—	—	300	—	—	—	—	2506
5	厦门金龙	3173	1362	—	279	211	-123	-121	-13	1200	-71	—	75
6	苏州金龙	4849	994	64	-56	563	153	-164	-137	194	377	—	26
7	福田客车	1657	865	280	214	34	-56	227	-9	169	6	—	109
8	郑州宇通	12530	779	96	221	-245	-113	646	-409	668	-85	—	7
9	奇瑞万达	1265	779	—	-46	190	—	1	-5	848	-209	—	160
10	成都客车	841	702	-76	71	89	-6	-16	-3	608	35	—	505
11	厦门金旅	2210	452	-11	-304	213	-24	66	28	487	-3	—	26
12	安源客车	450	387	—	5	—	—	36	71	194	81	—	614
13	东风扬子江	406	375	—	—	-2	—	195	3	179	—	—	1210
14	丹东黄海	654	335	5	70	85	8	165	2	-1	1	—	105
15	重庆恒通	420	292	-5	179	12	1	-19	-16	153	-13	—	228

第四季度的暴力增长，在一定程度上预支了2016年的销量，因此笔者将调

低对 2016 年的预期。

二、新能源客车的市场份额已超过 30%

2015 年 1～11 月，50 家企业共有 30 家涉及新能源客车领域，新能源客车销量达到 66073 辆（其中 5m 以上 66022 辆），同比增长 305.83%，其中，混合动力客车销量 16483 辆，同比增长 58.92%，纯电动客车销量 49590 辆，同比增长 739.23%。新能源客车的高速增长是 2015 年客车市场的最大看点，分析其销量数据，可大致归纳出三个特点。

1．新能源客车的市场份额迅速提高

2015 年 1～11 月，5m 以上新能源客车的市场份额已经达到 31.03%（座位客车 18.93%，公交客车 55.84%），上年同期只有 8.36%（座位客车 1.90%，公交客车 19.56%）。新能源客车销量列前 15 位的企业，新能源客车所占的比例大多数超过了 30%，其中有 6 家企业甚至超过 50%（见表 5）。

表 5　2015 年 1～11 月主流客车企业新能源客车销量情况

排名	汽车企业名称	5m 以上客车总销量/辆			新能源销量/辆			新能源占比（%）		
		合计	座位	公交	合计	座位	公交	合计	座位	公交
	合计	212739	104378	80165	66022	19758	44764	31.03	18.93	55.84
1	郑州宇通	56696	28447	19345	15492	3216	12276	27.32	11.31	63.46
2	中通客车	14496	4099	9310	7807	—	7807	53.86	0.00	83.86
3	南京金龙	8015	5684	2331	7663	5332	2331	95.61	93.81	100.00
4	苏州金龙	21843	15257	5773	7325	3412	3913	33.53	22.36	67.78
5	东风襄阳	9553	5585	1211	4620	2346	774	48.36	42.01	63.91
6	比亚迪	4357	25	4332	4357	25	4332	100.00	100.00	100.00
7	厦门金龙	13360	8464	4857	3735	1761	1974	27.96	20.81	40.64
8	安徽安凯	8681	4710	3635	2801	1081	1720	32.27	22.95	47.32
9	福田客车	6972	1500	5333	2539	641	1898	36.42	42.73	35.59
10	重汽豪沃	2000	262	1694	1123	164	959	56.15	62.60	56.61
11	桂林客车	5467	672	1546	979	—	979	17.91	0.00	63.32
12	成都客车	1706	1	1705	874	—	874	51.23	0.00	51.26
13	曙光集团	1798	236	1294	827	20	807	46.00	8.47	62.36
14	深圳五洲龙	773	730	43	773	730	43	100.00	—	100.00
15	扬州亚星	3364	1590	1611	747	373	374	22.21	23.46	23.22

新能源客车的市场份额迅速提高对行业的影响主要有五个方面。

（1）新能源客车将打破传统行业格局，客车行业面临前所未有的发展机遇 忽如一夜春风来，在客车行业进退两难之际，新能源客车异军突起，展示了一个光辉灿烂的行业发展前景。同时，客车企业的生产经营和市场营销都变得相对简单，抓住了新能源，就抓住了企业的未来和希望。当前是新能源公交车掀起的一波高潮，凭借这不足50%市场份额的变革，就能将整个行业搅动得风生水起，随着技术不断进步、产品逐步完善和应用环境的迅速改善，公路客车加入争夺新能源客车资源已为期不远。没有哪家企业面对这样的机遇而无动于衷，但也不是所有的企业都能够在机遇中占有自己应得的份额，多年来，大家一直在谈论行业洗牌，但“狼”一直没来，现阶段，新能源客车是真正推动行业洗牌的关键因素，将打破传统的行业格局。

（2）电池供不应求，引起资本高度关注 2015年8月6日工信部披露，2015年上半年我国锂离子电池制造企业累计完成主营收入同比增长17.4%，实现利润总额同比增长72.8%。而锂电池行业利润的快速上升，引起社会资本的高度关注，据报道，锂电池的投资正如火如荼地开展，2015年以来已有至少18家上市公司加码锂电池项目，投资金额超500亿元，除了业内的比亚迪、力帆股份，还有成飞集成、德尔家居、杉杉股份、大东南、乐凯胶片等行业外的资本也在加速挺进电池产业。

（3）发动机企业压力加大 根据中国内燃机工业协会统计，2015年1～9月内燃机销量累计完成4256.41万台，同比累计下降5.59%，柴油机累计降幅达到14.50%。在新能源客车的冲击下，客车发动机企业疲于招架，比如，潍柴的WP5、WP7发动机上半年共销售5905台，同比下降18.5%，其中，客车市场配套4548台，同比下降20.5%。客车发动机的主要供应商玉柴2015年的情况也十分不理想。

（4）进入新能源客车领域的企业增加，产品增多，社会资本的热度已经沸腾 最近几年，新能源客车企业如雨后春笋，其诱因主要是新能源汽车的补贴政策，目前的新能源汽车政策可以用四个字来概括：“是车就补”，至于生产这些“车”的企业，政策却几乎没有相应的准入机制，企业的技术实力、市场基础、管理水平、售后服务能力根本就不设评判标准，大企业、小企业、新企业、老企业一哄而上，轰轰烈烈，对其中的隐患政策却视而不见。截至 2015 年 11 月，已有 96 家客车企业，3340 个新能源客车产品公告，这个数据与上半年相比，企业数多了 18 家，产品公告多了 1696 个，新能源客车的火爆程度由此可见一斑。新能源客车市场真的能容纳下这么多客车企业吗？在未来新能源客车的行业格局中，大浪淘沙之后，96 家企业不知道有多少会死在沙滩上，也许有人会说，市场竞争，适者生存，但是垮掉的企业，废掉的公告，这些都是宝贵的社会资源，新能源客车政策应该有防患于未然的顶层设计。

（5）将触动新能源补贴政策调整　在国家宏观经济增速放缓的大前提下，新能源客车的疯涨有点“众人皆醉我独醒”的味道，但实际上，新能源客车的疯涨主要靠国家补贴来推动，没有补贴就没有销量，在非插电式混合动力客车上已经得到验证。目前，新能源补贴一般分为“国补”和“地补”，而且“国补”和“地补”的比例关系很多地方都是 1∶1，虽然国家对新能源车的补贴政策一直要延续到 2020 年，但“地补”的变数较大，随着新能源汽车的基数越来越大，地方财政的压力也会越来越大，希望“国补”和“地补”保持同步的预期将会越来越难以实现（见表 5）。

2．新能源客车的销量结构已有大幅变化，混合动力客车应用越来越窄，纯电动却全面开花

分析新能源客车销量结构的变化，可以从以下三组数据入手。

（1）按混动、纯电分类，混合动力客车应用越来越窄，纯电动却全面开花　在新能源客车销量 66073 辆中（见表 6），混合动力 16483 辆，同比增长 58.92%，纯电动 49590 辆，同比增长 739.23%；混合动力占 24.95%，纯电动占 75.05%。与 2014 年同期相比，结构发生了很大的变化，2015 年混合动力占 63.71%，纯电动占 36.29%，混动和纯电近 40 个百分点的此消彼长。而且混合动力主要集中在大型客车领域，混动的大型客车占比达到 91.43%，应用面已越来越窄。与之相反，纯电动却呈全面发展态势，不仅增速快，而且大中轻占比十分均衡（大中轻占比分别是 25.89%、21.91%、52.20%），前景更好。

表6 2015年1～11月分动力形式分米段客车销量

项目	销量/辆	12m<L	11 m<L≤12 m	10 m<L≤11 m	9 m<L≤10 m	8 m<L≤9 m	7 m<L≤8 m	6 m<L≤7 m	5 m<L≤6 m	3.5 m<L≤5 m
总计	66073	73	13221	14611	1358	5954	4460	17529	8816	51
结构（%）	—	0.11	20.01	22.11	2.06	9.01	6.75	26.53	13.34	0.08
混动	16483	69	6418	8583	560	347	—	422	84	—
结构（%）	—	0.42	38.94	52.07	3.40	2.11	—	2.56	0.51	—
纯电	49590	4	6803	6028	798	5607	4460	17107	8732	51
结构（%）	—	0.01	13.72	12.16	1.61	11.31	8.99	34.50	17.61	0.10

（2）按大中轻分类，中轻型新能源客车在逐步填补空白 新能源客车销量66073辆中，大型客车27905辆，同比增长86.26%，占比42.23%；中型客车11772辆，同比增长920.10%，占比17.82%；轻型客车26396辆，是2014年同期的181倍，占比39.95%。与2014年同期相比，大型客车占比下降了近50个百分点，中型客车增长11个百分点，轻型客车增长39个百分点。中轻型客车由于基数较小，增长幅度更大，但大型客车的增幅为86.26%，也十分可观。纯电动客车大中轻的比例分别是25.89%、21.91%、52.20%，中轻型纯电动客车2015年异军突起，填补了新能源客车的市场空白，对新能源客车的发展具有积极意义。

（3）按座位、公交分类，新能源座位客车表现抢眼 新能源客车销量66073辆中，座位客车19758辆，公交客车44764辆，其他客车1551辆，其中座位客车占29.90%（2014年同期11.01%），公交客车占67.75%（2014年同期88.97%），新能源座位客车的快速增长，不仅导致其在新能源客车中的权重增加，对座位客车的整体发展形势也具有支撑作用，如果剔除新能源座位客车的增量因素，2015年传统座位客车的同比增幅是-8.48%，可见，新能源座位客车是导致座位客车增长的主要因素。到2015年底，新能源客车进入公路客运市场的政策瓶颈已经突破（2015年7月13日，交通运输部发布公告，批准发布交通行业标准，《营运客车类型划分及等级评定》和《公共汽车类型划分及等级评定》第1号修改单，正式突破了新能源客车进入公路客运市场的政策瓶颈，根据交通运输部工作规划，将正式开展新能源客车的等级评定工作），加上团体、租赁客车用户对新能源座位客车的需求旺盛，1～11 月，新能源座位客车在座位客车整体中的比例已达到18.93%，发展形势较上半年更好。目前，新能源公交客车占公交客车整体的比例已经达到 55.84%，在新能源补贴和油价补贴调整两大政策的推动之下，这个比例有进一步提高的空间。

新能源客车结构变化对行业的影响大致包括三个方面。

1）容纳更多的企业，迅速形成团体优势。从销量来看，新能源客车产品的发展已经迅速覆盖了除校车之外的所有客车市场空间，目前，已有 96 家企业进入新能源客车领域，产品线的延伸，有利于更多的客车企业在新能源领域有所作为，从而形成新能源客车的团体优势，在新能源客车走出国门的过程中更加具有竞争力。虽然，在传统客车领域，我国客车与国外的优秀产品还存在不小的差距，但对新能源客车的开发和应用，我们走在前列，保持团体优势是保证市场份额的前提，这一点非常重要，所谓一荣俱荣、一损俱损，过去我们吃亏不小。

2）能够替代更多的传统客车，增大市场扩张空间。最近几年，客车市场的扩张空间越来越小，出口乏力，长途客运萎缩，校车不受政策支持，这些困难都不是客车行业能够自己消化的，但是，新能源客车的发展，为客车行业带来了一次革命性的市场扩张机遇。从发展形势来看，新能源客车对传统客车的替代作用已十分明显，新能源公交客车的市场份额已高达 55.84%，而且这个比例还在不断上升，团体客车、旅游客车的替代作用也逐步得到了市场的认可，随着技术的不断完善，新能源客车对公路客车的替代也早就成为客车企业的研究重点。从这个意义上来说，客车行业未来的发展将至少能够保持 5～8 年的高速增长。

3）增强客车企业的抗风险能力。从新能源客车的发展现状来看，补贴决定市场，没有补贴就没有销量，目前新能源客车高速发展最大的支撑因素是政策性补贴，这也是新能源客车产品最大的制约因素，一旦某一种新能源客车产品在政策性补贴目录中被剔除，市场也将会受到毁灭性打击，过去是传统的混合动力客车，未来，在插电式混合动力、纯电动、燃料电池这些产品中，是否还有倒霉者，答案是肯定的，而且风险随着补贴的衰减而增大，要摊薄这种风险，不断改进产品结构、丰富产品型谱，将会更好地提高客车企业的抗风险能力。另外，“卖出为王”（至于能不能用、好不好用，先不考虑）的操作策略为客车企业的未来发展埋下了极大的隐患，随着补贴的逐步退出，新能源客车市场将进入优胜劣汰阶段，不具备产品优势的企业将会面临发展瓶颈。

3．新能源客车处于发展初期，竞争激烈，投入两极分化

中国客车统计信息网的 50 家企业中共有 30 家涉及新能源客车领域，分析 2015 年 1～11 月的销量数据，大致有三个特点。

（1）主流企业的市场集中度非常高，新能源客车的竞争程度更激烈　最近几年，客车行业利好不断，公交客车、校车、燃气客车、新能源客车，热点层出不穷，特别是新能源客车的超高速爆发，大家突然觉得干客车已经成为一件很轻松的事情，其实，竞争无处不在，即使是市场大幅扩张之际，客车行业的竞争依然激烈。前 5 家企业新能源客车的行业集中度达到了 64.95%，前 10 家达到了 86.97%，前 15 位的集中度达到了 93.40%；与行业整体销量对比，前 5 家的行业集中度为 55.68%，前 10 家为 75.08%。前 15 位的集中度只有 86.08%（见表 7）。可见，在新能源客车领域，尽管参与竞争的企业越来越多，但真正能够被市场接受的企业并不多，其竞争激烈程度远远超过传统客车。目前，进入新能源客车的企业迅速增加，对困难估计不足是普遍现象，特别是那些在传统客车竞争中失败的企业，摇身一变，又开始干新能源客车，难道传统客车干不好，新能源客车就能干好？

表 7　新能源客车 TOP15 企业表现

序号	汽车企业名称	总计/辆	12<L	11<L≤12	10<L≤11	9<L≤10	8<L≤9	7<L≤8	6<L≤7	5<L≤6	3.5<L≤5	同比增长（%）	行业集中度(%)
	合计	66073	73	13221	14611	1358	5954	4460	17529	8816	51	305.83	—
1	郑州宇通	15492	69	4481	2974	—	2330	1675	3963	—	—	208.73	23.45
2	中通客车	7807	—	533	1606	—	305	—	5363	—	—	526.06	11.82
3	南京金龙	7663	—	362	719	—	491	—	1234	4857	—	452.49	11.60
4	苏州金龙	7326	—	1468	2711	30	374	380	250	2112	1	434.35	11.09

（续）

序号	汽车企业名称	总计/辆	12<L	11<L≤12	10<L≤11	9<L≤10	8<L≤9	7<L≤8	6<L≤7	5<L≤6	3.5<L≤5	同比增长（%）	行业集中度(%)
5	东风襄阳	4620	—	31	26	—	—	—	3063	1500	—	5823.08	6.99
6	比亚迪	4357	1	3107	777	—	447	25	—	—	—	185.70	6.59
7	厦门金龙	3735	—	334	1544	—	128	1727	2	—	—	731.85	5.65
8	安徽安凯	2801	—	833	357	902	—	452	257	—	—	803.55	4.24
9	福田客车	2539	—	849	953	—	568	—	169	—	—	179.01	3.84
10	重汽豪沃	1123	—		20	105	—	—	998	—	—		1.70
11	桂林客车	979	—	177	509	293	—	—	—	—	—	63.71	1.48
12	成都客车	874	—	26	—	—	—	—	848	—	—	5726.67	1.32
13	丹东黄海	827	—	168	411	8	240	—	—	—	—	5807.14	1.25
14	五洲龙	823	1	105	1	—	41	—	625	—	50	74.00	1.25
15	扬州亚星	747	2	243	111	—	137	—	1	253	—	2567.86	1.13

（2）不上100%都不叫增长　增幅在200%以上的有11家，不上100%的都不叫增长。在经济领域，笔者认为没有哪一个行业比新能源客车还火爆，在宏观经济增幅放缓的大环境里，这种现象显得特别突兀，也很不合时宜。如果新能源客车的发展是依靠自身的本事得到这个增幅，也无可非议，而新能源客车的这个增幅是靠各级政府的财政补贴支撑起来的，也可以说是国家用钱堆出来的，其可持续性是值得研究的，到底能够持续多长时间，3年？5年？10年？笔者觉得大家的期望值不能太高。

（3）投入两极分化，结果会大不相同　截至2015年11月，已有96家企业进入新能源客车公告序列，其中30个公告产品以上的企业30家（11家超过100

个），3个公告产品以下的企业30家（9家只有1个产品公告）。从公告数量来分析，投入的两极分化一目了然，大家进入新能源客车领域无外乎三种心态：一是认准了，大投入，期待大产出；二是从众心理，看大家干新能源心理痒痒，也试试；三是找个项目，拿点国家补贴。第一种比较务实，第三种则纯属投机，第二种有可能向第一种转化，也有可能蜕化为投机，投入两极分化，结果会大不相同。

关于2016年新能源客车市场的预测：

2015年前3季度销量37363辆，进入第四季度，10月、11月两个月平均销量14355辆，预计12月份销量将高于这个平均值，预计2015年全年新能源客车销量为82000辆左右，其中座位客车2.4万辆，公交客车5.5万辆，其他0.3万辆。

2015年11月，交通运输部发布《新能源公交车推广应用考核办法（试行）》，明确了各省（区、市）每年度新增及更换的公交车中新能源公交车比例应达到以下要求。

北京、上海、天津、河北、山西、江苏、浙江、山东、广东、海南，2015～2019年新增及更换的公交车中新能源公交车比例应分别达到40%、50%、60%、70%和80%。

安徽、江西、河南、湖北、湖南、福建，2015～2019年新增及更换的公交车中新能源公交车比例应分别达到25%、35%、45%、55%和65%。

其他省（区、市）2015～2019年新增及更换的公交车中新能源公交车比例应分别达到10%、15%、20%、25%和30%。

从数据分析可以看出，2015年，新能源客车的基数已经很大，公交客车中的新能源客车占比远远超过交通运输部要求，而且，第四季度的表现过于惊艳，预支了2016年的市场需求，因此，笔者判断，2016年，新能源客车的增量主要来自于座位客车和物流车，新能源座位客车和物流车销量预计为2.8万辆，新能源公交客车销量将略有减少，预计为5万辆，全年新能源客车总销量预计达到7.8万辆，同比下降5%左右。

三、传统客车销量同比下降17.79%

2015年，新能源客车的高速增长是以传统客车大幅下降为代价的，1～11月传统客车销量146717辆，整体降幅达17.79%，其中除了校车以外，座位客车、公交客车全部下跌，降幅分别为8.48%、40.57%（见表8），惨不忍睹。

3 2015年1～11月新能源客车与传统客车对比

项目		总计/辆	大型客车	中型客车	轻型客车
2014年同期销量	合	194756	75092	65964	53700
		94255	30561	33616	30078
		22380	1146	6881	14353
		74052	43226	24748	6078
	他	4069	159	719	3191
	合计	212739	74252	60868	77619
	座位	104378	34062	30778	39538
	校车	23128	1319	6966	14843
	公交	80165	38726	22313	19126
	其他	5068	145	811	4112
差值/辆	合计	17983	-840	-5096	23919
	座位	10123	3501	-2838	9460
	校车	748	173	85	490
	公交	6113	-4500	-2435	13048
	其他	999	-14	92	921
增长（%）	合计	9.23	-1.12	-7.73	44.54
	座位	10.74	11.46	-8.44	31.45
	校车	3.34	15.1	1.24	3.41
	公交	8.26	-10.41	-9.84	214.68
	其他	24.55	-8.81	12.8	28.86

项目		新能源	大型	中型	轻型	传统客车	大型	中型	轻型
2014年同期销量/辆	合计	16281	14982	1154	145	178475	60110	64810	53555
	座位	1792	1086	705	1	92463	29475	32911	30077
	校车	1	—	—	1	22379	1146	6881	14352
	公交	14487	13896	449	142	59565	29330	24299	5936
	其他	1	—	—	1	4068	159	719	3190
2015年销量/辆	合计	66022	27905	11772	26345	146717	46347	49096	51274
	座位	19758	5070	3822	10866	84620	28992	26956	28672
	校车	—	—	—	—	23128	1319	6966	14843
	公交	44764	22835	7950	13979	35401	15891	14363	5147
	其他	1500	—	—	1500	3568	145	811	2612
差值/辆	合计	49741	12923	10618	26200	-31758	-13763	-15714	-2281
	座位	17966	3984	3117	10865	-7843	-483	-5955	-1405
	校车	-1	—	—	-1	749	173	85	491
	公交	30277	8939	7501	13837	-24164	-13439	-9936	-789
	其他	1499	—	—	1499	-500	-14	92	-578
增长（%）	合计	305.52	86.26	920.1	18068.97	-17.79	-22.9	-24.25	-4.26
	座位	1002.57	366.85	442.13	1086500	-8.48	-1.64	-18.09	-4.67

项目		新能源	大型	中型	轻型	传统客车	大型
增长（%）	校车	-100	—	—	-100	3.35	15.1
	公交	208.99	64.33	1670.6	9744.37	-40.57	-45.82
	其他	149900	—	—	149900	-12.29	-8.81

1. 燃气客车成重灾区

传统客车的下滑中，燃气客车是重灾区。2015 年 1～11 月燃气客车销量共 17836 辆，其中座位客车 3749 辆，校车 154 辆，公交客车 13874 辆，其他客 59 辆，总销量同比下降 49.56%，座位客车同比下降 52.06%，公交客车同比下降 49.04%（见表 9），校车和其他客车销量较小，不做重点研究。共有 34 家企业涉及燃气客车领域，销量列前 15 位的企业如下。

表 9　2015 年 1～11 月燃气客车 TOP15 企业销量表现

序号	汽车企业名称	1～11 月销量合计/辆	座位/个	公交/辆	2014 年同期销量合计/辆	座位/个	公交/辆	销量同比增长（%）	座位同比增长（%）	公交同比增长（%）
	合计	17836	3749	13874	35362	7821	27223	-49.56	-52.06	-49.04
1	郑州宇通	5167	1427	3643	10305	3554	6538	-49.86	-59.85	-44.28
2	福田客车	2054	80	1974	2141	109	2032	-4.06	-26.61	-2.85
3	厦门金龙	1518	326	1192	2154	—	2154	-29.53	—	-44.66
4	苏州金龙	1049	453	596	3208	1054	2154	-67.30	-57.02	-72.33
5	中通客车	1000	355	615	2567	1090	1374	-61.04	-67.43	-55.24
6	安徽安凯	952	124	828	1848	335	1513	-48.48	-62.99	-45.27
7	重庆恒通	909	2	907	1312	18	1294	-30.72	-88.89	-29.91
8	成都客车	733	1	732	1485	1	1484	-50.64	—	-50.67
9	重汽豪沃	715		715	1555	31	1524	-54.02	-100.00	-53.08
10	扬州亚星	658	189	383	762	—	762	-13.65	—	-49.74
11	保定长安	578	68	510	400	104	296	44.50	-34.62	72.30
12	上海申龙	527	273	254	657	253	404	-19.79	7.91	-37.13
13	东风特汽	317	41	276	232	94	138	36.64	-56.38	100.00
14	河南少林	281	—	281	1399	—	1397	-79.91	—	-79.89
15	江苏友谊	228	—	228	331	—	331	-31.12	—	-31.12

前15位的企业中，有2家企业同比增长，其他企业均大幅下降，座位客车、公交客车全面沦陷，燃气客车市场的惨淡形势一览无余。前几年，客车行业在国家节能减排政策的引导下，几乎所有客车企业都加大了燃气客车技术储备和产品开发的投入，但撒下了种子，还没有长苗，燃气客车销量的大幅萎缩，对整个客车行业是一种沉重的打击。

2．校车增速回落

2015年1～11月，5m以上校车销量23128辆，同比增长3.34%（见表10），与上半年的18.37%相比，校车增幅快速回落，经过两年连续下滑之后，校车销量已基本保持在一个相对稳定的平台上，2015 年有望遏制住校车连年惯性下滑势头。

表10　5m以上校车销量TOP15企业表现

序号	汽车企业名称	2015年1～11月销量/辆	2014年同期销量/辆	增量/辆	增长（%）
	合计	23128	22380	748	3.34
1	郑州宇通集团有限公司	7752	8261	−509	−6.16
2	桂林客车工业集团有限公司	2746	2379	367	15.43
3	东风超龙（十堰）客车有限公司	1924	1361	563	41.37
4	河南少林客车股份有限公司	1635	1045	590	56.46
5	保定长安客车制造有限公司	1462	1838	−376	−20.46
6	江苏友谊汽车有限公司	1301	503	798	158.65
7	江西博能上饶客车有限公司	1246	646	600	92.88
8	中通客车控股股份有限公司	1087	995	92	9.25
9	东风襄阳旅行车有限公司	1021	1714	−693	−40.43
10	金龙联合汽车工业（苏州）有限公司	813	789	24	3.04
11	一汽客车（无锡）有限公司	696	566	130	22.97
12	安徽安凯汽车股份有限公司	270	242	28	11.57
13	厦门金龙旅行车有限公司	193	230	−37	−16.09
14	丹东黄海汽车有限责任公司	168	219	−51	−23.29
15	烟台舒驰客车有限责任公司	164	300	−136	−45.33

四、客车出口形势严峻，2015年出口量下降幅度将达到20%

2015年1～11月，出口各类客车31078辆，出口金额104.12亿人民币，分别比2014年同期下降18.07%、8.73%（见表11），其中大中轻各系列表现均不理想。

表11 2015年1～11月客车出口情况表

分类	2014年同期		2015年1～11月		增量		增长（%）	
	出口量/辆	出口金额/万元	出口量/辆	出口金额/万元	出口量/辆	出口金额/万元	出口量/辆	出口金额/万元
大型客车	12591	722659.92	11507	680295.85	-1084	-42364.07	-8.61	-5.86
其中：公交	5955	307671.23	3875	213770.23	-2080	-93901.00	-34.93	-30.52
中型客车	8413	298752.11	6883	280643.14	-1530	-18108.97	-18.19	-6.06
其中：公交	2726	92072.98	791	35260.72	-1935	-56812.26	-70.98	-61.70
轻型客车	16927	119303.61	12688	80225.36	-4239	-39078.25	-25.04	-32.76
其中：公交	593	8425.00	79	941.17	-514	-7483.83	-86.68	-88.83
合计	37931	1140715.64	31078	1041164.35	-6853	-99551.29	-18.07	-8.73
其中：座位	28039	717903.25	25876	779113.93	-2163	61210.68	-7.71	8.53
公交	9274	408169.21	4745	249972.12	-4529	-158197.09	-48.84	-38.76
校车	493	12900.16	359	10611.07	-134	-2289.09	-27.18	-17.74
其他	125	1742.02	98	1467.23	-27	-274.79	-21.60	-15.77

最近三年，第四季度客车出口量分别为1.1万辆、1.2万辆、1.3万辆，据此推算，2015年，客车出口量预计能够达到36000辆，预计同比下降20%左右。现阶段客车出口，有四点值得研究和关注。

1．宏观环境复杂

商务部发布的《中国对外贸易形势报告（2015年秋季）》指出：2015年，世界经济复苏势头明显减弱，增速降至2009年以来最低水平。发达国家生产率增长缓慢，投资需求不足，金融市场信心不够稳固，经济复苏弱于预期。新兴经济体和发展中国家内需不振，出口萎缩，资本外流，经济增速进一步放缓。国际货币基金组织（IMF）最新预计，2015年全球经济增长3.1%，增速较2014年低0.3个百分点。全球贸易下滑较宏观经济更严重，据世界贸易组织（WTO）统计，2015年上半年全球货物贸易量下降0.7%。9月末，WTO将2015年全球贸易量增长预期从此前的 3.3° 调至 2.8%，连续第四年低于 3%，同时表示若新兴经济体经济继续减速，除进一步下调全球贸易增速的可能。

201场，低增长局面难有根本改变，美联储加息可能引发国际商品和金融市场新，随着自动制造、智能制造技术的快速发展，劳动力成本在制造业中的重要性有所下降，国际贸易格局发生重大变化。同时面对的问题较新市场需求不足、我国传统竞争优势进一步弱化、贸易摩擦有所加剧，但新的竞争优势正在积累、对外开放进程深入推进、外贸稳增长调结构政策落见效，因此，《中国对外贸易形势报告（2015 年秋季）》判断，2016 年我国外贸增速有望继续高于全球贸易增速，在国际市场所占份额将稳中有升。

2．客车出口，主流企业多数惨淡

2015 年 1～11 月，客车出口量列前 15 位的企业中，有 4 家增长，11 家下降，其中有 8 家企业降幅超 30%。从客车企业的出口现状来看，普遍大幅下滑，主流企业，多数惨淡，说明客车出口确实遇到了较大的问题（见表 12）。

表 12　2015 年 1～11 月客车出口列前 15 位的企业

序号	汽车企业名称	2014 年同期		2015 年 1～11 月		出口量增量/辆	出口额增量/万元	出口量增长（%）	出口额增长(%)
		出口量/辆	出口金额/万元	出口量/辆	出口金额/万元				
	合计	37931	1140715.64	31078	1041164.35	-6853	-99551.29	-18.07	-8.73
1	郑州宇通	4815	322845.00	6198	352523.64	1383	29678.64	28.72	9.19
2	苏州金龙	5313	233962.52	3674	220205.63	-1639	-13756.89	-30.85	-5.88
3	厦门金龙	10279	172069.00	9305	186497.00	-974	14428.00	-9.48	8.39
4	厦门金旅	7465	89273.77	6757	94381.81	-708	5108.04	-9.48	5.72
5	中通客车	3125	81889.00	1313	50075.00	-1812	-31814.00	-57.98	-38.85
6	上海申沃	294	9815.13	832	28758.50	538	18943.37	182.99	193.00
7	上海申龙	1662	71249.79	629	26814.87	-1033	-44434.92	-62.15	-62.36
8	扬州亚星	437	26885.87	449	23082.67	12	-3803.20	2.75	-14.15
9	桂林客车	734	25821.82	377	16312.45	-357	-9509.37	-48.64	-36.83
10	安凯汽车	1571	40718.35	482	14440.85	-1089	-26277.50	-69.32	-64.53
11	曙光汽车	402	19894.26	231	8905.30	-171	-10988.96	-42.54	-55.24
12	福田客车	300	10777.00	174	5870.00	-126	-4907.00	-42.00	-45.53
13	保定长安	191	3056.19	216	5507.51	25	2451.32	13.09	80.21
14	东风超龙	202	2797.01	156	2286.72	-46	-510.29	-22.77	-18.24

（续）

序号	单位名称	2014年同期		2015年1～11月		出口量增量/辆	出口额增量/万元	（%	出口额增
		出口量/辆	出口金额/万元	出口量/辆	出口金额/万元				
15	一汽客车	110	2067.87	50	1878.00	-60	-189.87	-54.55	

3．现阶段客车行业的重心在新能源

2015年上半年，涉及新能源客车企业有78家，1644个新能源客车产品公告，至第三季度，这个数字已经变成90家，2170个。截至11月，已有96家企业，3340个新能源客车产品公告，几乎所有的客车企业都推出了自己的新能源客车产品，新能源是2015年客车行业当之无愧的工作重心，行业资源严重向新能源客车倾斜，传统客车必将受到挤压。

目前，部分企业已经开始尝试走出国门推广和传播新能源客车，2015年10月的比利时客车展，宇通、金龙、金旅都展出了自己的新能源客车产品，比亚迪更是K7、K9、K10全系参展，比参加国内车展的产品更齐全。尽管如此，由于没有政府补贴的支持，加上世界经济形势的低迷现状，新能源客车出口短时期内难有起色。

行业热点与出口需求相背离，也在一定程度上影响了客车出口的发展。

4．客车出口已连涨5年，需要适当调整

客车出口在2009年跌至最低谷，金融危机以来，最近5年一直处于上升周期之中，5年来客车出口规模扩大了近4倍（见表13），应该说，客车出口是客车行业最有发展前景的市场资源。在经过长期高速增长之后，客车出口客观上需要一个修整喘息的时机。

表13　2008～2014年客车出口量及出口金额

年份	2008年	2009年	2010年	2011年	2012年	2013年	2014年
出口量/辆	21156	11510	20184	29117	35213	38161	45130
出口金额/万元	674100	398009	603002	905526	1186647	1182673	1430583

五、2016 年客车市场的基本判断

2016 年，国内需求难有突破，出口困难依然较多，促进客车行业发展的积极因素主要体现在新能源客车对传统客车的替代方面。因此，预计 2016 年 5m 以上客车销量比 2015 年略有下降，具体指标判断如下：

1）座位客车总销量 11.9 万辆，预计略有下降。

2）公交客车总销量 8 万辆左右，预计下降 10%以上。

3）校车销量 2.6 万辆左右，同比略有增长。

4）其他客车 1 万辆，同比增长 30%。

5）预计 2016 年 5m 以上客车总销量为 23.5 万辆，比 2015 年略有下降。

其中，新能源客车下降 5%，总销量预计 7.8 万辆（公交客车 5 万辆，座位客车和其他客车 2.8 万辆）。

随着国际经济环境的改善和人民币的大幅贬值，预计客车出口同比增长 25%，出口量 4.5 万辆左右。

（作者：佘振清）

2015年轻型客车市场分析及2016年展望

一、轻型客车市场分析

1. 2015年全口径轻型客车市场遇冷

在2009～2014年期间，全口径轻型客车一直保持稳定增长，2014年总销量高达44.3万辆，增幅达到14.4%；但进入2015年来，全口径轻型客车市场遭遇寒冬，1～10月份，全口径轻型客车累计销售34.7万辆，同比增长-2.8%（见图1），出现近年少见的负增长。这一数据表现好于形势更为严峻的商用车市场增幅（-10.6%），低于整体汽车市场的增幅（1.5%）。

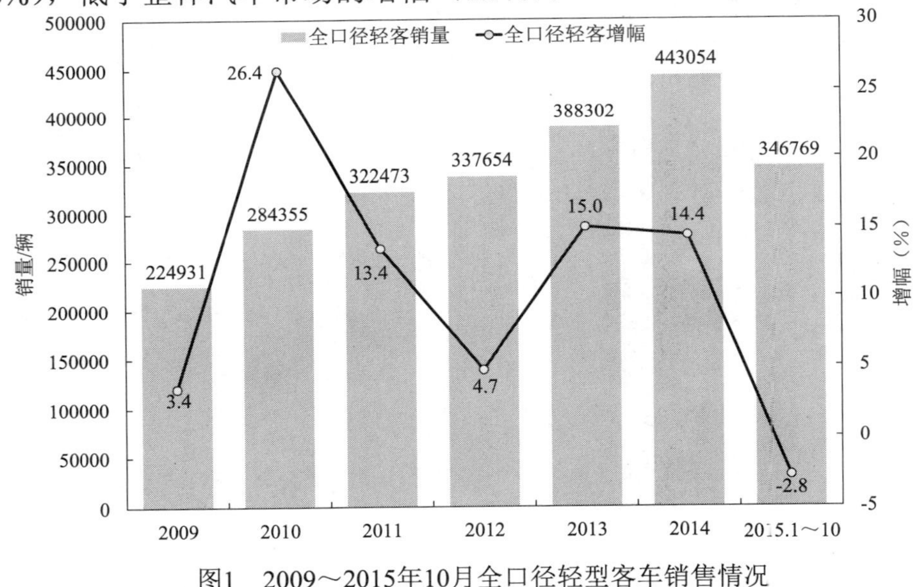

图1　2009～2015年10月全口径轻型客车销售情况

（注：数据来源于我国汽车工业协会）

2. 轻型客车市场格局平稳，销量下滑明显

近几年，轻型客车市场格局基本稳定，轻型客车销量前十位厂家的市场集中度保持在90%左右。2015年1～10月份，金杯汽车、江铃控股、南京依维柯前三强销量分别出现不同程度的下滑，市场集中度降至47.9%（见表1），可见越来越

多的厂商参加到轻
车的市场竞争中来。

表 1　全口径轻型客车企业销量排名

排名	名称	销量		份额	
		2015 年 1～10 月份销量/辆	同比增长（%）	2015 年 1～10 月份销量（%）	变化（%）
		346769	-2.8	100	
1	份有限公司	83238	-12.5	24.0	-2.6
2	有限公司	50791	-6.4	14.6	-0.6
	汽车有限公司	32124	-7.8	9.3	-0.5
	车公司	30470	6.0	8.8	0.7
	车股份有限公司	23811	-13.3	6.9	-0.8
	车制造有限公司	18850	25.3	5.4	1.2
	汽车股份有限公司	17352	-19.5	5.0	-1.0
	合汽车工业有限公司	17018	1.7	4.9	0.2
	龙旅行车有限公司	15283	-1.5	4.4	0.1
	车商用车有限公司	14540	19.3	4.2	0.8

来源于我国汽车工业协会。

6m 以内轻型客车市场占有率逐步提升

2010 年以来，6m 以内轻型客车市场份额在稳定增长，2015 年更是明显增长，达到了 86.5%（见图 2），原因在于宽体短轴轻型客车的大幅增长。

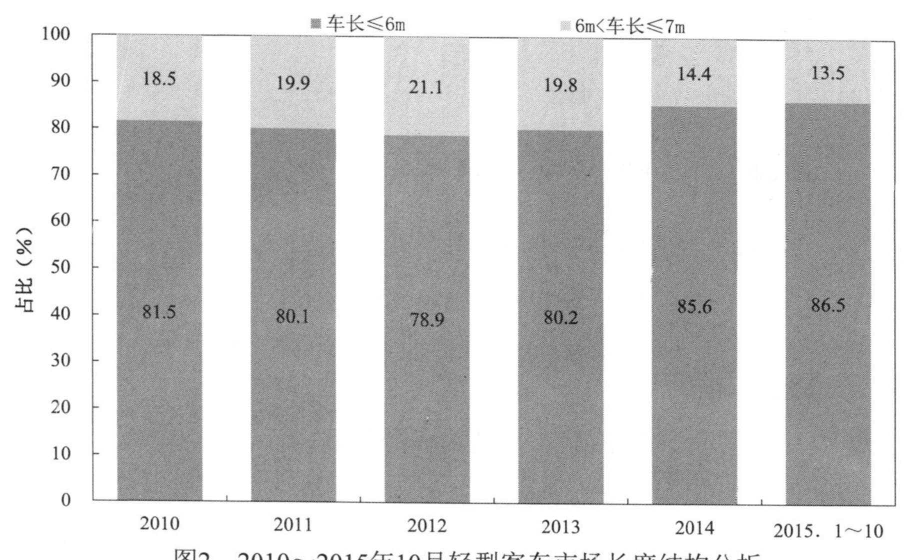

图2　2010～2015年10月轻型客车市场长度结构分析

（注：数据来源于我国汽车工业协会）

4．柴油车市场占有率逐步提升，纯电动车爆发式增长

由于消费升级和物流产业的高速发展，近几年欧系轻型客 柴油车型占比随之提高。选择柴油车型的原因主要是柴油燃油经 转矩强等，这些特点一定程度上满足了货运用户的需求。2016 年 断提升， 开始实施第Ⅳ阶段油耗标准，2018 年 1 月 1 日起将强制实施国Ⅴ 力大、 柴油轻型客车市场需求与挑战并存。 家

2015 年，在国家和地方双重新能源补贴政策的刺激下，6～8m 新 量猛增。而各轻型客车厂家也纷纷推出车长为 6m 的纯电动轻型客车产 年随着各地补贴政策的陆续出台及更多产品的加入，纯电动轻型客车呈 长。2015 年 1～10 月份，其他燃料份额增长至 5.3%（见图 3），纯电动车 达到了 4.4%。

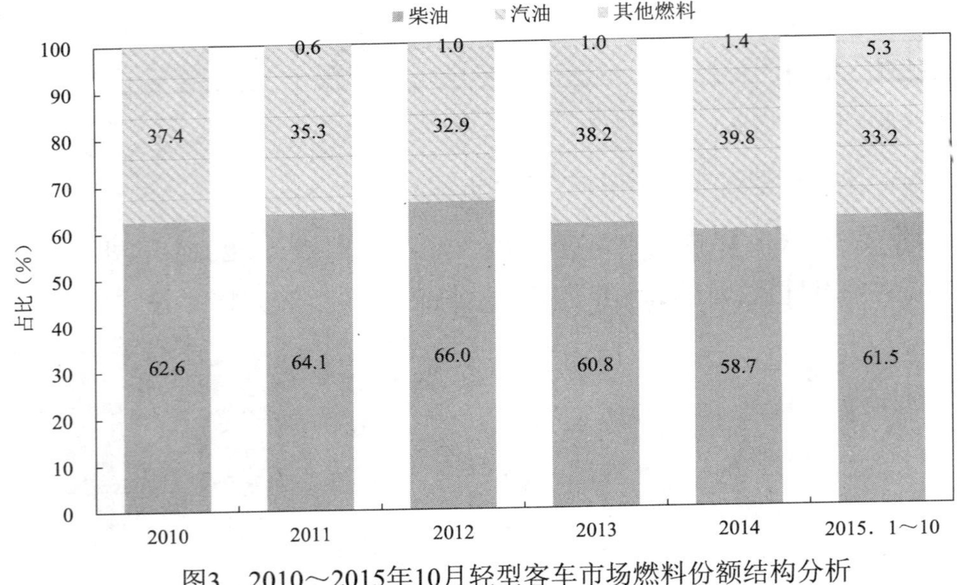

图3 2010～2015年10月轻型客车市场燃料份额结构分析

（注：数据来源于中国汽车工业协会）

5．主流轻型客车销量下滑严重

2015 年 1～10 月份，主流轻型客车增幅-6.0%（见图 4），低于整体汽车、客车、全口径轻型客车的增幅。纵观全年，1～5 月份，主流轻型客车市场销量相对稳定，进入 6 月以来，销量下滑严重并且持续走低。主流轻型客车的市场格局也发生了明显的变化：欧系轻型客车市场占有率明显上升；主流轻型客车品牌仅欧系轻型客车大通 V80 和江淮星锐保持了增长。导致主流轻型客车销量低迷的主要

原因是整体经济环境不景气以及政策法规对日系轻型客车的限制。

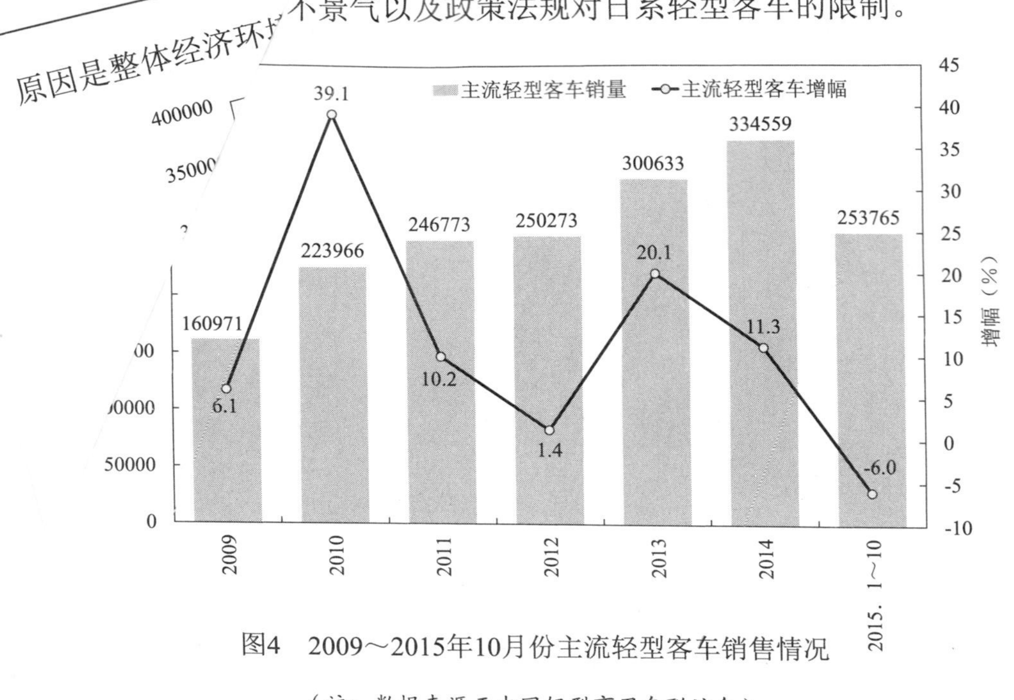

图4　2009～2015年10月份主流轻型客车销售情况

（注：数据来源于中国轻型商用车联谊会）

6．欧系轻型客车市场占有率在逐步提升

按照轻型客车技术对轻型客车市场进行划分，轻型客车可分成日系与欧系两大类，日系以金杯海狮以及福田风景为代表车型，汽油车为主，价格偏低；欧系以全顺、依维柯为代表车型，柴油车为主，价格相对较高（见表2）。

表2　日系与欧系轻型客车的主要区别

类别	主要品牌	燃油	价格/万元
日系	金杯海狮	汽油为主	低端（<8） 中端（8～15）
	福田风景		
欧系	全顺	柴油为主	低端（10～12） 中端（>12）
	依维柯		

2015年，日系轻型客车市场份额遭遇下滑，原因在于政策法规直接限制了日系轻型客车核心产品。欧系轻型客车市场则形成了全顺、依维柯、大通V80三足鼎立的局面，其中大通V80增长势头迅猛。货运物流市场需求的增加使得欧系轻型客车比例不断提升。2015年1～10月份，欧系轻型客车占比达到了44%（见图5）。

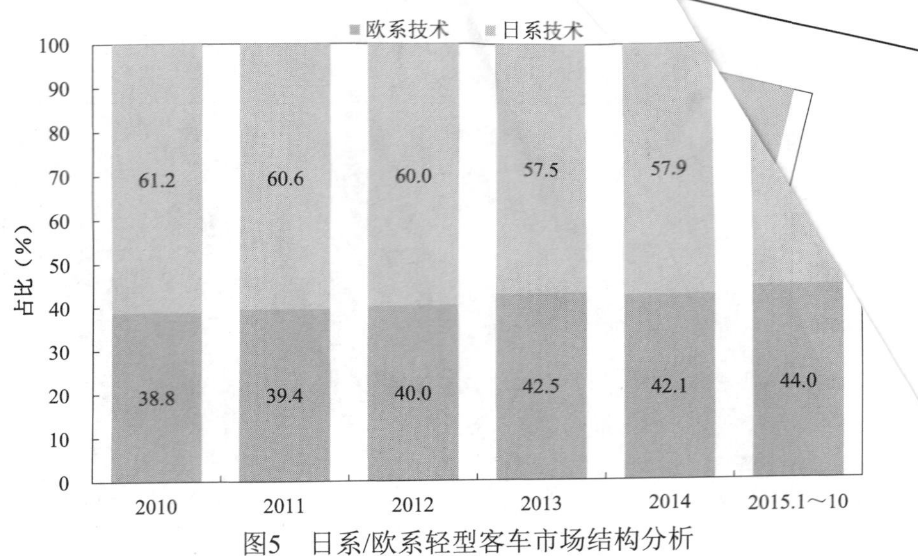

图5 日系/欧系轻型客车市场结构分析

（注：数据来源于中国轻型商用车联谊会）

7. 宽体轻型客车在市场中越来越重要

按照轻型客车宽度对轻型客车市场进行划分，可以分为标准轻型客车市场和宽体轻型客车市场。标准型轻型客车主要为日系海狮改款车型，宽体轻型客车主流为欧系轻型客车车型。目前，标准轻型客车的市场销量占据主导位置，但是近年来随着消费升级和货运物流行业的快速发展，宽体轻型客车市场的份额在上升，已经达到 50%（见图 6），一些日系轻型客车的新品也逐步加入到宽体市场中（如大海狮、九龙、蒙派克 S 等）。

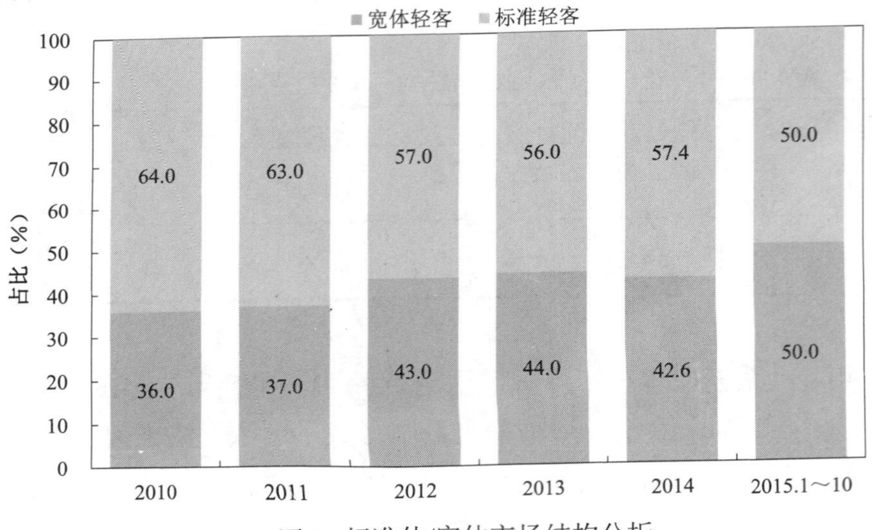

图6 标准体/宽体市场结构分析

（注：数据来源于中国轻型商用车联谊会）

期从此前的3.3%下调至2.8%，连续第四年低于3%，同时表示若新兴经济体经济继续减速，不排除进一步下调全球贸易增速的可能。

2016年，低增长局面难有根本改变，美联储加息可能引发国际商品和金融市场新一轮震荡，随着自动制造、智能制造技术的快速发展，劳动力成本在制造业竞争优势中的重要性有所下降，国际贸易格局发生重大变化。同时面对的问题较多，国际市场需求不足、我国传统竞争优势进一步弱化、贸易摩擦有所加剧，但是，新的竞争优势正在积累、对外开放进程深入推进、外贸稳增长调结构政策落实见效，因此，《中国对外贸易形势报告（2015年秋季）》判断，2016年我国外贸增速有望继续高于全球贸易增速，在国际市场所占份额将稳中有升。

2．客车出口，主流企业多数惨淡

2015年1～11月，客车出口量列前15位的企业中，有4家增长，11家下降，其中有8家企业降幅超30%。从客车企业的出口现状来看，普遍大幅下滑，主流企业，多数惨淡，说明客车出口确实遇到了较大的问题（见表12）。

表12　2015年1～11月客车出口列前15位的企业

序号	汽车企业名称	2014年同期		2015年1～11月		出口量增量/辆	出口额增量/万元	出口量增长（%）	出口额增长(%)
		出口量/辆	出口金额/万元	出口量/辆	出口金额/万元				
	合计	37931	1140715.64	31078	1041164.35	-6853	-99551.29	-18.07	-8.73
1	郑州宇通	4815	322845.00	6198	352523.64	1383	29678.64	28.72	9.19
2	苏州金龙	5313	233962.52	3674	220205.63	-1639	-13756.89	-30.85	-5.88
3	厦门金龙	10279	172069.00	9305	186497.00	-974	14428.00	-9.48	8.39
4	厦门金旅	7465	89273.77	6757	94381.81	-708	5108.04	-9.48	5.72
5	中通客车	3125	81889.00	1313	50075.00	-1812	-31814.00	-57.98	-38.85
6	上海申沃	294	9815.13	832	28758.50	538	18943.37	182.99	193.00
7	上海申龙	1662	71249.79	629	26814.87	-1033	-44434.92	-62.15	-62.36
8	扬州亚星	437	26885.87	449	23082.67	12	-3803.20	2.75	-14.15
9	桂林客车	734	25821.82	377	16312.45	-357	-9509.37	-48.64	-36.83
10	安凯汽车	1571	40718.35	482	14440.85	-1089	-26277.50	-69.32	-64.53
11	曙光汽车	402	19894.26	231	8905.30	-171	-10988.96	-42.54	-55.24
12	福田客车	300	10777.00	174	5870.00	-126	-4907.00	-42.00	-45.53
13	保定长安	191	3056.19	216	5507.51	25	2451.32	13.09	80.21
14	东风超龙	202	2797.01	156	2286.72	-46	-510.29	-22.77	-18.24

（续）

序号	单位名称	2014年同期		2015年1～11月		出口量增量/辆	出口额增量/万元	出口量增长（%）	出口额增长(%)
		出口量/辆	出口金额/万元	出口量/辆	出口金额/万元				
15	一汽客车	110	2067.87	50	1878.00	-60	-189.87	-54.55	-9.18

3．现阶段客车行业的重心在新能源

2015年上半年，涉及新能源客车企业有78家，1644个新能源客车产品公告，至第三季度，这个数字已经变成90家，2170个。截至11月，已有96家企业，3340个新能源客车产品公告，几乎所有的客车企业都推出了自己的新能源客车产品，新能源是2015年客车行业当之无愧的工作重心，行业资源严重向新能源客车倾斜，传统客车必将受到挤压。

目前，部分企业已经开始尝试走出国门推广和传播新能源客车，2015年10月的比利时客车展，宇通、金龙、金旅都展出了自己的新能源客车产品，比亚迪更是K7、K9、K10全系参展，比参加国内车展的产品更齐全。尽管如此，由于没有政府补贴的支持，加上世界经济形势的低迷现状，新能源客车出口短时期内难有起色。

行业热点与出口需求相背离，也在一定程度上影响了客车出口的发展。

4．客车出口已连涨5年，需要适当调整

客车出口在2009年跌至最低谷，金融危机以来，最近5年一直处于上升周期之中，5年来客车出口规模扩大了近4倍（见表13），应该说，客车出口是客车行业最有发展前景的市场资源。在经过长期高速增长之后，客车出口客观上需要一个修整喘息的时机。

表13　2008～2014年客车出口量及出口金额

年份	2008年	2009年	2010年	2011年	2012年	2013年	2014年
出口量/辆	21156	11510	20184	29117	35213	38161	45130
出口金额/万元	674100	398009	603002	905526	1186647	1182673	1430583

五、2016 年客车市场的基本判断

2016 年，国内需求难有突破，出口困难依然较多，促进客车行业发展的积极因素主要体现在新能源客车对传统客车的替代方面。因此，预计 2016 年 5m 以上客车销量比 2015 年略有下降，具体指标判断如下：

1）座位客车总销量 11.9 万辆，预计略有下降。

2）公交客车总销量 8 万辆左右，预计下降 10%以上。

3）校车销量 2.6 万辆左右，同比略有增长。

4）其他客车 1 万辆，同比增长 30%。

5）预计 2016 年 5m 以上客车总销量为 23.5 万辆，比 2015 年略有下降。

其中，新能源客车下降 5%，总销量预计 7.8 万辆（公交客车 5 万辆，座位客车和其他客车 2.8 万辆）。

随着国际经济环境的改善和人民币的大幅贬值，预计客车出口同比增长 25%，出口量 4.5 万辆左右。

（作者：佘振清）

2015年轻型客车市场分析及2016年展望

一、轻型客车市场分析

1．2015年全口径轻型客车市场遇冷

在2009～2014年期间，全口径轻型客车一直保持稳定增长，2014年总销量高达44.3万辆，增幅达到14.4%；但进入2015年来，全口径轻型客车市场遭遇寒冬，1～10月份，全口径轻型客车累计销售34.7万辆，同比增长-2.8%（见图1），出现近年少见的负增长。这一数据表现好于形势更为严峻的商用车市场增幅（-10.6%），低于整体汽车市场的增幅（1.5%）。

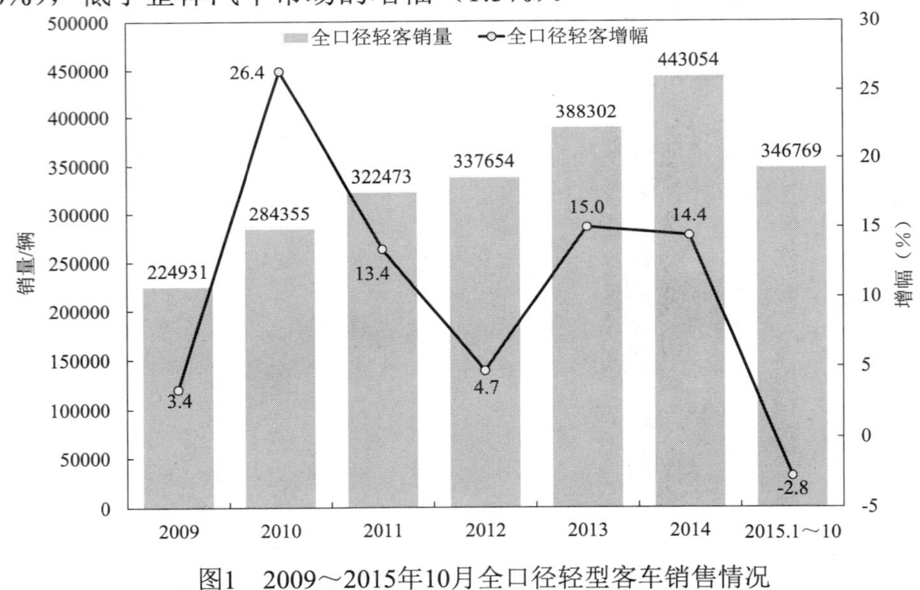

图1　2009～2015年10月全口径轻型客车销售情况

（注：数据来源于我国汽车工业协会）

2．轻型客车市场格局平稳，销量下滑明显

近几年，轻型客车市场格局基本稳定，轻型客车销量前十位厂家的市场集中度保持在90%左右。2015年1～10月份，金杯汽车、江铃控股、南京依维柯前三强销量分别出现不同程度的下滑，市场集中度降至47.9%（见表1），可见越来越

多的厂商参加到轻型客车的市场竞争中来。

表 1　全口径轻型客车企业销量排名

排名	汽车企业名称	销量		份额	
		2015 年 1～10 月份销量/辆	同比增长（%）	2015 年 1～10 月份销量（%）	变化（%）
		346769	-2.8	100	
1	金杯汽车股份有限公司	83238	-12.5	24.0	-2.6
2	江铃控股有限公司	50791	-6.4	14.6	-0.6
3	南京依维柯汽车有限公司	32124	-7.8	9.3	-0.5
4	东风汽车公司	30470	6.0	8.8	0.7
5	北汽福田汽车股份有限公司	23811	-13.3	6.9	-0.8
6	保定长安客车制造有限公司	18850	25.3	5.4	1.2
7	安徽江淮汽车股份有限公司	17352	-19.5	5.0	-1.0
8	厦门金龙联合汽车工业有限公司	17018	1.7	4.9	0.2
9	厦门金龙旅行车有限公司	15283	-1.5	4.4	0.1
10	上海汽车商用车有限公司	14540	19.3	4.2	0.8

注：数据来源于我国汽车工业协会。

3．6m 以内轻型客车市场占有率逐步提升

2010 年以来，6m 以内轻型客车市场份额在稳定增长，2015 年更是明显增长，达到了 86.5%（见图 2），原因在于宽体短轴轻型客车的大幅增长。

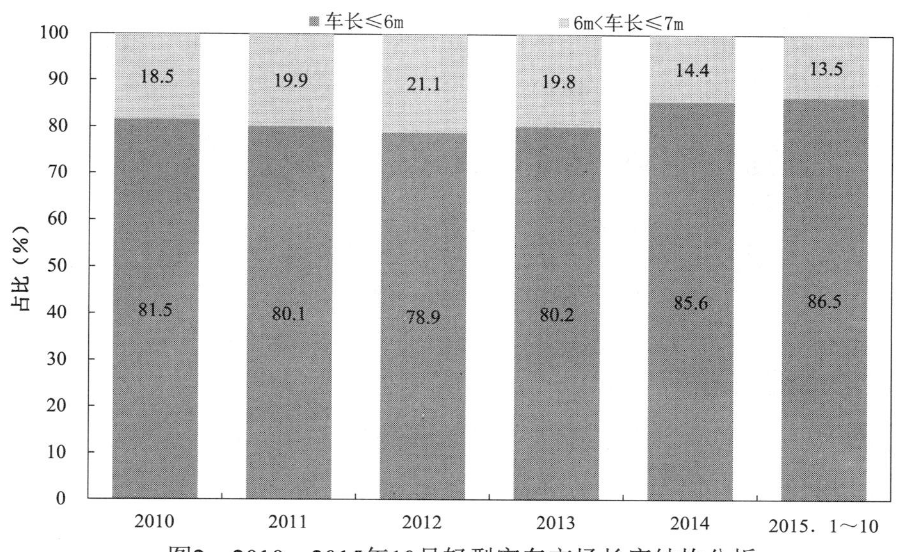

图2　2010～2015年10月轻型客车市场长度结构分析

（注：数据来源于我国汽车工业协会）

4．柴油车市场占有率逐步提升，纯电动车爆发式增长

由于消费升级和物流产业的高速发展，近几年欧系轻型客车占比不断提升，柴油车型占比随之提高。选择柴油车型的原因主要是柴油燃油经济性好、动力大、转矩强等，这些特点一定程度上满足了货运用户的需求。2016 年 1 月 1 日起国家开始实施第Ⅳ阶段油耗标准，2018 年 1 月 1 日起将强制实施国Ⅴ车用柴油，因此柴油轻型客车市场需求与挑战并存。

2015 年，在国家和地方双重新能源补贴政策的刺激下，6～8m 新能源客车销量猛增。而各轻型客车厂家也纷纷推出车长为 6m 的纯电动轻型客车产品。2015 年随着各地补贴政策的陆续出台及更多产品的加入，纯电动轻型客车呈爆发式增长。2015 年 1～10 月份，其他燃料份额增长至 5.3%（见图 3），纯电动车型份额达到了 4.4%。

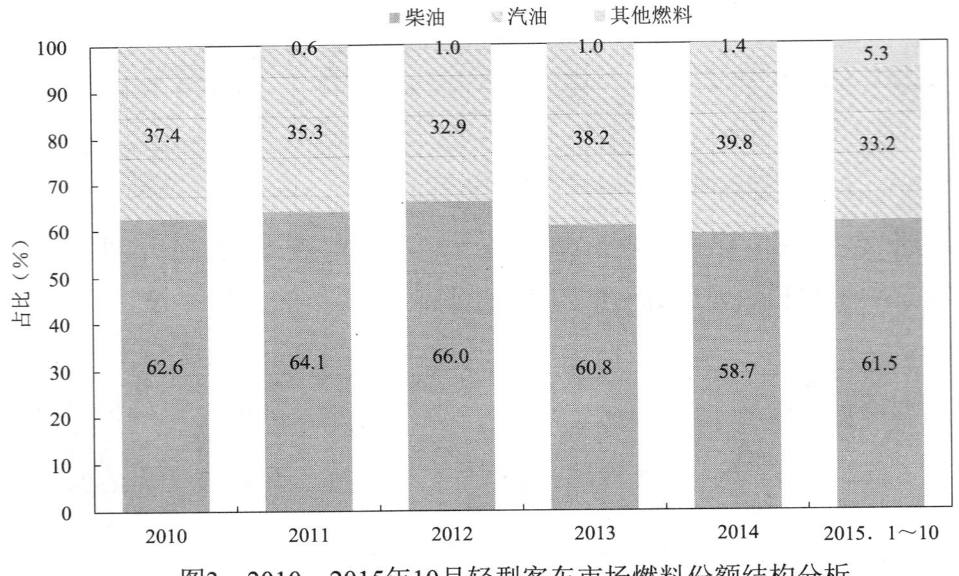

图3 2010～2015年10月轻型客车市场燃料份额结构分析

（注：数据来源于中国汽车工业协会）

5．主流轻型客车销量下滑严重

2015 年 1～10 月份，主流轻型客车增幅-6.0%（见图 4），低于整体汽车、客车、全口径轻型客车的增幅。纵观全年，1～5 月份，主流轻型客车市场销量相对稳定，进入 6 月以来，销量下滑严重并且持续走低。主流轻型客车的市场格局也发生了明显的变化：欧系轻型客车市场占有率明显上升；主流轻型客车品牌仅欧系轻型客车大通 V80 和江淮星锐保持了增长。导致主流轻型客车销量低迷的主要

原因是整体经济环境的不景气以及政策法规对日系轻型客车的限制。

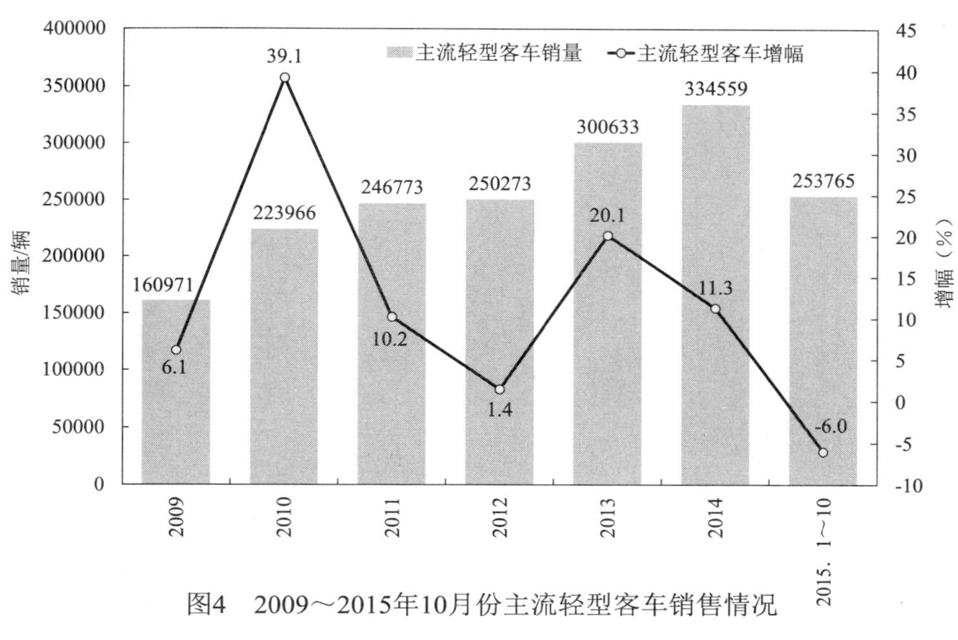

图4　2009～2015年10月份主流轻型客车销售情况

（注：数据来源于中国轻型商用车联谊会）

6．欧系轻型客车市场占有率在逐步提升

按照轻型客车技术对轻型客车市场进行划分，轻型客车可分成日系与欧系两大类，日系以金杯海狮以及福田风景为代表车型，汽油车为主，价格偏低；欧系以全顺、依维柯为代表车型，柴油车为主，价格相对较高（见表2）。

表2　日系与欧系轻型客车的主要区别

类别	主要品牌	燃油	价格/万元
日系	金杯海狮	汽油为主	低端（<8）
	福田风景		中端（8～15）
欧系	全顺	柴油为主	低端（10～12）
	依维柯		中端（>12）

2015年，日系轻型客车市场份额遭遇下滑，原因在于政策法规直接限制了日系轻型客车核心产品。欧系轻型客车市场则形成了全顺、依维柯、大通V80三足鼎立的局面，其中大通V80增长势头迅猛。货运物流市场需求的增加使得欧系轻型客车比例不断提升。2015年1～10月份，欧系轻型客车占比达到了44%（见图5）。

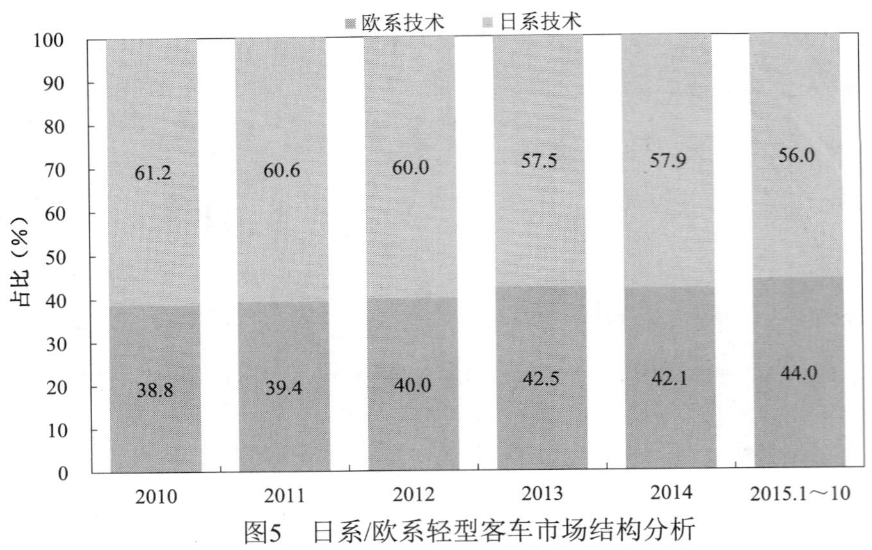

图5　日系/欧系轻型客车市场结构分析

（注：数据来源于中国轻型商用车联谊会）

7．宽体轻型客车在市场中越来越重要

按照轻型客车宽度对轻型客车市场进行划分，可以分为标准轻型客车市场和宽体轻型客车市场。标准型轻型客车主要为日系海狮改款车型，宽体轻型客车主流为欧系轻型客车车型。目前，标准轻型客车的市场销量占据主导位置，但是近年来随着消费升级和货运物流行业的快速发展，宽体轻型客车市场的份额在上升，已经达到 50%（见图 6），一些日系轻型客车的新品也逐步加入到宽体市场中（如大海狮、九龙、蒙派克 S 等）。

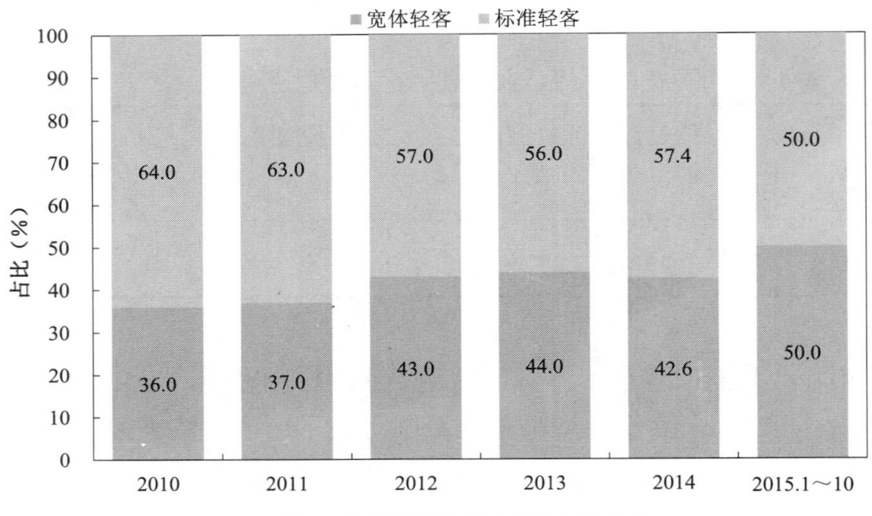

图6　标准体/宽体市场结构分析

（注：数据来源于中国轻型商用车联谊会）

8．国内主流轻型客车出口量下降

2015 年，受国际汇率、个别地区政局动荡、贸易限制措施频发等环境因素影响，1～10 月份，国内主流轻型客车出口量大幅下降（见表 3）。

表 3 轻型客车出口量、增速及其贡献度

年份	出口量/辆	同比增幅（%）	贡献度（%）
2011 年	23748	12.5	9.6
2012 年	31300	31.8	12.5
2013 年	37526	19.9	12.5
2014 年	51507	37.3	15.4
2015 年 1～10 月份	35655	-17.1	14.1

但大通 V80、江淮星锐两款欧系轻型客车出口量依旧保持了良好的增长势头。小金龙、大金龙的出口量占其销量的很大部分（见表 4）。

表 4 主要轻型客车产品出口量、增速及其贡献度

车型	出口量/辆	同比增幅（%）	贡献度（%）
金杯海狮	12110	-38.2	14.5
大金龙	6311	-19.2	40.0
福田风景	5914	-8.2	21.2
小金龙	5822	-6.6	44.2
大通 V80	2427	96.0	13.3
江淮星锐	885	111.7	16.3

二、轻型客车市场环境分析

1．宏观经济增长放缓

2003～2007 年我国经济年均增长 11.6%，2008～2011 年年均增长 9.6%，2012 年和 2013 年分别增长 7.7%，进入 2014 年以来经济下行趋势明显，微增长已经成为新常态。2015 年三季度 GDP 增长进一步放缓至 6.9%（见图 7）。随着国民经济总量基数增大，支撑经济发展的劳动力、资本、技术进步等生产要素都在发生变化，我国经济增长进入换档期。

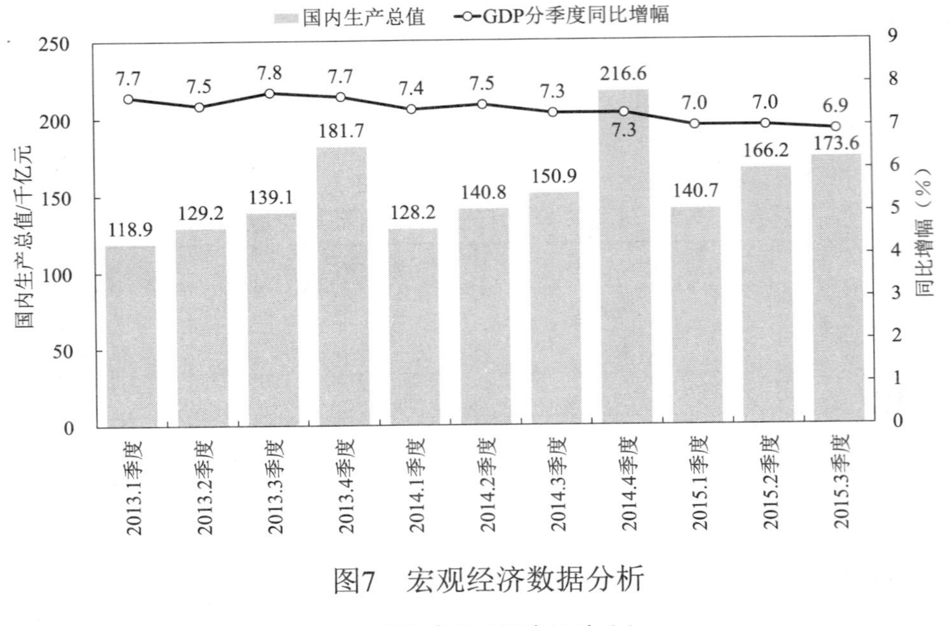

图7 宏观经济数据分析

（注：数据来源于国家统计局）

2．电商及专业物流市场的快速增长

近几年，我国物流业增加值占 GDP 的比例一直保持在 6.8%左右，物流业已经成为国民经济发展的支柱产业。2014 年，国务院印发的《物流业发展中长期规划（2014 ～2020 年）》制订了“2015～2020 年物流业增加值年均增长 8%左右，物流业增加值占国内生产总值的比例达到 7.5%左右”的目标。

2015 年前三季度，全国网上零售额达到 25914 亿元，同比增长 36.2%。同期全国快递服务企业业务量累计完成 137 亿件，同比增长 46%，接近上年全年水平。预计 2015 年全年将突破 200 亿件。

火爆的电商背后是大容量的城市物流运输车市场，有关统计数据显示，城市物流配送车辆从 2006 年的 8 万多辆增长到 2014 年的 24 万辆。预计城市物流运输车将保持稳定增长，到 2020 年将达到 36.1 万辆，到 2027 年将达到 45.6 万辆。在城市物流市场，第三方物流、电商、大型制造企业以及改装厂将是轻型客车厂家的四大重点用户群。

3．淘汰黄标车政策

我国政府的目标是到 2017 年彻底淘汰黄标车。为了更好地督促黄标车淘汰任务的落实，环保部、公安部等 5 部门近期联合印发《关于全面推进黄标车淘汰工作的通知》，通知表示，将采用加大黄标车及老旧车监管力度、调高黄标车及老旧车使用成本等市场手段推进淘汰，同时将通过财政补贴促进淘汰。2015 年全国黄标车的淘汰进度略显滞后，截至 9 月底，全国累计淘汰黄标车 82.36 万辆，占淘汰任务的 70.7%。

4．城市化的快速推进

城市化是我国经济的最大推进器，将极大地提高城乡居民的消费能力。“城乡一体化”和“城市集群化”快速发展，城市物流需求大大增加。城市物流也被赋予了新的概念，从单一大都市的物流模式转向“大都市”“大都市与新兴城市”“大都市与卫星城”的三重市场结构。

三、轻型客车产品发展趋势分析

1．轻型客车产品向“平台化”发展

轻型客车产品继续向平台化、系列化、多用途方向发展。用途覆盖商务接待车、通勤旅游车、客货两用车三大类基础车型，配以长短轴、高中低顶、单双侧移门以及各档配置形成多种车型组合。

2．轻型客车产品向“专业化”发展

专用车产品线将更丰富，各类底盘改装的工程、服务用车进一步增多，改装市场的需求也将进一步提升，因此拉动和推高了中高端轻型客车市场整体上扬，进而使得轻型客车产品表现出更加专业化、多样化、个性化的特点。

3．轻型客车产品向“节能化”发展

轻型客车产品平台也会向“柴油化”“小排量化”“环保化”发展，来满足油耗法规和环保节能的趋势。

2013 年 9 月份，国家四部委发布《关于开展新能源汽车推广应用工作的通知》，政策明确了纯电动车型的补贴政策，其中：6m≤车长＜8m 的纯电动客车在 2013～2015 年可获国家补贴 30 万元和地方最高 30 万元的补贴；纯电动物流车享有每千瓦时电池总容量 1800 元的国家补贴。

轻型客车在新能源领域前期市场空间小，但在巨额补贴政策的激励下，各轻型客车企业纷纷研发车长 6m 的产品以满足补贴条件，这也导致纯电动轻型客车销量的爆发。轻型客车不仅可以载人、载货，而且改装能力极强，可以满足各行

各业的使用需求。因此非营运轻型客车市场的爆发式增长，也是市场对政策的有效响应。

纯电动轻型客车的优势有很多，在一些限购城市中，纯电动物流车甚至可以拿到免费的牌照，可见国家对发展新能源汽车的决心与支持力度。与此同时，除了政策优惠的成本优势外，纯电动车的零部件也相对较少，待纯电动车技术成熟后，后续维护成本也会比传统燃油车更低。

但是纯电动汽车难点在于电池技术，目前市场上使用的蓄电池不具备大容量、大功率、高电压、高续航的特点。电池技术落后，研发投资巨大，电池制造成本居高不下，需要相关配套行业技术支持等问题制约着纯电动车的进一步发展。

2015 年 4 月份，国家四部委发布《关于 2016～2020 年新能源汽车推广应用财政支持政策的通知》，明确了 2016 年新能源客车推广应用的补贴标准（见表 5）。2017～2020 年新能源客车补助标准适当退坡，其中 2017～2018 年补助标准在 2016 年基础上下降 20%，2019～2020 年补助标准在 2016 年基础上下降 40%。

表 5　2016 年纯电动、插电式混合动力等客车推广应用补助标准

（单位：万元/辆）

车辆类型	单位载质量能量消耗量 [E_{kg}，W·h/（km·kg）]	标准车（10m＜车长≤12m）					
		纯电动续驶里程 R（等速法、公里）					
		$6 \le R < 20$	$20 \le R < 50$	$50 \le R < 100$	$100 \le R < 150$	$150 \le R < 250$	$R \ge 250$
纯电动客车	$E_{kg}<0.25$	22	26	30	35	42	50
	$0.25 \le E_{kg}<0.35$	20	24	28	32	38	46
	$0.35 \le E_{kg}<0.5$	18	22	24	28	34	42
	$0.5 \le E_{kg}<0.6$	16	18	20	25	30	36
	$0.6 \le E_{kg}<0.7$	12	14	16	20	24	30
插电式混合动力客车（含增程式）		—	—	20	23	25	

注：上述补助标准以 10～12m 客车为标准车给予补助，其他长度纯电动客车补助标准按照上表单位载质量能量消耗量和纯电动续驶里程划分，插电式混合动力客车（含增程式）补助标准按照上表纯电动续驶里程划分。其中，6m 及以下客车按照标准车 0.2 倍给予补助；6m＜车长≤8m 客车按照标准车 0.5 倍给予补助；8m＜车长≤10m 客车按照标准车 0.8 倍给予补助；12m 以上、双层客车按照标准车 1.2 倍给予补助。

目前我国对充电桩等基础设施的补贴仍然不足。中央和地方政府的补贴下降后，当下的纯电动汽车市场的相对优势将会缩小，新能源汽车将走向更理性、平稳的发展道路。

四、2016 年轻型客车市场展望

在轻型客车面临着卡车限行、黄标车淘汰、排放法规趋严、MPV 与微型客车上下挤压等机遇与挑战的背景下，各厂家必然会提升产品、营销等方面的综合实力。加之物流等新兴产业快速增长，新能源政策持续补贴，以及“一带一路”等宏观政策逐渐变热，预计 2016 年全口径轻型客车增速将略好于 2015 年，将达到 45 万辆的销量规模（见图 8）。

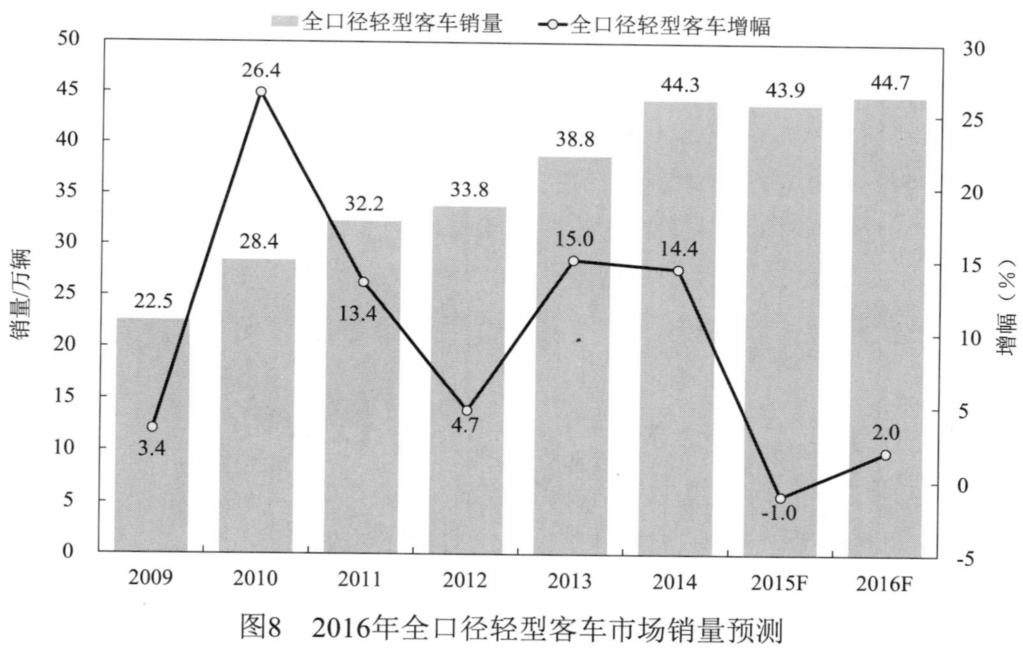

图8　2016年全口径轻型客车市场销量预测

（作者：穆天宇）

2015年微型汽车市场分析与2016年展望

一、2015年微型汽车市场回顾

1．微型汽车行业总体保持稳定，略有下滑

2015年微型汽车行业整体容量275万辆，同比下滑5.4%（见图1），出现了近3年来的首次下滑。

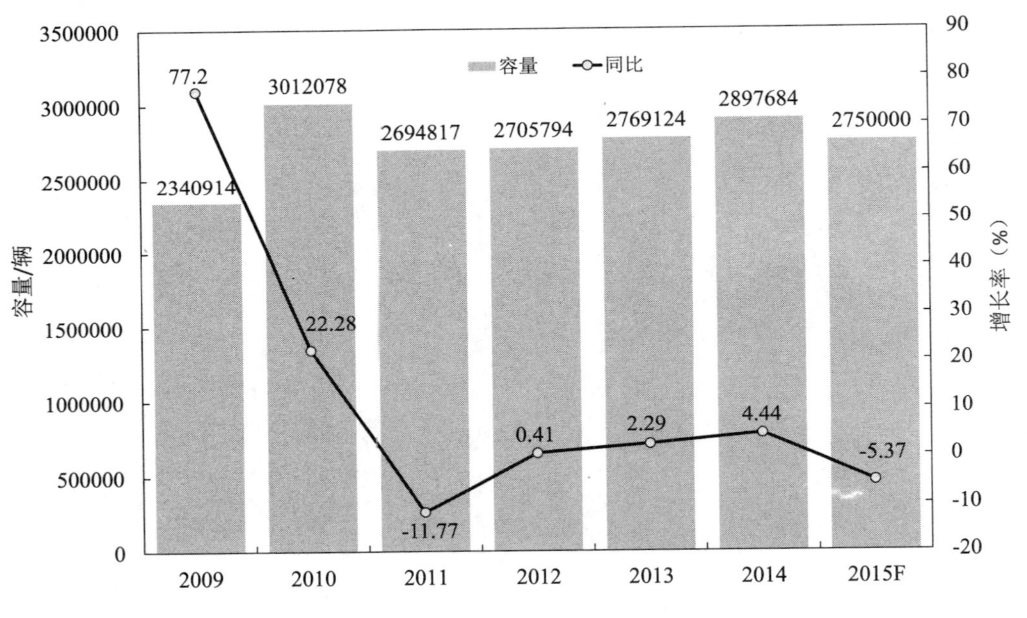

图1　微型汽车行业容量及变化趋势

2．微型汽车月度销售走势特征

淡旺季特征明显，一季度、四季度仍然是全年中销售最好的季节。购置税减半政策刺激作用明显：2015年1～9月微型汽车行业基本处于同比负增长状态，10月汽车优惠新政实施后同比实现正增长（见图2）。

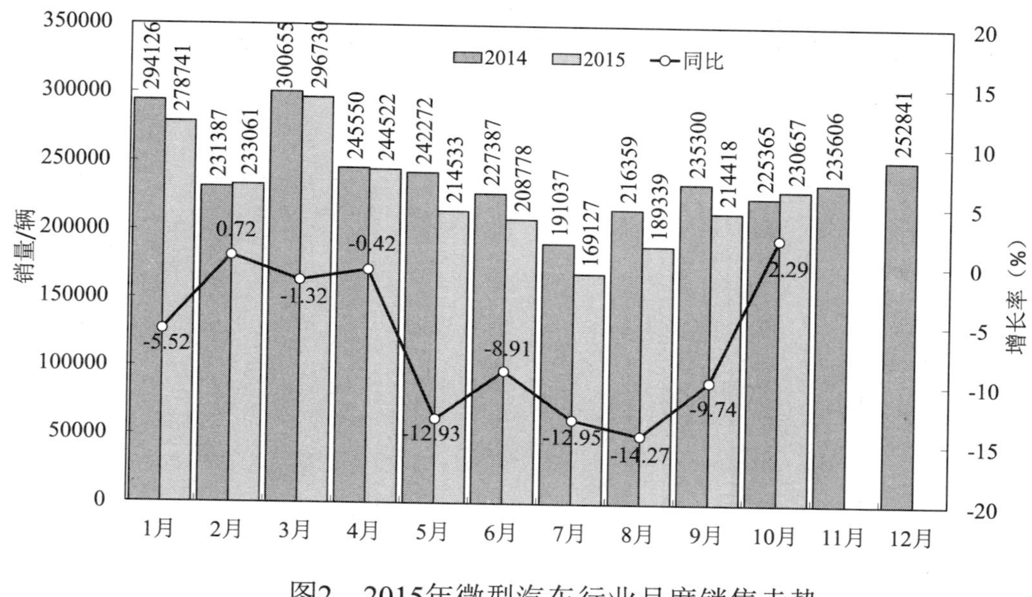

图2　2015年微型汽车行业月度销售走势

3．微型汽车细分市场结构正在发生巨变

小 MPV 持续增长，2015 年容量预计达到 124 万辆（见图 3），并且从 2014 年 8 月开始一直保持微型汽车第一大细分市场地位。

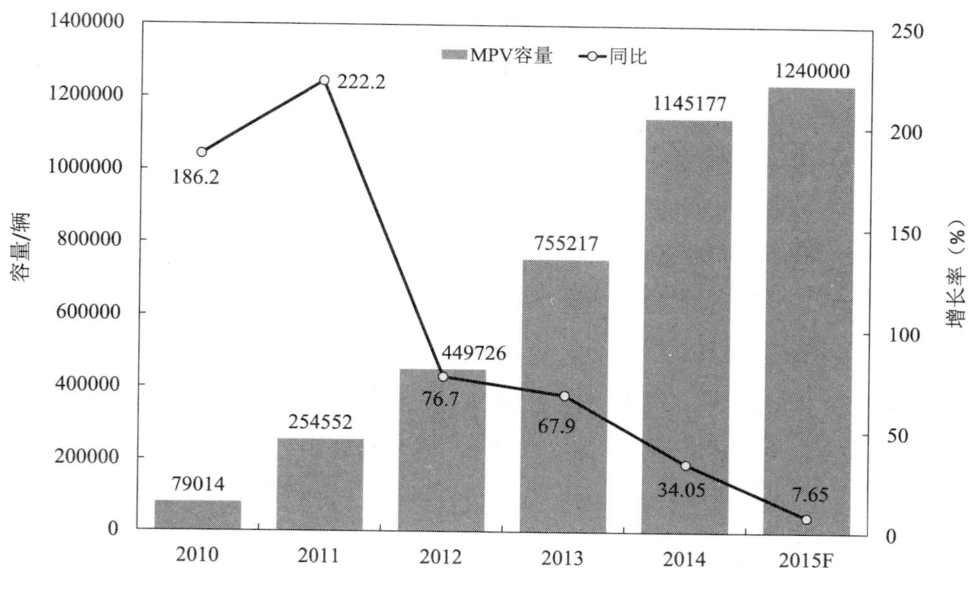

图3　2010～2015年MPV容量及变化趋势

传统微型客车容量连续 5 年下滑，近两年下滑速度连续超过 20%，市场容量由 2010 年的接近 250 万辆萎缩到 2015 年的 110 万辆（见图 4）。

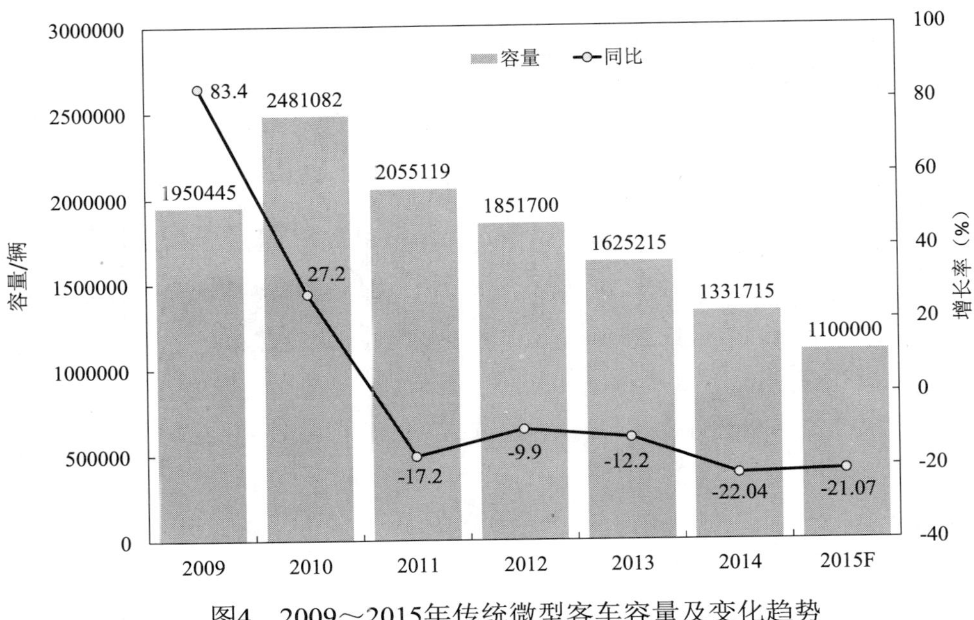

图4　2009～2015年传统微型客车容量及变化趋势

微型货车市场基本稳定，容量稳定保持在 40 万辆左右（见图 5）。

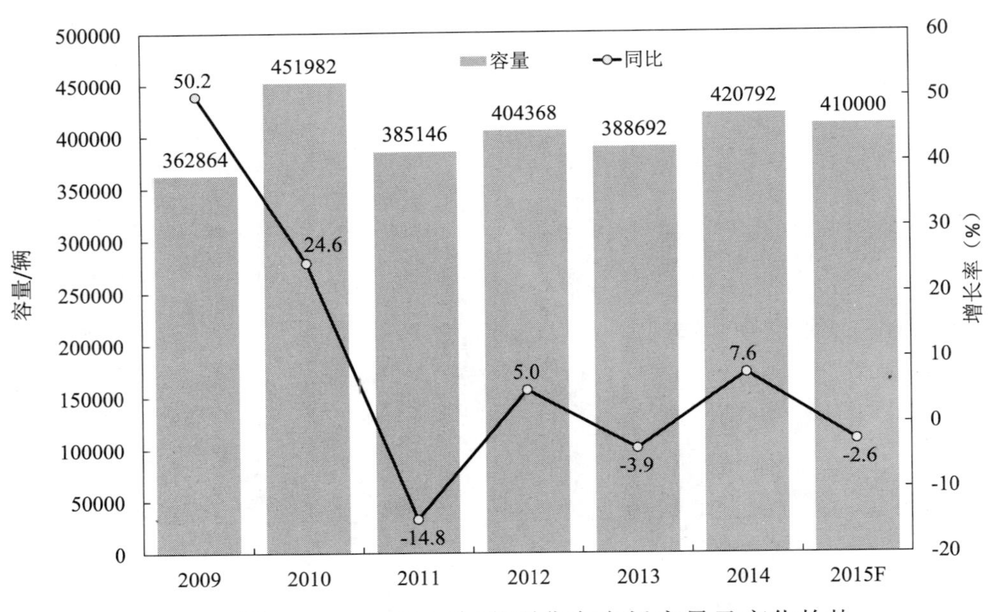

图5　2009～2015年微型货车市场容量及变化趋势

区域市场重心仍在华北，但西南、华中成长性明显好于其他地区。

华北微型汽车市场容量占比由 2008 年的 38.6%逐步下降到 30%以内，西南、华中市场容量占比快速提升（见表 1、图 6）。

表 1 区域市场微型汽车规模和成长性

地区	2015 年 1～10 月容量	近年容量占比（%）			容量同比变化（%）		
		2013 年	2014 年	2015 年	2013 年	2014 年	2015 年
东北	109749	5.44	5.09	5.17	-4.57	-1.32	-22.87
华北	633721	32.38	30.69	29.86	0.98	-0.25	-26.06
华东	296950	13.75	14.17	13.99	4.50	8.50	-24.96
华南	278895	13.13	14.01	13.14	9.34	12.40	-28.75
华中	220095	9.38	9.68	10.37	9.74	8.70	-18.60
西北	198226	9.88	9.62	9.34	2.14	2.55	-26.23
西南	384778	16.04	16.74	18.13	5.75	9.90	-17.70

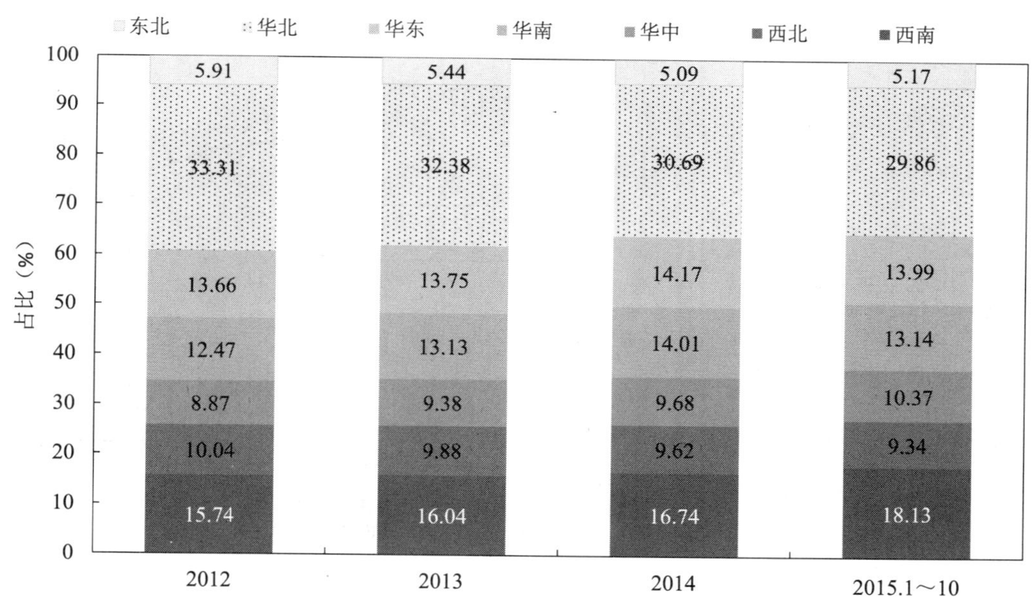

图6 2012～2015年10月微型汽车容量区域分布结构图

4．新产品的供给和原有产品的降价促销是驱动行业增长的主要因素

2015 年行业小 MPV 增长主要来自近两年新上市的宏光 S、开瑞 K50、福瑞达 M50 和下半年降价促销幅度较大的北汽威旺 M20 和风光 330（见表 2、图 7）。

表2 MPV产品增量来源 (单位：辆)

产品	2014年1～10月	2015年1～10月	增量
五菱宏光S	221556	379276	157720
五菱宏光	382755	131570	-251185
欧诺	117240	121959	4719
威旺M20	58021	101470	43449
风光	61220	72364	11144
欧力威	38488	33937	-4551
开瑞K50	0	32147	32147
福瑞达M50	2409	15232	12823
森雅	16230	10922	-5308
乐途	0	9425	9425
星朗	6671	3179	-3492
开瑞优雅二代	0	943	943
总和	904590	912424	7834

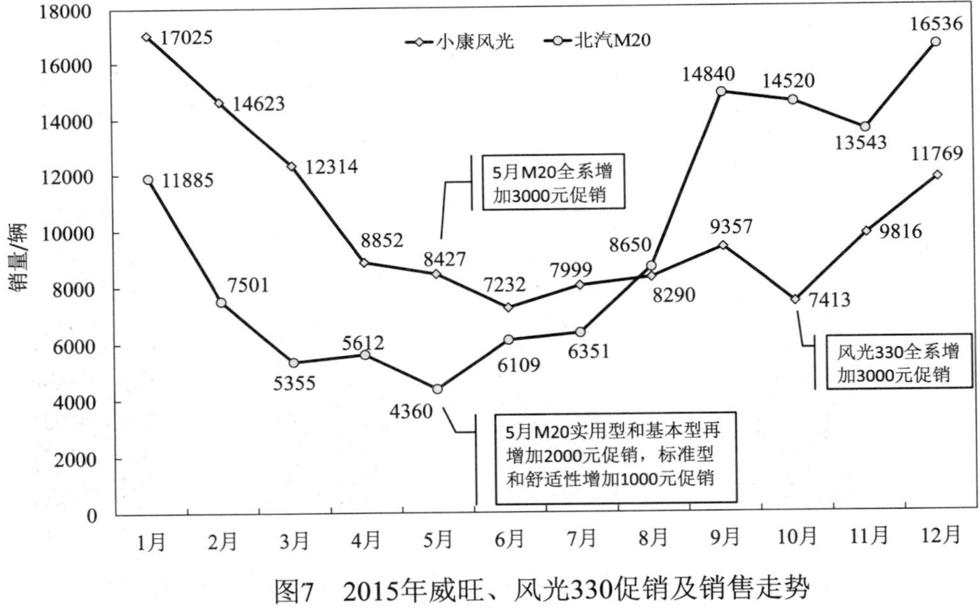

图7 2015年威旺、风光330促销及销售走势

5．传统微型客车的下滑主要是客户需求的转移：传统微型客车客户大多转移到购买小MPV

传统微型客车容量减少231715辆，小MPV容量增加94823辆（见图8）。

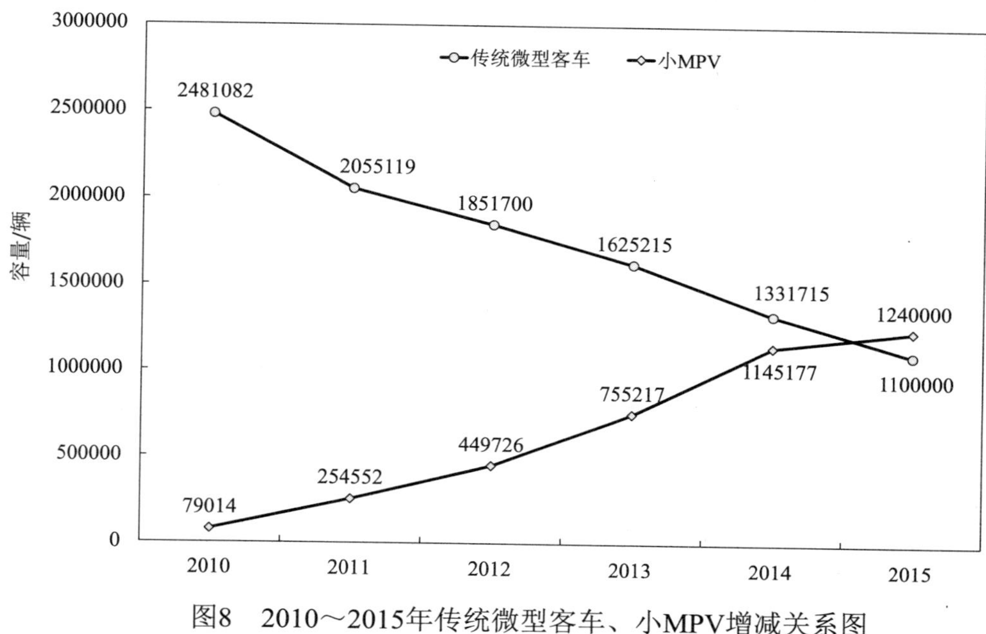

图8 2010～2015年传统微型客车、小MPV增减关系图

6. 品牌集中度——强者恒强

从 2010 年起微型汽车四大家（五菱、长安、小康、北汽）的行业占比逐年上升，2015 年 1～10 月占比达到 88.4%（见图 9）。

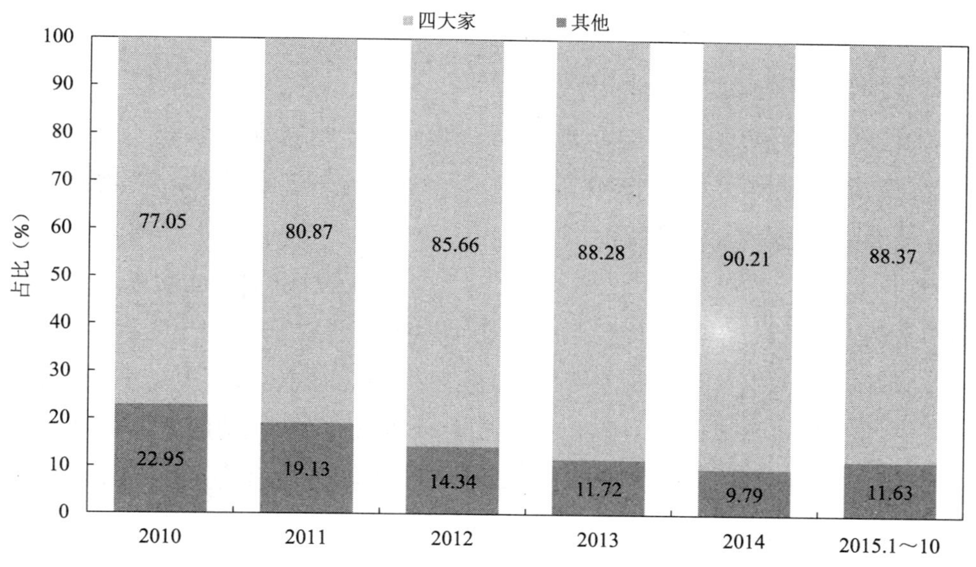

图9 2010～2015年10月四大家逐年占比

二、2016发展环境和竞争审视

1. 2016年行业宏观环境分析（PEST）

（1）政策：抑制行业增长，促进产业升级

1）限行限购政策：限购促使用户对家用车辆的选择从“一户多车”变成“一车多用”，对家用多功能车的发展是利好因素； 同时，新能源车无限购限行的限制，使新能源多功能车在限行限购城市得到快速发展，使家用多功能车市场得以快速发展 。

2）安全法规：小微型面包车新安全性能要求出台（工信部联产业【2014】453号） 必将促使微型客车进行升级，向前置发动机的多功能车转移。但未来5年之内，微型客车客户的需求还将存在，但在很大程度上会被功能、价格相近的7座MPV车型所替代。

（2）经济：增速放缓，短期将对汽车市场造成一定波动，但区域性结构性的机会兴起

1）GDP： IMF预期我国2015年、2016年经济增速分别为6.8%和6.3% ，经济下行压力增大，短期将对汽车市场造成一定波动，导致增速减小。

2）城镇化提速，支撑宏观经济和消费的稳定增长。

3）“一带一路”、京津冀、长江经济带三大新战略促进区域市场机会增多。

4）经济结构调整，第三产业快速发展特别是物流业快速发展，保障了多功能车的长期增长。

（3）技术：颠覆现有商业模式

1）互联网+：互联网+汽车、互联网+营销兴起，将加快传统产业转型。

2）新能源：排放、油耗法规加严，新能源补贴政策实施，将促进新能源汽车的快速发展，改变产品结构。

3）工业4.0： “智慧工厂”“智能生产”， 颠覆传统制造模式。

（4）社会：促进需求变化，改变消费结构

1）人口政策 ：“全面二孩”启动，将使得未来多人口家庭比例将逐步上升，以家用为主的多功能车市场将进一步被激活，使得家用多功能车市场快速发展。

2）老龄化：老龄化进程加快，“4+2+1/2”的家庭人口将成为常态，促进家庭用车需求的变化，利好于7座MPV快速发展。

3）资源短缺、环境容量有限问题将长期存在，汽车保有量扩张与道路交通的冲突。

2．竞争形势（4P 分析）

（1）产品：微型客车产品供给减少，新增供给主要在 MPV/SUV 市场（见图 10、表 3）

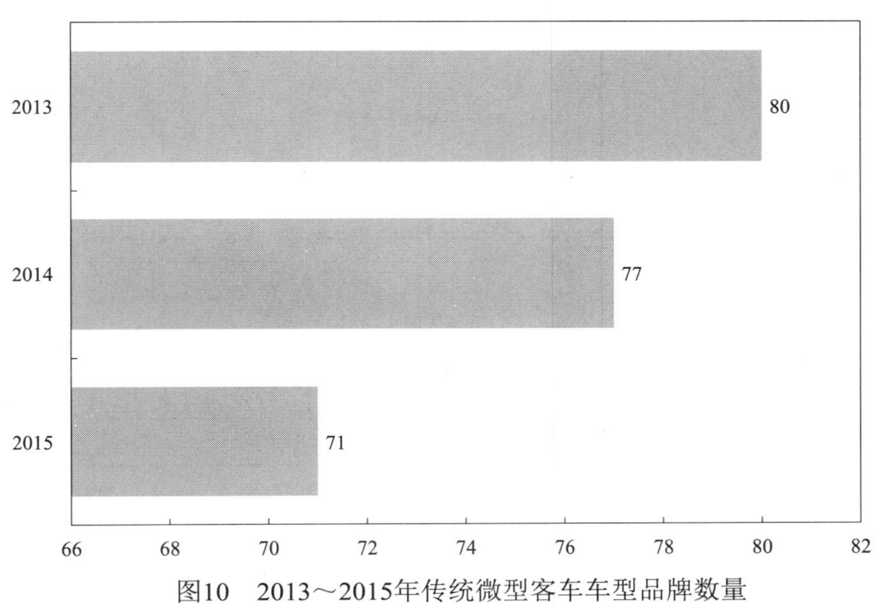

图10　2013～2015年传统微型客车车型品牌数量

表 3　主要微型汽车企业细分市场产品供给

分类	五菱	长安	小康	北汽威旺
MPV	五菱宏光（已退市） 五菱宏光 S **五菱宏光 S1** 宝骏 730	欧诺 欧力威	风光 330 风光 350（已退市）	威旺 M20 **威旺 M30**
SUV	**宝骏 560**		风光 360 **风光 370**	幻速 S3
传统微型客车	五菱之光 五菱之光加长 **五菱之光 S** 五菱荣光 五菱荣光加长 五菱荣光 S **五菱荣光 V**	长安之星 2 **长安之星 3** 长安之星 5（退市） 长安之星 7 长安之星 9	小康 K07 小康 K07 二代 小康 K17（终端退市） 小康 C37	威旺 306 威旺 307
微型货车	荣光单、双排	新星卡单、双排 星卡单、双排	小康 C32 单、双排 小康 V22 单、双排 小康 K02 单、双排	

注：加粗代表 2015 年上市产品。

（2）价格：小 MPV 进入红海，越来越多的小 MPV 价格将进入 4 万元以内的传统微型客车价格集中区域（见图 11）

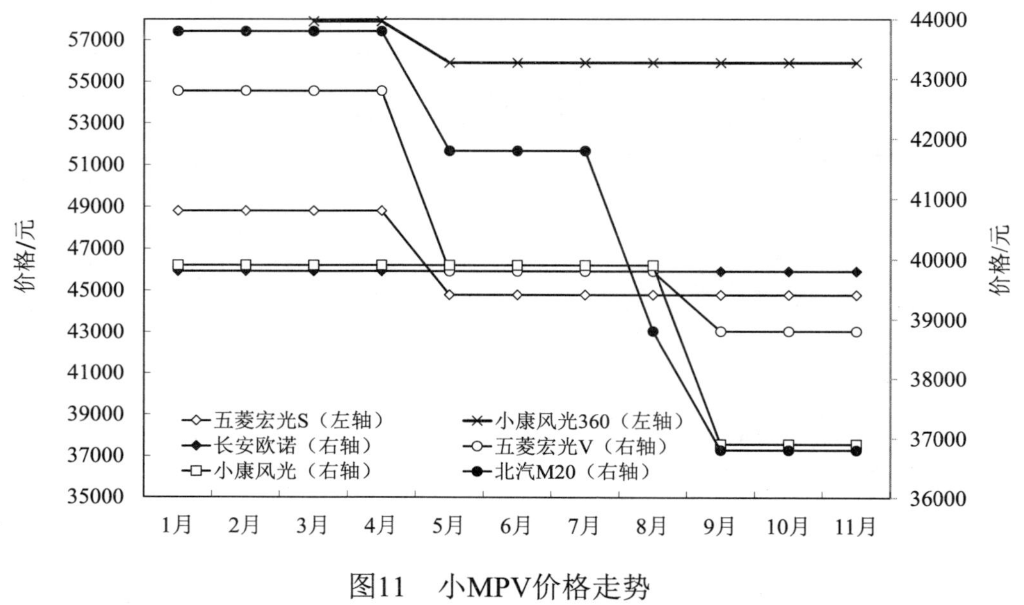

图11 小MPV价格走势

（3）渠道：渠道生存压力不减，新的渠道形态和盈利模式转型将势在必行

1）轻资产的形态：随着店面地租、人工成本等运营成本不断上涨，加之产能过剩、供需失衡带来库存增加，导致 4S 店盈利状态恶化，轻资产的渠道形态将越来越受到投资人的欢迎。

2）盈利模式：供需失衡、供大于销必将导致销售利润的降低，汽车后市场正在成为整个产业链条上的新兴增长点，汽车金融信贷、汽车保险、汽车租赁、二手车业务等汽车后市场将成为汽车流通服务领域的利润主体。

（4）促销

1）政策变动将更加频繁（促销政策由季度为周期向月度为周期转变）。

2）促销手段更加丰富（除降价外，终端激励、金融产品、服务产品的促销更加常见），区域促销差异化政策（全国一盘棋到一地一策）将更多地被厂家使用。

三、2016 年市场容量预判

综合 2015 年微型汽车市场表现和对 2016 年发展环境和竞争环境审视，2016

年微型汽车市场机遇与挑战同在，既面临着经济下行带来的消费动力减弱，传统微型客车市场快速萎缩等不利因素，同时也具备小 MPV 市场的快速崛起，京津冀、长江经济带等区域性、结构性机会此起彼伏，购置税减半优惠、黄标车淘汰等政策利好刺激，预计微型汽车市场容量仍将维持在 270 万辆左右，分细分市场的容量与预判如下。

1．预计小型 MPV 仍将保持较快增长，2016 年销售 140 万辆（见图 12）

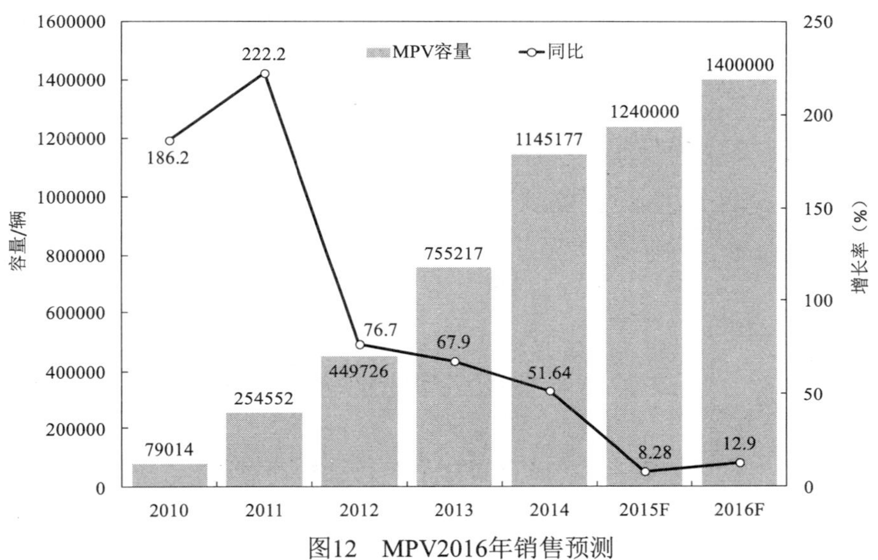

图12　MPV2016年销售预测

2．传统微型客车将继续下滑，预计 2016 年销售 90 万辆（见图 13）

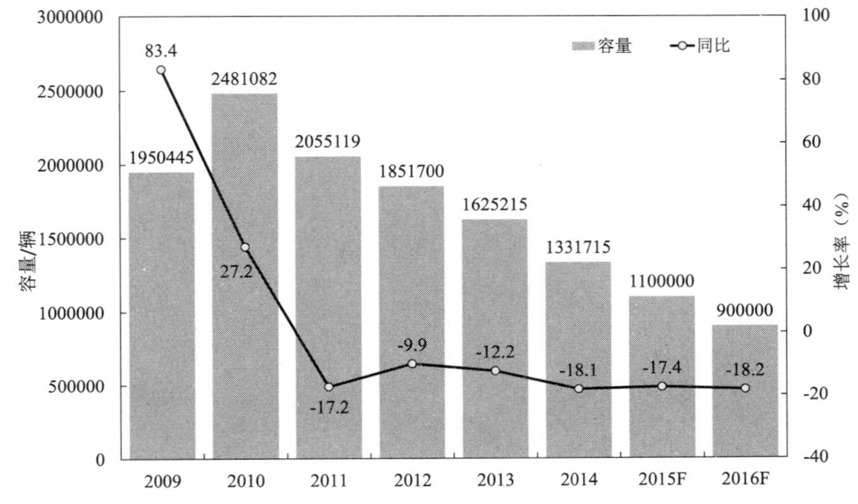

图13　传统微型客车2016年销售预测

3．微型货车市场稳定维持在40万辆左右（见图14）

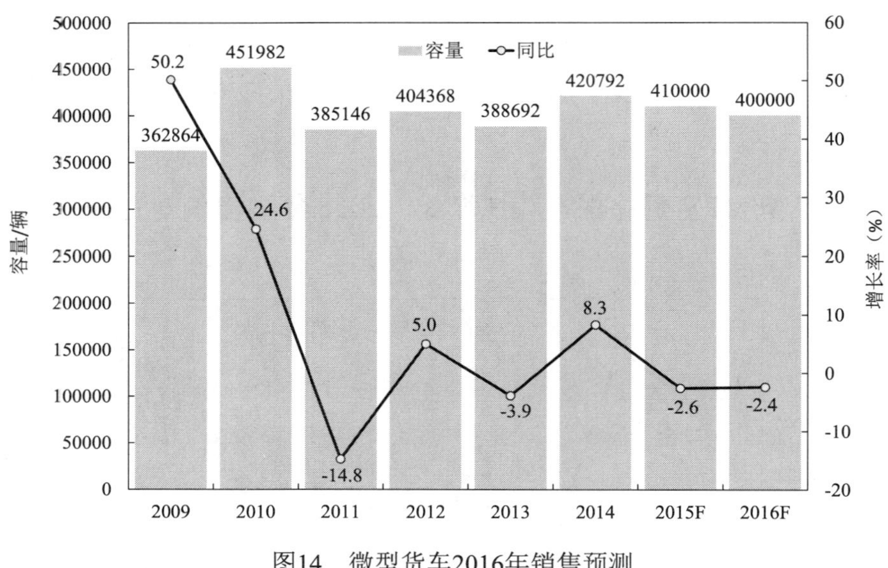

图14 微型货车2016年销售预测

4．综上分析，预计2016年微型汽车行业总体容量为270万辆（见表4）

表4 2016年微型汽车行业预计容量

细分市场	2016年预计	2015年	同比增速（%）
小MPV	140	124	12.9
传统微型客车	90	110	−18.2
微型货车	40	41	−2.4

（作者：牟爱明）

2015年重型载货汽车市场回顾与2016年展望

2015年，是重型载货汽车市场形势全年持续低迷的一年，截止11月底行业销量累计接近-30%的负增长，受国家固定资产投资增速下降和实施“国Ⅳ”排放标准后去库存等因素影响，使整个行业发展再次陷入困惑和压力，业内各厂家纷纷加大产品结构调整和降低后期生产经营的发展预期。

一、2015年重型载货汽车市场回顾

1. 汽车产销基本情况

（1）汽车整体产销量创新高但增速放缓　2015年1～11月份全国累计产销汽车分别为2182.4万辆、2178.7万辆，同比增长1.8%和3.3%，汽车产销量均创历史新高。其中乘用车产销1873.5万辆和1868.1万辆，同比增长4.2%和5.9%，增幅分别高于汽车总体水平2.4个百分点和2.6个百分点，仍是推动整个汽车行业增长的主力；商用车产销308.9万辆和310.5万辆，同比下降3.1%和3.2%，再次处于调整时期。

根据我国汽车工业协会统计的2015年前11个月的出口数据，我国汽车企业累计出口汽车66.3万辆，同比下降18.2%。其中乘用车出口39.2万辆，同比下降18.0%；商用车出口27.1万辆，同比下降18.5%，预计全年出口总量与2014年水平持平。

（2）商用车市场运行仍处在调整时期且降幅收窄　2015年1～11月份，商用车产销308.9万辆和310.5万辆，同比下降3.1%和3.2%。商用车中，重型载货汽车产销49.3万辆和50.1万辆，同比分别下降28.9%和27.2%；中型载货汽车产销17.7万辆和17.4万辆，同比分别下降22.2%和24.0%；轻型载货汽车产销140.8万辆和141.2万辆，同比分别下降6.8%和6.2%；微型载货汽车产销48.8万辆和49.8万辆，同比分别增长1.2%和3.8%；客车产销52.3万辆和52.1万辆，同比分

别下降 3.1%和 3.2%。微型载货汽车成为商用车增长的主要车型品种，而重型载货汽车类则为商用车市场中下降幅度较大的品种系列（见图 1）。

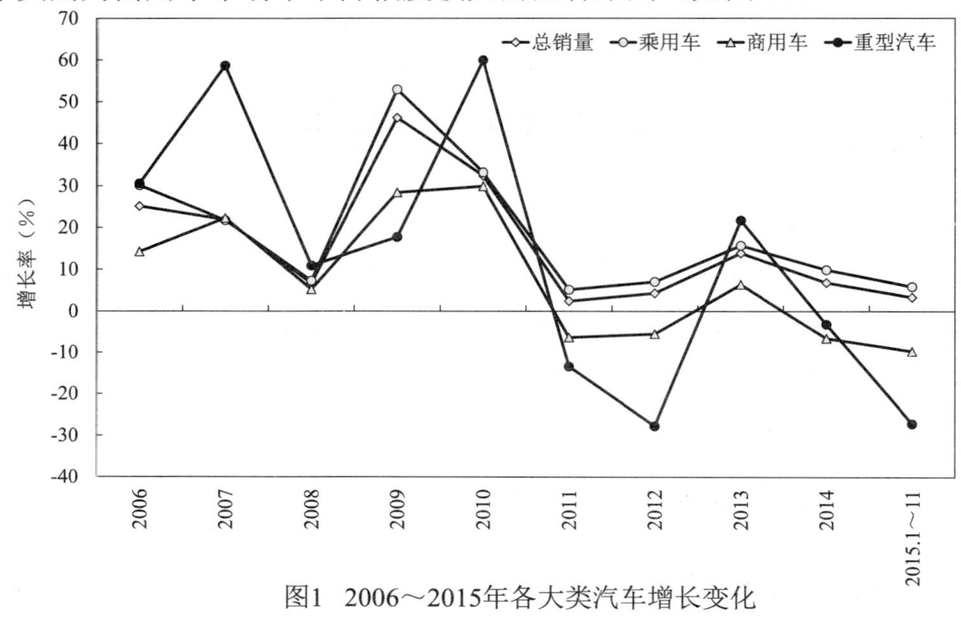

图1 2006～2015年各大类汽车增长变化

2．2015 年重型载货汽车市场回顾

2015 年 1～11 月份重型载货汽车产销 49.3 万辆和 50.1 万辆，同比分别下降 28.9%和 27.2%。其中载货汽车累计产销 15.7 万辆和 16.2 万辆，同比下降 27.3%和 24.0%；牵引车产销量累计 22.9 万辆和 29.2 万辆，同比下降 13.1%和 10.0%。牵引车成为亘型载货汽车中下降幅度最低的品种系列。影响重型载货汽车增长的主要因素有以下几点。

（1）固定资产投资结构调整使重型载货汽车市场发展面临难题，并导致重型载货汽车市场产品调整　截至 2015 年 11 月底，全国固定资产投资（不含农户）497182 亿元，同比名义增长 10.2%，增速与 1～10 月份持平。从环比速度看，11 月份固定资产投资（不含农户）增长 0.7%。分产业看，第一、二、三产业投资分别为 14025 亿元、199595 亿元、89062 亿元，同比分别增长 28.7%、8.1%和 18.2%，增速比 1～10 月份提高 0.6 个百分点、0.1 个百分点和 0.8 个百分点。第二产业投资中电力、热力、燃气及水生产和供应业投资 23852 亿元，增长 16.0%，增速提高 0.5 个百分点。第三产业中的水利管理业投资增长 23.3%，增速提高 0.3 个百分点；公共设施管理业投资增长 20.5%，增速提高 1.1 个百分点；道路运输业投资增长 17.5%，增速回落 0.2 个百分点；铁路运输业投资增长 0.8%，增速回落 0.6

个百分点。整体上看，宏观经济结构调整的意愿明显，相关产业增长受到抑制而导致重型载货汽车出现了近几年较大幅度的下降。

受国家宏观经济发展新常态和经济结构调整影响，我们看到重型载货汽车产品结构相应也有较大调整。在重型汽车分车型中，载货汽车累计产销分别为15.7万辆和16.2万辆，同比分别下降27.3%和24.0%；牵引车累计产销量分别为22.9万辆和22.9万辆，同比分别下降13.1%和10.0%；自卸车累计产销量分别9.1万辆和9.5万辆，同比分别下降53.3%和52.5%。在重型汽车分车型累计销售份额中，载货汽车、牵引车和自卸车分别占了32.3%、45.8%和19.0%，分别比同期增长1.3个百分点、8.7个百分点和下滑10.2个百分点（见图2和图3）。

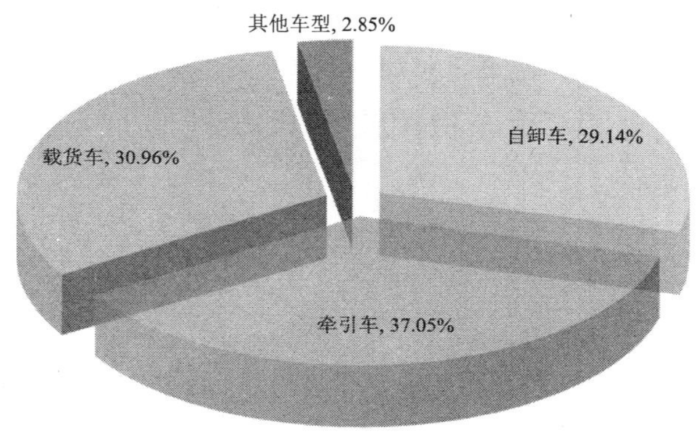

图2 2014年1～11月份重型载货汽车产品份额变化

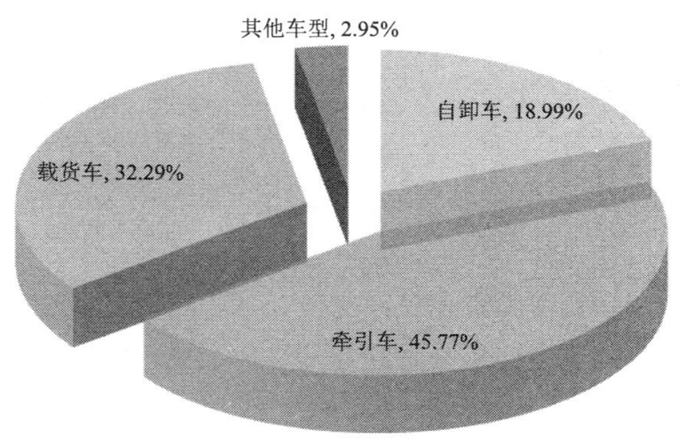

图3 2015年1～11月份重型载货汽车产品份额变化

（2）公路运输增长继续推动重型货车市场发展　根据国家交通运输部公布数据统计，2015年1～11月份，全社会货运量、货物周转量分别增长4.3%和-0.1%。其中，公路运输部分分别增长 6.2%和 5.9%；铁路运输部分增长 -12.3%和 -14.1%；水路运输部分分别增长4.3%和0.1%。公路运输继续保持较高比例增长。2015年1～11月份，累计完成货物吞吐量105.0亿t，同比增长2.0%，其中内、外贸吞吐量分别增长2.3%和1.3%。2015年1～11月份，公路水路完成固定资产投资16548亿元，同比增长6.7%，增速较1～10月份回升0.2个百分点。分结构看，公路建设完成投资14991亿元，同比增长6.5%，水运建设完成投资1278亿元，同比下降1.7%。分区域看，东、中、西部地区分别完成公路水路固定资产投资5403亿元、4130亿元和7015亿元，同比分别增长2.3%、11.5%和7.6%。因此，公路货运量和货物周转量这两项指标直接影响重型载货汽车市场发展，在行业整体下降情况下，重型货车和牵引车份额较2014年同期上升了1.3个百分点和8.7个百分点（见图4）。

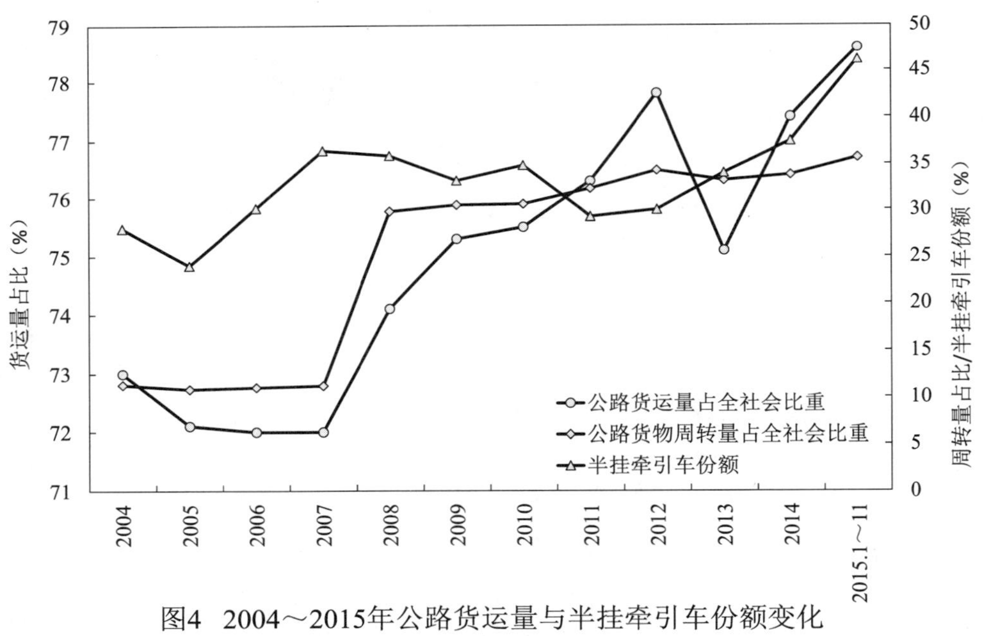

图4　2004～2015年公路货运量与半挂牵引车份额变化

（3）物流业仍为重型载货汽车市场提供发展的空间　根据我国物流和采购联合会统计数据，2015年1～11月份物流呈现几个特点，一是物流需求增速稳中渐升，全国社会物流总额202.4万亿元，按可比价格计算，同比增长5.8%，增速较 1～10 月份回升 0.1 个百分点，但比 2014 年同期回落 2.5 个百分点。其中，工业品物流总额 188.4 万亿元，可比增长 6.1%，比 2014 年同期回落 2.2 个百分点；进口货物物流总额 9.4 万亿元，同比下降 0.3%；单位与居民物品物流总额同比增长 35.0%，增速比 1～10 月份提高 1.7 个百分点。二是社会物流总费用规模增速回落。1～11 月份，社会物流总费用规模为 9.3 万亿元，同比增长 4.0%。其中，运输费用 4.7 万亿，同比增长 3.8%，占社会物流总费用的比例为 50.9%；保管费用 3.3 万亿，同比增长 4.1%，占社会物流总费用的比例为 35.5%；管理费用 1.3 万亿，同比增长 5.0%，占社会物流总费用的比例为 13.6%。三是 1～11 月份物流市场规模增速小幅回落，物流业总收入 6.7 万亿元，同比增长 5.0%，增速与 1～10 月份基本持平。四是物流价格低位徘徊。根据我国物流业景气指数中的物流服务价格指数显示，1～11 月份我国公路物流运价指数为 106.7，同比下降 8.0%。从 2015 年全年看，我国物流运行呈现“稳中趋缓”的基本走势。因此，物流行业密切地影响到重型汽车公路用的系列产品发展。

（4）重型载货汽车市场充分竞争正在改变行业格局　总质量 14t 以上重型载货汽车，2014 年累计产销 74.8 万辆和 74.4 万辆，同比分别下降 1.7%和 3.9%，产销率为 100.5%。在近 25 家参与重型载货汽车市场竞争中，销量超过 10 万辆有五家企业，累计销售达 60.7 万辆，占总质量 14t 以上重型载货汽车销售总量的 81.6%。而 2015 年 1～11 月份中，累计销量达 41.6 万辆，占总销量的 83.1%，提高了 1.5 个百分点。其原因在于国家实施国Ⅳ排放标准，某种程度提高产品销售准入门槛，使重型货汽车市场在充分竞争下份额进一步集中。

从 2015 年 1～11 月份总质量 14t 以上重型载货汽车的市场份额看，前五家企业有：东风公司为 21.5%，同比增长 0.5 个百分点；中国重汽为 17.9%，同比增长 1.6 个百分点；一汽集团 15.7%，同比下降 0.2 个百分点；陕汽份额为 14.7%，同比增长 0.4 个百分点；北汽福田 13.4%，同比下降 1.0 个百分点。前五家中东风公司凭借均衡产品结构稳定在 20%以上份额。中国重汽也是通过引进曼技术加大了产品结构调整，使份额有了较大的增长。

通过上述形势分析，可以看出 2015 年全国重型载货汽车产销发展态势，纵向与国家宏观经济、横向与物流、自身与国Ⅳ排放标准实施等因素密切相关。全年实现销量 55 万辆左右，同比下降 28%左右。

二、2016年重型载货汽车市场形势展望

1. 2016年国家宏观经济形势展望

2015年12月18日，一年一度的中央经济工作会议在北京召开。会议重点部署2016年经济工作，也必将成为一次引领我国经济风向标的会议。面对错综复杂的国际环境和愈加严峻的国内形势，坚持创新、协调、绿色、开放、共享五大发展理念，切实优化国内产能、创新增长动力、落实企业减负、推动房地产去库存以及防范金融风险将成为2016年经济工作五大工作重点，即：一是优化除钢铁行业外，电解铝、水泥、平板玻璃、造船、有色金属、建材、轻工、纺织、食品等行业的产能过剩问题；二是激发创新创业活力，推动大众创业，释放新需求，创造新供给，推动新技术、新产业、新业态蓬勃发展，加快实现发展动力转换，培育新的增长动力，打造世界经济“发展极”；三是提出要帮助企业降低成本，包括降低制度性交易成本、企业税费负担、社会保险费、财务成本、电力价格、物流成本等，打出一套“组合拳”；四是如何在保持房地产市场适度活跃的前提下，逐步稳妥降低房地产库存；五是如何防范化解金融风险，构建宏观审慎金融风险管理体系，坚决守住不发生系统性和区域性金融风险的底线。

总之，2016年既是“十三五”开局之年，也是我国经济转型的关键之年。在这一年里，全面优化过剩产能，深入创新增长动力，真正落实企业减负，保持房地产市场适度活跃的前提下完成房地产去库存，切实防范金融风险，才能为经济转型升级打下良好基础，为全面建成小康社会开启良好开端。

2. 2016年重型载货汽车市场形势

2015年全国重型载货汽车市场形势延续了2014年下降态势，这与国内外复杂的经济环境和自身经济运行有着密切有关，给整个行业未来发展带来困惑，也面临诸多挑战。展望2016年重型载货汽车市场形势，从以下几方面着重分析。

（1）*宏观经济仍将影响重型载货汽车市场发展* 在国际方面，国际货币基金组织（IMF）总裁拉加德日前提醒，2016年全球经济增长将“令人失望且不平稳”。世界银行也预测，面对多项周期性和结构性不利因素，全球经济增速在2016～2017年将只有“小幅度改善”。预计2016年全球国内生产总值（GDP）增

长率可能仅为 3.6%。在国内方面，2015 年 12 月 16 日，我国社会科学院经济学部、我国社会科学院科研局等单位联合发布了我国经济《蓝皮书》。《蓝皮书》提出我国经济在新常态下运行在合理区间，就业、物价保持基本稳定。面对下行压力加大，及复杂变化的国内外形势挑战，消费增速总体平稳，进出口增速下降，贸易顺差持续扩大，CPI 与 PPI 背离的剪刀差扩大，居民收入稳定增长。预计 2016 年我国经济增长 6.6%～6.8%。国际货币基金组织、世行、摩根大通也分别预测我国 GDP 增长率为 6.8%、6.5%和 6.6%。2016 年是我国“十三五”规划的第一年，我国经济发展进入新常态，政府应把“稳增长、增效益”作为积极财政政策的重心，适当加大政府投资力度，适度扩大财政赤字规模，加快构建新的地方税体系，认真防范地方政府债务风险。2016 年我国经济增长将在新常态下运行在合理区间，就业、物价保持基本稳定，我国经济不会出现硬着陆。为此，2016 年仍将是结构调整关键年。对于在经济增长新常态下的重型载货汽车市场而言，仍具备拉动重型载货汽车增长的外在条件。

（2）受“四期”叠加因素影响，固定资产投资增长趋缓　根据中经工业景气指数报告，2015 年三季度景气指数为 92.3，比二季度微降 0.5 个点，呈温和回落趋势；预警指数为 70.0，比二季度上升 3.3 个点，继续在“浅蓝灯区”运行。由于受“四期”叠加对工业的不利影响仍在延续，国内库存压力不断增大，近期工业生产、销售和盈利面临较大的下行压力，从而引发各方面投资意愿不强烈，造成固定资产增速继续放缓。2015 年固定资产投资增速经历了长时期、大幅度下滑后，开始步入低位波动阶段。在政府的政策由“需求侧”转向“供给侧”的过程中，固定资产投资增速大幅回升的基础已经不再具备。预计 2015 年全年固定资产投资增速为 10.2%左右。在“促投资、稳增长”的政策作用下，2016 年第 1 季度固定资产投资累计增速筑底企稳的可能性较大，预计 2016 年全年固定资产投资累计增速将保持总体平稳态势，全年固定资产投资增速大约为 10%左右。因此，仍具备推动重型载货汽车发展的动因（见图 5）。

（3）继续实施积极的财政政策和稳健的货币政策　中央经济工作会议提出做好 2016 年经济工作，必须继续实施积极的财政政策和稳健的货币政策。为了应对经济下行压力，一是宏观政策要稳，就是要为结构性改革营造稳定的宏观经济环境。积极的财政政策要加大力度，实行减税政策，阶段性提高财政赤字率，

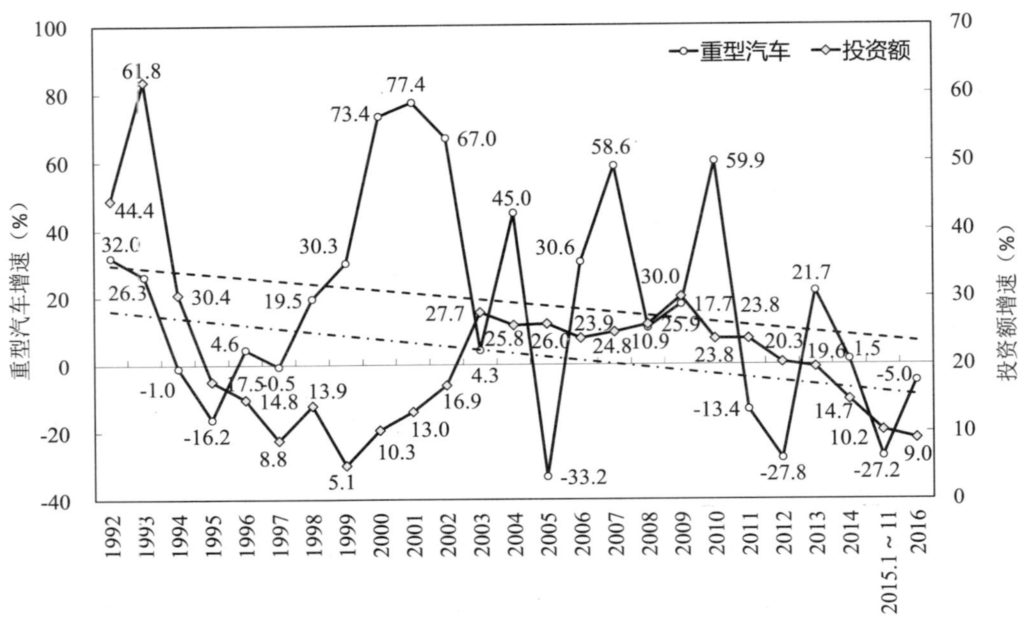

图5 1992～2016年固定资产投资与重型载货车增长对比图

在适当增加必要的财政支出和政府投资的同时，主要用于弥补降税带来的财政减收，保障政府应该承担的支出责任。二是稳健的货币政策要灵活适度，为结构性改革营造适宜的货币金融环境，降低融资成本，保持流动性合理充裕和社会融资总量适度增长，扩大直接融资比例，优化信贷结构，完善汇率形成机制。总之，金融和货币政策力促国家经济常态化发展，也直接作用于国家基础经济发展，加之行业内各重型汽车厂家也纷纷采用相应的汽车金融政策，共同促进重型汽车市场发展。

（4）出口整车下降幅度扩大，但重型载货汽车仍有潜力　2015 年，国家出口贸易形势仍不容乐观。虽然美国经济复苏动力增强，但欧洲和日本仍深陷经济危机以及新兴经济体高通胀等因素，使世界经济复苏不确定增加，加之美国、欧盟等国家的贸易保护主义抬头，将继续导致我国出口增速进一步放缓。据中汽协会统计的汽车整车企业出口数据，2015 年 1～11 月份汽车累计出口 66.3 万辆，比 2014 年同期下降 18.2%。其中乘用车出口 39.2 万辆，比 2014 年同期下降 18.0%；商用车出口 27.1 万辆，比 2014 年同期下降 18.5%。预计 2015 年我国汽车企业累计出口汽车 73 万辆左右，商用车也将近 30 万辆左右，都将有 10%以上幅度的下降。从 2015 年全年出口数和出口国情况来看，商用车消费仍是在非洲、东南亚、中亚等国家和地区，也多是通过我国投资来拉动这些国家经济发展，从而带动商用车出口的增长。根据预测，在 2016 年随着世界经济复苏，重型载货汽车出口量仍将保持稳定增长。

（5）*房地产政策的核心是消化库存，影响了重型载货汽车发展* 地产投资首次出现年度负增长。30 大中城市的高频销售数据 9 月就已开始回落，全国的商品房销售也在 10 月份首次出现回落，政策宽松带来的短期效应正逐步消散。短期看，政策宽松的边际力度减弱，限制地产销售的信贷和利率因素都基本消除，房贷利率已经从高点回落 123 个 BP，进一步下调的空间不大。而房地产投资的情况比销售更糟。2014 年新开工面积负增长，2015 年施工面积负增长，2016 年房地产投资可能出现全年负增长。其政策核心就是消化库存。此外，作为激发合理需求、构建住房融资体系的关键，国家住房银行有望加速提上日程。因此，房地产整体的表现将影响重型载货汽车车辆品种中水泥搅拌车等车型品种及其他相关产业的发展。

（6）*国家经济结构调整使重型载货汽车分品系发展且专业化趋势明显* 由于国家宏观经济发展基调是常态化发展，经济实体发展取决于宏观经济政策实施到位，固定投资、房地产业、物流业、钢铁等行业整体运行处在调整期，导致重型载货汽车市场需求走势不同。2015 年 1～11 月份重型汽车分车型累计销售份额中，载货汽车、牵引车和自卸车分别占了 32.3%、45.8%和 19.0%，分别比同期增长 1.3 个百分点、8.7 个百分点和下降 10.2 个百分点。因此，预测 2016 年主要的重型载货汽车各品系占比分别为 30%、42%和 25%车型需求，主要表现在：一是工程用车的自卸车市场温和上涨；公路用车仍将延续 2015 年市场运行态势继续保持平稳增长，尤其大功率牵引车市场潜力较大；载货汽车市场保持稳定，国内消费市场的增长、城乡交流和城际交流的增多、黄标车换代需求的集中释放等；专用车市场将逐年快速提升。

通过以上重型载货汽车市场的简析，2015 年年底收官时重型载货汽车市场出现的下降态势，很大程度上受到国家法规和政策面的影响所造成的。随着国家经济常态化，重型载货汽车市场正在回归适应国民经济发展的正常水平。

综观 2015 年重型载货汽车发展态势和根据目前所能掌握的对 2016 年经济环境的预测，2016 年的重型载货汽车市场的发展仍处在低位调整期。全年销量在 2015 年基础上将有 5%左右幅度的调整，下降可能性大于上涨。预计全年销售高峰期在下半年发生，行业内各厂家将把握市场竞争的关键时期，力争实现制订的全年目标以期提高企业经济运行效益，从而推动我国重型载货汽车市场向前发展。

（作者：赵军）

2015 年中重型载货汽车市场分析与 2016 年展望

“十二五”中重型载货汽车需求规模明显回落，由 117.3 万辆下行至 75.1 万辆（见图 1）；需求结构遵循出口增长内需下降、公路运输上升基建能源下降、运营效率提升能耗下降、客户法人化大型化的基本逻辑。

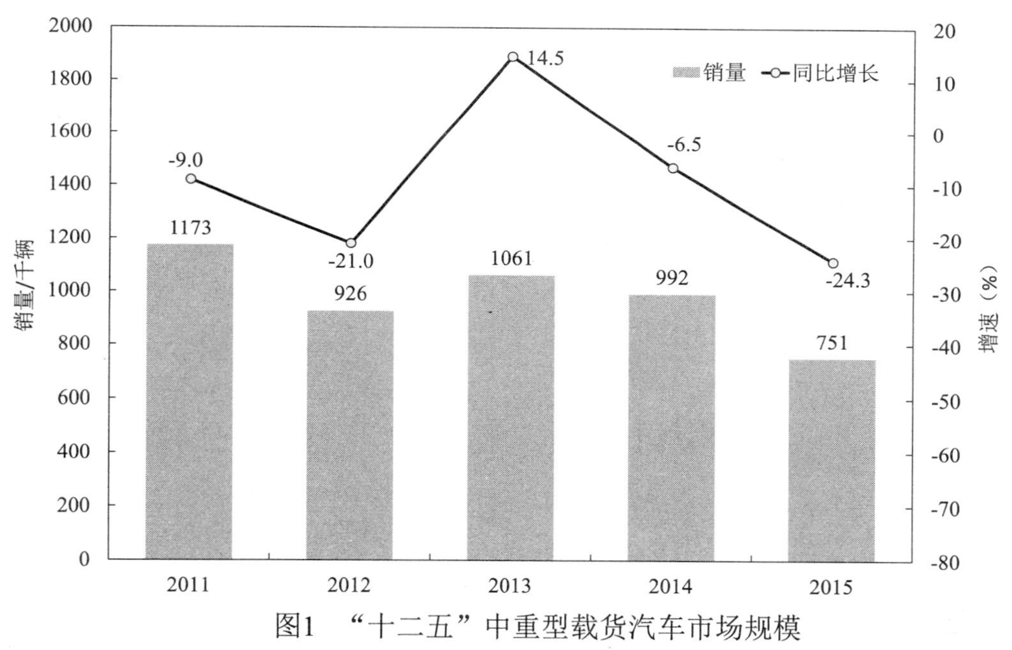

图1　“十二五”中重型载货汽车市场规模

一、2015 年中重型载货汽车需求解读

1. 需求基本概况

2015 年中重型载货汽车市场销售 75.1 万辆，同比下降 24.3%。经济下行，尤其是房地产新开工下降、制造业结构调整给中重型载货汽车需求带来直接影响。上半年月度销量降幅较大，下半年降幅收窄（见图 2）。

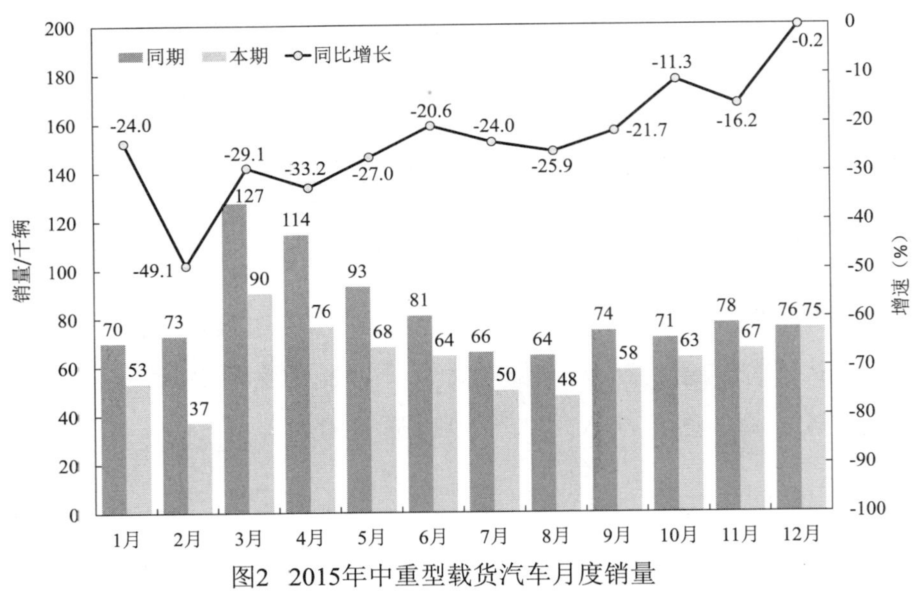

图2 2015年中重型载货汽车月度销量

2. 品系需求变化

在国内需求中，自卸车需求同比锐减 71.6%，专用车需求下降 25.5%，牵引车下降 17.2%，载货汽车下降 9.1%（见图 3）。房地产开工需求下降直接影响自卸车、专用车的市场需求。

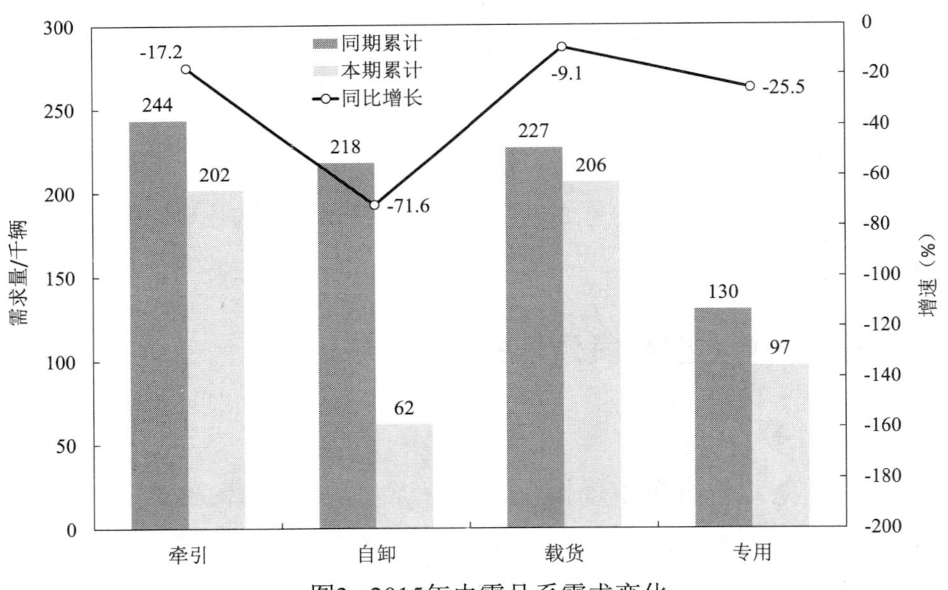

图3 2015年内需品系需求变化

3．货运产业链需求变化

公路运输需求微增长 4%，基建能源运输需求大幅度下滑超过 50%。在公路运输需求中，快递、零担快运、冷链需求积极增长，散杂货、危险品、农牧渔副需求平稳，普通零担、集装箱需求下降；在基建能源运输需求中，砂石料、城建渣土、混凝土搅拌、矿坑、煤炭运输需求下降幅度较大。随着快递、零担快运、冷链、危险品等法人化程度较高货运产业链的稳健增长，具有节油、高效、长寿命、长保养等核心竞争优势的高端新产品市场需求井喷，大马力、轻量化、高运载效率车辆越来越受到市场青睐。

4．货运区域需求变化

公路运输排名靠前省份表现为经济活跃、货运量规模大、货运枢纽省份，需求变化呈多样性（见图 4）。

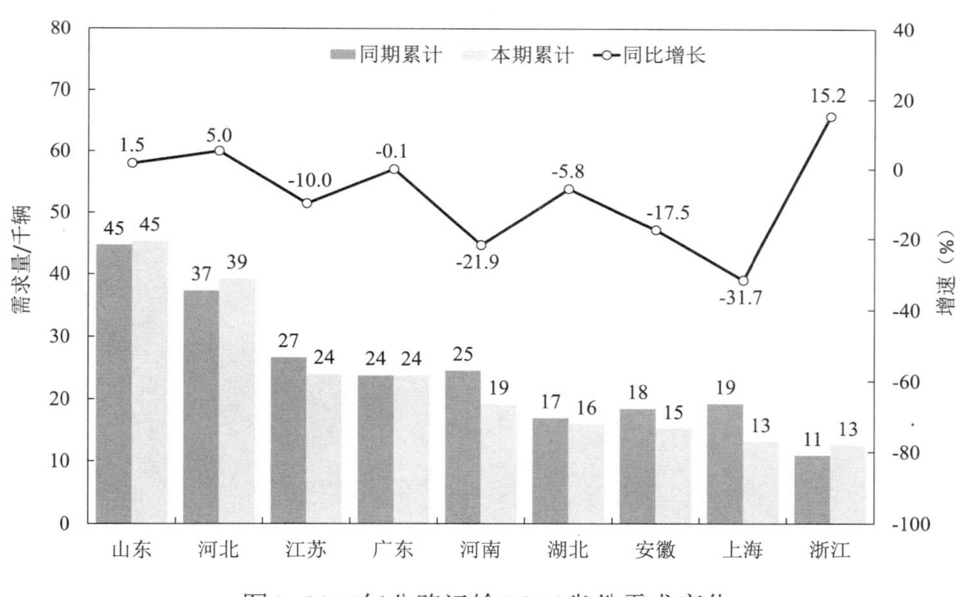

图4　2015年公路运输TOP9省份需求变化

二、2016 年中重型载货汽车需求展望

1．“十三五”中重型载货汽车需求判断

“十三五”中重型载货汽车需求规模预计在 75 万～80 万辆水平波动上行。出口需求随着“一带一路”战略落地而平稳增长；国内需求的主要趋势就是客户

法人化进程加速所带来的产品营销需求深度升级，同时 2017 年国Ⅴ排放升级、双超治理深化给市场需求带来波动性要素。

2．2016 年中重型载货汽车需求预测

预计 2016 年中重型载货汽车市场规模 75 万辆。从出口内需来看，出口略有下降，内需平稳上升；从品系上来看，牵引平稳增长，自卸、专用微增长，载货平稳下降；从货运产业链上来看，快递、零担快运、冷链、危险品需求稳健增长，房地产基建需求恢复性微增长，煤炭运输需求持平，普通零担、散杂货运输需求平稳下降。

2017 年国Ⅴ标准排放升级，如果在 2017 年年初实施的话，部分需求将在 2016 年底提前释放；国家对超长轿运车辆严厉治理，带来轿运车辆需求积极增长；国家对智能渣土、混凝土搅拌运输管理要求强化，智能渣土车有望有良好的市场表现，混凝土搅拌车辆需求可能在短期内会受到强烈抑制。

（作者：朱江涛）

2015年轻型载货汽车市场分析及2016年预测

一、2015年轻型载货汽车市场环境分析

1．2015年轻型载货汽车经济政策环境

2015年1～3季度国内生产总值487774亿元，按可比价格计算，同比增长6.9%，增速滑落至1990年以来的新低。分季度看，一季度同比增长7.0%，二季度同比增长7.0%，三季度同比增长6.9%。在前三季度，面对世界经济复苏不及预期和国内经济下行压力加大的困难情况下，GDP增速虽已跌入人们的心理防线以内，但6.9%的增速实属来之不易，经济结构优化成为最大亮点。国务院总理李克强在中央党校作报告时也再三强调，目前我国GDP同比增长6.9%属于合理区间，并表明“成绩来之不易，困难不可低估，信心不能动摇”。

2015年1～11月份，全国居民消费价格总水平比2014年同期上涨1.5%；1～11月份，固定资产投资累计同比增长10.2%，增幅较2014年同期下降5.6个百分点，我国固定资产投资增速呈现了逐月放缓的态势；1～11月份，工业生产者出厂价格（PPI）同比下降5.9%（见图1），2015年以来一直处于下降通道；11月，我国制造业采购经理指数（PMI）为49.6%（见图2），连续多月处于枯荣线以下。总体而言，我国经济进入“新常态”，经济发展进入结构调整和转型的闯关阶段，作为生产资料的轻型载货汽车必然受到一定的影响。

2．2015年轻型载货汽车政策法规环境

（1）排放标准越来越高　2015年1月1日起商用车全面实施国Ⅳ排放标准。2015年8月1日起，北京市全面实施重型柴油车国Ⅴ排放；2015年9月1日起，天津轻型汽油车和柴油公交、环卫、邮政用车实行国Ⅴ；2015年12月31日起，珠三角轻型汽油车和柴油公交、环卫、邮政用车实行国Ⅴ；2016年1月1日起，

东部11省市供应国Ⅴ燃油，2017年1月1日起全国供应国Ⅴ燃油。

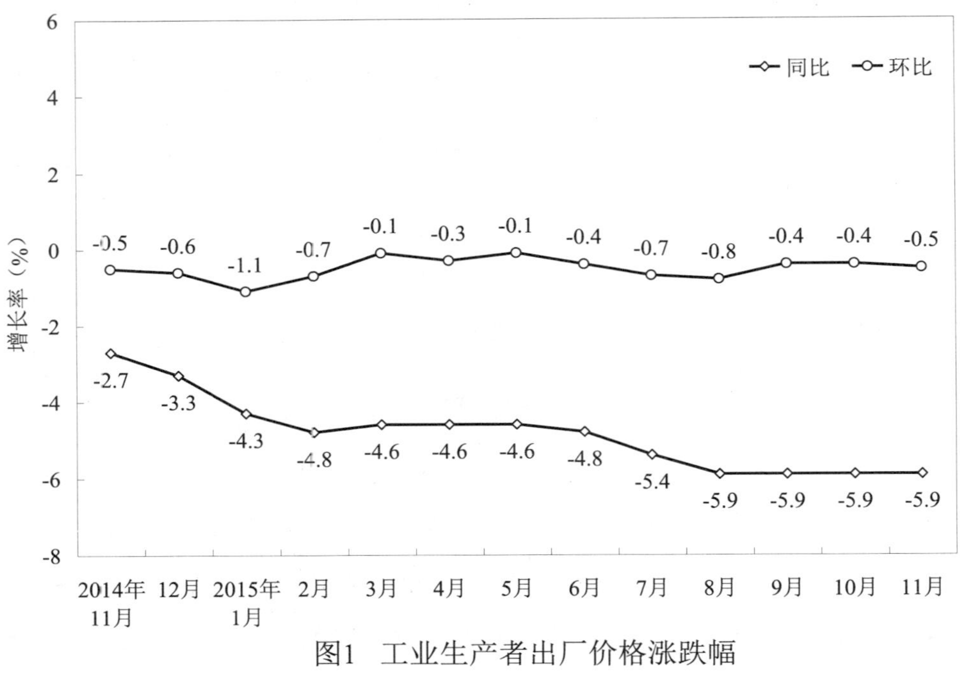

图1　工业生产者出厂价格涨跌幅

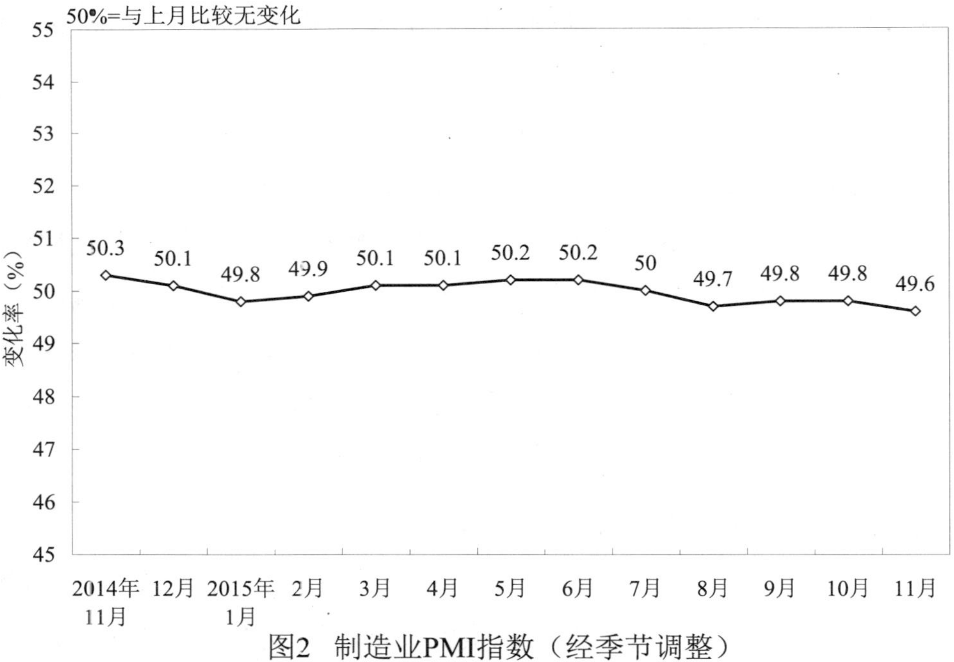

图2　制造业PMI指数（经季节调整）

（2）加速淘汰黄标车及老旧车　根据环保部 2015 年 12 月 9 日通报，截至 11 月底，全国累计淘汰 2005 年底前注册营运的黄标车 117.07 万辆，占淘汰任务的 100.53%，全国已提前完成 2015 年《政府工作报告》确定的黄标车淘汰目标任务，同时通报了部分淘汰进度较慢和未完成的区域，2015 年 12 月 31 日成为很多地方黄标车淘汰有无补贴的时间节点。

（3）新车上牌越来越严　2015 年全国大部分机动车检测站已社会化，与公安车管部门完全脱钩；同时，3 月 1 日起新 GB21861 机动车安全技术检验标准发布实施，新车上牌监管越来越严，尺寸、重量、外观等一致性问题也越来越突出。

（4）国家鼓励新能源汽车发展　近年来，国家大力支持新能源汽车的发展，新能源试点城市逐步增多，新能源利好政策频出，支持力度不断加大，如国家及地方的财政补贴、免购置税、不限行、不限购、充电设施建设等。新能源汽车市场呈现爆发式增长，工信部公告显示2015年1～10月份新能源汽车累计生产20.69万辆，同比增长 3 倍，纯电动商用车生产 5.93 万辆，同比增长 9 倍。未来市政、公交、城市物流、环卫用车中新能源汽车的比例将会越来越高。

（5）物流政策　2014 年 9 月 12 日，国务院印发《物流业发展中长期规划（2014~2020 年）》，这是自 2009 年 4 月发布《物流业调整和振兴规划》以来，国务院下发的物流行业政策纲领性文件，将大力推动物流行业的发展。2015 年国家发展和改革委员会发布第 23 号公告，批准发布《酒类商品物流信息追溯管理要求》《餐饮冷链物流服务规范》《物流从业人员职业能力要求第 1 部分：仓储、配送作业与作业管理》《物流从业人员职业能力要求第 2 部分：运输、运输作业与作业管理》《商用车背车装载技术要求》《汽车零部件物流器具分类及编码》6 项物流行业标准。这 6 条涵盖了物流各个方面的法规，对推动我国汽车物流行业资源共享，提升物流效率，降低物流成本具有积极的意义。

3．2015 年全年政策层面对轻型载货汽车影响

1）2015 年受国Ⅳ排放标准严格实施及一致性监管趋严的影响，使轻型载货汽车市场总体降温，呈现下滑趋势。

2）黄标车淘汰政策、新能源发展政策对轻型载货汽车的需求具有正向拉动作用，尤其是黄标车淘汰在 2015 年对轻型载货汽车影响较大。

3）物流行业逐步向规模化、集约化、标准化、信息化、现代化、专业化方向发展，对轻型载货汽车影响加深。

二、2015年轻型载货汽车市场形势分析

1．2015年轻型载货汽车行业销量分析

（1）汽车工业协会产销快讯数据（见表1）

表1 汽车工业协会产销快讯数据（含工程车、皮卡、出口）

厂家	2015年累计销量/辆	同期累计销量/辆	累计增长（%）	本期份额（%）	同期份额（%）	份额变化（%）
北汽福田汽车股份有限公司	243260	272575	−10.75	17.23	18.10	−0.87
安徽江淮汽车股份有限公司	156677	165036	−5.06	11.09	10.96	0.14
江铃控股有限公司	148753	158899	−6.39	10.53	10.55	−0.02
金杯汽车股份有限公司	125235	130613	−4.12	8.87	8.67	0.19
东风汽车公司	111555	147270	−24.25	7.90	9.78	−1.88
长城汽车股份有限公司	89091	109399	−18.56	6.31	7.26	−0.96
重庆力帆汽车有限公司	88777	52729	68.36	6.29	3.50	2.78
庆铃汽车(集团)有限公司	59180	55388	6.85	4.19	3.68	0.51
重庆长安汽车股份有限公司	54154	52258	3.63	3.83	3.47	0.36
中国重型汽车集团有限公司	46055	18297	151.71	3.26	1.21	2.05
前10小计	1122737	1162464	−3.42	79.50	77.19	2.31
轻型载货汽车合计	1412248	1505955	−6.22	100.00	100.00	0.00

简析：2015年1～11月份广义轻型载货汽车（包括纯轻型载货汽车、皮卡、工程车及出口）实现销售1412248辆，同比下降6.22%。行业前6家企业均同比下降，东风、长城下降较大，力帆、庆铃、长安、重汽等后4家企业同比增长，重汽、力帆增长较大。福田、江淮、江铃依然稳居行业前三位，东风、庆铃位次下降，金杯、力帆、重汽实现进位，尤其是重汽已跃居行业第十。

（2）月度累计走势（见图3）

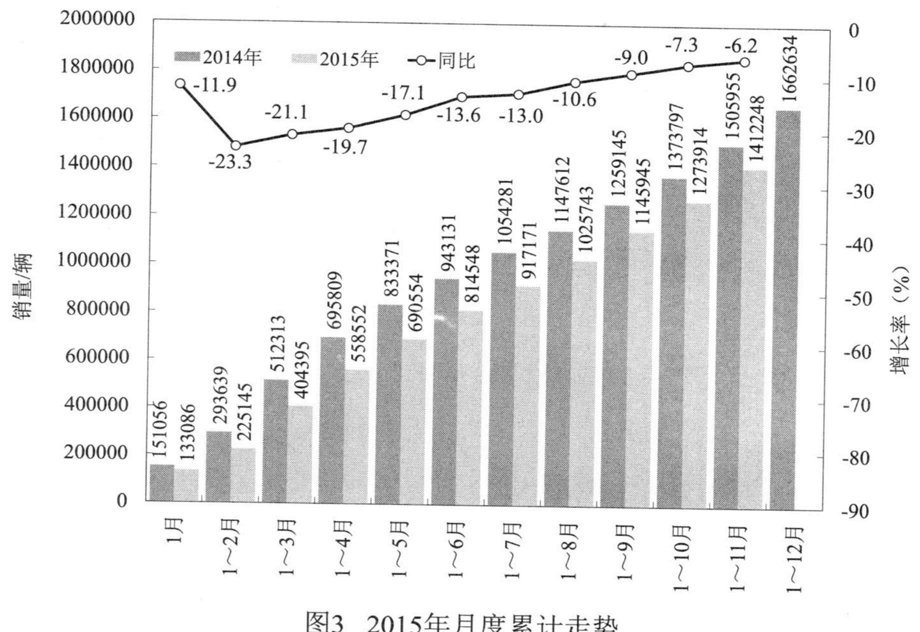

图3　2015年月度累计走势

简析：从累计走势看，由于 2014 年轻型载货汽车降幅较大，轻型载货汽车 2015 年降幅逐渐收窄。

2．2015 年轻型载货汽车细分市场分析

图 4 所示为轻型载货汽车轴距分布。

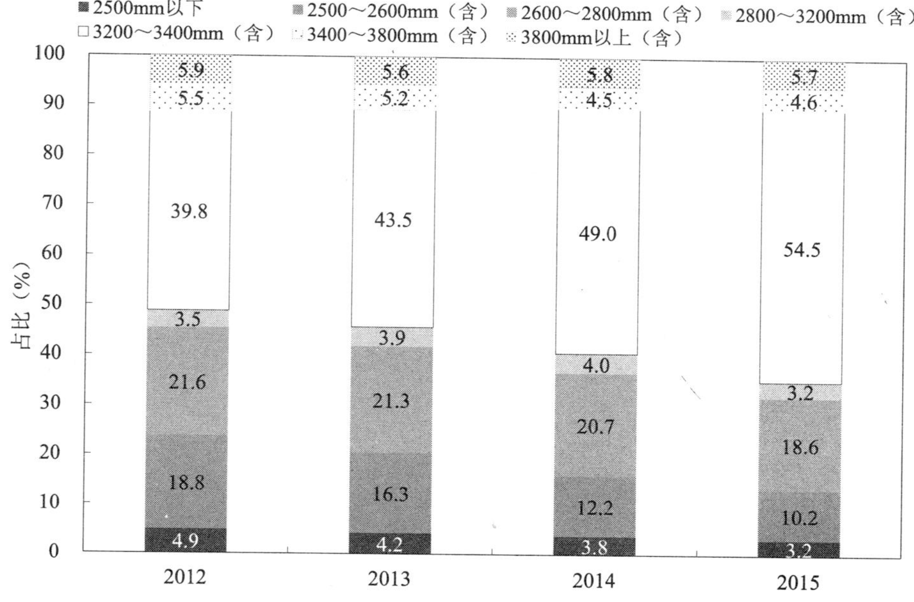

图4　轻型载货汽车轴距分布

简析：从轻型载货汽车的各轴距段来看，“2500～2600mm”轴距车型份额下降最快，市场份额已下降至10%，“2600～2800mm”轴距车型份额也有小幅下降，小轴距轻型载货汽车市场柴油产品逐步被汽油微货取代；“3200～3400mm”轴距车型是轻型载货汽车最大的市场，2015年市场份额进一步增长已达54.5%；其余轴距市场份额基本保持稳定。总体上，受排放升级影响加深，轻型载货汽车由较为分散的轴距向3300mm轴距靠拢，而小轴距产品向微型载货汽车转移。

3．2015年轻型载货汽车市场要素分析

1）轻型载货汽车总体市场下滑6.2%，其中经济型轻型载货汽车市场份额大幅萎缩，高端轻型载货汽车市场份额大幅增长，产品往中高端转移趋势明显。

2）轻型载货汽车汽油机及双燃料产品大幅增长，轻型载货汽车柴油机市场份额虽然仍很大，但向汽油机和双燃料发展趋势明显；同时，物流、市政用车等新能源轻型载货汽车将是未来增长热点。

3）轻型载货汽车较为分散的轴距向3300mm轴距靠拢，4200mm以上大轴距向中型载货汽车靠拢，而大量小轴距产品向微型载货汽车转移。

4）新进入者加剧了市场竞争，重汽豪沃强势进入轻型载货汽车行业前十，而一汽则退出行业前十。

5）动力竞争愈加激烈，以康明斯为代表的高端动力及自产动力成为主流企业首选，高端动力、自产动力比例大幅增长。

6）轻型载货汽车市场专业化，客户集团化的趋势明显。

三、 2016轻型载货汽车市场形势预测

1．轻型载货汽车近年发展趋势（见图5）

轻型载货汽车经过2009年、2010年的高速增长后，2011年、2012年连续两年呈现微降，2013年恢复性微增长3.6%；受国Ⅳ排放影响，2014年、2015年轻型载货汽车行业降幅较大。

2．影响因素分析

（1）有利因素

1）黄标车及老旧车辆淘汰，将持续给轻型载货汽车带来新的销售契机。

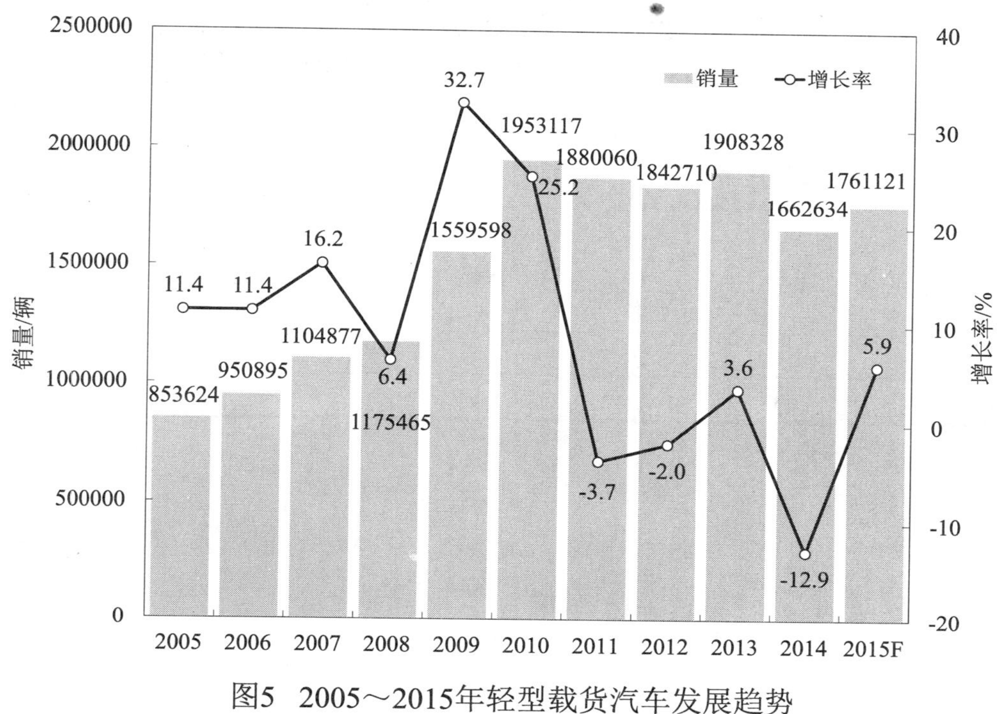

图5　2005～2015年轻型载货汽车发展趋势

2）城市化进程加快，将促进城市消费水平的快速增长，以中短途货运为主的城市和城郊物流需求将快速增长。

3）消费将成为拉动 GDP 增长的重要驱动力，日用品、电子商务等消费将带动轻型载货汽车市场需求。

4）钢铁、原油等原材料价格走低，对轻型载货汽车企业利润有利。

（2）不利因素

1）经济新常态持续起作用，产业结构的转型调整，对商用车辆的新增需求有限。

2）固定资产和房地产投资继续受到抑制。

3）国家和地方法规更规范，一致性监管更加严格，以及国Ⅴ排放实施后，轻型载货汽车产品升级加价。

4）轻客、大微型载货汽车等可替代产品增多，且由于轻型载货汽车价格上涨，消费者持币待购或分流。

3．2016 年轻型载货汽车市场预测

在多重因素影响下，2016 年轻型载货汽车市场预计微降（见表 2）。

表2 2013～2016年轻型载货汽车市场

类别	2013年/万辆	2014年/万辆	增长率（取整）（%）	2015年F/万辆	增长率（取整）（%）	2016年F/万辆	增长率（取整）（%）
轻型载货汽车	191	166	−13	157	−5	154	−2
纯轻型载货汽车	121	106	−12	106	0	105	−1
工程车	23	18	−22	13	−28	10	−23
皮卡	47	42	−11	38	−10	39	3

（作者：台建宏　袁强）

2015年皮卡市场分析及2016年展望

一、2015年皮卡市场分析

1. 中国皮卡市场整体运行状况

2015年宏观经济下行，预期全年经济增速将达到6.9%，低于年初制订的7%经济增长目标。前三季度我国GDP增长6.9%，其中，一、二、三季度增速分别为7.0%、7.0%和6.9%。国际国内因素叠加致经济增速回落。从国际层面来看，世界经济的复苏达不到预期。除印度外的新兴经济体增速下滑，卢布大幅贬值，俄罗斯出现经济危机。美国经济持续复苏，日本开始放缓，欧洲则接近零增长。美国的加息预期进一步强化，造成世界大宗商品的价格、股市、汇市出现大幅动荡，许多国家货币出现进一步贬值，加大了中国出口的压力。三季度我国对外出口是-6.8%，降幅比二季度扩大了4.6个百分点，三驾马车中出口的下行压力是加大的。从国内情况来看，中国经济结构调整稳步推进。传统产业去库存，钢铁、水泥、建材这些传统产能过剩行业的增速都出现了下滑；而前期增长比较快的，像汽车、手机等受市场容量限制进入了调整期。产业结构由工业主导向服务业主导转变的趋势更加明确。第三产业占GDP的比重达到51.4%，比2014年同期高出2.3个百分点。在中央一系列“大众创业、万众创新”政策的推动下，中国的新产业、新业态、新产品、新经济、新动力加快孕育。2015年1～9月份，网上零售额增长将近40%，新产品如新能源汽车等都在翻倍增长。在工业结构中，1～9月份高技术产业增加值增长速度达到10.4%，比规模以上工业增长速度高出4.2个百分点。

2015年1～11月份，汽车累计销量为2178.7万辆，同比增长3.3%，行业增速下滑；其中商用车销售（尤其是重型车）受固定资产投资和汽车排放政策影响，仅实现销售310.5万辆，同比下降9.7%。具有生产资料属性的皮卡在1～11月份销量为319620辆，同比下降20.2%（见图1）。基建投资下降和社会消费品零售不振直接影响到皮卡市场销售。

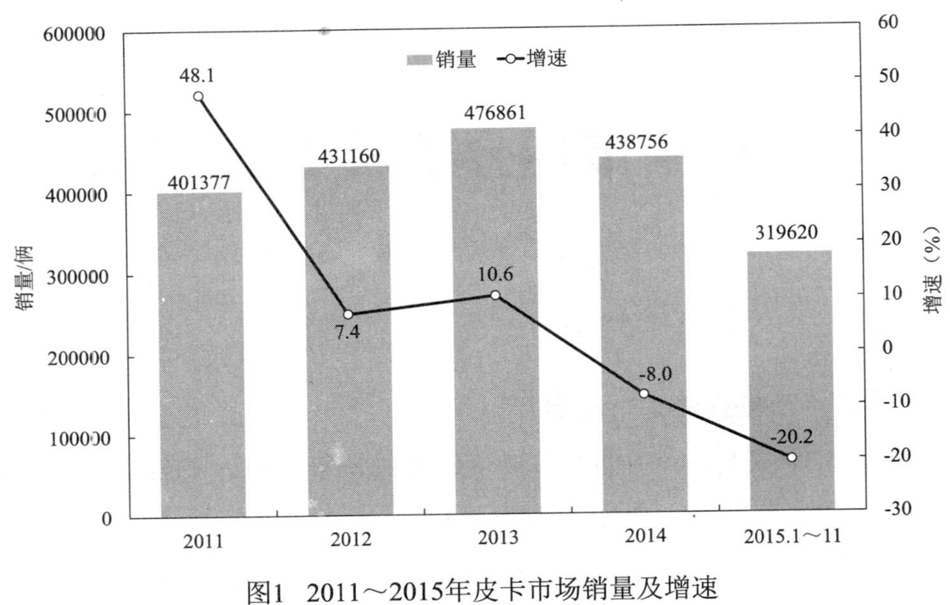

图1 2011～2015年皮卡市场销量及增速

从 2015 年分月度销售情况看，皮卡销售呈现 U 形走势，尤其是在 7 月形成全年销售最低点（见图 2），这是一个值得行业深思的销量。7 月份销量低于春节是近十年没有出现过的现象，反映出二季度商品批发、建筑等经济领域出现全面衰退，映射出传统实体经济远比国家统计局的数据还要糟糕。

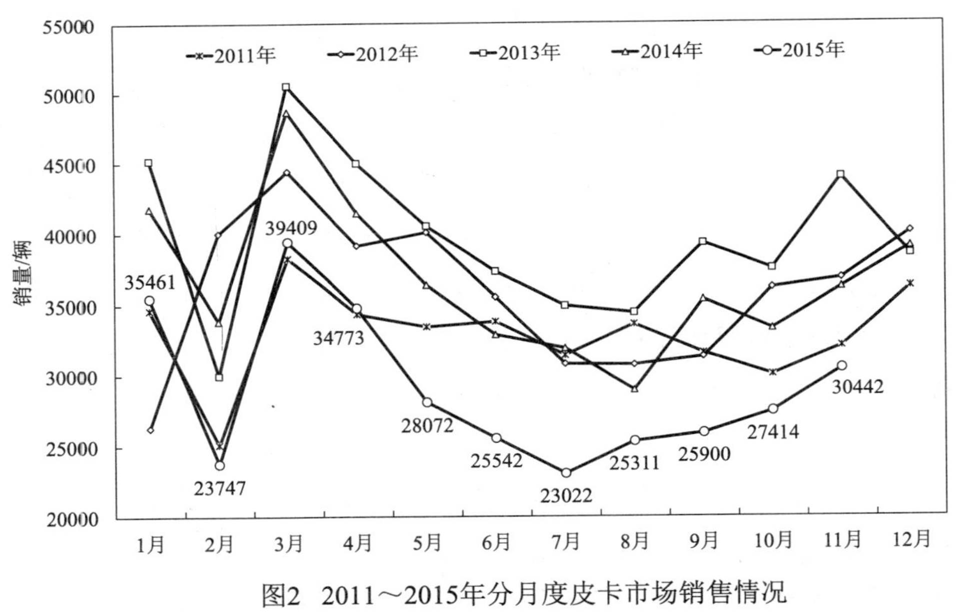

图2 2011～2015年分月度皮卡市场销售情况

从各皮卡企业来看，2015 年 1～11 月份各主要汽车企业销量全部下滑，主要受国内消费萎缩、出口下降、建筑开工不足的影响。长城皮卡销售89091辆（见表1），继续蝉联第一，增速为-18.6%；江铃集团皮卡销售66901辆，排在第二位，增速达到-3.6%。其中江铃股份下滑明显，仅销售52358辆，降幅达到17%；而新进入市场的江西五十铃高端皮卡表现抢眼，前11个月销量达到6242辆；江铃轻汽生产的骐铃皮卡销售8301辆。排在第三到第七位的企业分别是郑州日产、中兴皮卡、北汽福田、庆铃汽车、黄海汽车。庆铃皮卡得益于产品的大幅降价，销量和份额上升，逆市增长。

表1　2011～2015年皮卡企业销量

（单位：辆）

厂商名称	2011年	2012年	2013年	2014年	2015年1～11月份
江铃汽车	57205	64143	66798	70454	52358
长城汽车	121736	137232	126806	118286	89091
郑州日产	62053	51370	59312	56669	40034
中兴	50152	48945	60843	44562	34413
福田	29005	34438	39551	36820	25995
庆铃汽车	24415	20255	21165	14105	13529
黄海汽车	19359	21794	25238	23288	17705
吉奥	14152	9738	7253	8789	7640
长丰扬子	818	2665	4900	3354	1134
主要品牌总销量	378895	390580	411866	376327	281899
金杯汽车	—	—	14715	16530	3301
北京汽车	10042	10756	9743	3585	1143
广东福迪	5408	4270	7130	7806	4485
恒天皮卡	—	4068	8385	6849	679
江淮皮卡	—	7605	15324	13409	8535
其他	0	13881	9698	14250	19578
合计	394345	431160	476861	402394	319620

皮卡制造企业发展策略的迥异，导致市场格局出现新的变化。新进企业分流蚕食不断萎缩的工地建筑用车市场；而以江铃集团为代表的老牌皮卡厂家，采用多品牌齐头并进发展策略，通过引进日本五十铃发展高端皮卡，并成立自主品牌的江铃轻汽发展低端皮卡，在行业下滑的背景下逆市上升，拉大与郑州日产、中兴皮卡的差距；而以长城皮卡、福田皮卡为代表的皮卡企业，努力提升盈利能力，逐步放弃金迪尔、奥铃等低端产品，并大力推出盈利能力强的风骏6和拓路者中

高端皮卡，产品质量和盈利能力进一步增强。

2．主流皮卡市场分析

2011～2015年，皮卡前五强市场集中度分别为81.2%、78.0%、74.1%、76.2%、80.2%（含江铃轻汽和江西五十铃。如果不含江铃轻汽和江西五十铃，2015年集中度为75.7%）。长城皮卡连续多年都获得市场第一；江铃集团紧随其后，市场份额也稳步上升。两家企业组成皮卡市场的第一阵营。

从市场集中度看，2015年1～11月份，长城、江铃集团的市场份额为48.8%，比2014年份额上升4.4%（见图3）。长城和江铃集团皮卡占有率接近皮卡市场的半壁江山，主要原因是江铃集团重新规划皮卡线，产品多头并进，新增高端江西五十铃和低端江铃轻汽产品，大幅提升皮卡市场占有率。而3～5名皮卡中，因受到国Ⅳ排放实施的影响，中兴低端皮卡和福田奥铃皮卡市场表现不佳，市场份额萎缩。

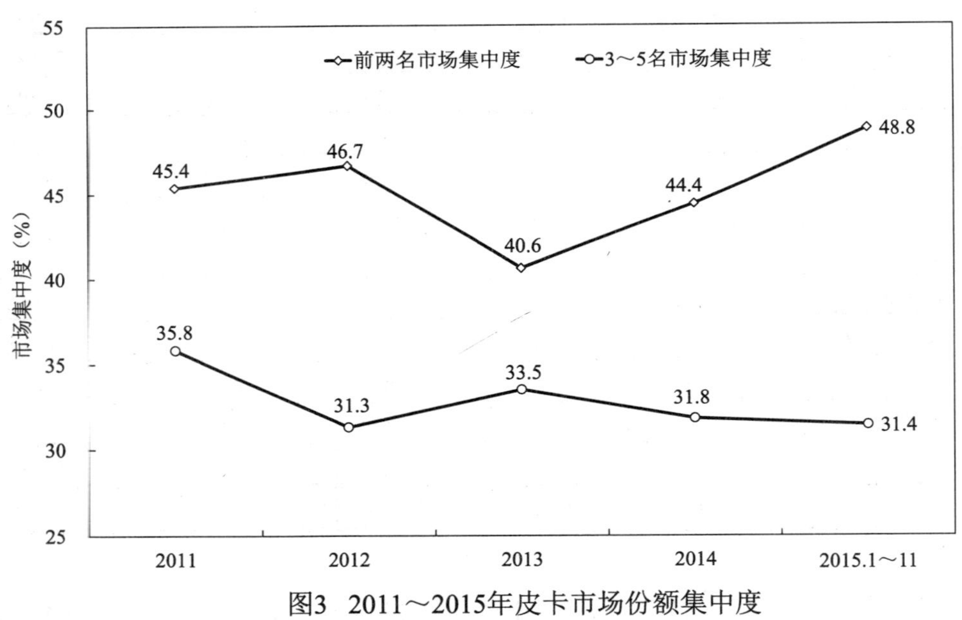

图3 2011～2015年皮卡市场份额集中度

（注：数据来源于中国汽车工业协会和全国乘用车市场信息联席会）

（1）长城汽车 2015年1～11月份，长城皮卡销量为89091辆，比2014年同期下降18.6%。长城风骏5占总销量的85.0%，柴油车占总销量的65.3%，汽油皮卡进一步下滑，长城皮卡柴油化趋势明显。

2015 年 10 月 13 日，全新风骏 5 皮卡正式上市，新车经过了 8 项内饰升级，但整车售价与目前车型保持一致，售价为 5.68 万～10.68 万元。风骏 5 新内饰变更涉及 491QE、2.8TC、4D20B、4D20C 四个动力五款车型，中控台、门芯板、座椅等内饰主体颜色由浅灰色变更为黑灰双色搭配，空调风口面罩以及中控面罩搭配深钛银色，同时更换座椅面料，并对座椅骨架、发泡进行工艺改进，提升座椅舒适性，内饰变更后风格更趋向于轿车化。

（2）江铃皮卡　2015 年 1～11 月份，江铃集团皮卡销量为销售 66901 辆，排在第二位，增速略有下滑 3.6%。其中江铃股份销量下滑 17%，域虎高端皮卡销售 8960 辆，主要增量来自于江西五十铃皮卡和江铃轻汽骐铃皮卡。而受到江铃轻汽生产的骐铃皮卡的分流，宝典皮卡下滑。江铃集团三剑出击，采用多品牌齐头发展策略，引入日本五十铃成立合资公司（江西五十铃），投产与全球技术同步 D-max 皮卡引领高端市场，凭借江铃股份的域虎和宝典皮卡稳定中端柴油市场，以江铃轻汽的骐铃皮卡蚕食中低端市场，皮卡定价从 18.48 万元一直延伸至 6 万元。

2015 年 1 月份，合资企业江西五十铃公司推出第一款日本五十铃 D-MAX 高端皮卡，配备 4JJ1-TCS 3.0L 柴油发动机，悬挂 ISUZU 的 LOGO 在国内市场销售；11 月份再次推出自主品牌的高端皮卡瑞迈，定价在 9 万～10 万元之间，双品牌发展的战略正式起航。2015 年 6 月份，江铃汽车宝典 PLUS 正式上市，宝典 PLUS 搭载全新的 3.0L 柴油发动机，前脸采用两条横向的镀铬装饰条，中控台空调出风口和空调调节旋钮之间配备了具有 MP5 功能的大屏幕。新车内饰以黑色和橙色为主，且在适当位置还有暖色系的缝线，比较显档次。新车配备了防眩目内后视镜、倒车雷达、GPS、前排安全气囊、驾驶员安全带未系提醒、ABS+EBD 等装备。2016 年，江铃宝典 1.8T 汽油机也将出击皮卡汽油市场。2015 年 10 月份，江铃轻汽的第三款汽车——骐铃 T3 推向市场，该款新车共有标准货箱和加长货箱两种款型，售价分别是 6.58 万元和 6.68 万元。骐铃 T3 皮卡搭载了由江苏四达生产的 2.4L 柴油 4D25U 发动机，面向中低端和广大的三线城市和乡镇市场。

（3）郑州日产皮卡　2015 年 1～11 月份，郑州日产皮卡销量为 40034 辆，比 2014 年同期下降 21.9%，位列皮卡行业第三名。其中出口 1891 辆，同比增长率下滑 73.6%。合资品牌尼桑D22下挫 1.8%，自主品牌大幅下降 32.2%。郑州日产皮卡近年来不断对其产品进行升级换代，于 2015 年 6 月份推出锐骐长货箱（柴油版 9.5W）皮卡，新车的货箱长度由原先的 1.4m 增加至 1.8m，载重 780kg，货箱容积可达 1076L。长货箱皮卡的尺寸分别为 5395mm×1690mm×1650mm，轴距为 3365mm，货箱尺寸为 1800 mm×1390mm×430mm，兼顾载货与操控性的最佳尺寸。

（4）北汽福田皮卡 2015 年 1～11 月份销售 25995 辆，累计同比增长率 -23.1%。其中萨普皮卡下滑 53.9%，新品牌拓陆者皮卡增长 57.9%，尤其是 2015 年拓陆者 B 系列皮卡上市后出现高速增长态势。拓陆者是福田汽车与康明斯联合开发的新一代多功能皮卡，售价 8.98 万元起。拓陆者皮卡自 2012 年上市以来，相继推出了福田拓陆者 E5 皮卡和福田拓陆者掀背版皮卡。2015 年 4 月份的上海国际车展上，北汽福田拓陆者掀背版亮相，改装后的车型线条更加流畅，整体车身有大型 SUV 车型的感觉。采用了萨瓦纳平台，新内饰整体采用深色色调，内饰选材采用硬塑材质并配有搪塑装饰板，内饰配有大尺寸液晶显示屏、多功能方向盘、蓝牙电话、定速巡航等高科技配置。此外，北汽福田将推出一款全新皮卡车型，前脸的造型设计与 Jeep 大切诺基十分相似，车头延续了八孔格栅和折角设计，并辅以镀铬亮条进行装饰，看上去更加粗犷、硬朗。

（5）河北中兴皮卡 2015 年 1～11 月份销售 34413 辆，累计同比增长率 -21.7%。1～11 月份，中兴皮卡威虎四驱出现增长，低端产品旗舰和威虎二驱出现下滑，而出口量更是加速下滑之中。

（6）其他皮卡 2015 年 1～11 月份，皮卡新进入汽车企业不断增加，许多商用车、客车、专用车生产车企也纷纷进入皮卡生产领域，形成 20 余家皮卡车企共同来分一杯只有不到 40 万辆皮卡市场之羹的局面，市场涌现出如福迪雄狮 F22、海格龙威皮卡、江苏卡威 K1.5 皮卡、江淮帅铃 T6、江西五十铃等皮卡新秀。

福迪雄狮 F22 皮卡于 2015 年 3 月 17 日正式上市，整车尺寸为 5219mm×1870mm ×1864mm，轴距 3100mm，外加偏向美系皮卡的饱满厚实风格的外观设计，视觉效果比较威猛。

卡威汽车在 2015 年 4 月份的上海车展期间推出一款美式宽体皮卡——卡威 K1.5 皮卡，新车共四款动力（2.4L 柴油、汽油；3.2L 柴油、汽油），八款车型（分舒适型、豪华型）。

2015 年 4 月份，江淮推出了三款帅铃 T6 车型，分别是柴油版、汽油版和柴油长货箱版。帅铃 T6 普通货箱车型共有两套动力系统，分别是江淮纳威斯达的

2.8T 柴油发动机，其最大功率为 88kW，最大扭矩为 250N·m，与其匹配的是 6 档手动变速箱；另外一款是江淮的 2.0L 汽油发动机，匹配 5 档手动变速箱。该车均采用第七代海拉克斯底盘，具有较强的越野性能。普通货箱的车型整车尺寸为 5315mm×1830mm ×1815mm，货箱尺寸 1520mm×1520mm×470mm。长货箱车身尺寸为 5605mm×1830mm×1815mm，货箱尺寸 1810mm×1520mm×140mm。

黄海汽车 2015 年推出新款皮卡车型——黄海 N2，共 8 款车型。黄海 N2 搭载两款动力系统，一款是来自于五十铃的 JE493ZLQ4CB 柴油发动机，最大功率为 75kW，最大扭矩为 220N·m；另一款为三菱的 4G69S4N 汽油发动机，最大功率为 105kW，最大扭矩为 200N·m。两者均匹配 5 档手动变速箱，两种动力都配有两驱版和四驱版车型，其车身尺寸为 5560mm×1840mm×1830mm。

二、2016 年皮卡市场展望

1．宏观经济和细分市场走势

中国经济已从高速增长转为新常态增长，2016 年是“十三五”规划的开局之年，政策目标的基本排序为：稳增长、调结构、惠民生、防风险。宏观政策要稳、产业政策要准、微观政策要活、改革政策要实、社会政策要托底，围绕“供给侧改革”和“创新驱动”两个核心主题。中国利用上海自贸区在准入前国民待遇、负面清单等领域的探索，既为国内深化改革探路，也在更广领域扩大对外开放；中澳、中韩自贸谈判的完成标志着中国自贸区战略迈上新台阶。此外，中国积极推进的基础设施互联互通、“一带一路”等，对接中国资本出海、输入商品、消费升级的经济新势能，有望在贸易投资便利化等领域实现“全国通”“地区通”乃至“全球通”，利于构建开放型世界经济新格局。

2016 年我国经济依然存在着下行压力。对于明年的经济形势，中央政治局会议的判断是：中国经济发展进入新常态，2016 年经济的总基调是“稳中求进”。要保持稳增长和调结构平衡，坚持宏观政策要稳、微观政策要活、社会政策要托底的总体思路，保持宏观政策连续性和稳定性，继续实施积极的财政政策和稳健的货币政策。预计 2016 年中国经济增速将从 2015 年的 6.9%放缓至 6.3%，2017 年至 6%。

汽车行业增长与经济增速存在正相关性，预计 2016 年汽车行业的增速大约在 3%。乘用车、商用车销量增幅为 4.5%、-9%，SUV、MPV 销量增幅较高，卡车及交叉型乘用车规模将继续萎缩。皮卡作为轻型货车的一个细分市场，受到环保压力（如 PM2.5）对汽车业节能减排和中国房地产去库存政策因素影响。笔者预计皮卡市场的发展速度将继续下降，但降幅小于 2015 年，增速大概在-10%，落后于汽车行业的增长水平，全年销量在 32 万辆。

2．产品趋势

在产品方面，排放升级带来成本增加和城市道路限行使低端皮卡的部分用户分流，而经济型 MPV 和微卡购买成本和使用成本低廉，对皮卡车型的替代作用明显；而越野和专用车将成为皮卡产品的重要补充。皮卡产品的发展趋势有逐渐向国际靠拢的趋势，呈现出“四化”的特征。

（1）*车辆设计 SUV 化* 与 SUV 共平台设计的皮卡纷纷涌现，其造型流行趋势结合北美、欧洲和日本的外形设计，个性硬朗、时尚、大气、彪悍；如江铃域虎与 SUV 驭胜共用 N350 平台，福田 U201 也是基于拓路者皮卡平台打造，SUV 车内饰和电子化配置在皮卡大行其道，如自动档变速箱、液晶自动空调、一键启动、可选装具备导航、倒车影像、USB 的液晶屏幕等在高档皮卡中作为标配出现。

（2）*车身加长化* 皮卡车身从模仿日系车长 4980mm 逐步迈向发展到自主皮卡，如长城风骏 5090mm、江铃宝典长轴的 5380mm、郑州日产锐骐长货箱 5395 mm，为适应客户多拉的需求呈现加长风格，朝着欧美全尺寸紧凑型皮卡方向发展，甚至出现适用于改装车和房车的长城风骏的 5892mm，车身尺寸有明显加大加宽之趋势。

（3）*动力柴油化* 皮卡柴油化倾向越来越明显。以前在北方地区汽油皮卡比例高，柴油比例少。随着油品提高和发动机技术的集成，柴油机冷启动比较难的问题得到解决，而柴油节能，马力大，投资回收期短的优点得到体现。从各品牌销售情况看，长城风骏、江铃的柴油皮卡销售份额进一步上升，新进入皮卡企业也选择柴油动力作为主要动力，动力柴油化趋势明显。

（4）*发动机升功率逐步提高* 从柴油机发展趋势看，小排量、升功率高的发动机市场份额在逐步上升，如长城的皮卡车中，传统 4JB1 发动机逐步被绿静动力 GW4D20 取代，传统的 4JB1 发动机功率也从原来的 57kW 提升到 68kW，并进一步提高到 80kW，升功率高、省油的发动机受到市场的追捧。

此外，皮卡衍生出的专用车和改装车，也展现出强大的产品生命力。如掀背式后货厢封闭式皮卡，其外观最大的特点是后货厢与驾驶室分开且为全封闭，客货比例协调合理，既能防雨、防晒、防潮，防盗、装载货物又安全可靠，可作为多功能商务车或旅行车。2015 年，江西五十铃 D-MAX、江铃驭虎掀背版、福田拓陆者掀背版纷纷推向市场，这些掀背版具有强劲动力，大尺寸轮胎，整车相比之前要更加高大。

除了专用车改装外，赛事营销也是 2015 年的市场热点。2015 年 4 月份，锐骐皮卡赛事版在上海车展亮相。赛事版的锐骐皮卡有四款车型，同样是采用柴油 ZD30D13-4N2 高压共轨发动机，该车型有两驱、四驱之分。江西五十铃推出的 D-MAX 大漠之辉改装车，经过大范围的涂装和对车身细节的修改，使其浑身充满速度感，成为上海车展关注的热点。

3. 市场趋势

受到低端 MPV 和 SUV 的夹击，2016 年皮卡国内市场规模将呈现下降趋势；皮卡出口受到人民币汇率抬升和各国贸易保护日趋严重，整车出口市场也会下降，而在出口所在国的 KD 件本地组装出口呈现上升。第二阵营的皮卡企业将受到新进入企业的冲击和强大技术支持，也将面临较大市场压力。

当前，各皮卡生产厂家纷纷加大对销售渠道、服务网点的建设力度。长城在二、三线市场启动了分网工作，将销售渠道分成 C1、C2、C3 三套网络，分别为 SUV 品牌哈弗销售网络、轿车品牌腾翼销售网络及以皮卡产品为主的过渡网络。江铃皮卡网络逐渐从原有网络中剥离出来，在全国二、三线城市建立了 400 多家销售网点，使销售重心下移覆盖百强县和重点城镇。在夯实渠道基础的同时，减少平面广告投入，加大汽车下乡巡展活动和客户体验营销，成为各大皮卡厂商宣传的主要手段。

受制于市场销售不振，皮卡车降价促销成为冲量的重要手段。2015 年以来，不仅有国产自主品牌皮卡车企在降价促销，而且合资与进口皮卡车也加入到了降价促销的行列。2015 年 2 月 15 日，中日合资重庆庆铃五十铃皮卡单台降价 9000

元，销售价格仅为 8.98 万元。2015 年 12 月 1 日起，江铃汽车公司对外宣布，江铃宝典官降最高 6000 元，柴油宝典最低 7.68 万元起，并可抽取最高 1688 元微信红包等。2015 年 12 月 2 日，江淮汽车公司跟风变相降价，宣布预交 2000 元，抵扣 1 万元购车款。这三家新老皮卡车企业将年终皮卡车市场的降价风潮推向了第一个高峰，本就量少利薄的皮卡售价跌至断崖之下，令人难以置信。

（作者：邓振斌）

2015 年豪华车市场分析与 2016 年展望

2015 年是国内经济运行相对最困难的一年，大环境的相对萧条也使得汽车市场遭受到了前所未有的危机，和经济发展关系最密切的豪华车市场受到明显影响。本文将就 2015 年国内豪华车市场情况进行分析，并对 2016 年市场进行展望。

本文所述豪华品牌包括：奥迪、宝马、奔驰、雷克萨斯、英菲尼迪、讴歌、沃尔沃、捷豹、路虎、米尼、保时捷、林肯、凯迪拉克、大众（仅辉腾、途锐两款）。

一、2015 年豪华车市场概况

2015 年，国内豪华车市场也迎来了发展的“新常态”。随着豪华车体量的不断增大，增速逐渐放缓。年内充满不确定性的经济环境让市场走势愈发模糊，厂家不断调低销量目标，经销商大规模持续性降价促销，消费者持币待购现象增加，股市震荡造成财富缩水，豪华车传统用户群发生转变，反腐以及公车改革更进一步的打消了购买热情。多重因素的叠加使得年内销量走势持续低迷。但随着中央经济政策的持续加码，前期政策效果开始释放，以及持续促销导致的价格探底和股市企稳，消费者购买意愿逐渐恢复。2015 年年底，豪华车市场出现回暖迹象。2015 年豪华车市场受经济下行影响明显，批发量同比增速大幅下降，全年豪华车批发量 1858503 辆，同比增速仅为 2.0%，跌至近年最低水平（见图 1）。

2015 年豪华车月度销量同比增速大幅下滑（见图 2），主要有两方面原因：一方面是来自经济下行、反腐、股市震荡等外部因素导致的购买力下降和购买信心不足；另一方面是由 2014 年销量的高基数所导致，2014 年国内多地限购传闻导致当年销量透支，销量较 2013 年出现大幅增长。

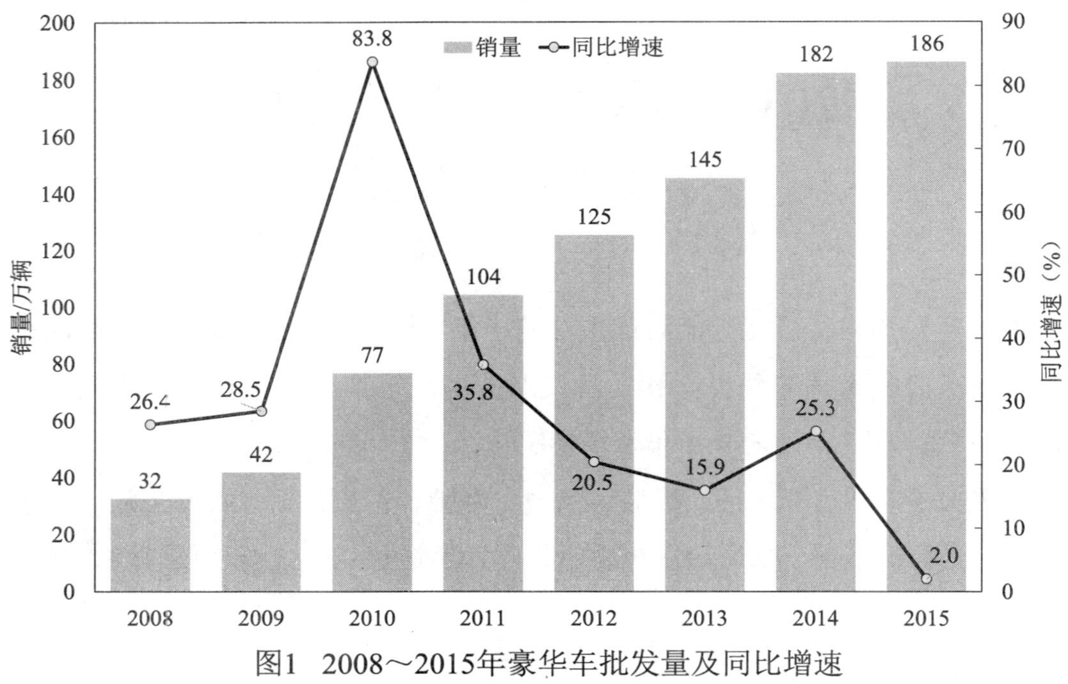

图1 2008～2015年豪华车批发量及同比增速

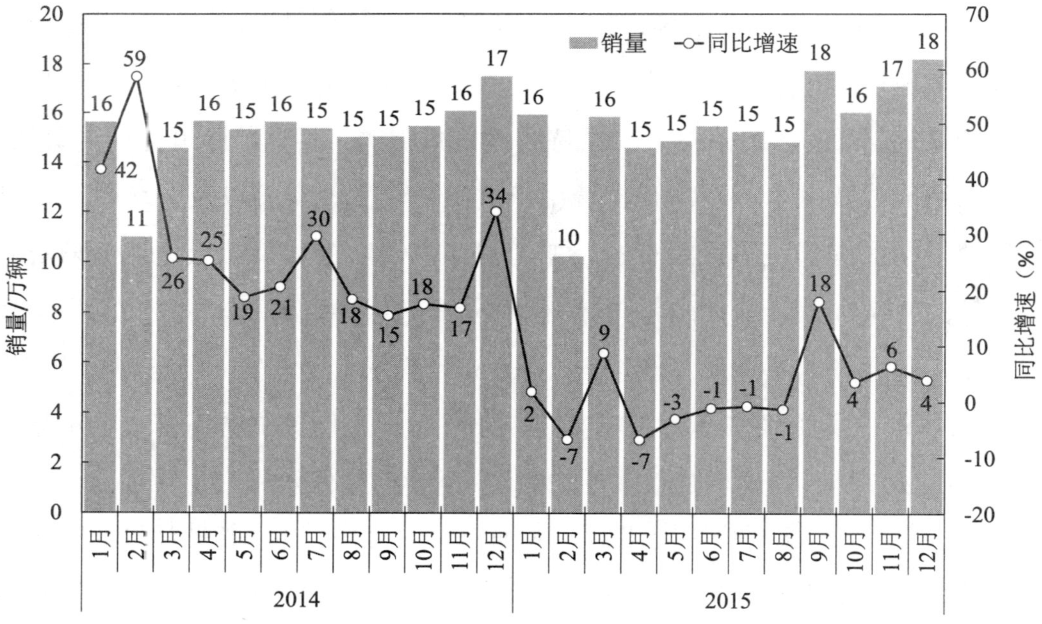

图2 2014～2015年豪华车月度销量及同比增速

总体来看，2015年豪华车市场出现增速放缓的趋势，但整体销售体量仍旧庞大，且有小幅增长。随着经济的企稳，豪华车市场将进一步回暖。

二、2015 年国内豪华车市场特点

1. 2015 年豪华车市场两大阵营依旧明显

国内豪华车市场从市场份额来看，可以明显的分为两大阵营。奥迪、宝马、奔驰三家组成第一阵营（见图 3）。第一阵营三家品牌市场占有率远高于其他品牌，和第二阵营品牌拉开明显差距，且能常年维持高占有率。第二阵营各品牌市场占比差别不明显，内部竞争更为激烈。截至 2015 年 12 月份，奥迪、宝马、奔驰批发量分列前三名。受新车型上市的带动，2015 年奔驰销量迎来井喷，逆势而上，2015 年全年，奔驰批发量同比增长 49.5%，是豪华车第一阵营中惟一增长且是大幅增长的品牌。2015 年，中央的反腐力度持续加大，房地产行业降温，能源制造业行情下行，豪华车的传统消费人群缩减，购买意愿下降，购买时机推迟，再加上主力产品处于生命周期的末端，奥迪、宝马均有不同程度的小幅下降。

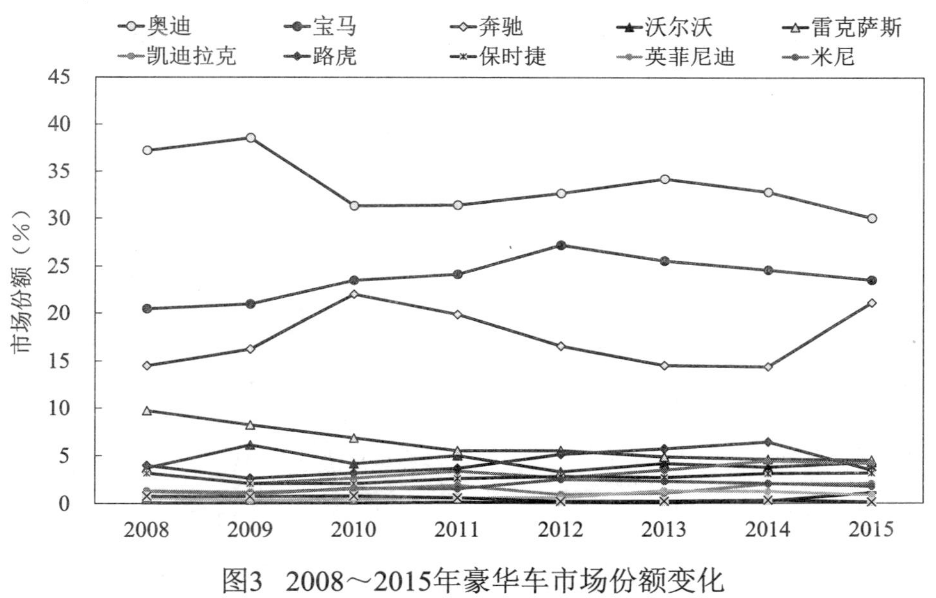

图3 2008～2015年豪华车市场份额变化

第二阵营中，随着 XC60 的国产，沃尔沃销量较 2014 年相比出现明显上升。保时捷销量大幅增长得益于明星产品 Macan 热销。2015 年，路虎出现断崖式下跌，主要原因是路虎品牌的主力用户受经济下行影响较为明显，同时 2015 年 2 月份，国产极光下线上市，取代了往年热销的进口极光，但定价过高饱受诟病，“3 • 15

晚会”曝光的变速器问题更是让国产极光的销售雪上加霜，年中官方下降指导价虽引起部分消费者关注，但也一定程度上加剧了持币待购现象，同时，另一款热销的神行者 2 也停止进口，迎来换代产品发现神行，2015 年路虎出现了小车没人买，大车卖不动的现象，内外因双重打击，使得销量出现断崖式下跌。英菲尼迪销量增加得益于 Q50L、QX50 的国产，以及正确的广告营销策略，如赞助电视热播真人秀等。林肯由于往年基数过低，因此同比增长率在数字上显得较大。

2015 年国内豪华车市场各品牌份额依旧延续 2014 年的局面，但由于年内经济下行削弱需求，使得多数品牌同期销量出现不同程度下滑（见图 4）。其中，奥迪销量为 558194 辆，同比增长-6.5%；宝马销量为 437311 辆，同比增长-2.4%；奔驰销量为 392103 辆，同比增长 49.5%；沃尔沃销量为 78973 辆，同比增长 15.0%；雷克萨斯销量为 83390 辆，同比增长-0.4%；凯迪拉克销量为 77283 辆，同比增长-4.1%；路虎销量为 63957 辆，同比增长-45.3%；保时捷销量为 58376 辆，同比增长 3.2%；英菲尼迪销量为 37611 辆，同比增长 2.1%；米尼销量为 32898 辆，同比增长-13.1%；林肯销量为 20108 辆，同比增长 356.6%；捷豹销量为 15896 辆，同比增长-29.2%；讴歌销量为 2403 辆，同比增长-59.1%。

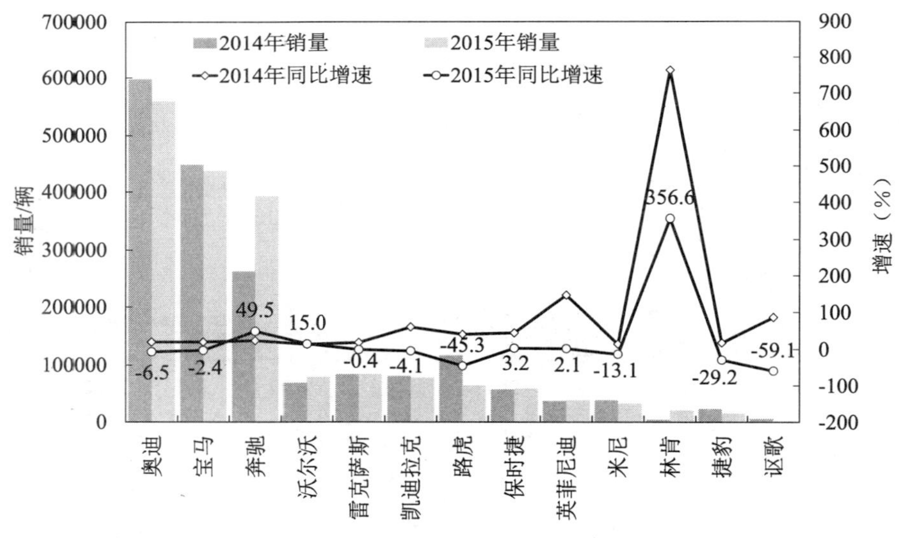

图4 2015年各品牌市场份额及同比增速

2．2015 年豪华车市场 SUV 增速放缓

从车身形式来看，三厢轿车 NB 和 SUV 一直是销量主力，两者合计占据超过

90%以上的市场份额（见图 5）。从 2010 年开始，豪华车市场 SUV 比例不断提升，但 2015 年增速放缓。2015 年，两厢轿车 HB、MPV 和 Sports 总计占了不到 10%的市场份额。其中 Sports 主要包括两门轿车或有明确定位的跑车，因为这类车尺寸与普通车差距较大，没法划分级别，所以单独划分车身形式，并不区分级别。Sports 主销车型：米尼全系、宝马 i8、奥迪 A5、保时捷帕纳美拉、博克斯特、911、奥迪 TT、奔驰 CLS 等。从 2015 年销量来看，豪华车市场三厢轿车销量为 946437 辆，同比增速 2.7%；SUV 销量为 737310 辆，同比增速 3.1%；Sports 销量为 69145 辆，同比增速-15.0%；两厢轿车 HB 销量为 57973 辆，同比增速-3.5%；MPV 销量为 47598 辆，同比增速 9.8%。

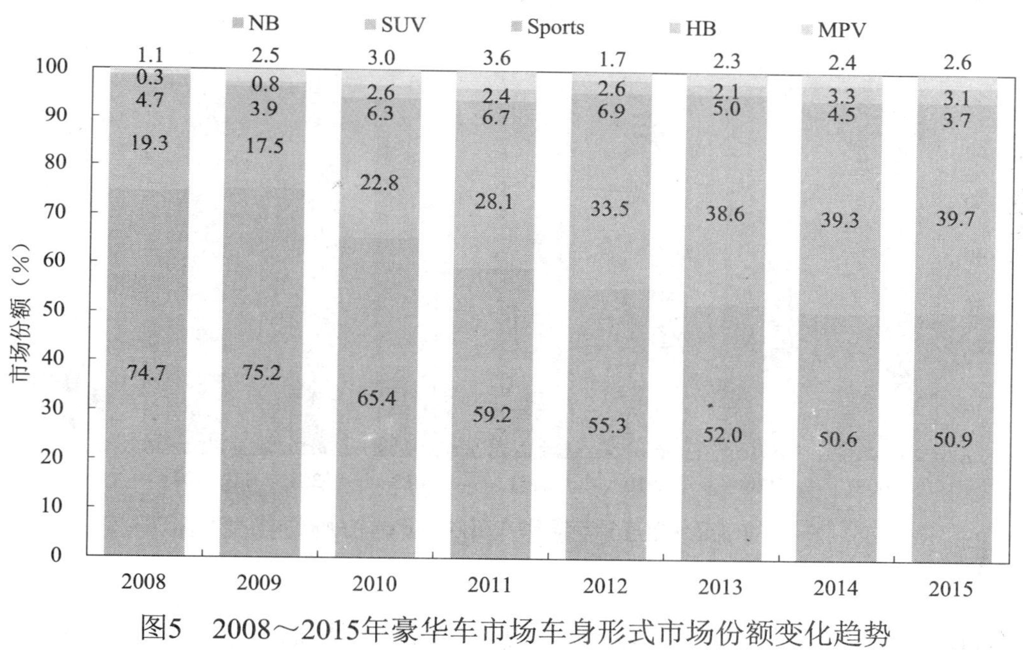

图5 2008～2015年豪华车市场车身形式市场份额变化趋势

3．2015 年豪华车小型化趋势仍在持续

近年来，豪华车出现小型化趋势，A 级占比不断提升，C 级及以上市场份额逐渐萎缩。但 B 级占比相对稳定（见图 6）。在豪华车以进口车为主要组成的年代，购买豪华车的主要为公司、企业或高收入人群，该部分群体资金充足，购车多有商务使用需求，因此对高级别车辆偏好较大。随着消费者收入的提升，更多的消费群体进入到豪华车市场，购车用途开始偏向家庭使用，因此从购车意愿上有购

买小型车的趋势，此外厂家从产品投放的角度也有迎合这一趋势的意图，各豪华品牌纷纷推出自家的A级车，部分车型国产化之后，随着价格的进一步下探，销量居高不下，增速明显。从2015年的销售来看，中低级别车仍有明显增速。其中A0级销量为49737辆，同比增速4.5%；A级销量为339844辆，同比增速26.2%；B级销量为760818辆，同比增速13.2%；C级销量为576606辆，同比增速-5.1%；D级销量为108976辆，同比增速-39.9%；Sports级销量为22482辆，同比增速-48.3%。

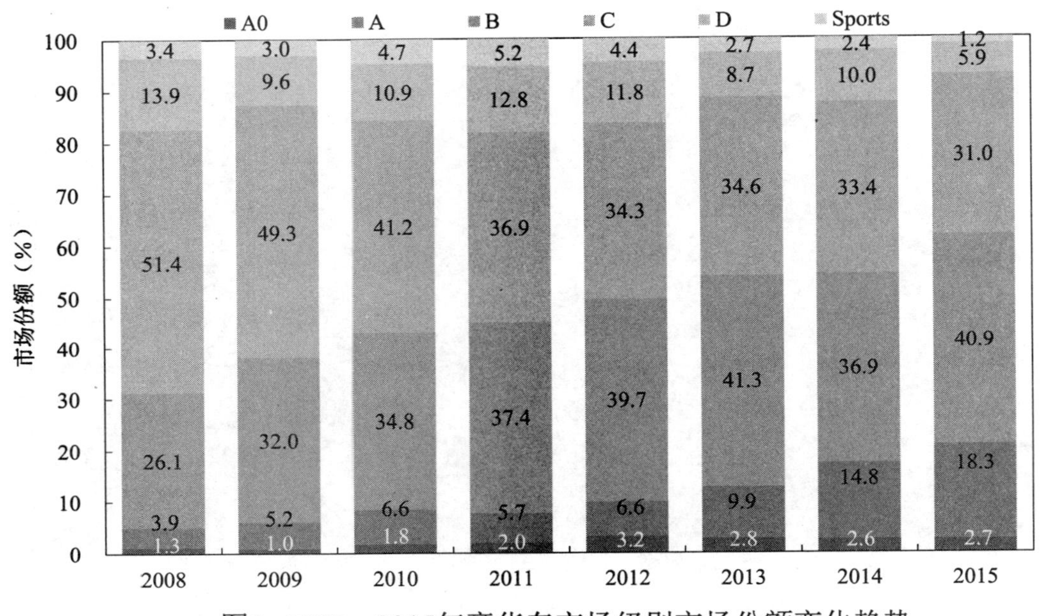

图6 2008～2015年豪华车市场级别市场份额变化趋势

分车身形式看，三厢轿车NB各个级别市场份额相对稳定，近年来未出现大幅波动。但小型化趋势仍旧明显。D级车市场不断萎缩， A级车市场增速显示，B、C级作为销售主力，仍占据市场份额的主体，二者合计所占比例稳定，占市场份额的80%以上（见图7）。从2015年销量来看，A、B级轿车销量同比明显增长，C级基本持平，D级明显下降。A级销量为44406辆，同比增长77.9%，增幅最大；B级销量为402704辆，同比增长11.8%；C级销量为447206辆，同比增长-0.2%；D级销量为52121辆，同比增长-41.1%。

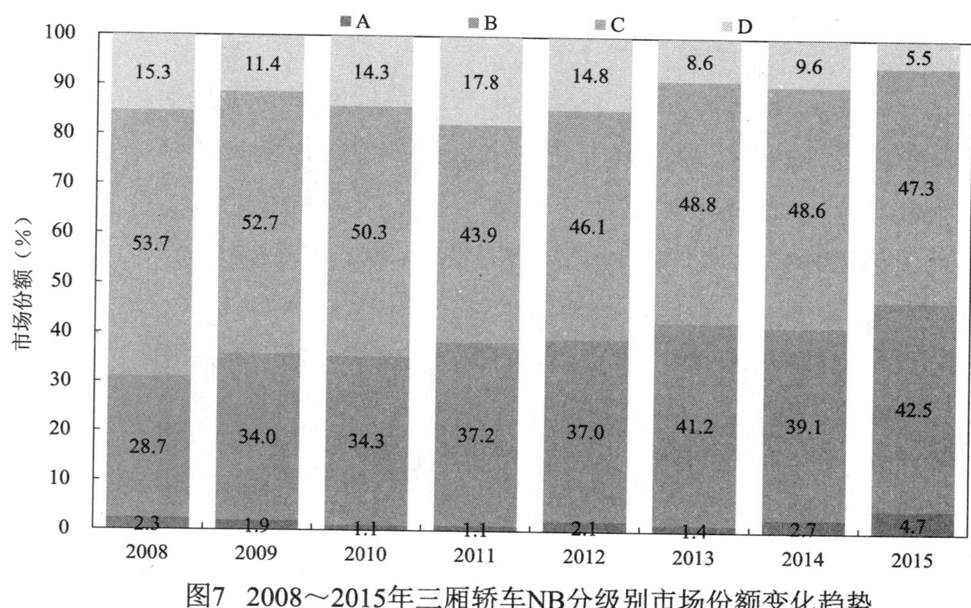

图7 2008～2015年三厢轿车NB分级别市场份额变化趋势

2015 年，SUV 小型化局势进一步加剧，A 级 SUV 占比不断提升，受宏观经济影响较为明显的 C、D 级 SUV 市场被进一步蚕食（见图 8）。从 2015 年销量来看，A 级 SUV 同比增长最为明显，B 级 SUV 也有显著增长，C 级 SUV 大幅下滑，D 级 SUV 销量几乎腰斩。其中，A 级 SUV 销量为 215165 辆，同比增长 34.0%；B 级 SUV 销量为 350642 辆，同比增长 12.4%；C 级 SUV 销量为 117624 辆，同比增长-20.9%；D 级 SUV 销量为 53878 辆，同比增长-42.0%。

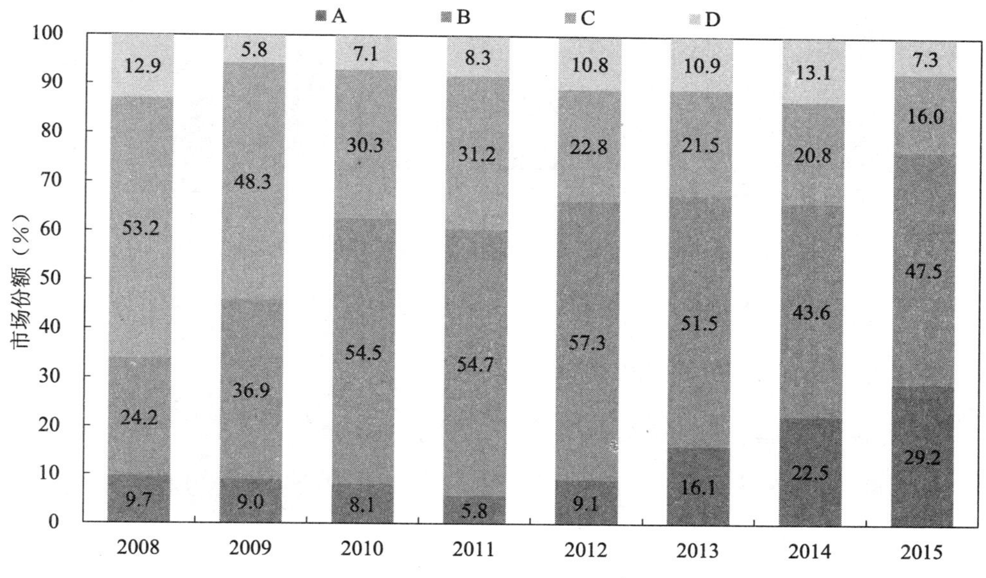

图8 2008～2015年SUV分级别市场份额变化趋势

4．小排量车日渐受到欢迎

随着购买车型逐渐小型化，排量方面也逐渐偏向中小排量车。从2008年起，中小排量占比逐年攀升，同时随着更多低级别车型的投放，2015年1.6L及以下排量市场份额达到12.6%，2.0L以下排量占据了接近80%的市场份额。2.0～2.5L中间排量市场份额逐渐萎缩，3.0L排量以上市场份额大幅度减少（见图9）。从2015年销量来看，1.6L及以下排量销量为233793辆，同比增长47.1%；1.6～2.0L销量为1215744辆，同比增长19.0%；2.0～2.5L销量为91704辆，同比增长-33.4%；2.5～3.0L销量为296476辆，同比增长-34.4%；3.0～4.0L排量销量为13688辆，同比增长-58.8%；4.0L以上排量销量为7086辆，同比增长-59.9%。

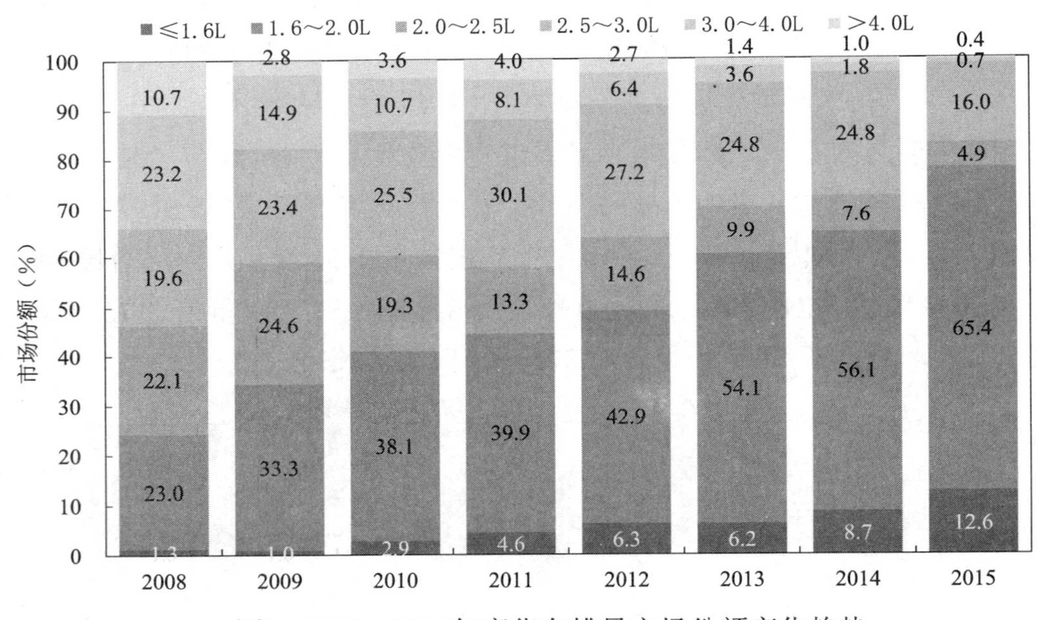

图9 2008～2015年豪华车排量市场份额变化趋势

5．国产豪华车占比持续上升

从2011年起，随着热销车型不断国产化，豪华车市场国产比例逐年提升，2015年国产豪华车占比达到历史最高，超过豪华车销售总量的60%（见图10）。

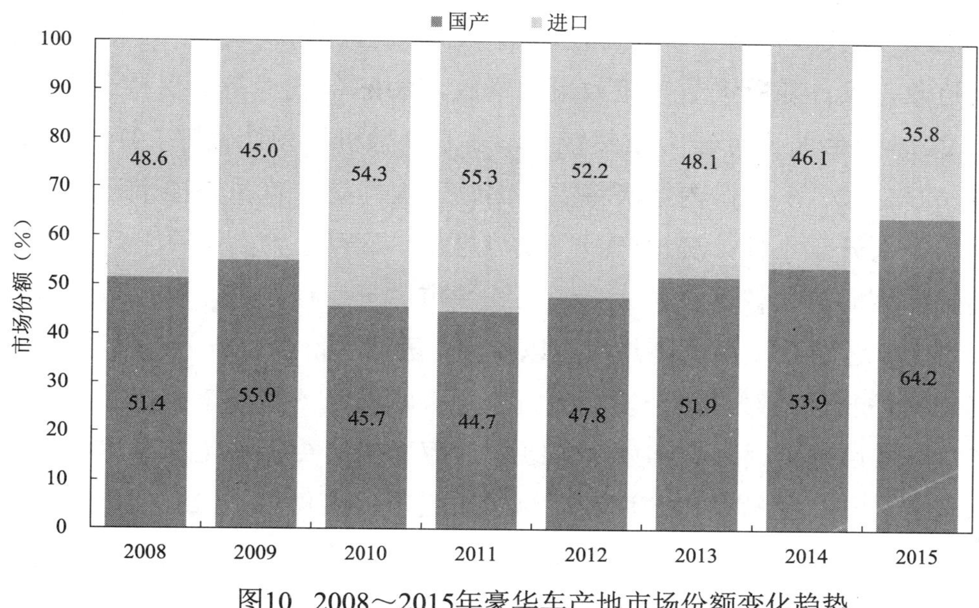

图10　2008～2015年豪华车产地市场份额变化趋势

总的来说，2015 年国内豪华车市场受到经济下行的明显冲击，虽然同比增速出现下滑，但实际销量仍维持在较高水平。随着年底稳增长政策的不断释放，以及持续大幅度降价优惠，2015 年年底车市出现明显回暖，全国豪华车市场呈现出较旺盛的需求。从市场份额看，豪华车市场格局仍未出现大变化，两个阵营间差距依旧明显，但相同阵营内竞争愈发激烈。从产品特征看，2015 年仍延续了 SUV 热销的趋势，但 SUV 增速开始放缓；车辆级别逐渐小型化，家用为主的 A 级车市场不断扩大，高端豪华车市场持续萎缩，说明国内汽车市场消费升级情况较为明显；随着豪华车市场的持续火热，越来越多的车型国产化，国产豪华车占比在 2015 年达到历史最高，占据了市场份额 60%以上；从排量看，小排量车更受到欢迎，除了年内购置税优惠政策的刺激外，厂家有意识的产品投放也进一步加剧了排量小型化的趋势。

三、2016 年豪华车市场展望

1．宏观经济方面

豪华车市场受宏观经济影响明显，豪华车传统购车人群大多从事房地产、制造业等高收入行业，这些行业受到本轮经济下行影响更为严重。因此，2016 年宏观经济走势将在很大程度上决定好豪华车市场走势。2015 年 GDP 增速放缓，预计全年 GDP 增长 6.9%，中央在 2015 年内不断出台稳增长政策，使得年底经济出现企稳迹象，预计随着大量政策效果的释放，2016 年初经济仍保持企稳态势。

但 2016 年经济下行压力依然较大，多家金融机构预计我国 2016 年 GDP 平均增速 6.6%。2016 年国内经济将主要面临三大问题。首先是楼市调整。目前房地产销售及新开工不佳，房地产投资跌势难止，库存压力高居不下。百城市房价环比增速区域间分化依然严重：二、三线城市由于库存量高，房价环比增幅远低于一线城市，这导致短期销售热潮难以持续。虽然房价续升、房地产利率创新低，但新房销售增长已经触顶，开发商投资意愿大幅降低，新开工投资同比增速降幅继续扩大，楼市调整远不会结束。2015 年底召开的中央经济工作会议中特别提出的五大任务之一“化解房地产库存”预示着楼市调整仍将是 2016 年政府工作的重点，楼市调整的力度和效果将是豪华车市场形势的重要影响因素。其次是去产能。钢铁、水泥、平板玻璃等产量增速继续大幅负增长，汽车一枝独秀，但难以支撑制造业投资增速持续回升。中央经济工作会议同样指出“积极稳妥化解产能过剩”是 2016 年的工作重点，去产能的效果同样也将影响到豪华车销量。最后是出口疲弱。2015 年外需持续低迷，同时近期人民币汇率强势拖累，短时间内难有好转。中央经济工作会议同时指出要继续抓好优化对外开放区域布局、推进外贸优进优出、积极利用外资、加强国际产能和装备制造合作、加快自贸区及投资协定谈判、积极参与全球经济治理等工作。但预计 2016 年出口压力依旧。

2．行业政策方面

2014 年底，平行进口肩负打破垄断“重任”的平行进口车进入人们的视野，2015 年迎来了销售落地开花的一年。2015 年国内进口汽车市场出现持续性“供需双降”，库存持续高企、价格优惠幅度加大、经销商大面积亏损等问题。在全国进口车市场遇冷的情况下，2015 年前三季度平行进口车在进口市场中所占份额已提升至 10%。这意味着平行进口车需求明显好于中规进口车。

2015 年年底，为落实《国务院关于加快实施自由贸易区战略的若干意见》和《国务院办公厅关于加强进口的若干意见》等要求，加快推进自贸试验区建设和制度创新，国家认监委发布公告，对全国各自贸试验区内以平行进口方式入境的汽车调整强制性产品认证（CCC 认证）要求，以便利和促进汽车平行进口贸易发展，完善自贸试验区的国际化营商环境。主要改革举措是：一是放宽对进口汽车原厂授权文件的要求；二是放宽平行进口汽车的数量限制；三是简化工厂检查要求。这将进一步有利于平行进口车的销量，同时也将有助于 2016 年豪华车市场总量的提升。

2015 年 11 月份，《汽车品牌销售管理实施办法》征求意见稿第二版在企业内部征求意见。由于第一版引发了强烈争议，迟迟不能出台。但目前汽车市场没有好转，《汽车业反垄断指南》制订进展迅速，在此情况下《汽车品牌销售管理实施办法》开始第二次修订。与第一版修订稿相比，政府的思路有所转变，第二版修订稿里回避了对厂家和经销商原有地位格局的一些关键调整，主要增加了一些汽车行业的最新动向。回避了如禁止“供应商限定最低销售价格和转售价格”“供应商与经销商不得侵害对方合法权益、应建立沟通机制”；禁止“压库”。增加了如平行进口：不再要求车辆“在境外没有注册登记”，放开了对美规平行进口车的限制；销售服务体系：着重强调了共享型流通网络、O2O、NEV 的销售体系。

在汽车市场减速和反垄断加严的背景下，主机厂的市场份额之争可能降温，更关注利润和健康的市场环境。经销商将少受厂家高目标的压力，从而导致销量、价格、利润回归合理水平。

2015 年 11 月份，发改委表示《汽车业反垄断指南》初稿已完成，即将公开征求意见。《汽车业反垄断指南》是对《反垄断法》的细化，主要对价格垄断行为和滥用市场支配地位行为进行了规定。垄断协议一般都会受到反垄断处罚，但也有例外，目前《汽车业反垄断指南》规定 4 种价格协议行为可享受豁免权。分别是：因为利用了高新技术，因此在新产品推广期限制价格可以豁免，如新能源车；通过电商平台，由供应商与消费者或者第三人直接达成交易价格，仅通过经销商完成交易环节的销售行为，仅承担中间商角色的经销商销售中的转售价格限制可以豁免；政府采购中的转售价格限制可以豁免。企业可以充分利用政策豁免，开展与电子商务平台的接洽，为未来开展电商交易做好准备。

3．新产品供给

据目前公开资料统计，2016 年将有十余款新车上市。从新品牌来看，讴歌将推出全新 A0 级 SUV——SUV-X，并且将直接国产，参与到国内火热的 SUV 竞争中。宝马将推出 X1 加长版，后驱改为前驱，预计价格方面将更加有竞争力，同时还将推出全新 2 系 Active Tourer，预计将先进口后国产；奥迪将推出新款 A4L

和新款 Q5，进一步巩固在 B 级 NB 和 B 级 SUV 市场中的地位；沃尔沃将推出新款 XC60，作为现款的换代产品，预计国产车型具备较强竞争力；奔驰将推出新款 GLC 和新款 E 级，分别是 GLK 和老款 E 级的换代产品；凯迪拉克将推出 B 级 SUV 全新 XT5 作为 SRX 的继任换代车型，以及 D 级 NB 全新 CT6，改款产品将宝马 7 系、奔驰 S 级作为对标产品，预计将直接国产。

从产品特点来看，换代产品较多，多为细分市场内的明星车型，通过换代进一步巩固市场份额；随着各大品牌对我国豪华车市场的重视，以及品牌间竞争的日益激烈，2016 年新产品中出现了直接国产的车型，改变了以往先进口后国产的入市流程。

4．总量预测

预计 2016 年豪华车市场销量增速为 8%～10%，市场情况将较 2015 年略有好转。主要依据如下：第一，随着中央稳增长政策效果的释放，2015 年底经济地位企稳，预计企稳态势将延续到 2016 年年初，同时中央经济工作会议精神将进一步落实，有望拖稳 2016 年宏观经济，对豪华车销售形成支撑。储蓄、工业增加值、房价、M2 四大重要影响因素受刺激政策影响有恢复迹象，预计将带动 2016 年市场增长，但不支持豪华车销量大幅度提升；第二，从 2015 年年初开始，各大品牌厂商纷纷降价促销，降价力度之大、降价持续时间之长都是前所未有，这对需求的刺激效果仍将持续，预计随着优惠幅度的收窄，持币待购现象将减弱，将有更多购车需求被释放；第三，2015 年反腐、股市大震、央企降薪等一系列事件对消费者的购买热情产生了极大地影响，随着反腐常态化，股市逐渐趋稳，大量资金撤资利好实体产品消费，2016 年若无重大事件影响，车市有望看涨；第四，从供给面看，平行进口和汽车电商将在一定程度上增加竞争和产品投放，消费者购车渠道增加，同时购车渠道更加顺畅，有助于进一步推动销售。

（作者：唐斯奇）

2015年普及型轿车市场回顾及2016年展望

2015年我国经济面临三期叠加的严峻形势，GDP增速下滑跌破7%，投资增速大幅下滑，产能过剩矛盾积累，经济结构性问题突出，股市巨幅震荡，金融风险显现。与此同时，国家对汽车行业的调控政策如加速推广新能源汽车，全面推进淘汰黄标车，1.6L排量以下车型购置税减半等政策也密集出台。受经济下行和调控政策影响，2015年我国汽车市场尤其是乘用车市场经历了过山车般的行情，一季度乘用车市场还保持两位数增长，二、三季度迅速下滑，个别月份甚至出现负增长，四季度在刺激政策作用下增速快速回升，预计2015全年乘用车市场同比增速为8%。

一、2015年普及型轿车市场回顾

1. 整体销量

随着乘用车市场发展，作为乘用车市场主力车型的普及型轿车（本文指A级车），其销量占比在不断下降，随着SUV市场特别是自主品牌SUV的快速发展，挤占了部分价格段相近的普及型轿车需求，导致普及型轿车份额快速下滑，仅2015年一年其占比就下滑了3.5个百分点（见图1）。

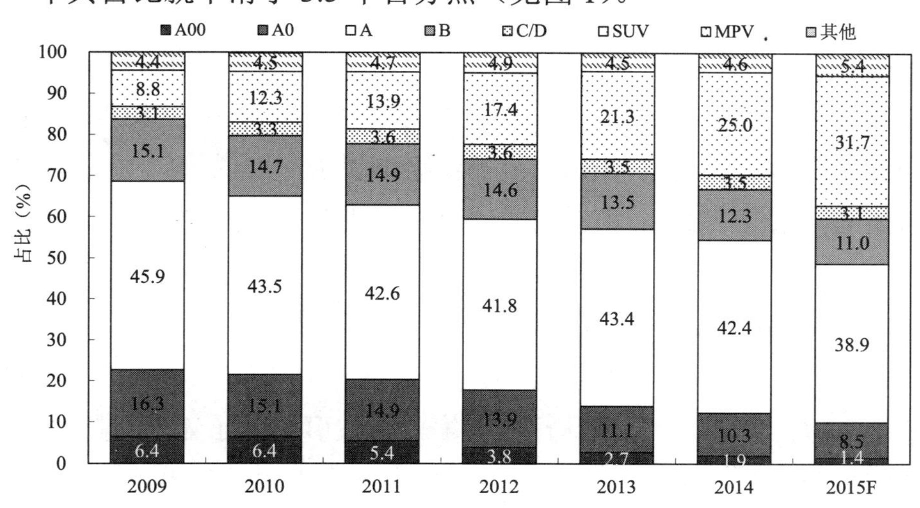

图1 2009～2015年乘用车市场各级别销量占比

2009～2010 年在汽车下乡政策的刺激下，普及型轿车保持了两年的高速增长，销量迅速突破 400 万辆关口，经历 2011 年短暂的调整后，普及型乘用车又迎来了三年的快速增长期，销量水平每年上一个百万辆的销量台阶。2015 年 1～11 月份，普及型轿车累计销售 656 万辆，预计全年销量可达 722 万辆，同比增长 0.1%，销量基本与 2014 年持平（见图 2）。

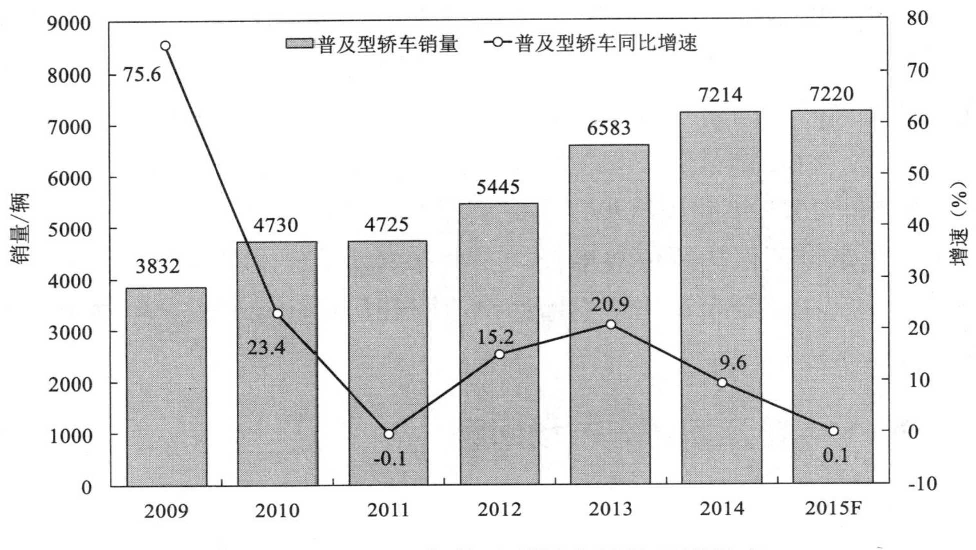

图2 2009～2015年普及型轿车销量及增长率

2015 年普及型轿车销量增速呈现“中间低，两头高”的 U 型态势，1～2 月份（考虑春节因素，将 1～2 月份合并）同比增长 11.2%，3 月份增速快速下滑，开启连续近半年的负增长，这一方面是二、三季度股市剧烈震荡，导致前期牛市消费者纷纷入市，主动推迟购车，后期股灾投资亏损，被动推迟购车，股市的大幅波动直接抑制了购车需求；另一方面普及型轿车面临低价位 SUV（主要是自主品牌）的竞争压力越来越大，2015 年下半年出现了一波低价位 SUV 新车及改款产品上市高潮，长安 CS75、海马 S5、哈弗 H2/H1、幻速 S2/S3、江淮 S3、力帆 X50、风神 AX-7 等接连上市，在经历半年左右产能爬坡后进入销售高峰阶段。自主品牌低价位 SUV 的火热，直接影响了同价格段的普及型轿车销售，普及型轿车“三剑客”——捷达、桑塔纳、爱丽舍 2015 年二、三季度的销量同比骤降 20%。进入 10 月份，随着经济下行压力增大，政府出台了 1.6L 排量以下车型购置税减半的刺激政策，由于普及型轿车小排量车型占比较高，政策对其是直接利好，其增速快速回升（见图 3）。

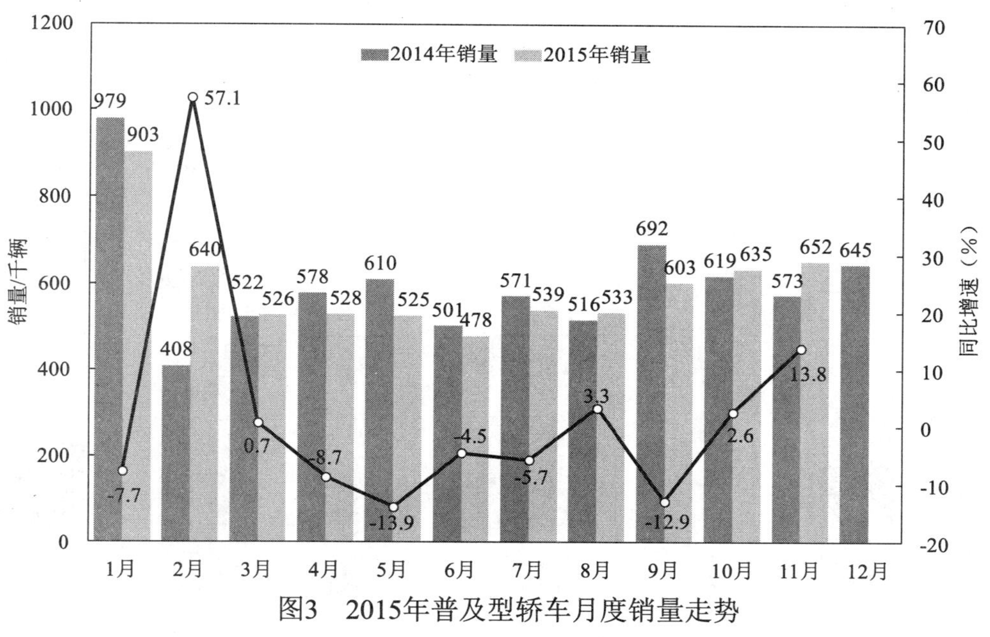

图3 2015年普及型轿车月度销量走势

2. 系别结构

从系别上看，2015 年普及型轿车的最大亮点在日系品牌，其份额较 2014 年增长了 3.5 个百分点，这一方面因为 2015 年是日系品牌新产品集中上市的年份，新卡罗拉、雷凌、昂科塞拉、启悦等普及型轿车纷纷上市，带来了明显的新车效应；另一方面日系品牌车型成本控制优势在 2015 年的价格战中得到了充分发挥，轩逸经典、新阳光等老款产品终端价格优惠力度大，其销量相比 2014 年均有较大幅度增长。美系品牌份额增长也比较显著，新英朗重新定位后销量上了一个新台阶，连续多月销量超过 3 万台，而作为替代老福克斯的福睿斯自 2014 年年底上市后销量迅速上升，月均销量近 2 万台，与全新福克斯组成了高低搭配的完美组合。2015 年德系、法系品牌的份额继 2014 年大幅提升后变化不大，处于稳定状态。自主品牌份额连续两年快速下滑，2015 年的份额降幅达到 3.8%，主要原因是自主品牌的关注重心集中在 SUV 车型，相比自主品牌 SUV 新车型层出不穷局面，其在普及型轿车的投入明显减少，典型的例子就是长城汽车，2015 年其 SUV 品牌哈弗的销量贡献达到 93.4%，较 2014 年继续上升 8.8 个百分点，普及型轿车品牌腾翼的销量贡献仅有 6.6%；自主品牌的另一代表长安汽车也有类似情况，其 2015 年 SUV 车型的销量贡献达 46.1%，较 2014 年上升了 17.5 个百分点。韩系品牌普及型轿车受产品老化的影响份额也有所下滑（见图 4）。

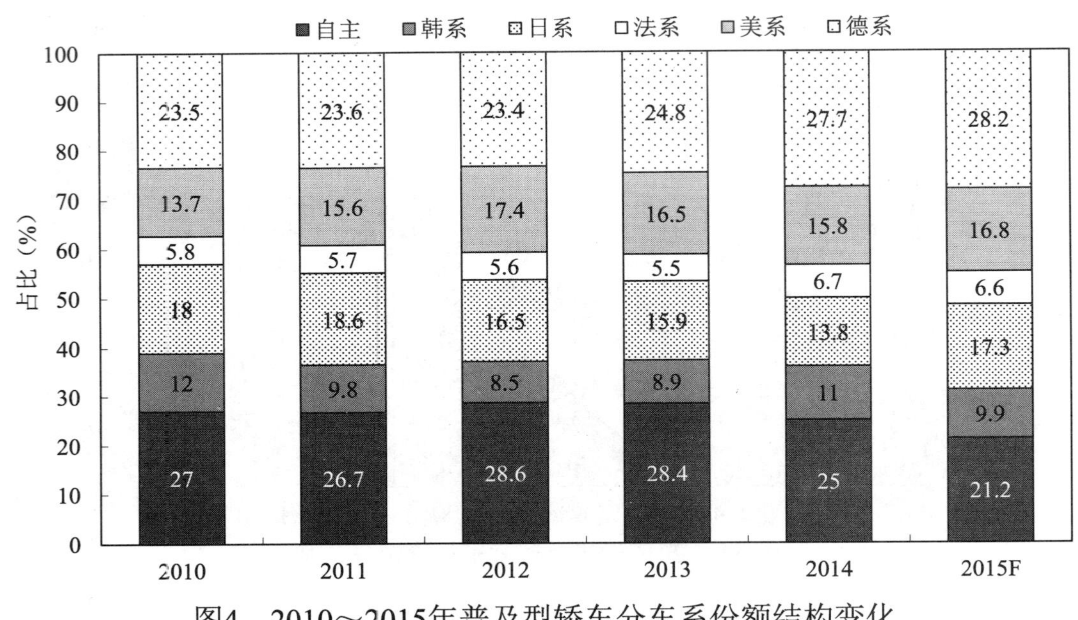

图4　2010～2015年普及型轿车分车系份额结构变化

3．区域结构

从区域板块份额结构看，华东和华北地区的普及型轿车份额逐渐下降，一方面是因为这些地区经济发达，乘用车保有量大，对乘用车的消费水准领先于全国水平，其豪华车增速较高，而普及型轿车增长速度已低于全国水平，另一方面这些地区限购城市较多，包括上海、北京、天津、杭州，限购后进一步刺激豪华型轿车及 SUV 车型占比上升，普及型轿车份额下降；以二、三线城市为主的华中地区，近年来承接东部地区劳动密集型产业转移，为经济注入了活力，其普及型轿车份额自 2011 年起增长进入快车道，年均份额提升 1 个百分点；西北和东北地区，是传统的能源基地和重化产业、装备制造业基地，受能源、矿产价格低位运行，重化产能过剩影响，经济增速快速回落，普及型轿车份额增长乏力；西南地区基础设施建设相对薄弱，经济增长投资拉动型的特征比较明显，近期国家重点打造的城市群有成渝城市群、滇中城市群、黔中城市群，基础设施投资依然保持较快增长，同时西南地区人口众多，乘用车千人保有量刚达到 30 辆水平，普及型乘用车的发展潜力大，这些因素支持了西南地区普及型轿车份额进一步提升；华南地区乘用车市场规模分布不均衡，广东省占据了华南地区 79.4%的市场份额，受国际经济低迷，进出口贸易下滑影响，2015 年广东省普及型轿车份额下滑了 0.32 个百分点，直接导致华南地区普及型轿车市场份额下滑（见图 5）。

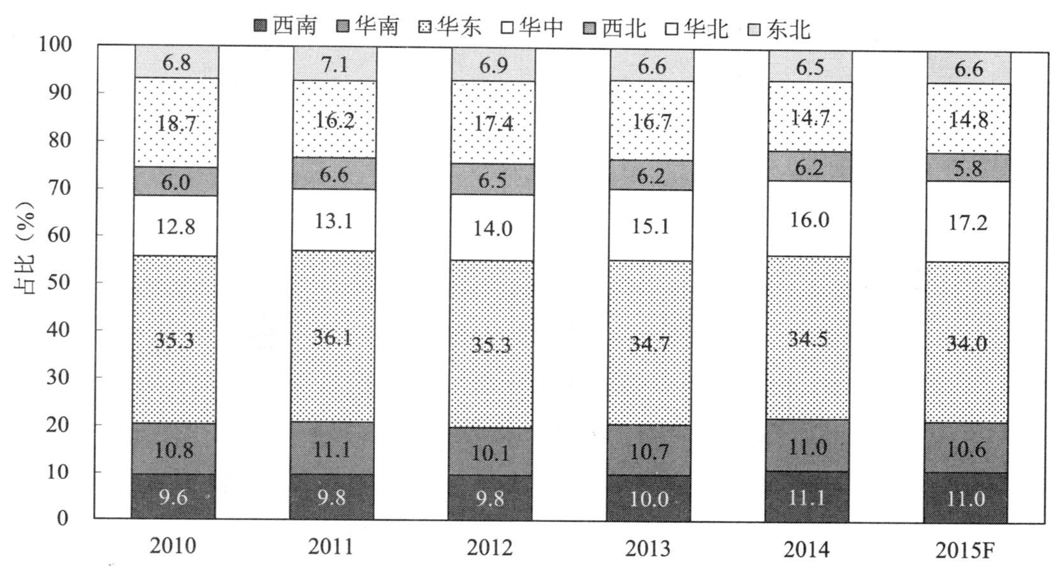

图5　2010～2015年普及型轿车各区域份额结构变化

4．排量结构

从排量结构上看，普及型轿车的结构也在发生较大的变化，最明显的特征是排量下移，涡轮增压发动机比例提升。随着乘用车燃料消耗限制标准的提高，厂商在开发新产品时尤其重视发动机排量的小型化。2015 年普及型轿车 1.5L 排量以下的比例达到 35.8%，相比 2014 年继续提升 6.9 个百分点；1.7L 排量以上的比例缩小至 9.6%（见图 6）。与此同时，由于用户对车辆动力性能的追求要求发动机保持一定的功率，而涡轮增压技术较好地满足了这一需求。2015 年普及型轿车涡轮增压发动机的比例达到 8.8%，相比 2010 年提升了一倍。2015 年 9 月 30 日政府出台 1.6L 排量以下车型购置税减半政策，再次利好小排量车型，可以预见随着小排量发动机和涡轮增压技术的发展，普及型轿车发动机排量下移、涡轮增压化的发展态势将继续进行下去（见图 7）。

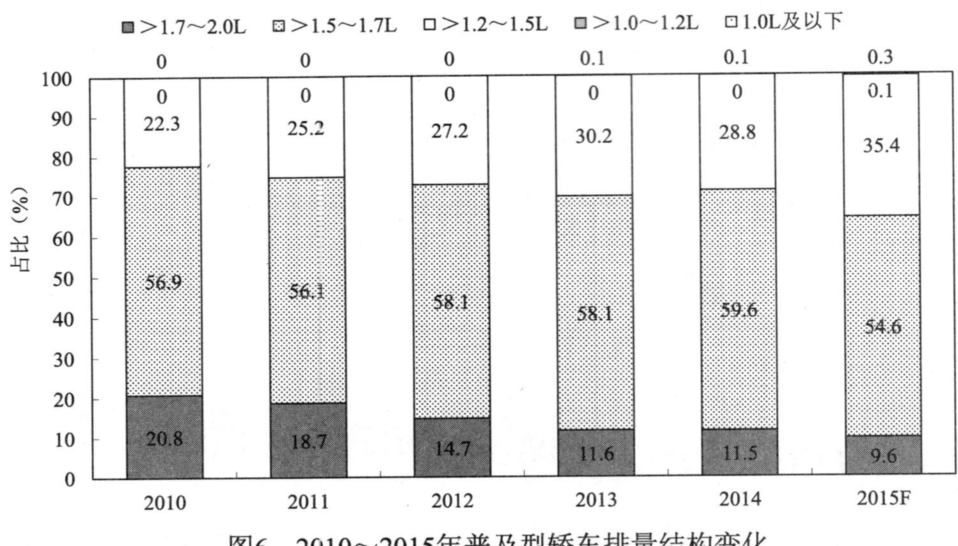

图6 2010～2015年普及型轿车排量结构变化

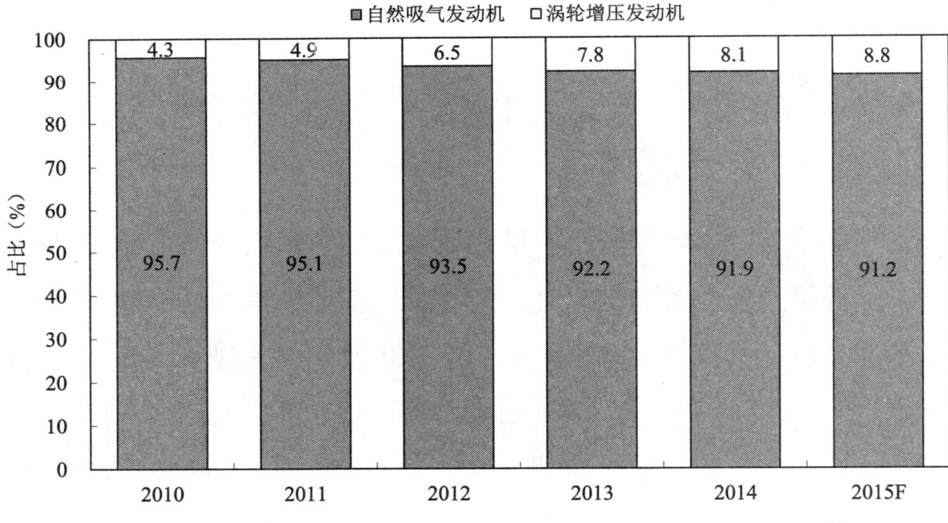

图7 2010～2015年普及型轿车自然吸气、涡轮增压发动机占比变化

5. 主要产品表现

2015年普及型轿车销量前十的车型均为合资品牌，从系别上看，德系车型占了5款，日系、美系车型各有2款，韩系车型1款。2015年在普及型轿车市场增速下滑的情况下，前十位车型的销售出现了冰火两重天的情景，德系5款车型在2014年高基数的压力下，出现了不同程度的负增长。而日系和美系车型凭借新车

优势，同比增速较快，尤其是新卡罗拉和全新英朗，通过价格重新定位，将其下沉到 10 万起步的主流价格区间，扩大了用户群，销量提升明显。同时，新老车型并行销售的模式对销量提升也有明显的促进作用，以轩逸为例，其老款车型在调低价格后主攻低端市场，新轩逸保持原有高端定位，通过结合多样灵活的终端销售活动，2015 年新老轩逸取得了 29.5%的销量增幅，可以预期未来采用新老车型并行销售的车型会越来越多的（见图 8）。

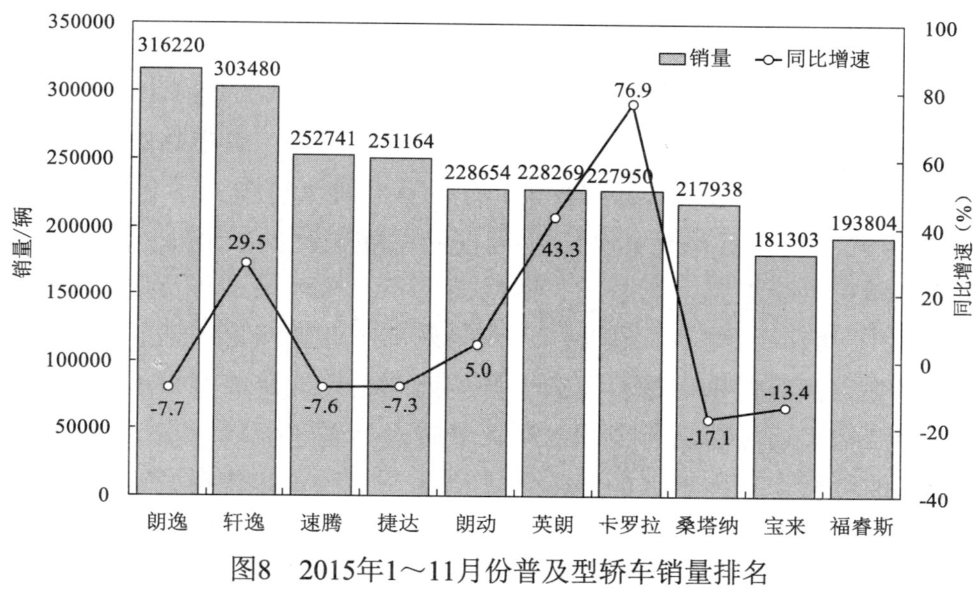

图8　2015年1～11月份普及型轿车销量排名

二、2016 年普及型轿车市场展望

1. 宏观经济与政策法规

2016 年是“十三五”规划的开局之年，宏观经济依然处于结构调整的阵痛期，经济下行的压力依然很大，考虑到经济政策有一定的滞后影响，2015 年出台的宏观调控政策和改革措施会继续发挥稳定作用，2016 年我国消费需求会保持稳定，基础设施投资、服务业和高新技术产业投资继续保持较快增长，外贸进出口增速小幅反弹，预计 2016 年的经济增速在 6.6%～6.8%，较 2015 年继续放缓。

政策法规方面，2016 年最大的利好因素就是 1.6L 排量以下车型购置税减半政策，预计全年能给乘用车市场带来 120 万辆的增量，其中对普及型轿车市场的增量影响在 30 万～40 万辆左右。此外，2014～2015 年全国累计淘汰黄标车 600

万辆，对普及型轿车的增长有一定的促进作用。

2．细分市场发展预测

（1）SUV 市场快速发展将给普及型轿车市场带来持续压力　预计 2016 年 SUV 市场增速依然能达到 20%～30%，持续火热的 SUV 市场导致自主品牌加大 SUV 车型开发力度，低价 SUV 新产品层出不穷，挤占了自主品牌和合资品牌普及型轿车市场的发展空间。

（2）普及型轿车系别结构变化　2016 年随着德系品牌新产品的上市，产品竞争力加强，同时速腾断轴、大众排放造假等事件影响将逐渐减弱，预计德系品牌的份额将会小幅上升；日系、美系品牌产品新车效应减弱，预计份额保持平稳；韩系和法系品牌由于产品进一步老化，份额将有所下降；自主品牌由于关注重心在 SUV 市场，有竞争力的普及型轿车产品不多，预计其份额还将继续下降。

（3）普及型轿车区域结构变化　当前新型城镇化的发展重点是中西部城市群中的中小城市及小城镇，这些三、四线城市和农村地区是普及型轿车市场的重大机遇。预计 2016 年湖南、湖北、河南等东部产业转移目的地的经济增长依然领先全国，其普及型轿车份额将继续上升；西北、东北等能源基地和落后产能集中地区，经济增长还将落后于全国水平，其普及型轿车份额还将下降；随着外贸进出口形势的好转，华南地区的经济增长将逐渐企稳，其普及型轿车份额也将企稳。

（4）1.6L 排量以下普及型轿车销售比例将进一步提升　2015 年 1.6L 排量以下普及型轿车销量占比已超过 90%，剩下不到 10%的一般为老款车型，购置税减半政策将进一步削弱老产品的价格优势。

（5）普及型轿车产品供应变化　作为乘用车市场的主要细分市场，2016 年普及型轿车依然有大量的新车型及改款车型上市（如新一代宝来、新思域、新标致 308 等），为普及型轿车市场的增长提供了动力；而在 2015 年下半年上市的新产品（如蓝鸟、新世嘉、哥瑞等）也会在 2016 年达到销量高峰。

综合以上因素考虑，预计 2016 年普及型轿车市场的增速在 3%～5%之间，较 2015 年增速略有回升，但依然低于整体乘用车市场的增速，其在乘用车市场中的份额也将进一步下降。

（作者：张高亮）

2015年国内SUV市场分析及2016年预测

一、2015年国内SUV市场概况

2015年1～11月份，我国汽车产销2182.39万辆和2178.66万辆，同比增长1.80%和3.34%。乘用车产销1873.52万辆和1868.13万辆，同比增长4.17%和5.89%。其中，基本型乘用车（轿车）产销1040.51万辆和1042.03万辆，同比下降8.19%和6.25%；多功能乘用车（MPV）产销187.65万辆和183.41万辆，同比增长7.01%和7.90%；交叉型乘用车产销99.31万辆和100.45万辆，同比下降18.19%和18.97%。运动型多用途乘用车（SUV）产销546.06万辆和542.24万辆，同比增长48.20%和51.12%。乘用车类别中SUV增速最快，带动乘用车整体增长，呈现出良好的市场增长势头，继2014年全年SUV突破400万辆，考虑到2015年11月份单月SUV规模销量71.62万辆，年底销量的释放，年度同比增速50%三大因素参考，预测2015年全年SUV销量有望突破600万辆（见表1）。

表1　2015年1～11月份乘用车各细分市场销量及增长率

细分市场	2015年1～11月份销量/万辆	同比增长率（%）
汽车	2178.66	3.34
乘用车	1868.13	5.89
轿车	1042.03	−6.25
MPV	183.41	7.90
SUV	542.24	51.12
交叉型乘用车	100.45	−18.97

狭义乘用车市场，随着轿车整体销量的同比下降6.25%，市场份额结构比例也较2014年下降8.43%；MPV市场结构比例变动较小，仅微降0.05%；轿车和MPV市场销量结构均呈现微浮动下降比例，SUV结构比例增长8.48%，相比逐年上升幅度也创下历史最高增幅（见图1）。

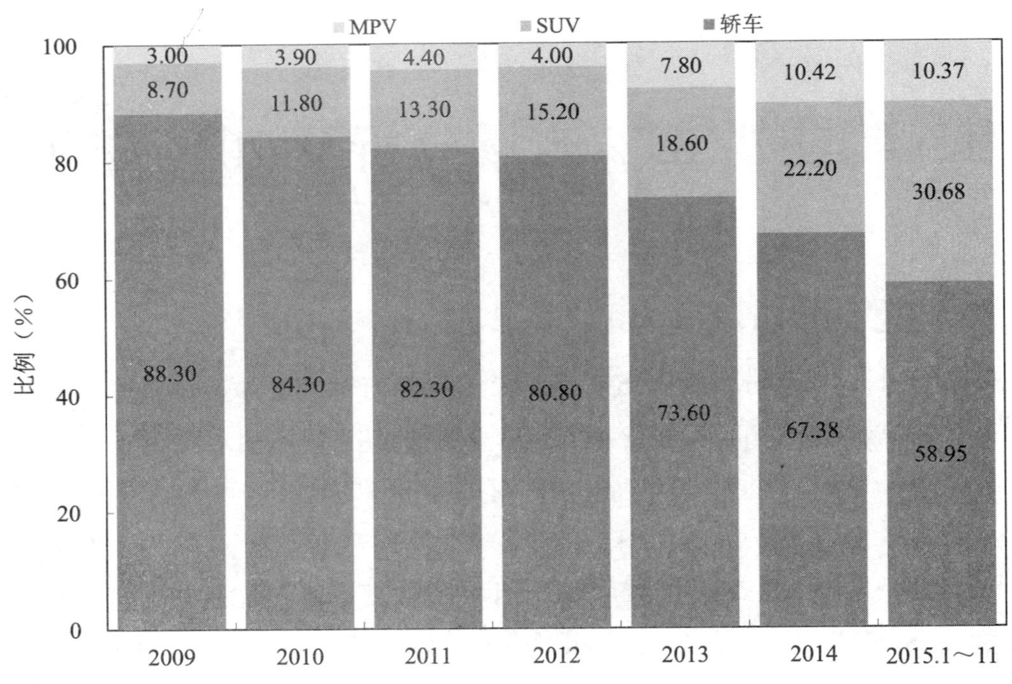

图1 2009～2015年狭义乘用车市场车型销量结构变化

二、2015年国内SUV市场分析

1. 国内前十SUV车企及车型竞争格局

2015年1～11月份国内SUV车企销量前十车企总销量303.11万辆，占SUV整体市场份额55.90%，相比于2014年全年57.96%的市场份额，前十车企市场份额略有下降，而这点从排名二十强的SUV车企奇瑞汽车、东风神龙、北汽银翔、广汽乘用车、众泰汽车、东风悦达起亚、一汽丰田等可看出SUV市场正在被分化，集中度扩散，差距缩小。从另一方面，也显示出了SUV市场竞争的激烈程度。长城汽车SUV销量完成62.01万辆，同比增长35.35%，再次继续蝉联国内SUV车企销量排名第一。长安汽车凭借增长率128.37%，以翻番的速度，拔得SUV车企排名第二头衔。上汽通用昂科威销量释放增长，助力其在SUV市场竞争力迅猛增长，位列季军。江淮汽车更是以超三倍的同比增速，进入SUV车企前十。SUV市场竞争格局中，日韩系阵营，除东风本田和东风日产销量增长率可观，其他日韩车企表现有些差强人意，以往前十SUV车企东风悦达起亚和一汽丰田掉队（见图2）。

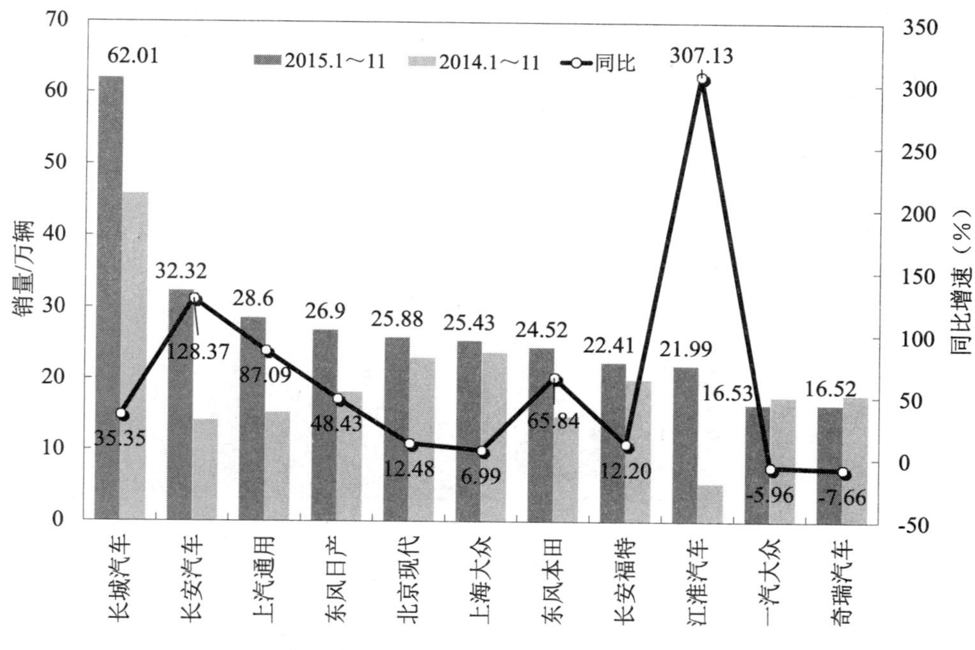

图2 2015年1～11月份国内SUV车企销量排行

SUV 产品前十排名阵营中，哈弗 H6 作为 SUV 市场的“常胜将军”，2015 年 11 月份单月销量超 4 万辆，以绝对优势继续领跑整个 SUV 市场，累计 33.07 万辆的成绩毫无悬念地夺得了前 11 月 SUV 销量冠军。长城汽车通过设立哈弗专业 SUV 品牌，布局 SUV 细分市场，傲视群雄。长安 CS75 销量释放增长，以 CS35 和 CS75 的 SUV 组合，位列销量排名第二名。从 SUV 前十排名中也可以看出 SUV 单一车型的成功，带来的销量效益，甚至会帮助企业在 SUV 市场的成绩排名靠前。例如，昂科威、幻速 S3，而典型的例子莫过如上汽通用五菱宝骏 560，上市后就以月均 3 万辆的销量紧随哈弗 H6 其后，虽然本年度上市较晚，但截至 11 月份销量已达 11.20 万辆，如若全年统计计算，销量更会令 SUV 市场震惊（见图 3）。

2．自主品牌 SUV 增速乐观，15 万元以下市场最活跃

2015 年 1～11 月份 SUV 凭借 51.12%的增速，继续扮演着车市增长的最主要力量。SUV 分系别中，日系品牌份额逐年流失，美系波动不大，欧系小幅增长，自主品牌成长较快。而在自主品牌阵营中，SUV 产品占据了自主品牌乘用车近五成份额，同时自主品牌 SUV 在整个 SUV 市场所占比例过半，推动 SUV 市场增

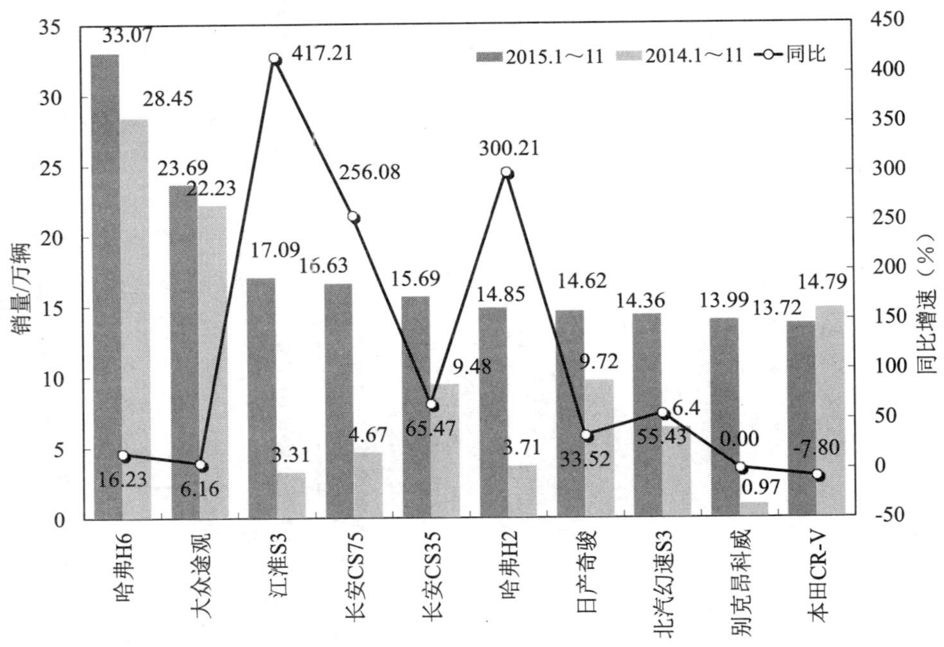

图3　2015年1～11月份国内SUV车型销量排行前十

长的也主要是自主品牌，其凭借新车销量的带动，增长高过市场水平，带动SUV市场整体增长。

SUV分系别市场中，由于产品调整周期和投放力度不同，差异较大。其中，欧美系似乎仅以昂科威等销量提升为代表，带动增速。日韩系因处于产品调整期，传统主力车型颓废下滑。自主车系以哈弗H系销量稳中有增、长安CS75产销翻番、江淮品牌SUV新品的铺货上线等带动自主SUV全面销量增速（见图4）。

自主上市新品宝骏560自2015年7月份上市，首月销量近万辆，起点高，第四个月销量已然达到3万辆，成为SUV市场一匹绝对的大黑马。另一方面，通过自主热销的产品阵营可以看出自主品牌典型市场特征为集中的15万元以下市场表现最活跃（见表2）。

表2　2015年1～11月份自主品牌前十SUV车型分月度销量表

（单位：辆）

车型	1月	2月	3月	4月	5月	6月
哈弗H6	36117	20186	31446	30767	30032	23458
瑞风S3	20190	16193	17329	12583	12400	13161
长安CS75	15739	10111	15884	14382	15113	15680

（续）

车型	1月	2月	3月	4月	5月	6月
长安 CS35	22155	13313	14236	12406	13482	13162
幻速	21259	12930	15531	10597	13082	10816
哈弗 H2	15207	10561	15975	14331	11074	10010
宝骏 560	—	—	—	—	—	—
众泰 T600	10724	6820	12215	9548	8174	8186
传祺 GS4	—	—	—	780	6058	9566
瑞虎	9489	7815	10002	8550	9873	7302
车型	7月	8月	9月	10月	11月	—
哈弗 H6	23088	27202	30528	37541	40311	—
瑞风 S3	11982	15113	14680	17220	20520	—
长安 CS75	11195	12903	16556	17948	20812	—
长安 CS35	9589	13898	14896	15273	14489	—
幻速	11223	11884	15065	17224	19264	—
哈弗 H2	10024	12645	13756	16785	18077	—
宝骏 560	9158	17128	24228	30226	31228	—
众泰 T600	7917	9446	10415	13430	13699	—
传祺 GS4	10829	14321	18900	21092	24650	—
瑞虎	8004	7635	9018	11584	13524	—

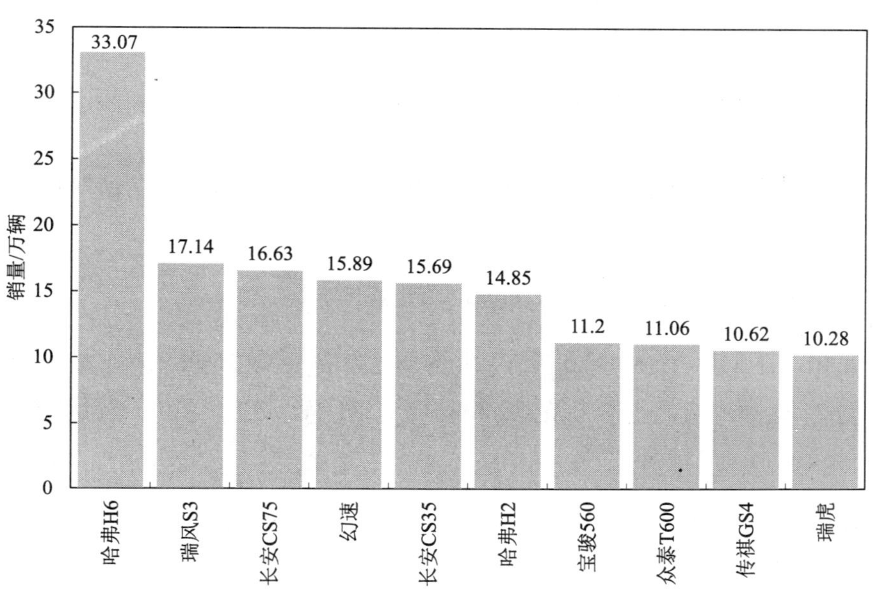

图4 2015年1～11月份国内自主品牌SUV车型销量排行

3．分级别：A0 级、B 级销量同比实现增长

A0 级、B 级的销量同比实现增长，稀释了 A0 级市场的体量。体现在销售份额上，A0 级同比增长翻番，市场份额 33.04%；B 级市场份额也几近翻番，占比 14.54%；而 A 级市场份额由 77%降至 50.07%，占 SUV 市场的一半份额。C 级市场本身量级不大，相对市场份额较稳定。而传统划分标准的 A00 级 SUV 市场有小幅度的增长起色，但 A00 级别 SUV 车型设计尺寸较小等，与 A0 级 SUV 相对竞争力不足，A0 级区间仍然是未来增长趋势（见图 5）。

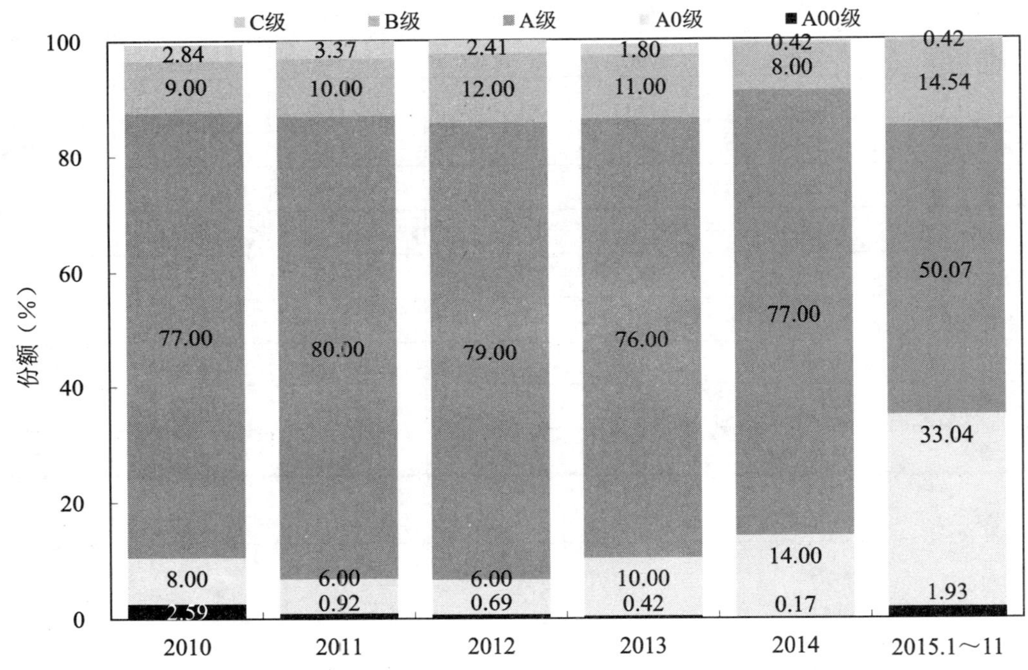

图5　2010～2015年前11月份分级别SUV车型市场份额

4．分排量：1.3～2.0L 为 SUV 黄金排量区间

1.0～1.6L 由 31%增至 43.53%；作为 SUV 容量最大的 1.6～2.0L 区间增长至 54.28%，虽然增幅不及 1.0～1.6L 区间排量，但仍是整个 SUV 市场销量增长的最大贡献者。2.0～2.5L 延续大幅下滑至 1.57%，2.5L 以上各区间的合计占比已降至不足 1 个百分点。从整体来看，准确概述为 1.3～2.0L 区间为 SUV 市场的主流，几乎能代表 SUV 全部（见图 6）。

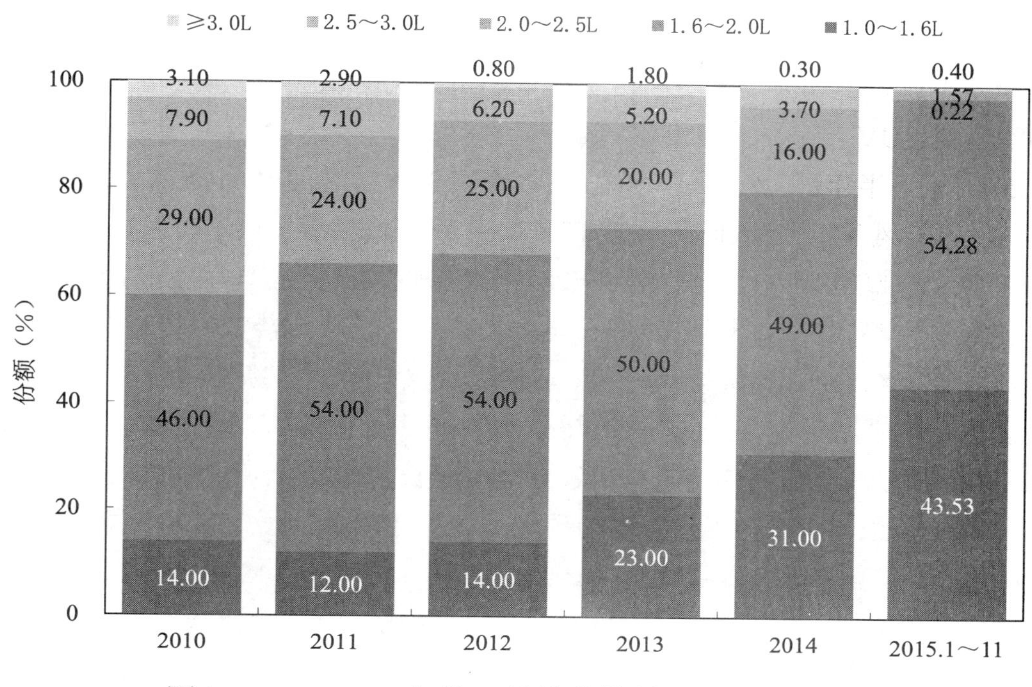

图6　2010～2015年前11月份分排量SUV车型市场份额

三、2016 年国内 SUV 市场形势预测

1. 需求选择决定市场增长基础

近年来私家车主车辆消费换购升级活跃，SUV 具备舒适的乘坐空间，良好的通过性、造型大气美观、安全、动力强劲、驾驶视野开阔等，被越来越多的车主视为车型消费升级的目标，由于用户偏好和消费升级以及 SUV 市场多款产品的投放等因素刺激，再购车主对 SUV 的选择比例明显增加。甚至首购车者向 SUV 车型的偏移，SUV 需求和销量增速会加快。消费者对 SUV 持续高涨的热情，决定了 SUV 市场的火爆基础，需求牵引市场消费导向的风向标，是基础决定因素。

2. SUV 车型供给丰富且精品化

消费者对 SUV 车型的需求的热衷，又引导了车企对 SUV 车型开发的极大热情，由此，近些年各车企积极规划布局，从产品供给方面保证了消费者日益增长的消费需求增长点以及购车等待周期，极大保证了车型的生产及交付。随着车型增多，那么 SUV 细分市场的差异化显现，个性化的需求是导致细分市场的延伸。2015 年 SUV 市场销量的快速增长，市场成熟带来多样化需求，消费者对使用功能，高离地间隙带来的良好通过性，不同驾驶感受体验以及个性化等需求逐渐增多。新品投放力度加大，多功能，全尺寸，精品化，积极的产品供给能够满足更多消费者对 SUV 产品的多样化选择。

2015 年下半年新上市 SUV 车型，紧凑型 SUV 上汽通用五菱宝骏 560、东南 DX7、江铃陆风 X7、东风日产启辰 T70X、北京现代全新途胜、东风日产新逍客；小型 SUV 江淮瑞风 S2、北汽绅宝 X25、长安铃木维特拉、华晨智尚 S35、东风风神 AX3；中型以上 SUV 国产 Jeep 自由光、东风日产新楼兰、福特探险者、雷克萨斯新款 LX、奇瑞路虎发现神行、全新奥迪 Q7 等诸多新车型将在 2016 年会逐渐提升，其中不乏有车企推出欲重振 SUV 市场的精品车型，会有明显的放量或销量累计叠加促使 SUV 整体市场的再次增长。2016 年仍将会有更多的新品 SUV，如小型 SUV 长安 CS15、奇瑞瑞虎 1、吉利博越、北汽 BJ20、凯翼 X3 等；紧凑型 SUV 众泰 SR7、观致 5 SUV、景逸 SX6；中型以上 SUV 车型北汽 BJ90、力帆迈威、众泰 T700 等。SUV 设计越来越精品化，内饰设计精美，外观造型时尚大气。产品供给愈加丰富，迎合消费者趋势，选择消费空间增大，SUV 销量必将顺势上扬（见表 3）。

表 3　2016 年国内预上市 SUV 车型列表

级别					
小型		紧凑型		中型以上	
车企品牌	车型	车企品牌	车型	车企品牌	车型
长安汽车	CS15	奇瑞汽车	瑞虎 7	北京汽车	BJ90
奇瑞汽车	瑞虎 1、3X	众泰汽车	SR7	力帆汽车	迈威
吉利汽车	博越	观致汽车	观致 5	众泰汽车	T700、X7、T700
北京汽车	BJ20、绅宝 X35	东风汽车	景逸 SX6	长安汽车	CS95
Jeep	国产自由侠	东风起亚	新智跑	长城汽车	哈弗 H7
凯翼汽车	V3	江铃汽车	驭胜 S330	—	—
野马汽车	C18	宝沃汽车	BX7	—	—

3．外围环境的宽松，适当放松对 SUV 限制的顾忌

近年来，我国的能源危机和环保意识进一步凸显，SUV 车型表现为排量大、油耗较高、整备质量重、排放等问题的特征，被视为背离节能减排导向的车型品类，然而国家相关政策法规并未对 SUV 进行直接干预限制，而是从改善排放和能耗的根本目标进行统一管理，为 SUV 快速发展预留了空间。

另一因素，随着近期国际油价持续走低，适当的油价下调，也会让一部分担心油价的消费者适当放松对油费的顾忌，从一方面刺激对 SUV 车型的消费购车欲望。

4．SUV 新能源化是发展亮点，也是趋势

随着第四阶段的油耗限制法规的临近，虽然目前 SUV 市场大热，车企对推出 SUV 车型的热情高涨，SUV 车型表现为排量大、油耗较高、整备质量重、排放等问题的特征，车企又不得不思考提前筹备应对油耗限值的未雨绸缪。从市场运行特征可以看出，国产 SUV 在逐步提升排放水平的同时，正在向小排量、小型车、轻量化、高效能发动机等有利节能的方向发展，甚至推出了新能源 SUV，如比亚迪唐、广汽传祺 GS4EV、江淮 IEV6S、华泰圣达菲 EV 等。这些既有利于满足法规要求，又迎合了用户期望，甚至大城市的限牌政策对新能源的开放，可以让用户有选择新能源 SUV 的权利，而不再是仅仅可以选择新能源轿车。

5．小排量小型化依然是趋势

目前，国内 SUV 市场中，紧凑级 SUV 仍然是市场的主体。紧凑级 SUV 主流排量区间 1.6～2.0L，也是现阶段 SUV 消费者理想选择的排量区间，各车企现阶段投放新车上，也大多选择此区间，而从未来国家节能减排、燃油消耗量等政策出台上，车企又会加大对小排量小型化 SUV 产品的研发投放，同时更多的消费者倾向选择小排量节油 SUV 车型，来自小型 SUV 市场的车型增多，销量也会随着逐渐递增。目前，国内自主与合资车企纷纷推出小排量 SUV，既能满足消费时尚潮流，而且又在主流消费者的购买能力区间，因此取得较好的增长。

6．2016 年或将再次超出增长期望

综上所述，2016 年国内 SUV 市场仍将保持高速增长，并且将继续延续 2015 年的市场的基本特征，在 SUV 细分市场，紧凑型仍是主流群体区间，1.6L 以下排量的小型 SUV 车型占比将延续快速提高，城市型 SUV（两驱和汽油）车型的主体市场份额也将会进一步巩固，个性化细分市场区间的 SUV 车型群体会伴随着轿车换购车主的需求而增长，预计全年有望保持 30%左右增速，销量预测 780 万辆左右。

（作者：王巨鹏）

2015年MPV市场分析与2016年展望

2015年是“十二五”收官之年，2015年以来，国内车市出现了结构性需求疲乏、产能过剩、价格竞争激烈，上半年汽车累计增幅逐月下滑甚至出现负增长。幸好有刺激车市新政，即1.6L排量以下的车型减半征收购置税，用户端的利好政策马上在市场上见成效，车市出现U形翻转。从供给侧看，现在有乘用车厂家72家，产品400个左右基本满足市场需求，但从需求侧看，又存在结构性缺口。

2015年1～11月份国产汽车销量达2178.66万辆，同比增长3.3%，狭义乘用车销量为1767.67万辆，同比增长7.8%，商用车销量410.98万辆，同比下降12.2%（见表1）。在狭义乘用车中，2015年1～11月份轿车销售1042.02万辆，MPV销售183.41万辆，SUV销售542.24万辆，同比分别增长-6.3%、7.9%、51.1%。MPV和SUV在乘用车中的占比合计为41.1%，比2014年同期提高8.9个百分点，其中MPV与2014年同期持平，仍为10.4%，而SUV已经超过了30%。

表1　2015年狭义乘用车及商用车、汽车销量

分类	2015年11月销量/辆	2014年11月销量/辆	同比增长（%）	2015年1～11月份销量/辆	2014年1～11月份销量/辆	同比增长（%）
轿车	1170590	1074315	9.0	10420255	11115268	-6.3
MPV	218385	200749	8.8	1834079	1699764	7.9
SUV	716195	414646	72.7	5422436	3588135	51.1
狭义乘用车	2105170	1689710	24.6	17676770	16403167	7.8
商用车	403594	401173	0.6	4109873	4679165	-12.2
汽车	2508764	2090883	20.0	21786643	21082332	3.3

注：交叉车型归入商用车。

一、国产 MPV 市场：累计销量 183 万辆，同比增长 7.9%

2015 年上半年，MPV 市场走势还能基本保持常年增长的速度，但累计优势逐月摊薄，进入第三季度，市场销量全部翻绿，同比出现负增长，到 10 月份 MPV 销量才开始反超，如果没有“929 新政”刺激政策的出台，MPV 销量可能会继续负增长，如果这样，将大大挫伤用户的消费信心。7 月、8 月两月的环比和同比都是负增长，可以说是 MPV 的黑暗期。2015 年 1～11 月份 MPV 累计销售 183 万辆，累计同比增长 7.9%（仅高于轿车和乘用车行业平均增长，而远低于 SUV 的增幅），在狭义乘用车中的占比已达 10.4%，与 2014 年同期持平（见图 1）。

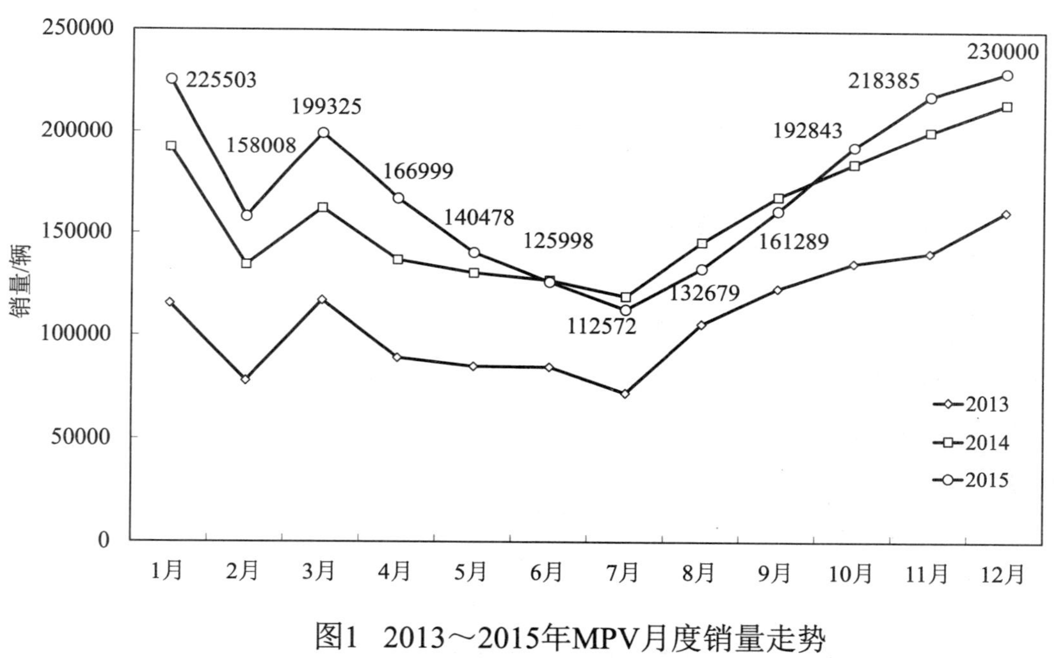

图1 2013～2015年MPV月度销量走势

从季度趋势线图看，2015 年二、三季度都是低于趋势线，分别为 43 万辆和 40 万辆的规模。从最近两个月的数据看，市场回暖明显，情况大有好转，这是拜国家汽车新政所赐，照此发展，12 月也必定满堂红，所以 2015 年第四季度应该是在趋势线之上的，其中第四季度为预估数（见图 2），由于年底节能惠民政策将退出，年底突击性消费在所难免，可能预计需求量比图 2 预估数还大。

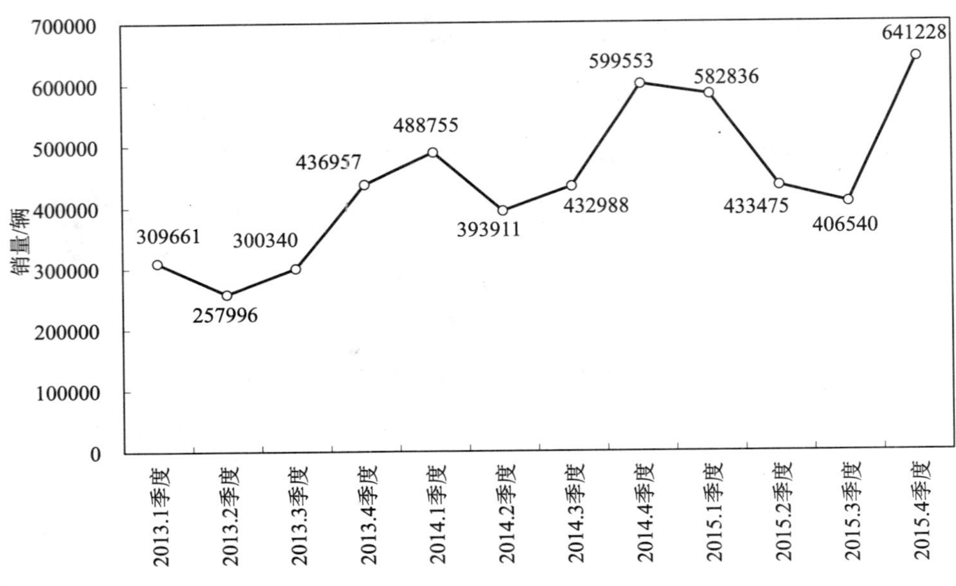

图2 2013～2015年MPV季度销量走势

二、MPV细分市场特点

1．前10强的集中度超八成

MPV销量排名“前十”的品牌集中度高达82.3%，半数车型为小型商用MPV（五菱宏光、长安欧诺、北汽威旺M20、东风小康风光、奇瑞Q26），五款车销量占到了MPV总销量的52%（见表2），这部分需求都是由原微型车车主升级消费而来，这与目前我国城镇人均可支配收入接近3万元有关，消费升级是收入提高的必然结果。

表2 2015年MPV车型累计销量及同比

序号	车型	2015年1～11月份销量/辆	2014年1～11月份销量/辆	增长率（%）	市场占有率（%）	月均销量/辆	占比（%）
1	宏光	578787	674119	−14.1	31.6	52617	82.3
2	宝骏730	273379	88617	208.5	14.9	24853	
3	欧诺	133297	131550	1.3	7.3	12118	
4	威旺M20	119646	70675	69.3	6.5	10877	
5	菱智	108312	114669	−5.5	5.9	9847	
6	风光	85467	72159	18.4	4.7	7770	
7	GL8	72716	75100	−3.2	4.0	6611	

（续）

序号	车型	2015年1～11月份销量/辆	2014年1～11月份销量/辆	增长率（%）	市场占有率（%）	月均销量/辆	占比（%）
8	瑞风	54055	67462	-19.9	2.9	4914	
9	杰德	46180	55670	-17.0	2.5	4198	
10	奇瑞 Q26	37382	—	—	2.0	3398	
11	奥德赛	36539	25696	42.2	2.0	3322	12.9
12	欧力威	35755	41276	-13.4	1.9	3250	
13	景逸	31925	104543	-69.5	1.7	2902	
14	途安	30902	32549	-5.1	1.7	2809	
15	金杯 750	21318	—	—	1.2	1938	
16	征程	20907	—	—	1.1	1901	
17	福瑞达 M50	17818	4673	281.3	1.0	1620	
18	幻速 H2	15353	—	—	0.8	1396	
19	森雅	12801	17127	-25.3	0.7	1164	
20	大通 G10	12706	2688	372.7	0.7	1155	
21	幻速 H3	7515	—	—	0.4	683	4.8
22	华颂 7	5948	—	—	0.3	541	
23	T3 电动车	66	—	—	0.0	6	
其余车型（27款）		75305	121191	-0.4	4.1	6846	
合计		1834079	1699746	0.1	100.0	166734	

注：10、15、16、18、21～23为新车。

表2列出了23个车型(前20车型及其后的3个新车)，“Top10”占比达82.3%、“Top 11～20”占比达12.9%，最后一组车型（共30个车型，表2中简约了27个车型数据）仅占4.8%。总之，MPV车型之间的销量差距，呈现的是强者愈强的真理 。

2．小型自主商用MPV增长势头减弱，被自主兼用型MPV取代

按照惯例，我们把MPV市场分为五大细分市场(合资商务、合资兼用、自主商务、自主兼用、小型自主商用)，只有自主兼用和小型自主商用MPV的细分市场是正增长，其他细分市场皆负增长。这其中，小型商用MPV的猛涨势头已经褪去，取代的是自主兼用型MPV的大幅度增长（见表3）。

表 3　五大品类车型销量及市场占有率对比

功能	2015 年 1～11 月份销量/辆	2014 年 1～11 月份销量/辆	增长率（%）	2015 年份额（%）	2014 年份额（%）	份额变化（%）
合资商务	128762	137714	−6.5	7.0	8.1	−1.1
合资兼用	86309	104401	−17.3	4.7	6.1	−1.4
自主商务	213652	237427	−10.0	11.6	14.0	−2.3
自主兼用	353416	225770	56.5	19.3	13.3	6.0
自主商用	1051940	994452	5.8	57.4	58.5	−1.2
合计	1834079	1699764	7.9	100.0	100.0	0.0

合资商务 MPV 累计销量达到了 12.8 万辆，同比下降 6.5%，市场占有率为 7.0%；合资兼用 MPV 累计销售 8.6 万辆，同比下降 17.3%，市场占有率为 4.7%；自主商务 MPV 累计销售 21.3 万辆，同比下降 10%，市场占有率为 11.6%；自主兼用 MPV 累计销量 35.3 万辆，同比增长 56.5%，市场占有率为 19.3%；自主商用 MPV 累计销量已达 105.2 万辆，同比增长 5.8%，市场占有率为 57.4%。

3．中系车成 MPV 市场中流砥柱

中系品牌 MPV 销量在整体 MPV 市场中占有绝对优势。2015 年 1～11 月份中系车累计销量达 161.9 万辆，同比增长 11.1%，占有率 88.3%，比 2014 年同期提高 2.5 个百分点；德系车销量 3.5 万辆，同比下降了 16.6%，下降率最大，市场占有率为 1.9%；美系车销量 7.2 万辆，同比下降 3.9%，市场占有率为 4.0%；日系车销量 10.7 万辆，同比下降了 13.7%，占有率为 5.8%。从中看出，现在我国品牌在 MPV 市场中占绝对主力，有近 90%的市场份额（见表 4）。低端 MPV 拥有国内普通阶层的千万粉丝，是国外市场所不具备的优势，这是我国特色的 MPV 市场。

表 4　2015 年 MPV 车系销量及市场占有率

来源地	2015 年 1～11 月份销量/辆	2014 年 1～11 月份销量/辆	增长率（%）	2015 年份额（%）	2014 年份额（%）	份额变化（%）
中系	1619008	1457649	11.1	88.3	85.8	2.5
德系	35068	42051	−16.6	1.9	2.5	−0.6
美系	72716	75703	−3.9	4.0	4.5	−0.5
日系	107287	124361	−13.7	5.8	7.3	−1.5
合计	1834079	1699764	7.9	100.0	100.0	0.0

4．传统 MPV 需求量达 78.2 万辆，高于小型商用 MPV 的增长

如果我们按传统口径来观察 MPV 市场的话，发现传统 MPV2015 年前 11 个月销量达 78.2 万辆，同比增长 10.9%，高于现在统计口径的累计增长率（7.9%），而小型商用 MPV 的销量是 105.1 万辆，同比增长 5.8%，小型商用 MPV 经过 2012～2014 年的大发展，现已进入一个低速增长期，随着生活水平的提高，劳动大众的消费档次也在提升。主要是宝骏 730、金杯 750 等车型的上市并旺售，带动了传统 MPV 市场的增长。建议企业不要再盲目投资小型商用 MPV，应该加大开发普通家庭使用的兼用型 MPV，特别是一对夫妻可生二孩政策在 2016 年落实后，国内乘用车市场需求结构会有所变化，从长远看，对多座乘用车的需求会明显增长。有资料显示，生育条件符合的人群中仅有 15%的人有愿望生二孩，如果进一步敲定可能只有 10%的夫妻会生育第二孩，届时二孩家庭对多座车型的需求，预计会在 2～3 年后才有显现。厂家未雨绸缪，先做规划是很有必要的（见表 5）。

表 5　传统与小型商用 MPV 销量及市场占有率对比

	2015 年 1～11 月份销量/辆	2014 年 1～11 月份销量/辆	增长率（%）	占比（%）
小型商用 MPV	1051940	994452	5.8	57
传统 MPV	782139	705312	10.9	43
合计	1834079	1699764	7.9	100

5．进口 MPV 销售 4 万辆，需求下降 10.1%，占进口车 4.6%

进口 MPV 也是我国 MPV 市场的一个重要组成部分。2015 年以来，随着经济走势不断下压，进口车也进入了深度调整期。2015 年 1～10 月份，MPV 进口量达 4 万辆，同比下降 10.1%，而乘用车平均负增长为 24.1%，所以 MPV 是负增长最浅的子市场 （见表 6），还算是幸运的。10 月底时，进口车整个行业的平均库存当量为 4.45，市场交易平均优惠 8.9 万元，优惠率为 13.8%，环比优惠幅度减少 0.4 个百分比。

表 6　进口 MPV 及其他车种的进口量及市场占有率对比

类别	2015 年 1～11 月份进口量/辆	同比增长率（%）	占有率（%）
轿车	285262	−26.4	32.3
MPV	40433	−10.1	4.6
SUV	555820	−23.8	63.1
合计	881515	−24.1	100.0

6．MPV二手车交易占全国交易量的3.7%，相当于28万辆

近年来，二手车交易越来越被业内人士所重视。像美国这样成熟市场，一般新旧车之比为1∶2～1∶3。但是在我国，MPV新旧车交易量之比，竟是5.9∶1。据统计，2015年1～10月份MPV二手车交易占到了我国二手车交易车辆数的3.7%，相当于交易了28万辆，而我国1～10月份MPV新车销量是161万辆，加上4万辆的进口车（忽略库存的因素），即新车内需是165万辆，故我国新旧车之比为5.9∶1。只有旧车置换顺畅，我国的新车才能顺利销售。目前二手车交易受到地方限迁的阻碍，导致中心城市旧车外迁率下降，严重阻碍了旧车的交易，并妨碍了新车的有序销售。

7．MPV新能源车少之又少

在国内新能源车蓬勃兴起的今天，销售的乘用车类新能源车已达28款型，其中轿车有25款，MPV仅1款，SUV仅2款，2015年1～11月份销量达135601辆。仅比亚迪一家，就占有28款车中的6款，是国内新能源生产商的佼佼者。MPV的1款电动车就是比亚迪的T3，已售出66辆，后市可期。由于电池容量的关系，为了节省能源，增加续航里程，一般新能源轿车都是A级甚至A0级小车，所以基于电池能量的考虑，较少为MPV车型配置电动车，除非将来电池能量密度有较大提高，否则MPV电动车不会有太大的市场。

三、MPV市场新车动态

有人说市场是无情场所，如大浪淘沙；有人说市场是一座金矿，有挖不尽的宝藏。在MPV市场上，新车和老款车型的销量差别很大，老车型往往销量走下坡路；而刚上市走上正轨的新车则旺销甚爽。

2015年华晨金杯750，瞄着市场翘楚宝骏730，在它上市一年后从容登场，短短几个月，就销售达到2万多辆，这是华晨汽车和东方鑫源公司合作的心力之作，以其适当的价格和合适的定位吸引人气，得到用户的积极回馈。五菱征程是2014年12月份上市的车型，不能算太新，但也是五菱征战实用型商务车市场的利器；2015年9月成都车展正式上市的北汽幻速H3和此前上市的H2，共同组成了宽幅“市场防御线”，争抢类似五菱宏光等实用载人拉货的MPV，与大部分我国品牌MPV车型接近。奇瑞Q26也是新款针对五菱宏光的一辆实用型商用MPV。奇瑞已经摈弃了优字头的商用MPV营销思路，改换Q26作为新阶段在MPV市

场中的利器；首月上市销售有66辆的是T3（电动车），后市如何还看以后市场表现。不久长安欧尚也要上市了。2015年表现特别好的新品还有上汽大通G10，累计销量1.2万辆，同比增长124%，下半年还在迪拜成立了上汽大通中东公司。

四、2016年展望

2016年是“十三五”开启之年，也是全面建成小康社会决胜阶段的开局之年，也是推进结构性改革的攻坚之年。刚刚落幕的中央经济工作会议确定了2016年的主要发展目标和政策基调，将加快结构性改革作为核心任务，强调要抓好去（过剩）产能、去（房地产）库存、去杠杆、降（企业）成本、补短板（扩大有效供给）等五大任务。宏观政策基调将保持宽松，财政支出将进一步增加，且企业税负会继续降低。

尽管经济下压继续存在，但我国经济仍具备保持中高速增长的条件。居民收入保持较快增长速度，“互联网+”思维深入到我们的生活各方面，城镇化进程逐年到位，国家为“大众创业、万众创新”创造良好舆论环境和经济环境，一对夫妻可生二孩的政策将在2016年落实着地，这些都促进我国经济的稳步向前发展。另外，购置税减半的“929新政”会实施到2016年底，对小型车销售有极大的刺激作用，需求会提前透支。

一般来说，小型MPV的排量就是处在1.2～1.5L之间，购买这类车的用户也是经济条件尚可，对价格比较敏感的一群人。现在正进入西部地区汽车普及期，对小型商用和家庭兼用MPV的兴趣和需求与日俱增，这样的MPV即可做生活资料，也可以做生产资料，特别符合当前从城市打工回来初步富裕起来人们的需求。预计12月除了惯常的年底翘尾因素外，还有因节能惠民政策到期的临时性因素起作用；再者我国常住人口城镇化率已接近55%，相比改革开放之初不足20%的城镇化率，有了巨大进步，未来城镇化进程还有很大的空间；得益于政府鼓励一对夫妻生育二孩，使家庭对车型需求会转向多座，预计对市场需求结构产生较大的影响，对MPV厂家比较有利。

因此，2015年全年MPV内需将会在2014年的基础上增长8%，可达208万～210万辆。2016年的需求预计增长10%。

（作者：唐奕奕）

2015 年乘用车自主品牌发展分析及 2016 年展望

2015 年是自主品牌汽车辉煌的一年，在宏观经济增速放缓，产业经济不振的大背景下，中国汽车市场增速呈现放缓的趋势，但自主品牌一枝独秀，借助 SUV 的高增长、新产品的大量供给等因素，取得了令人瞩目的成绩，乘用车市场份额达历史最高点。

一、2015 年乘用车自主品牌销量表现

1．2015 年自主品牌总体销量表现

2015 年自主品牌继续保持高速增长，增速远超总体市场及合资品牌，份额大幅提升。从 1～11 月份的销量数据看，自主品牌上牌量为 480 万辆，同比增速为 27%，乘用车上牌量为 1581 万辆，同比增速为 11%，自主品牌增速超整体市场 16 个百分点，表现十分优异（见图 1）。

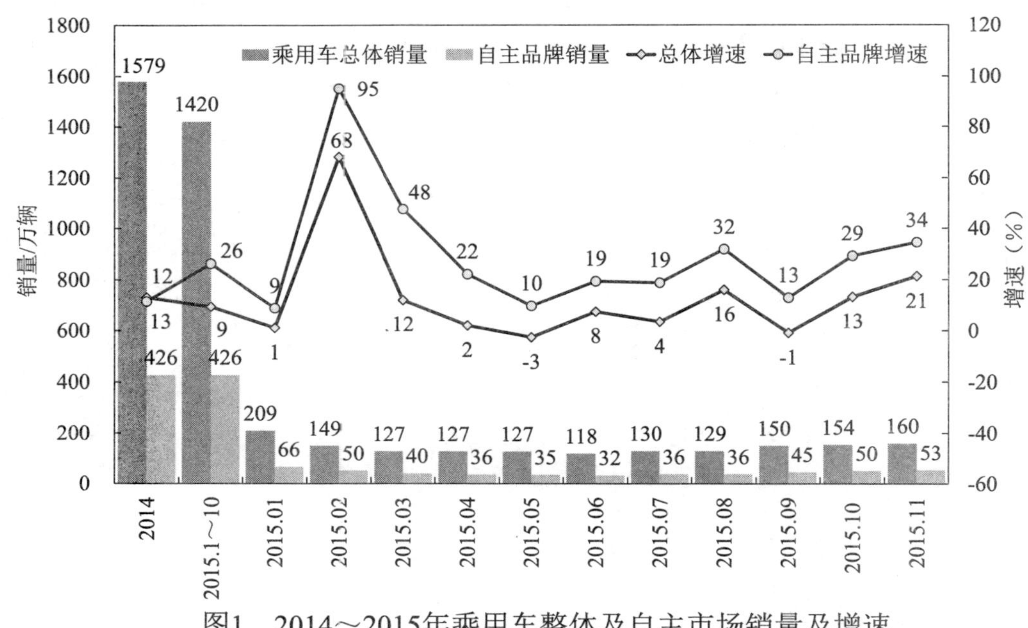

图1　2014～2015年乘用车整体及自主市场销量及增速

从分月趋势看，自主品牌销量也呈现 V 形态势。2015 年上半年销量持续下行，增速也逐月下降，在 6 月份销量见底之后逐渐企稳回升，尤其是 9 月 30 日 1.6L 以下车型购置税减半政策推出之后，销量大幅回升，增速更呈现持续 30%左右的高增幅。

2015 年 1～11 月份自主品牌在全市场的上牌份额为 30.4%，相比 2014 年上升了 3.4 个百分点，自主品牌份额扭转了 2012 年以来的持续下降趋势，更是达到了 2004 年以来的历史最高点（见图 2）。

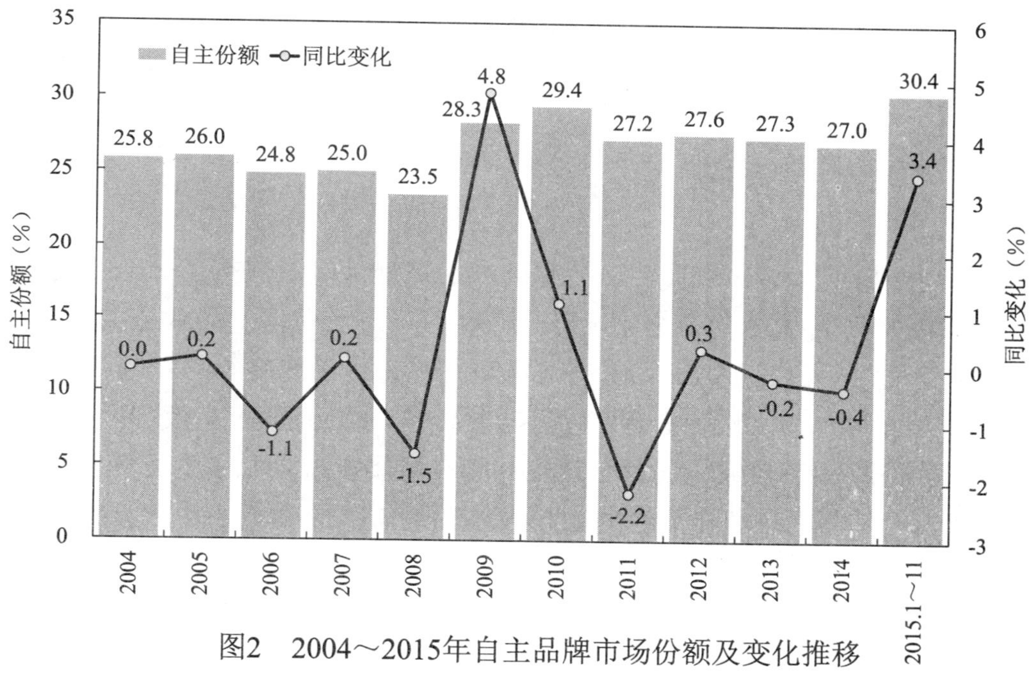

图2 2004～2015年自主品牌市场份额及变化推移

2．2015 年自主品牌市场特征

从车型分级别看，自主品牌车型销量主要集中在 A0 级、A 级和 B 级。A 级和 A0 级份额基本稳定，B 级有所上升，A00 级趋势性下降。从市场份额上看，A00 级五年来持续萎缩，份额较 2014 年下降了 2 个百分点，缩水至 2%，市场升级趋势持续；A0 级扭转了持续下降的趋势，份额稳定在 24%左右；A 级份额停止持续性的增长，停滞在 59%的份额；B 级三年来稳健增长，较 2014 年增长了 2 个百分点，份额增长至 14%，可见自主品牌在高端市场不断突破，取得了一定的成果；C 级销量占比较小，2015 年进一步下滑至 1%（见图 3）。

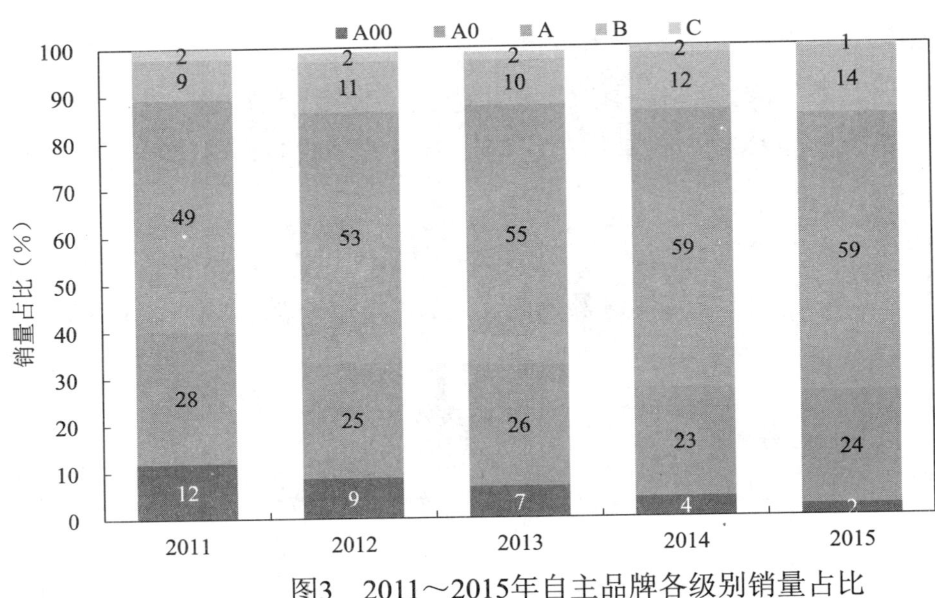

图3 2011～2015年自主品牌各级别销量占比

从车型价格销量分布来看，自主品牌产品仍处低端，但有了一定的突破。根据 2015 年 1～11 月的销量分布情况，5 万～8 万元市场是自主品牌最主要的市场，占 58%的销量份额；在 10 万～12 万元市场，可喜地发现有 18%的销量份额，成为第二大销量市场，一定程度上突破了自主品牌 10 万元的天花板，而且在 12 万元以上的市场仍有5%的销量分布，自主品牌在逐步实现向上走的目标，但仍与合资品牌有较大差距；在消费升级的趋势下，在最低端的 2 万～5 万元市场，仅有 9%的销量份额（见图 4）。

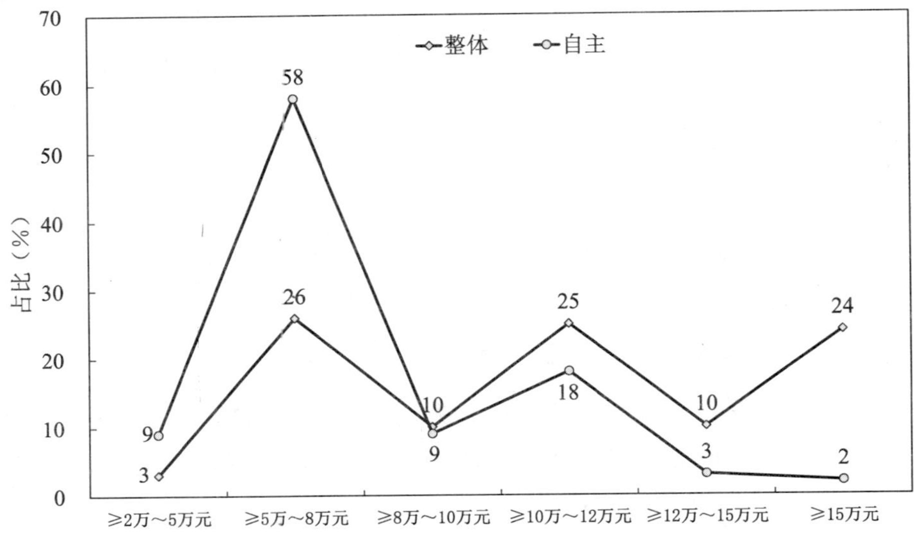

图4 2015年整体与自主品牌分价格段销量占比对比

从分排量份额看，自主品牌 1.3～2.0L 的占比持续提升，其他排量区间呈现不同程度的下降。2015 年 1～11 月，各排量段的销量占比均有不同程度的变化，其中 1.3L 以下的排量持续下降，相对 2014 年，1L 以下及 1～1.3L 均下降了 2 个百分点。近几年销量逐渐向 1.3～2.0L 的排量集中，这也与自主品牌纷纷推出低排量增压发动机有关；2.0L 以上的大排量份额也在逐渐下滑，与国家节能减排的精神相一致，随着购置税减半政策的实施及油耗限值的影响，1.6L 以下的份额还将继续提升（见图 5）。

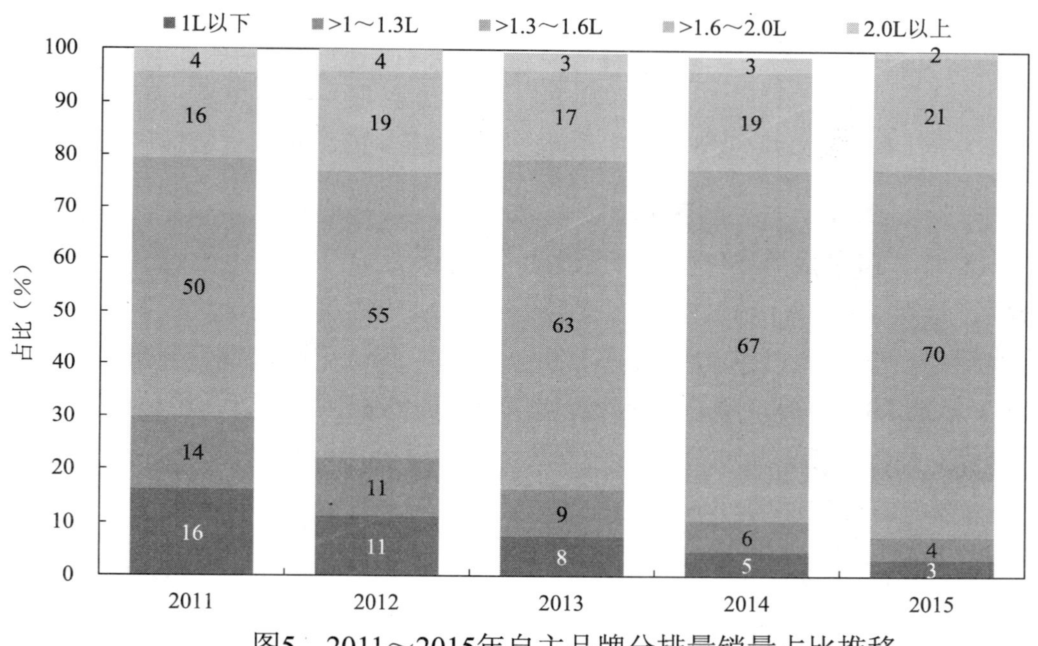

图5 2011～2015年自主品牌分排量销量占比推移

从区域来看，自主品牌逐年下沉，三线市场逐渐成为自主品牌的主力市场，一、二线汽车市场渐趋饱和。2015 年 1～11 月，三线市场的份额在稳健上升，相对 2014 年，份额提升了 2 个百分点，从 31%的份额提升到 33%；而一线市场的份额下降 2 个百分点到 30%，二线市场的份额较稳定，与 2014 年基本相同，仍为自主品牌最主要的市场（见图 6）。

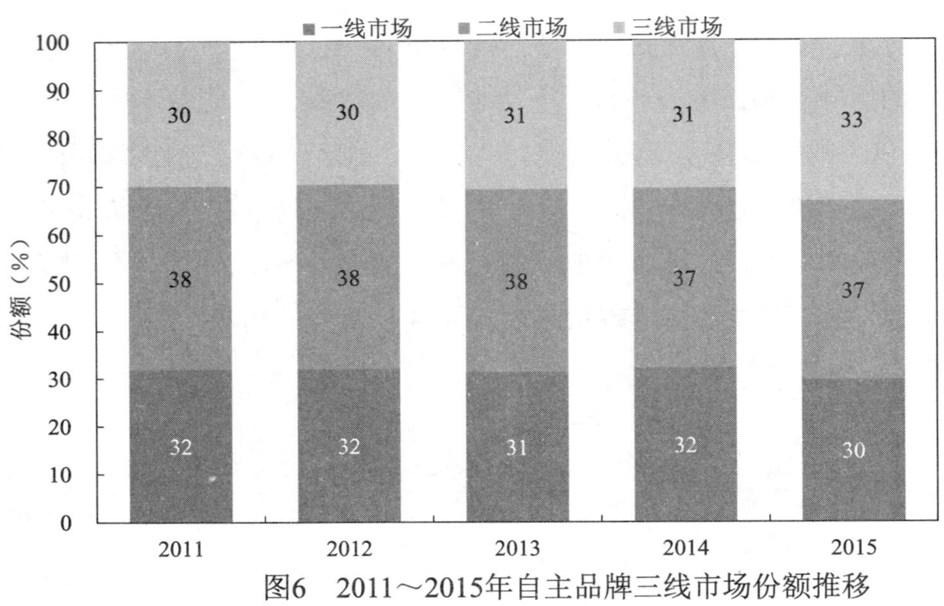

图6　2011～2015年自主品牌三线市场份额推移

从车辆类型看，自主品牌 SUV 与 MPV 均大幅增长，轿车销量下滑。2015 年 1～11 月，自主品牌 SUV 在多年的持续增长后，份额已经达到 49%，占据近半份额，相对 2014 年大幅增长 14 个百分点，增长幅度为历年之最，市场份额更是首次超越轿车成为自主品牌第一大细分市场。而轿车则呈现逐年萎缩的趋势，从 2011 年的 83%份额，腰斩至 42%，且下降幅度在逐年扩大，2015 年下降了 15 个百分点。MPV 市场经过三年的缓慢增长之后，2015 年的份额增长了 1 个百分点，达 9%，表现也不容小视（见图 7）。

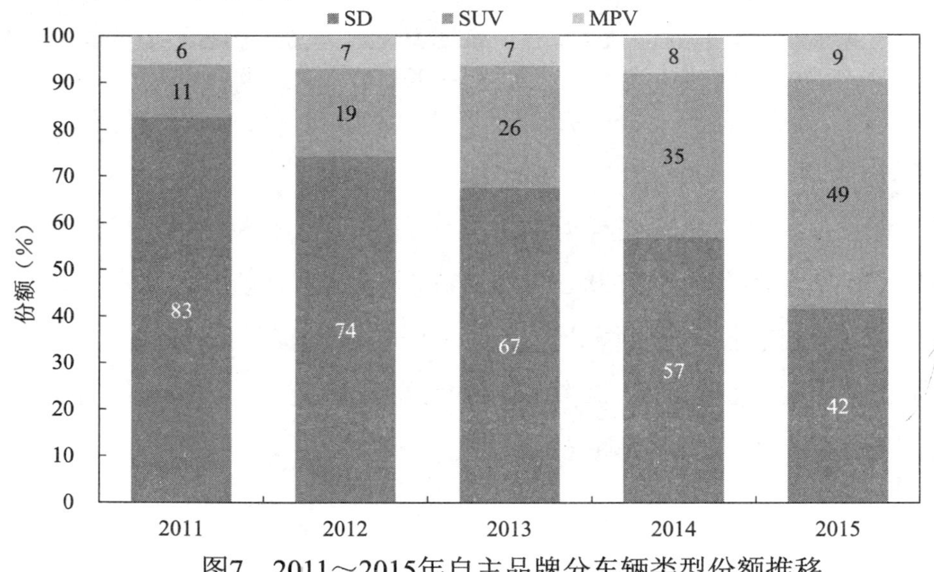

图7　2011～2015年自主品牌分车辆类型份额推移

3．2015 年自主品牌快速增长的原因分析

SUV 大幅增长带动。从上述分析可以看出，自主品牌的高增长主要为 SUV 和 MPV 的高速增长带动，而又以 SUV 贡献大。2015 年自主轿车市场销量 218 万辆，出现了-13%的降幅，销量与份额均呈现萎缩的态势；而 SUV 销量达 323 万辆，并以 85%的高增速扩张，MPV 销量 62 万辆，增幅也达到了 41%，表现优异。可见自主品牌主要借助 SUV 的高增长带动了整体的高增速表现（见表 1）。

表 1　自主品牌分车辆类型销量及增速表现

车辆类型	2014 年销量/万辆	份额（%）	2015 年销量/万辆	份额（%）	增速（%）
SD	251	54	218	36	-13
SUV	175	37	323	54	85
MPV	44	9	62	10	41
合计	470	100	603	100	28

根据 SUV 市场销量对比数据，在全球化 SUV 的热潮下，SUV 销量和份额迅速扩大，而自主 SUV 更呈现出持续爆发式增长的局面，2015 年 1～11 月，自主 SUV 以 77%的高增幅表现秒杀整体及合资 SUV 增速（见表 2）。

表 2　2015 年 SUV 分车系销量及增速表现对比

类型	销量/万辆	增幅（%）
整体	485	51
自主	235	77
合资	250	32

而通过 SUV 销量排名看，自主品牌中的多款车型表现优异，占据 SUV 畅销榜单前列。在 2015 年 1～11 月，有哈弗 H6、瑞风 S3、长安 CS75、哈弗 H2、长安 CS35、幻速 S3、奇瑞瑞虎 3、众泰 T600、宝骏 560 共 9 款车型在前 20 之列，数量较前两年继续增加，并且排在前 10 中，占据半数数量，销量表现令人惊异（见表 3）。

表3 2013～2015年SUV市场前20名

序号	2013年			2014年			2015年1～11月份		
	车型	销量/辆	份额（%）	车型	销量/辆	份额（%）	车型	销量/辆	份额（%）
1	哈弗H6	203519	7.8	哈弗H6	293746	8.2	哈弗H6	309157	6.4
2	途观	188780	7.3	途观	224789	6.3	途观	221304	4.6
3	本田CRV	188310	7.3	本田CRV	160907	4.5	瑞风S3	157988	3.3
4	现代ix35	147678	5.7	现代ix35	140316	3.9	本田CRV	148167	3.1
5	哈弗M4	119206	4.6	翼虎	125577	3.5	奇骏	137441	2.8
6	逍客	115855	4.5	丰田RAV4	123511	3.4	长安CS75	137202	2.8
7	丰田RAV4	101944	3.9	奥迪Q5	99407	2.8	哈弗H2	135194	2.8
8	奥迪Q5	99249	3.8	长安CS35	98844	2.8	长安CS35	131066	2.7
9	汉兰达	91887	3.5	逍客	94644	2.6	昂科威	123301	2.5
10	智跑	86614	3.3	奇骏	91314	2.5	翼虎	122126	2.5
11	翼虎	77704	3.0	哈弗M4	86611	2.4	现代ix35	110156	2.3
12	比亚迪S6	71225	2.7	智跑	85902	2.4	丰田RAV4	108594	2.2
13	长安CS35	64976	2.5	比亚迪S6	83780	2.3	奥迪Q5	103580	2.1
14	新胜达	62670	2.4	昂科拉	80511	2.2	缤智	98979	2.0
15	传祺GS5	56149	2.2	汉兰达	78380	2.2	本田XRV	92552	1.9
16	昂科拉	54758	2.1	翼搏	77454	2.2	幻速S3	89620	1.8
17	途胜	54265	2.1	奥迪Q3	76522	2.1	瑞虎3	89427	1.8
18	翼搏	48763	1.9	奔腾X80	73607	2.0	众泰T600	82002	1.7
19	狮跑	44389	1.7	传祺GS5	71092	2.0	宝骏560	81599	1.7
20	标致3008	44233	1.7	瑞虎5	69982	1.9	现代ix25	80235	1.7
自主	5款			7款			9款		

在自主SUV市场中，5万～10万元A0级的小型SUV和5万～15万元A级紧凑型SUV销量最大，增幅最高，这3个细分市场带动了自主SUV的高增长。2015年1～11月，5万～10万元A0级SUV销量72.5万辆，为自主SUV第二大

市场，出现了 127%的高增速，销量翻番；5 万～10 万元 A 级 SUV 销量 56.4 万辆，为自主 SUV 第三大市场，达到 85%的增幅；10 万～15 万元 A 级 SUV 销量 75.8 万辆，为自主 SUV 最大的市场，增速也达到了 75%。这前三大市场在自主 SUV 中销量占比达 87%，显著带动了自主 SUV 市场的高速增长（见图 8）。

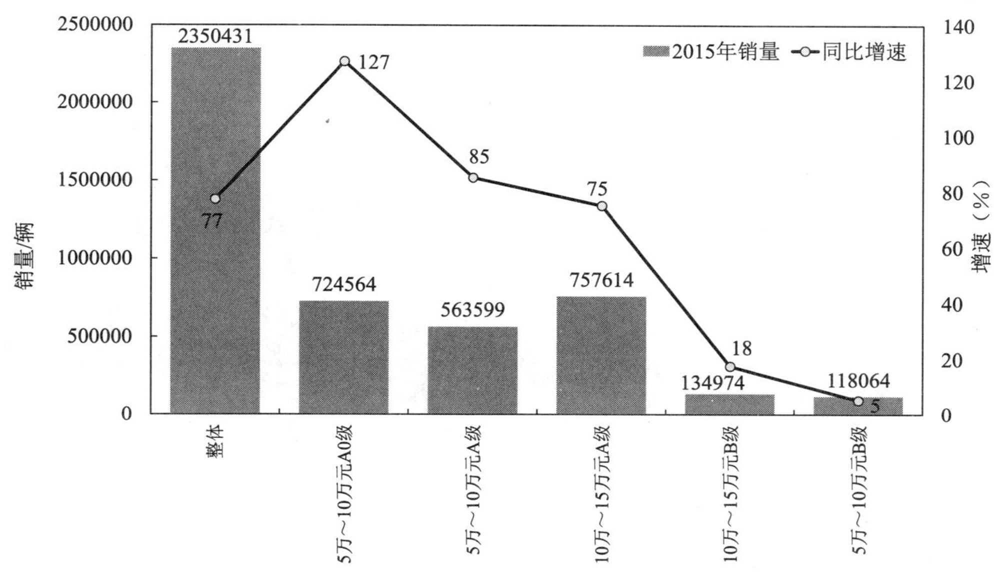

图8　2015年自主SUV各细分市场销量及增速

自主 SUV 为何持续高速增长，分析原因如下。

原因 1 为需求偏好：SUV 具有大空间、高通过性、视野开阔、安全性高、动力强、舒适性好等多种优势。经过几年的快速普及后，SUV 作为一款车型，已经得到了消费者普遍的认可，消费者对 SUV 的购买偏好持续上升。据 SUV 细分市场研究报告显示，消费者理想车型为 SUV 的比例在逐年上升。在 SUV 用户的认知中，SUV 车型是满足各种功能和情感需求的“全能王”，购买需求显著增加，尤其新购群体跟风效应明显，很多购买合资 A 级中低端轿车的群体也分流到自主品牌的 SUV 车型中，造成 SUV 市场持续火爆。

原因 2 为供给推动：SUV 市场目前来说还是供给型市场，相对竞争激烈的轿车市场，SUV 市场仍是一片蓝海，持续性的产品供给对销量增长贡献巨大。从 2011 年开始，自主 SUV 产品的供给迅速增多，从 2011 年的 48 款持续增加到 2015 年的 114 款，其中更以 A0 级和 A 级 SUV 为主，特别是近两年，自主 SUV 供给迅速增加，截止到 2015 年 10 月，A0 级 SUV 从 2013 年的 11 款增加到 2015 年的 22 款，数量翻倍，A 级 SUV 从 2013 年的 29 款增加到 51 款，增加近半。极大程度上满足了消费者对 SUV 的需求偏好（见图 9）。

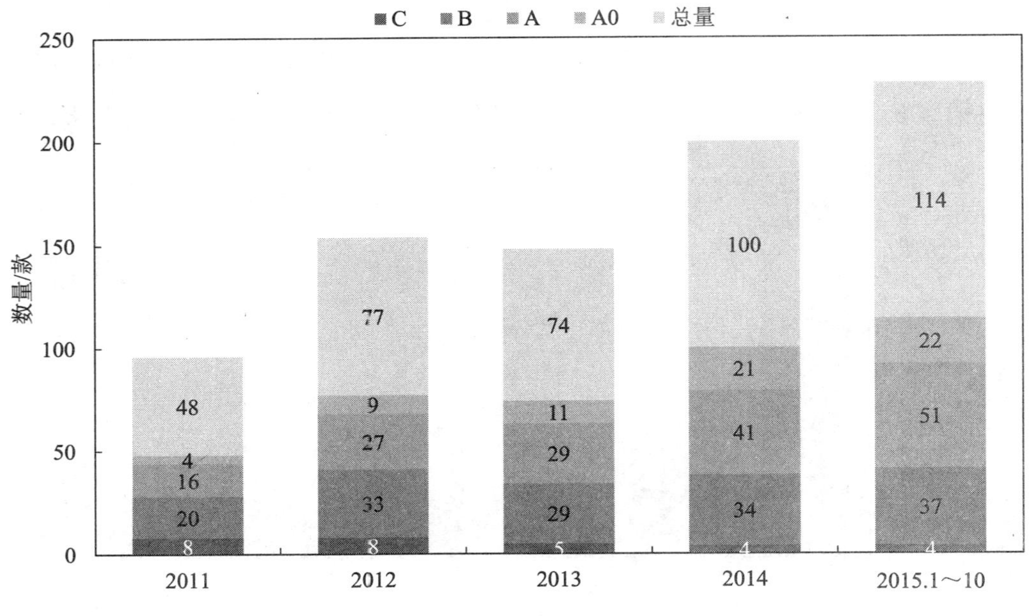

图9 2011～2015年自主品牌分级别在售SUV数量

而且自主品牌投放的 SUV 新车比较符合消费者的需求，销量增长迅速。近两年投放的自主新 SUV 车型如宝骏 560、传祺 GS4、比亚迪 S7、风神 AX7、哈弗 H1、瑞风 S3、哈弗 H2、长安 CS75 在 2015 年均实现了 5 万辆以上的增量，表现十分优秀（见表 4）。

表 4 自主 SUV 车型 2015 年 1～11 月前 15 名销量增长分析

序号	车型	2014 年 1～11 月销量/辆	2015 年 1～11 月销量/辆	同比增量/辆	同比增速（%）
1	宝骏 560	—	81599	81599	—
2	传祺 GS4	—	78409	78409	—
3	启辰 T70	—	43275	43275	—
4	比亚迪 S7	118	55191	55073	46672.0
5	风神 AX7	500	52677	52177	10435.4
6	哈弗 H1	2328	59841	57513	2470.5
7	瑞风 S3	21394	157988	136594	638.5
8	哈弗 H2	26287	135194	108907	414.3
9	长安 CS75	34169	137202	103033	301.5
10	众泰 T600	31680	82002	50322	158.8
11	幻速 S3	35000	89620	54620	156.1

（续）

序号	车型	2014 年 1～11 月销量/辆	2015 年 1～11 月销量/辆	同比增量/辆	同比增速（%）
12	海马 S5	21326	50900	29574	138.7
13	景逸 X3	22961	47179	24218	105.5
14	瑞虎 3	51889	89427	37538	72.3
15	长安 CS35	89426	131066	41640	46.6

原因 3 为价格优势：目前自主 SUV 最主要的优势市场，合资还未大规模进入，未形成正面竞争。目前自主销量最大的两个 SUV 细分市场，均与合资品牌有较大的价格差异。如自主 A0 级 SUV 主要集中在 10 万元以下，合资品牌普遍在 12 万元以上；自主 A 级 SUV 主要集中在 12 万元以下，合资品牌普遍在 15 万元以上。自主品牌 SUV 相对合资 SUV 普遍价位较低，满足了一部分低收入群体对于 SUV 的需求偏好，自主 SUV 通过高品质的产品、低廉的价格迅速抢占了低端 SUV 市场，形成了持续火爆的局面。

MPV 异军突起一定程度上带动了自主品牌增长，但受体量限制，贡献相对较小。自主 MPV 主要为 5 万～10 万元 B 级大幅增长带动，2015 年 1～11 月份，自主 MPV 整体销量 45.3 万辆，上升 62%，而其中 5 万～10 万元 B 级 MPV 销量 31.6 万辆，增速 140%，占自主 MPV 总体销量比重达到 70%，带动了 MPV 的整体增长。从 MPV 分车型来看，5 万～10 万元 B 级 MPV 主要为宝骏 730，该车型满足了微客型 MPV 的升级需求，推动了自主 MPV 销量的快速上升（见图 10）。

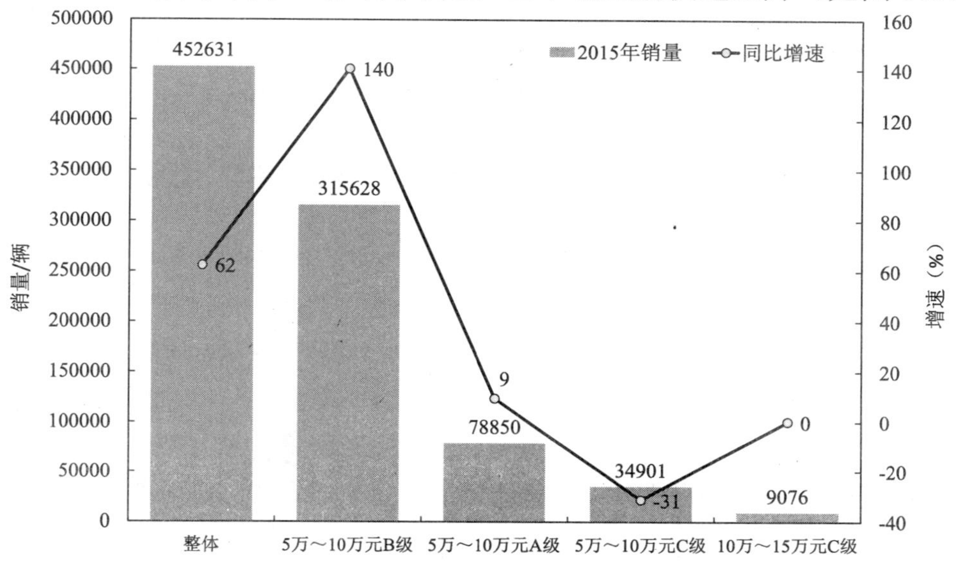

图10　2015年自主MPV各细分市场销量及增速

4. 2015年自主品牌存在的问题

虽然自主品牌乘用车市场中SUV和MPV取得了高速的增长，但自主轿车市场萎缩严重，需要引起重视。从2015年1～11月的销量数据可以看出，自主轿车与SUV增速呈现冰火两重天的局面，SUV保持了77%的高增速，而轿车则出现-8%的负增长。分月来看，除2月、3月因基数和春节原因增速较高外，轿车销量其他月份均大幅下滑，与SUV的差距十分显著，仅在1.6L以下车型购置税减半政策出台后，因自主轿车中1.6L以下占比相对较高，10～11月降幅逐渐收窄。但长期来看，面对同级SUV的竞争、合资车型价格持续下压以及低价合资二手车的蚕食，自主轿车存在极大的劣势，而且面临市场消费持续升级的压力，作为最主要基盘市场的轿车市场，自主轿车的份额还将继续萎缩，一旦SUV持续增长的红利消失或者合资品牌SUV价格下压，自主品牌后期将面临极大的危机（见图11）。

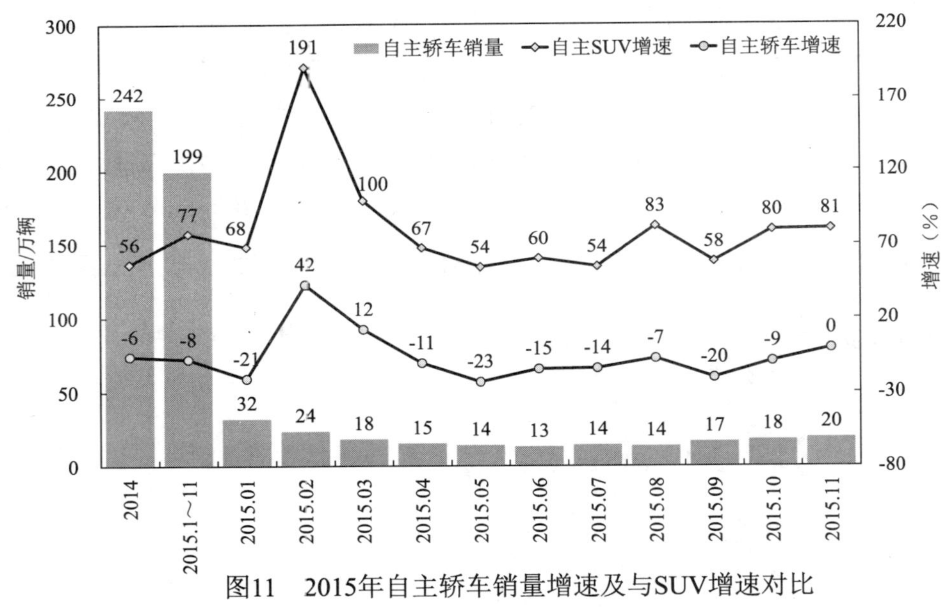

图11　2015年自主轿车销量增速及与SUV增速对比

二、2016年自主品牌展望

1. 宏观经济及行业政策

（1）宏观经济　2015年车市受国内外经济环境和股市影响较大，2016年车市面临经济增长持续小幅放缓的大背景，宏观经济面临下行压力，国家仍将采取逆周期的调控措施，确保经济相对平稳。根据国家信息中心预测，2016 年 GDP 增速将进一步下滑至 6.6%，对车市增长的支撑作用有所减弱。

（2）行业政策 购置税减半政策将在一定程度上继续刺激自主品牌销量增长。相对合资品牌，自主品牌的销量主要集中在 1.6L 以下，从图 12 可以看出，2011～2015 年，自主品牌接近 80%的销量由 1.6L 以下车型贡献，而合资品牌 1.6L 以下份额虽然一直在微弱增长，但占比仍未达到 60%。在购置税减半政策推出之后，自主品牌车型成为最大的受益者，2015 年四季度的销量大幅上升也证明了这一结论。该政策在 2016 年还将继续帮助自主品牌实现一定的销量增长（见图 12）。

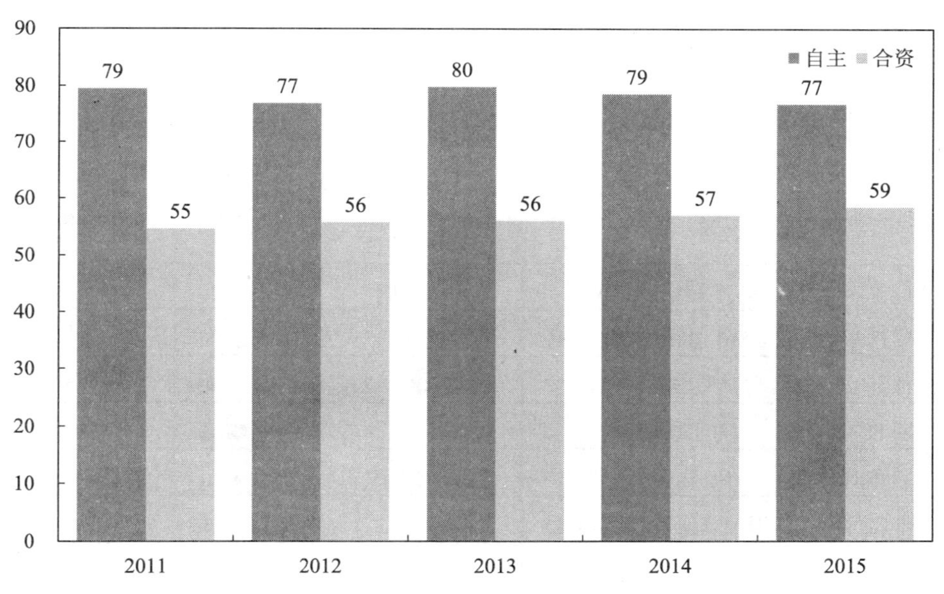

图12 2011～2015年排量≤1.6L的自主及合资车销量占比对比

（3）其他行业政策方面 首先限购政策因为经济增长乏力的原因，2016 年新城市限购的可能性极小，限购传闻对自主车市的正向拉动作用基本消失，对自主品牌的影响较小。其次节能惠民补贴政策在 2015 年底到期，因自主车型占比较大，到期前也有一定的透支消费，一定程度上阻碍 2016 年自主品牌销量增长，但影响相对较小。另外随着二孩政策的全面实施，2+2+2 的家庭结构将增多，促进大家庭出行的需求增加，七座 MPV 作为一种适合大家庭使用的车型，其用户群体将有所放大，对发展有一定利好，但政策也需要一定时间的发酵期，MPV 市场才会有突飞猛进的发展。以目前大多数家庭的情况而言，MPV 市场销量的高速增长，应该不会出现在 2016 年，而会延后几年。

2．产品供给方面

虽然乘用车产品已经极大丰富，但仍有一些细分市场相对缺乏供给，在这些市场，新产品的拉动作用仍不可小视。正如小型 SUV 的异军突起，显著改变了需求结构。2016 年自主品牌企业将继续投放一批较有竞争力的新车，包括大量的轿车和 SUV。据公开资料显示，2016 年将投放 13 款轿车，特别是 A 级轿车中，目前自主销量较好的帝豪和逸动都将换代，预期将继续延续之前的销量表现。在 2015 年表现火爆的 SUV 市场，将有 22 款新车投入，尤其在供给推动的 A0 级 SUV 市场，目前市场仍为增量竞争还未到存量竞争，各家企业均推出新产品布局，预计将带动 A0 级 SUV 市场的继续高涨。而 MPV 市场相对投入减少，仅有 3 款新车投入，销量突破难度较大（见表 5）。

表 5　2016 年自主品牌将上市的新车型

轿车 13 款			SUV 22 款			MPV 3 款	
A0 级 1 款	A 级 7 款	B 级 5 款	A0 级 10 款	A 级 5 款	B 级 7 款	A 级 2 款	B 级 1 款
纳智捷 3	传祺 GA4	奔腾 B60	长安 CS15	博越	长安 CX70	长安灵跃 MPV	奔腾 MPV
—	华泰 A11	传祺 GA8	传祺 GS3	众泰 T600 Coupe	长安 CS95	力帆 CA09	—
—	换代逸动	瑞风 A60	绅宝 X35	众泰 T300	传祺 GS6	—	—
—	换代帝豪	东风 A9	绅宝 X55	观致 5SUV	英致 U80	—	—
—	帝豪 S7	比亚迪明	昌河 Q25	奇瑞 T15	风行 SX6	—	—
—	艾瑞泽 5	—	东南 DX3	—	海马 S9	—	—
—	中华 F20	—	华泰 A35	—	瑞风 S7	—	—
—	—	—	瑞风 S1	—	—	—	—
—	—	—	瑞虎 1	—	—	—	—
—	—	—	比亚迪元	—	—	—	—

3．销量预测

因为 2015 年自主品牌高速增长，2016 年自主车市将面临高基数劣势。根据上述分析，2016 年 SUV 将成为唯一的增长拉动力，MPV 面临微车升级减少和用户升级 SUV 两大趋势而份额逐步见顶，市场份额将难现高增长。轿车市场作为最大的基础市场，将继续面临低端合资二手车分流和消费偏好转移到 SUV 的分流影响，但在 1.6L 以下购置税减半政策拉动下份额将会止跌回稳，小排量涡轮增压车型逐渐明星化。

综合上述宏观经济、政策及产品供给情况，对 2016 年自主品牌市场销量预测如下：预计 2016 年自主品牌批发销量 660 万辆，同比增长 9%，增速较 2015 年有所下滑，其中 SUV 延续高增长表现，MPV 增幅下降，轿车持续弱势表现，自主品牌份额在 2015 年大幅拉升后 2016 年份额将逐步企稳（见图 13）。

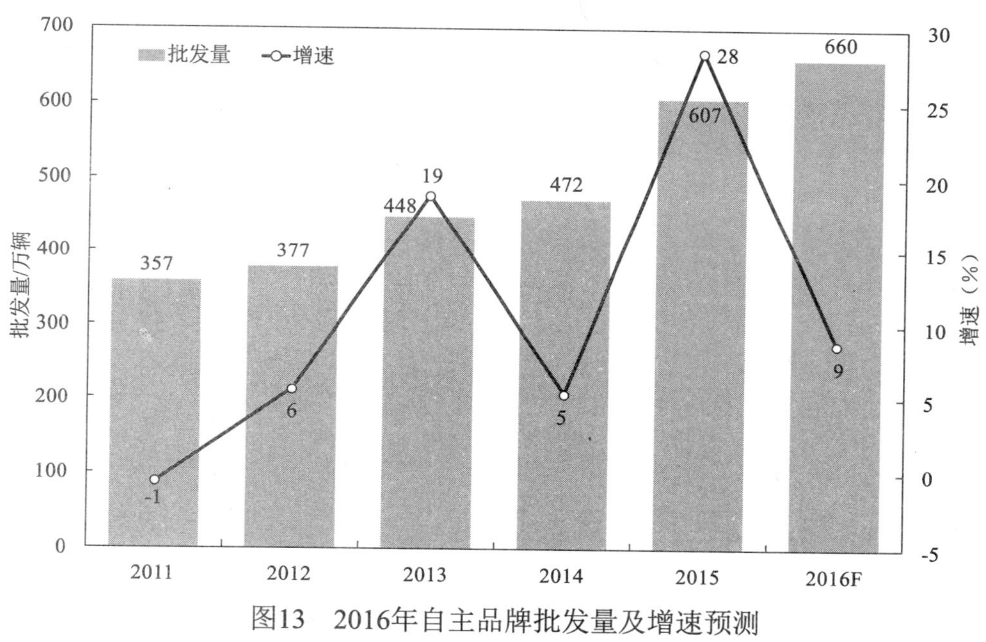

图13　2016年自主品牌批发量及增速预测

月度方面，在 2015 年销量基数方面存在几个影响因素，首先在 4～8 月，受股市冲击影响，销量下降并探底，相对的低基数促使 2016 年车市 4～8 月增速相对较好。其次 2015 年的年初转移量和春节旺销导致 1 季度基数相对偏高，4 季度的厂家销量冲刺带来 2016 年初渠道的高库存，从而将导致 2016 年年初表现较弱，加之 2016 年春节稍早于 2015 年，因此 2016 年年初增速偏低，随后形成年中月度同比增速较高的抛物线增速走势特征，全年销量表现仍为 V 形走势。

三、结语

2015 年自主品牌表现明显高于预期，主要是因为准确抓住了市场的新增长点，如小型 SUV、低端 7 座 MPV 等，形成结构性突破，但不可忽视的是，自主品牌在轿车市场存在明显的短板。对于自主品牌而言，切忌不可被 2015 年的成绩迷住双眼。这份喜人的成绩单，更多的来自于抓住市场机会，而非在于技术、品质、品牌影响力等方面的大幅提升。所以，当合资品牌发力之后，自主品牌依然面临极大的威胁。

中国市场在世界 SUV 化浪潮中走的较快，尤其是自主品牌迅速挖掘市场机会，推出大量符合需求的新车型，取得了较好的成绩。相信未来自主品牌乘势会有更多元的突破，逐步扭转消费者对自主产品的认识。近年来自主品牌的提升受到了消费者的认可，但在产品品质上仍有待提升。提升品质是突破发展瓶颈的必由之路，跨过品质的门槛，才有机会赢得更多发展，实现中国乘用车行业由大变强的新突破。

（作者：曹凯杰）

2015 年低速汽车市场分析及 2016 年展望

一、低速汽车市场整体情况

虽然低速汽车行业受国家产业政策的不利影响加剧，但低速汽车产品奠定的良好农村市场基础并未因不利的政策而大幅下滑，低速汽车依然保持了良好的生命力。2015 年前三个季度，低速汽车总产量达到 221.63 万辆，同比增长了 2.16%。其中三轮汽车总产量 190.03 万辆、低速货车总产量 31.60 万辆，同比分别增长了 1.97%和 3.37%。并轨升级政策中，低速货车虽然首当其冲，但低速货车依然连续两年实现了微增长，特别是 2015 年增长率明显超过 2014 年。三轮汽车同比增长虽然仅有 2%，但增长趋势明显。预计 2015 年全年低速汽车行业依然会实现整体的小幅增长。

图 1 所示为 2010～2015 年前三个季度三轮汽车和低速货车产量走势。

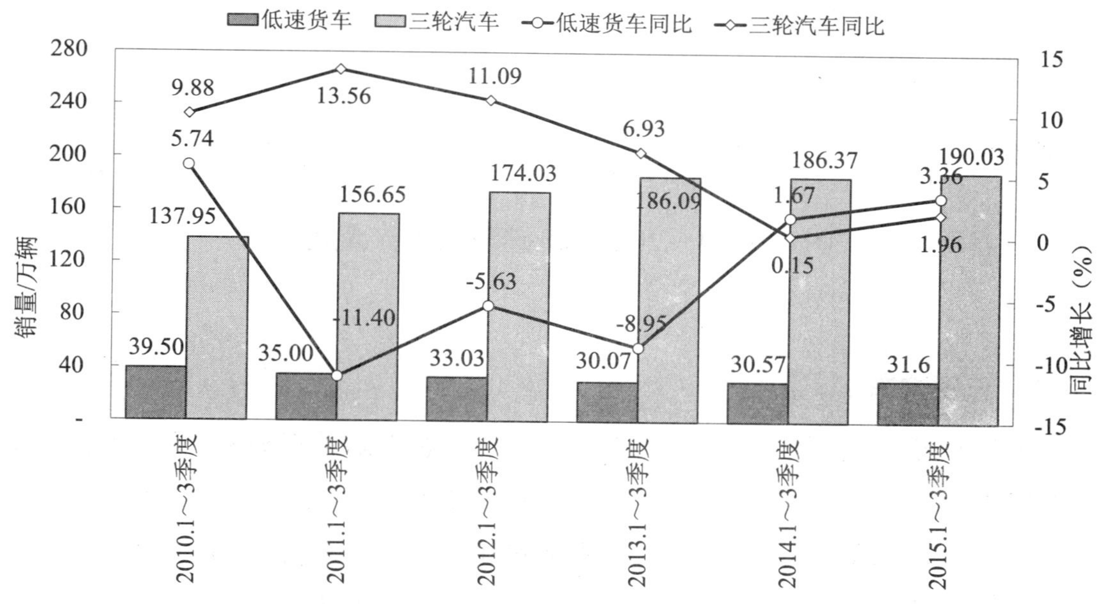

图1 2010～2015年前三个季度三轮汽车和低速货车产量走势图

二、低速汽车产量月度情况

1. 低速货车

2015 年低速货车市场实现了开门红，1 月份产量增长 4500 辆，但 2 月份下降了 6000 辆，进入 3 月份低速货车产量实现了持续增长，到 6 月份累计增长了 1.7 万辆，平均增长了 13%，特别是 4 月份，低速货车的增长超过了 20%，为全年低速货车的增长奠定了良好的基础。7～9 月份，低速货车产量又进入持续下降阶段，但下降的幅度不大，平均每月下降不到 2000 辆（见图 2）。

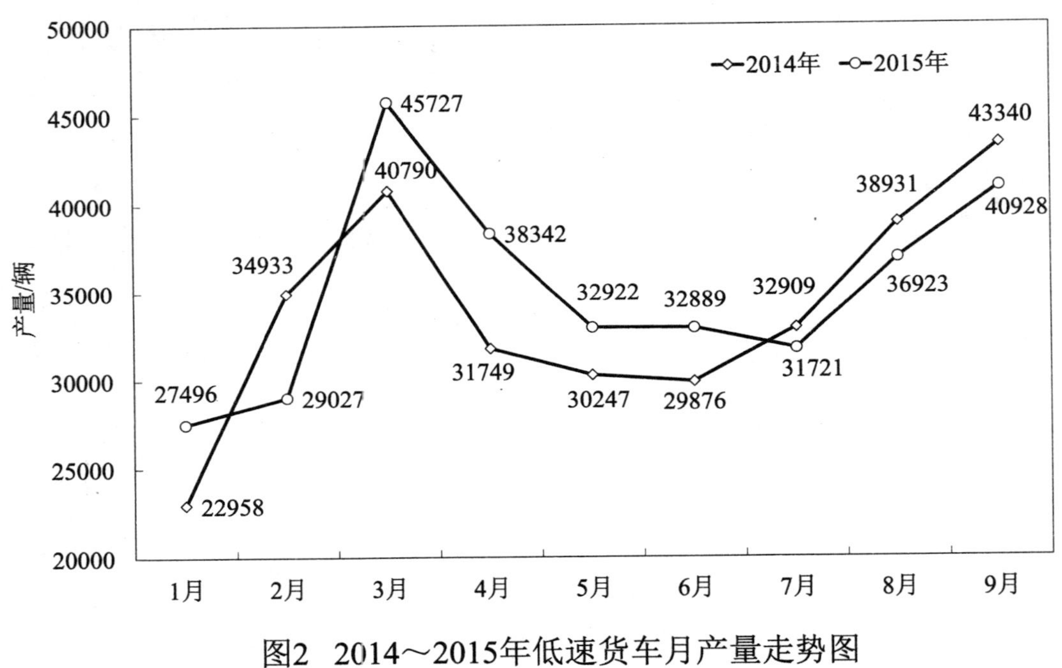

图2 2014～2015年低速货车月产量走势图

2. 三轮汽车

2015 年前三个季度三轮汽车除 2 月、5 月、6 月略微下降外，均实现了不同程度的增长。特别是 3 月份和 4 月份，三轮汽车产量增长均超过了 2.1 万辆，增幅分别达到 8.67%和 15.40%，从而有效地抵消了 2 月份和 5 月份的下降量。

图 3 所示为 2014 年和 2015 年的三轮汽车月产量走势。

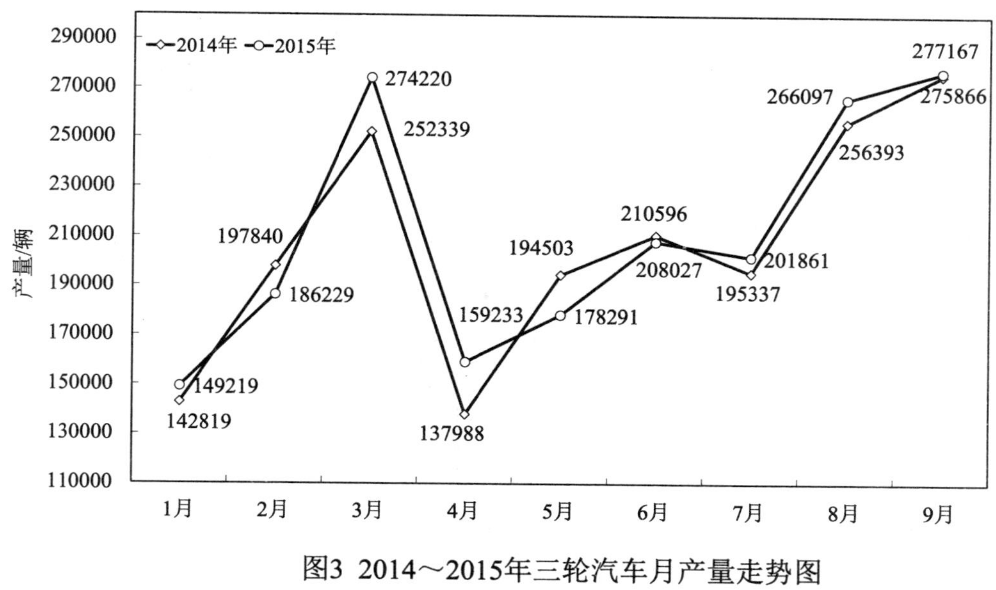

图3 2014～2015年三轮汽车月产量走势图

三、行业生产集中度情况

2015 年前 9 个月低速货车前 10 名企业产量之和占全行业的 84.52%，同比 2014 年下降了 0.9 个百分点。2015 年前 9 个月三轮汽车前 10 名企业产量之和占全行业的 99.28%，同比 2014 年略有增长，但增幅仅有 0.3 个百分点。

低速汽车随着市场竞争的区域平衡，大的企业集团已基本形成，并占据较好的竞争位置，如山东时风、河南奔马、山东五征、福田雷沃等大企业集团。小型企业受市场变化影响产销不稳定，缺乏有效的投入和市场开发，在市场竞争中明显处于劣势。从企业排名看，前十名的企业基本稳定，但低速货车方面山东东方曼商用车有限公司则退出了 2015 年的竞争，取而代之的山东凯马汽车制造有限公司则进入前十名，排名第九位。三轮汽车方面，河南葛天车辆有限公司则被甘肃兰驼集团有限责任公司取代，并位居第十位。

四、低速汽车行业面临的问题

1．企业转型速度加快，企业数量减少明显

2014 年 11 月，工信部发布了低速货车生产企业及产品升级并轨工作的通知。随着通知中并轨时间的临近，低速货车企业加快了转型升级速度，2015 年，有 7 家低速货车企业，1 家三轮汽车企业资质取消。同比 2014 年增加了 4 家企业。截

至2015年11月列入《车辆生产企业及产品公告》低速汽车企业121家，其中三轮汽车企业33家，低速货车企业107家，同时生产三轮汽车和低速货车的企业19家。根据企业上报数据统计可以发现，2015年上报生产统计数据的低速汽车生产企业仅有50家，同比减少了9家，其中低速货车报产量数据的生产企业35家，三轮汽车15家，同比分别减少了15%和17%。在生产低速汽车的企业实际数量减少趋势明显。

2．国内制造业不景气，企业缺乏外在动力

2015年我国经济进入新常态，存在外部需求收缩、下行压力仍然较大、总需求低迷和产能过剩并存等诸多问题，制造业投资增长明显放缓，销售增长仅有2.92%，利润增长仅有0.34%，国内制造业疲软状态明显。特别是对于主要涉农制造企业利润空间原本就小，下降更加明显，企业发展外在动力不足，加上产业结构调整、产品结构调整、市场需求不足等诸多因素的影响，低速汽车制造企业更加困难重重。

3．农村汽车市场竞争加大，低速汽车生存空间收缩

我国具有庞大的农村汽车市场，随着新农村建设的加快，农村对道路运输车辆的需求潜力巨大，与此同时由于低速货车面临退出历史舞台，低速汽车行驶道路受到限制，长期积累的优势逐步减弱，给汽车行业留下了巨大的市场空间。同时伴随农村收入的增加，汽车业进入农村市场的步伐更加明显和迅速，低速汽车的生存空间进一步缩小。

4．排放水平低，提升空间有限

多年来低速汽车排放水平较一般汽车低已成为不争的事实，特别是《大气污染防治行动计划》《中华人民共和国大气污染防治法》等法律法规的陆续出台，低速汽车环保要求面临更大挑战，但由于低速汽车特别是三轮汽车采用的动力以技术水平难以有效提高的单缸柴油机为主，排放提升空间有限，加之各地将淘汰黄标车当作地方政府的工作业绩，三轮汽车排放标准几经易稿迟迟未能快速出台发挥作用，未来三轮汽车的发展不容乐观。

五、2016年低速汽车市场展望

2015年低速汽车市场发展差强人意，这与低速货车即将退出历史舞台不无关

系。进入 2016 年低速货车新产品执行与轻型载货汽车同等的节能与排放标准，低速货车企业是否继续维持现有状况，还是根据政策要求增加投入调整发动机重上公告的确定性不足。但有一点可以确定，低速货车的下降将成为不争的事实，达不到转型条件的低速货车企业也将退出市场。未来的低速汽车市场将仅有三轮汽车一类产品。三轮汽车产品能否弥补低速货车退出的空间，产品的结构调整、制造企业营销手段的创新将是关键。但多年来三轮汽车的价格低廉、功能多样的优势依然存在，预计三轮汽车市场 2016 年略有下降，以适应低速货车的退出带来的行业结构调整影响。

（作者：吕树盛）

细分市场篇

政策引导下的京城汽车消费市场变革
——2015年京城汽车市场回顾暨2016年汽车市场展望

随着中国经济进入新常态，国家提出“创新、协调、绿色、开放、共享”的发展理念，面对新挑战，把握新机遇，实现创新式跨越发展，各级政府部门出台了一系列涉车新政，对全国汽车市场产生了政策叠加和持续性的重大影响。北京作为汽车发展的领先城市和限购政策实施的先驱市场，受到的影响和冲击更早、更深入。在利空多于利好因素影响下，在政策变革引发生存挑战的现实中，北京汽车市场的发展历程仍然对全国汽车市场的发展起着示范性引导效应，承载着中国汽车市场发展探路者的责任和义务。

一、2015年北京汽车市场销售基本情况

对2015年京城汽车市场的总体评价主要有以下几点：第一，各种因素叠加导致北京汽车市场全面需求疲弱，交易下行趋势明显，经销商经营态势越加艰难；第二，京城二手车好于新车市场状态得以延续，但增速减缓，年底出现同比负增长态势；第三，进口车同比增速远超新车平均水平局面被终结，出现跳水式逆转，持续保持的高库存，挤压经销商利润，高折扣销售成为常态；第四，新能源汽车利好政策不断，促动新能源汽车消费快速增长，双免政策成为推动消费需求的最大力量；第五，自贸区建设引领平行进口车市场规范发展，大经销商集团纷纷介入平行进口车领域将带来平行进口车销售模式的变化；第六，老旧车报废提补等利好政策促进报废车增长，带动新旧车市场销售，但刺激效果有所下降；第七，中央及国家机关公务车拍卖引起社会和消费者的广泛关注，活跃了京城汽车市场；第八，电子商务强势介入汽车销售、售后服务领域，汽车销售、服务企业进入数据竞争及互溶合作时代；第九，环境危机催生使用危机，红色预警恐变成单双号限行常态化。

1．新车交易情况

2015年1～11月北京交易新车43.09万辆，同比2014年48.81万辆累计负增长11.72%，同比少销售5.72万辆；比2014年同比下降幅度增加了5.01个百分点，

是北京第一次出现连续两年新车销售呈负增长的态势（见图1）。

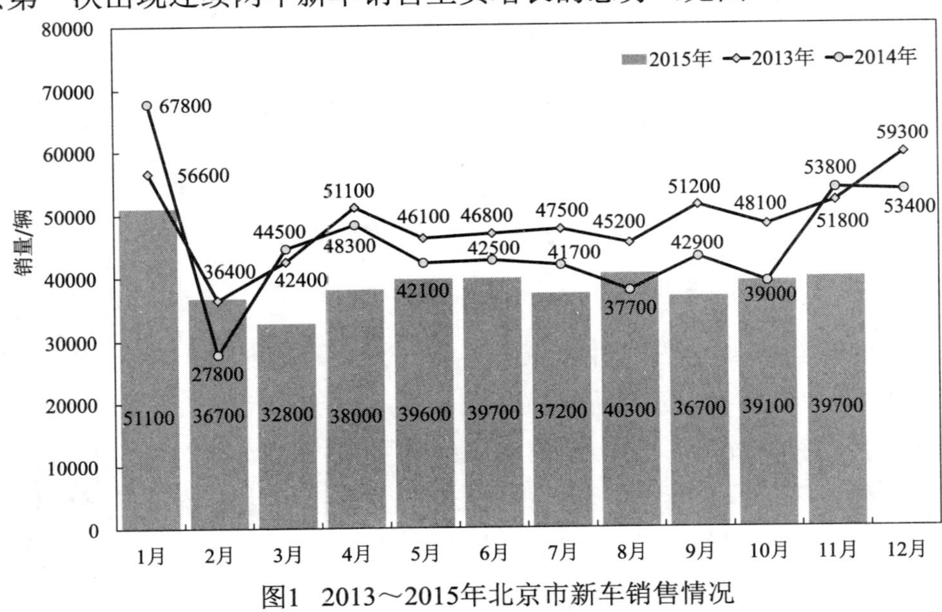

图1 2013～2015年北京市新车销售情况

2．进口车交易情况

2015年1～11月北京交易进口新车5.47万辆，同比2014年6.81万辆累计负增长19.68%，同比少销售1.34万辆；比2014年同比增幅相差37.91个百分点，从正增长18.23逆转为-19.68，是北京限购后第一次出现负增长的态势（见图2）。

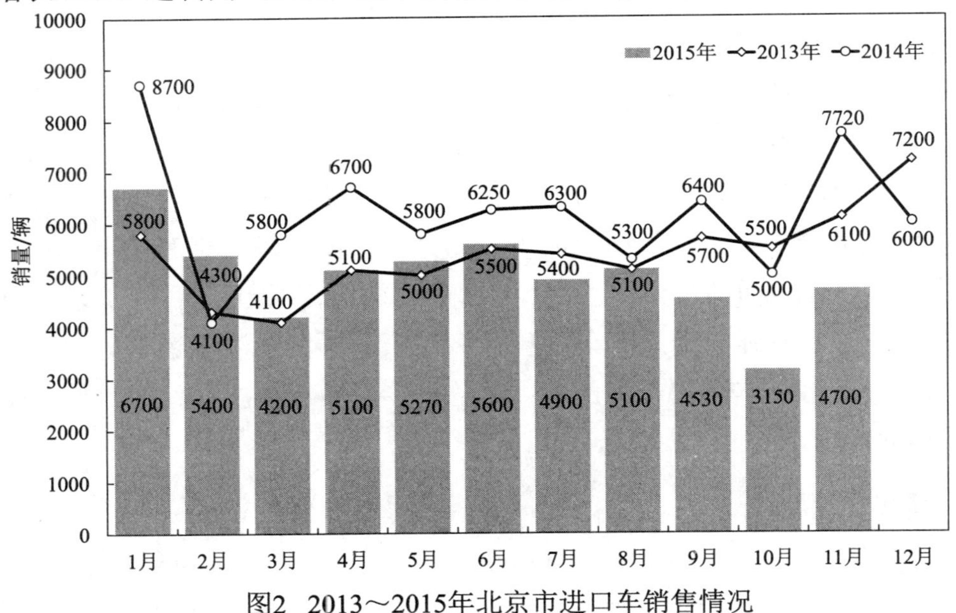

图2 2013～2015年北京市进口车销售情况

3．旧车交易情况

2015 年 1～11 月份北京交易旧车 62.45 万辆，同比 2014 年 63.13 万辆累计负增长 1.08%，同比少交易 0.68 万辆；比 2014 年同比增幅相差 3.06 个百分点。旧车过户交易量超过新车 48%，新旧车比值为 1∶1.48 ，2014 年新旧车比值为 1∶1.34，2015 年新旧车比值继续加大（见图 3）。

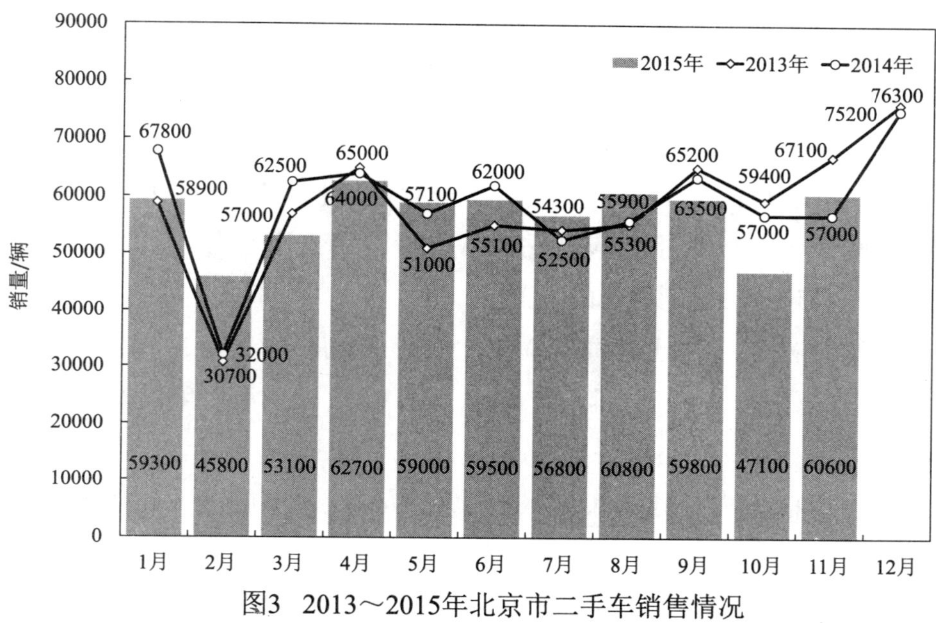

图3 2013～2015年北京市二手车销售情况

二、2015 年京城汽车市场的主要特征表现

1．各种因素叠加导致北京汽车市场全面需求疲弱，交易下行趋势明显，经销商经营态势愈加艰难

（1）汽车限购政策抑制北京刚性需求　北京从 2011 年开始实行限购政策，年限新增购车指标 24 万辆， 从 2014 年开始实行新的限购指标，年新增购车指标 15 万辆，其中新能源汽车指标 2 万辆。新能源汽车指标逐年增长，汽油车指标逐年下降。2015 年汽油车新增购车指标 12 万辆，比 2014 年少 1 万辆，下降 7.69%，比 2013 年少 12 万辆，指标下降 50%。新能源汽车挤占传统汽油车指标，新增汽油车摇号指标不断下降，限制了汽车消费需求，影响需求下降 2%。

每年新增的购车指标还有一部分会被用来购买旧车，随着购车指标的不断下降， 2012～2014 年，配置指标购买旧车的比例分别为 11.2%、9.9%和 3.7%，用新标买旧车比例呈逐年下降趋势。2015 年有 3.2%新增指标用来购买了旧车，大约减少了新车购买需求 1%。

（2）限迁政策及旧车外迁补贴政策取消促使京城二手车外迁率不断下降，影响新车销售　二手车置换购买新车是支撑北京新车市场的关键，受北京限购的影响，只有迁出北京的旧车，才能增加北京购买新车号牌的额度。全国各地的限迁政策抑制了北京旧车的全国流通，大量国Ⅳ标准以下的车辆难以迁出北京，使北京的旧车外迁率从 2013 年的 40.3%下降到 2015 年的 34.1%。

2015 年北京实行新的减排淘汰方案，通过经济鼓励和区域禁行相结合的方式，促进老旧机动车淘汰更新，优化机动车存量结构。2015 年北京市调整了外迁车辆的补贴政策，不再给予相应补贴，从而使消费者旧车外迁的积极性下降，也使北京的旧车外迁率进一步下降。

北京旧车交易过户外迁率每下降 1 个点，大约影响北京新车销售下降 1.6 个点，2015 年北京旧车外迁率下降了 4.27 个百分点，全年影响北京新车购买需求下降 7%左右。

北京市旧车前十大外迁省市地区占北京市外迁比例的 88%，内蒙古、吉林、山东、云南、河北是 2014 年五大迁出地区，2015 年变为内蒙古、吉林、山东、辽宁、山西。其中云南、河北受限迁政策变化的影响，比例大幅下滑。云南从 2014 年的 9.17%，下降到 2015 年的不足 1%。内蒙古、吉林、山东为北京旧车主要外迁地，占全年外迁份额的 50%。

（3）限迁政策及外迁补贴政策的取消使北京市旧车更新年限加长，更多的老龄车因无法外迁而继续在北京市内使用　从北京市旧车交易年限对比数据来看，2015 年与 2013 年数据相比，3 年以内车型占比下降 2.19 个百分点，3～5 年的车型占比下降了 4.92 个百分点；数据显示有 7.5%的消费者延长了置换年限，原本五年内会置换新车的消费者把置换时间延长到 5～8 年。

从本地旧车交易车辆和外迁交易车辆的车龄变化数据来看，外迁车辆中 8 年以上车辆占比大幅下降，5～8 年的车辆成为外迁的主要车型，占比达到 49.5%，接近一半。北京本地交易车龄则明显增长，8 年以上车龄占比达到 37.12%，与 2013 年相比占比增加了 10.22 个百分点。延长的交易年限，放缓了北京新车置换的速度（见图 4）。

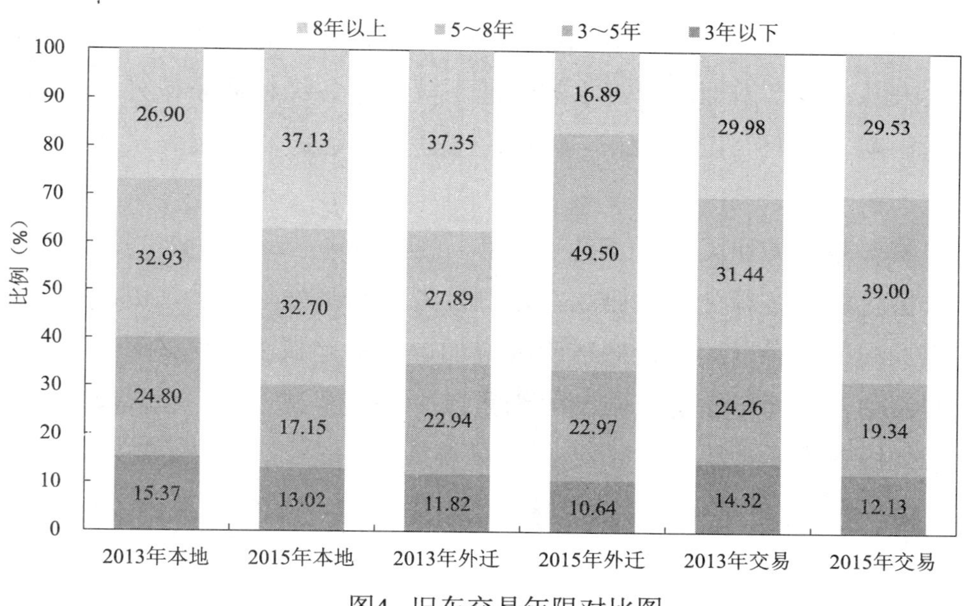

图4 旧车交易年限对比图

（4）新增报废补贴稳步推进北京报废车市场 随着北京市旧车外迁越来越困难，汽车报废成为加快老旧机动车淘汰更新，促进新车销售的一个主要途径。截至 2015 年 11 月 30 日，“北京市老旧机动车淘汰更新系统”平台所淘汰车型中，小型客车 101842 辆，占 87%；微型客车 6452 辆，占 6%；中型客车 4202 辆，轻型货车 1651 辆，大型客车 1701 辆，重型货车 225 辆，中型货车 319 辆，共占 7%。

2014 年北京报废汽车 13.5 万辆，2015 年预计报废新车 13 万辆左右，北京市现有 7 家报废解体厂，有 3 家年报废车辆已超过 2 万辆。2015 年虽然政府增加了报废补贴，但由于 2014 年政府为了加大老旧车淘汰速度曾经执行短期刺激政策，加上 2014 年关于微型面包车号牌的传言，促使大量老旧车和微型面包车集中报废，甚至出现了报废厂无处存放报废车而拒绝接收报废车辆办理的情况。2014 年大量透支了 2015 年的报废需求，因此虽有政策支持，但 2015 年的报废车辆数据仍会有所下降，预计影响北京新车销售 1%左右。

数据显示，截至 2015 年 11 月 30 日，2015 年所有平台系统淘汰车辆中，注册时间为 6～8 年的共 24591 辆（占 21%），注册时间为 9～12 年的共 53996 辆（占 46%），注册时间为 13 年以上的共 37805 辆（占 33%）。从统计中我们可以发现，老旧机动车在使用 6～8 年间和 9～12 年间，市民（车主）淘汰意愿基本持平。这部分车主受政策影响的潜在可能性最高。

（5）外埠购车 北京作为资源型城市，外埠购车消费者是补充京城汽车消费的一大来源，北京本地消费需求的快速下降，使各经销商争抢外地客源。但受各种因素影响，2015 年外埠购车消费者也呈下降趋势，影响北京新车销售下降2%左右。

外埠购车减少的原因有以下几点：第一，厂商向三、四线城市加快网点布局，资源有效供应，使客源分流；第二，资源性省市经济发展放缓，高端消费需求下降；第三，网络信息发达，价格透明度增加，价格差减小，价格吸引度降低；第四，大型活动，外埠车辆进京限制等因素减少外地客源进京。京城新车交易同比下降趋势如图 5 所示。

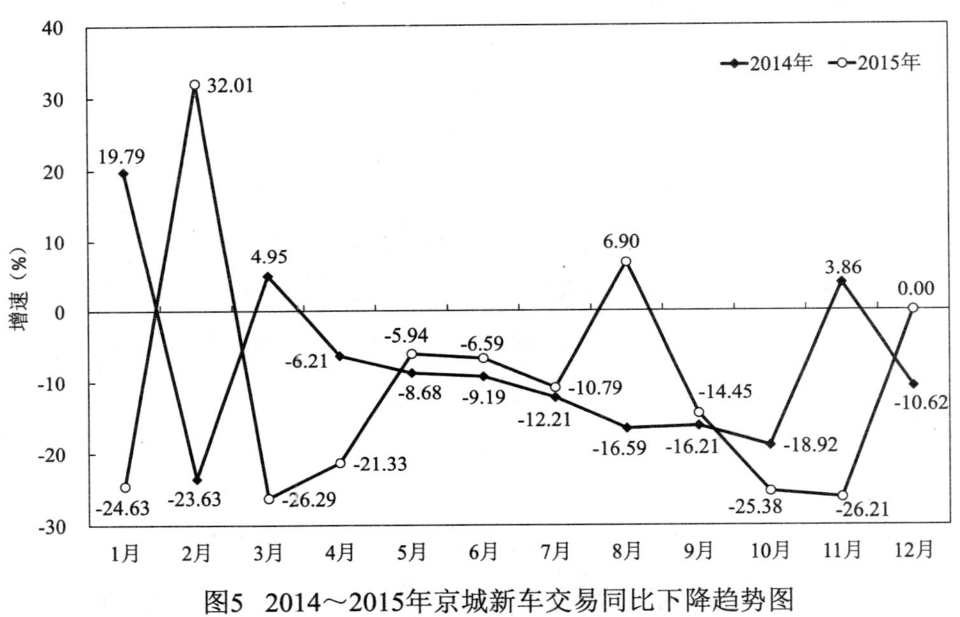

图5 2014～2015年京城新车交易同比下降趋势图

2．北京进口车市场结束逆增长模式，进口车同比增速远超新车平均水平局面被终结，出现跳水式逆转

（1）2015 年北京进口车销售出现逆转，延续 3 年的两位数以上的增长态势被终结（见图 6） 2015 年全年除 2 月之外，进口车全年都处于同比负增长态势，并且从 3 月开始进口车的下降幅度就超过新车平均幅度，全年下降幅度达到 −15.7%（见图 7）。

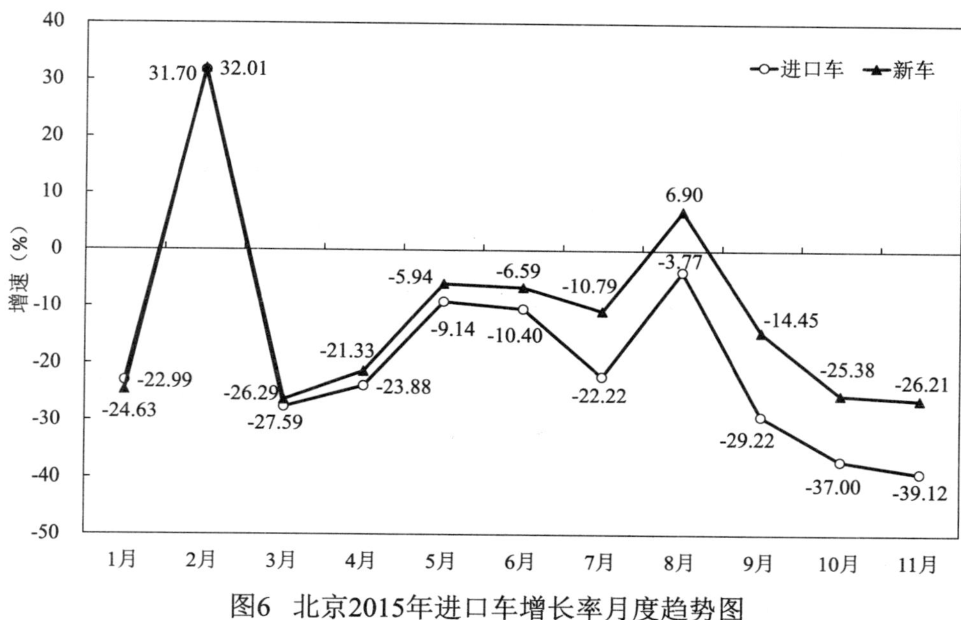

图6 北京2015年进口车增长率月度趋势图

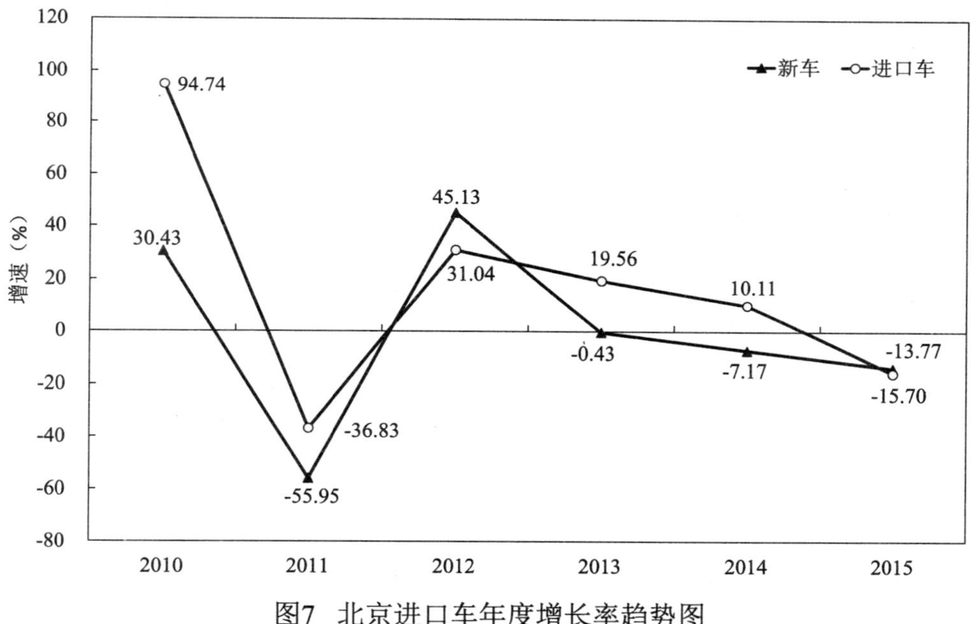

图7 北京进口车年度增长率趋势图

（2）经济、政治等综合因素对进口豪华车消费需求影响严重 2015 年，豪华车持续保持的高库存，挤压了经销商利润，高折扣销售成为常态。需求方面主要受以下因素影响：①反腐防贪抑制公关及张扬性消费；②经济低迷首先影响高端进口豪华车消费；③取消关税降价传闻导致持币待购；④股市投资并套牢，财富效应性购车减少；⑤天津港爆炸事件短期内对进口车市场影响明显，损毁车辆流入市场的传言，影响消费者购车。

3．平行进口车行业障碍频频，挑战多多，但发展前景看好

（1）制约平行进口车市场发展的四道障碍 第一，利益驱动下跨国车企设置制约平行进口车销售增长的障碍。例如管控平行进口车来源地资源：奔驰、宝马 2014 年对输往中国的未经授权车辆展开调查并通过禁止跨区域销售的方式处置向中国出口“平行进口车”的美国经销商，抑制平行进口业务。又如利用技术优势增加平行进口车关税成本：把在美国销售的宝马 X5、X6、3.0L 车型发动机排量增加了 25mL，达到 3004mL，使进入中国关税等成本增加了 11 万元，平行进口车价格优势荡然无存。还有国外市场的政策干扰导致车源减少：美国政府担心干扰美国的汽车市场流通秩序，一度严查向中国提供代购汽车服务的行为。第二，政策制度创新仍有障碍瓶颈。美规车在很难拿到厂家授权的情况下，以零售方式获得平行进口车资源是否合规合法。第三，从业者的诚信素质障碍。平行进口车从业者比中规车经销商市场经营自由度大，需要更高更强的自控力，在产品质量、产品说明及手续等方面做到诚信透明，让消费者买到信息真实透明的放心车。第四，售后服务体系缺损障碍。目前平行进口车没有强制纳入“三包”范围，除中国人民保险财险推出“三包”险，建立售后服务平台外，能够做到既方便又真正履行“三包”承诺的经销商寥寥无几，而且平行进口车维修很难享受到中规车的各种待遇。

（2）平行进口车进入规范化发展通道，在挑战中充满机遇 第一，政府鼓励、消费者欢迎是平行进口车发展的前提。平行进口车对中规车的价格标尺作用及满足消费者新奇个性化需求是政府鼓励其发展的重要因素，平行进口车配置高、质量好、价格低深受消费者青睐。第二，自贸区成为平行进口车市场发展的桥头堡，有利于突破政策创新等瓶颈。商务部外贸司负责人表示，目前国内 4 个自贸区累计认定的汽车平行进口试点企业数量已达 78 家，其中上海 17 家、广东 14 家、天津 35 家、福建 12 家。同时强调，平行进口车试点企业申领平行进口汽车自动进口许可证，无品牌授权要求，无任何进口数量限制。在政府部门的支持下，平行进口车申报的企业积极性也是一路高涨。第三，在政策制度规范下健全售后服务体系。2015 年 5 月 15 日，中国汽车流通协会制定发布《平行进口汽车售后服务规范》。2015 年 7 月 1 日，国家质量监督检验检疫总局缺陷产品管理中心、中欧经济技术合作协会、中国人民保险财险发布“关于平行进口车‘三包’试点工作的推进意见”，北京北辰亚运村汽车交易市场率先全国与中国人民保险财险就推动平行进口车“三包”落地开展合作。2014 年 9 月 25 日，北京北辰亚运村汽车交易市场与中国人民保险财险签订战略合作协议，促成了全国汽车有形市场平行进口车联盟的成立。2015 年 4 月 14 日，北京北辰亚运村汽车交易市场所有平行进口车经销商与中国人民保险财险签订“三包”险协议，成为全国第一家可提供平行进口车“三包”险的汽车市场。2015 年 7 月 14 日，润东集团与北京北辰亚运村汽车交易市场、中国人民保险财险签订“三包”框架协议，成为北京北辰亚运村汽车交易市场第一家也是全国第一家全面落实平行进口车“三包”承诺（承诺所售平行进口车带有“三包”）的大经销商集团。第四，大经销商集团涉足平行进口车并与汽车有形市场强强联合将有利于平行进口车营销模式创新和业务拓展，寻求经营困境破局之道。润东集团入驻北京北辰亚运村汽车交易市场，并与中国人民保险财险签订平行进口车“三包”协议，三方在资源渠道和品牌影响力等方面联动合作，充分展现价格、诚信“双优势”，力争实现破解经销商经营困局和推动平行进口车发展的“双突破”。第五，以市场化运作方式，整合对接各方资源，从备件采购、维修体系建设、维护客户关系等方面搭建售后服务平台，支撑平行进口车服务体系的整体建设。第六，互联网电商、金融、物流等功能平台将介入并强力推动平行进口车市场做大、做强、做优。

4．双限全面放开，北京新能源汽车进入新纪元

2015 年北京新能源汽车市场变化迅速，刺激政策连续出台，一年中就经历了四个政策变化时期：第一个时期，单独摇号（直接配置）+补贴政策，引导消费群体。第二个时期，增加不限行特权和免税政策，购车热情快速升温。北京第三期新能源汽车指标申请及通过审核人数环比第二期分别增长 84%和 92%。第三个时期，告别百分之百中签，提升了北京新能源汽车牌照价值使消费者更加关注新能源汽车号牌。2015 年第三期电动车摇号中签率 88%，告别北京新能源汽车无需摇号直接配置状态，汽油车中签无望，担心新能源号牌资源稀缺，倒逼消费者转战新能源汽车市场。第四个时期，双限全面放开，消费者排队购车。为落实国务院 2015 年 9 月 29 日常务会议精神，北京第五期示范应用新能源小客车指标向所

有通过资格审核的申请人直接配置，共有17150个个人和1513个企业拿到购车指标。

（1）消费增长增强了厂家研产销的市场信心，提升了厂家及社会资源投资充电桩等配套设施的积极性 ①新建小区开打充电桩牌。随着新能源汽车利好政策频繁出台，小区物业从“拦路虎”转变为“橄榄枝”，不少小区开始用充电桩作为吸引购房者的关注点。②社会公用、公共专用、私人自用充电桩不断建设完善将成为新能源汽车发展的“强心剂”，进一步增强消费者购买、使用新能源汽车的信心。

（2）厂家发力布局新能源汽车，研发新车型，增加续航里程，提高产品品质和产能 供给端的改善有利于改变目前品牌车型少、续航里程短、消费者选择性小、提车困难的局面（见表1）。新能源汽车产品发展迅速，从2015年年初主力销售车型里程在160km左右，到年底已经发展到没有200km以上续航里程的车型，已难以吸引消费者购买。到2015年年底北京已经有15个品牌、20多个车型进入新能源汽车销售市场，还有多家汽车企业在积极准备进入北京市场。

表1 2015年北京市场新能源汽车主要销售车型

品牌	车型	里程/km	价格/万元	销量/辆	上市时间
江淮	和悦iev5	170	8.98	1500	2015年4月
北汽	E150EV	160	9.68	2722	2015年3月
北汽	EV200	160～200	9.69～14.19	4104	2014年12月
比亚迪	e6	400	16.9	394	2015年9月
腾势	腾势	253	25.9～28.9	530	2014年11月

（3）多元化的营销模式推动新能源汽车市场发展 北京北辰亚运村汽车交易市场“五位一体”新能源汽车应用推广中心开创全国汽车有形市场新能源汽车集约化推广平台模式，创一条龙宣传推广营销的先河。如联合电动打造电动汽车跨界运营平台模式；第一电动网和电动邦开启O2O营销推广模式；汽车租赁（包括分时租赁）加入新能源汽车领域，在发展自身业务的同时，成为汽车电商的线下合作伙伴和体验式营销的平台之一。

（4）充电桩设施仍然是新能源汽车消费增长的重要瓶颈 除了新能源汽车

技术上的革新外，充电配套设施建设难以支撑新能源汽车的未来增长是制约消费者购买新能源汽车的最大问题和障碍。

（5）新能源汽车购买消费者特点　无车家庭占参与消费者 57.14%，购车需求强烈。从学历上看，本科以上学历占消费者 86%，对新能源汽车认知度高。另外，不同购车阶段新能源汽车消费者关注重点不同：消费者在摇号前首先关注充电桩的安装问题，然后是公共充电桩设施问题，其次是续航里程；摇号中的消费者则开始考虑购买车型和购买价格问题；已经获得购车号牌后则主要关注车型的续航里程和价格问题，续航里程是消费者选购车型时关注度最高的。 从消费者意向购买价格来看，10 万～15 万元是消费者主要购买价位，占 42.86%，其次是 15 万～20 万元和 8 万～10 万元。

5．SUV 依靠上市新车盈利，价格营销支撑京城新车交易

2015 年，SUV 市场上市新车刺激消费，主导品牌生命力，SUV 成为汽车市场冲量、经销商盈利的主要车型。需求方面，京城换车消费者青睐 SUV，其偏好度及忠诚度持续走高，首购选车也呈现出从轿车转向 SUV 一步到位趋势。SUV 逐渐成为汽车市场营销的主力紧俏车型，经销商靠热销 SUV 车型盈利。全国全国乘用车市场信息联席会数据显示：SUV 车累计同比增速达 56.7%；北京北辰亚运村汽车交易市场销售数据显示：国产 SUV（合资、自主）销量同比增长 28.05%，进口 SUV 销量占进口车交易量的 50%。自主品牌 SUV 以性价比优势占据 10 万～15 万元的目标市场。营销方面，价格官降+优惠+金融服务提升汽车市场活跃度。4 月份开始的官降蝴蝶效应与经销商优惠叠加、辅助贷款免息金融服务对消费者购车消化库存产生了积极作用。

6．提高报废补贴政策及限行措施，促进老旧车报废数量增长

《关于进一步加强机动车减排促进老旧车淘汰更新方案（2015～2016 年）》，通过提高 2000 元报废补助，优化机动车存量结构，提升老旧车报废动力。此外，限制国 I 车使用范围，倒逼老旧车报废。经济补贴给动力，六环内禁行给压力，促进老旧车淘汰报废更新。

除了政策的支持，北京庞大的老旧车存量为以废换新提供支撑。北京拥有雄厚的老旧车以废换新资源，据北京有关数据统计，北京尚有近百万辆国 II 以下老旧车，为以废换新奠定了资源基础。

7. 中央及国家机关公务车拍卖引起社会和消费者的广泛关注，活跃了京城汽车市场

中央和国家机关率先执行公车改革，公车第一拍引发社会关注。公务车拍卖从2015年1月25日北京北辰亚运村汽车交易市场首场拍卖会开始，到11月29日北京北辰亚运村汽车交易市场举办完最后一场公车拍卖会，在北京三个公车拍卖点（亚市、花乡、北汽鹏龙）共举办了26场公车拍卖会，拍卖汽车2800余辆；拍卖会吸引了大批京内外消费者和二手车经销商网上报名，现场参拍，场面热烈，成交率溢价居高不下。拍卖会助力京城二手车市场交易量的增长，活跃了旧车交易。 但由于北京受限购影响，公车拍卖释放的需求没能带动新车销售的增长。

8. 北京二手车增速快于新车，但同比增速回落

北京特殊的限购、限行政策及庞大的保有量资源为二手车过户交易增长提供了资源基础，北京率先于全国保持二手车增速超新车的业绩。

二手车上半年整体平稳，起伏不大，但限迁、限行、报废三大因素抑制了京城二手车市场发展，呈现累计同比1.74%的负增长，较2014年同期回落10.46%。限迁方面，限迁范围进一步收缩利空二手车市场。云南、新疆等地限迁收紧，京城外迁渠道收窄，国Ⅲ以下老旧车外迁更加困难。限迁等政策瓶颈不突破，二手车大流通体系建设将无法有序落地，二手车市场也无法实现预期发展目标。从限行方面看，国Ⅱ以下老旧车禁行导致老旧车流向及占比变化。国Ⅰ车2016年禁行六环以内，国Ⅱ车将加大限行范围使京城国Ⅰ老旧车流向报废车市场；国Ⅱ老旧车处于报废边缘，外迁无望，京内流转困难，处境尴尬。而且，国Ⅱ以下老旧车库存加大，价格跳水。国Ⅲ车以京内流转为主，国Ⅳ车成为二手车交易主体。限迁和禁行令报废车增长，侵蚀二手车过户资源。

上述三大利空因素使国Ⅲ以下、10年以上老旧车外迁困难，成为市场“棘手货”，处于不敢收也走不了的境地，价格下降20%以上，国Ⅱ以下车的价格更是以报废补贴为标尺，跌破消费者心理底线。

9. 环境危机催生使用危机，红色预警恐变成单双号限行常态化

2015年12月19日，北京再次发布空气重污染红色预警，并于12月19日7时至22日24时启动红色预警措施，全市范围内实行单双号限行；这是十天内北京第二次发布最高级别的红色预警，也是十天内第二次实行全市单双号限行措施。

重大政治活动及环境不断恶化而实行的单双号限行措施，加大了大家对单双号限行的担忧。新能源车将因为双免政策而继续获得消费者青睐。

三、2016 年京城汽车市场预测

1．北京传统汽油车可能面临更严格的限购措施，传统汽车经销商面对市场的进一步下滑，洗牌在所难免

2016 年新车销售有可能继续下滑，但下滑幅度将可控。新能源汽车、平行进口车将是汽车经销商销售转移的主要选择。向汽车后市场转移也将是一大趋势。

2．面对外埠限迁范围、标准的不断提升，不断下降的外迁率使北京新旧车置换的作用在下降

北京旧车市场应有的市场潜力难以发挥，2016 年整体销量会有所增长。在报废补贴和国Ⅰ车 2016 年六环内限行等政策的支持下，报废车市场将有明显增长，报废车提补政策到 2016 年年底结束，末班车效应将愈加提升老旧车报废热度。

3．随着外迁率的下降，北京旧车市场将更多面对本地的消费者，旧车交易诚信问题将越发重要

随着北京北辰亚运村汽车交易市场 2016 年率先实现市场内全面检测制度，旧车交易将展开诚信、品牌竞争。一系列的改革政策能否出台，关系着 2016 年京城二手车市场的走向。二手车电商平台也越来越关注与实体平台的合作，特别是旧车交易市场的平台合作（车易拍、UC 认证、58 同城）。

4．新能源汽车将成为 2016 年北京汽车市场的热点

面对北京不断趋严的购车指标限制及越来越频繁出现的限行措施，双放开的新能源汽车会受到北京消费者的追捧。厂家新能源汽车市场布局加速改善产品供应，满足消费者需求。北京北辰亚运村汽车交易市场将在原有新能源汽车应用推广中心的基础上设立新能源汽车销售、服务中心，与厂商共同打造新的营销模式。更多的社会力量会关注新能源汽车的发展，经销商会积极寻求转型销售新能源汽车。营销模式会进一步多元化，业务链跨界资源一体化，新业务、新思维、新视野将推动新能源汽车市场化运营和发展。市场化运作进一步推动充电桩建设，消费者充电需求将进一步得到满足。

5．平行进口车将在创新破局、规范运行中得到实质性发展

作为重点发展领域的平行进口车板块，各自贸区及各口岸都在制定平行进口车全产业链综合配套服务平台建设的具体措施，成为平行进口车市场发展的桥头堡。北京北辰亚运村汽车交易市场、润东集团、中国人民保险财险三方全面落实平行进口车“三包”服务，将在价格、诚信两方面赢得消费者肯定，并在行业中具有示范推广作用，打破经营困境。

6．传统汽车经销商与服务商将与电商在汽车电子商务方面展开全面合作和融合

传统汽车经销商将与电商从竞争对手变为合作伙伴，汽车营销模式变革将不可避免。低库存、低成本、多品牌经营、满足消费者个性化需求是未来调整的方向。

7．2016年北京汽车市场整体需求会进一步下降，特别是传统汽油车市场，经销商竞争压力会更加巨大

厂家在销售网络管理上面临更大的挑战，经销商面对经营压力退网、转网可能变成常态，大的汽车集团会研究多品牌经营，探索多品牌集中交易，集中维修保养的方式，以降低经营成本。

总之，2016年，京城汽车市场将面临更加严峻的市场挑战，新常态、新思维、新视野，突破传统，转型升级，破解难题，寻找并抓住机遇，在创新中求生存、谋发展。

（作者：郭咏）

2015 年天津汽车市场分析与 2016 年展望

2015 年天津汽车市场逐步进入限购后的平稳期，上半年新车销量相对 2014 年增长变化不大，但下半年销量下滑，受到“8・12 爆炸”影响，国产车的产销量也暂时停顿。天津汽车市场的进口车和国产车受损较大，同时带来天津汽车市场作为北方集散中心的社会地位的下降，这样的机会损失将对未来天津汽车市场的增长带来较大损失。

一、天津汽车市场的总量分析

1. 保有量历史变化趋势及 2015 年预测

天津汽车保有量增长较快，从 2001 年的 45 万辆增长到 2015 年的预计 286 万辆，2002～2013 年汽车保有量年平均增速达到 17%。但限购后的 2014～2015 年汽车保有量年平均增速仅为 5%，2015 年保有量接近 286 万辆，保有量增速处于相对低位（见图 1）。从增长特点看，2009～2013 年是增长的爆发年，增量平均达到 30 多万辆。2014 年和 2015 年是保有量增长较慢的，限购抑制增量突出。

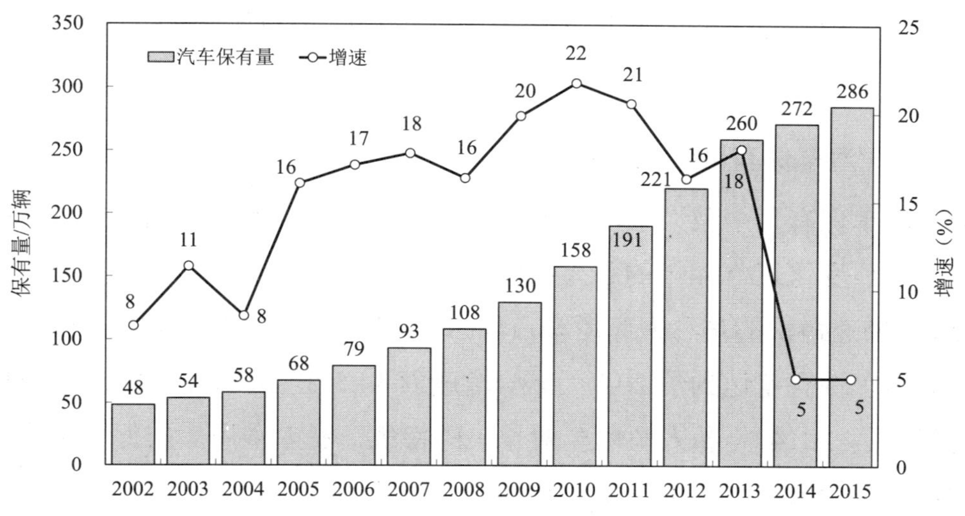

图1　2002～2015年天津民用汽车保有量增长变化

2．天津历年汽车保有量对比分析

全国四大直辖市的汽车保有量增长趋势差距较大，随着 2010 年底北京开始限购，2013 年底天津开始限购，重庆成为孤岛。重庆保有量增长较快，近期加速较快，北京增速较低。而天津的增长属于东部地区最快的，其核心原因是天津发展的快速变化，经济增长对消费的拉动作用越来越强。但 2014 年和 2015 年的天津汽车保有量增速迅速接近北京的低增长特征。上海因较开明的郊区牌照政策而增量速度较好（见图 2）。

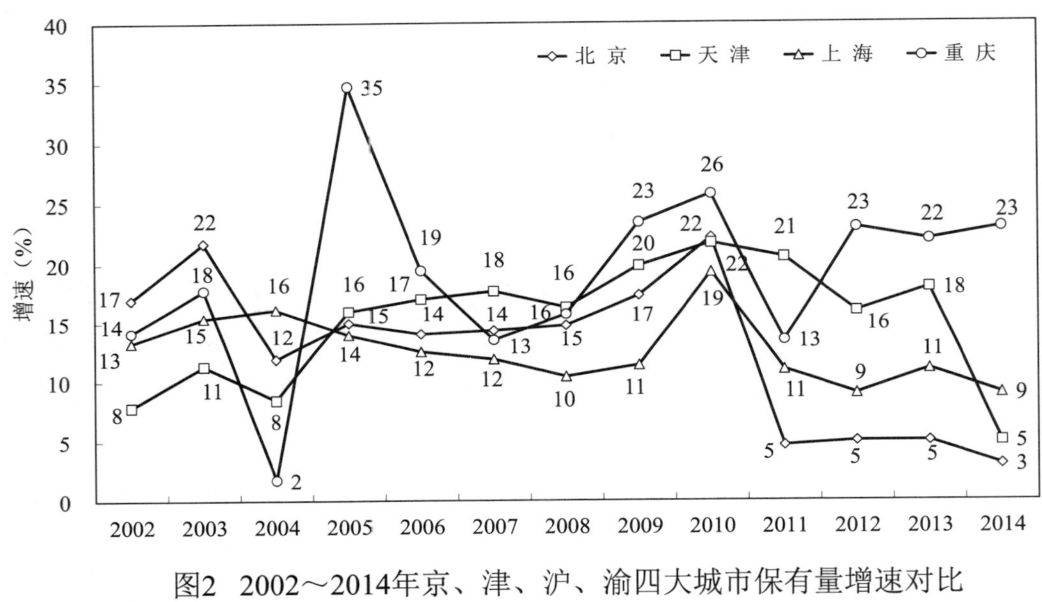

图2 2002～2014年京、津、沪、渝四大城市保有量增速对比

3．天津汽车保有量结构分析

天津汽车保有量中私人乘用车的总量大、占比高、增速快，但这一切在 2014 年发生了剧烈变化。2014 年的私人乘用车占比为 78.7%，较 2013 年下降了 0.7 个百分点。而增速最快的是私人商用车市场，即货车和大中型客车的增长较快。2014 年私人商用车保有量达到了 20.3 万辆，增速为 14.5%。2015 年天津汽车市场的增长仍将延续了 2014 年私人商用车增长快的特色，私人乘用车的保有量增速进一步放缓，也成为天津汽车市场中最低迷的一个市场。

二、天津购车需求结构分析

1. 上牌量及历史变化趋势

天津的汽车需求发展与全国的增长特征有所差异，这与天津的需求变化因素直接相关。2004 年全国轿车市场增速大幅下滑，出现寒流，而天津市场一枝独秀，轿车增长保持在 30%以上的水平。2009～2010 年的天津轿车市场高速增长，2011～2015 年的天津轿车市场增速放缓，货车市场需求也有放缓。这种需求波动和天津的投资与消费的变化密切相关。2015 年天津汽车市场实现高速增长，其中限购传闻下的轿车增速好于汽车市场增速（见表 1）。2014 年底天津新增机动车上牌增加 23 万辆，其中增长较快的是乘用车。随着黄标车淘汰的进程加快，商用车购买增长体现在轻型货车市场，重型货车的需求也有上升。这也是经济增长较快推动了天津车辆需求的增长。

表 1　天津的上牌量及历史变化趋势

年份	2004 年	2005 年	2006 年	2007 年	2008 年	2009 年
汽车上牌量/万辆	9.9	12.1	12.9	15.9	18.4	24.2
汽车增速（%）	27	23	7	23	16	31
轿车上牌量/万辆	7.8	10.5	11.1	13.5	16.0	21.5
轿车增速（%）	38	35	6	21	19	34
乘用车占比（%）	79	87	86	85	87	89
年份	2010 年	2011 年	2012 年	2013 年	2014 年	2015 年
汽车上牌量/万辆	31.1	32.7	34.2	42.1	23.4	22.0
汽车增速（%）	29	5	5	23	-44	-7
轿车上牌量/万辆	27.4	29.0	30.6	38.2	18.3	17.0
轿车增速（%）	27	6	6	25	-52	-6
乘用车占比（%）	88	89	89	91	78	80

2. 天津市场报废转出分析

随着天津限牌和淘汰黄标车，报废转出成为天津汽车市场的特色格局。2014 年天津市场转出报废包括更新老旧车辆和转出外地两部分。总体来看，2014 年新车购买者大于上户数量 10.8 万辆，这是部分老旧车辆更新，旧车流出天津的结果。由于天津的机动车污染治理力度不断加大，因此柴油车的淘汰转出速度较快。由于限购导致的天津二手车淘汰数量达到 7.4 万辆，属于较大的二手车流转。这也是汽车市场保有量结构调整的结果。而轻型货车的转出量也很大，转出速度也是近期少有的。

三、天津消费结构分析

1．天津的国产狭义乘用车走势分析

天津国产车的走势主要取决于狭义乘用车的走势，受到 2013 年限购传闻的影响，天津国产车的销售出现持续走强的情况。但 2014 年的天津汽车市场出现严重的低迷情况，负增长情况延续至 2014 年。2015 年天津汽车市场仍处于低迷状态，新购和换购需求全面低迷。2015 年 11 月份的汽车市场没有恢复。进口车的表现稍好于国产车，但随着 2015 年 8 月份天津港爆炸事件的影响，2015 年 9 月份的天津进口车销量也出现低迷现象（见表 2），这也是天津的巨大损失。

表 2　天津狭义乘用车销量及增速

年份	产地	狭义乘用车天津销量/辆				增速（%）			
		1～4月份	5～8月份	9 月份	10 月份	1～4月份	5～8月份	9 月份	10 月份
2013年	国产	100587	103410	29618	28046	38	23	30	18
	进口	6546	6885	1906	2243	12	18	29	77
2013 年 汇总		107133	110295	31524	30289	36	23	30	21
2014年	国产	51600	43731	13893	15890	−49	−58	−53	−43
	进口	5250	5756	1690	1491	−20	−16	−11	−34
2014 年 汇总		56850	49487	15583	17381	−47	−55	−51	−43
2015年	国产	44028	50840	12547	13304	−15	16	−10	−16
	进口	5983	6033	1308	1354	14	5	−23	−9
2015 年 汇总		50011	56873	13855	14658	−12	15	−11	−16

2．天津国产车分级别需求结构分析

天津市场的车型前期主要是以 A0 级轿车为主，2014 年的 A0 级车占市场总量剧烈下滑，2015 年仍是持续下滑中，也拖累整个轿车市场的全面负增长（见表 3）。而天津 SUV 市场的增长是持续的亮点。2015 年的天津 SUV 市场全面高增长，其中 A0 级 SUV 增长迅猛，实现倍增效应，这也是天津一汽骏派产品推出的良好效果。天津的 MPV 市场低速发展，前几年规模增长超过全国水平，2015 年的走

势并不理想，出现边缘化趋势，几个主流的 MPV 车型出现增长压力，而小型的 MPV 也受政策冲击较大。只有 B 级 MPV 表现稍好一些，这也是前期的限购带来的多座位车型需求增长。

表 3　天津国产车分级别需求结构分析

（单位：辆）

车型	年份	A00	A0	A	B	C	总计
轿车	2014 年	2420	21200	51657	19421	4098	98796
	2015 年	1315	10666	46130	20537	4779	83427
轿车汇总		3735	31866	97787	39958	8877	182223
MPV	2014 年	—	167	1518	1525	1434	4644
	2015 年	—	98	1261	1798	1221	4378
MPV 汇总		—	265	2779	3323	2655	9022
SUV	2014 年	—	2222	16280	3074	98	21674
	2015 年	—	5651	22095	4952	216	32914
SUV 汇总		—	7873	38375	8026	314	54588

3．天津新能源车市场的表现

天津 2015 年的新能源汽车销售增长较好，1～10 月份的销量达到 2014 年的 6 倍左右。天津新能源汽车的销售主要是秦的销售较好，其次是众泰的知豆电动车，奇瑞 EQ 电动车和吉利的康迪电动车表现也不错。这主要是天津限购带来的入门级消费和家庭第二辆车的需求增长。总体来看，随着全国新能源车市场的补贴和优惠照顾力度超强，政策效果逐步体现。差异化的新能源车不限行的优惠政策对汽车市场的新能源车购买的促进较大。

天津市场受到限购的影响，导致主城区居民的换购和新购热情较高，边远县镇的需求相对偏弱。尤其是 2015 年的经济形势不好，乡镇企业的订单较少，加之工资偏高，需求订单转移到河北等较多，而且随着天津港爆炸，天津滨海新区的购买需求也有一定影响。但考虑到九号线被炸，全线停运，导致滨海与市区的地铁轨道交通停运，这对私车需求也有一定的带动。随着限购的深入和限迁政策的实施，天津的二手车数量大、档次低，本地的二手车价格较低，导致本市的轿车需求萎缩，因此县里是不能外迁二手车很好的集散地，也抑制了本地新车的正常销售格局。总体来看，天津2015年汽车市场的增长受到诸多干扰，导致2015年的增速乏力，尤其是下半年的汽车市场受到高基数和低购买力的双重影响而购买量较低。从全国看，2015年的天津汽车市场也是表现偏差的，相信2016年会有明显改善。

（作者：崔东树）

2015 年上海汽车市场分析与 2016 年展望

2015 年我国汽车市场跌宕起伏，呈现 V 形走势，前三季度受宏观经济增速放缓、我国股市大幅度波动以及上年限购传闻带来提前消费的影响，全国汽车销售 1705.65 万辆，同比仅增长 0.31%，市场表现低于预期。其中乘用车表现相对较好，销量为 1454.78 万辆，增长 2.75%，商用车销量为 250.87 万辆，同比下降 11.83%。直至 2015 年 9 月 30 日，财政部联合国家税务总局颁布购置税减半政策，使我国汽车市场摆脱颓势，四季度重回两位数增长，达到 15.9%。全年汽车销量为 2510 万辆，同比增长 4.2%，其中乘用车 2095 万辆，增长 7.8%，商用车 415 万辆，下降 10.5%。

一、2015 年上海区域市场分析

1．2015 年上海经济情况

面对国内外错综复杂的经济形势，2015 年上海经济运行总体符合预期。前三季度上海经济增速为 6.8%，其中，第一产业增加值 63.74 亿元，下降 10.4%；第二产业增加值 5713.23 亿元，下降 0.2%；第三产业增加值 12089.27 亿元，增长 11.1%，高于全国 2.7 个百分点。1～10 月份全市居民消费价格涨幅为 2.4%，低于 3%的年度控制目标。税收收入首次超过万亿元，同比增长 22.9%，增幅位于全国前列。前三季度上海对外直接投资额为 328 亿美元，同比增长 3 倍，实际汇出额 116 亿美元，首次位居全国第一。结构、质量和效益呈现进一步优化的趋势。

2．2015 年上海汽车市场

2015 年上海汽车市场增长迅速，全年总体市场需求 41.6 万辆，同比增速自 2010 年以来首次回归两位数，达到 23%，其中乘用车市场 37.9 万辆，同比增长 27.2%，商用车则继续负增长，全年 3.7 万辆，跌至 6 年来的最低水平（见图 1）。

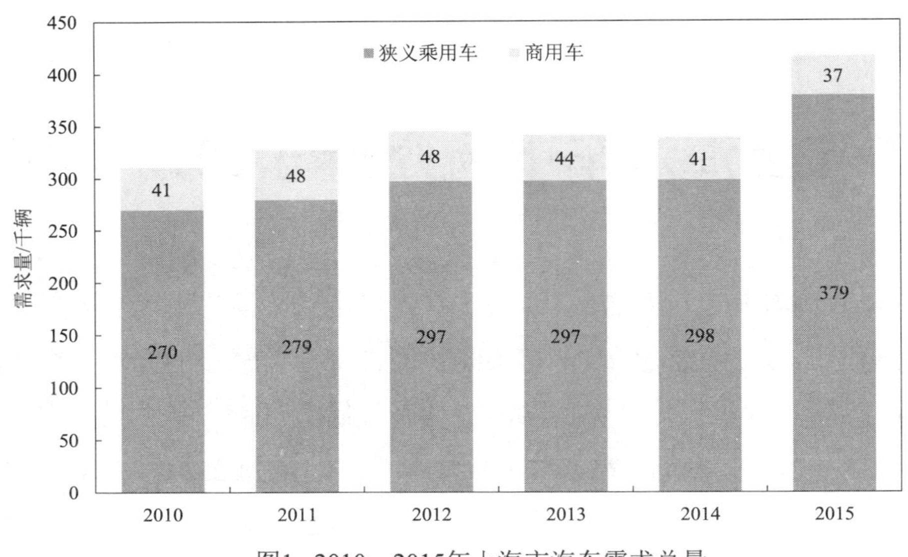

图1 2010～2015年上海市汽车需求总量

（注：数据来源于上海市信息中心）

2015 年上海汽车市场的高增长主要得益于更新需求及新能源汽车的爆发式增长。2015 年 4 月，上海市交通委根据国务院《大气污染防治行动计划》和《上海市大气污染防治条例》的规定，宣布 2015 年上海将全面淘汰黄标车，基本淘汰国 I 标准汽油车，大力推进其他老旧车辆淘汰。自 2016 年 1 月 1 日起，在外环限行 2005 年前注册的国 II 标准汽油车。据统计，截至 2015 年 3 月底，上海市仍有国 II 汽油车 22.5 万辆，其中有一半以上的国 II 标准汽油车是使用 10 年以上将被限行的车辆。政策颁布以后，极大地刺激了上海汽车市场的更新需求。除此之外，随着 2009 年购置税减半政策带来连续两年的汽车高消费，2015 年置换需求迎来了一个高峰，这也是推高上海汽车市场增长的主要原因之一。

2015 年上海新能源汽车累计推广应用 44247 辆，其中超过 90%属于乘用车，同比增长 415%。造成如此井喷式增长的原因如下：一是 2015 年是国家新能源汽车三年推广期的末年，国家和地方政策集中释放，企业推广力度加大。仅上海车展就有超过 100 款新能源车型， 占到所有参展车型的 15%以上，宣传力度之大可见一斑。除此之外，互联网企业纷纷涉足新能源汽车行业，这股热潮让消费者对新能源汽车的认知和接受程度越来越高。二是上海 3 月底颁布了新的交通管理措施，延长了外牌车辆限行的时间，虽然调整力度不大，但给出的信号十分明显。与此同时，价格高昂的沪牌以及不到 5%的中标率使一部分消费者把目光投向了免拍牌、免限牌的新能源汽车。三是浦东、嘉定、闵行针对新能源汽车的补贴到年底结束，而新政又迟迟没有推出，根据国家逐年退坡的政策导向，消费者对于上海的政策也有一个退坡的预期（见图 2）。

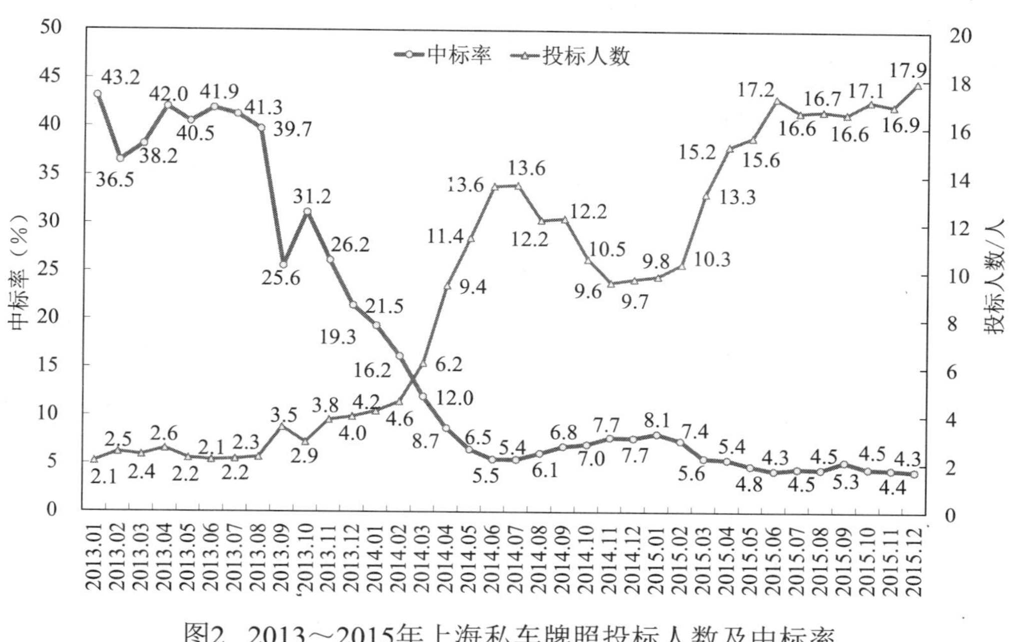

图2 2013～2015年上海私车牌照投标人数及中标率

二、2016 年上海区域市场预测

1. 2016 年全国市场环境分析

在刚刚结束的中央经济工作会议上，政府明确了 2016 年工作重心转向解决结构性难题并提出去产能、去库存、去杠杆、降成本、补短板五大任务。2016 年我国经济仍将处于调结构的阵痛期，下行压力进一步加大。

一是投资增长压力依然较大。从房地产投资看，我国房地产投资已连续 21 个月下降，2015 年前 10 个月房地产开发企业土地购置面积同比下降 33.8%，房地产投资中自筹资金部分同比跌幅扩大至 9.5%。 2016 年在市场过剩的存量住房得到消化以前，房地产投资仍将进一步小幅下降。从制造业投资看，受制造业效益大幅下降和产能过剩的影响，2016 年投资低迷的状况仍难扭转。从基础设施投资看，受到政府土地收入及融资平台融资能力的影响，PPP 模式实质性进展较慢，预计 2016 年难以有大幅增长。因此，2016 年全国固定资产投资增速仍处于下滑阶段，全社会投资的积极性依然有限。

二是出口增长依然乏力。受外需市场低迷、国内要素成本持续上升和人民币实际有效汇率大幅升值等因素影响，2015 年全国出口总额连续数月出现同比负增长，且降幅不断扩大。2016 年外部需求依然疲软，我国出口形势仍然不容乐观。

三是消费增长依然保持稳定。2016 年一方面随着居民收入增加，旅游、休闲、文化等新兴消费模式和消费热点将继续升温，汽车市场也是消费保持平稳的重要因素之一；但另一方面，经济增速下滑也将导致消费者信心减弱，影响汽车和住房两大消费市场的增长。因此，总体来看，2016 年我国消费需求仍将基本保持稳定，增速不会出现大幅提升。

虽然我国经济发展基本面还是好的，但结构性改革的任务十分繁重，全年 GDP 增速预计将下降至 6.6%。汽车市场受经济增速影响，内需相比 2015 年不会有太大的增长，但考虑到 2016 年底购置税减半政策退出，会刺激部分消费者提前购买，综合分析，全年预计乘用车销量达 2300 万辆，同比增长 9.8%，增速高于 2015 年。

2．2016 年上海经济态势

考虑到国际及国内环境的压力，2016 年上海经济增速预计 6.5%左右，略低于全国 6.6%的增速。全市经济运行可能存在四大难点：一是税收高增长态势难以持续；二是工业增长动力短期内难以完全恢复；三是房地产成交量难以持续增长；四是企业经营困难状况难以根本改观。面对压力，上海经济工作的总体思路是：坚持底线思维和稳中求进，以提高经济发展质量。上海经济增长也有亮点：一是重大项目将形成新的增长点。二是人民币“入篮”将为上海推进国际金融中心和自贸试验区建设带来新的机遇。三是中韩自由区协定和我国-东盟自贸区升级版签署将为上海企业“走出去”和扩大出口提供新空间。四是国家大力实施供给结构性改革和稳增长措施有利于进一步推动上海结构调整和增强经济发展动力。这些机遇对经济运行的支撑效应将逐步显现，有利于增强上海经济发展动力，保持经济平稳运行。

综合上述情况，初步预计 2016 年上海 GDP 增速为 6.5%左右。其中，2016 年一季度和上半年压力较大，三、四季度将逐步趋稳回升。

3．2016 年上海乘用车市场影响因素及总量预测

据上海交通委透露，2016 年上海新增非营业性客车额度计划投放 10 万辆，基本与 2015 年持平。2016 年将保持目前拍卖方式，个人客车额度拍卖继续以“季度警示价”为价格调控措施，第一季度警示价由 2015 年成交均价确定，第二季度警示价为第一季度成交均价，以此类推；单位客车额度实行有底价拍卖，底价

为当月个人客车额度拍卖成交均价。拍卖的规则调整概率较小，中标率仍将持续下降。

虽然 2016 年上海新能源补贴政策仍未出台，但从上海市商务委、市交通委等联合召开“高污染货运车治理暨绿色物流发展推进会”并计划发展 3000 辆新能源物流车等动作来看，上海治理污染、大力发展新能源汽车的决心并没有变。预计诸如免费沪牌等新能源车政策仍将持续，甚至还会有新的扶持政策出台。沪牌中标率的走低和愈加严格的限行政策也让越来越多的消费者关注新能源汽车。

新能源汽车基础设施方面，上海也正在积极培育新能源车发展的土壤。在标志性文化场所、学校、医院等公共机构，率先推广公共充电桩建设；在公务车、公共交通领域率先应用电动汽车取得突破，提高电动汽车在汽车消费市场的份额，形成“电动汽车+分时租赁”的公共交通新常态。而电动汽车租赁相关的 evcard 分时租赁项目已从郊区发展到市中心，目前已有 500 个充电网点建成。目前来看，新能源汽车在上海发展状况良好。

由于 2015 年国Ⅱ标准汽油车限行政策刺激了一部分更新需求，2016 年更新需求相比 2015 年会有一定回落。大致判断 2016 年上海乘用车销量将达到 39 万辆，同比增长 3%（见图 3）。预计传统能源汽车会有 3%～5%的下滑，而新能源汽车销量将会在 2016 年达到新的高度。

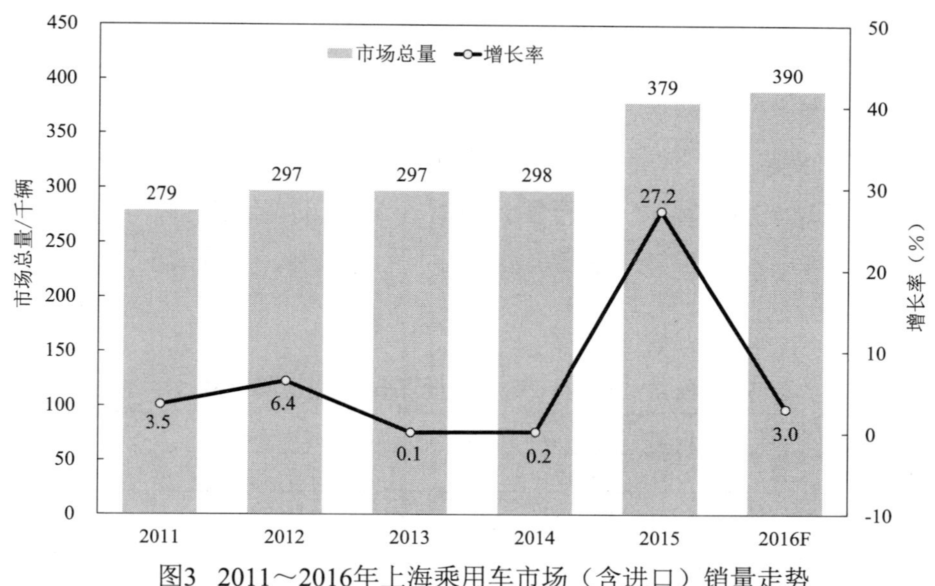

图3 2011～2016年上海乘用车市场（含进口）销量走势

（作者：袁昕）

2015年浙江省汽车市场分析与2016年展望

一、2015年浙江省汽车市场回顾

1．2015年浙江省汽车上牌情况分析

2015年，浙江省汽车市场受经济大环境、杭州限牌和购车刚性需求等综合因素影响，全年汽车销量为158.36万辆，同比增长6.06%，增幅回升，达到了历史最高水平。其中，杭州汽车市场经历限牌后第一个完整年度，新车上牌20.91万辆，同比下降16.55%，其他地区137.45万辆，同比增长10.61%（见表1）。

表1　2014～2015年浙江省新车上牌量对比

地区	2014年上牌量/辆	2015年上牌量/辆	同比增速（%）
浙江省	1493176	1583610	6.06
杭州市	250544	209087	−16.55
杭州以外其他城市	1242632	1374523	10.61

2．浙江省汽车市场结构分析

2015年度，全省汽车市场按基本型乘用车、客车、货车三类细分：基本型乘用车129.97万辆，同比增长9.57%。其中，国产车上牌量119.26万辆，同比增长11.70%；进口车上牌量10.72万辆，同比下降9.57%。进口车上牌量出现近年来少有的负增长。客车12.65万辆，同比下降10.51%。货车15.74万辆，同比下降4.99%（见表2）。

表2　2014～2015年浙江省车型上牌量对比

车型	2014年上牌量/辆	2015年上牌量/辆	同比增速（%）
基本型乘用车	1186173	1299717	9.57
国产车	1067681	1192567	11.70
进口车	118492	107150	−9.57
客车	141309	126460	−10.51
货车	165694	157433	−4.99

以上数据表明：除杭州受限牌影响新车市场出现重大转变以外，其他城市上牌数据较上一年度增长明显；作为生产资料的货车和客车（城市物流、客运等），第一次出现双降，说明在经济调整的大环境下，浙江也处于经济转型、结构调整的关键时期；省内二、三线城市刚性需求成为支撑浙江汽车市场的主要保障。

3．浙江省各地市汽车上牌量分析

宁波、杭州、温州、金华作为第一梯队，上牌量占全省汽车上牌总量的 55.59%；第二梯队绍兴、台州、嘉兴、湖州，上牌量占全省汽车上牌总量的 37.25%；第三梯队衢州、丽水、舟山，上牌量占全省汽车上牌总量的 7.16%。第一梯队中，除杭州受限牌影响不具备可比性，宁波、温州、金华的上牌增速都明显低于第二、第三梯队的大部分城市，其中绍兴、嘉兴、湖州、衢州和丽水增速超过或接近 15%（见表 3）。一方面说明各地在此次经济转型背景下情况各有不同；另一方面说明相对于省内一线城市，二、三线城市刚性需求旺盛，渠道网络下沉潜力巨大。其中绍兴、嘉兴和湖州三地上牌增幅达到 17.72%、18.16%和 23.16%，不排除受杭州限牌影响，杭州非主城区居民异地购车上牌拉动三个城市上牌量较大幅度增长。

表 3　2014～2015 年浙江省各地市汽车上牌量

排序	地区	2014 年上牌量/辆	2015 年上牌量/辆	同比增速（%）	份额（%）
1	宁波	254000	270734	6.59	17.10
2	杭州	250544	209087	−16.55	13.20
3	温州	186826	201955	8.10	12.75
4	金华	191657	198542	3.59	12.54
5	绍兴	141290	166326	17.72	10.50
6	台州	157235	165842	5.47	10.47
7	嘉兴	132076	156064	18.16	9.85
8	湖州	82547	101668	23.16	6.42
9	衢州	44059	54569	23.85	3.45
10	丽水	34974	40062	14.55	2.53
11	舟山	17968	18761	4.41	1.18

浙江省各地市进口车上牌量分析虽然受到限牌影响，但杭州市在进口车消费方面的省内龙头地位不变，同比仅下降 11.90%；其他城市除嘉兴、湖州分别增长

6.36%和6.97%以外，均呈现不同程度的负增长；其中宁波、温州、金华、台州降幅超过10%（见表4）。经济调整大环境下，进口车需求量明显缩水。

表4 2014～2015年浙江省各地市进口车上牌量

排序	地区	2014年上牌量/辆	2015年上牌量/辆	同比增速（%）	份额（%）
1	杭州	29384	25886	−11.90	24.16
2	宁波	20705	18396	−11.15	17.17
3	温州	14428	12418	−13.93	11.59
4	金华	13873	11837	−14.68	11.05
5	台州	11051	9832	−11.03	9.18
6	嘉兴	8944	9512	6.36	8.88
7	绍兴	10085	9251	−8.27	8.63
8	湖州	5370	5744	6.97	5.36
9	衢州	1881	1696	−9.86	1.58
10	丽水	1620	1529	−5.63	1.43
11	舟山	1151	1050	−8.77	0.98

浙江省各地市国产基本型乘用车上牌量分析除杭州以外，全省其他十个城市国产基本型乘用车上牌增幅均达到10%以上，高于全国平均水平；其中，绍兴、嘉兴、湖州和衢州上牌增幅超过20%（见表5）。

表5 2014～2015年浙江省各地市国产基本型乘用车上牌量

排序	地区	2014年上牌量/辆	2015年上牌量/辆	同比增速（%）	份额（%）
1	宁波	182923	205610	12.40	17.24
2	温州	133484	155969	16.84	13.08
3	金华	125204	141136	12.72	11.83
4	杭州	170381	137032	−19.57	11.49
5	绍兴	104762	128946	23.08	10.81
6	台州	111903	126949	13.45	10.65
7	嘉兴	102266	125627	22.84	10.53
8	湖州	65057	82861	27.37	6.95
9	衢州	33055	43957	32.98	3.69
10	丽水	25338	30053	18.61	2.52
11	舟山	13308	14428	8.41	1.21

浙江省各地市客车上牌量分析杭州市 9 座（含）以下小型客车受到限牌影响，上牌量急剧下降，客车同比降幅达到 34.39%（见表 6）。其他地区，增减情况各不相同，但总体呈下降趋势。

表 6 2014～2015 年浙江省各地市客车上牌量

排序	地区	2014 年上牌量/辆	2015 年上牌量/辆	同比增速（%）	份额（%）
1	宁波	22046	22094	0.22	17.47
2	金华	24739	19861	−19.72	15.71
3	温州	19880	17368	−12.64	13.73
4	绍兴	15118	16609	9.86	13.13
5	杭州	21577	14158	−34.39	11.20
6	台州	13140	10822	−17.64	8.56
7	嘉兴	10482	10537	0.53	8.33
8	湖州	6009	6512	8.38	5.15
9	丽水	3688	3694	0.15	2.92
10	衢州	3305	3535	6.97	2.80
11	舟山	1325	1270	−4.18	1.00

浙江省各地市货车上牌量分析货车市场除杭州、湖州、丽水以外，均呈现微增或者下降趋势（见表 7）。

表 7 2014～2015 年浙江省各地市货车上牌量

排序	地区	2014 年上牌量/辆	2015 年上牌量/辆	同比增速（%）	份额（%）
1	杭州	29202	32011	9.62	20.33
2	金华	27841	25709	−7.66	16.33
3	宁波	28326	24634	−13.04	15.65
4	台州	21141	18240	−13.72	11.59
5	温州	19034	16201	−14.88	10.29
6	绍兴	11325	11520	1.72	7.32
7	嘉兴	10384	10387	0.03	6.60
8	衢州	5818	5381	−7.51	3.42
9	湖州	6111	6550	7.18	4.16
10	丽水	4328	4787	10.60	3.04
11	舟山	2184	2014	−7.80	1.28

4．浙江省各主要品牌上牌量分析

豪华品牌以奥迪、宝马、奔驰三个销量最高的品牌（含国产）为例，2015年浙江省汽车市场表现各不相同，其中，奥迪同比增长13%左右，奔驰增幅超过40%，宝马同比增长10%左右；日系豪华品牌中，雷克萨斯较上年销量微降，英菲尼迪同比增长25%以上。

合资品牌日系品牌同比增长17%左右，韩系品牌同比增长2.5%左右，欧系品牌同比增长3.5%左右，美系品牌同比增长2%左右。合资品牌在国产基本型乘用车市场份额75.74%，下降6个百分点左右；说明民族品牌在自身品质提升和经济下行压力双重作用下，市场接受度有所提升。

5．杭州市场情况分析

在2014年的分析报告中对杭州市场2015年进行预判："上牌量将在21万～22万辆左右，其中基本型乘用车（不含微客）上牌量有望突破16万辆，增量指标与置换购车形成1∶1配比"。从2015年的数据来看基本与预判吻合，其中，机动车上牌总量20.91万辆，基本型乘用车（不含微客）上牌量16.29万辆。预计未来，杭州市场受到增量指标的限制，新车上牌量将会趋于稳定。

6．消费信贷规模升级

2015年，浙江省乘用车上牌总数中贷款购车比例达到28.11%。其中，进口车贷款购车比例达到25.68%；国产车贷款购车比例达到28.33%。近年来贷款购车比例持续增长，2016年预计突破30%，但与国外成熟市场70%左右的渗透率相比，还有很大的增长空间；预计未来三年将会迎来贷款（按揭）购车业务的井喷式发展。

国产新车按揭比例高于进口车，说明消费方式的转变已经下沉到各级消费群体，随着金融市场的进一步开放，预计未来消费信贷产品的设计也将按照消费群体呈现多元化趋势。

二、2016年浙江省汽车市场展望

预计2016年浙江省汽车消费需求将保持增长态势，主要呈现以下特征：杭州限牌带来的影响已经基本释放，同时受到购置税减半等政策的拉动，省内基本型乘用车增幅将保持在10%左右；客车和货车市场在经历2015年的负增长之后，将基本企稳。

预计 2016 年，浙江省汽车保有量将接近或突破 1300 万辆，与 2015 年的 1160 万辆相比增加 140 万辆左右，同比增长 12%左右；全省汽车需求量预计为 171 万辆，与 2015 年的 158 万辆相比增加 13 万辆左右，同比增长 8%左右（见表 8 ）。

表 8　2016 年浙江省汽车保有量与新增上牌量预测

项目	2014 年/万辆	2015 年/万辆	2016 年预测/万辆	同比增长率（%）
保有量	1030	1160	1300	12
需求量	149	158	171	8

（作者：宣峻）

2015 年河南省乘用车市场分析与 2016 年展望

2015 年我国经济下行压力持续加大，进入经济新常态，全年 GDP 预计增速为 6.9%。河南省 GDP 高于全国 1 个百分点，增速为 7.9%，这也是河南近几年唯一一次 GDP 增幅低于 8%。受经济大环境影响，河南省乘用车增速也在近四年来首次低于 25%，但仍旧高于全国平均增速，达到 10.7%。河南是全国第一人口大省和经济欠发达的省份，2016 年是“十三五”的开局之年，也是河南发展的关键时期，既是转折期也是分化期，经济增速上保持高于全国 1 个百分点是底线，同时城镇化率相对较低，对于人口密度较大的省份来说，乘用车市场增幅仍会高于全国平均水平，保持 10%以上。

一、2015 年河南省经济情况及乘用车市场回顾

1. 2015 年河南省经济发展情况回顾

2015 年，河南省整体经济运行中“三期叠加”特征明显，外部形势仍然趋紧，经济下行内在压力仍在。2015 年二季度以来，国家和我省出台的一系列财政和货币政策，有效遏制了经济下滑态势，随着宏观政策效应的进一步显现，2015 年三、四季度经济稳中有升。预计全年 GDP 总值 3.8 万亿元（见图 1），较 2014 年增幅 7.9%，高于全国增速。农业生产、物价、就业总体稳定，继续对经济增长发挥稳定的基础支撑作用；工业生产稳中有升，固定资产投资继续回升，促进经济平稳增长的积极因素不断积累。

2015 年 1～11 月份，全省规模以上工业增加值增长 8.6%。从行业来看，全省 40 个工业行业大类中，31 个行业保持增长，增长面达 78%。计算机通信和其他电子设备制造业、非金属矿物制品业、汽车制造业、黑色金属冶炼和压延加工

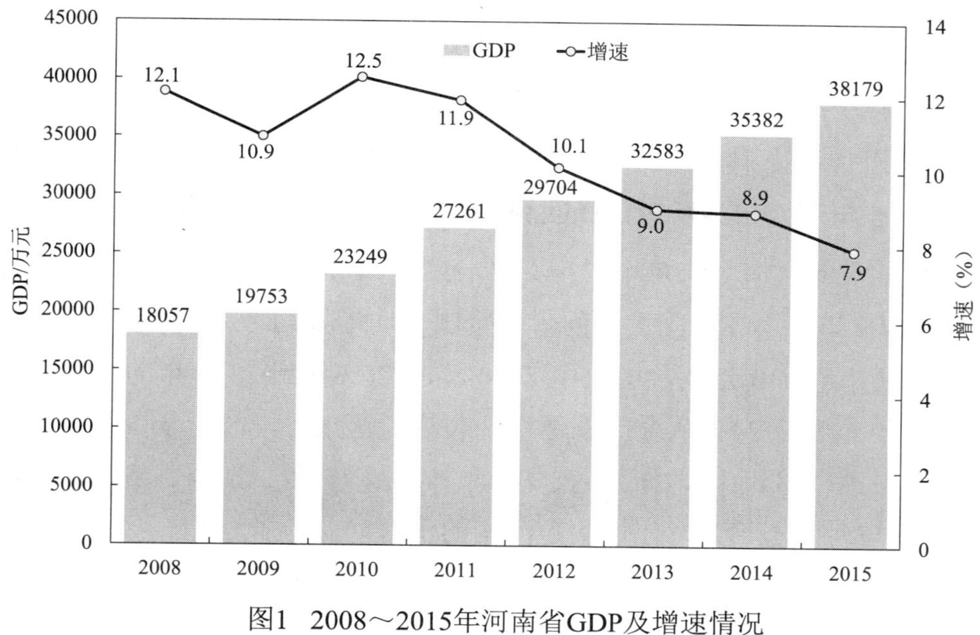

图1 2008～2015年河南省GDP及增速情况

业、专用设备制造业、电气机械和器材制造业、农副食品加工业、化学原料和化学制品制造业、金属制品业、食品制造业等 10 个行业是工业增长的主要拉动力量。

2015 年 1～11 月份，全省固定资产投资 31463.51 亿元，增长 16.2%。其中，基础设施投资快速增长，1～11 月份，全省基础设施投资 4657.48 亿元，增长 33.5%；房地产开发投资增速继续回升，1～11 月份，全省房地产开发投资 4294.53 亿元，增长 10.4%；工业投资增速小幅回升，1～11 月份，全省工业投资 15354.41 亿元，增长 11.0%。

商品房销售面积和销售额 2015 年以来总体保持回升态势，2015 年 1～11 月份，全省商品房销售面积 6796.84 万 m^2，增长 7.3%。

消费品市场平稳增长，2015 年 1～11 月份，全省社会消费品零售总额 14227.46 亿元，增长 12.4%（扣除价格因素实际增长 12.6%），增速高于全国平均水平 1.8 个百分点。1～11 月份，全省进出口总额 4205.99 亿元，增长 20.3%，物价、就业总体稳定。1～11 月份，全省 CPI 上涨 1.3%。

结构调整继续推进，2015 年 1～11 月份，全省高成长性制造业增加值增长 11.6%，高于全省工业 3.0 个百分点；占全省工业比重 47.2%，同比提高 2.5 个百分点。工业投资结构继续改善。高成长性制造业投资增长 12.7%，高于全省工业投资1.7个百分点；占工业投资比重54.6%，同比提高0.8个百分点。服务业投资占比继续提高。1～11月份，服务业投资占全省投资比重47.0%，同比提高1.7个百分点。

2．2015年河南省乘用车市场回顾

（1）2015年河南省乘用车市场分析 2015年受经济下滑、股市、限牌等因素影响，2015年乘用车增幅大幅回落，全国平均增幅约8%。河南省乘用车注册数2015年预计超130万辆，增幅由2014年的26%降到2015年的11%，减少约15个百分点（见图2）。从全国总体市场容量增幅来看，高于全国平均增速的省份主要集中在中西部地区，如河南、湖南、湖北、安徽、江西、贵州、广西、甘肃等。体量与河南省相当，但增幅超河南的仅有河北一省。

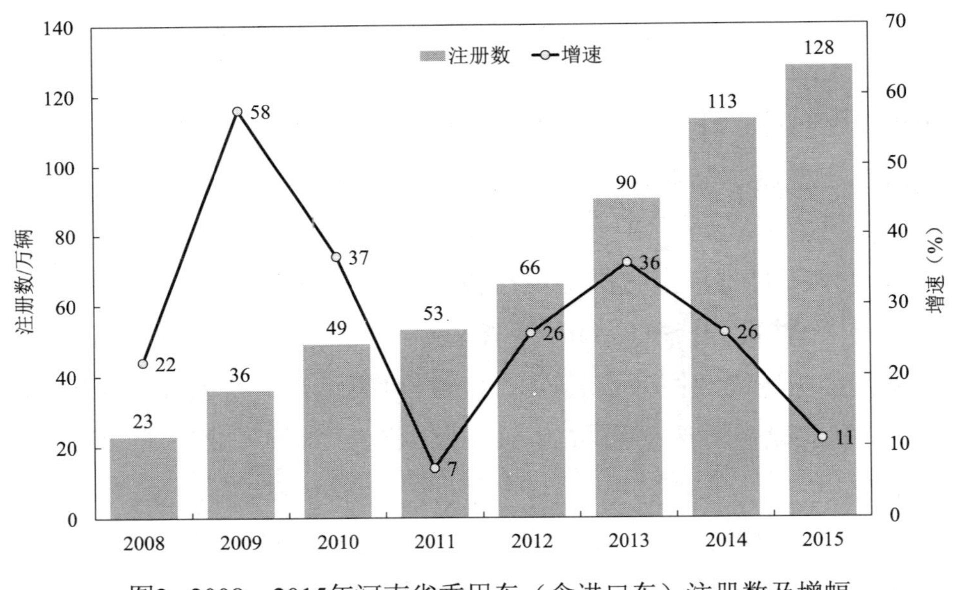

图2 2008～2015年河南省乘用车（含进口车）注册数及增幅

河南省乘用车增幅一直远高于全国平均水平，除得益于居民人均收入日益增长外，与河南省是人口大省，及较低的城镇化水平不无关系，就千人保有量看，河南省仍处于汽车普及阶段。河南省乘用车保有量增速虽有所回落，但仍旧保持在24%的增速，而且是连续八年保持20%以上的增速，到2015年已达577余万辆（见图3）。人均GDP自2008年的19181元增长到2015年的38010元，增幅翻番，千人保有量也首次突破50辆（见图4）。

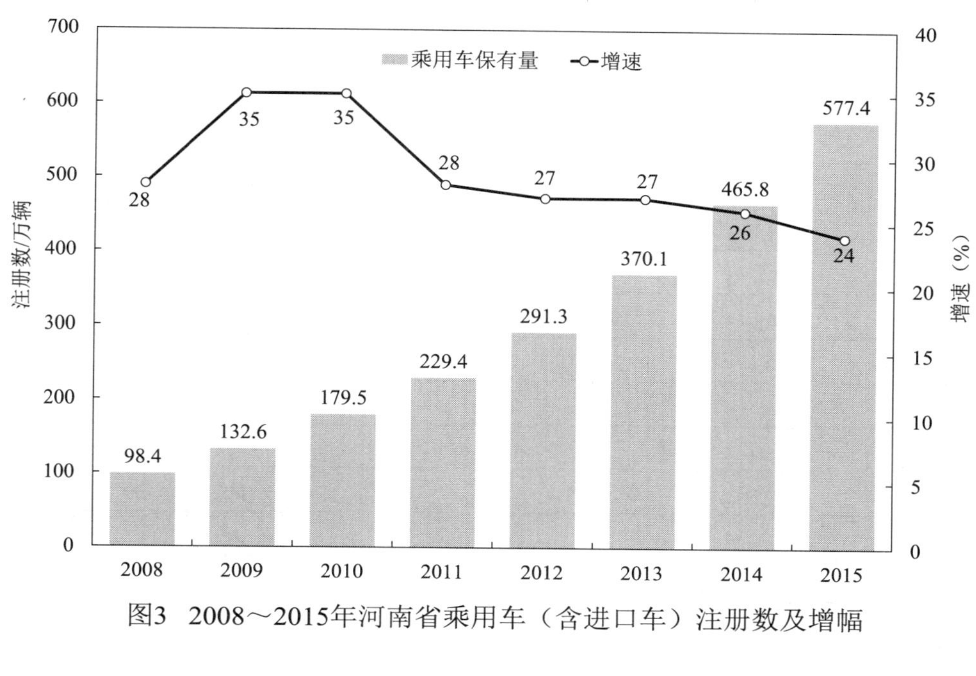

图3 2008～2015年河南省乘用车（含进口车）注册数及增幅

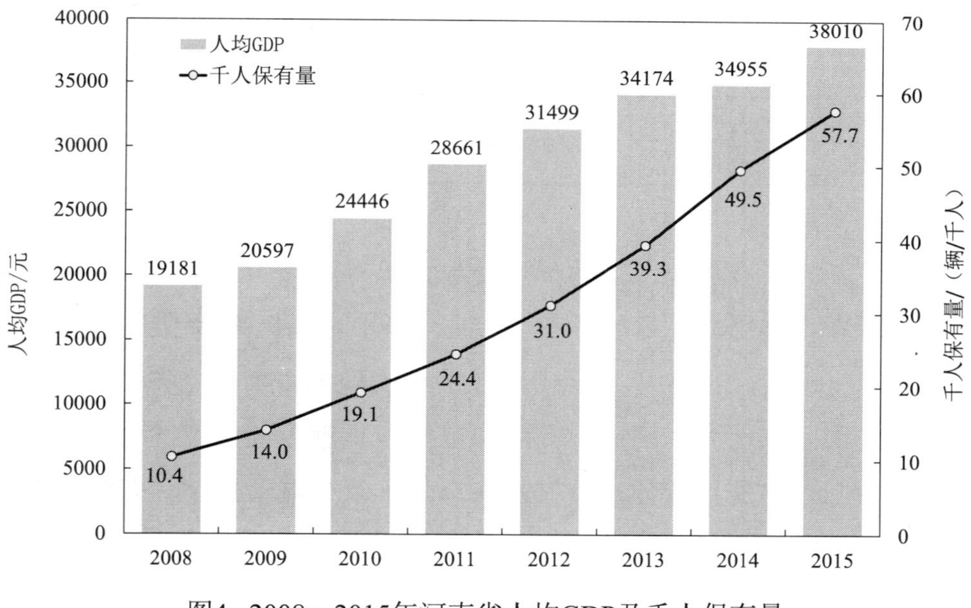

图4 2008～2015年河南省人均GDP及千人保有量

（2）2015年河南省各城市乘用车（含进口）注册数分析　河南省共辖18个地市。因各地市经济发展速度不同，人口规模大小不等，人均可支配收入、城镇化率不均，乘用车注册数有显著差别（见表1）。

表1 河南省各地市乘用车（含进口）注册数情况

地市	2014年注册数/辆	2015年注册数/辆	同比增速（%）	份额（%）
郑州市	336142	342031	1.75	27.35
洛阳市	84525	90680	7.28	7.25
新乡市	79369	87995	10.87	7.03
南阳市	74533	86053	15.46	6.88
商丘市	68870	83098	20.66	6.64
安阳市	54849	62514	13.97	5.00
周口市	49398	60842	23.17	4.86
驻马店市	46813	55301	18.13	4.42
平顶山市	45914	54162	17.96	4.33
许昌市	52104	53168	2.04	4.25
信阳市	38925	50850	30.64	4.07
开封市	39401	49332	25.20	3.94
濮阳市	41621	44626	7.22	3.57
焦作市	41055	44264	7.82	3.54
漯河市	24453	28825	17.88	2.30
三门峡市	20610	22117	7.31	1.77
鹤壁市	20332	21592	6.20	1.73
济源市	11401	13417	17.68	1.07

从2015年河南省各地市乘用车注册数情况看，市场贡献度最高的仍是省会郑州，占全省新增乘用车注册数的27.34%。郑州在2014年受限购传闻、购买力提前释放，增速迅猛，2015年表现出明显的透支现象，增幅全省倒数第一。紧随其后的依次是洛阳、新乡、南阳、商丘、安阳；贡献度前六位的地市与2014年一致。影响乘用车注册数量的，首先是人口，其次是城镇化率。郑州、新乡、洛阳、安阳等城市常住人口及城镇化率均位列河南省较前位置；南阳、商丘虽城镇化率不高，但常住人口数量分别为河南省的第1和第4。贡献度较低的后三位仍为三门峡、鹤壁、济源，贡献度不足5%，注册数总计5.7万辆，这三个城市也是河南省常住人口较少的地区（见表2）。

表2 河南省各地市GDP和人口排名情况

GDP排名	地级市	GDP/亿元	常住人口/万人	人口排名	人均GDP/元
1	郑州	7075	973	2	79014
2	洛阳	3819	708	6	58052
3	南阳	2964	1091	1	29206
4	许昌	2201	462	11	51207
5	新乡	2137	609	8	37707
6	周口	2068	947	3	23281
7	焦作	1994	378	14	56542
8	安阳	1987	549	9	38743
9	驻马店	1819	746	5	25904
10	平顶山	1810	454	12	39572
11	商丘	1797	788	4	24425
12	信阳	1753	688	7	28108
13	开封	1609	503	10	34447
14	三门峡	1477	240	16	66018
15	濮阳	1314	387	13	36712
16	漯河	1013	275	15	39650
17	鹤壁	713	171	17	44964
18	济源	631	76	18	93715

（3）轿车销量排名分析 由河南省2015年1～10月份轿车分车型销量排名可以看出，家庭用车仍旧是消费者的主要选择（见图5）。从品牌来看，仍旧是南北大众与上汽通用占据绝对优势。朗逸连续三年摘得单车型销量冠军。上汽通用别克、英朗GT一经上市便进入前十，表现抢眼；同时，科鲁兹、凯越也连续三年位列前十。2015年全国国产车表现优异，帝豪也首次入围前十。日系车依旧不见身影。

二、2016年河南省经济走势和乘用车市场预测

1. 2016年河南经济走势预测

（1）有利因素 2015年12月27日，河南省委经济工作会议明确提出2016年河南省经济发展目标：国民生产总值增长目标8%左右，一般公共预算收入增

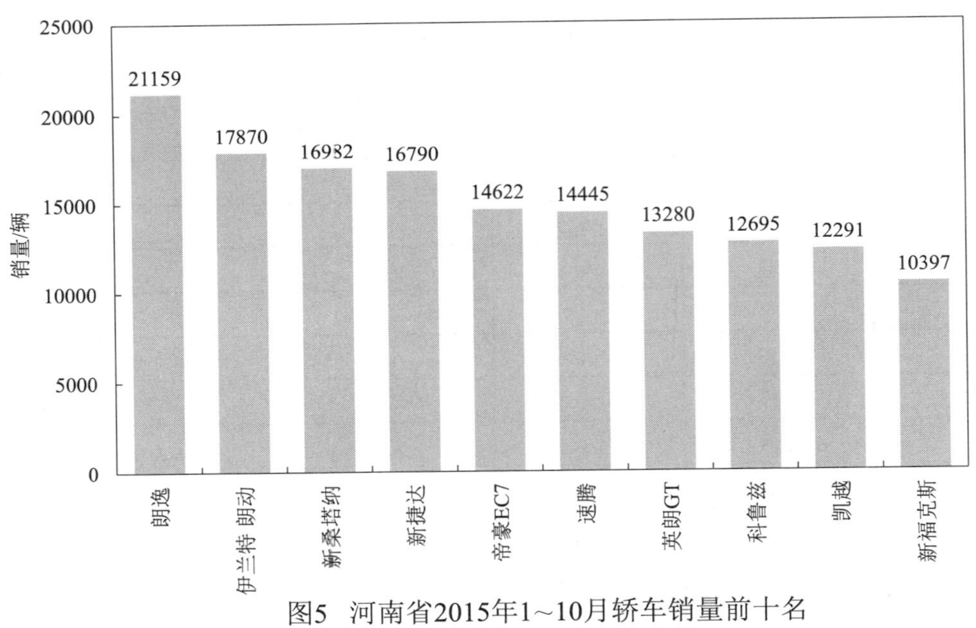

图5 河南省2015年1～10月轿车销量前十名

长 7%，全社会固定投资增长 15%，社会消费品零售总额增长 12%，进出口总值增长 7%，实际到位省外资金增长 7%，城镇新增就业 100 万人以上，常住人口和户籍人口城镇化率分别提高 1.6 和 1.4 个百分点，城乡居民收入增长与经济增长基本同步，居民消费价格涨幅在 3%左右。

产业结构优化升级对于促进经济全面协调可持续发展具有重要作用。经济会议明确提出了需要重点发展的领域与需要转型的企业。高端装备制造业、电子信息产业、食品工业、汽车工业、医药产业、节能环保事业、产业型服务业、消费品工业和生活性服务业等需要加速发展，但能源原材料工业、房地产业需要转型及健康发展。

在扩大投资方面，河南将启动“1816”投资促进计划：在十大领域集中力量推进 8000 个重大项目实施，确保完成投资 1.6 万亿元。基础建设方面，郑太、郑济高铁开工；郑万、郑合高铁建设；机场至郑州南站城际铁路建设，郑州南站至洛阳等城际铁路的建设等都将拉动区域经济发展。同时河南省在城市基础设施，特别是公共服务能力建设方面潜力很大。

在扩大消费水平方面，经济会议也提出了要加快新型城镇化建设。加快农业转移，人口城市化，加快推进户籍制度，加快县级以上城市落户政策。城镇化促进农村人口向城镇转移落户来带动消费需求。其二，推动中原城市群一体化，支持周边城市与郑州都市区融合对接，建设组合型大都市区；加快建设洛阳省域副中心城市，推动开封建设新兴副中心城市，启动开港经济带建设，打造郑汴一体化升级版。

在进出口贸易方面，河南省把粮食生产核心区、中原经济区、郑州航空港经济综合实验区三大战略规划与参与“一带一路”建设紧密结合起来，至2020年，河南与沿线国家交流合作机制将逐步健全，建成以航空港为龙头的“铁公机海”四港联动、多式联运的现代综合交通枢纽；至 2025 年，与沿线国家的交流合作网络基本形成，建成国际航空货运枢纽、国内航空综合枢纽，多式联运的枢纽优势基本确立，对沿线国家双向贸易和投资形成较大规模。

（2）制约因素 2016 年，世界经济仍将延续温和低速增长态势，国际经济环境依然复杂多变。世界经济预计将增长 3.6%。发达国家保持温和复苏态势，新兴和发展中经济体经济仍存下行压力；地缘政治及突发事件将会推动价格剧烈震荡；跨伙伴关系协定（TPP）达成，各国政策博弈加剧。河南经济发展面临的国内外环境依然复杂。

河南省发展较发达省份的短板主要在产业结构和城镇化率上。2014 年我国三次产业结构为 9.2∶42.6∶48.2，河南三次产业结构为 11.9∶51.2∶36.9，河南第三产业占比低于全国 11.3 个百分点。另外，城镇化水平太低。2014 年我国城镇化率为 54.8%，河南省城镇化率为 45.2%，低于全国 9.6 个百分点。努力实现《战略纲要》提出的到 2020 年城镇化率接近 60%的目标。

由此，2016 年河南省经济仍会保持良好发展势头，会保持在 8%以上的中高速增长区间。

2．2016 年河南省乘用车市场预测

（1）有利因素 2016 年，河南省宏观经济虽然存在下行压力，但仍然保持稳定快速增长。这将成为乘用车市场发展最重要的有力支撑。城镇居民人均可支配收入、农民人均纯收入都将保持稳步提升。人口红利继续释放，千人保有量仍处于较低水平，人口规模带来的汽车攀比消费惯性和置换升级，将会引发更多的需求爆发性增长。新型城镇化的加速推进，将会发掘更大的消费潜力。汽车厂家产能过剩、汽车厂商之间的竞争加剧将使得汽车销售价格继续下探，消费者能够以更实惠的价格享受有车生活。随着国家对新能源汽车的重视，国家给予的补贴

政策及对汽车厂商的新能源汽车配额的强制要求，新能源汽车将会成为乘用车市场新的增长点。2015年底，河南省各地市公务员车改政策陆续出台，这也将刺激一大批公务员购车需求。购置税减半政策的延续，对汽车消费仍会有不小的拉动作用。省会郑州由于2014年限购传闻提前释放购买需求，在2015年低速增长一年后在2016年会有略微反弹。

（2）制约因素　2016年河南省经济下行压力大，企业盈利水平下降，将会对企业购买力和个人消费升级产生不利影响。惠民节能补贴政策的不确定性对汽车市场产生不利影响。汽车厂家产能过剩以及网络扩张过快等因素导致行业竞争进一步加大，经销商价格倒挂严重，亏损面进一步加大；汽车4S店融资难等导致更多的经销商关门倒闭、老板跑路，影响整个行业的景气度。

根据对上述影响乘用车发展的各种因素的综合分析预测，2016年，河南省乘用车需求量约为145万辆，将保持13%左右的增长速度。信阳、周口、驻马店、南阳、商丘、洛阳、新乡等地区的增速将会高于平均增速。

（作者：朱灿锋　陶英）

2016年东北地区乘用车市场展望

一、东北地区乘用车市场概况

1. 东北地区基本情况

东北地区是中国经济的四大板块之一㊀，广义上包括辽宁、吉林、黑龙江三省以及内蒙古自治区的东部五市盟㊁；狭义上的东北地区仅指上述东北三省，本文采用狭义的东北地区概念。东北地区幅员79万km^2，占全国陆地面积的8.3%；2014年常住人口1.1亿人，占全国总人口的8.1%。

东北地区具有较好的自然地理环境。东北怀抱松辽平原，地势平坦、土地肥沃，气候四季分明、降水充沛，具有较好的农业发展条件，与同纬度的美国玉米带、乌克兰玉米带并称为世界三大“黄金玉米带”，也是我国重要的商品粮基地。东北矿产资源丰富，石油、煤炭、铁矿石等储量均位居全国前列；区域内基础设施良好，铁路、公路通达，具备黑龙江、松花江、乌苏里江等内陆水运航道，具有发展工业的良好条件，被寄希望成为中国的“鲁尔工业区”，也是我国重要的重工业基地。东北地处东北亚的中心区域，东接韩国、日本，北连俄罗斯，拥有深水海岸线400km、优良商港港址38处，具有发展贸易的区位优势。

良好的自然地理条件有利于东北地区形成较好的经济基础。经过多年建设，东北经济已经在全国占据举足轻重的地位：2014年东北共实现国民生产总值5.7万亿元，占当年全国经济总量的9%；人均国民生产总值达到8500美元，高于全国平均水平约1000美元。2014年东北三产比重为11.2%∶47.3%∶41.5%，其中工业占GDP的比重为41.5%，相比全国水平高5.6个百分点，已经实现了较高的工业化水平。2014年东北的城镇化率为60.8%，高于全国平均水平6个百分点，已经实现了较高的城镇化水平；东北地区教育资源丰富，大专及以上人口占总人口比重约为11.2%，高于全国平均值2.4个百分点，人口素质较高。

㊀ 四大板块包括东部、中部、西部和东北。

㊁ 赤峰市、兴安盟、通辽市、锡林郭勒盟、呼伦贝尔市。

良好的经济基础为东北地区乘用车市场的发展创造了较好的条件。过去十年东北乘用车市场增长较快，2005～2014年平均增速达到21.1%，与全国同期21.8%的增长速度相当；东北乘用车市场规模较大，2014年乘用车年注册量达到117万辆，占全国总需求的6.9%；乘用车保有量达到一定水平，至2014年东北地区共保有乘用车708万辆，占全国乘用车总保有量的7.1%；乘用车千人保有量约为64辆，大约20%的家庭拥有乘用车，初步达到汽车社会的门槛。

2．东北地区乘用车市场特征

由于区域要素禀赋、经济发展水平与消费观念等方面的差异，和全国其他地区相比，东北地区乘用车市场具有以下特征：

（1）乘用车需求受经济、政策因素影响较为明显　乘用车需求受购买力与购买意愿两方面因素影响。相对其他地区，东北消费者具有更强的购买意愿，这一方面来源于东北“讲面子”“从众”的传统消费观念；另一方面也和当地汽车产业发达、汽车接触度高有关。东北消费者较强的购买意愿使购买力因素对乘用车消费的影响更为显著。

购买力因素包含收入与支出两个方面，其中收入端主要受宏观经济影响，支出端主要受车价、税费等因素影响。如购置税减半等汽车消费刺激政策，一方面明显降低了购车支出、提高了购买力；另一方面国家主导的刺激政策也有利于该地区乘用车消费氛围的形成。实证研究表明，2009年的刺激政策曾明显推动了东北地区乘用车需求的增长（见图1）。

（2）购买力是影响东北地区内部乘用车区域结构的关键因素　东北三省内部乘用车市场存在一定差异，辽宁发展相对领先：一是需求规模大，2014年辽宁实现乘用车销售55.8万辆，吉林、黑龙江分别实现30.9万辆和30.5万辆，后两者合计销量仅略高于辽宁一省；二是发展阶段高，2014年辽宁乘用车千人保有量约为79辆，吉林、黑龙江则分别为63辆和49辆，后两者均低于全国平均水平。

辽宁领冠东北市场的主要原因在于经济发展水平更高。首先，三省的乘用车消费环境较为一致，从影响乘用车保有量水平的核心指标人口密度[㊀]来看，东北三省相差不大，每平方公里均为440～450人；其次，三省间购买意愿没有明显差异，区域内没有已经实施限购的城市，限购传闻的影响也不显著；最后，三省间经济发展水平存在明显差异，辽宁2014年国民生产总值规模为2.8万亿元，吉

㊀ 某区域常驻人口数量/该区域宜居区面积，国家信息中心测算。

林和黑龙江则分别为 1.3 万亿元和 1.5 万亿元，三省经济规模与乘用车需求占全地区的份额基本一致（见图 2）。

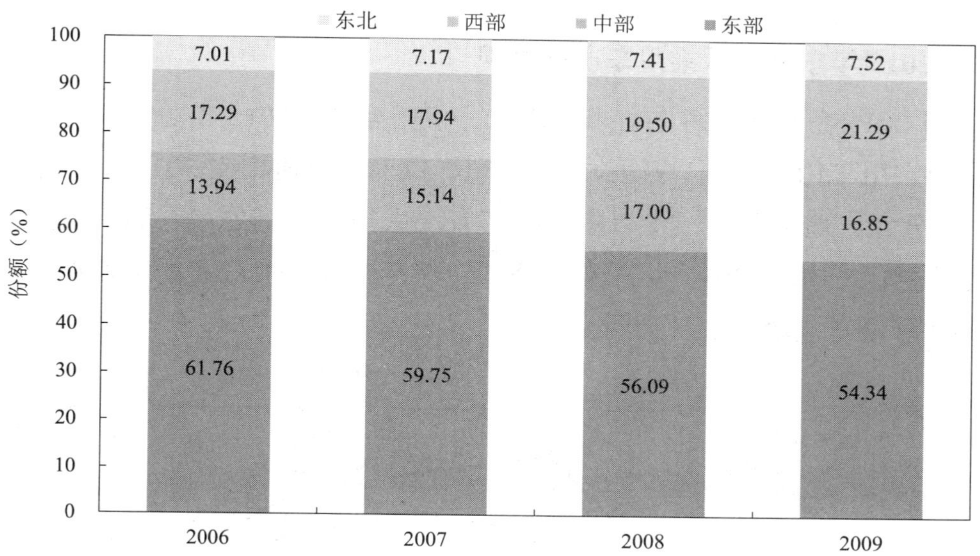

图1 2006～2009年全国分大区乘用车需求份额占比（全国=100%）

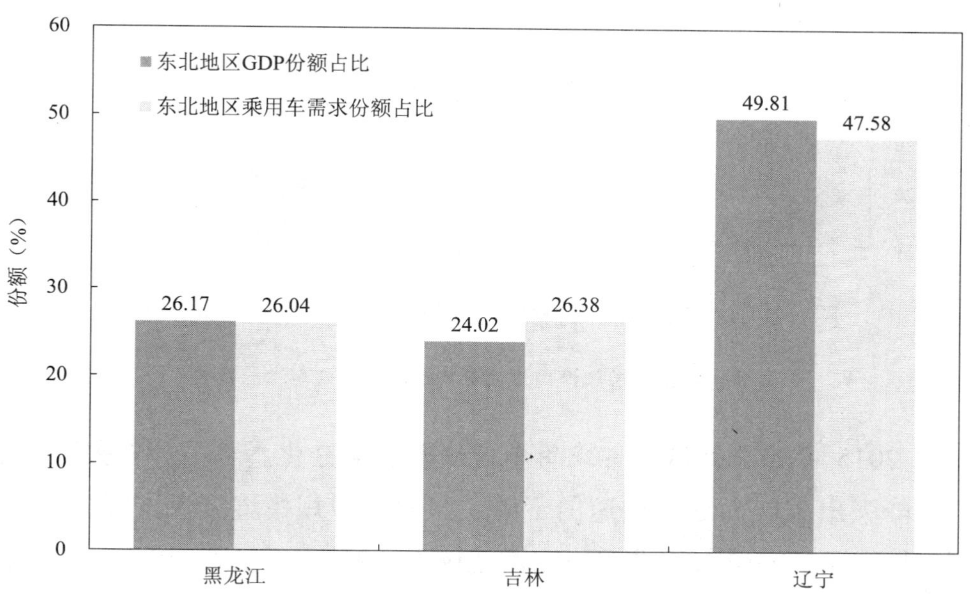

图2 2014年东北地区分省GDP与乘用车需求份额占比（东北地区=100%）

二、2015年东北地区乘用车市场分析

虽然东北地区具有较好的乘用车发展基础，但 2015 年市场却遭遇了一定的波动，呈现出一些不同于以往的新特征，产生了一些新的影响因素。

1．2015年东北地区乘用车市场表现

（1）2015年东北乘用车需求增速进一步下台阶　2015年1～10月份东北地区共实现乘用车销售103.1万辆，同比增长4.6%，增速相比2014年全年下滑了5.3个百分点，增速跌去一半以上。近年东北乘用车市场的增长势头虽然整体呈下滑趋势，但2012～2014年三年仍基本能保持在10.6%左右的平均水平，2015年1～10月份在该增速平台上明显下台阶（见图3）。

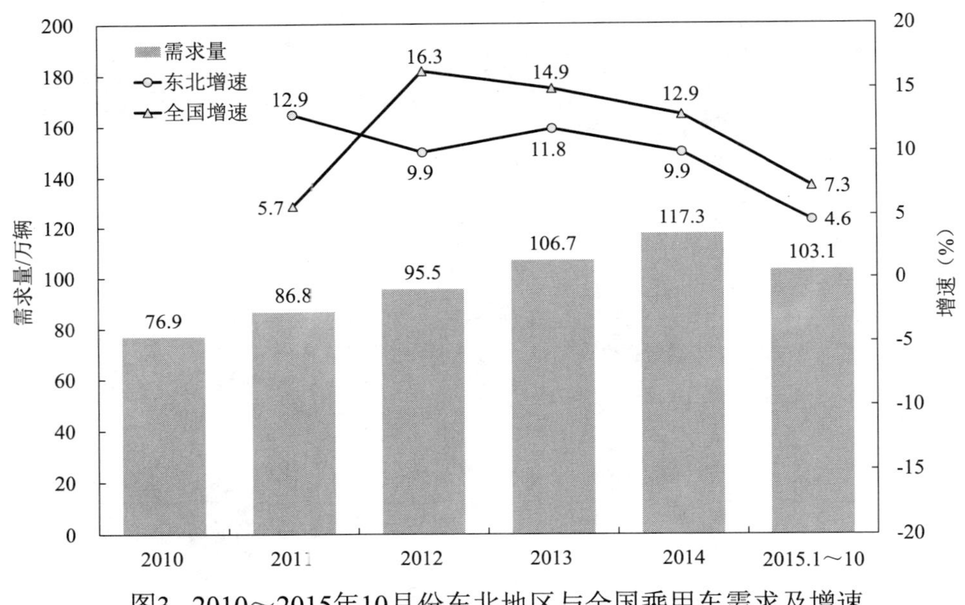

图3　2010～2015年10月份东北地区与全国乘用车需求及增速

（注：以上需求数据均为注册口径，含进口车注册数）

（2）2015年东北地区内部乘用车区域表现呈分化态势　分省来看，东北地区增速下降突出表现为辽宁增速的下降。虽然销量规模继续保持领先，但2015年1～10月份辽宁乘用车需求的同比增速仅为0.2%，不仅处于地区内最低水平，且相比2014年大幅下滑6.7个百分点；黑龙江2015年前10个月实现注册28.7万辆，同比增长10.4%，领跑东北地区，相比2014年增速仅下滑0.1个百分点；吉林以27.5万辆的需求规模、6.4%的同比增速处于地区内的中游水平（见图4）。

2015 年前 10 个月东北三省之间乘用车需求增速出现 10 个百分点以上的落差，这是 2010 年以来未曾出现过的。

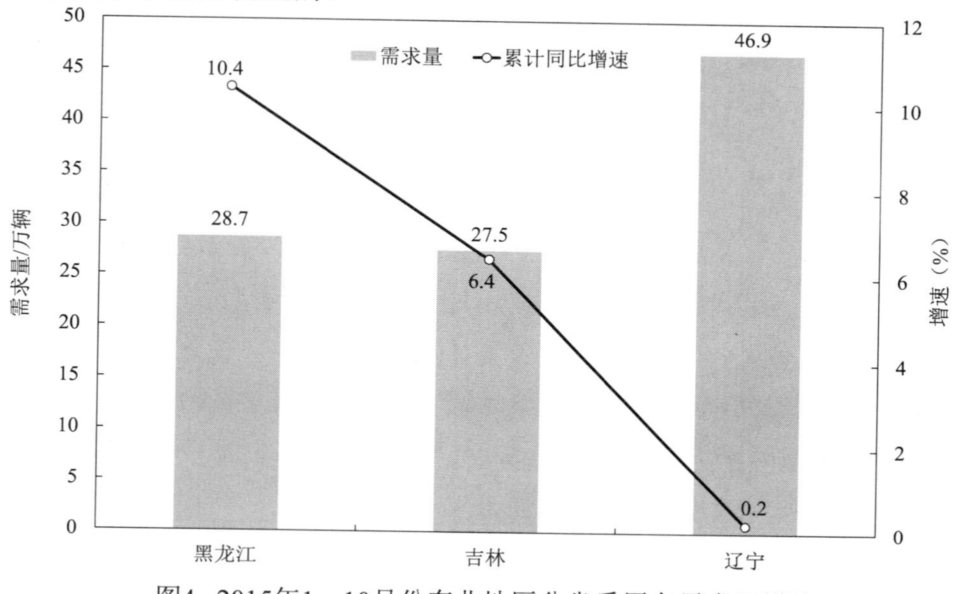

图4 2015年1～10月份东北地区分省乘用车需求及增速

（3）*2015 年东北与全国的乘用车需求增速差距有所缩小* 横向对比，东北地区的乘用车需求增速已经连续第四年低于全国水平，但与全国增速的差距却呈缩小态势：2012 年、2013 年与 2014 年东北相比全国的增速分别要低 6.4%、3.1% 和 3.0%；2015 年 1～10 月份东北相比全国增速仅低 2.7%。

2．东北地区乘用车市场表现的原因分析

2015 年东北地区的乘用车市场表现，主要受到了宏观经济以及乘用车刺激政策等因素的影响，其中宏观经济是主要影响因素。

（1）*宏观经济是东北地区乘用车需求再下台阶的主因* 近年随着中国经济进入“三期叠加”，东北深层次、结构性矛盾开始凸显，经济增速出现明显下滑：2014 年东北地区 GDP 平均增速仅 5.9%，远低于全国 7.4%的水平，在四大板块中垫底。2015 年 1～9 月份东北经济增速在辽宁带动下继续下滑：辽宁省前三季度累计 2.7%的经济增速排名全国倒数第一，相比 2014 年大幅下滑 3.1 个百分点；其他两省经济表现基本稳定：黑龙江前三季度的经济排名虽然位列全国倒数第三，但 5.5%的增速水平相比 2014 年仅下降了 0.1 个百分点；吉林经济增速为 6.5%，相比 2014 年全年增速也仅下滑 0.2 个百分点，相较而言前三季度全国经济增速下滑了 0.4 个百分点。

2015 年东北地区乘用车需求呈现的特征，显示宏观经济是影响乘用车需求的主要因素。从整体表现来看，经济下行与乘用车需求下行保持同步；从区域需求结构来看，经济下滑幅度越大的地区，乘用车需求下滑幅度越大；经济表现相对稳定的地区，乘用车需求也相对稳定。

（2）2015 年东北地区受限购传闻基数的负面影响相对较小 2015 年东北地区月度变化趋势与全国基本一致，但月度间增速波动存在一定差异。其中 2015 年 4～6 月份东北地区乘用车需求同比增速相比全国水平较快（见图 5）。变化的主要原因在于东北地区 2015 年受限购传闻的刺激较少，使这三个月东北地区的同比增速受 2015 年同期基数影响较小，这也是 2015 年 1～10 月份东北地区乘用车需求增速与全国差距缩小的重要原因。

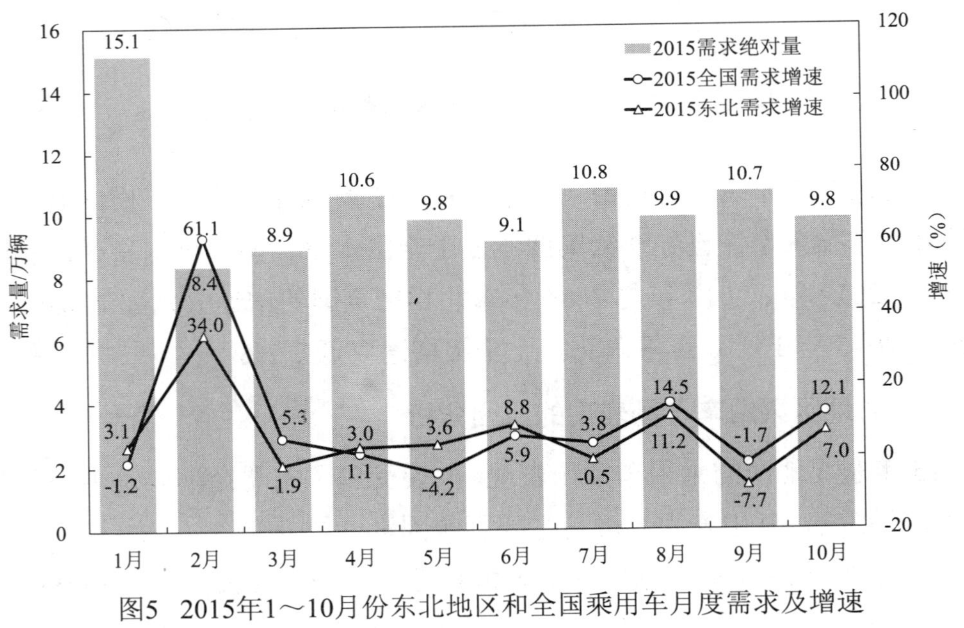

图5 2015年1～10月份东北地区和全国乘用车月度需求及增速

（3）刺激政策对东北 2015 年 10 月的乘用车需求产生明显带动 2015 年 9 月 30 日中央出台汽车刺激政策后，东北乘用车需求也随全国市场出现明显好转，2015 年 10 月同比增速达到 7%，相比 2015 年 9 月大幅回升近 15 个百分点，而同期全国增速回升幅度仅 13.8 个百分点，东北地区的回升幅度比全国高 1.2 个百分点。

3. 2016 年东北地区乘用车市场展望

2016 年东北地区乘用车市场变化趋势较为复杂，既取决于东北地区乘用车需求的中长期发展趋势，也会受到乘用车刺激政策等短期波动因素的较强影响。综合而言，2016 年东北地区乘用车需求有望出现“增速回升”的走势。

（1）*东北地区乘用车需求的中长期发展趋势* 从长期发展来看，一个区域的乘用车需求弹性与乘用车千人保有量之间存在较强的相关性，体现为随着千人保有量的递增，乘用车需求弹性呈下降趋势。当前东北地区的千人保有量为 70 辆左右，仍处于乘用车的较快发展阶段，对应的乘用车需求增速约为 GDP 增速的 1～1.5 倍。因此，只要宏观经济不出现大的问题，东北地区乘用车需求仍具有保持一定增长速度的发展潜力。

宏观经济作为影响当前东北地区乘用车需求的关键因素，从其自身走势来看，东北地区面临的困难形势还可能持续：未来几年国际大宗商品价格大概率仍将保持低迷，对东北经济存在持续的下拉作用；东北的产业结构中重工业比较突出、新兴产业占比不足，当前阶段下去产能的压力较为明显；东北的企业结构中国有经济占比过高，缺少具有全国竞争力的民营经济体，使面对转型时区域经济的活力不足。特别是 2016 年，中央提出了“去产能、去库存、去杠杆、降成本、补短板”五大任务，东北地区的传统产业可能面临相比 2015 年更为剧烈的调整。

虽然面对深层次、结构性矛盾，未来几年东北地区的宏观经济仍有条件不出现大幅度下滑，甚至个别当前经济增速过低的省份可能出现回升：从改革开放的角度看，中央“一带一路”等新区域战略加速促进东北地区开放、国企改革削弱体制机制障碍、鼓励双创焕发经济活力；从产业升级角度看，东北地区具备工业基础与人才优势，使其面临从低附加值的传统重工业向高附加值的重加工工业升级的历史机遇；从区域政策角度看，中央对东北面临的困难高度重视，在 2014 年出台了《国务院关于近期支持东北振兴若干重大政策举措的意见》、2015 年出台了《关于促进东北老工业基地创新创业发展打造竞争新优势的实施意见》以及《东北地区培育和发展新兴产业三年行动计划（2016～2018》等一系列“稳增长”政策，助力东北地区实现经济转型。

综上所述，东北地区当前的经济发展虽然面临较大困难，但仍有可能实现经济增长“减速不失速”。其中辽宁有望摆脱 2015 年的极低增速，2016 年在低基数上实现经济增速的小幅回升；吉林汽车产业占工业产值比高，2016 年汽车刺激政策的实施有利于该省的经济表现；黑龙江刚刚获批哈尔滨新区，2016年经济发展也有一些利好因素。2016年东北地区宏观经济不出现大幅度下滑，将为乘用车需求提供支撑（见图6）。

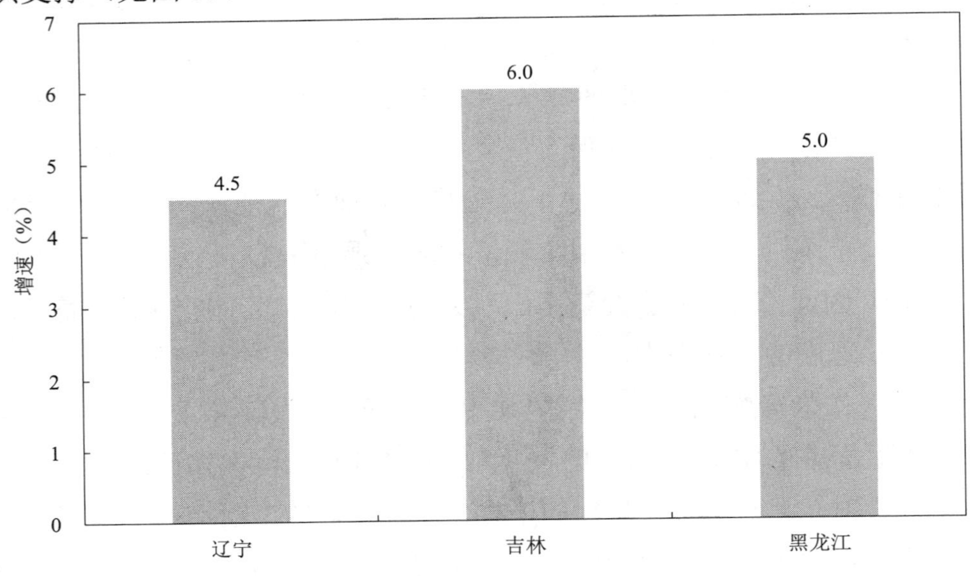

图6 2016年东北地区分省GDP增速预测

（2）2016年影响东北乘用车需求的短期波动因素 与全国市场相一致，2016年对东北地区乘用车需求影响最大的短期波动因素就是以“1.6L及以下乘用车购置税减半”为核心的乘用车刺激政策。刺激政策将明显带动东北地区乘用车需求的增长，从也曾实施过该类刺激政策的2009年来看，东北地区乘用车需求规模大幅增长，从2008年的40.1万辆跃升至2009年的62.5万辆，同比增长56%；观察本轮刺激政策实施后的市场实际表现，东北地区2015年10月份乘用车需求同比增速的明显回升主要受益于刺激政策，其乘用车需求中1.6L及以下排量的份额从9月的60.3%提升至10月的66.1%，相比全国整体提升幅度要高0.6个百分点。

虽然东北地区对刺激政策较为敏感，但从2016年全年角度看，由于东北乘用车需求中1.6L及以下占比相对不高，且宏观经济表现相对低迷，预计本轮刺激政策对东北地区的最终带动作用相比全国平均水平可能偏低。

（3）2016年东北地区乘用车需求展望 综合考虑2016年东北地区乘用车发展的趋势性因素与波动性因素，预计2016年东北地区乘用车需求规模有望达到

135 万辆左右，同比增速向 2012～2014 年的均值回归，达到 9.5%左右，扭转过去几年增速持续下滑的走势。东北三省中，预计辽宁仍为最大规模的市场且会有最大幅度的增速回升，吉林、黑龙江仍将保持相对较快的需求增长，与辽宁的需求规模差距将进一步缩小（见图 7）。

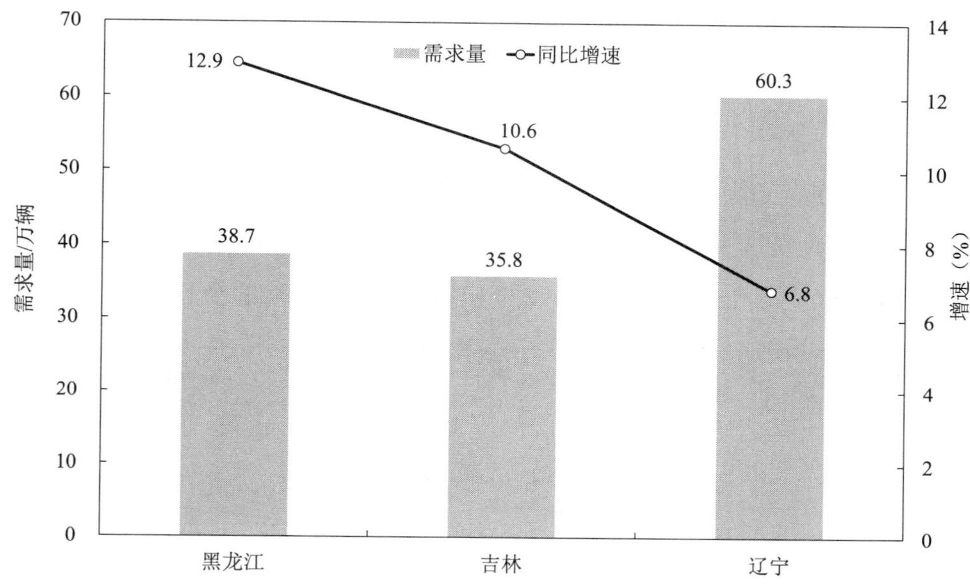

图7 2016年东北地区分省乘用车需求及增速预测

（作者：包嘉成）

2016年广东省乘用车市场展望

一、2015年广东省经济回顾

2015 年新常态下，广东省经济保持平稳运行，呈现稳中略升的态势。2015 年 GDP 增速呈现前低后高走势，第一季度增速从 2014 年的 7.8%回落至 7.2%，二季度开始触底反弹至 7.7%，三季度增速继续上升达 7.9%。纵观 2015 年，广东省 GDP 增速持续高于全国，截至三季度已高于全国增速 1 个百分点（见图 1）。

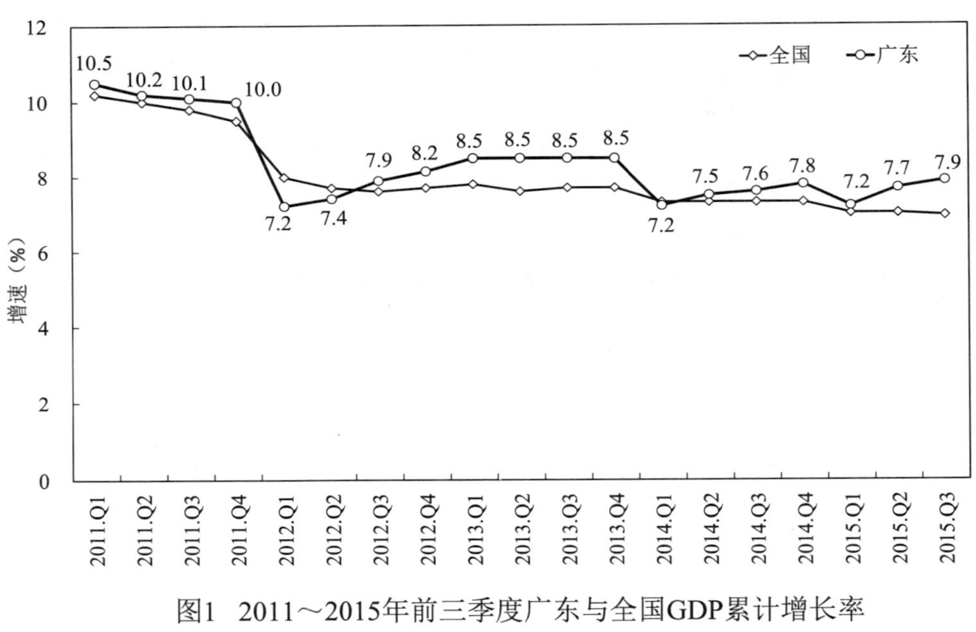

图1　2011～2015年前三季度广东与全国GDP累计增长率

从三大需求结构来看，投资保持稳定增长，2015 年前三季度完成固定资产投资总额 19840.95 亿元，同比增长 17%，较 2014 年上升 1 个百分点。虽然当前经济发展下行压力较大，但广东转型升级的步伐不断加快，创新驱动、高新技术、新业态、民营经济等积极因素不断增加、积累，自主增长动力较强，制造业固定资产投资增长 27.7%，增速全国第一；民间投资增长 20.5%，占全省固定资产投资的比重为 60.8%，占比同比提高 2.0 个百分点；房地产开发投资增幅仍保持较高水平，2015 年 1～9 月份增长 16.0%。

消费市场稳中略升。2015年1～9月份广东实现社会消费品零售总额22849.20亿元，同比增长10.1%，增速扣除物价因素实际增长10.6%。分行业看，传统消费增长平稳，信息、网络消费继续较快增长。汽车消费对经济增长的拉动作用减弱，2015年1～9月份，限额以上汽车类商品零售额同比下降0.1%；规模以上汽车制造业增加值增长3.0%，增幅同比回落6.8个百分点，汽车产量同比增长6.1%，其中轿车产量下降11.0%。

进出口形势严峻。受国内外需求不足、国际大宗商品价格低迷、企业生产要素成本上升、加工贸易产能转移加深等因素影响，2015年1～9月份广东进出口同比下降4.3%，降幅持续扩大。其中，出口增长0.9%，增速持续下降。进口下降12.1%，降幅持续扩大。一般贸易进出口19491亿元，增长4.9%，加工贸易进出口19037.8亿元，下降14.3%。

二、2015年广东省乘用车市场分析

1. 乘用车总体市场概况

尽管2015年广东经济运行稳中向好，但汽车市场总体表现并不理想。2015年1～10月份，广东乘用车需求133万辆，同比仅增长3.5%，增速从2014年高位回落23.4个百分点，且低于全国增速3.8个百分点（见图2）。

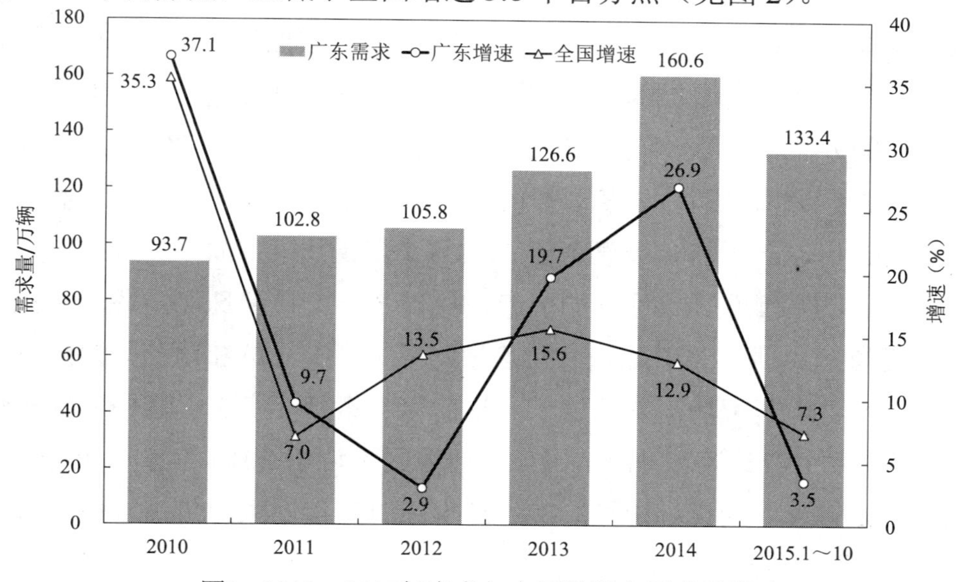

图2 2010～2015年广东与全国乘用车需求及增速

（注：以上需求数据均为注册口径，含进口车注册数）

深圳限购实施是导致广东需求增速明显下滑的主因。为缓解交通和环保压力，2015 年 1 月起深圳实施限购，深圳需求增速骤降，1～10 月份同比增速-67.2%，显著拉低了广东市场需求增速（见图 3）。

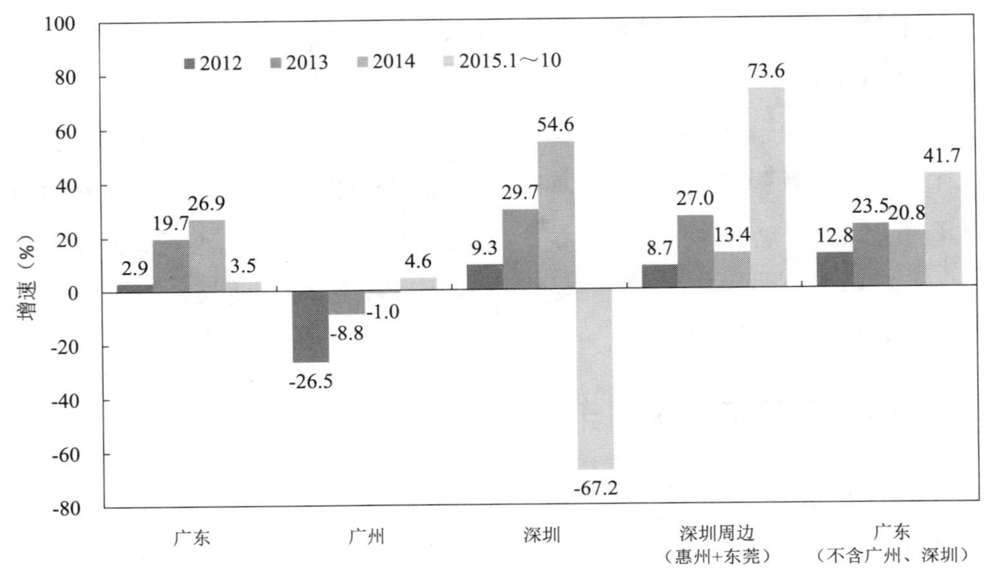

图3 2012～2015年广东市场同比增速

从广东非限购市场需求表现来看，2015 年增速依然较快，1～10 月份同比增长 41.7%，在前几年高增长基础上继续抬升，经济稳中向好是主要支撑力量，此外深圳限购的外溢作用以及国Ⅴ排放标准提前实施都促进了 2015 年非限购城市的爆发性增长。深圳限购后，其周边的惠州、东莞一定程度承接深圳需求的外溢作用，推动惠州、东莞需求增速高达 73.6%。排放升级方面，2 月中旬广东省环保厅发布提前实施国五排放标准的通告，要求 3 月 1 日起珠三角各市率先实施，7 月 1 日起粤东、西、北实施。在此政策刺激下，2 月份经销商大幅降价促销库存国四车，推动广东市场需求高增长。目前该政策延缓实施，其中，珠三角各地实施时间不迟于 2015 年 12 月 31 日，其他地区不迟于 2016 年 6 月 30 日。

从月度走势看，受深圳限购影响，广东 2015 年多数月份需求增速低于全国水平。2015 年 2 月份，广东增速达到 119%，高于全国增速 58 个百分点，主要是受广东提前实施国Ⅴ排放标准的刺激（见图 4）。

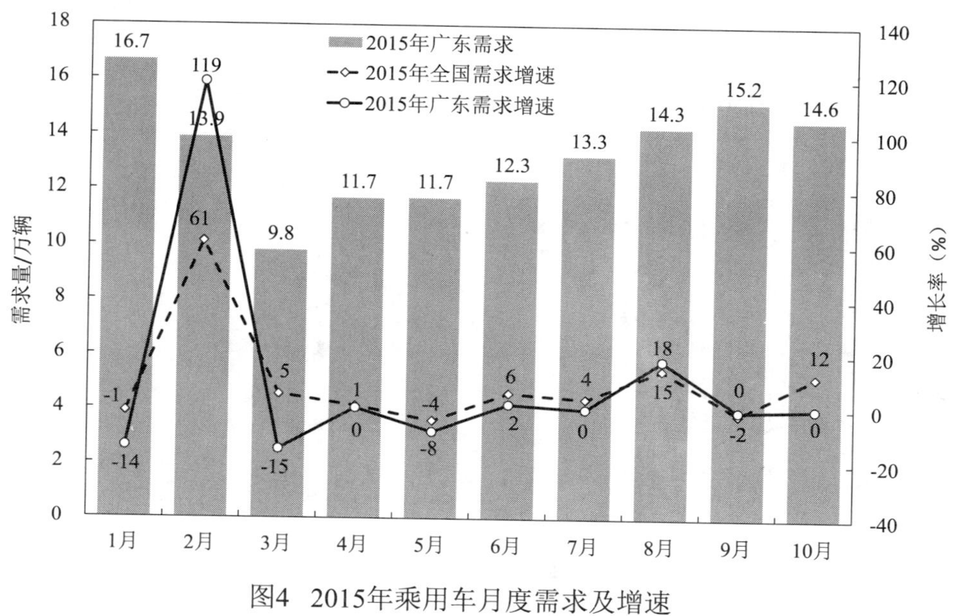

图4 2015年乘用车月度需求及增速

从分城市需求及增速来看，2015 年广东非限购市场需求增速普遍在 2011～2014 年高增速基础上又上新台阶，其中深圳周边的惠州增速最高，同比增长 141%（见图 5）。

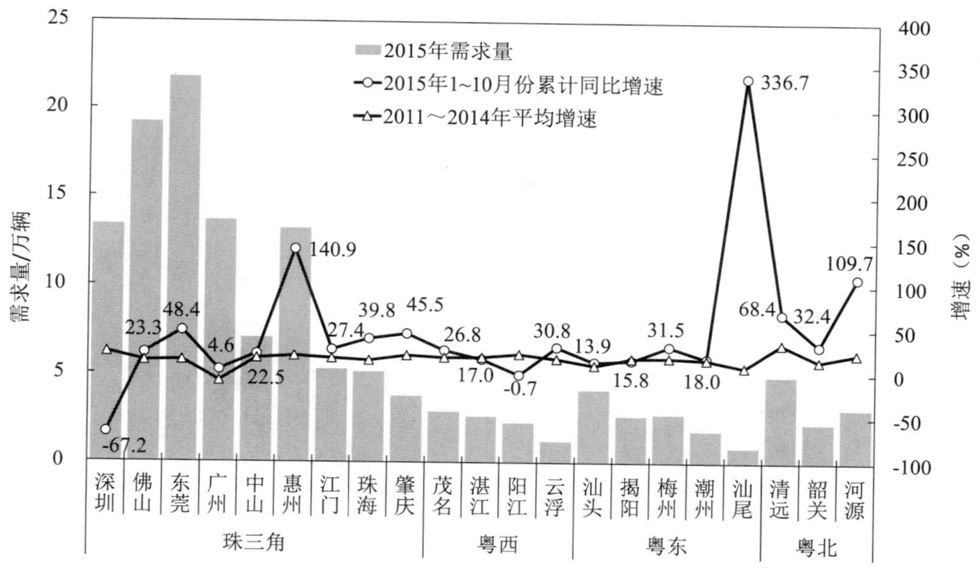

图5 2015年1～10月份乘用车分城市需求和增速（除广州、深圳外）

从广东各城市市场份额来看，广东区域格局明显变化，限购后深圳的份额从 2014 年的 32%降至 10%，而周边的东莞、惠州、佛山出现大幅攀升，东莞从 11.8%

上升至16.5%，惠州从4.3%攀升至10%，佛山从12.4%上升至14.6%，其他二、三线城市份额都有不同程度的上涨（见图6）。

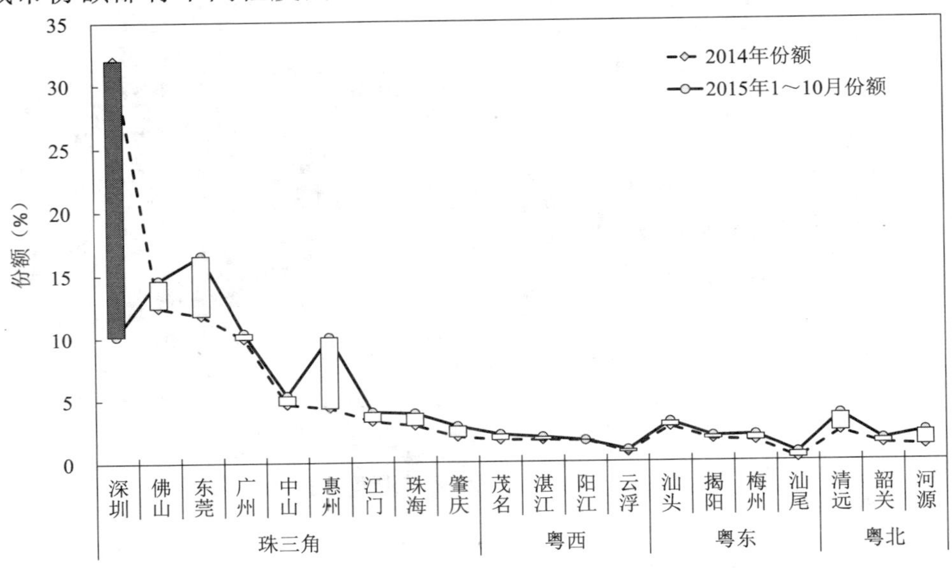

图6 2014～2015年广东各城市市场份额变化

2. 乘用车细分市场情况

从乘用车级别来看，2015年广东省A00/A0级份额从12.0%上升至14.2%，其他级别份额略有下滑。A00/A0级份额上升的主要原因是深圳限购后二、三线城市需求份额上升，而低级别车型在二、三线城市占比较高（见图7）。

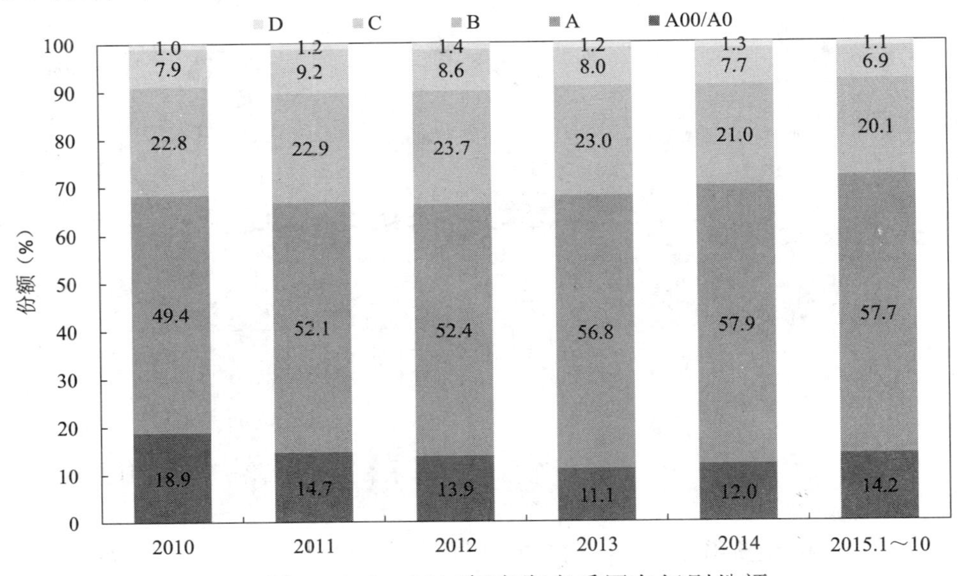

图7 2010～2015年广东省乘用车级别份额

而对于实施限购的深圳而言，由于更新需求占比上升，需求结构呈现高端化趋势，B 级及以上份额上升，从 2014 年的 34.8%上升至 2015 年的 50.7%（见图 8）。

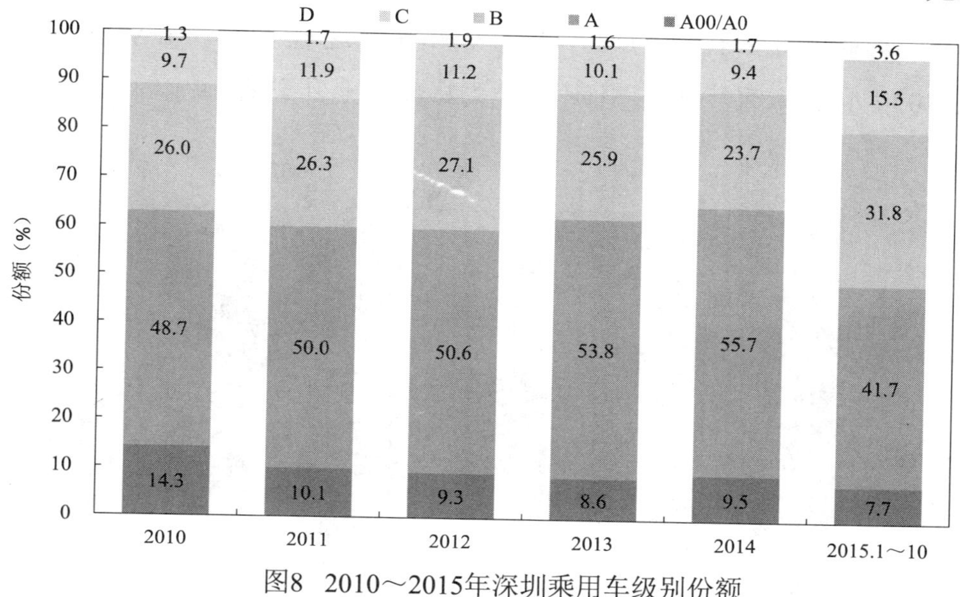

图8 2010～2015年深圳乘用车级别份额

从车系结构来看，2015 年 1～10 月份广东省自主品牌份额从 22.9%上升至 26.2%，达到历史新高，深圳限购后二、三线城市需求份额上升，而自主品牌在二、三线城市占比较高是主因（见图 9）。以大众为主导的欧系份额下滑，日系品牌重新抬头。

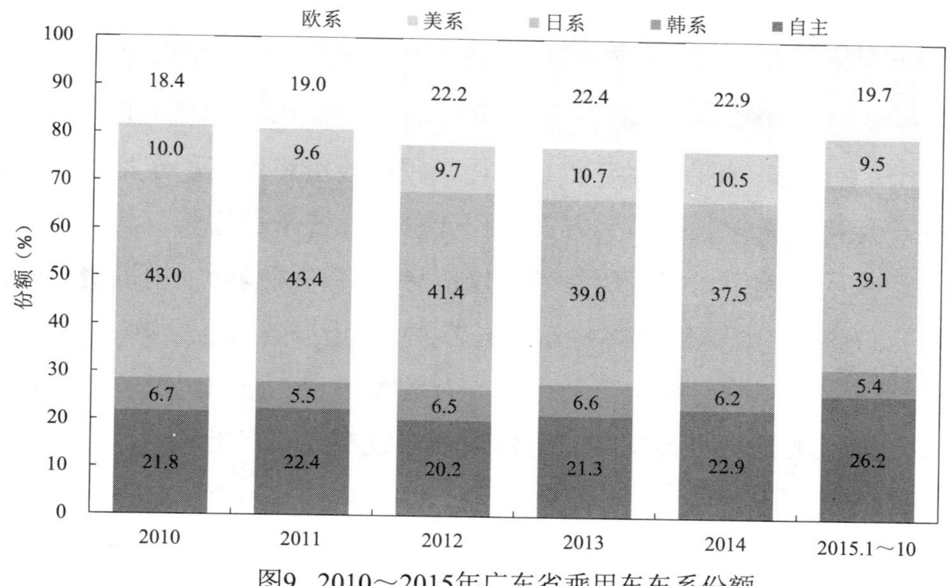

图9 2010～2015年广东省乘用车车系份额

从乘用车车身形式来看，随着市场日益成熟，多样化需求日益增多，加之SUV产品供给不断丰富，近年来SUV份额持续上升，2015年涨幅更大，从26.1%上升至33.3%，增长7.2个百分点。同时，轿车份额逐渐下滑。MPV份额相对平稳（见图10）。预计未来广东省SUV份额仍将保持上升态势。

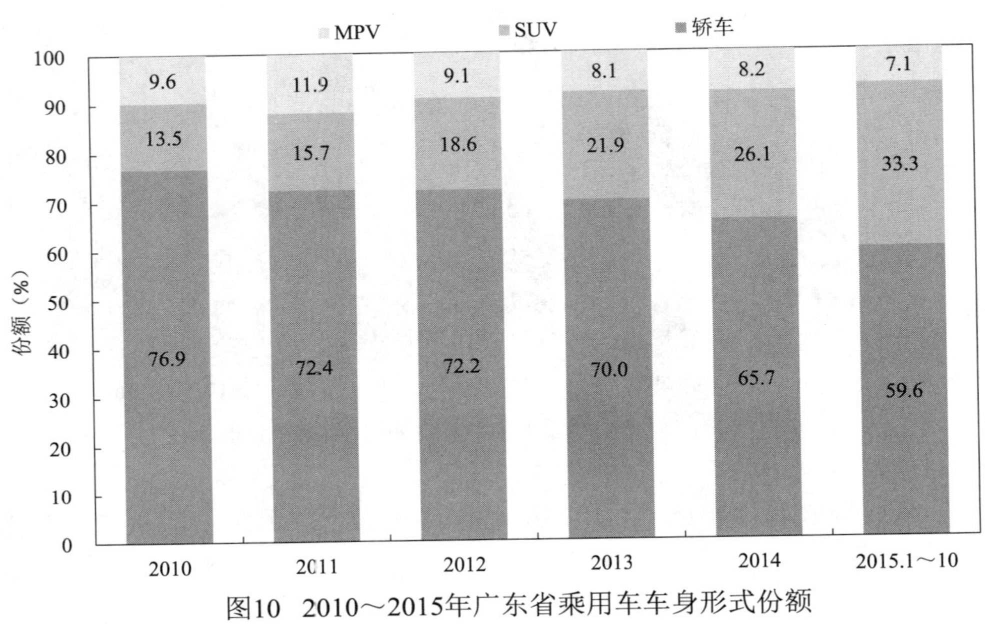

图10 2010～2015年广东省乘用车车身形式份额

三、2016年广东省经济展望

2016年广东经济仍将维持稳中向好的基本走势，预计全年GDP增长7.4%，较2015年略有回落（见图11）。投资方面，预计投资将保持稳定增长，基建、房地产投资将保持较快增长；消费方面，预计总体保持平稳增长，其中，汽车类消费在公车改革的影响下，将有所好转，以信息消费、网购为主的消费项继续保持高增长。出口方面，新兴经济体经济增长趋缓，美国再工业化战略和TPP战略对中国有所影响，对美欧日传统市场出口难有较大增长，出口仍增长乏力；进口则将有所好转，主要是国际大宗商品价格跌幅将收窄或略有上升。

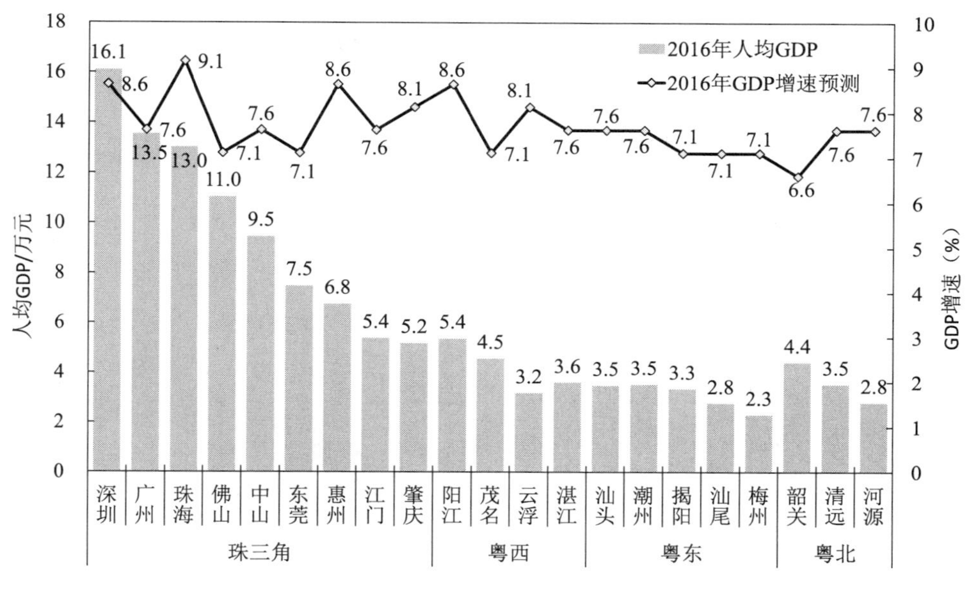

图11 2016年广东省分城市经济预测

区域政策方面，广东是“一带一路”战略中 18 个省市之一，四大自贸区之一，20 个城市群中有 2 个包含广东城市，珠三角城市群和海峡西岸城市群。一系列区域政策将进一步提升广东对外开放程度，促进广东经贸再上新台阶，对广东经济产生深远影响。

四、2016 年广东省乘用车市场预测

2015 年广东乘用车千人保有量 95 辆，相比全国平均水平 82 辆较高（见图12）。根据乘用车发展阶段理论，当千人保有量达到 20 辆以后，乘用车市场进入起飞阶段，千人保有量的提升幅度明显加快，高于当期 GDP 增长率。广东除汕尾以外，各城市都已进入乘用车起飞阶段。当乘用车千人保有量超过 130 辆左右以后，市场将进入起飞后期阶段，千人保有量净增量比较稳定或者略有增长，需求增长相对缓慢。在当前发展阶段下，影响广东省车辆需求的主要因素为 GDP、人口和消费环境（如汽车限牌政策），其中消费环境影响较大的城市包括深圳、广州、珠海、佛山、中山、东莞等。

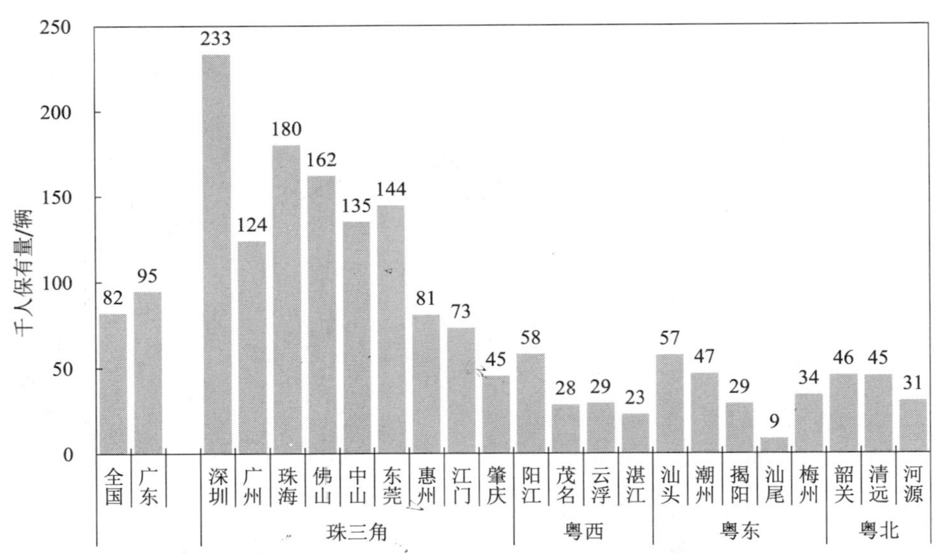

图12 2015年广东省分城市千人保有量

2015 年在深圳限购的大背景下，广东整体需求增速骤降，而非限购市场受外溢和国Ⅴ排放标准提前实施的刺激非常明显。2016 年限购因素和国Ⅴ排放标准提前实施的刺激对市场影响将明显减弱，结合乘用车发展阶段以及广东省经济发展情况，我们预计 2016 年广东乘用车销量为 186 万辆，增速 13%，其中非限购城市销量 90.5 万辆，增速从 2015 年高位回落至 15.4%，难以维持 2015 年的高增长（见图 13）。

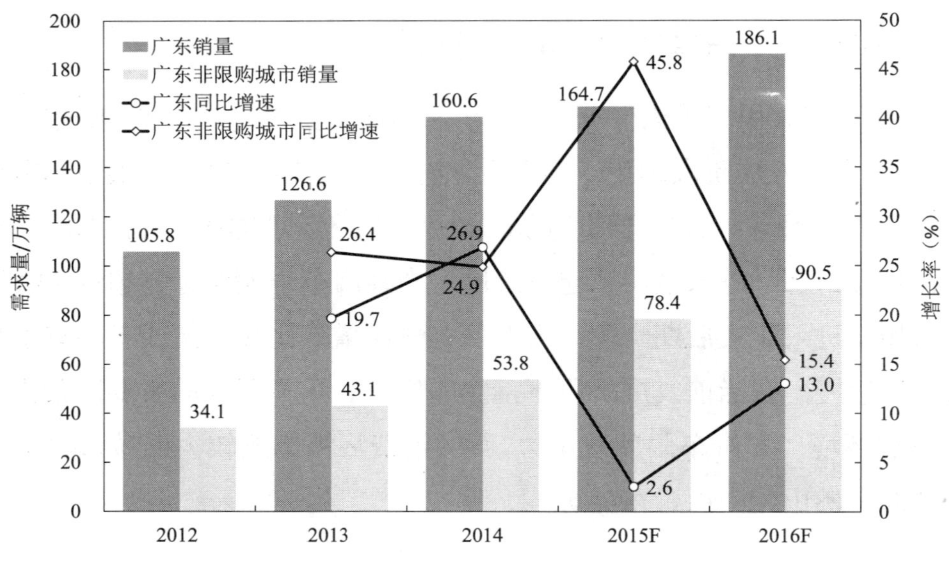

图13 2016年广东省销量预测

2016 年，预计珠三角仍将是广东乘用车需求的重要市场，深圳限购第二年市场需求逐渐回暖，同比增速回升至 23.5%（见图 14）。粤西、粤东、粤北千人保有量水平较低，处于乘用车发展的起飞前期阶段，加之经济发展较快，需求将保持快速增长，增速明显快于珠三角地区。

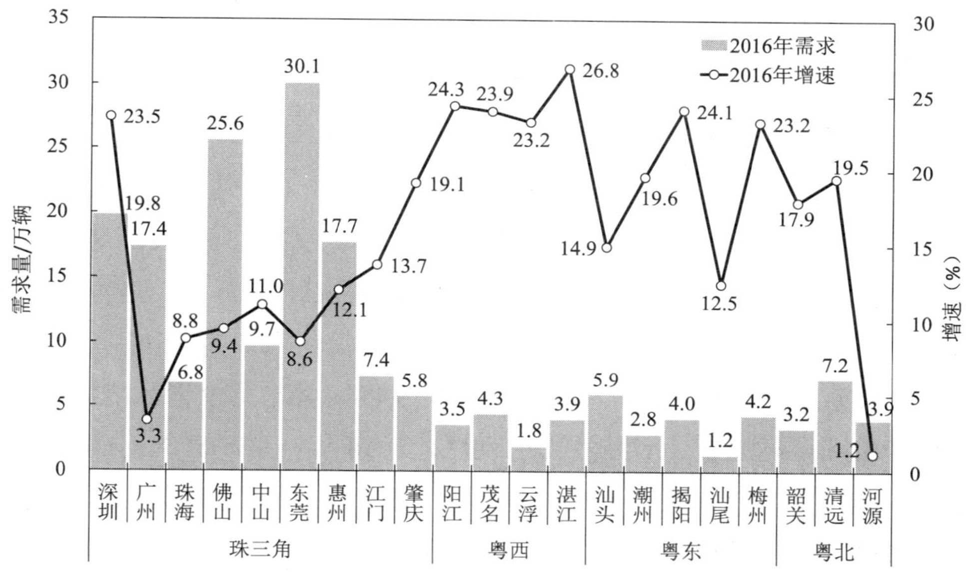

图14 2016年广东省分城市销量预测

（作者：张飒）

2015年京津冀汽车市场分析与2016年展望

一、京津冀乘用车市场发展状况

京津冀包括北京、天津两个直辖市和河北省。京津冀的国土面积为 21.7 万 km^2，占全国总面积的2.3%。2014年，京津冀的常住人口达1.1亿人，占全国总人口的8.1%，人口密度大。其中，河北的常住人口为7383万人，是全国人口第六大省，占京津冀总人口的2/3。北京的常住人口为2151万人，是全国常住人口规模第三大城市，占京津冀总人口的1/5。天津的常住人口为1517万人，是全国常住人口规模第五大城市，占京津冀总人口的14%。京津冀位于环渤海心脏地带，是中国北方经济规模最大、最具活力的地区。2014年，京津冀的GDP总量为6.6万亿元，占全国的9.7%，大于国土面积和人口的比重。但京津冀地区经济发展不平衡，北京和天津经济较为发达，而河北则较为落后。从人均GDP来看，天津、北京人均GDP分别位列全国第一和第二，但河北仅列18位，不及全国平均水平。总的来看，京津冀地理位置优越，人口众多，经济发展具有坚实的自然和社会基础。

1. 乘用车总体市场概况

京津冀的乘用车千人保有量（每1000人常住人口拥有的乘用车数量）为110辆，远高于全国70辆的平均保有量水平。2015年1～10月份，京津冀的乘用车市场销量160.5万辆，占全国乘用车总需求的份额为10.6%，高于京津冀的人口规模和经济规模（见图1）。北京和天津的乘用车保有量高，由于交通和环保压力已经相继限购，乘用车市场需求受到严重抑制。河北乘用车千人保有量与全国平均水平相当，仍处于乘用车发展的第二高速期，未来乘用车市场具有较大的发展潜力。河北此阶段的乘用车需求主要受消费能力影响，经济的持续增长和居民收入的稳定增长，具备乘用车消费能力的人群不断增加，才能带来乘用车的快速普及。

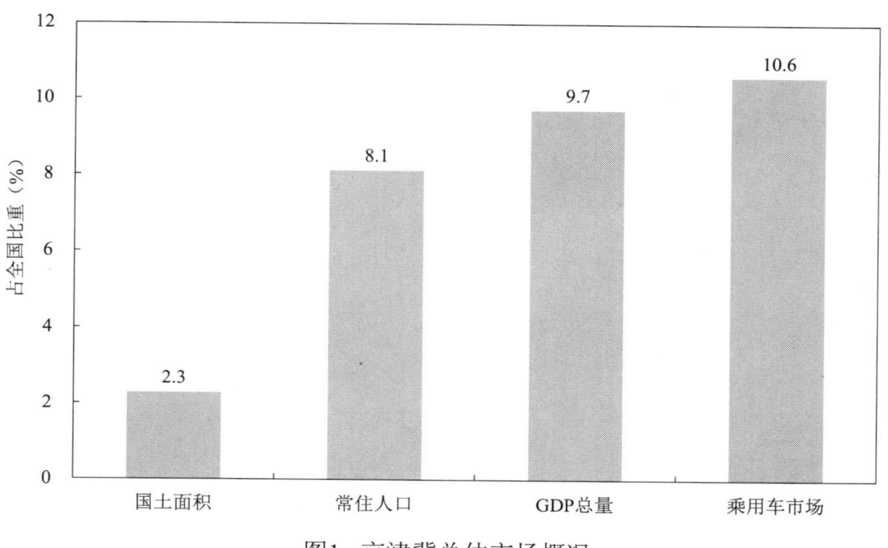

图1 京津冀总体市场概况

近五年，京津冀地区乘用车市场年均增速仅 4.3%，远远低于全国 11.5%的平均水平。这主要是由于京津冀地区的两个大市场城市北京和天津相继限购了。京津冀的乘用车市场可以明显地分为两类，北京和天津市限购市场，河北为非限购市场。北京 2011 年实施限购后市场规模大幅下滑，并且由于限购后牌照不断减少，市场仍在不断萎缩（见图 2）。天津 2014 年实施限购后市场大幅下滑，2015 年是限购第二年，市场规模仍在萎缩（见图 3）。近五年来河北乘用车的年均需求增速保持较快增长，增速持续快于全国年均水平（见图 4）。从全国乘用车市场来看，受经济下滑影响，2015 年乘用车市场增速出现较大大幅下滑。河北 2015 年前 10 个月的乘用车需求量同比增长 10%，仍高于全国的 7.3%，表现出较好的发展态势。

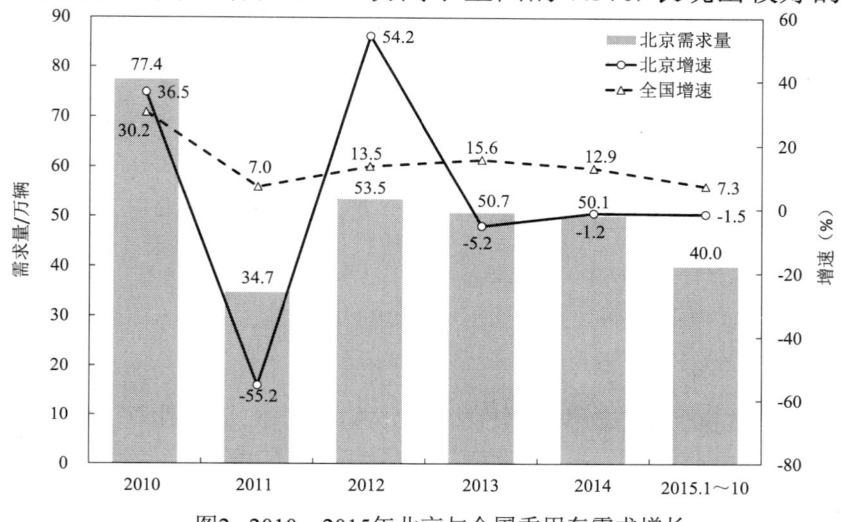

图2 2010～2015年北京与全国乘用车需求增长

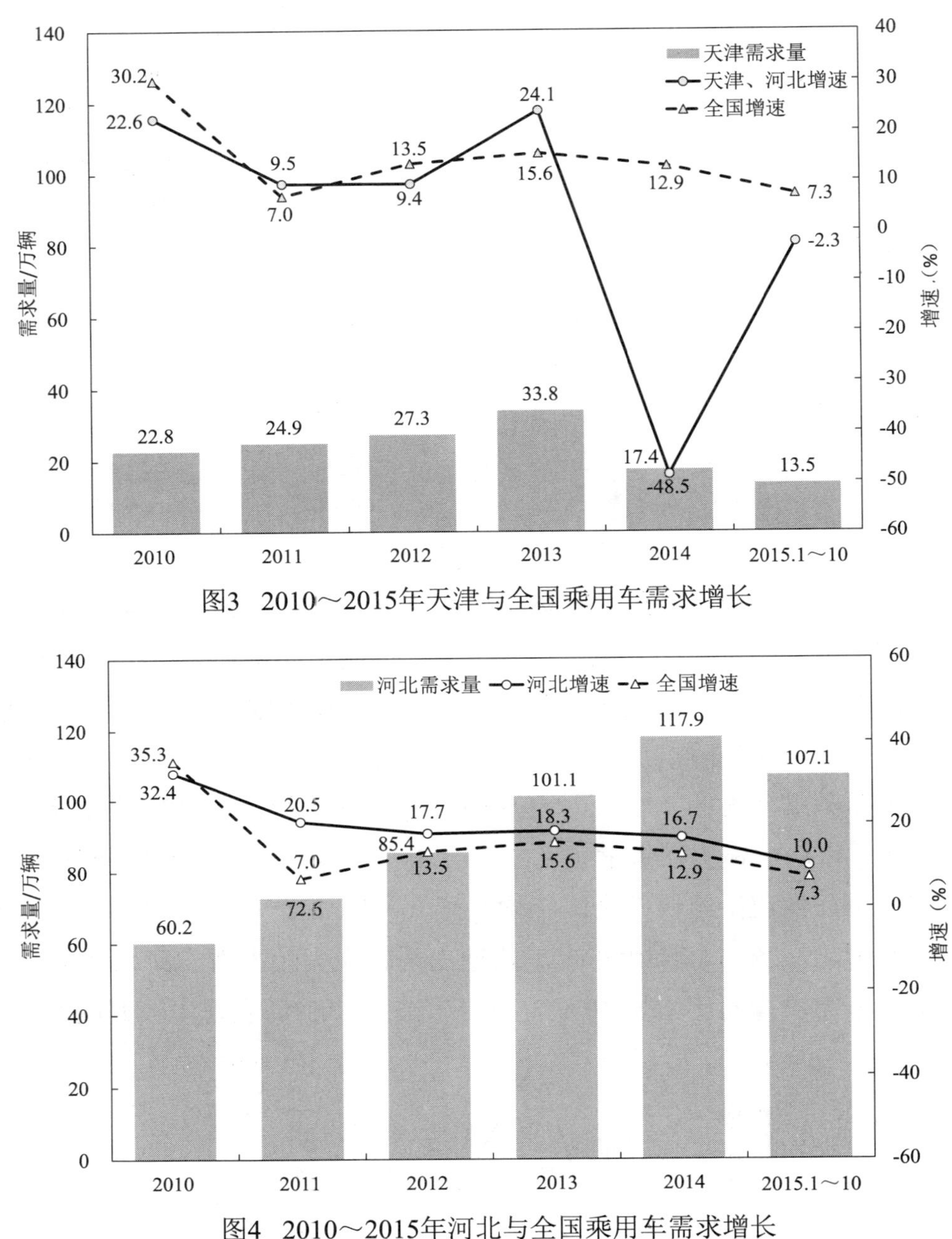

图3 2010～2015年天津与全国乘用车需求增长

图4 2010～2015年河北与全国乘用车需求增长

（注：以上需求数据均为含进口车的需求量，下同）

2．乘用车细分市场分析

欧系车需求占比高是京津冀乘用车市场的主要特征。由于欧系车品牌是较早进入我国市场的外资品牌，我国政府部门早期用车中大量采购了欧系车，主要为奥迪和大众品牌。根据乘用车市场发展阶段理论，在乘用车千人保有量小于 20

辆之前，即乘用车大规模进入家庭以前，社会上购买和保有乘用车的主要是政府部门，私人的购买力非常有限，而当乘用车迎来快速普及，乘用车大规模进入家庭后，政府部门的用车习惯就对普通家庭的用车习惯产生了深刻的影响。由于北京和天津是我国重要的两个直辖市，分布有大量的政府机关、企事业单位、军队等政府部门。因此政府部门的用车习惯深深影响了北京和天津市场。河北环绕北京和天津，历史上北京和天津同属河北。发达的北京和天津成为居民外出就业的首要选择，河北与京津有着密切的人员往来，河北在文化观念、消费习惯、品牌偏好等各个方面都深受北京和天津影响。因此政府部门的用车习惯影响了整个京津冀，导致欧系车在京津冀独占鳌头（见图 5）。

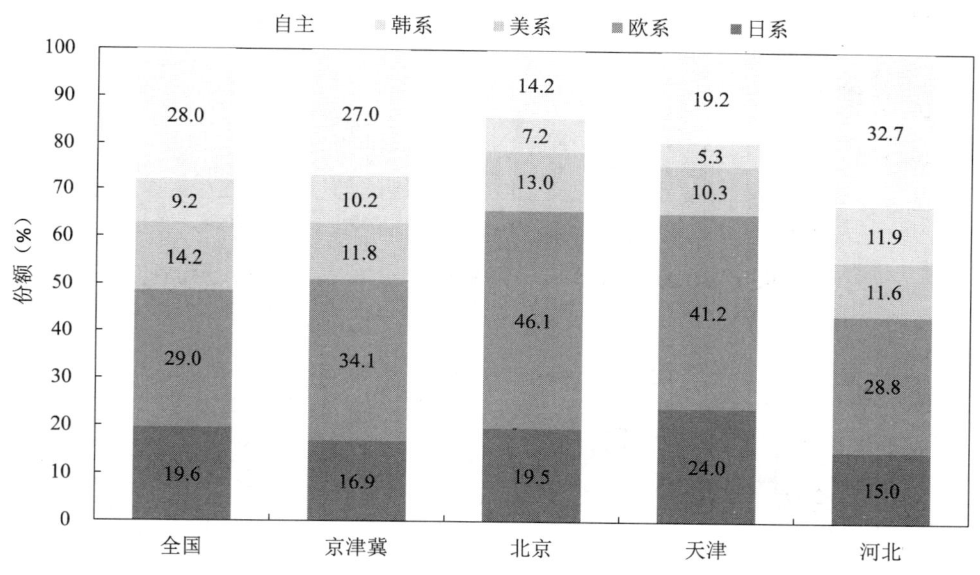

图5 2015年1～10月份京津冀乘用车分车系国别份额

限购后欧系车占比高的趋势更加明显。随着北京（2011 年实施）和天津（2014 年实施）相继限购后，首次购车消费受到了抑制，换购用户占据了一半以上。换购用户的消费升级明显，而欧系车作为价位较高的品牌，是消费升级用户的偏好品牌。因此，本来欧系车占比就远远高于全国的北京和天津，限购实施后，欧系车市场份额进一步大幅度提升。由于北京和天津的收入水平高，消费者的消费升级趋势明显，因此限购后，欧系车的份额有持续提升的趋势。与欧系车形成鲜明对比，价位较为低端的韩系和自主品牌在限购市场的份额则大幅下滑，自主品牌下滑幅度最大，远远低于限购实施前的市场份额水平（见图 6、图 7）。再加上限购市场的市场规模远未恢复到限购前的水平，因此较为低端的韩系和自主品牌在限购市场面临的生存压力最大。

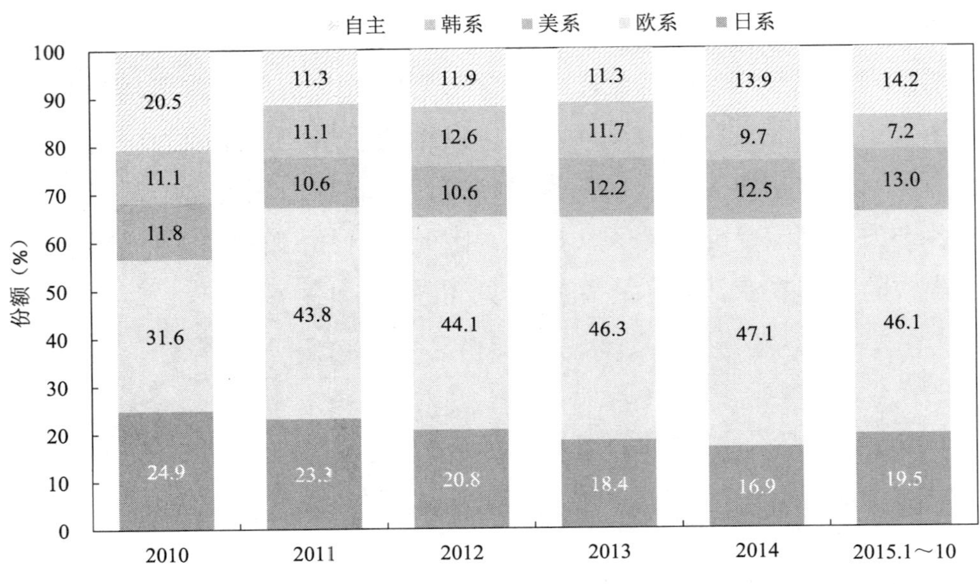

图6 2010～2015年北京乘用车分车系国别市场份额

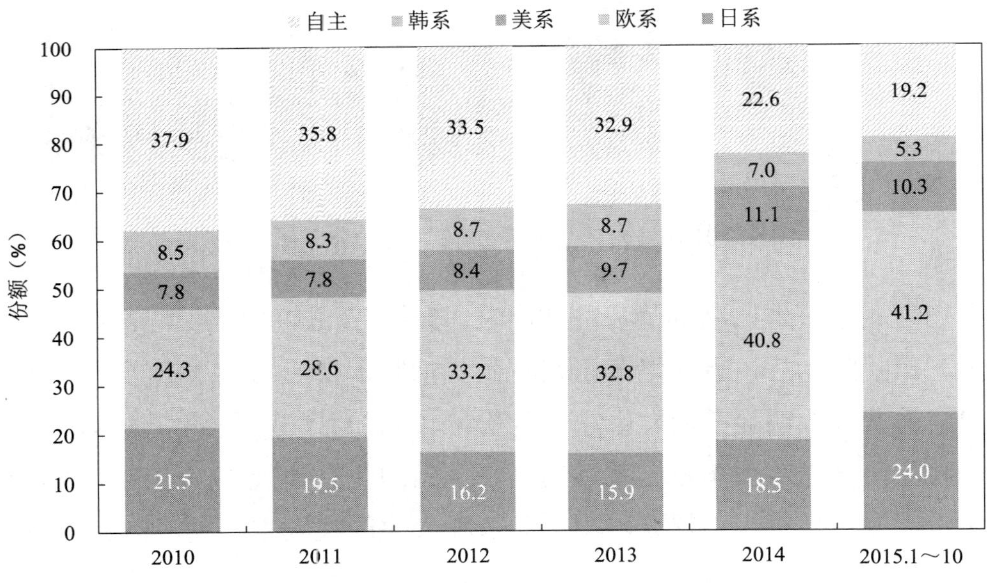

图7 2010～2015年天津乘用车分车系国别市场份额

豪华车需求占比高是京津冀乘用车市场的另一个主要特征。在经济发达的北京和天津，对乘用车的消费水准一直大大高于全国水平。京津冀的豪华车（包含奥迪、宝马、奔驰、捷豹路虎、雷克萨斯、沃尔沃、凯迪拉克、保时捷、英菲尼迪、讴歌）市场份额达 11.1%，高于全国 9.5%的平均水平。京津冀豪华车需求占比高，主要是在经济较为发达的北京和天津，其豪华车市场份额在全国遥遥领先，分列全国第 1 和第 3 位。京津冀近几年的豪华车市场增速也大大高于普通品牌的增速，在北京和天津尤为明显（见图 8）。

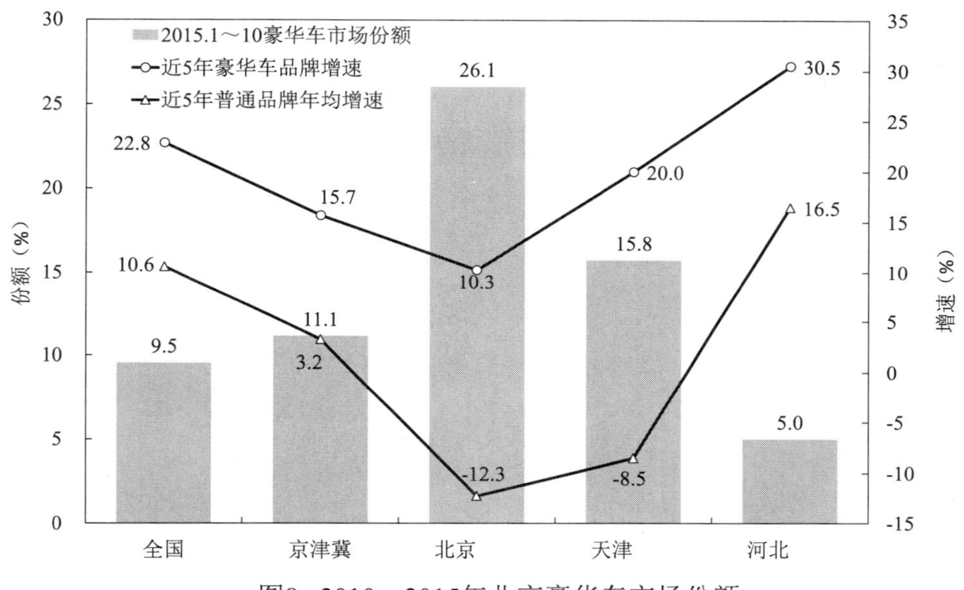

图8　2010～2015年北京豪华车市场份额

限购政策对普通车的影响要大于豪华车。北京和天津的限购，大量的首购需求被抑制，改变了需求结构，导致豪华车和普通车的表现差异加大。北京和天津在限购后第一年，市场都出现了大幅下滑，普通车上牌量至少减少了一半，豪华车上牌量降幅相对较小，但也下降 15%左右。北京在限购后第二年（2012 年），豪华车市场规模就超过了限购前（2010 年），并且这几年来豪华车市场保持较快增长，而普通车市场在限购 5 年后，市场规模仍远未恢复，规模仅为限购前的一半左右（见图 9）。天津在限购后第二年（2015 年），豪华车市场规模就恢复到了限购前（2013 年）的水平。而普通车市场和北京一样远未恢复，规模不到限购之前的一半（见图 10）。

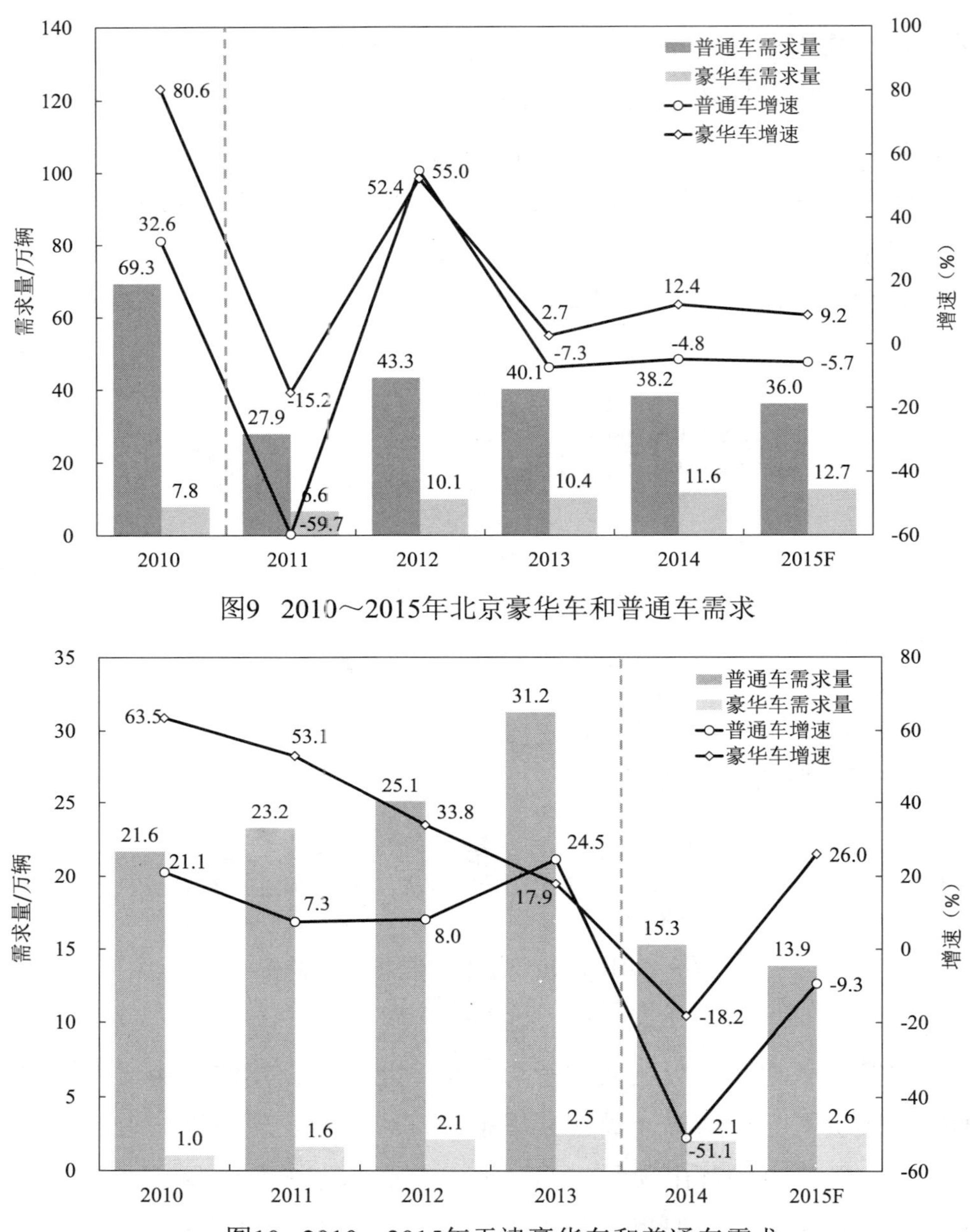

图9 2010～2015年北京豪华车和普通车需求

图10 2010～2015年天津豪华车和普通车需求

3．乘用车格局分析

同经济发展水平不均衡一样，京津冀的乘用车发展水平也存在不均衡。在京津冀中，北京、天津的人均 GDP 和乘用车保有量水平都高居全国前列，而河北的人均 GDP 和乘用车保有量水平仅和全国平均水平相当。北京和天津作为直辖市，经济发达，购买力强，但由于消费环境限制，已经实施了限购政策。在短时间内限购政策难以取消，北京和天津乘用车需求受到大大抑制。河北地处我国沿海地区，环抱北京和天津，经济发展的自然条件得天独厚，人口数量众多，随着未来经济的持续发展和城镇化水平的不断提升，乘用车的千人保有量还有较大的提升空间，未来乘用车市场的潜力很大。

分城市来看，京津冀地区的最大市场仍然是北京，北京的乘用车消费趋势，对整个京津冀乃至全国都有很强的引领示范作用。天津由于限购，乘用车市场规模被石家庄和保定超越，目前位列第四，天津的乘用车消费将与北京类似，未来仍将持续升级。河北的石家庄和保定，常住人口都超过 1000 万人，千人保有量水平仍处于乘用车快速普及的阶段，未来市场规模仍有较大的增长空间。河北南部的邯郸和邢台，常住人口规模大，但千人保有量水平仅 50 辆左右，低于全国平均水平，未来市场的提升空间很大（见表 1）。

表 1 京津冀 2014 年经济与乘用车市场情况

城市	常住人口/万人	人均 GDP/元	乘用车千人保有量/辆	2015 年 1～10 月份需求量/万辆
北京	2152	99995	199.6	40.0
石家庄	1062	50627	102.9	22.6
保定	1150	27786	73.3	16.9
唐山	777	80655	112.3	13.8
天津	1517	105202	128.8	13.5
沧州	733	45144	82.4	10.3
邯郸	944	35879	55.5	9.0
廊坊	447	47826	109.0	8.5
邢台	730	24016	51.4	7.7
衡水	446	26854	65.3	5.9
张家口	446	31869	62.7	5.3
秦皇岛	306	39282	98.1	4.1
承德	357	38955	51.6	3.0

二、2016 年京津冀乘用车市场预测

2016 年经济走势仍然处于底部运行状态，对京津冀乘用车市场的支撑作用未能明显改善。在外部经济环境不发生较大变化的情况下，2016 年全国总体宏观经

济走势将持续回落态势，经济形势仍然可能严峻，主要是全球经济复苏趋缓，我国经济正处于新旧动能转换阶段，产能过剩加速清理，而经济结构转型升级仍在艰难进行中。2015 年 4 月，京津冀协同发展规划经中央政治局讨论通过，上升为国家区域重大战略，河北全域纳入国家级区域战略。受京津冀协同发展上升为国家重大战略影响，河北投资前景看好，投资增速会有所提高。同时受产能过剩和需求不足影响，河北的钢铁、建材、煤炭采掘等传统产业发展受阻，2015 年整体出现了明显下滑，2016 年这些行业仍将严重拉低经济增长速度。综合来看，预计 2016 年河北省 GDP 增速为 7.0%左右。

2016 年的京津冀乘用车市场将受消费刺激政策带动，增速回升。在国务院推出小排量乘用车购置税减半的消费刺激政策后，2015 年 10 月以来的乘用车市场增速明显提高，消费意愿被迅速带动起来。非限购市场的河北，前三季度的同比增速为 10%，四季度在刺激政策带动下，同比增速有望提升达到 15%左右。预计 2015 年全年京津冀的乘用车需求量预计将达 197.4 万辆，同比增长 6.5%。2016 年京津冀的乘用车需求量预计将达 215 万辆，同比增长 9.0%，增速回升明显。2016 年京津冀乘用车市场增长仍将慢于全国的平均水平，主要是两大城市北京和天津都是限购市场，乘用车需求增长受到政策抑制。北京 2016 年的传统能源车指标进一步由 2015 年的 12 万辆缩减为 9 万辆，而新能源车指标由 2015 年的 3 万辆增加到 6 万辆。北京新能源车指标能否充分实现上牌，是北京 2016 年乘用车市场增长的关键。在国家大力支持新能源车的政策背景下，北京新能源车的充电基础设施也在持续改善，新能源车有望持续保持快速增长。预计 2016 年北京乘用车市场需求为 48.3 万辆，同比增长-0.8%。天津在 2014 年实施限购后，乘用车市场连续两年负增长，天津乘用车保有量水平高，保有量用户的更新替换需要有望逐步释放，预计 2016 年市场需求为 17.1 万辆，同比增长 3.9%。河北 2016 年市场需求为 149.8 万辆，同比增长 13.2%，增速比 2015 年有所提升，市场增速仍将持续快于全国平均水平。

（作者：温志群）

2015 年中国进口车市场分析与 2016 年展望

2015 年以来，中国汽车市场变化超过预期，结构变化也大大加快，加上政策调整和新的商业模式的冲击，汽车产业和贸易服务业态正处于大变革时期。

作为中国汽车市场的重要组成部分，中国进口汽车市场更是出现持续性“供需双降”，库存持续高企、价格优惠幅度加大、经销商大面积亏损等结构性问题。与此同时，面对新能源、“互联网+”等带来的一系列产业变革的影响，以及天津“8•12”突发事件的波及，进口汽车市场变化也超出预期。

一、2015 年中国进口汽车市场特点

从 2015 年 1～9 月的相关数据来看，中国进口汽车市场主要呈现出以下 11 个方面的特征：

1．进口量深度调整

进口车市场供给在经历了 2012～2013 年的个位数增长之后，于 2014 年再次加大，全年达到 142.2 万辆，同比增长 21.6%。特别是 2014 年下半年进口车行业库存深度不断创新高的情况下，海关进口车数量依然处于高位，没有明显的调整迹象。

进入 2015 年，进口车市场供给开始了深度调整。2015 年 1～9 月累计进口 80.1 万辆，同比下滑 23.9%，调整态势明显（见图 1）。

从季度走势来看，前三季度海关进口量分别下降 17.1%、28.4%和 25.1%。从月度走势来看，2015 年 1～9 月各月的进口量均低于 2014 年同期进口量，再现了 2012～2013 年的“去库存”调整（见图 2）。

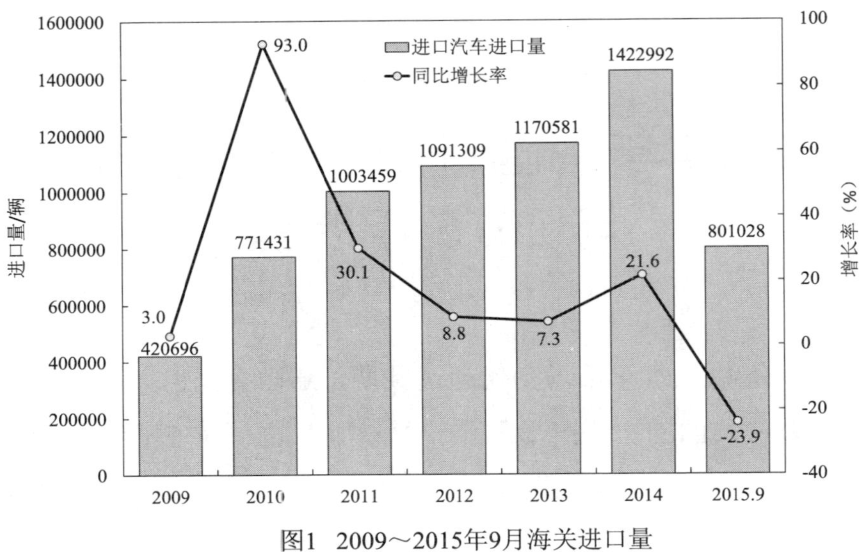

图1 2009～2015年9月海关进口量

（注：数据来源于中国进口汽车市场数据库，以下不再赘述）

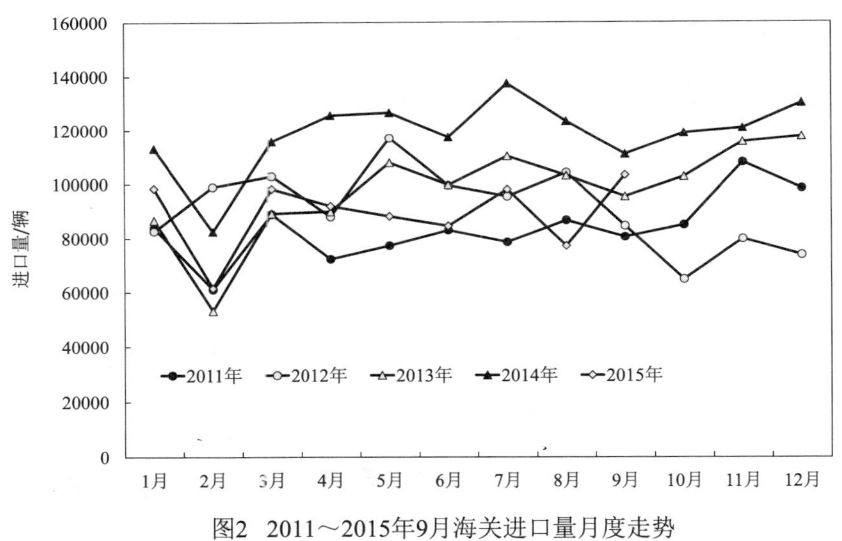

图2 2011～2015年9月海关进口量月度走势

2．需求大幅下滑

2015年，在宏观经济增速下滑、股市大幅波动、进口车国产化等因素的持续影响下，进口汽车市场需求大幅下滑。2015年1～9月经销商交付客户进口车（AAK）销量为67.6万辆，同比下滑22.4%；1～9月进口汽车市场销售上牌87.4万辆，同比下滑10.8%（两者的差距主要因统计口径不同，其中AAK数据不包括平行进口汽车市场数据，且时效性为当月数据；上牌数则包括平行进口汽车销量，且时效性一般延迟1～2个月）（见图3）。

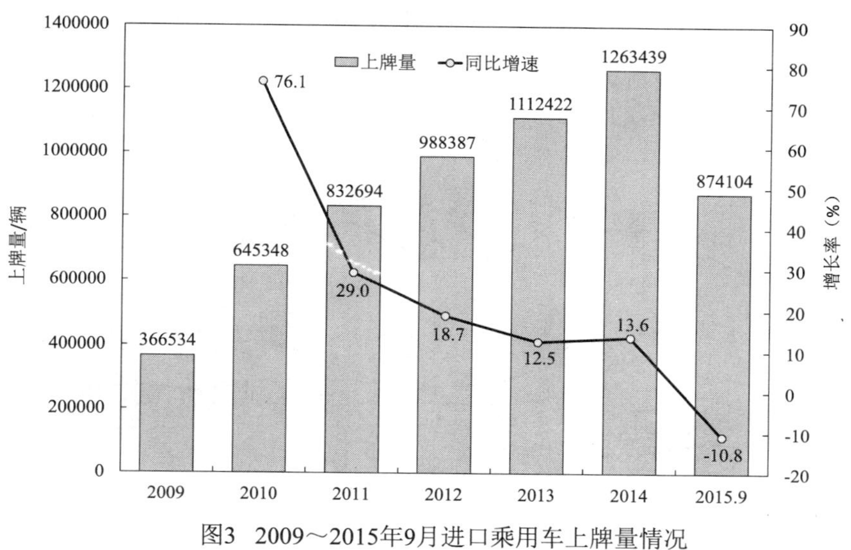

图3 2009～2015年9月进口乘用车上牌量情况

A 级车份额逐年上升，2015 年 1～9 月达 33.2%，继续成为最大的细分市场（见图 4）。

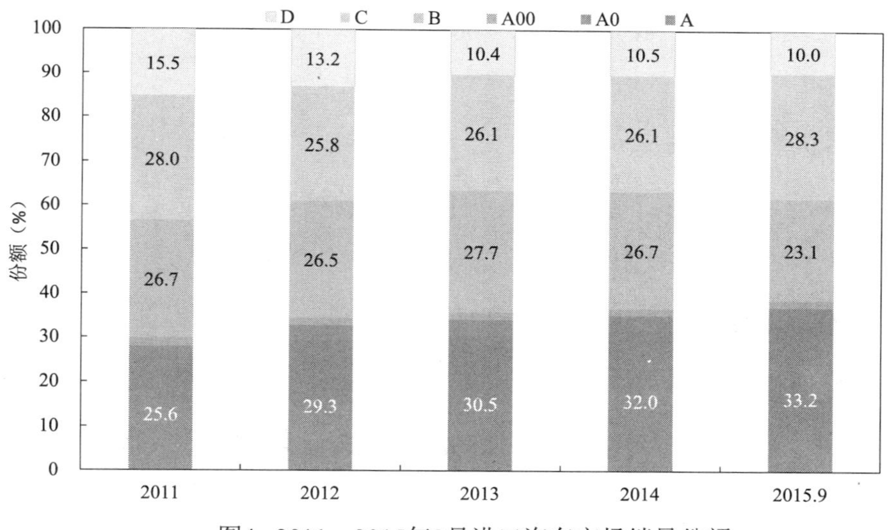

图4 2011～2015年9月进口汽车市场销量份额

3．行业及经销商库存居高不下

行业库存（厂商库存+经销商库存）深度不断攀升，从 1 月的 4.4 个月升至 9 月的 4.9 个月，库存压力巨大（见图 5）。根据中国汽车流通协会的经销商库存调研显示，2015 年 9 月进口经销商的库存深度为 2.01 个月，显示经销商潜在库存压力仍较大，盈利能力大幅度下降。

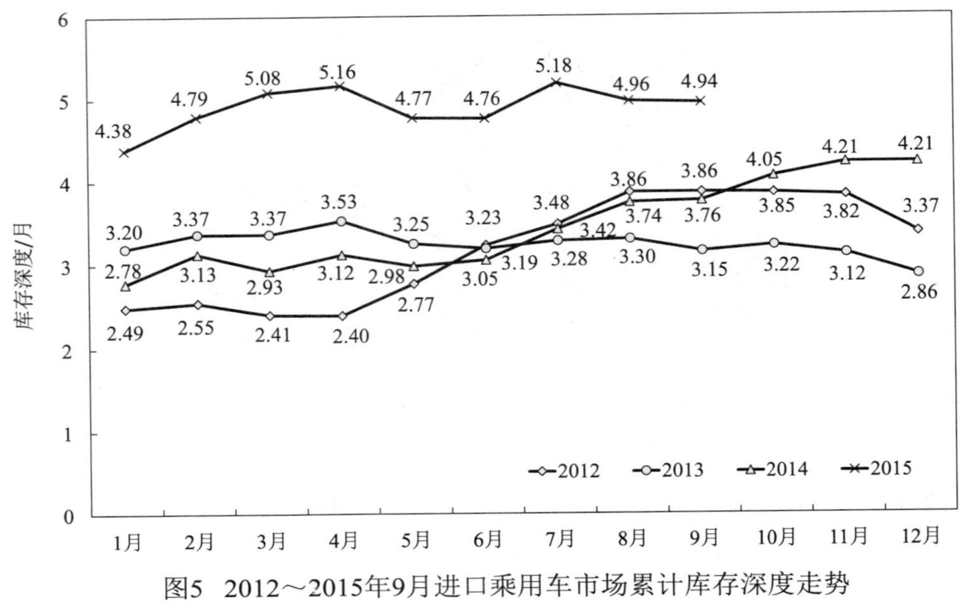

图5 2012～2015年9月进口乘用车市场累计库存深度走势

（注：行业库存包含总经销商和经销商两部分库存）

4．价格优惠幅度持续加大

在“高库存、弱需求”压力下，进口车市场终端优惠幅度持续加大，从 1 月的 10.7%扩大至 9 月的 14.2%，创历史最高值；除个别 MPV 外，绝大部分车型的优惠幅度均持续加大，9 月市场整体平均优惠 9.29 万元（见图 6）。

5．品牌结构调整深化

除奔驰、丰田和保时捷以外，其余品牌的进口量均出现下滑；欧系品牌继续保持进口车主力地位，份额小幅回升；在终端销售层面，第二集团竞争格局变化较大（见图 7）。

从品牌来源国看，欧系品牌继续保持进口车主力地位（见图 8），2015 年 1～9 月份额较 2014 年全年提升了 2.3 个百分点，达到 61.1%。其中，主要受奔驰和保时捷的拉动，德系品牌份额大幅回升 5.9 个百分点至 43.8%；而英系及其他品牌受路虎和沃尔沃国产影响，份额继续缩小。日系品牌 1～9 月份额为 20.9%，相对稳定；美系品牌份额比 2014 年全年下降 1.7 个百分点至 14.7%。

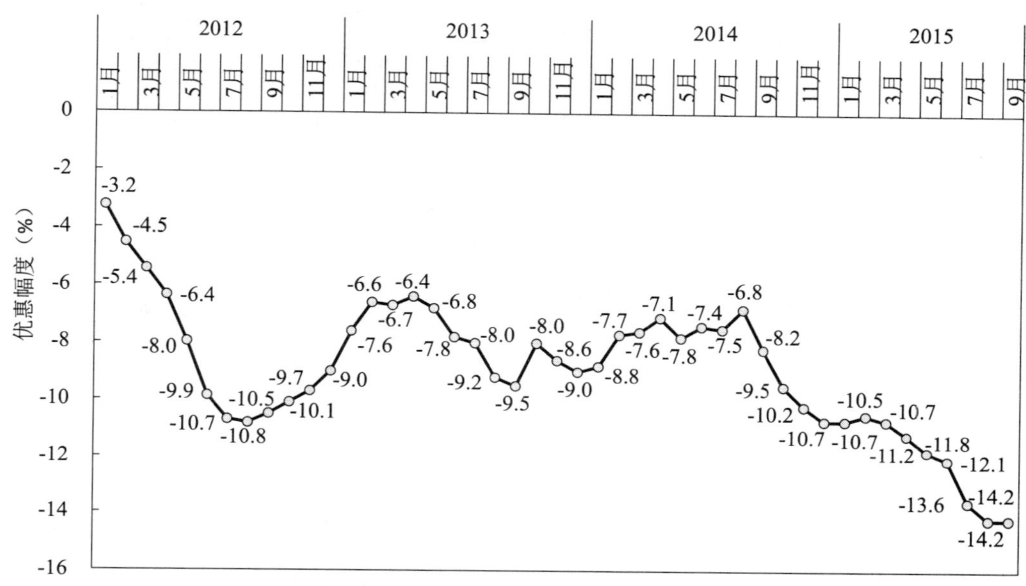

图6　2012～2015年9月进口车市场终端价格优惠幅度

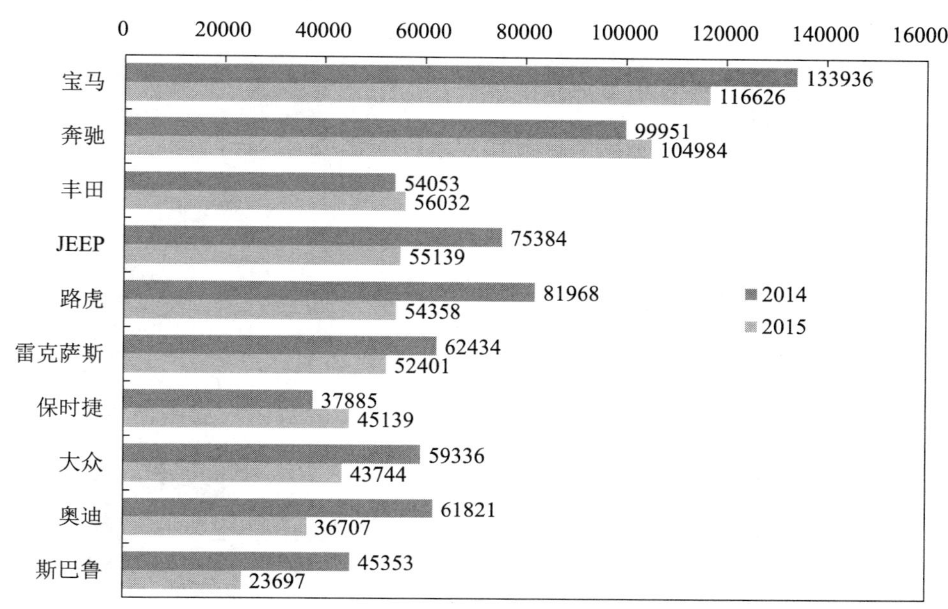

图7　2015年1～9月乘用车分品牌进口量（辆）

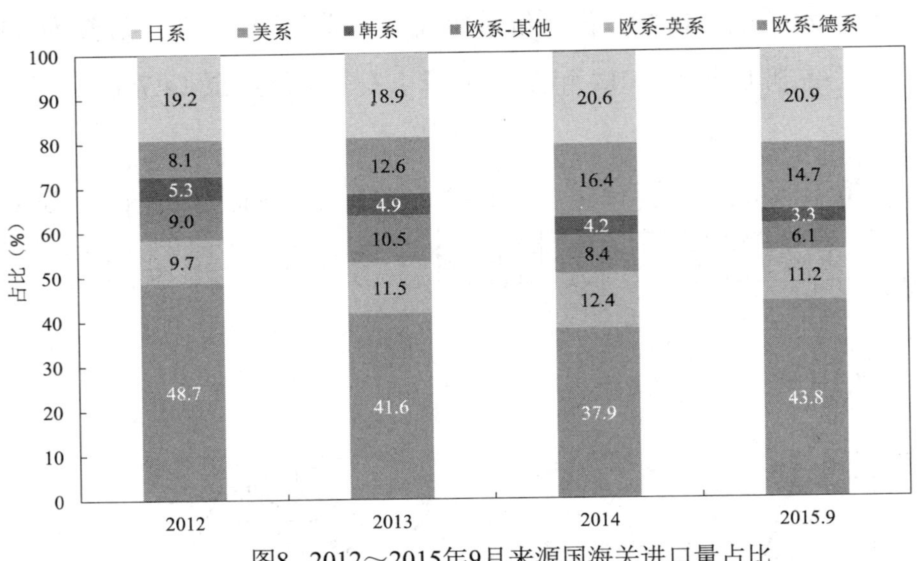

图8 2012～2015年9月来源国海关进口量占比

6．车型结构按需调整

2015 年 1～9 月，乘用车累计进口 79.5 万辆，同比下降 23.9%（见图 9）。其中，轿车进口 25.7 万辆，同比下降 25.9%，在三大车型中降幅最高；受福特锐界、路虎揽胜极光及英菲尼迪 QX50 等车型的国产影响，SUV 进口 50.0 万辆，同比下降 23.7%；MPV 进口 37641 辆，同比下降 8.9%，是三大车型中降幅最小的车型。

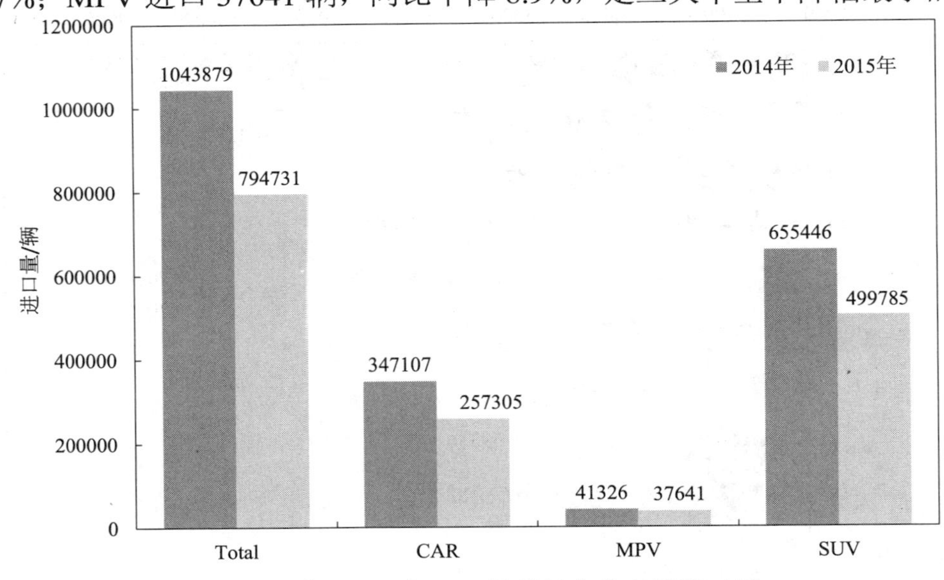

图9 2015年1～9月乘用车分车型进口量

2015 年 1～9 月，销量前十名车型中 8 款车型为 SUV（见表 1）。

表 1 2015 年 1～9 月分车型销售排名

排名	车型	销量/辆
1	丰田普拉多	38171
2	宝马 X5	31647
3	路虎揽胜	30448
4	Jeep 指南者	29453
5	奔驰 ML	24252
6	雷克萨斯 NX	22760
7	保时捷 MACAN	22232
8	奔驰 S	21407
9	宝马 X3	20384
10	雷克萨斯 ES	19796

7. 排量进一步下移

2015 年，进口车排量区间下移趋势更加明显。2015 年 1～9 月，3.0L 以下车型进口份额达到 93.3%，在 2014 年的基础上进一步提升（见图 10）。其中，1.5～2.0L 以 36.6%的份额重归第一大排量区间。这一排量区间的份额增长很大程度上是由于新增紧凑型 SUV 所拉动。宝马 X3、雷克萨斯 NX、保时捷 Macan、Jeep 指南者、路虎发现神行等紧凑型 SUV 是 1.5～2.0L 排量区间的主力。

此外，1.0～1.5L 区间份额也有一定提升，从 2014 年全年的 2.0%升至 2015 年 1～9 月的 6.1%。宝马 2 系、雷诺 Captur 等小型车的导入，扩大了这一区间，并推动进口车排量加速下移。

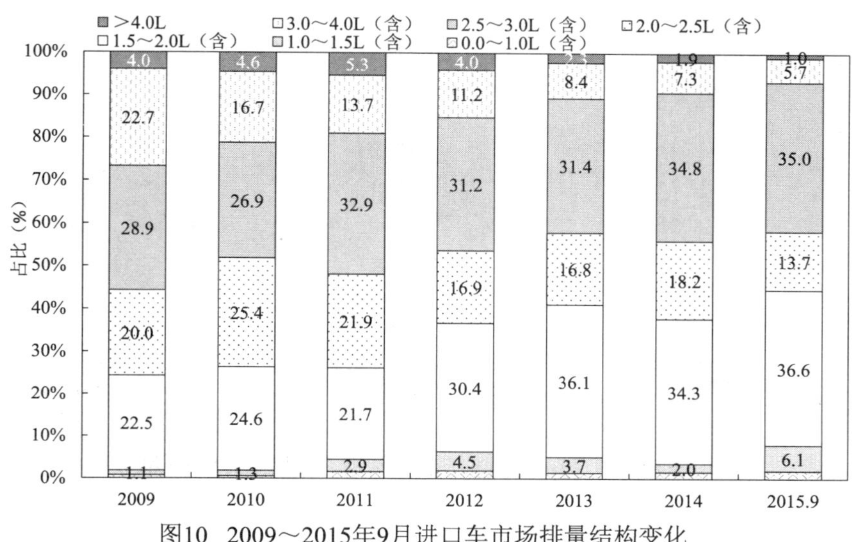

图10 2009～2015年9月进口车市场排量结构变化

8．渠道关系紧张

“以产定销”的营销模式决定经销商压库现象依然存在，厂商经销商之间对话机制初步建立，经销商不断调整经营重心。

9．区域市场波动明显

进口车上牌数据显示，受宏观经济影响，2015年1～9月，中南、西南、西北区域进口车市场份额均略有萎缩，使得整个中西部地区整体份额下降至42.7%，较2014年全年下滑2个百分点。

分省市来看，大部分省市进口车市场均出现下滑，其中以重庆、内蒙古、福建和山西等省市下滑最为严重，进口同比分别下滑23.9%、23.4%、21.0%和21.0%。同比实现正增长的只有上海、天津和西藏，增速分别为9.1%、4.4%和39%。

10．港口份额略有调整

受天津港“8•12”爆炸事件短期影响，天津港市场份额出现明显下滑，2015年1～9月港口份额为36%，较2014年全年下降4.8个百分点；在部分品牌转港拉动下，上海港份额提升至36%，较2014年增长3.1个百分点；黄埔港市场份额为24.2%，与天津港、上海港“三足鼎立”的态势延续（见图11、图12）。

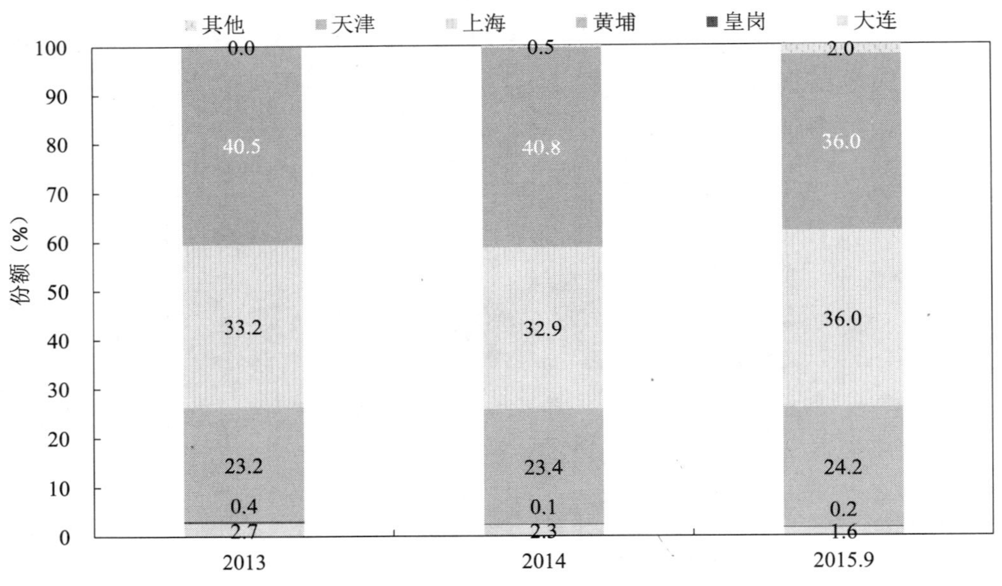

图11 2013～2015年9月各港口进口量份额情况

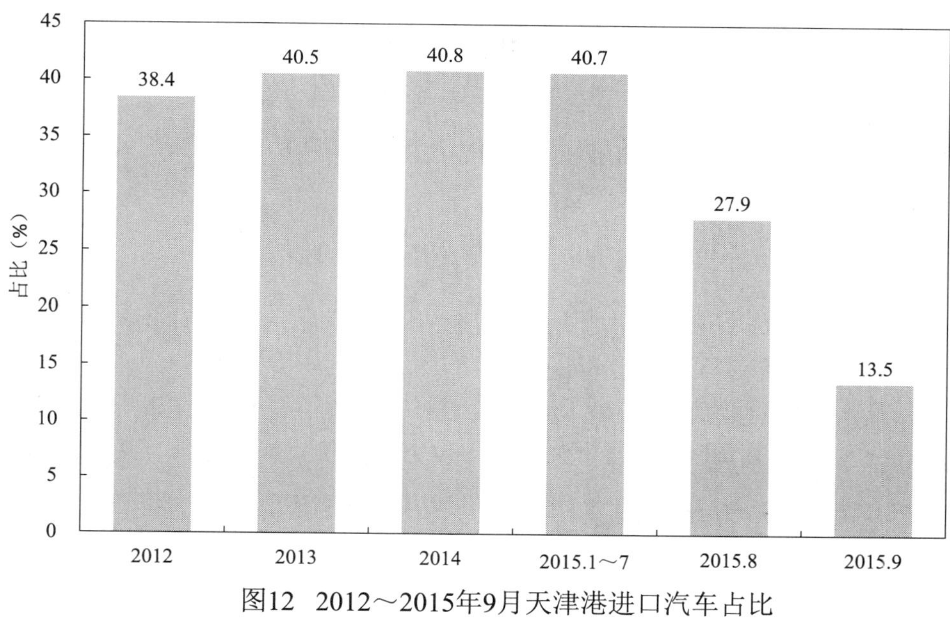

图12 2012～2015年9月天津港进口汽车占比

11．天津港“8•12”爆炸事件影响有限

2015 年 8 月，天津港“8•12”爆炸事件对进口车市场造成了一定的影响。虽然受损车辆数量规模较大，但根据上半年进口车销售上牌总数 59.8 万辆、月均销售 9.97 万辆估算，2.6 万辆进口车约相当于整个进口车市场 0.26 个月，即 7.8 天的销量。短期来看，事故对进口车市场供求关系和整体终端市场价格的影响不大，但部分受损车辆的后续处置工作尚需时日。

短期来看，事件对市场的影响主要体现在港口方面。爆炸致使天津港进口车相关设施受损，尽管港口吞吐能力未受太大影响，但是仓储能力短时间内无法恢复。

长期来看，后续处置工作将起到关键性作用。若不能及时、有效处置，天津港将受到一定影响。但另一方面，天津港的优势地位，包括港口能力、地理位置、硬件设施等，都是无法撼动的，跨国汽车企业的转港动作是应急措施，长期来看，其进口车相关业务将会回归天津港，对天津港进口车业务影响有限。

二、2016 年中国进口汽车市场展望

1．2015 年四季度及 2016 年市场环境分析

（1）宏观经济面　2015 年四季度，稳增长政策将继续显效，投资面临的“人”

和“钱”的约束在逐步缓解，加上低基数的影响，经济增长有望回稳，预计四季度GDP增长在7%左右，较三季度小幅回升；全年增长7%左右，比上年回落0.3个百分点。中长期来看，中国经济正处在动力切换、结构转变、阶段更替和风险缓释的关键时期，新动力正在培育和形成，但尚未成气候，传统动力正在调整和衰减，中国经济还将在景气周期的阶段性底部延续一段时间。

（2）行业政策面　继2015年作为新一轮政策调整下的汽车市场发展元年之后，2016年将是未来十年汽车市场新格局重建的时间窗口期。《汽车业反垄断指南》及《汽车销售管理办法》或将出台，意味着汽车行业反垄断调查已经进入了更为深入和全面的执法监管推进阶段；《机动车维修管理规定》及《汽车维修技术信息公开实施管理办法》的实施、新能源补贴政策及支持新能源和小排量汽车发展措施等一系列以“中国制造2025”和“互联网+”推动新一代信息技术与汽车产业的深度融合的政策导向，将对汽车行业及进口车市场带来深远的影响。《乘用车企业平均燃料消耗管理办法（草稿）》对于燃料消耗值积分管理、交易办法已有雏形，积分管理、积分交易和负积分企业的严格处罚成为政策导向。

（3）产业变革面　2015年是中国全面深化改革的关键之年，也是“十三五”规划和《中国制造2025》全面展开之年。全球汽车面临着产业变革与深度调整，“中国制造2025”和“互联网+”，推动新一代信息技术与汽车产业的深度融合。跨国汽车公司及品牌经销商除了面对产业产能过剩等传统挑战，还面临新技术、新需求、新渠道带来的多重挑战。汽车的电动化、智能化和网络化将成为汽车产业技术变革的三大趋势，未来，三者将分别以“新能源车”“无人驾驶”“互联网模式”为核心，产生足以重塑整个汽车产业、颠覆汽车现有概念的力量。同时，未来三至五年，在全球范围内，适应共享经济发展起来的共享服务平台会负责城市里的绝大多数交通里程的运输。共享经济顺应消费者按需共享，能源节约、环境保护以及拉动经济、就业的新需求而蓬勃发展，或将成为继流量分发、O2O之后又一重要的互联网商业模式。电商带来的新渠道与传统分销模式既融合又竞争，新型电商旨在建立一个业务生态圈，在互联网经济下，打通产业链，将整车销售、二手车市场、服务维修、汽车金融等内容充分纳入，为消费者提供全生命周期服务。

（4）国产汽车市场　2015年，中国汽车市场进入微增长态势。据中汽协数据显示，前三季度中国汽车产销1709.16万辆和1705.65万辆，产量同比下滑0.82%，销量同比增长 0.31%。其中，乘用车产销 1460.63 万辆和 1454.78 万辆，同比增长 1.49%和 2.75%；商用车产销 248.53 万辆和 250.87 万辆，同比下降 12.48%和 11.83%。

2015 年四季度，随着车辆购置税刺激政策进入见效起动期，加之 10 月后的汽车市场旺销周期，以 1.6L 为分界点的强弱分化加剧，原有的供需平衡被打破，消费热情被激发。在政策的利好下，经销商的销售信心增强，汽车市场的利好也推动促销逐步平稳回收，促进消费者购车。由于连续的降库存，加之年末的节能车退出的火爆行情预期，厂家第四季度进入年末收官冲刺，2015 年汽车市场呈 U 形增长趋势，合拍于国家“稳增长”政策，狭义乘用车市场销售上牌增长 11%左右。

2016 年，预计中国经济继续处于调整结构、提升效率，逐步适应“新常态”的过程。对于 2016 年国产狭义乘用车市场来说，受购置税减半政策利好措施拉动，主流研究机构认为狭义乘用车市场销售上牌增速仍将保持 10%左右，其中，SUV 和 MPV 的中低端车型仍将保持较高的增速，轿车市场仍将呈下滑趋势，商用车市场难有起色。

（5）新产品供给　据不完全统计，2015 年四季度及 2016 年全年将有 32 款进口新车投放中国市场，其中全新产品有 17 款，换代产品有 9 款，增添版本 6 款；从车型看，有 14 款 SUV、14 款轿车、3 款旅行车和 1 款 MPV；从车身级别看，有 14 款中型车、11 款大型车、4 款小型车和 3 款紧凑型车；从品牌来看，豪华品牌产品占比近 8 成，继续成为新产品导入的主力。

在进口汽车市场持续“供大于求”的背景下，新产品拉动消费需求的作用尤其重要。2015 年四季度及 2016 年全年的进口车新产品呈现出如下特点：

“量销”进口新产品数量有限，难以弥补主力进口车型陆续国产化带来的影响力度，因此，未来新产品供给刺激市场需求，拉动市场的力度还将持续减弱；新产品高端化趋势进一步显现；个性化新产品增多；新能源产品导入加快。

（6）平行进口汽车　2015 年 1～9 月共进口平行进口汽车 81255 辆（见图 13），占同期进口汽车的 10.1%，首次超过 10%。虽然有鼓励性政策的引导，但是，由于受到准入政策和货源供给等制约因素的影响，平行进口汽车市场规模没有明显变化。商务部已对平行进口汽车制约因素进行调研，并针对产品准入和产品来源等问题上报国务院，7 月初国务院已约谈相关部门质检总局，认监委启动平行进口汽车认证政策调整工作，并对调整方式和调整方向进行调研，2016 年初出台相关政策。若产品准入政策有大的调整，平行进口汽车市场有望达到15%。

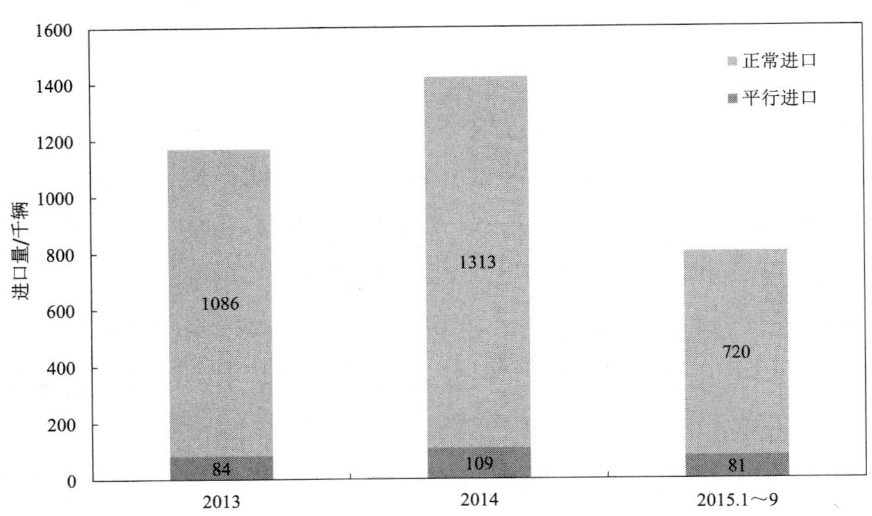

图13 2013～2015年9月平行进口汽车进口量

2. 总量预测

2014年进口汽车市场需求增速逐季下降(见图14),第四季度同比下降4.1%,已经显示出市场增长乏力。由于增长的基础相对较低，加上购置税减半政策的惠及，2015年第四季度进口车市场需求有望与2014年持平，预计2015年全年进口车市场销售上牌下滑8%左右。

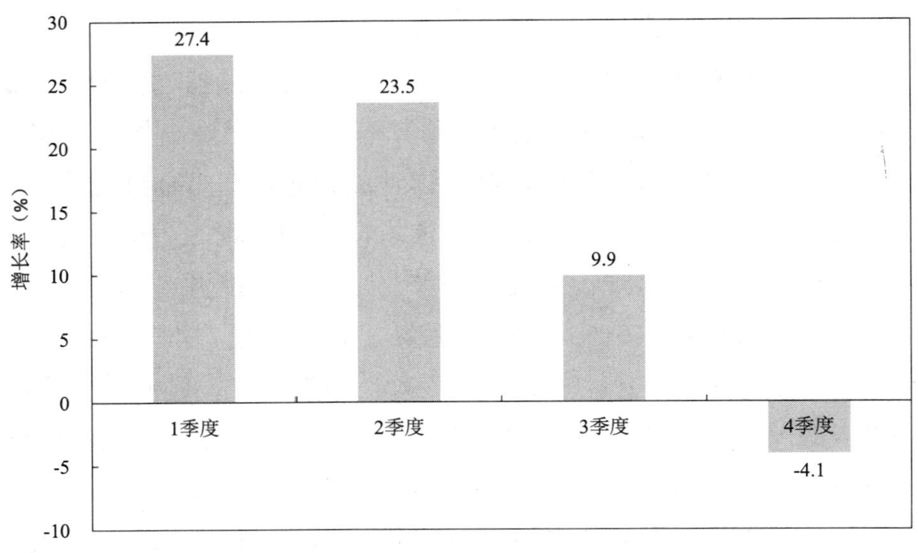

图14 2014年进口车市场需求季度增速

展望2016年，中国经济面临国内外需求增速放缓和劳动力、资本、环境等要素价格上升的约束，中国正处于工业经济向信息经济加速演变的转型期。地方政府和企业去杠杆过程仍在继续，化解产能过剩需要时间，新旧动力切换尚未完成。这些因素意味着2016年中国经济增速仍将出现一定幅度的回落，经济下行压力增大。

从行业政策来看，1.6L以下车型购置税减半的优惠政策将在2016年12月31日到期。2015年1～8月累计销量中，1.6L以下车型销量占比为11.3%，这部分车型的需求将会受到一定的刺激（见图15）。但是由于进口车市场消费者属于价格不敏感型，因此该政策对进口汽车市场的刺激力度有限。

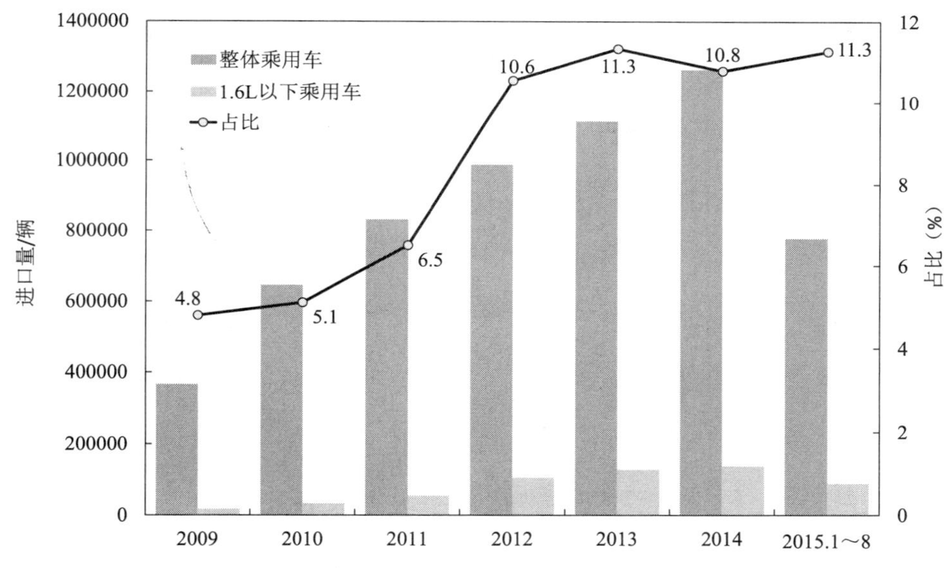

图15 2009～2015年8月进口乘用车及1.6L以下乘用车市场发展

从产品供给来看，国产化影响因素仍在，奔驰GLA、Jeep自由光、路虎发现神行等车型国产。此外，2014年底和2015年初国产的车型，如英菲尼迪的Q50和QX50，路虎极光、沃尔沃XC60、福特锐界、凯迪拉克ATS等在2015年上半年仍有较大的销量，根据中国进口汽车市场信息联席会数据估算，2015年前三季度累计占比仍超过5%，这部分销量在2016年将基本消失，对进口车市场来说，销售形势并不乐观。2016年引入进口车市场的新车型有限，竞争力较强的上量车型几乎没有。

综合评估宏观经济、行业政策及进口汽车市场产品供给三方面对进口车市场需求的影响，我们预计2016年进口车市场销售上牌相比2015年会有个位数的下滑。

此外，进口车行业库存仍处高位，2016年进口车市场“去库存”进程仍将继续，终端价格优惠仍在低位徘徊。

（作者：国机汽车股份有限公司）

2015 年中国汽车出口分析与 2016 年展望

一、2015 年汽车出口概况

2013 年下半年以来，受国际汽车市场需求低迷的影响，我国汽车产品出口开始出现下滑。根据海关统计，2014 年，我国汽车出口延续下滑走势，但降幅有所收窄，全年出口整车 94.8 万辆，同比下降 0.07%。2015 年 1～10 月，我国汽车及零部件产品出口金额 658.9 亿美元，同比下降 2.9%；整车出口 64.7 万辆，同比下降 15.8%，出口金额 104.7 亿美元，同比下降 4.2%。其中，乘用车出口 37.0 万辆，同比下降 10%，出口金额 30.7 亿美元，同比下降 6.5%；商用车出口 27.8 万辆，同比下降 22.4%，出口金额 74 亿美元，同比下降 3.2%。预计全年整车出口量将出现 15%左右的负增长。

二、2015 年汽车出口主要特点

1．出口规模占整车产量的比重仍然较低，且呈下降趋势

虽然我国汽车产销规模已多年居于全球第一位，但与成熟的汽车大国相比，由于我国自主品牌汽车企业核心竞争力缺乏，我国汽车出口规模偏小，占汽车产量比重普遍较低。2013 年以来，随着汽车出口规模的萎缩，我国整车出口量占产量的比重不断下降，2015 年 1～10 月，汽车出口量占产量的比例为 3.4%，轿车出口量占产量的比例仅为 2.9%（见表 1）。而汽车工业发达国家的整车出口比重通常在 50%以上（见表 2）。

表1　2000～2015 年汽车出口所占比例

年份	汽车出口量/万辆	占产量的比例（%）	轿车出口量/万辆	占产量的比例（%）
2000 年	1.52	0.7	0.05	0.1
2001 年	1.44	0.6	0.08	0.1
2002 年	1.76	0.5	0.10	0.1
2003 年	3.71	0.8	0.28	0.1

（续）

年份	汽车出口量/万辆	占产量的比例（%）	轿车出口量/万辆	占产量的比例（%）
2004年	7.83	1.5	0.93	0.4
2005年	17.26	3.0	3.11	1.1
2006年	32.42	4.5	9.25	2.4
2007年	61.44	6.9	18.86	3.9
2008年	68.10	7.3	24.13	4.8
2009年	37.00	2.7	10.24	1.4
2010年	56.67	3.1	17.99	1.9
2011年	85.00	4.6	37.21	3.7
2012年	101.57	5.3	49.54	4.6
2013年	94.85	4.3	42.45	3.5
2014年	94.79	4.0	46.96	3.8
2015年1～10月	64.72	3.4	26.98	2.9

注：资料来源于海关统计数据和中国汽车工业协会数据，本文数据大多来源于此，下文不再赘述。

表2 2013年主要国家汽车出口量及占产量的比例

国家	出口量/万辆	产量/万辆	出口量占产量的比例（%）
日本	467.5	963.0	48.5
德国	440.5	571.8	77.0
韩国	308.9	452.1	68.3
美国	209.1	1106.6	18.9
西班牙	188.0	216.3	86.9
英国	124.9	159.7	78.2
印度	67.1	389.6	17.2
巴西	59.1	373.7	15.8
意大利	39.3	65.8	59.7

注：资料来源于世界自动车统计年报（2015）。

2. 月度出口量总体上呈波动式下滑趋势

在2014年月度出口数据呈现回暖势头的背景下，2015年汽车出口情况再次出现逆转，总体呈现波动式下滑的走势，出口数量除2月出现同比大幅正增长外，其他月份均为大幅负增长，特别是8～10月降幅有逐渐增大的趋势（见表3）。

表3 2015 年 1～10 月整车逐月出口情况

月份	出口数量			出口金额		
	本月完成/万辆	比上月增长（%）	比同期增长（%）	本月完成/亿美元	比上月增长（%）	比同期增长（%）
1 月	7.44	−18.76	−16.14	11.12	−34.9	−11.57
2 月	6.34	−14.78	50.76	10.42	−6.28	88.31
3 月	5.75	−9.35	−21.02	8.95	−14.07	−14.48
4 月	6.79	18.24	−13.54	11.46	28.07	−1.05
5 月	8.23	−14.28	−38.45	36.71	−12.34	−36.1
6 月	6.48	−8.68	−8.13	10.78	−10.56	5.41
7 月	7.06	8.95	−23.35	11.52	6.84	−15.31
8 月	5.88	−16.73	−17.41	9.54	−17.23	−16.14
9 月	6.75	14.76	−25.48	10.96	14.89	−3.59
10 月	5.12	−24.14	−33.07	7.91	−27.8	−27.97

3．除未列名载人机动车和特种车外，其他车型均呈现大幅负增长

2015 年 1～10 月，乘用车出口数量继续超过商用车，占整车出口量的比重进一步上升为 57.11%（见表4）。乘用车各车型中，除未列名载人机动车，其他车型均出现大幅负增长。小轿车仍是第一大出口车型，共出口 26.98 万辆，占整车出口的 41.68%，出口量同比下降 12.94%。小轿车出口车型主要是排气量为 1～1.5L 的车型占比为 50.3%，1.5～2.5L 车型占比为 44.25%，较 2014 年同期增长了 8 个百分点。1～10 月，除特种车外，商用车各车型均出现 20%以上的负增长。

表4 2015 年 1～10 月整车（分车型）出口情况

车型	出口数量/辆	同比增长（%）	出口金额/亿美元	同比增长（%）
小轿车	269757	−12.94	25.07	3.67
四驱越野车	2128	−53.60	0.54	−24.49
9 座及以下小客车	52848	−37.34	3.91	−44.82
其他载人机动车	2434	−32.07	0.34	−37.45
未列名载人机动车	42447	402.03	0.87	155.75
乘用车合计	369614	−10.03	30.73	−6.52
客车	49422	−29.49	19.08	−8.57
货车	210627	−21.78	40.23	−3.87

（续）

车型	出口数量/辆	同比增长（%）	出口金额/亿美元	同比增长（%）
特种车	14234	2.39	14.05	8.90
汽车底盘	3253	-28.35	0.63	-22.62
商用车合计	277536	-22.43	74.00	-3.20
汽车总计	647150	-15.80	104.73	-4.20

4．重点市场出口普遍出现下滑，受“一带一路”建设的利好影响对亚洲地区出口呈现正增长

我国整车出口经过多年的发展仍以满足发展中国家汽车市场需求为主。2015年1～10月，我国共向196个国家（地区）出口汽车，受“一带一路”建设的利好影响，在出口形势整体低迷的情况下，对亚洲国家出口呈现出14.52%的大幅正增长，占比达到了50.11%，较2014年同期上升了13个百分点，其次是拉丁美洲和非洲市场，三者合计占我国全部汽车出口量的94.14%（见图1）。

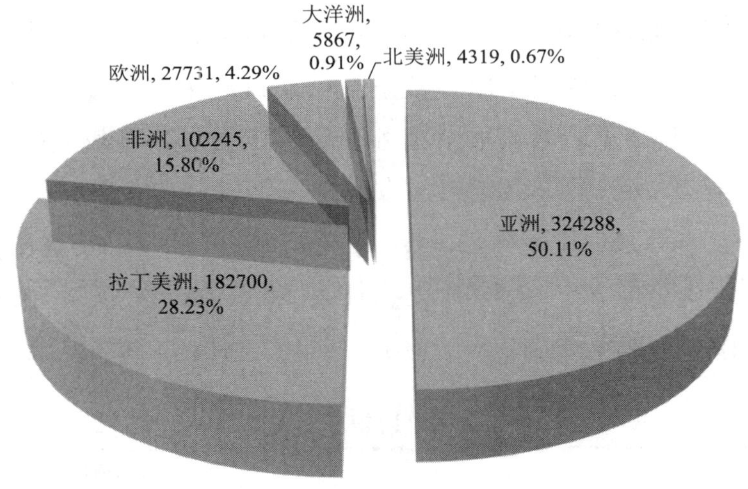

图1 2015年1～10月汽车出口分洲别情况（辆）

从具体国家看，由于西方国家放宽了对伊朗的经济制裁，2015年1～10月，伊朗继续保持着中国最大的汽车出口市场的地位，但出口量增幅已明显放缓，仅为5.57%；由于越南政府一直在致力于打击货车超载问题，激发了越南从中国进口性价比较高的载货车的需求，1～10月份对越南出口同比增长118.58%；得益于自贸区建设对智利、委内瑞拉、秘鲁等拉美国家的出口仍然表现出正增长；“一带一路”建设对于我国汽车出口的效果尤为显著，我国对西亚、东南亚的汽车出口增长均大幅度提高，除越南外，对孟加拉国、印度、斯里兰卡和菲律宾分别增长了607.99%、424.12%、112.28%和34.67%。然而受政治局势和经济下滑影响，对俄罗斯和巴西两大传统市场的出口分别出现了73.64%和35.37%的大幅下滑；受阿尔及利亚新汽车进口政策影响，对阿尔及利亚出口量同比下降了58.84%（见表5）。

2015年1～10月份，全年出口量在10000辆以上的出口国仅有16个，出口量在1000～10000辆的出口国有49个，而对131个国家的出口量不足千辆。1～10月份，出口过万辆的生产企业共16家，合计占比94.65%，出口过千辆的汽车企业共10家，合计占比4.8%，出口不足千辆的生产企业共13家。总体来看，我国汽车出口市场和出口企业仍显分散，恶性竞争现象仍然存在，有关部门有必要继续规范出口秩序。

表5　2015年1～10月份整车分国别（前20位）出口情况

序号	国家/地区	出口数量/辆	同比增长（%）	出口金额/亿美元	同比增长（%）
1	伊朗	100439	5.57	11.24	10.69
2	越南	58838	118.58	13.67	131.14
3	智利	33485	2.01	2.78	-3.19
4	委内瑞拉	33160	29.09	7.70	82.94
5	埃及	30996	-22.18	1.86	-18.18
6	阿尔及利亚	27870	-58.84	2.79	-62.28
7	哥伦比亚	27483	-31.84	1.68	-41.17
8	秘鲁	24116	1.65	2.11	-14.84
9	孟加拉国	22415	607.99	0.48	149.66
10	沙特阿拉伯	22320	-12.46	5.37	-7.63
11	缅甸	17311	-0.55	3.17	37.95
12	俄罗斯联邦	14872	-73.64	1.75	-73.84
13	印度	14188	424.12	0.52	76.17
14	乌拉圭	13719	-30.43	0.92	-30.74
15	菲律宾	11424	34.67	3.43	47.44
16	厄瓜多尔	10628	-38.52	0.93	-34.00
17	阿拉伯联合酋长国	8389	-28.39	1.90	-4.34
18	斯里兰卡	8024	112.28	0.51	68.62
19	伊拉克	7755	-70.62	0.81	-71.73
20	巴西	7680	-35.37	0.52	-39.97

5．以内资企业出口为主，合资企业开始尝试进入海外市场

与汽车行业国有资本占主导地位相对应，汽车出口也是以国有企业为主。2015年1～10月份，国有企业、外资企业和私人企业出口数量分别占总出口量的39.97%、24.28%和33.89%，私人企业占比较2014年同期增长了4.7个百分点（见表6）。

表6　2015年1～10月中国汽车出口情况（按企业性质分）

企业性质	出口数量/辆	同比增长（%）	出口金额/万美元	同比增长（%）
国有企业	258697	−24.97	464761.57	−8.23
中外合作企业	7	250.00	65.21	243.20
中外合资企业	140023	−21.33	194071.29	−10.33
外商独资企业	17114	21.12	68061.63	12.70
集体企业	11954	60.87	12313.26	12.09
私人企业	219349	−2.20	308020.96	3.05
其他企业	6	—	32.84	—
合计	647150	−15.80	1047326.75	−4.20

出口企业前五名分别为奇瑞（7.7万辆）、北汽（6.8万辆）、华晨（6.3万辆）、上汽（6.1万辆）和江淮（5.6万辆），合计出口量占总出口量的53.4%。骨干出口企业降幅明显，如奇瑞汽车同比下降25.36%，吉利下降了52.09%，长城下降了51.23%，比亚迪下降了20.45%，北汽、江淮和重汽则逆市呈上升趋势，分别增长18.18%、22.66%和16.83%。从轿车和货车两大主力出口车型的出口企业构成看，出口排名前10位的轿车企业中，只有上汽通用、本田（中国）是外资企业，其余均为内资汽车企业，前三位奇瑞、上汽通用和吉利占所有车企轿车出口的比重分别是24.7%、16.3%和11.4%；出口排名前10位的载货车企业均为内资汽车企业，前三位福田、东风和江淮占所有车企载货车出口的比重分别是25.89%、12.58%和11.66%（见表7）。

表7　2015年1～10月主要汽车企业出口数据

企业名称	2015年1～10月/辆	2014年1～10月/辆	同比增长（%）
奇瑞汽车股份有限公司	77235	103473	−25.36
北京汽车集团有限公司	67517	57132	18.18
华晨汽车集团控股有限公司	62984	67619	−6.85

（续）

企业名称	2015 年 1～10 月/辆	2014 年 1～10 月/辆	同比增长（%）
上海汽车集团股份有限公司	61307	66239	−7.45
安徽江淮汽车集团有限公司	55562	45296	22.66
重庆力帆乘用车有限公司	48483	65257	−25.70
东风汽车集团	42885	54952	−21.96
浙江吉利控股集团有限公司	25497	53220	−52.09
中国重型汽车集团	22377	19153	16.83
长城汽车股份有限公司	21230	43532	−51.23
中国长安汽车集团股份有限公司	20014	28173	−28.96
厦门金龙汽车集团股份有限公司	18354	20808	−11.79
广州汽车工业集团有限公司	15819	26349	−39.96
中国第一汽车集团	15294	21557	−29.05
比亚迪汽车有限责任公司	10363	13027	−20.45
荣城华泰汽车有限公司	10170	13589	−25.16
山东唐骏欧铃汽车制造有限公司	6000	4771	25.76
郑州宇通集团有限公司	5753	4051	42.01
陕西汽车（集团）有限责任公司	4362	10165	−57.09
湖南江南汽车制造有限公司	2813	3898	−27.83
河北中兴汽车制造有限公司	2808	4026	−30.25
北奔重型汽车集团有限公司	2555	1520	68.09
安徽华菱汽车有限公司	1346	1223	10.06
丹东黄海汽车有限责任公司	1176	1663	−29.28
中通客车控股股份有限公司	1088	1786	−39.08
江西江铃集团轻型汽车有限公司	1017	0	0.00
成都大运汽车集团有限公司	917	596	53.86
海马轿车有限公司	729	1675	−56.48
上海申龙汽车有限公司	456	51	794.11
福建新龙马汽车股份有限公司	398	108	268.52
扬州亚星客车股份有限公司	386	402	−3.98
桂林客车工业集团有限公司	354	379	−6.60
东南（福建）汽车工业有限公司	212	327	−35.17
海马商务汽车有限公司	37	163	−77.30
庆铃汽车（集团）有限公司	35	81	−56.79
湖北三环专用汽车有限公司	23	95	−75.79
西安西沃客车有限公司	14	0	0.00

（续）

企业名称	2015年1～10月/辆	2014年1～10月/辆	同比增长（%）
长沙比亚迪客车有限公司	12	7	71.43
天津天汽集团美亚汽车制造有限公司	1	50	−98.00
河南少林客车股份有限公司	0	2	−100.00
重庆恒通客车有限公司	0	2	−100.00
汽车企业总计	607583	736417	−17.49

2015年，通用、标致、宝马、大众、日产等跨国公司进一步从战略层面调整对合资企业的定位，从单纯供应国内市场转为日益重视国际市场。上汽通用凭借新赛欧车型在轿车出口数量中占比达到16.3%，在轿车出口企业中位列第二。此外，神龙汽车、华晨宝马、一汽大众、郑州日产、长安标致雪铁龙等合资企业均已实现出口，2015年1～10月，合资企业出口占乘用车出口的比重为9.6%（见表8）。

表8　2015年1～10月主要合资企业出口数据

企业名称	2015年1～10月/辆	2014年1～10月/辆	同比增长（%）
上汽通用	33326	39306	−15.21
东风神龙	562	428	31.31
郑州日产	325	225	44.44
宝马	65	10	550.00
一汽-大众	20	17	17.65
长安标致雪铁龙	3	1	200.00

6．单车价格呈上升趋势

近年，我国出口汽车单车价格总体上呈稳步上升趋势，这主要是得益于轿车和载货车两大主力出口车型单车价格的提升，与2010年相比，2015年1～10月份，汽车、轿车和载货车出口单车价格分别增长了31.7%、31.0%和19.4%（见表9）。出口车型单车价格的提升在一定程度上也反映出我国出口汽车产品的技术质量档次正在稳步提升，出口企业放弃原来的单纯低价策略，在可接受的质量和有吸引力的价格之间寻求平衡，不断提升产品的附加值。

表9　历年汽车出口单车价格

（单位：万美元/辆）

年份	汽车	轿车	载货车
2010 年	1.23	0.71	1.37
2011 年	1.29	0.7	1.49
2012 年	1.35	0.72	1.61
2013 年	1.36	0.73	1.56
2014 年	1.46	0.79	1.62
2015 年 1～10 月	1.62	0.93	1.91

7．骨干企业全面实施“走进去”战略

在国际市场需求低迷，我国汽车出口不振的背景下，越来越多的企业意识到只有创造国际品牌才能实现可持续发展，骨干汽车企业纷纷研究制定并实施“走出去”战略，向“走进去”的扎根发展转变，不断深耕细作国际市场。

骨干企业越来越注重产品品质和企业在海外的经营质量，在零配件中心库、海外培训中心、技术人员输出等方面为海外客户提供保障。如宇通客车与委内瑞拉的合作不仅涉及客车整车及相应的配件、工具、维修等内容，还涉及智能公交运营管理系统，从产品、技术层面，延伸到了当地智能公交系统的建设和本地化服务进程当中；2015 年奇瑞凭借“xperienciaChery”广告，一举获得艾菲奖智利区“品牌体验及互动类”金奖，成为该评选中惟一获得金奖的汽车品牌，该奖项旨在表彰当年最具实效的营销传播创意，奇瑞在智利当地引入中国国内已相当普及的体验式营销，成功地塑造了中国品牌在海外消费者心目中的新形象。

由于国际贸易摩擦的日益严重，越来越多的企业加快了海外建厂的步伐。2015 年，奇瑞、长城、力帆、上汽通用五菱、福田、北汽、宇通、中通等众多有实力的汽车企业相继在巴西、俄罗斯、中东、东南亚等国家和地区进行生产布局或者发布了投资计划。2015 年 6 月，在李克强总理的见证下，奇瑞汽车完成巴西工业园项目签约，成为继巴西工厂投产后奇瑞在海外市场实施深度本土化战略的又一重大举措。巴西工业园项目将大幅度提升奇瑞车型本土化生产的比例，加快完善奇瑞在巴西市场汽车产业链的建设，以增强奇瑞产品在巴西市场的竞争力，同时辐射整个中南美市场。但从总体上看，我国汽车企业的海外工厂仍以组装工厂为主，中方企业主要进行产品生产授权，目的还是为了促进产品出口。在不断

积累经验的基础上，长城汽车、北汽福田、长安汽车、上汽开始在海外建设独资工厂，这也是中国汽车企业海外拓展的尝试与进步。

在海外设立研发中心有利于企业积极主动地跟踪世界先进技术，把握企业发展方向，有效整合资源，缩短研发时间，提升企业的国际竞争力（见表10）。2015年9月，北汽新能源与Meta公司合作的亚琛研发中心在德国亚琛挂牌成立，该研发中心主要承担增程式电动汽车动力系统研发，专注提升续航里程。

表10 主要汽车企业2015年海外投资情况

企业名称	海外投资情况
奇瑞汽车	2015年6月，在李克强总理的见证下，完成巴西工业园项目签约，成为继巴西工厂投产后奇瑞在海外市场实施深度本土化战略的又一重大举措
广汽集团	在尼日利亚开设首家4S店，并获得2015年在尼日利亚开办散件组装(SKD)厂的许可 4月21日，广汽传祺与巴林经销商National Motor Company(NMC)在上海正式签署战略合作协议
上汽集团	在泰国第二工厂制造MG品牌环保车型， 2015年下半年开工 上汽集团和通用汽车2月2日联合宣布，上汽通用五菱将在印度尼西亚建厂，这将成为上汽通用五菱在海外建设的首家工厂
长城汽车	2月11日在厄瓜多尔组装厂开设新的生产线，用于紧凑型轿车车架、车身焊接 9月16日，长城汽车在俄罗斯图拉市注册成立俄罗斯哈弗汽车制造有限责任公司，预计投资约人民币33.3亿元，用于工厂建设及经营
吉利汽车	投资1.5亿英镑在英建厂，投产伦敦出租车 吉利（白俄罗斯）汽车有限公司（BelGee）新工厂于2015年内动工兴建；一期产能为6万辆整车
北汽福田	在巴西投资6.7亿元人民币，建设年产2.1万辆的生产工厂，预计2016年投产 将分为三个阶段来突破印度市场，2020年前，通过CUV等乘用车力争实现市场突破；在2023年前，以CUV+SUV、VAN类车型的进入，将业务进行提升；并在2023年后，随着重卡、中轻卡、微卡等进入，力争达到印度市场行业前列；2027年，力争实现年销售量41.7万辆，销售收入410亿元
比亚迪	3月中旬，同Briscoe公司签署了合作备忘录，在当地通过SKD半散件和CKD全散件方式组装电动车 7月29日，比亚迪宣布与英国巴士制造商亚历山大·丹尼斯有限公司（ADL）达成价值1900万英镑的交易，将共同为伦敦打造51辆零排放单层电动公交车
陕汽集团	1月15日，陕汽重卡尼日利亚下线仪式在组装工厂举行

（续）

企业名称	海外投资情况
东风汽车	4月22日，东风汽车在2015年海外经销商大会上确定了东风汽车公司2015年的海外销售目标为7.03万辆，占东风自主品牌销量的5% 东风和标致雪铁龙正着手开拓东南亚市场，将在马来西亚和越南等国设立工厂，投产标致408等新车
北汽集团	北汽近期在其北京工厂与合作伙伴Amber Dual有限公司签订了合资协议，双方将在马来西亚吉打州（Kedah）牛仑（Gurun）新建一座工厂北汽计划将马来西亚作为其供应东南亚地区的电动车生产中心 北汽新能源与Meta公司合作的亚琛研发中心在德国亚琛挂牌成立
力帆汽车	重庆力帆汽车位于俄罗斯利佩茨克州（Lipetsk Oblast）的工厂开始破土动工，该工厂总投资3亿美元，年生产能力6万辆，生产计划2017年底或2018年初开始
宇通客车	委内瑞拉组装厂于10月份开工，年产3500辆客车，一半用于运输营业者，一半用于公共交通
中通客车	中通客车在卡拉奇与印度西孟加拉邦政府签署设厂备忘，在该邦城市Andal设立合资品牌“Bengal中通”，合资厂预计2016年10月投入生产，初步的年生产量为1600辆大巴

注：根据公开资料整理。

8. 新能源汽车开始布局发达国家汽车市场

在汽车出口市场低迷的情况下，一些企业开始另辟蹊径，在新能源汽车出口方面取得了一定突破。如比亚迪汽车已经开始在全球布局新能源汽车产业链，产品出口除面向巴西、智利等发展中国家外还进入了欧美等发达国家市场，在美国和巴西建有电动大巴生产工厂，在私人用车领域积极推动其电动车租赁业务，2015年4月前向伦敦一家私人租车服务公司提供了200辆E6电动车；江淮汽车与GreenTechutomotive, Inc.签署了《江淮IEV电动车出口框架协议》，根据协议，公司将向GTA出售江淮汽车IEV纯电动轿车，GTA产品采购数量至少不低于2000辆。吉利汽车计划推出新一代具有零排放能力的伦敦出租车TX5，并为此投资2.5亿英镑在英国建设了一座全新工厂。此外，部分国内民营企业生产的低速电动汽车产品已通过传统的场地车出口渠道实现向北美、欧洲市场的批量出口。新能源汽车市场占比较小，但却是一片蓝海，目前在国家相关政策的激励下，我国已形成一定的新能源汽车产能，但由于现阶段国内新能源汽车产能利用率处于较低水平，通过出口来释放这部分产能将是十分有益的探索，也为我国汽车出口开辟了新的路径。

9．以一般贸易为主，所占比重有所增加

与我国机电产品出口以“加工贸易”为主不同，多年来，我国整车出口的贸易方式是以“一般贸易”为主的。2015年1～10月份，以一般贸易方式出口整车59.58万辆，同比下降11.14%，占比92.06%，较2014年同期增长了4.8个百分点；以加工贸易方式出口整车3.91万辆，同比下降38.54%。曾被业内人士诟病，会对汽车出口秩序造成一定影响的“边境小额贸易”2015年出口规模有所下降，1~10月份仅出口3909辆，同比下降27.36%，所占比重与2014年同期相比略有下降（见表11）。

表11　2015年1～10月份中国汽车出口情况（按贸易方式分）

贸易方式	出口数量/辆	同比增长（%）	所占份额（%）	出口金额/万美元	同比增长（%）	所占份额（%）
一般贸易	595785	-11.14	92.06	82.76	-4.70	79.02
国家间、国际组织无偿援助和赠送的物资	771	-96.58	0.12	0.34	-28.95	0.33
来料加工装配贸易	839	63.55	0.13	1.95	61.07	1.86
进料加工贸易	38259	-39.37	5.91	13.32	-12.53	12.72
边境小额贸易	3909	-27.36	0.60	1.82	26.95	1.74
对外承包工程出口货物	3331	-40.06	0.51	2.68	-25.56	2.55
租赁贸易	77	175.00	0.01	0.28	2070.82	0.26
保税监管场所进出境货物	221	952.38	0.03	0.17	8657.00	0.16
特殊监管区域物流货物	3321	700.24	0.51	1.26	271.39	1.20
其他	637	17.96	0.10	0.16	3.34	0.16
合计	647150	-15.80	100.00	104.73	-4.20	100.00

三、汽车出口下降的影响因素

1．新兴汽车市场需求持续低迷

根据世界银行发布研究报告，自2010年以来，新兴经济体经济增速逐步放

缓，从2010年平均7.6%的增速降为2015年预计不足4%。2015年新兴经济体经济形势不佳直接影响了汽车市场需求增长，甚至出现了下滑，2015年以来，我国主要出口市场，巴西、俄罗斯、南非、印尼、泰国等汽车市场销量分别下滑24.26%、33.58%、4.58%、17.82%、21.43%（见表 12）。受此影响，我国汽车产品对上述国家的出口都出现了较大幅度的下滑，在当地的投资计划也受到不同程度的影响，如受泰国汽车产业低迷的影响，上汽正大公司就计划停止在该国的环保汽车生产。

表12　2015年1～10月份主要国家汽车销量

国别	2015年1～10月/万辆	2014年1～10月/万辆	同比增长（%）
美国	1444.21	1364.27	5.86
欧洲国家	1318.09	1216.03	8.39
印度	284.75	265.99	7.05
巴西	214.60	283.33	−24.26
俄罗斯	132.27	199.13	−33.58
韩国	127.07	118.12	7.57
墨西哥	106.48	89.05	19.57
澳大利亚	95.72	92.42	3.57
加拿大	91.30	87.32	4.56
印尼	85.33	103.83	−17.82
马来西亚	54.11	54.65	−0.98
阿根廷	52.13	51.97	0.32
南非	51.75	54.23	−4.58
日本	471.48	518.39	−9.05
泰国（乘用车）	23.87	30.39	−21.43
菲律宾	23.50	19.20	22.37
越南	16.39	10.35	58.37

2．海外市场政策多变，贸易限制措施频发

海外市场技术壁垒与政策壁垒逐年升级，直接加大了我国汽车产品出口的难度。2015年4月阿尔及利亚政府发布并立即生效关于调整汽车进口政策的新法规，增加了刹车防抱死系统（ABS）、安全气囊、车身稳定系统（ESP）、车速控制系统、胎压检测系统等安全装置配备，凡不符合新法规要求，且在2015年3月23

日前未由阿尔及利亚银行系统开具信用证的车辆均不得再进口；智利载货车尾气排放标准不断提高，自2014年10月起，新车必须符合欧V标准，或EPA 2007标准，自2015年10月起，所有运行载货车必须符合这一标准；埃及政府要求从2015年4月份起进口产品必须符合埃及标准，不符合埃及标准的产品将禁止入境甚至被退运，没有注明埃及标准号的检验证书将不能通关；巴西外贸委员会发布2015年第32号令，决定对华货车轮胎征收1.12～2.59美元/kg的反倾销税，征税期限为5年；厄瓜多尔政府进一步降低进口配额，2015年特许汽车进口公司可进口汽车80098辆，较2014年128090辆的配额降低37%；印度从4月1日开始强制要求商用车必须配备ABS防抱死系统，以提高公路安全。

3．主要汽车出口国政局动荡

2015年，主要汽车出口市场政局仍然动荡不安，并未出现好转迹象，乌克兰东部局势紧张，从6月3日开始，乌东部的重镇马林卡和克拉斯诺霍利夫卡发生激烈交火，这一紧张局势进一步加剧了经济衰退，欧洲复兴开发银行预测2015年乌克兰经济下滑11.5%；欧盟对俄罗斯实施的经济制裁延长半年，至2016年1月31日；中东地区多个以伊斯兰教为国教的阿拉伯国家战火纷飞，持续动荡。上述因素都制约着我国汽车企业在当地市场的长期稳定发展。

4．新兴市场汇率剧烈动荡

在美国逐步退出量化宽松政策的同时，引发了资本回流，也引起了新兴市场的货币危机，2015年以来，新兴经济体汇率继续呈贬值态势，年初至今人民币兑美元汇率总体上出现了3.9%的小幅贬值，但贬值速度不及其他新兴经济体，我国主要出口市场货币对人民币汇率均呈现快速贬值趋势，如俄罗斯卢布对人民币间接贬值18.4%，巴西雷亚尔对人民币间接贬值27.7%。受此影响，我国奇瑞、江淮、吉利、力帆等自主品牌车企在这两大市场的销量均出现大幅下滑。在海外市场自主品牌竞争对手主要是日韩品牌，2015年以来，韩元兑人民币间接贬值3.8%。中国汽车出口产品的价格优势大幅减弱，企业结算的预判难度不断增加。

5．企业加速战略调整，造成销量下滑

我国汽车出口在经历了之前一轮爆发之后，受出口目的国市场竞争加剧和环境不稳，以及出口目的国货币贬值、巴西和俄罗斯等国家税收政策变化和经济增长乏力等多重因素影响，我国汽车出口下滑十分迅猛。为应对这一局面，近期骨

干出口企业纷纷进行企业海外战略调整，加速海外生产布局，由直接的产品出口向海外建厂转变，这将减少一部分出口统计数据，在海外建厂的同时，企业在运营方式上也向着以提升市场质量、提高品牌形象为核心的市场运营方式转变，但这些调整的效果不会在短时间内反应在出口数量上。

四、2016 年汽车出口面临的形势

2016 年考虑到国际经济形势、市场需求因素、政策因素、竞争对手因素以及成本等因素，汽车出口形势将更加不乐观，汽车出口企业应充分考虑各种风险，谨慎运作。

1．新兴经济体增速放缓将持续较长时间

2015 年 12 月 10 日，联合国发布 2016 年《世界经济形势与展望》报告，报告指出，世界经济依然面临五大方面的困境，分别是宏观经济不确定持续，大宗商品价格走低和贸易疲软，汇率和资本流动波动加剧，投资生产增长停滞以及金融与实体经济活动走势分离。但报告认为，受益于更加协调的财政和货币政策，2016 年和 2017 年世界经济将出现温和回暖，预计 2016 年增长率为 2.9%，2017 年为 3.2%。其中发达经济体将更为明显，预计 2016 年增长率将突破 2%，为 2010 年来首次。世界银行则发布研究报告称，由于美联储加息在即、全球贸易增长低迷、大宗商品价格维持低位，以及劳动生产率增速放缓等问题，新兴经济体增速放缓或将在较长时间内持续。考虑到中国、巴西以及其他发展中经济体进口需求下滑，石油等大宗商品价格下跌和全球汇率市场强烈波动等因素，世界贸易组织 2015 年 9 月 30 日宣布将 2015 年的世界贸易增长预期由之前的 3.3%下调至 2.8%，同时将 2016 年的全球贸易增长预期从 4.0%微调至 3.9%。这些信息都透露中国汽车出口市场复苏尚需时日。

2．海外汽车市场环境未出现好转迹象

2015 年，海外汽车市场仍将存在诸多变数。新兴经济体增速放缓导致进口市场需求疲软，中东地区战火不断，俄罗斯、乌克兰冲突仍在继续，这些因素都将阻碍中国汽车海外市场的复苏。与此同时，海外汽车市场准入门槛不断提高，俄政府拟出台新举措，加强对汽车生产企业的扶持，其主要内容是调整产品本地化水平的计算公式，以此降低危机对俄汽车工业的影响；乌克兰 2016 年 1 月 1 日

起将使用欧五排放标准；巴基斯坦政府从2015年12月1日调整进口产品关税，对进口排气量在1000CC以上的新车和二手汽车，额外征收10%的关税；由于近年来中国出口到越南的载货车日益增多，越南财政部正式上调了对载货车整车和零部件的进口关税，车辆总重量10t至20t的进口关税从30%增至50%；车辆总重量20t至24t的进口关税从20%增至50%；水泥运输车等进口关税从15%增至20%。此外，印度或将对商用车征收双倍关税；肯尼亚拟对进口车征收碳排放税；阿塞拜疆或将提高进口汽车消费税。中国汽车出口道路将困难重重。

3．人民币汇率双向浮动区间将扩大

目前，央行已经退出了对人民币汇率的常态式干预，在市场决定汇率的情况下，人民币汇率呈现出双向浮动。多数机构认为2016年人民币汇率将持续贬值的概率较大，高盛2015年11月全球市场展望的报告指出，2016年美元/人民币汇率为6.60；摩根大通预计，2016年美元/人民币汇率为6.70。2015年7月，国务院出台的《关于促进进出口稳定增长的若干意见》中提出，完善人民币汇率市场化形成机制，扩大人民币汇率双向浮动区间。扩大汇率双向浮动区间，可减缓因强势美元所引起的人民币实际有效汇率升值，但也将提高人民币汇率弹性，对企业汇率风险管理能力提出更高要求。

4．自主品牌产品在海外市场直面跨国公司产品的挑战

近年来，随着欧美日韩等发达国家汽车市场日趋饱和，新兴市场崛起，跨国公司对于新兴市场重视程度与日俱增，主要表现为全面布局新兴市场，针对当地市场开发中低端车型，在当地增资扩能，设立金融公司等，随着跨国公司产品线的不断下探，以往的互补格局已经发生改变，在新兴市场与我国自主品牌产品形成了直接的竞争关系。如大众汽车集团计划将MQB架构和PQ平台混合，开发全新“MQB A0”平台，以满足巴西、印度等新兴汽车市场的需求。随着伊核问题的解决，PSA开始恢复伊朗业务，雷诺则将伊朗列为三大目标市场之一，计划2018年销量达到30万辆。日产表示全面在非洲、中东、东南亚等新兴市场扩张，计划2018年投产一款全新皮卡，以实现该地区工厂产能翻倍；扩张印度经销商网络，由2015年底的200家增加到2017年3月的300家。雷诺希望到2017年在印度廉价车市场的份额可以达到30%。玛鲁蒂铃木公司计划将Baleno车型出口到日本，将YRA高端掀背车，向全球供应。与此同时，跨国公司也开始重新定位

其中国工厂，开始考虑将部分车型出口。以通用为代表的跨国公司，目前锁定的出口市场主要集中在非洲、南美、亚太等地区，这些区域同时也是自主品牌汽车的主要目标市场，相比于自主品牌，合资企业拓展海外市场在品牌和渠道方面都更具优势，未来对自主品牌在海外市场的发展必然会造成冲击。

5．产能过剩迫使企业拓展海外市场

我国自主品牌汽车产品主要集中于中低端市场，溢价能力低，随着消费升级和合资品牌价格下探，生存空间不断被压缩，近年，在汽车市场增速放缓，节能减排要求不断加严、城市限购范围不断扩大等因素的影响下，自主品牌乘用车特别是轿车产品的市场份额呈下降趋势，产能过剩苗头日益明显，华晨、长城、江淮、奇瑞、比亚迪、吉利、力帆等主要自主品牌企业产能利用率大部分在40%～60%之间。这些企业也正是出口规模较大的企业。为了最大限度提高资产效率，企业不得不为庞大的产能寻找释放途径，而扩展海外市场则是一条现实的路径。因此，我国自主品牌企业拓展海外市场意愿强烈。

6．世界贸易格局重构，我国加速自贸布局

近期区域一体化浪潮迭起，根据世贸组织的统计，截至2015年1月，全球共签署区域贸易协定275个。欧美发达国家加速了自贸区的商签，建立自贸区网络成为它们构建高标准的国际经贸规则体系、争夺全球经贸发展空间的国家战略。2009年，美国高调加入并力推TPP（跨太平洋伙伴关系协定）。2013年，美欧开始TTIP（跨大西洋贸易投资伙伴关系协定）谈判。通过TPP和TTIP的构建，欧美国家不仅能够在未来全球贸易发展中有效地控制全球主要的经贸市场空间，而且能够继续牢牢地占据着国际经济事务中的主导地位。全球贸易投资秩序的重建，将进一步削弱我国汽车出口产品的成本优势，影响我国汽车产业实施的“走出去”战略，我国汽车产业的对外贸易和投资压力将会增大。

另一方面，为适应全球经济一体化的趋势，党的十八届三中全会提出构建开放型经济新体制，坚持双边、多边、区域次区域开放合作，以周边为基础加快实施自由贸易区战略，形成面向全球的高标准自由贸易区网络。截至目前，中国已签署自贸协定14个，涉及22个国家和地区。通过与美国、欧盟等国家和地区签订双边投资协定（BIT），实行统一的市场准入制度，探索对外商投资实行准入前国民待遇加负面清单的管理模式，将使各类市场主体可依法平等进入清单之外领域。随着我国对外开放进程的不断推进，我国汽车产业在对外贸易和投资中面临的关税和非关税壁垒将得到一定消除，为我国汽车产业“走出去”构建了更加公平、开放的市场环境，使我国汽车及零部件产品在更广泛的市场范围内更具竞争优势。中国自贸区建设情况见表 13。

表13　中国自贸区建设情况

已签协议的自贸区	正在谈判的自贸区	正在研究的自贸区
中国-澳大利亚	中国-挪威	中国-印度
中国-瑞士	中国-海合会	中国-哥伦比亚
中国-哥斯达黎加	中日韩	中国-格鲁吉亚
中国-新加坡	《区域全面经济合作伙伴关系》（RCEP）	中国-摩尔多瓦
中国-智利	中国-斯里兰卡	中国-斐济
中国-东盟	中国-巴基斯坦自贸协定第二阶段谈判	
中国-东盟（10+1）升级	中国-马尔代夫	
中国-韩国		
中国-冰岛		
中国-秘鲁		
中国-新西兰		
中国-巴基斯坦		
内地与港澳更紧密经贸关系安排		

注：根据商务部网站资料整理。

7．国家政策支持汽车企业“走出去”

在推动产品出口方面，2015 年国务院相继出台了《关于加快培育外贸竞争新优势的若干意见》和《关于促进进出口稳定增长的若干意见》，提出要“坚决清理和规范进出口环节收费”“保持人民币汇率在合理均衡水平上基本稳定”“加大出口信用保险支持力度”“进一步提高贸易便利化水平”。在支持国内产业走出去方面，2015 年 5 月，国务院印发了《关于推进国际产能和装备制造合作的指导意见》，为中国制造业“走出去”规划了蓝图，其中将汽车行业作为重点行业，建议通过境外设厂等方式，加快自主品牌汽车走向国际市场。2015 年 3 月 28 日，国家发展改革委员会、外交部、商务部联合发布了《推动共建丝绸之路经济带和 21 世纪海上丝绸之路的愿景与行动》。“一带一路”战略为自主品牌车企实施国际化战略提供了难得的机遇，同时也将推动企业将海外市场的“走出去”转变为“走进去”战略，实现全体系能力的输出，用品牌实力塑造中国汽车产业形象。此外，政府相关部门正在逐步完善出口退税政策，进一步启动境外投资改革等政策措施，这些政策因素对汽车出口无疑都是利好消息。

五、2016 年我国汽车出口展望

2016 年，新兴国家经济复苏存在较大难度，市场需求疲软、地区局势动荡、地缘政治风险上升、国际汽车市场竞争加剧等因素仍将制约我国汽车产品出口的稳定发展，我国汽车出口前景仍然不明朗。但目前我国正在全力构建开放型经济新体制，政府相关部门正在积极改善贸易和投资环境，各项利好政策频出，加之 2015 年汽车出口基数较低，因此，乐观估计 2016 年整车出口将与 2015 年持平。

在出口方面，汽车产业将经历市场主体、产品结构、市场结构等多方面的转型升级。

1．自主品牌企业将更加重视品牌形象的树立

在深耕海外市场的进程中，骨干汽车将越来越重视实施以培育全球驰名品牌为核心的“走出去”发展战略规划，不断加强海外营销网络和售后服务的建设，从而树立独特的品牌形象，改变往日中国制造的模糊概念。

2．中端车型的出口比重将进一步提升

通过 2015 年出口数据的变化，可以看出各车企都在不断地丰富出口产品种类、提升产品档次，如力帆、广汽传祺、吉利、长城、上汽通用等企业分别将 820、GA6、GS5、EC8、H8、迈锐宝等中端车型推向海外；本田（中国）通过战略调整开始向海外输出雅阁车型。可以预见，2016 年经济型轿车和轻型载货车仍将是我国汽车出口的主力车型，中端乘用车的出口比重也将有所提升。

3．出口市场结构将逐渐向高端推进

2016 年，发展中国家新型市场仍将是我国汽车出口的主要目标市场，特别是与中国缔结 FTA 协定的国家将成为重要的出口市场，同时骨干企业也正在逐渐向欧美市场推进，广汽传祺表示要择机进入北美和欧洲等发达成熟市场，上汽大通通过欧盟 ECE 认证和 WVTA 认证，成为首个通过欧盟 ECE 认证的中国轻型商用车品牌。2015 年 1～10 月份，我国汽车出口对美国和意大利分别增长了 80.39% 和 80.37%。

4. 国有企业仍是出口的主体，但未来民营企业将成为汽车出口的主力之一

除国有和民营汽车企业，在华投资的外资企业将实现大批量出口，将助推中国成为全球重要的汽车出口基地。如通用汽车未来计划将别克大部分车型在中国量产再出口到美国市场，2016年底将向美国出口上汽通用制造的别克昂科威跨界车；神龙汽车面向东盟市场出口和投产的主力车型为T93M，即新一代东风标致408。

在境外投资方面，汽车企业的海外发展战略正在全面升级，将会有更多的企业统筹考虑海外市场战略布局，不断加强海外营销网络和售后服务的建设，由产品输出向资本、技术输出转变，创新业务增长模式，将企业的技术、品牌、企业文化输入到当地，做到真正植根于海外市场。海外汽车产量将进一步提升。越来越多的企业将通过开展国际并购，迅速获得技术、品牌、市场、网络，并购领域除涉及生产制造外，还将向设计开发、试验测试、销售服务、后市场等领域延伸。

2016年中国汽车出口的虽然存在诸多不稳定因素，但也蕴藏机遇，汽车出口企业应冷静分析，积极应对，化危机为机遇，在挑战中寻求发展。

（作者：曲婕　吴松泉）

2015 年二手车市场分析与 2016 年展望

2015 年的汽车市场表现与年初预测有些相左，市场不但没有延续 2014 年走势，出现 10%左右的增长，而是在三季度出现了无情的下跌，这让汽车经销商与汽车厂家们体验到了丝丝寒意，高库存、销量下滑、经营亏损成为 2015 年新车市场的真实写照。当然，在国家发布了“1.6L 以下小排量乘用车购置税减半征收”刺激政策，以及年尾季节性市场趋旺的市场波动规律的共同作用下，从 9 月份开始，市场销量增长由负转正，但纵观全年的汽车市场走势，并不能令人满意。

新车市场增长乏力，也令汽车经销商以及厂家们开始关注汽车后市场，二手车市场开始进入了行业发展和社会公众的视野，可能成为汽车市场下一个发展周期的重点。过去一直潜伏在水下的二手车推广活动开始浮出水面：“优信二手车”的上亿巨资冠名、《中国好声音》60s3000 万“上、上、上……上优信二手车”广告，“瓜子二手车”上亿元的广告投放，以及人人车不停歇的楼宇广告让普通消费者开始了解二手车，关注二手车。2015 年也成为资本进入二手车行业最多的一年。这是不是意味着二手车市场爆发的时候就要到来了？二手车市场在 2016 年乃至“十三五”期间将会有哪些发展变化？笔者将就这些问题与大家共同探讨。

一、2015 年二手车市场主要运行特征

笔者曾提出一个观点，二手车市场发展滞后新车市场 4 年左右，换而言之，4 年前即 2011 年新车市场的销量增长率将成为 2015 年二手车市场增长率的重要参照（见图 1）。2014 年新车市场增长率只有 2.45%，如果按照这个规律 2015 年二手车市场增速也会落在 2.45%上下。但考虑到汽车保有量的快速积累，以及市场经营方式的快速发展，这个几年前总结出的规律或许有些问题。于是，笔者将 2015 年的二手车市场增长率调高到了 15%～20%。事实证明，笔者在预测二手车市场增长率时，也犯了很多国内汽车行业专家们预测市场时过于乐观的通病。虽然本文的数据只更新到了 2015 年 10 月份，而年尾的最后两个月二手车交易量会

有一个放量表现，年末最终的数据将会提升总体的市场增长数据。但从已经发生的前10个月来看，很难达到笔者所预想的15%以上的增长，而是会停留在个位数上。

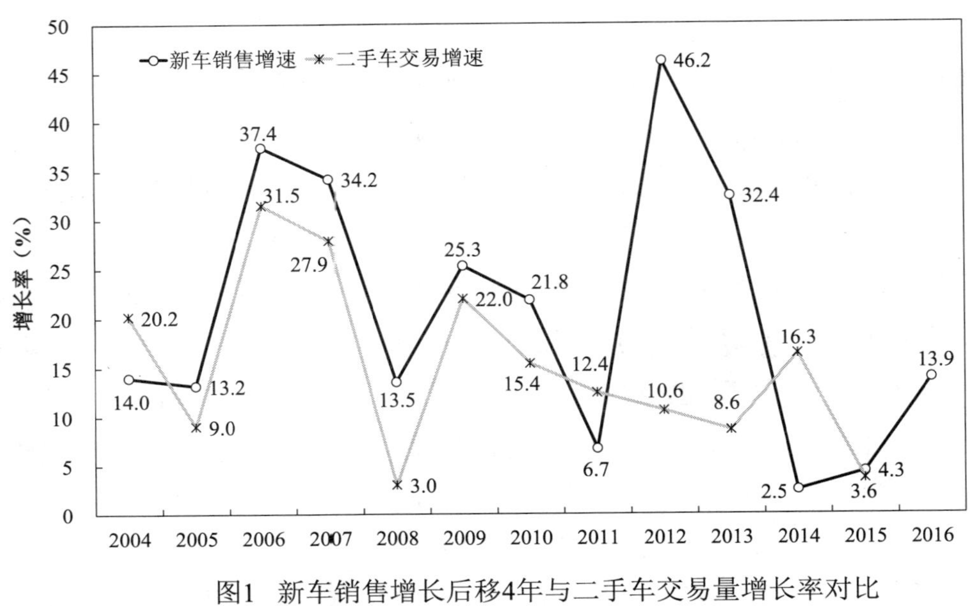

图1 新车销售增长后移4年与二手车交易量增长率对比

从2015年前10个月的二手车市场表现来看，主要有以下几个特征。

1．二手车市场增速放缓

受宏观经济下行压力、汽车消费市场疲软、一二线城市限购、全国面积二手车“限迁”等诸多不利因素影响，2015年二手车市场增长速度出现了明显减缓。据中国汽车流通协会统计，2015年1～10月份二手车交易量为755万辆，同比增长率只有3.36%，二手车交易额为4421亿元[㊀]。这个数据包含两重意思：一是二手车市场增速确实与4年前的新车市场增长率接近重合，市场增速回到了较低的水平；二是2015年二手车交易总量还是比较可观，有望实现千万辆的突破。

由于这个数据是中国汽车流通协会提供的全口径统计数据，而2014年的数据则是对400多家重点二手车交易市场的统计数据。为了分析方便，我们将2014年400余家重点二手车交易市场的统计抽出来进行分析。

据中国汽车流通协会对全国400余家重点二手车交易市场统计，2015年1～

㊀ 本文引用数据，如无特殊说明，均为全口径统计数据。

10 月份共交易二手车 507.7 万辆，同比增长 3.36%，这个增长率应该是与 2008 年市场表现相当，为有统计数据以来第二个低点。其中，基本型乘用车交易 301.87 万辆，同比增长 5.85%；SUV 交易 19.78 万辆，同比增长 23.54%，MPV 交易 19.61 万辆，同比增长-14.14%；微面交易 13.12 万辆，同比增长 45.13%；客车交易 69.34 万辆，同比增长-6.21%；载货车 61.67 万辆，同比增长-1.78%。从以上细分数据不难看出，二手车市场运行状况与新车市场非常相近。

2．2015 年表现与新车市场呈反向

当大家关注到新车市场自二季度出现大面积下滑的问题，对二手车市场的运作轨迹并未太注意，其实与新车市场表现有些相近，2015 年的二手车市场同样面临了考验，大多数车商抱怨生意不好做，反映在交易数据上是二手车交易量与以往相比增速下降（见图 2）。然而，一个不容忽视的现象是二手车交易量自 9 月份开始出现了负增长，10 月份甚至出现了交易量大幅度下降的情况。分析原因，一是由于各地越来越严格的限迁规定，降低了二手车市场活力；二是深圳、杭州、天津的限购政策与周边地区的限迁规定的双重叠加，使得二手车输出城市的二手车不能流出，影响了这些地区二手车置换频率；三是二手车消费与入门级新车消费的替代作用。随着 2015 年 9 月份国家公布了自 10 月 1 日起购买 1.6L 小排量乘用车购置税减半征收政策，10 月份 1.6L 以下小排量乘用车出现了 17%的大涨，从而带动了整体乘用车市场的增长。原来购买二手车的客群则转移到了小排量车消费。

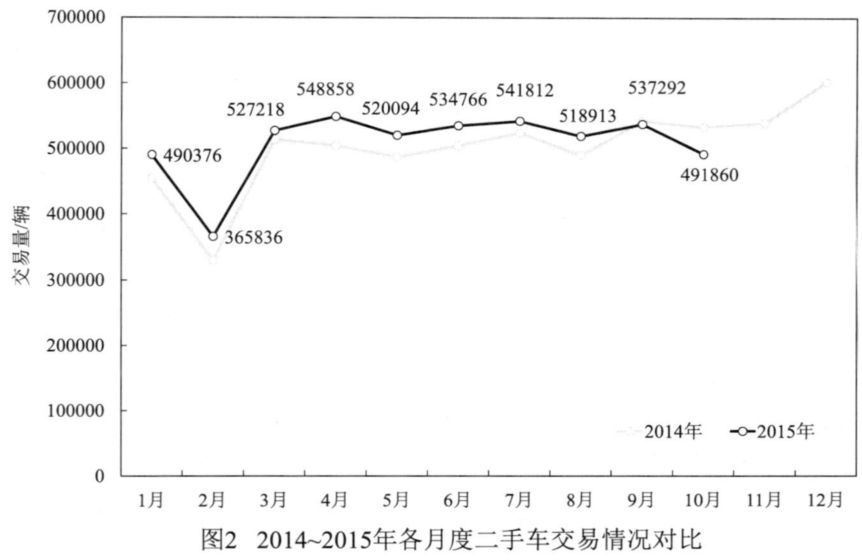

图2 2014~2015年各月度二手车交易情况对比

3．二手车市场乘用车的主导地位继续巩固

统计结果显示，2015年1～10月份，二手乘用车共交易538.67（全口径）万辆，同比增长6.39%，高于整体二手车交易总量增长率3.03个百分点，二手乘用车占交易总量的71.31%，比上年度又提升3.5个百分点。在乘用车中，轿车占市场总量的59.63%，相比上年同期增加了1.57个百分点；MPV占交易总量的3.71%，占比与上年同期相比减少了近1个百分点；SUV占交易总量的4.85%，占比与上年相比增加了1.58个百分点，SUV的表现与新车需求相呼应，保持较高的增速；交叉型乘用车占交易总量的3.17%，这一比例也与上年同期相比攀升明显，达到1.33个百分点（见表1）。

表1　2015年各车型占总交易量的份额表

（单位：%）

车型分类	乘用车			商用车			其他车	农用车	挂车	摩托车
	轿车	MPV	SUV	交叉型	货车	客车				
2015年	59.63	3.71	4.85	3.17	11.55	12.86	1.18	0.16	0.88	2.01
2014年	58.06	4.65	3.27	1.84	12.78	15.05	1.53	0.16	0.60	2.06

4．一线城市二手车市场下滑拖累了整体市场增长步伐

2015年一个明显的特征就是一线城市二手车市场出现了不同程度的下滑（见表2）。主要原因还是限购加限迁双重负面因素叠加。限购无疑对于二手车交易量来说是负面的，因为购买二手车同样需要取得购买指标，这个问题已经通过限购城市的二手车交易数据充分反映出来。然而，限购同样会加速二手车置换市场的发展，通过二手车置换，取得新车购买指标，从而保证新车市场正常运转。以2014年北京地区新车销售量为例，据北京亚运村汽车交易市场发布的数据，2014年北京销售新车54万辆，而小客车配置指标只有16万辆，假设配置指标全部用于购买新车，还有多出来的38万辆销量毫无疑问是通过二手车置换实现的购买。目前一线城市加上杭州、天津这两个二手车交易量比较大的区域市场已经全面进入限购时代，一线城市又是我国二手车市场资源主要输出地，限购将进一步巩固其资源输出地的地位。但是，各地越来越严的限迁规定，将一线城市二手车流通通道封住了大半，国Ⅲ以下的二手车基本上被封在本地，在很大程度上降低了一线城市二手车交易量和市场活力。理论上说，原来各地出台的限迁规定对二手车市

场的负面效应会随着时间的推移，以及国Ⅳ排放车辆保有量的提升会逐渐减弱。然而，各地的限迁标准不断提高，对二手车市场的影响巨大。原来交易量排名在前五位的区域市场，广东、山东、上海均出现了两位数的负增长。

表2　交易量排名在前10位的省市交易量与同比增长率

省 市	累计交易/辆	同比增长率(%)
广东	746438	-14.67
四川	596554	6.94
北京	563900	-1.18
河南	401533	12.51
山东	367002	-11.37
上海	308898	-16.35
浙江	318649	19.06
云南	201340	19.09
陕西	187113	28.45
重庆	134089	-6.29

5．二手车平均交易价格十年来首次出现下降

统计数据显示，二手车平均交易价格自2005年逐年提高的趋势发生了改变，出现了小幅下降。2015年前10月二手车平均交易价格为5.85万元，与2014年相比下降了2196元（见图3），下降幅度为3.62%。

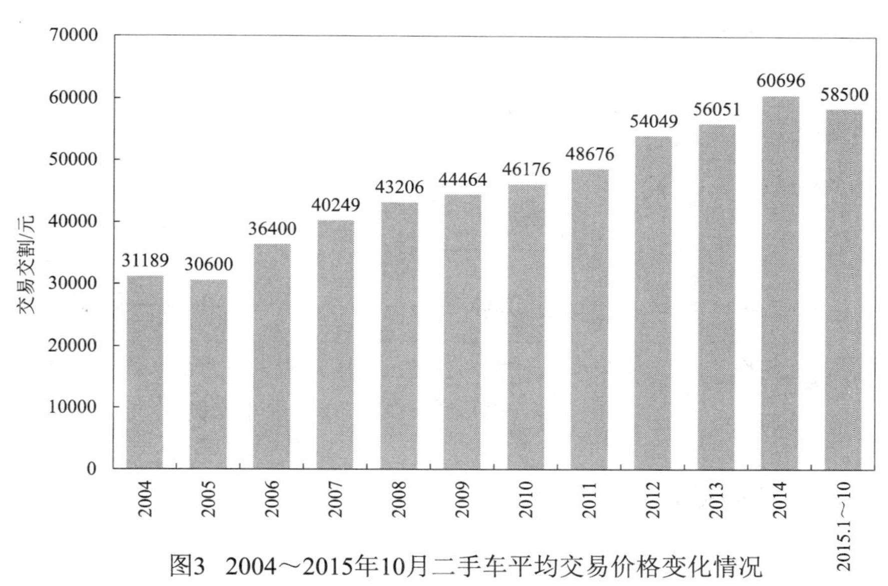

图3　2004～2015年10月二手车平均交易价格变化情况

其中轿车平均交易价格为5.87万元，与2014年相比降低了5700元，降幅为8.85%；MPV平均交易价格为8.39万元，比2014年增长了9.81%；SUV平均交易价格为14.94万元，与2014年同期基本持平；交叉型乘车平均交易价格为3.13万元，比2014年下降25.65%。客车平均交易价格为4.66万元，与2014年比下降1.27%；货车平均交易价格为4.2万元，与2014年比下降3.67%。2015年二手车出现下降，主要是因为限迁导致了二手车交易成本提升，挤占了二手车本身的价值。

6．准新车比例出现明显下降

2015年前10月，使用年限在3年以内的准新车共交易115.33万辆，占总交易量的15.27%，与2014年相比出现了大幅下降，降幅达到了6.71个百分点；使用年限为3～10年的二手车仍然是二手车市场中的主力，交易量占到总交易量的77.14%，这个比例与上年相比，增长了6.23个百分点；使用时间超过10年的“老爷车”比例为7.59%，比上年相比变化不大（见图4）。三年以内准新车交易比例明显下降，从一定程度上反映出广大消费者已经进入了理性消费阶段，购买汽车的理性成分提高。

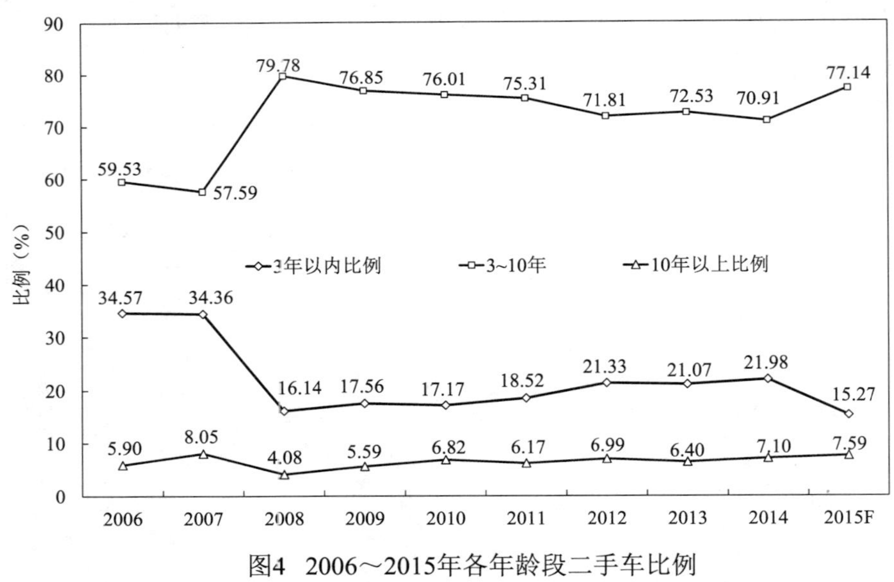

图4 2006～2015年各年龄段二手车比例

7．跨区域流通受挫，“限迁”的影响在加大

2015年前10月的二手车异地转移登记的比例为18.59%，与2014年相比有

了明显下降，降幅为2.78个百分点。虽然说受消费偏好等因素的影响，各地区对汽车品牌的偏爱程度不同。如珠三角地区比较钟情于日系车，长三角地区对上海大众的喜爱程度要远远高于一汽大众；一线城市对高端二手车的消化能力要远远高于三、四线城市等，客观上形成了二手车的价格差，二手车的跨区域流通需求是市场规律驱使。但由于各地政府不断升级的限迁，对二手车区域间流通需求产生强烈的抑制作用，跨区域流通比例逐年上升的趋势2015年被终止（见图5）。

图5 2006～2015年各年度异地转移登记比例

二、二手车市场存在的突出问题

2015年二手车市场存在的突出问题与往年相比并没有明显的变化，归纳起来还是表现在八个方面：市场准入问题，增值税问题，二手车流通登记问题，地方限迁问题，供给不足的问题，诚信问题，流通企业碎片化问题，经营管理人才匮乏问题等，笔者就其中关键的限迁与诚信两个问题展开讨论。

1．限迁

近几年，约近90%的城市出台了限制二手车迁入的排放标准，其中约70%以上城市限制国Ⅳ以下排放标准的二手车迁入。这些城市的限迁有的是以地方立法形式，有的是以部门规章形式，还有的就是地方政府某个部门下发了一个通知就开始实施。在这些城市中有的部门规章已经过了政策有效期，但仍在执行。从严格意义上讲，地方出台的限迁规定是不合法的。比如，这些限迁规定的一致性做法是，外地迁来的二手车如果达不到限制标准则不予以登记；而本地二手车的转移登记则不受限制，这明显是对外地二手车消费者的歧视，涉嫌区域保护，违反《反垄断法》有关条款。限迁规定对二手车市场的不利影响是巨大的，而且二手车的限迁影响的不仅仅是二手车，还打破了汽车消费链条中的新陈代谢机制，从而影响了新车市场，对整体的汽车产业链都危害巨大。同时，限迁规定以环保为借口也站不住脚，因为国Ⅱ、国Ⅰ高排放车辆不能流通并不意味着消亡，而是仍然行驶在城市的道路上，根本不能够改善大气污染问题。解决高污染机动车排放问题，应该更多地采用市场法则，通过市场法则限制高污染排放的车辆使用。同时，政府出台相关扶持政策，如2009年实行的“以旧换新”政策，通过政府补贴形式鼓励消费者提前报废老旧车就是一个很好的范例。为此，中国汽车流通协会专题向商务部、国家发展和改革委员会、环保部等相关部门提交了《关于取消地方省市限制二手车迁入不合理规定的建议》报告，代表行业呼吁各地政府取消不合理的限迁规定，恢复二手车自由流通秩序。

2．诚信问题

在2015年中国汽车流通行业年会上，会议的主办方向参会代表询问了影响二手车市场快速发展的主要因素，半数以上认为二手车市场不诚信，消费者不敢买是当前制约二手车市场发展的首要问题。

之所以公众认为二手车市场缺乏诚信，一方面是由于二手车市场处于发展的初级阶段，企业规模普遍偏小，大部分企业处于原始资本积累阶段，品牌经营，诚信经营还没有成为他们的主流模式，市场中也的确存在少部分“黄牛”“车贩子”故意隐瞒车辆的质量缺陷，调整里程表等欺瞒现象。中国汽车流通协会对全国二手车市场摸底调查显示：2014年全国共有二手车交易市场1139家，其中年交易量超过5万辆的交易市场只有24个，占2.1%。从渠道层面看，这个摸底调查报告还显示，市场内的经营服务企业数量为40410家，即便不算直接交易，平均每家年销量只有230辆。另据一家调查公司HCR对全国1000余家二手车商调查报告，单体经销商占经销商总数的98.0%，月均交易量在15辆以下的二手车经销商占比达86.6%。此外，这项调查报告还显示，68%二手车经销商的经营规模为

300 万元以下，二手车经销商员工数量在 3 名以下的占比达 66%。

另一方面，二手车本身固有的一车一况、一车一价的非标准属性，使普通消费者难以判定，加之二手车市场中的信息不透明，客观上造成了消费者对二手车心存疑虑。笔者在走访国内的二手车交易市场时也看到，在很多的二手车交易市场，包括国内最大的和最有名的几个二手车交易市场均存在商品二手车没有销售价格与车辆质量检测报告的问题。

三、2016 二手车市场的突破点

2015 年二手车市场的走势与新车市场一样多少不太令人满意，2016 年虽然说保持增长是必然趋势，然而，是否能够进入高速增长阶段？行业期盼已久的税收、临时产权以及破除限迁等项政策是否能够取得进展呢？

1．二手车流通政策问题有望解决

关于二手车流通政策问题国务院早在 2009 年《汽车产业调整和振兴规划》中就曾经提出了“建立二手车临时产权登记制度”与“改革二手车税收征收方式”。但时至今日《规划》中有关二手车的政策，只有一项“建立二手车鉴定评估国家标准”业已实现，而上述两项政策仍未落地。2016 年对很多业内人士来说都是很期盼的一年，也是大家对政策期望值接近顶峰的时间，笔者接下来分析对二手车市场影响比较大的四项政策能够实现的可能性指数。

（1）市场准入问题，解决的可能性指数 80% 2005 年商务部等四部委联合出台了《二手车流通管理办法》，其核心点是二手车经营权放开。但不足之处在于鉴于当时的市场环境，除了对于二手车经营主体的二手车鉴定评估机构有准入条件外，其他经营主体，包括二手车交易市场均未设立明确的准入条件。因此，地方政府在掌握二手车经营主体准入问题上就出现了偏差，有的地方严格控制二手车经营公司与二手车交易市场的数量，比如北京，一般情况下，企业的注册申请，工商部门一概不予受理，4S 店等汽车经销商想增加二手车转换业务，则必须到二手车交易市场租摊位，设立经纪公司方可进行，企业抱怨声不断；而有的地方政府则是口子大开，不论是何种类型的二手车企业，只要有申请不论其是否具备相应的经营条件，一律放行。从而出现了相当数量的二手车交易市场的注册地居然是在写字楼某个房间的现象，完全不具备交易市场经营的物理条件，其存在的目的就是通过开二手车交易发票收取“交易服务费”。

2008年前后，在商务部的指导下，由中国汽车流通协会组织专家，起草了行业标准《二手车流通企业经营管理规范》，其中除了对各类企业如何规范交易进行了明确以外，对各类企业的设立应具备哪些软、硬件条件也进行了明确，方便地方政府相关部门在审核二手车流通企业准入时参照的尺度。该项行业标准已经于2015年商务部颁布，2016年9月1日正式实施。可以说，从此二手车经营主体准入条件问题算是基本得到解决。但需要指出的是，虽然标准有了，但由于是推荐性而非强制性，在贯彻执行过程中不会像政府政策那么有效，所以说二手车流通企业准入问题不可能百分百得到解决，解决的可能性指数为80%。

（2）破除地方限迁规定问题，解决的可能性指数 60% 虽然说中央政府对各地方政府的考核中有环境治理、减排指标的要求，二手车限迁已经进入相当数量的城市立法中，解决起来有一定难度。据相关资料，2015年8月份，全国实施限迁规定的城市共计222个，占城市总数的75%，其中，由省级地方政府做出法规的有11个。在此222个城市中，限迁规定以地方立法形式的是84个；以部门规章形式的限迁规定，有7个城市在法律有效期内，44个城市的部门规章已经超过了法律有效期，但仍在继续执行。如前所述，限迁确实成为二手车流通乃至汽车消费市场健康发展的一个巨大障碍，在二手车流通行业中，各类企业提到限迁无一不表示强烈反对。应行业日益高涨的呼声，中国汽车流通协会采取多种方式，利用多种渠道向政府主管部门反映情况，提出解决方案，受到了主管部门的高度重视。其中国家发展和改革委员会拟将相关内容编入《反垄断指南》中，环保部也召开了专门的研讨会，评估限迁对行业的危害程度，研究具体解决方案。

另外，值得一提的是，国务院相关领导看到相关情况后做了专门的指示。有了从中央到各相关部门的高度重视，在当前中国经济转型期，消费特别是汽车消费已经成为拉动国民经济增长主要动力的前提下，二手车市场健康发展的限制性规定、二手车限迁的破除有望，解决可行性指数60%。

（3）二手车流通增值税改革问题，解决的可行性指数 50% 汽车经销商集团以及“车王”等品牌二手车公司在开展二手车业务时，为了缩小与小型经纪公司的成本差异，在经营过程中不得已也采用个人“背户”的经纪模式，除了能够向消费者提供质保，以及经营规模略大些外，他们的经营方式与所谓的“黄牛”“车贩子”区别不大，其品牌优势、规模优势无法得以充分体现。同时，由于采用“黄牛”“车贩子”的经纪模式，一是使得其无法从银行等金融机构获得库存融资，影响其经营规模和经营效率，二是其经营流水不能在财务上体现，无法与新车销售商那样登陆资本市场。有人戏称品牌经销商和专业化品牌二手车经营公司为穿着西装的“黄牛”“车贩子”。随着我国汽车市场的不断发展，广大品牌经销商已经开始全面进入二手车市场，而且已经完成原始资本积累的二手车经纪公司也开始向品牌化、规模化升级，对二手车流通增值税改革的需求异常迫切。为顺应行业发展对二手车增值税改革的强烈愿望，中国汽车流通协会在 2012 年向国家相关部门提交了《关于调整二手车交易增值税征收方式的建议报告》以来，一直与相关主管部门进行积极沟通，所提交的将现行的按照交易金额的 2%计征调整为按照增值部分来计征的方案也得到了主管领导的认可。目前与二手车增值税相关的几个主管部门基本上达成了共识，二手车增值税改革问题正在向着积极的方面推进中。同时，相关财税研究机构业已介入，具体实施方案正在按照计划进行中，但仍存在一些不确定性因素，2016 年政策出台的可行性指数 50%。

（4）建立二手车临时产权登记制度的可能性指数 30%　继 2014 年初中国汽车流通协会向公安部办公厅递交《关于建立二手车临时产权登记制度的建议函》之后，由于未能得到及时的反馈，为推进此项政策的建立，协会又于 2015 年上半年再次向商务部提交了报告，由商务部协调推进。

临时产权登记制度的构想分为 3 个步骤：

第一步，车辆从使用状态进入商品状态。当二手车进入流通环节，由收购商协助原车主将车辆的“户口”注销，向车辆登记部门上缴行驶证书与车辆号牌，并对车辆产权进行临时登记，登记在收购商名下。

第二步，车辆的商品状态流通。当车辆在渠道商中流转时，只更改车辆登记证书，更换登记所有者主体，不进行注册，也不需要领取号牌与行驶证书。如果在此期间车辆需要移动，可以向车辆登记部门申领临时牌照。

第三步，车辆从商品状态回归到使用状态。当车辆流通到最终用户时，由最终使用者向公安部门申请二次注册登记。

建立二手车临时产权登记制度，虽未改变车辆法中有关车辆登记的相关规定，只是对具体的实施方案进行小的修改，但的确需要对现行的《机动车登记管理规定》进行调整，会有一定的难度。2016 年能够落地的可能性为 30%。

2．二手车市场诚信问题会在很大程度上得到解决

目前，中国的二手车市场已经到了品牌塑造阶段，通过诚信经营树立起二手车服务品牌，通过诚信赢得竞争优势，是每一个二手车经营企业共同的话题。当

然，随着 2016 年的到来，中国二手车市场也即将迎来整体向诚信市场过渡的重大机遇。

（1）二手车从业者的变化 以往，二手车从业者给大家的印象是素质不高，形象欠佳。如今这种情况已经发生了根本性的变化，这种变化来源于二手车市场巨大的发展潜力吸引大量有志于二手车市场发展立业的青年才俊们。大学本科学历的二手车市场一线工作人员已经很常见；取得硕士、博士学位的学者范儿们干二手车也不是什么新鲜事，甚至一批在哈佛、斯坦福大学等国际著名商学院留洋MBA 已经在二手车流通行业创业；就连一些影视明星们也看好二手车，做起了二手车生意。二手车行业从业者的素质已经有了极大的提高，为整体二手车市场向诚信市场转化奠定了坚实的基础。

（2）二手车企业的业态形式 虽然说以有形市场为平台，以小型经纪公司或个体业者为主要经营主体的二手车流通模式仍然会在很长一个时期为二手车市场的经营模式之一，但随着新车经销商全面进入、小型“夫妻店”的企业化、电商平台对传统模式的改造以及资本的进入，有品牌、有质保、有规模的专业二手车零售企业、连锁经营企业、二手车拍卖企业、二手车电子商务服务企业已经崭露头角，在不断改变着传统二手车业态形式。

（3）品牌认证将成为新时期二手车市场的主旋律 为了配合国家标准《二手车鉴定评估技术规范》（GB/T 30323—2013）的实施，中国汽车流通协会自 2014 年 5 月 31 日向全行业推出了二手车“行”认证品牌以来，得到了全行业的积极响应，也受到了市场的追捧。截至 2015 年 12 月 31 日，共有 25 家第三方二手车鉴定评估机构被中国汽车流通协会认定为“行”认证授权机构，覆盖全国 58 个城市，认证车辆达 2 万多辆。“行”认证之所以会取得较快发展与高度的市场接受度，是因为全国性的行业协会为二手车鉴定结论进行诚信背书。

“行”认证是由中国汽车流通协会联合国内领先的第三方鉴定评估机构共同打造的二手车服务品牌。符合“行”认证的车辆需同时满足以下条件：第一，车辆使用年限在 7 年以内，并且行驶里程不能超过 15 万 km；第二，经“国标”114 项严格检测，车辆技术状况等级在二级（综合车况分数不低于 60 分）以上；第三，车辆无火烧、无水泡、无重大交通事故修复痕迹。经“行”认证授权机构检测，对于达到“行”认证标准的二手车，发放由中国汽车流通协会监制的“行”认证证书（见图 6）。

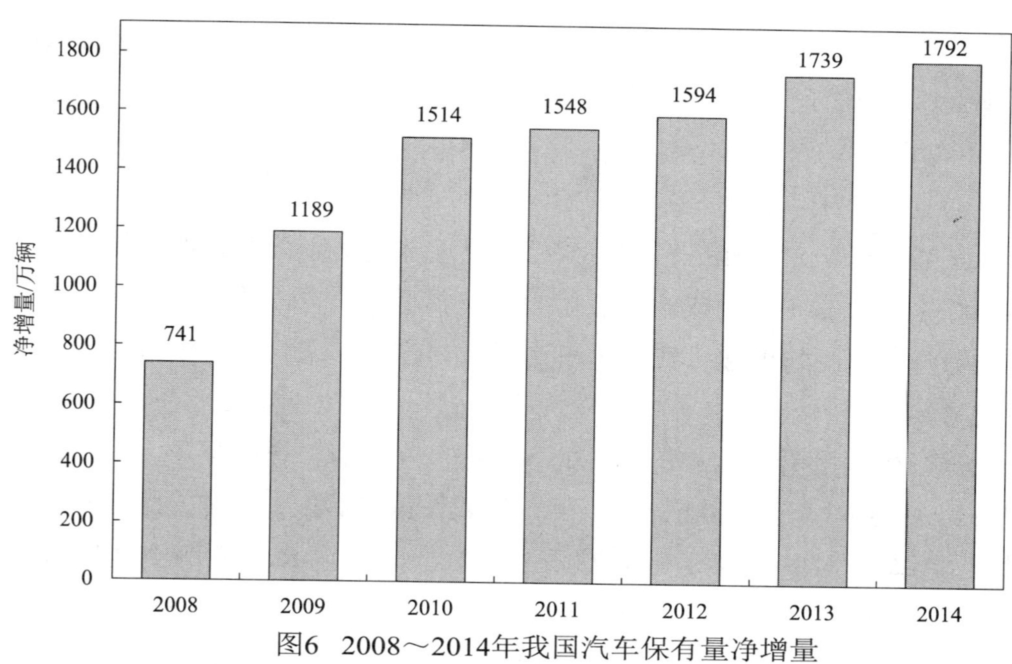

图6 2008～2014年我国汽车保有量净增量

消费者在购买二手车时，只需要看是否有"行"认证证书，因为"行"认证证书隐含的含义就是质量可靠的二手车。如果消费者发现实际车况与"行"认证车况不符，中国汽车流通协会与授权执行机构郑重承诺，"错一赔十"。即消费者除了享有经销商所承诺的保障外，还能够获得检测费用的 10 倍补偿。当然，这是通行原则，各授权机构根据自身情况有可能还提供更高的保障。如"行"认证在贵州，除了检测费用的10倍赔付外，消费者还享有全款退车加车价5%的额外补偿。"行"认证与我们见到的厂商认证最大不同点是由第三方机构完成车辆的技术检测，更具有公信力。同时，"行"认证由于没有品牌限制，没有经销商限制，车龄更长，其覆盖范围要比厂商认证品牌更加广泛，参与的群体与车辆更多，受益群体更大。

除了"行"认证之外，市场上还涌现了一批独立第三方认证品牌，如"车猫"认证，号称高达 1058 项检测，UC 认证，TUV 认证等，这些第三方二手车认证品牌，无疑对净化二手车市场环境，保证消费安全，起到了积极作用。

当然厂商品牌认证仍然发挥着重要作用，奥迪品荐、宝马尊选、通用诚新等生产企业二手车认证品牌深入人心。

如果说 2014 年是二手车品牌认证的开端之年，2015 年是布局之年的话，2016 年二手车品牌认证将进入快速发展的一年，二手车市场的诚信度也将随之不断提升。

（4）*二手车的互联网+，驱动二手车市场走诚信路线* 2015年可以说是二手车电商大发展的一年，各式各样的电商平台云集，有前面提到的“优信”“瓜子”，还有“人人车”“优车诚品”等，当然市场上还在不断出现新的电商企业；他们有的是做C2B，有的是专注B2B，也有的是布局B2C，还有的是做C2C。仔细分析上述电商平台的业务模式，其核心点无非是信息公开和保障体系，这两点恰恰是二手车交易中，构成诚信经营的基本要素。在资本的驱动下，各电商平台会在2016年以更快的速度在二手车市场大力推进，也将助力整体二手车市场诚信度的大幅度提升。

从另一个角度看，二手车电商的普及程度在2015年得到了大幅度提升。据调查公司HCR对全国1000余家二手车商调查结果显示，随着互联网平台业务的推进，二手车商对电商的接受程度也在逐年提升，二手车互联网交易份额从2013年的4.5%提升到了2014年的10%，这个比例在2015年提升的幅度会更大，因为2015年有更多的电商企业加入，还有更多的风险资本也在2015年疯狂涌入，使得互联网交易在整体二手车市场所占的份额会更大。这项报告还显示，近八成的二手车经销商均会使用互联网平台辅助工作，其中使用手机端用户占到半数以上。

此外，基于互联网技术的二手信息服务公司也在大踏步地成长。特别是以“车鉴定”为代表的二手车背景信息提供商，以“精真估”为代表的二手车价格指数提供商的成长，从某种程度上推进了二手车市场信息透明化和诚信体系建设。

3．2016年二手车市场增长率猜想

对于2016年度二手车市场走势，应该从三个维度进行分析。

（1）*宏观经济层面* 大部分权威机构预测2016年GDP增速在6%～7%之间。最悲观野村证券预测的中国经济增速在2016年会降至5.82%。此外，国务院发展研究中心的报告称2016年中国经济处于探底过程。也就是说，专家预测2016年我国宏观经济增速继续调低，这将会对消费信心产生不利影响，也会反映到汽车市场与二手车市场的增速上。

（2）*政策层面* 笔者认为未来行政政策实现突破的可能性较大，如果其中的限迁问题实现突破，将对二手车市场增长贡献度会有较大的提升，特别是被压抑了的一线限购城市的二手车交易量会放量，对整体二手车市场增长贡献度会达

到约 20%左右。如果二手车增值税政策改革方案落地，渠道企业活动将被极大限度地激活，对整体市场增长贡献度将会达到 15%左右。两项政策如果在 2016 年年初就能落地，再加上市场正常增长，理论上 2016 年二手车市场增长超过 20%应该不是问题。但实际上政策落实不是从 2016 年第一天就开始的，而且是否就能够实现政策上的突破尚不能完全确定。

（3）*市场层面* 从保有量角度看，“二手车交易量将随着保有量的增长而增长”这是一个客观规律。据国家统计局公布的统计公报显示，2014 年末我国汽车保有量达到 14475 万辆（不含低速载货车），与 2013 年相比保有量净增 1792 万辆。虽然说 2015 年保有量还未公布，但保有量净增量超过 1700 万辆没有悬念，暂估算汽车保有量为 16175 万辆。

根据经验数据，我国二手车交易量与上年度保有量 7%的比例关系测算，2016 年我国二手车交易量应该在 1132 万辆，理论上增长率为 13.2%。

从新旧车联动关系角度看，根据新车市场与二手车市场内在规律，当车辆使用时间达到 4～6 年时，集中进入二手车市场。从新车增长率与二手车增长率曲线的相似性规律看，二手车市场增长率与 4 年前的新车市场增长率高度相似。以此推算，2016 年二手车市场增长率应该与 2012 年新车市场增长率接近，也就是 14%左右。

综上所述，2016 年的二手车市场如果各地的限迁规定被破除的话，即便没有政策红利，按照正常市场规律，二手车市场增长率应该在 15%左右。如果以上所述的政策有重大突破，二手车市场的井喷行情可真的就会到来。

（作者：罗磊）

国内乘用车2020年动力系统发展展望

能源短缺、环境污染日益严重，当前已成为影响国民生活健康平稳可持续发展的重大障碍。一方面我国能耗水平逐年上升，其中原油对外依存度已经达到57%，净进口量十年内几乎翻一番，未来压力还将进一步加大。另一方面，环境问题持续恶化，各地PM2.5屡次爆表。分析耗能和排污结构，汽煤柴三大类成品油消费中，机动车占比约63%，而PM2.5中，机动车排放占比约20%。在此背景下，政策更多聚焦于机动车，进而对企业改进动力、推出更成熟技术路线和解决方案提出更高要求。

一、政策法规是促进机动车动力升级的重要推动力

随着机动车对能源及环境带来的压力与日俱增，相应限制能耗及排放的法规也在短期内陆续出台，虽然我国标准起点偏低，但目标值均参考欧美标准，甚至更为严格，因此对各企业尤其是自主企业将带来较大压力。

1．四阶段燃料消耗限值敦促各企业降低能耗

四阶段消耗量限值将从2016年正式导入，采用分阶段提高的方式，敦促各企业降低综合油耗，目标是将企业平均燃油消耗值从6.9L/100km降低到2020年的5L/100km，该标准较三阶段显著提升。政府同时还出台了严格的惩罚措施，小到通报批评，大到停产限产，对不达标的企业进行处罚。为缓解达标压力，也制订了如循环外减免、新能源车替代等优惠政策，推动企业研发应用节能和新能源技术，调整产品结构。

此外，2015年底《乘用车企业平均燃料消耗量管理办法》征求意见已经推出，拟建立平均燃料消耗量积分转结及交易制度，使达标的企业有更灵活的应对方式，而不达标企业将付出更多的代价。

2．排放法规方面，国Ⅴ、国Ⅵ出台速度加快

国Ⅴ排放标准基本确定提前至2017年1月1日实施，而东部地区11省市将

于 2016 年内实施。随着国Ⅴ的提前，国Ⅵ标准也加紧制订，北京已经完成草案，计划 2017 年实施，全国标准也计划于 2016 年出台征求意见稿。国Ⅵ将对标美国的 TIER3 和欧 6c 的目标，相比国Ⅴ加严了 30%，对于汽柴油车也不再区分限值。

二、技术路线将多元发展，短期内增压直喷仍是主流，混动应用比例也会提升

法规及政策推动下，各企业均大力推动传统动力改进及新能源技术的应用，技术路线上已呈现出百花齐放的态势。长期看新能源将成为未来的主流，但就 2020 年前后看，传统动力中增压直喷并结合细节技术的升级就能满足当前的标准。以丰田、马自达为代表的技术厂商，已在 2015 年推出了热效率到达 40%的汽油机，也表明了传统动力的潜力。

1. 新能源动力

近两年在国家政策大力支持下，各企业尤其是自主企业加快了新能源动力的推广，纯电、插电混动等新能源车型销量突飞猛进，但就技术本身而言并无实质突破，且在实际应用中仍存在诸多问题。

（1）*纯电动技术*　当前纯电动车型的推广主要受限于电池技术及基础设施的制约。近年来各企业纷纷转向能量密度更大的三元锂电池，但整体量级仍无明显突破，具有较大潜力的石墨烯等新型材料 2020 年前还难以商业化，短期内，续航里程仍是纯电动汽车的一大障碍。同时基础设施仍存在标准不统一、商业模式不成熟、区域分布不合理等诸多问题，充电难是消费者要面临的另一难题。尽管在政策推动下 2015 年纯电动销量呈指数级增长，但背后更多的是大额补贴及用车政策的倒逼，消费者还没有培养出用电动车的习惯，因此 2020 年前份额仍不会很高。

（2）*插电混动*　插电混动同样享受政策红利，但其不受基础设施的制约，使用方式也更容易被消费者接受。近两年，主流合资企业重心从纯电转向插电式混动，如大众推出的帕萨特 GTE 版，宝马推出 530Le 等；自主企业也开始由单纯发展纯电向纯电及插电共同发展转变，如比亚迪、长安、吉利均规划了相应的插电混动车型。未来，随着成本的降低，插电混动有望得到更快发展。

（3）*非插电混动*　国内非插电混动主要推动者是丰田，其技术具有能耗低、排放好、续航里程长、动力切换平顺等诸多优势，但过高的价格长期制约其推广应用。2015 年，随着卡罗拉及雷凌混动的上市，丰田已将混动价格降到普通消费

者能接受的范围，使其具备了普及的条件，当前的订单已经是月产能的4倍。但同时也要看到其低价背后是企业不以营利为目的大幅补贴，另一方面政府并未不鼓励发展非插电混动，目前在国内只算做节能车，且排量在1.6L以下才能获得节能环保补贴（3000元/辆）。因此短期内非插电混动仍将是小众，但该技术已足够成熟，且只要通过加大电池就可以转为插电，随着消费群体的逐步扩大及口碑的建立，具有较好发展前景。

2．传统动力

新能源是近几年市场发展的热点，但传统动力才是整个市场的核心。首先小排量增压大规模应用，甚至以混动为主的日系厂商也开始推广增压动力，其次各类提升效率、降能耗及排放的改进技术大量应用，并取得了良好效果。最后，非传统结构开始应用，未来有发展前景。

（1）小排量增压，特别是1.5T以下的三缸增压将得到更广泛应用　小排量增压具有能耗及排放低、税费低的先天优势，相对更容易达到法规要求，而近年来技术进步也使其功率及可靠性不断提升。小排量增压在2015年前后得到快速应用，传统A级轿车开始大范围使用1.5T及以下增压动力，A级SUV开始使用1.5T、1.8T代替原有的2.0L以上自吸动力，甚至在豪华品牌旗舰SUV上如沃尔沃XC90、奥迪Q7等都开始使用2.0T。

与此同时困扰三缸机的震动噪音、平衡性及可靠性等问题也随着技术进步迎刃而解，其效率高、重量轻、缸内气体混合均匀、与变速器更容易匹配、具有更好排放的优点得到了淋漓尽致的发挥。因此2015年后，1.5T以下的小排量三缸增压动力在合资品牌中迎来井喷，而自主品牌相比合资起步较晚，虽然在不断追赶，但还有一定差距，目前仅上汽、奇瑞、长安等有相应的产品规划，但仍未实现量产（见表1）。

表1　2015年后合资品牌小排量三缸增压应用情况

车系	企业	排量
欧系	宝马	1.2T/1.5T
	大众	1.0T/1.2T
	PSA	1.2T
	雷诺	1.2T
	沃尔沃	1.2T

（续）

车系	企业	排量
日系	丰田	1.2T
	本田	1.0T
	日产	1.2T
	铃木	1.2T
美系	通用	1.0T/1.2T
	福特	1.0T
韩系	现代	1.0T/1.2T

注：资料来源于公开信息整理。

另外从需求端看，消费者普遍对小排量增压的接受度较高，但对三缸机还持一定的怀疑态度，短期内三缸机的推广还存在障碍，但随着应用比例的提升及终端普及率的提高，小排量三缸增压将成为未来五年内的主要技术之一。

（2）提升燃烧效率的细节技术将得到推广　长久以来，增压技术都要面临着易爆燃、热效率低等问题，近两年一批与增压动力发展相匹配，以提升燃烧效率的细节技术得到快速应用，同时也逐步向自然吸动力上扩展。一部分技术完备度高，短期内将有望普及，如喷雾冷却、稀薄燃烧、双喷射、双循环等技术。还有一部分技术虽然先进，但仍有较明显的瑕疵，需要较长的时间才能推广，主要代表有电涡轮技术、均质压燃、可变压缩比等技术。除了增压直喷，各自主企业也需要在这些技术上积极研发，以跟上跨国公司的步伐。

（3）非传统结构　代表之一就是转子发动机，马自达宣布2017年重新复活该技术。转子发动机的优势在于质量轻、结构简单、运行平稳等。但存在油耗高、排放差的劣势。未来马自达将重点针对其缺点进行改进，实现高动力并降低油耗及排放。

代表之二就是美国阿凯提斯（Achates Power）推出的对置活塞式二冲程发动机，可轻松满足欧Ⅵ标准，油耗较汽油机低50%，而制造成本也低15%。但目前仅在柴油机上应用，汽油机仍未量产，实际效果待观察，2020年前不具备量产基础。

三、总结

综上所述，预计到 2020 年传统动力仍将占主导，其中小排量增压将成为主要技术路线，与其相匹配的提升效率的细节技术也将得到快速应用。其次在政策大力推动且基础设施逐步完善的条件下，插电混动及纯电也将持续快速发展，但整体规模仍不大，预计到 2020 年占总体市场的份额可达 4.4%的水平。而单纯的混动车型由于车型少、政策不鼓励，仅依靠日系几个厂家推动短期内份额仍保持较低的水平（见图 1）。

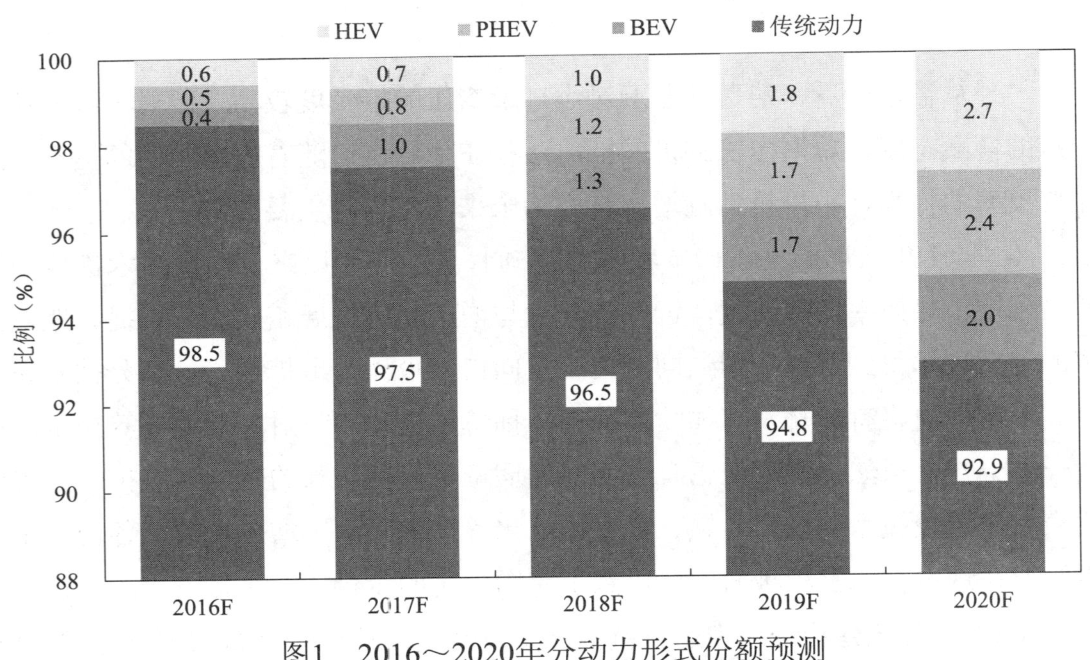

图1　2016～2020年分动力形式份额预测

（注：数据来源于国家信息中心预测）

（作者：王山　张桐山）

工业 4.0 下民族汽车工业前景研究

“工业 4.0”是德国联邦教研部与联邦经济技术部在 2013 年汉诺威工业博览会上提出的概念。它描绘了制造业的未来愿景，提出继蒸汽机的应用、规模化生产和电子信息技术等三次工业革命后，人类将迎来以信息物理融合系统（CPS）为基础，以生产高度数字化、网络化、机器自组织为标志的第四次工业革命。“工业 4.0”对全球汽车工业将产生深刻的影响，给我国民族汽车工业也带来了前所未有的机遇和挑战。

一、“工业 4.0”主要内涵

“工业 4.0”概念是以智能制造为主导的第四次工业革命，或革命性的生产方法。该战略旨在通过充分利用信息通信技术和网络空间虚拟系统——信息物理系统（Cyber-Physical System）相结合的手段，将制造业向智能化转型。

对汽车产业而言，“工业 4.0”将带来很多趋势性变化。首先，汽车产品形态的改变。汽车产品将向电动化、智能化和轻量化转变，其中，核心是智能化；其次，产业链条的改变。汽车生产将向大规模定制化转型，“需求端”与“生产端”直接连通，消费者与工厂直接对话的 C2B（消费者到制造商）模式将成为主流；第三，汽车产业的商业模式会出现创新和转型。基于大数据的网络化平台将广泛应用，车联网将成为未来很重要的发展方向。

二、我国汽车工业现状

在经济全球化的背景下，随着我国“以市场换技术”策略的实施，大量的跨国汽车公司进入我国市场，竞争激烈程度和产品多元化程度不断提高，已经连续多年成为全球最大汽车销售市场。近年自主品牌乘用车的销量虽然有所增长，市场占有率却不断下跌，我国的汽车市场呈现出由外资和合资品牌主导的现状，凸显出我国汽车产业大而不强的特征。

当前，我国自主品牌汽车面临以下诸多问题。

1．技术壁垒

我国难以掌握零部件及整车设计和生产核心技术，我国的主要汽车制造商在发动机系统、变速箱、车身设计、整车平台设计、低排放、低能耗等核心技术领域的技术储备不足，没有掌握核心技术，与世界汽车产业先进国家有明显的差距，很大程度上依赖外资或者中外合资品牌的技术和产品。

2．自主创新能力弱

在技术创新上与外资跨国公司品牌存在较大差距，截至目前，世界上绝大多数品牌的欧美日韩跨国汽车公司都在我国找到了一个或者多个合资伙伴，进入我国市场的外资汽车品牌多达70多个。虽然在中外合资公司里实现了部分的现代企业管理制度，生产制造和生产管理也实现了现代化，这些因素对中方汽车企业管理水平的提升起到了一定的带动作用，但是跨国公司控制并垄断了核心技术，使得我国的汽车企业形成了对外资跨国公司技术和产品的过度依赖，没有动力实施自主研发，难以实现自主技术的积累和创新。

3．新兴自主品牌同质化竞争严重，且产品类型单一，质量一般

近十年以来，新兴民营汽车品牌如吉利、奇瑞、比亚迪、长城等自主品牌汽车企业发展迅速，推出了大量的新产品，有些甚至已经出口到国际市场，但是总体上，我国自主品牌汽车过度集中于中低端市场，且同质化竞争严重，主要体现在产品类型比较单一，集中在小排量汽车生产，主要依靠价格手段进行竞争，消费群体对价格比较敏感，个性化及高端产品的数量及质量都与跨国公司同类产品相比差距很大，而且，欧美日韩汽车企业的不断进入小型车市场，开始不断挤压新兴自主品牌的市场空间。

三、“工业4.0”下我国民族汽车工业的机遇

汽车产业是我国重要的支柱产业之一，自主品牌乘用车产业面临许多的困境和难题，同时也仍然有发展的机遇。

1．加快我国民族汽车工业转型升级

工业自动化技术的进步为我国汽车行业的跨越式发展提供了重要的支撑。“工业 4.0”的提出将进一步推动我国汽车行业从效率、节能、信息化、安全化等各方面进行综合性的产业升级。首先，“工业 4.0”中多次提到的柔性生产线使

得资源的重新配置成为可能。在互联网时代大背景下，供应端和消费端同时发生着剧变，工业企业核心竞争力的定义也从产品质量控制转移到了客户价值创造。这意味着企业需要能够生产更复杂、更先进的产品和系统，从而在更短的时间内满足客户个性和多样的要求。例如，在大众品牌的车内安装同一集团下的另一品牌保时捷的座椅，按照用户的个性需求进行生产。另外，在“工业 4.0”概念的影响下，我国汽车行业将更重视提高能源利用率，完善人与机器之间的组织协作。比如今后，即便是生产过程中的短暂休息，机器人也可以随时停机。而如果是较长时间的休息，则可以通过调节控制速度的电机使机器进入一种待机模式。

2. 顺应民族汽车工业互联化趋势

当前，我国人们的社会生活方式发生了很大的变化。在汽车销售环节上，汽车电商在很大程度上分担了 4S 店的销售工作。2014 年广汽丰田与电商合作，网络销量接近总销量 50%。又如在汽车保养方面，现在兴起很多上门保养公司，网上预约，不用再去 4S 店或者维修店，直接在自家车库完成保养。

3. 促进我国汽车产业和其他产业交叉融合

汽车产业和能源技术、材料技术、制造技术、电子技术高度融合，交叉互为支撑。据了解，现在一辆高端车中电子模块占整车成本 50%以上。生产方式、生活方式、产业形态的改变，都说明汽车产业将进入革命化的新时代。

作为汽车产量第一大国，我国汽车产业在“工业 4.0”探索中，智能化的初步技术正在逐步引用。据了解，国内已经成功开发出“工业 4.0”流水生产线，在无线射频技术、工业以太网、在线条码、二维码比对、影像识别、机器人应用等实现了突破。其中，上海明匠智能创出的 4.0 技术已经通过英国评审，取得路虎极光、神行者 2 代两个品牌共计 1600 万元的设备合同，并运用于奇瑞捷豹路虎位于江苏常熟的新工厂，采用这套设备生产的国产极光车型，将于年底下线。

四、“工业 4.0”给我国的民族品牌带来的挑战

“工业 4.0”是以生产高度数字化、网络化、机器自组织为标志的第四次工业革命，之所以在我国引起广泛关注，是因为在人工成本上升、原材料价格波动、信息技术对产业影响不断深入等背景下，我国制造业正面临转型。“工业 4.0”的很多理念，与我国提出的“两化”融合战略不谋而合，是做强制造业的必由之路

和战略制高点。由于高投入高产出的模式非常适合汽车产业，这也是汽车产业不可缺席“工业 4.0”与“中国制造 2025”的理由之一。汽车工业发展迄今已有百余年的历史，但它又是一个老而弥新的产业。因此，汽车工业率先进入“工业 4.0”与“中国制造 2025”很有必要，它是我国汽车发展历史性的必然选择。

首先，解决我国汽车产业大而不强的问题，自主创新是唯一的解决方案。与外国汽车公司合资部分提高了我国汽车企业的管理水平，但是加剧了对外资品牌和产品以及其核心技术的依赖，造成中方没有动力进行和积累自主创新，所以，国家的中外合资政策应当进行时间限制，不能长期甚至无限期的合资下去，必须制定有利于自主创新和发展自主品牌的综合性产业政策，进行制度设计，尽快摆脱对外资的依赖。

其次，加大对汽车制造商、零部件供应商、相关科研机构的科研力量和经费的投入，特别是加大对基础研究、关键核心技术、新能源技术等关键领域的投入，需要从资金保障和人才引进及培养等多个方面进行完善。

第三，修订并完善《汽车品牌销售管理实施办法》，打破外资跨国汽车公司对市场的垄断，提高我国对汽车市场的控制权，防范垄断行为，构筑统一、开放、竞争、有序的汽车流通体系。

最后，必须加强人才培养。“工业 4.0”本质是人机关系的深刻变化，这种变化大大增加了对知识和技能的需求。而与先进制造技术相适应的知识和技能的形成和积累，恰恰是我国这样的发展中国家遇到的最大挑战。另外，在“工业 4.0”时代，汽车企业除了制造业的人才，还将需要不同类型的人才，需要懂 IT 的人才、懂大数据的人才、懂得用创意的方式和顾客沟通的人才。我国科技人力和研发人员总数分别居世界第一位和第二位，并且每年还有大约 700 万大学毕业生。我国一名工程师每年的综合成本（3 万美元），仅为美国（30 万美元）的十分之一。但我国的人才在创新和主动性方面，和发达国家仍存在不少差距。在“工业 4.0”时代，产品与机器、机器与机器之间进行了通信互联，生产过程高度自动化、智能化，未来的人工智能将起到辅助决策职能，汽车企业更需要有知识会创新的产业工人。他们将会转变为“白领工人”，体力劳动将减少，而更多地进行计划、协调、知识创新和决策等工作。为此，我国汽车人才培训方面，现在要未雨绸缪，打破传统教育分门别类的界线，培养跨界、复合型人才，为迎接“工业 4.0”时代的到来做好准备。

我国是汽车制造大国，但还不是强国，促进我国汽车制造向汽车智造转型升级，一直是汽车人的中国梦。很多有识之士开始思考、讨论，这场由德国人挑起的“工业 4.0 科技竞赛”将对我国汽车产业产生深刻影响，实现民族汽车产业的转型升级是一个异常艰难而痛苦的过程，需要有面对阵痛的勇气和持续坚持的耐力。相信我们一定能够把握住难得的战略机遇，实现“中国制造 2025”的宏伟蓝图，通过汽车产业的转型升级，引领我国整个汽车业达到“工业 4.0”的境界，实现汽车强国的战略目标。

（作者：陈述 程依涵）

乘用车市场热销产品演变及启示

随着乘用车市场快速发展，产品竞争不断加剧，表现为新产品层见叠出，供给数量逐年增加；市场份额日益分化，市场集中度下降等。与此同时，市场中仍不乏一些表现出众的成功产品，它们有的销量遥遥领先，甚至经久不衰；有的进入市场之初，便受到热烈追捧；有的则开启和带动了新的消费需求。本文通过对市场数据进行分析，归纳热销产品的消费特征及其变化，并希望从中得到一定的启示。

一、乘用车热销产品市场分析

本文从乘用车整体市场和细分市场两个层面进行热销产品特征分析。

1. 整体市场热销产品特征分析

本部分选取每年全部在售产品中，销量位居前10%内的产品，作为热销产品集合进行分析，得到以下两个主要特征。

特征一：热销产品销量快速跃升。

热销产品月均销量快速增长。自2001年底中国正式加入WTO，轿车开始快速进入家庭，我国乘用车市场开启飞速发展阶段，为单一产品销量迅速攀升提供了土壤。2001～2002年间，热销产品月均销量为6000～7000辆；到2009年，热销产品月均销量达到10000辆；近年来，随着微客型MPV市场开启，热销产品月均销量已经达到17000辆左右。

热销和非热销产品之间的差距迅速扩大。热销产品月均销量与全部产品月均销量的比值逐步扩大，以历年销量最大的产品为例，其与全部产品月均销量的比值从2001年的5.3倍，扩大到2010年的6.1倍，至2015年扩大至8.8倍；以历年销量排名前10%的产品为例，其与全部产品月均销量的比值从2001年的2.5倍，扩大到2010年的2.7倍，至2015年扩大至2.9倍。可见，近年来，热销产品的相对优势在进一步扩大，产品销量的不均衡性扩大。

特征二：热销产品格局稳中有变。

热销产品以 A 级车和德系车为主，但近年来变化较大。热销产品在数量上以 A 级轿车为主体，但比例在缩减；在车系上以德系车为主体，但受其他车系的挤压波动较大。2015 年由于自主品牌推出多款广受欢迎的小 SUV 及上汽通用五菱一系列产品上市两大原因，在热销产品中 MPV 和 SUV 数量、自主品牌比例激增。

拥有热销数量最多的前三企业地位稳固，但厂家分散化趋势明显。早期热销产品企业主要为合资企业，其中上汽大众、一汽大众、上汽通用始终居于数量前三甲。后来自主品牌企业逐渐开始拥有热销产品，2015 年随着众多自主品牌推出的小 SUV 受到追捧，拥有热销产品的自主品牌企业数量扩充至 11 家。2013 年起，作为豪华品牌，华晨宝马也开始拥有居于前列的热销产品。

从历年销量看，只有做到热销产品数量领先，才能做到市场领先。目前领先企业大多有多个热销产品。以 2015 年为例，销量达到 120 万的企业（上汽大众、上汽通用、一汽大众、上汽通用五菱），均有 5 款以上热销产品作为支撑；销量达到 70 万辆以上的企业，除神龙汽车外，北京现代、东风日产、长安汽车、长安福特、长城汽车等都有 2～4 款热销产品作为支撑。

热销产品格局虽稳固，但年年不乏新产品进入其中。近年来，每年至少有两款新产品上市当年便跻身前 10%之列，2010 年、2012 年和 2015 年都有 5 款及以上新产品成了热销产品。当前市场仍然是充满机会的市场，只要产品抓住市场机会，便能迅速获得市场认可。

2．细分市场热销产品特征分析

参考总体市场热销产品的衡量标准，结合各细分市场状况，选取每个细分市场内，销量位居前 10%内的产品，作为细分市场热销产品集合。通过分析得到以下两个特征。

特征一：不同细分市场热销产品的稳定性不同。

有些细分市场热销产品高度稳定，新产品难以实现超越。如 B 级高端市场热销产品主要由帕萨特、雅阁、凯美瑞组成，天籁表现也极为可观，迈腾换代后焕发出新生命力，B 级高端市场热销产品主要由这五款组成。

有些细分市场热销产品则不断更换，稳定性较差，如 A0 级三厢高端市场，从 2001 年起，热销产品分别为赛欧、飞度三厢、千里马、思迪、乐风、瑞纳、起亚 K2 等，这些产品可谓是“各领风骚两三年”。

细分市场热销产品的稳定性与细分市场需求（如是否看重品牌、重视特征，是否易模仿易超越）和细分市场供给（如产品是否及时换代改款）等因素相关。

特征二：成为细分市场热销产品比成为整体市场热销产品更容易。

在细分市场热销产品集合中，约四分之一的产品是上市一年之内的产品，而在整体市场热销产品集合中，约五分之一的产品是上市一年之内的产品，可见新产品成为细分市场热销产品的机会更大。

二、乘用车市场热销产品特征分析

影响产品销售表现的因素很多，热销产品的成功依赖于产品定位、产品力、产品外围支持三者形成的“组合拳”。做好目标用户定位，重点要抓住细分市场的主流群体，形成具有较大规模的目标用户群。做好产品外围支持，重点要保证品牌、营销传播、销售服务网络实现同步。最为关键的是提升“产品力”，做到“有强项、无硬伤”。

所谓“无硬伤”，是指热销产品首先是一款均衡的、没有明显缺陷的产品，各方面做到不低于同级别平均水平，才能防范负面口碑，有更多机会进入消费者的选择视野；即使有弱项，对其竞争力也不构成决定性的影响，不影响其主体消费者。具体而言，一是空间“太小”不行，要适度偏大，级别越高越明显。例如，在A0级三厢市场，热销的瑞纳、起亚K2处于轴距最大的几款车型之内，B级市场的新迈腾换代后车长轴距明显加长，是其一跃成为热销产品的关键。二是外形“怪异”不行，要符合大众审美，重视外观的市场更要突出优势，多数热销产品均为中庸大气的造型风格，面向传统家用市场，符合国内主流消费群体的审美观，可以融入具有现代感、符合流行趋势的设计元素。三是动力总成“落伍”不行，要达到主流排量大小、主流变速箱配备；使用涡轮增压发动机和新型变速箱能有效提升消费者的认可。四是配置“太少”不行，要达到多数产品的丰富程度；可通过配备体现舒适、安全、豪华和智能的配置，来塑造性产品价比高、技术先进等亮点。五是质量“老坏”不行，要保证产品运行的可靠性。六是价格“太贵”不行，在低端市场，热销产品尤其在性价比、油耗和保养费用方面有突出优势。

所谓“有强项”，是指在“无硬伤”基础上，突出战胜竞争对手的亮点。强项不需要太多，针对目标用户的特点做好其中1～2点就可以，亮点既可聚焦于竞品不具备的方面，也可在竞品产品具有的方面上强调相对优势。鉴于我国市场需求形态多样化，亮点的选择也不是一花独放，从强调质量、油耗到强调外观、动力等指标，均有可能获得成功，关键是要与目标用户的需求和特点相匹配。理论上，任何一个卖点都是有市场空间的，但一定要选择做好和宣传好“最有市场动员力”的卖点。例如朗逸性价比出众，空间大，外观造型大众化，再如科鲁兹外观设计是其最大亮点，又如高尔夫技术和品质拥有难以撼动的口碑，又如福克斯两厢外观运动，曾经是动力和操控方面的标杆产品。这些强项就像产品标志性的符号，牢牢抓住一大批用户的需求。

三、对汽车企业的启示

打造热销产品，无论从树立品牌形象、培育优秀口碑、提振厂家销量等方面都具有重要意义，市场地位重要，是竞争成败的关键。厂家要树立精品意识，力争多做热销产品，“要做精品，多做精品”。

打造一款热销产品是一个体系，需要市场定位、产品本身、外围支持等兼备。从产品角度看，在某些方面要采取跟随策略，紧跟主流，研究好本级别各种车型的关键指标的平均值，做到“无硬伤”；要采取差异化策略，做好消费者研究，抓住关键需求，打造产品亮点，做到“有强项”。

消费者的需求不断变化，当前热销产品的特征是目前消费者需求的最佳体现，不一定不代表未来趋势，车企要积极加强前瞻性研究，才能持续立于不败之地。

（作者：崔佳佳）

市场调研篇

2015年上海大众产品市场调研报告

一、2015年上海大众市场总体表现

2015年对于中国汽车市场是较为困难的一年，尤其是前三季度，受到宏观经济低落、股市大幅震荡以及限牌政策等因素的影响，汽车购买需求受到了强大冲击，整体增速继前几年放缓后，出现了快速下滑，再加上自主品牌以及新能源车型的异军突起，对于各大合资汽车厂家都是严峻的考验。上海大众凭借卓越的品牌口碑和产品质量、丰富的产品线以及精准灵活的营销策略，在这样的竞争态势下2015年实现总销量1735741辆，位居汽车行业第一，并实现1.5%的增长（见图1）。其中大众品牌共实现销量1454741辆，稳居全国汽车企业中单一品牌销量第一；斯柯达品牌年度销量达到281000辆。

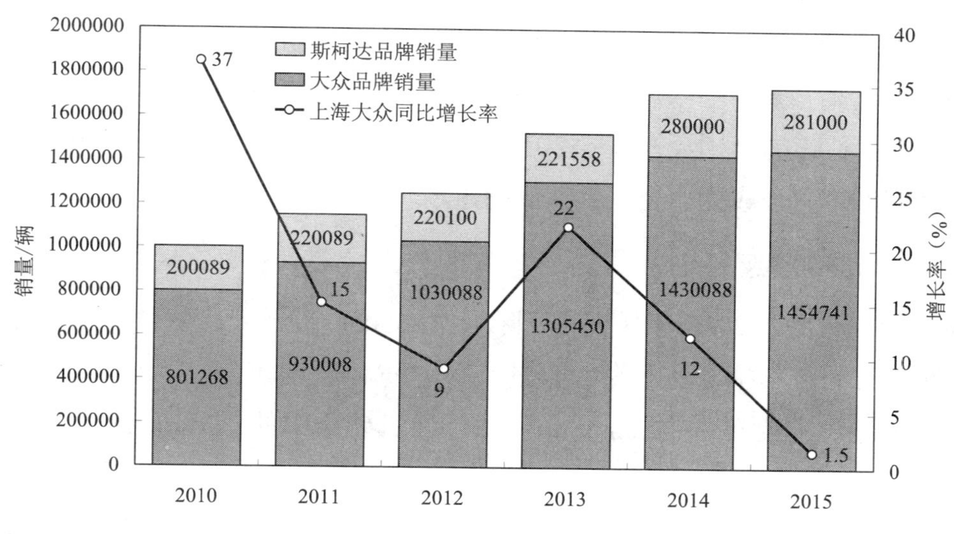

图1 2010～2015年上海大众销量及同比增长率

上海大众具有深厚的历史底蕴，再加以近年来双品牌产品的不断丰富，企业品牌已拥有69%的无提示知名度，美誉度达到7.4（见图2），均位居行业榜首。上海大众已然成为汽车消费者熟悉、放心和信任的汽车企业。

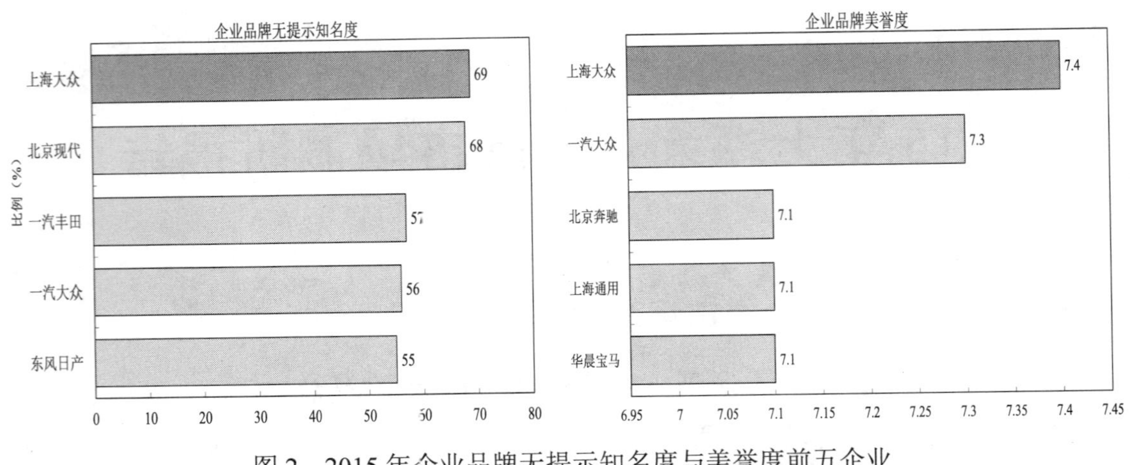

图 2　2015 年企业品牌无提示知名度与美誉度前五企业

1．大众品牌

大众品牌 2015 年全年销量 1454741 辆，同比增长 1.7%。其中，Lavida 朗逸家族实现了 450146 辆的傲人销量，继续领跑 A 级轿车市场。Passat 家族全年销量 197783 辆，仍然占据 B 级轿车市场榜首。A 级 SUV 的明星车型 Tiguan 销量势头依然火热，全年销量 246023 辆，同比仍保持 7.9%的增长。Touran 凭借营销助推重启热潮，实现全年销量 35785 辆，并有 9.7%的高增长。全新 POLO 上市后在 A0 两厢市场依旧是一枝独秀，全年销量 161746 辆，斩获 18.6%的增长。全新桑塔纳很好地继承了桑塔纳家族的历史底蕴，实现销量 238904 辆，重新定义了迎合现代时尚和品味的“国民车”。2015 年初，上海大众全新车型 Lamando 凌渡实现销量 94807 辆，成为个性一族所追求的梦想之车。

2．Lamando 凌渡

Lamando 凌渡于 2015 年 1 月 9 日在上海上市，凌渡是上海大众在 A 级高端三厢车市场的全新车型，是上海大众的首款“宽体轿跑车”。“凌渡”二字取意于“凌风渡越”，英文名“Lamando”源于西班牙语中的“Mandar”，意为“引领与启示”。

外观方面，Lamando 凌渡采用了上海大众全新的宽体轿跑的车身设计理念，极具视觉冲击力。俯冲横拓的前脸，镀铬格栅与镀铬灯眉连为一体，下格栅向两侧水平张开，镶嵌两盏锋锐的雾灯，强大的冲击力与大众前脸元素完美融合。车身侧面深腰线苍劲有力，而车顶线条极富流线感，与腰线在一起显示出“刚柔并济”的完美设计。车头 LED 日间行车灯搭配 LED 运动尾灯，是现代车型的运动标识，清晰鲜明而错落有致。尾部双炮筒排气管布局引入机械抛光设计，令强劲的动力特征凸显无疑，动静之间尽显浓烈的跑车气息。高强度的超广角双开启天窗，比普通天窗大 40%，与流线的车顶设计巧妙契合。

内饰方面，Lamando 凌渡的 T 形中控台设计，对驾驶座上抬精确偏转了 6.769 度，中央通道高度提升 46mm，座椅高度降低 16mm，环绕感延展而下，打造轿跑风格驾驭体验的同时，更提升了驾驶员的舒适坐姿。豪华打孔真皮运动座椅，自然贴合人体，与真皮多功能方向盘搭配，提升整车的品质。Lamando 凌渡还装备有 20 处璀璨的氛围灯分布在前后脚步空间，四门上的内把手、扶手、储物箱和装饰条，可通过 MIB 调节亮度，营造神秘酷炫的氛围效果。

Lamando 凌渡采用了全新 EA888 TSI 发动机，七速湿式 DSG 双离合变速器，配备了全独立悬架，HHC 坡道辅助系统，提供了完美舒适的操控。在实现了运动和操控的同时，凌渡在安全性上也花足了心思，ESP、智能胎压监测系统、MKE 疲劳监测、BSD 盲点监测、LDWS 车道保持系统、ACC 自适应巡航、DLA 动态大灯、近光灯照射高度自动调节、PLA 自动泊车辅助系统等前沿安全科技装备一应俱全，令驾乘者得到了全方位的保障。

2014 年，凌渡为上市前预热曾经赞助热播综艺节目《奔跑吧兄弟第二季》第一期，还未上市已成为市场热议车型，2015 年初上市之后更成为市场热点。从上海大众品牌认知与形象监测报告显示，2015 年从第一季度到第四季度，凌渡的无提示知名度从 5.4%上升至 9.9%，已超越同级别的轩逸、思域等车型。

3．新 Lavida 朗逸家族

2008 年，第一代 Lavida 诞生，这款代表着“生活与希望”的产品一经问世便成为 A 级汽车市场里一颗闪耀的新星；2013 年上市 Lavida 两厢版以后，Lavida 家族更是保持汽车市场销量第一的车型家族品牌；2015 年 7 月，Lavida 家族全面更新，New Lavida 新朗逸，Gran Lavida 新朗行，Cross Lavida 新朗境，New Lavida Sport 新朗逸运动版，Lavida BlueMotion 新朗逸蓝驱技术版在内的五款车型焕新而至。新朗逸家族问世显然获得了市场的青睐，新朗逸全年保持为单一汽车产品销量的冠军，而新朗行的销量也在 A 级两厢车型中排名前三。

新朗逸和全新朗行在外观方面一改老款圆润厚实的造型设计，多线条的运用使得自身变得更加犀利且耐看，贯穿式的前脸设计，从视觉效果上来看并不复杂，反而显得很规整、很简练。灯组方面，其样式和造型与老款区别很大，新颖的灯眉设计大大提升了自身识别率，而且高配车型的 LED 灯光，在照明方面也有着显著的效果，同时也大大提升了夜间行车的安全性。

内饰方面，新款朗逸相比老款在细节方面有不少提升，配色也更符合年轻人的口味。方向盘采用最新三辐方向盘设计，手感和档次感俱佳；白色氛围灯使得夜间开车更有一番情调；增添了 PM2.5 粉尘过滤装置，更是周全地关怀和照顾驾驶者的健康。

全新朗逸家族换新上市以后，立即吸引了广大消费者的眼球，第四季度朗逸家族重新焕发青春，正如 Lavida 所包含品牌理念“生活相信爱”，全新朗逸家族呈现全方位的承诺和守护，成为消费者最推崇的车型品牌。朗逸家族 2015 年全年分月销量见表 1。

表 1　2015 年朗逸家族产品月度销量表

（单位：辆）

车型	1 月	2 月	3 月	4 月	5 月	6 月	7 月
朗逸	38454	24177	23833	30025	31628	21500	23223
朗行	12406	7860	9390	8883	7432	7430	6622
总计	50860	32037	33223	38908	39060	28930	29845
车型	8 月	9 月	10 月	11 月	12 月	总计	
新朗逸	23895	30718	33284	35483	39378	355598	—
新朗行	5867	5964	6909	7522	8263	94548	—
总计	29762	36682	40193	43005	47641	450146	—

4．斯柯达品牌

斯柯达品牌全年销量 281000 辆，旗下各款车型表现依旧稳健。综合实力出众的 Octavia 明锐全年销量超过 15 万辆，同比增长 26%，稳居 A 级汽车市场主流品牌前列。硬派高性能 SUV Yeti 自 8 月升级上市以来人气高涨，单月销量已突破 4000 辆，全年销量同比增长 34%。于 2015 年 10 月完成升级换代的旗舰车型 New Superb 全新速派外观更为年轻时尚，性能装备也有全面提升，是百年品牌的匠心美学之作。

5. 全新 Superb 速派

全新 Superb 速派于 2015 年 10 月闪亮登场，作为斯柯达品牌的旗舰车型，这款全新速派相比老款有了革命性的改变。

外观方面，全新速派无论是长/宽/高（4861mm/1865mm/1489mm），还是 2841mm 的轴距，相比老款均增加了很多，尤其是轴距增加了近 90mm，让乘坐舒适性和空间得到了质的改善，同时也增加了档次感。整体设计全面应用了斯柯达最新概念车 Vision C 的设计语言，整车立体优雅，线条轮廓鲜明，极具情感力量。头灯的设计中加入了捷克传统的水晶工艺，并且借鉴了人眼的造型，射线状的日行灯与 LED 转向灯条令人耳目一新。非常值得一提的是，全新速派全系均标配氙气头灯，体现了配置的跨越。此外，中网部分使用镀铬装饰条同样提升了档次，而下部进气格栅的蜂巢状造型还带来了些许运动气息。尾灯造型继承了家族式风格的“C”字造型尾灯，并且样式更加犀利的尾灯不仅采用了 LED 光源，而且与头灯一样加入了水晶工艺。与此同时，全新速派采用双边共两出排气布局，在后保险杠上采用嵌入式的方形镀铬排气尾喉。再加上琉黑一体式全景天窗设计，增加了车内的开阔空间感，并且完美的契合车身流线。

同时，全新速派搭载动力澎湃的第三代 EA888 TSI 发动机，低转速 1500r/min，即可爆发高达 350N·m 的转矩，让每一次启动无与伦比。第二代 MIB 信息娱乐系统，打造行驶中的影音盛宴。新一代人机交互功能 CarPlay 兼容 iOS 系统，配备 MirrorLink 完美兼容安卓系统，尖端科技一路随享。德国 CANTON 豪华低音炮，12 个扬声器立体环绕，HIFI 音质级别，剧院级听觉体验如身临其境。

斯柯达全新速派是斯柯达品牌的匠心之作，在斯柯达 120 周年之际，全新速派很好地继承了斯柯达品牌文化“Simply clever”，将看得到的精致、科技、舒适和实用带给广大消费者。

6. Yeti 野帝

Yeti 野帝自 2013 年年底上市后，由于独特的外形设计，一直被市场认为是一款小众的 SUV 车型，市场接受度不高。而 2015 年 8 月，Yeti 野帝上市 2016 款，外观造型更新，价格重新定位，并且凭借“古惑仔”代言活动的品牌营销，漂亮地打了一场翻身仗，市场人气节节攀升，新款 Yeti 已被市场追捧和认同。

由郑伊健、陈小春、谢天华、林晓峰和钱嘉乐代言的 Yeti，以“一起兄弟”

的品牌理念引发强烈情感共鸣。在近期百度 SUV 排行榜中，Yeti 车型一度排名第一；新车广告主题曲《友情岁月》（Yeti 一起兄弟版）也在 QQ 音乐中名列前茅，可谓是 2015 年上海大众最出色和成功的媒体宣传活动。同时，2016 款野帝增加全系标配全景天窗，这在同级别 SUV 中屈指可数，并且价格区间调整为 12.98 万～20.98 万元，装备配置和价格都极具诱惑力。在成功产品更新、价格定位和媒体宣传的帮助下，2016 款 Yeti 野帝上市后，月销量突破 4000 辆，全年野帝销量相比 2014 年同比增长 34%，相信这样的热销态势和市场余热还将会持续到 2016 年。

二、2016 年展望

2015 年，在市场困境之下，上海大众不畏艰难，披荆斩棘，一举夺下了全国汽车市场销量冠军。同时，上海大众的长沙工厂在 2015 年已经正式投产，生产技术水平与产能也全面提升。继 Lamando 凌渡之后，2016 年上海大众又将迎来一款全新高端轿车上市，这将是上海大众迈向高端市场的一个里程碑，在产品线丰富的同时，品牌价值也得到进一步的提升。

未来汽车市场格局正在逐渐转变，三、四、五线城市的飞速发展，新能源车型的逐渐成熟，二手车以及汽车更新需求的逐步增长，新一代年轻购车人群的涌现等，作为国内汽车行业的先行者，上海大众以“追求卓越”为企业精神不断迈进，凭借丰富的行业经验和富有远见的战略部署，上海大众将会推陈出新，与时俱进，继续引领中国汽车工业的发展。

（作者：张曙）

一汽-大众（大众品牌）产品调查报告

2015年，对于整个我国乘用汽车市场而言都是不寻常的一年，增速的大幅回落让各大汽车生产厂家和经销商吃尽苦头，使其不得不重新审视市场。虽然业界对汽车行业也将伴随经济迈入“新常态”早有共识，但如此大的降幅显然让很多汽车生产厂商措手不及，甚至连政府都不得不大伸“援助之手”。

2015年乘用汽车市场大落大起，呈深V走势，截至2015年11月份，乘用汽车市场实现新车销量1717万辆，同比增长7.8%，为2010年来最低水平。2015年上半年在经济下行、股市波动、2014年市场高基数等诸多因素的影响下，乘用汽车市场增速一路下滑，甚至在6月份一度出现负增长，面对巨大的销售和库存压力，各大厂家纷纷开展降价促销活动，我国汽车市场新一轮“价格战”就此打响；为缓解经济下行带来的巨大压力，10月1日起，国家高调出台“救市”政策，汽车市场也在新一轮政策的刺激下逐月回暖，未来一个月回暖之势还将延续，预计全年总市场也将在政策刺激的作用下达到1927万辆，增速为8.1%。

2015年对于一汽-大众来说是极其艰辛的一年，面对“市场低迷”和“缺乏新产品”的双重困境，一汽-大众快速转变，围绕年度销售目标，深入调研、积极施策，在大力增强产品竞争力的同时，不断提升服务质量、改善客户满意度，实现了销量和份额的V形反转，成功走出“寒冬时刻”。截至11月份，一汽-大众累计销售新车1484757辆，位列前三名，其中大众品牌销售1027121辆，市场份额为6.0%，单一品牌排名行业第二。在销售总量显著恢复的同时，大众品牌各车型表现尤为突出，捷达质惠版、宝来质惠版、改款速腾、高尔夫R-Line和高尔夫GTI等车型的成功上市，都有效提升了大众品牌各车型在其细分市场的竞争力，在A级三厢、A级两厢、B级三厢市场全面领先竞争对手，全新捷达、速腾和高尔夫更是强势占据细分市场的霸主地位（见图1）。

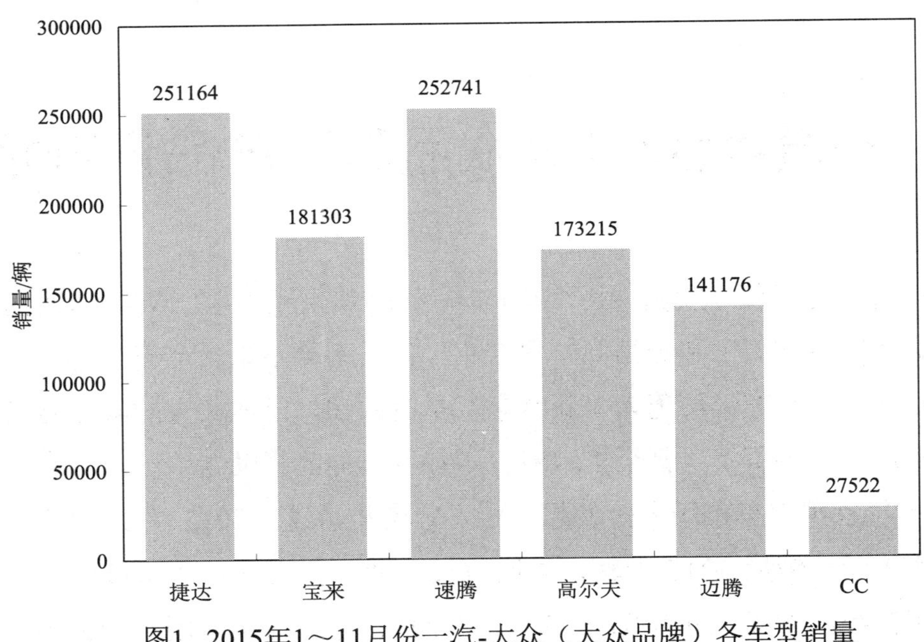

图1 2015年1～11月份一汽-大众（大众品牌）各车型销量

一、全新捷达

捷达，作为车坛的“常青树”， 凭借其出色的口碑、合理的价格、完善的售后服务不断创造着一个又一个销量奇迹。全新捷达，恪守一如既往的卓越品质，注入焕然一新的时尚基因，充分满足了新生代消费者的需求，自 2013 年上市后又当仁不让地引领我国 A 级汽车市场风潮；2014 年，一汽-大众又在全新捷达的基础上推出了其性能车型——捷达 Sportline，在保证全新捷达优秀品质的同时注入运动基因，在外观、内饰、配置、动力上进行全面升级，使畅快淋漓的驾驭快感与舒适惬意的驾乘感受完美融合，作为捷达品牌首款高性能车型，捷达 Sportline 的推出，再次刷新了 A 级入门三厢轿车的标准；2015 年，针对复杂多变的市场环境，一汽-大众又适时推出了捷达质惠版车型，以强大的产品力和性价比再次超越竞争对手，进一步夯实了市场领先地位。

截止到 2015 年 11 月份，全新捷达累计销售 251164 辆，市场份额达 27%，其中 9 个月问鼎 A 级入门三厢车型销量冠军，自 2013 年上市以来全新捷达已累计销售 73 万辆，平均不到两分钟就有一位捷达车主产生，持续巩固了“我国家轿第一品牌”的地位。

二、新宝来

作为德国紧凑型轿车的代表和驾驶的标志，宝来从 2001 年登陆我国以来，就凭借着在动力、操控、安全、工艺等方面的出色表现，树立了其在中级轿车市场的品质和技术标杆，获誉“驾驶者之车”， 而 2012 年上市的新宝来在保留了“驾驶者之车”独立进取、品质优先等产品内涵的同时，又融入了更多人性化的设计理念，成为一款既注重品质驾控，又追求均衡实用和舒适享受的生活导向型轿车。如今的新宝来历经四年风雨已经不再年轻，虽然处于生命周期末期，但它依然可以凭借自己优异的品质实现月销两万辆的销售奇迹。2015 年宝来累计销售 181303 辆，对一汽-大众（大众品牌）的销售贡献度达到 18%（见图 2），是一汽-大众实实在在的英雄车型。

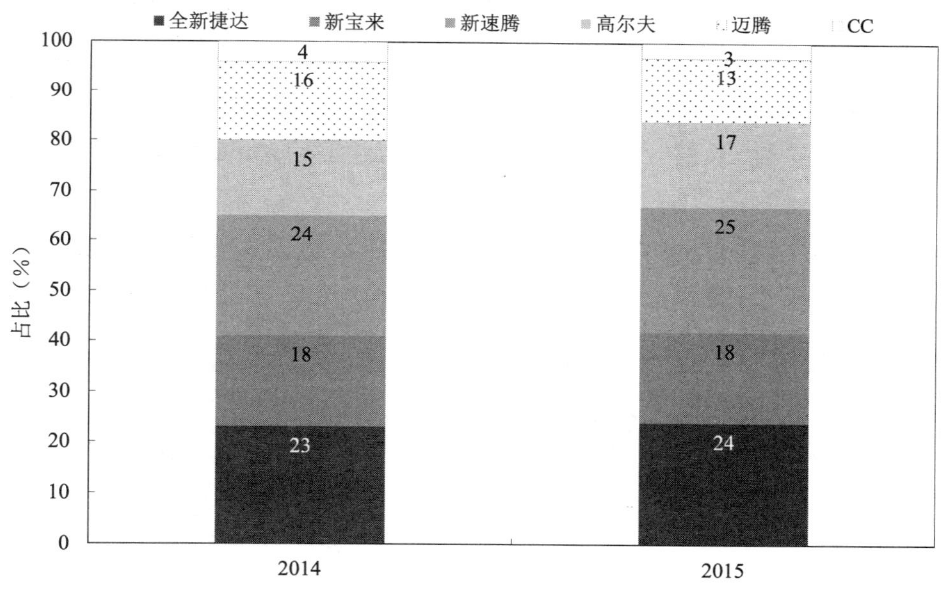

图2　一汽-大众（大众品牌）2014～2015年各产品销量贡献度变化

三、速腾

2015 年，速腾累计销售 252741 辆，对一汽-大众（大众品牌）的销量贡献度达到 25%，位列大众品牌六款车型之首。作为一款德国血统的大众经典车型，速腾品牌自诞生之始就专注于最新德国工艺与现代动感造型的完美结合，以纯正的德系血统、精湛的制造工艺、领先的科技装备，开创了真正的 A 级高端三厢细分市场，也缔造了 A 级高端三厢车的行业标准。

2015 年 3 月份，改款速腾正式上市，改款速腾依然沿用大众家族式设计，在外观尺寸上，改款速腾将车身长度增加了 11mm，带来了更加修长、硬朗的视觉效果。相比外观，内饰的改变更为明显，尤其是在中控台的设计上，采用了全新的三幅式多功能方向盘（与高尔夫 7 相同），双筒式仪表盘，以及新样式的中控面板，在座椅用料上，新车增加了 Alcantara 面料，质感进一步提升。作为 A 级高端三厢轿车市场的高品质标杆，速腾品牌在科技配置上一直保持领先地位。改款速腾在科技配置方面进行了多项升级，具备离/回家功能的前大灯、无钥匙进入与启动系统、触碰式彩色大屏幕 GPS 导航、定速巡航科技装备等。改款速腾最大的变化来自动力系统，全系配装大众最新一代 EA211 发动机，取代了老款车型上的 EA888 1.8T 发动机，不仅体积更小、质量更轻，在为改款速腾带来更加优秀动力表现的同时，进一步提升了燃油的经济性。改款速腾还拥有 1.6L 自然吸气以及 1.4T 涡轮增压两款发动机，其中 1.6L 版本最大功率为 77kW（5600r/min），峰值转矩 155N • m（3500r/min）；而 1.4T 车型有高低功率两个版本，低功率发动机最大功率 96kW、最大转矩 225N • m，高功率发动机最大功率 110kW、最大转矩 250N • m。新车搭配 5 速 MQ 手动变速器、6 速 TipTronic 自动变速器以及 7 速 DSG 双离合变速器。

改款速腾自上市开始，就受到消费者的追捧，销量节节攀升，2015 年 11 月当月销量已达到近 3 万辆（见图 3），再次提升了 A 级高端三厢轿车的新高度。

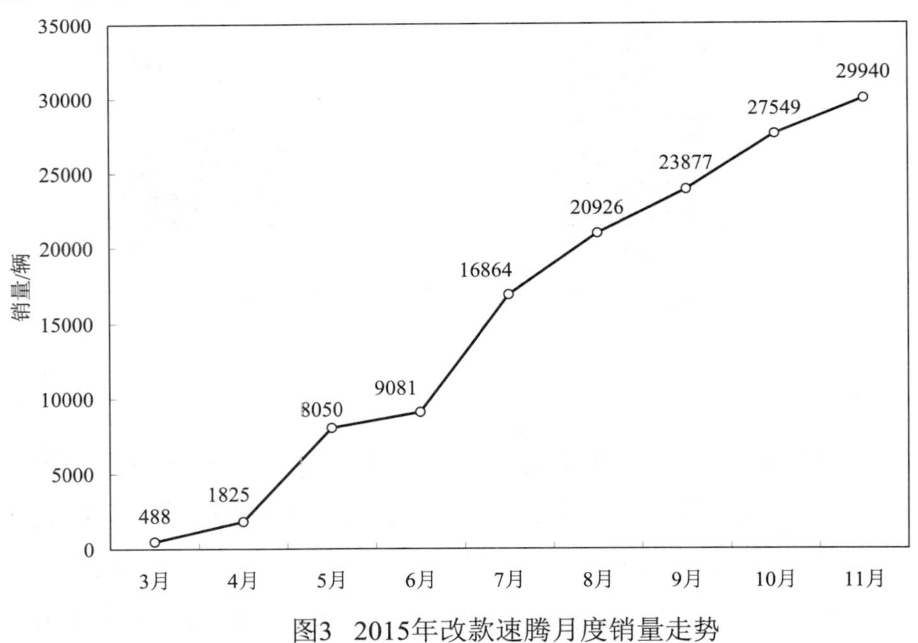

图3 2015年改款速腾月度销量走势

四、第七代高尔夫

作为消费者心中公认的“神车”，第七代高尔夫自上市之日起就连破销售纪录，成为唯一一款销量能够突破两万辆大关的中高端两厢轿车。2015 年中高端两厢汽车市场受到 A0 级 SUV 市场的严重冲击，市场规模急剧萎缩，而多款新产品的加入使得两厢汽车市场内部竞争也更加激烈，面对这种“内忧外患”的不利局面，高尔夫的销量在其细分市场的表现一枝独秀，不降反升，其在 A 级中高端两厢车细分市场的份额也一度达到 41%，令竞争对手望尘莫及，正是由于高尔夫的出色表现，A 级中高端两厢汽车市场在总市场中的占比下滑速度才得以延缓。

2015 年 6 月份，一汽大众引入首款 R-Line 系列产品，高尔夫 R-Line 在外形设计上有鲜明的专属特征，不仅车身处处体现着个性、潮流的设计语言，同时以 R-Line 徽标彰显着独特的身份特征。配置上，相较普通版高尔夫，高尔夫 R-line 能得到的除了运动包围、17in 轮毂、高功率发动机外，还有氙气大灯和清洗装置、带拨片的方向盘、发动机启停功能等，但价格上 R-line 却十分厚道，最低入门价格只有 12.19 万元，上市后一度处于供不应求的状态。

2015 年 9 月份，高尔夫家族中的重量级成员高尔夫 GTI 问世。高尔夫 GTI 是高尔夫家族中的运动健将，全新设计的蜂窝状进气格栅、17in战斧式铝合金轮毂、运动前包围、更加低矮的车身，加上贯穿在高尔夫 GTI内饰各个细节的红色线缝等一系列设计都将其优秀的运动基因突显得淋漓尽致。动力系统方面，大众第三代 EA888 系列 2.0TSI发动机的使用，与一款七速湿式DSG 双离合自动变速器的配合，使高尔夫 GTI 的最高车速达 240 km/h，百公里加速时间由原来的 7.1s 提升到 6.9s，让高尔夫 GTI在同级别车型中的表现更胜一筹。

五、全新迈腾

2015 年全新迈腾累计销售 141176 辆，在其所在的细分市场份额达到 12.3%，稳居细分市场第二位。全新迈腾自 2011 年上市，已为一汽-大众（大众品牌）征战沙场近五年，它是一汽-大众现役车型中服役最久的老兵。虽然现款迈腾年事已高，但其前瞻性的设计理念和按照 C 级车标准打造的豪华品质使其在面对竞争对手的改款、换代车型时也丝毫不显逊色。作为大众汽车品牌 B 级车的第七代产品，无论是表面还是内在，无论是整体还是细节，全新迈腾都继承了德国大众优秀的产品基因，毫不妥协地追求完美品质，将 B 级车的行业标准推向了更高水平。

六、CC

CC的外形设计融合了跑车的动感与豪华轿车的优雅，刚劲有力而不失华贵，整体设计充满动感与优雅元素，车顶从A 柱向 C 柱以较小的半径伸展，高腰线车身与自动无框车门设计，展示了CC运动骁将帅气的一面。CC内饰的设计风格与外观一致，极具视觉冲击力且品质尊贵。CC 在动力配置方面采用了先进的TSI+DSG 动力总成，点滴油耗便可迸发澎湃动力。作为一汽-大众（大众品牌）的一款形象车型，CC在销量上也有不俗的表现，月均近3000辆的销量，使其牢牢占据细分市场第二位的位置。

长久以来，一汽-大众（大众品牌）一直着力为消费者打造价值经典的汽车，赢得了消费者的广泛赞誉，在销量上始终保持市场领先地位。我国汽车市场和一汽-大众都将在新的一年面临更多的不确定性。不过，有强大的体系能力支撑，有对市场的敏锐洞察和灵活应变，相信一汽-大众会以更好的产品和服务在市场中书写新的胜利。

（作者：姜兆文）

2015 年上汽通用产品市场调研报告

一、上汽通用 2015 年总体市场表现

2015 年国内经济进入调整阶段，前 3 季度出口受国际环境影响呈现负增长，宏观经济指标下行，经济发展进入市场新常态，乘用车市场在前一阶段增速创下历史低值。在面对如此严峻的市场环境，上汽通用 1～11 月总销量 1497664 辆，与第一名上汽大众还有差距，显示出上汽通用面对困境，依然展现出的强大能量（见图 1）。

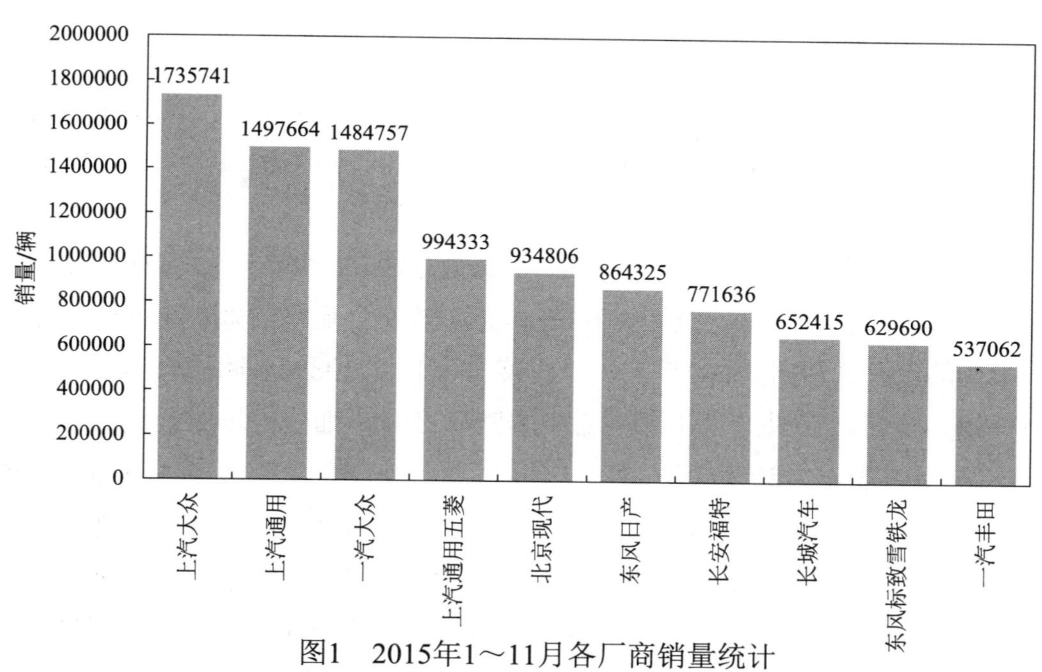

图1　2015年1～11月各厂商销量统计

二、别克品牌 2015 年各车型市场表现

别克品牌在 2015 年 1～11 月总销量 907147 辆，全年预计超过 100 万辆（见图 2）。

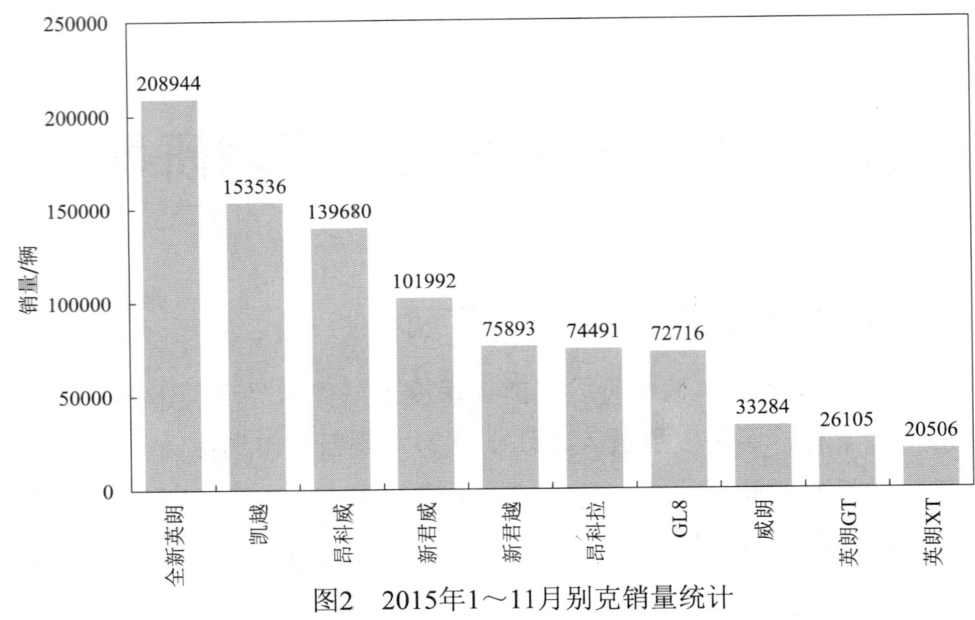

图2 2015年1～11月别克销量统计

1．紧凑级轿车

紧凑级轿车细分市场是我国最大的细分市场。2015 年别克品牌发布了别克全新英朗 GT，别克 Verano 威朗三厢及别克威朗两厢轿跑/GS 三款产品，完成了由别克凯越、英朗 GT、威朗构成的紧凑轿车市场格局。

全新英朗 GT 搭载 18T 和 15N 两款高效动力总成，凭借简约动感的外观设计，高效舒适的内部空间，以及全系搭载 ESP 的高效安全配置，树立起国内主流紧凑级车市场的产品力标杆。2015 年，全新英朗 GT 以 208944 辆的总销量，位居别克品牌的第一名。在投产当年即坐稳中端紧凑级轿车细分市场的领先地位。

威朗三厢轿车从 2015 年 6 月上市以来，已经在高端紧凑级轿车细分市场累积销量超过 3 万辆，10 月、11 月的月均销量已突破万辆。作为精品紧凑级家庭轿车的战略级产品，威朗三厢轿车有着同级领先的内饰品质与造型，优雅的外观造型与 0.27 的风阻系数，搭配越级的后排空间，高科技的安全配置，以及节能的动力总成技术，与英朗 GT 一同构成我国家庭市场需求的核心力量。

威朗轿跑/GS 于 11 月上市，定位高端紧凑级两厢细分市场。威朗轿跑/GS 产品搭载同级领先的高科技配置如 Car Play 娱乐系统，Matrix 矩阵式全 LED 大灯，车道保持，自动泊车，主动安全系统及智能起停系统等，在市场上具有强大的竞争力。未来将有望在年轻化的运动型轿车领域取得进一步的市场突破。

2．中高级轿车

在中高级轿车市场，别克双君持续发挥中级车的稳固地位，通过运动与商务的不同定位，迎合不同消费者的需求。自 2009 年投放以来，深受消费者喜爱，创建我国中高级车市场的领导地位。

在 2013 年改款后，君越产品升级了主动巡航，车道保持，触摸屏幕，LED 日行灯等高科技配置，同时内饰品质进一步提升，稳固了中高级车的市场定位。

君威产品则在 GS 版本上增配了 19in 轮毂，Brembo 前刹车，Hyperstrut 增强型麦佛逊悬挂，进一步提升了产品的操控和运动性能。

3．SUV 产品

SUV 市场是我国增长最为迅速的细分市场，其中紧凑型 SUV 逐渐有取代中级轿车，成为我国未来第二大主流细分市场之势。2014 年 10 月，别克投放重磅产品昂科威，依靠澎湃的动力表现，丰富的科技配置，高级的内饰质感，以及优秀的油耗表现，得到了消费者的肯定，截止到 2015 年 11 月，2015 年昂科威取得了 139680 辆的市场销量，并与别克小型 SUV 昂科拉，大型高端进口 SUV 昂科雷共同构成了完善的 SUV 产品线。

2015 年 4 月，昂科威 20T 车型全新上市，共四款车型，售价 21.99 万～25.99 万元。别克昂科威 20T 车型搭载 1.5T 中置直喷涡轮增压发动机与 7 速 DCG 智能双离合变速器，提供前驱和智能四驱两种驱动模式。在内外造型设计、空间、四驱性能、安全和高科技配置等方面，昂科威 20T 系列承袭了 28T 车型的“强者基因”，为钟情全能高档中型 SUV 的消费者提供了更多选择。

4．MPV 产品

一直以来，上汽通用在中高端 MPV 市场都处于领导者地位。2015 年前 11 个月累计销量 72716 台。

面对市场竞争与经济下行的双重压力，2015 年 4 月，GL8 推出了 2.4L 豪华商务尊享版车型，定价为 30.99 万元。相比于定价 28.99 万元的 2.4L CT 豪华商务舒适版车型，增加了真皮座椅，方向盘，氙气大灯等配置。产品竞争力进一步提升的同时，也使产品型谱更加完善。

如今，别克 GL8 豪华商务车携手 GL8 商务车，在国内 20 万～40 万元区间的中高档 MPV 市场占有率超过 45%，累计用户超过 62 万，在细分市场的王者地位无可撼动。随着“首席商务舱”喜添新丁以及“陆上公务舱”配置升级，别克GL8系列将凭借不断增强的产品实力，继续保持在国内中高档MPV市场的领先地位。

未来，随着国家计划生育政策的进一步放宽，7座GL8车型也将逐渐成为二孩家庭的选择，产品销量将会得到进一步提升。

三、雪佛兰品牌2015年各车型市场表现（见图3）

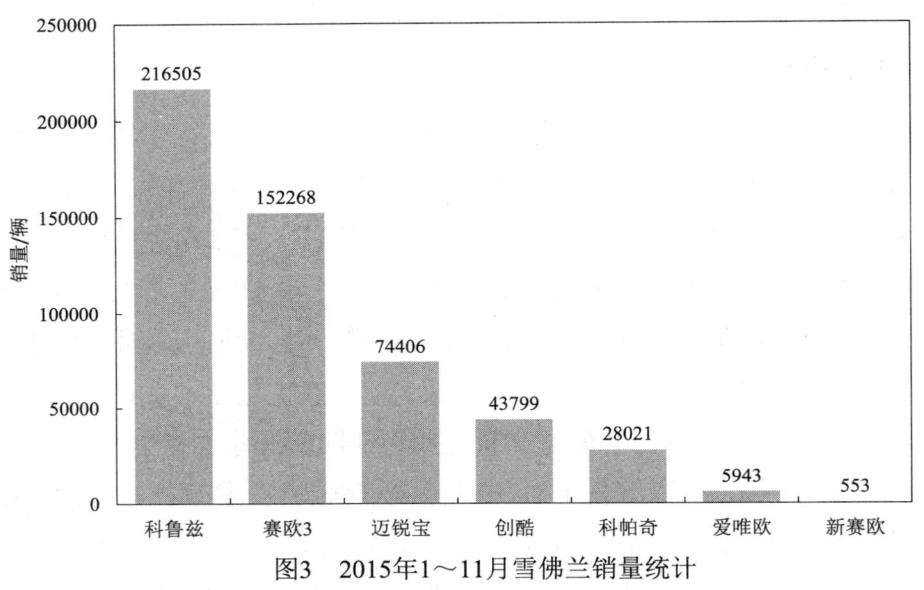

图3 2015年1～11月雪佛兰销量统计

1. 小型轿车

雪佛兰品牌深耕小型轿车细分市场，赛欧产品在销量和市场占有率方面常年保持前列。新赛欧3产品截至2015年11月累计销量已达152268台，稳固了上汽通用在小型轿车市场的领导者地位。

2015年3月，赛欧3 AMT智能换档车型上市。搭载全新AMT智能换档变速器，并标配Start/Stop智能启停系统与HSA坡道辅助功能，兼具可比拟自动档轻松便捷的驾控体验与媲美手动档的超低油耗。全系还可享受3000元国家节能惠民补贴。AMT智能换档车型的上市将进一步完善雪佛兰赛欧3的产品阵容，为国内成长中的新小康家庭的幸福生活增添更多选择。

2015年11月19日广州车展前夕，上汽通用又为年轻人带来了乐风RV车型。

作为集合通用汽车全球优势资源打造的一款城市休旅车，乐风 RV 采用同级首创的休旅造型设计，将时尚美学与实用休旅功能有机结合，充分体现了雪佛兰品牌“巧思智造”的造车理念，为新生代年轻人和年轻家庭的生活注入更多乐趣与活力。

2. 紧凑级轿车

科鲁兹车系是雪佛兰在紧凑级轿车市场的重磅产品系列。2015 年，由经典科鲁兹和新科鲁兹共同构成的科鲁兹家族产品，在 1～11 月总计销售 216505 辆，奠定了科鲁兹产品在紧凑级车市场的主导地位。

其中，由欧洲团队开发，基于通用全球新一代紧凑级车平台的首款产品——全新一代科鲁兹，搭载了通用汽车全新动力组合，在同级市场中惟一全系标配中置直喷发动机，包括全新 1.4T SIDI 中置直喷涡轮增压发动机、全新 1.5 SIDI 中置直喷自然吸气发动机，以及全新 7 速 DCG 智能双离合变速器、全新 6 速 DSS 智能启停变速器和全新 6 速手动变速器。为崇尚科技、乐于创新，勇于探索和突破的85 后城市精英带来最富乐趣的驾驶体验，并以科技智慧全新树立同级细分市场的品质设计、高效性能以及人性化配置三大标杆。

3. 中高级轿车

2015 年 10 月 20 日，上汽通用汽车雪佛兰品牌最新力作——全新迈锐宝正式上市。全新迈锐宝基于雪佛兰新一代设计语言，融合创新美学与潮流科技，首次引入曼陀罗紫内饰，率先搭载雪佛兰 MyLink2.1 车载互联系统，凭借高效动力系统，智能守恒操控系统，舒适便利的深海静音系统，将“驾享合一”提升到了新的高度。作为雪佛兰中高级战略车型，迈锐宝历经八代演进，秉承“驾享合一”的精神，始终契合中高级主流人群用车需求，成为跨越半个世纪的经典传奇。至今，迈锐宝在全球累计销量已突破 1000 万辆，迈入千万级车型俱乐部。全新迈锐宝以历代车型成功积淀为基础，精准把握消费者不断变化的消费需求，以全面提升的产品实力带来更加高档精致的驾享体验。

雪佛兰新一代旗舰轿车——第九代迈锐宝中文命名为“迈锐宝 XL”，并将在广州车展迎来亚洲首秀。作为通用汽车传奇车型迈锐宝的第九代“传人”，迈锐宝 XL 基于通用汽车全球最新中高级车平台开发，是雪佛兰百年造车理念和全球领先科技的集大成之作。它与经典一脉相承，但又突破对于经典的固有想象，以设计与科技跨越了全新的界限，为具有新视野、新思维的新一代社会中坚力量带来超乎想象的用车感受。

未来，迈锐宝 XL 将携手全新迈锐宝，满足中高级车市场更广泛的消费者用车需求。

4．SUV 产品

2015 年 7 月，雪佛兰 2016 款创酷全新升级上市，新车在外观造型、科技配置等方面进行了升级优化。新款创酷全系标配自动天窗和行李架，让出游的乐趣加倍。中高配车型新增倒车影像，1.4T 四驱旗舰型增加电动座椅等人性化科技配置，带来更便捷的驾驶体验。此外，2016 款创酷还新增马鞍棕内饰，为追逐时尚潮流的年轻消费者提供更丰富的选择。

四、凯迪拉克品牌 2015 年各车型市场表现（见图 4）

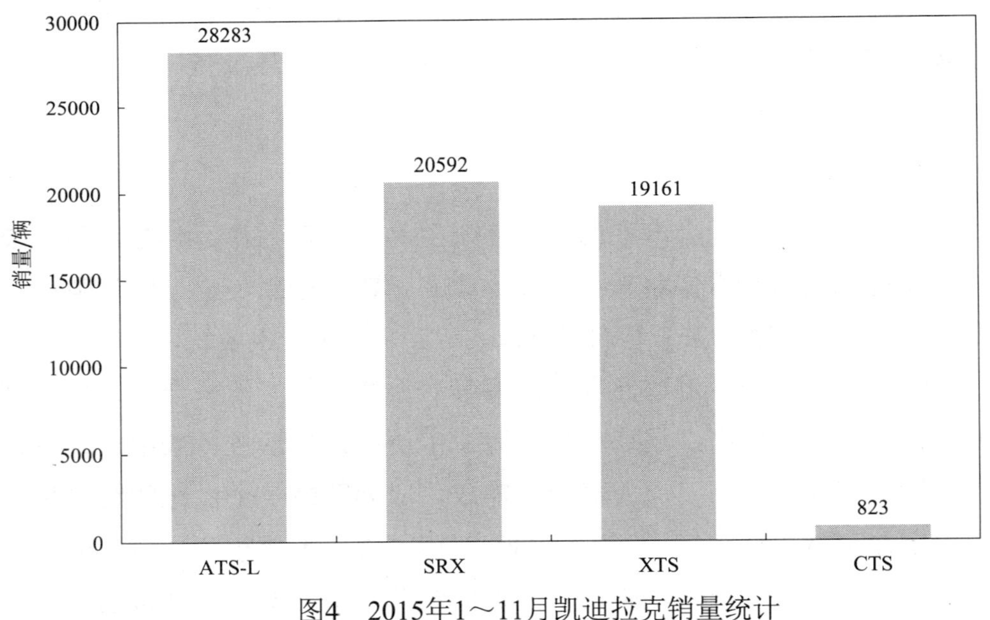

图4　2015年1～11月凯迪拉克销量统计

凯迪拉克品牌在 2015 年 1～11 月累计销量 68859 辆，主力产品为两款国产豪华轿车 ATS-L，XTS，1 款进口运动型轿车 CTS，1 款进口豪华车 SUV SRX。

2015 年 10 月，上汽通用汽车新款凯迪拉克 ATS-L 正式上市。新款 ATS-L 采用全新凯迪拉克徽标，搭载“28T+8AT”高性能动力系统，配备高功率版 2.0T

SIDI 直喷涡轮增压发动机和带有启停系统的全新 8 速手自一体变速器；标配安吉星车载 4G LTE、Apple CarPlay、原装集成车载 Wi-Fi（Car-Fi）服务等多项移动互联科技。新款 ATS-L 不仅以更加风尚的造型、震撼的性能和领先的配置实现了产品实力的创新升级，更凭借诸多首次搭载的领先科技配备，开启豪华移动互联体验的新时代。

全新 ATS-L 将与 XTS、进口运动型轿车 CTS 一同构成凯迪拉克的豪华轿车产品线。同时，在 2015 年 4 月，浦东金桥凯迪拉克新工厂举行的“上海通用汽车之夜”活动上，凯迪拉克品牌向全球首次发布了旗下高档豪华轿车凯迪拉克全新 CT6 PHEV 插电式混合动力车型。在综合路况下，这款车型的纯电动续航里程超过 60km，百公里油耗仅约 2.0L，它代表了凯迪拉克品牌在新能源技术领域的创新突破，树立了新能源高档豪华轿车的性能新标杆。

五、2015 年总结及 2016 年展望

2015 年，我国汽车市场在较低的经济增长背景下，增速降至高速增长期以来的低点。同时，环境的压力逐渐使得汽车在节能和减排方面压力逐步增加。城市拥堵问题导致的限牌限行措施，也对汽车市场的未来增长有着负面影响。

2016 年将是机遇与挑战并存的一年。在 2016 年，1.6L 购置税减免的措施，将有效促进汽车市场的稳定增长。但诸如环境、经济、企业油耗等因素，也将成为 2016 年继续需要面对的困境。

未来，上汽通用汽车将进一步推进“2020 战略”及“绿动未来”战略，其中，“2020 战略”将贯穿市场、产品、制造、新能源、新技术和新业务等领域，而“绿动未来”战略，将聚焦在绿色、智能的汽车科技和企业的可持续发展。

根据“2020 战略”，上汽通用将实现：2020 年国内乘用车市场占有率超过 10%；每年推出超过 10 款新品，2020 年以 40 个产品系列覆盖主流细分市场；2017 年全系标配发动机智能启停技术，未来 5 年推出超过 10 款新能源产品；大力推进高效动力总成、绿色节能以及智能技术研究和应用；打造车联网、汽车电商、汽车金融、二手车和人性化定制服务等多项创新业务模式；加快推进新一代信息技术与制造业融合。

而“绿动未来”战略则将实现：未来 5 年推出 13 款新发动机，9 款新变速器；2020 年产品平均油耗在目前基础上降低 25%～30%，性能平均提升 11%；单车能

耗与单车水耗 5 年下降 10%，单车废水排放下降 8%；发展 150 家“绿色供应商”，每年新增 70～100 家“绿色供应商”；构建中长期环保公益平台，履行绿色社会责任。

展望未来，虽然前路荆棘密布，但上汽通用将依然在未来保持我国市场前列，为未来我国消费者带来更多优秀节能、符合我国市场需求的产品，同时保持企业持续高速发展。

（作者：侯越）

2015年一汽丰田（新皇冠）产品调查报告

2015年3月12日，一汽丰田新一代CROWN皇冠正式上市。在继承CROWN皇冠DNA的同时，新一代CROWN皇冠以先进性向中国市场的年轻客户层进行诉求。以超越其他商品的优势，与Lux-entry级别的竞品全面竞争。

截至2015年11月，新CROWN皇冠累计销售21453辆，同比增长52%，得到了市场认可，实现了销量的大幅提升。下面通过新CROWN皇冠用户调查报告来了解一下新CROWN皇冠的产品现状。

一、新CROWN皇冠用户调查报告

本次调查以分析新 CROWN 皇冠初期用户为核心，结合产品测试及对标测试，通过全面分析，明确用户核心需求、用户特征及与竞品用户的核心差异。调查方式为Car Clinic（定量＋FGI）以及各大区用户面访调查，样本量共计260个。

1．新CROWN皇冠用户特征

新 CROWN 皇冠用户逐渐年轻化，30～40 岁用户增加，相比竞品用户，高学历人群更多，因此购物更加理性，但同时不会追随大众，会倾向购买个性的产品。购车时，重视低调且能展现自己风格的汽车品牌。

2．新CROWN皇冠用户购车需求

新CROWN皇冠用户购车主要考虑便捷性，相比竞品用户，购车更加理性，对品牌知名度重视度偏低，而更加重视品牌的信赖感。重视性价比和外观，对乘坐舒适性重视程度高。使用用途主要以家用为主，偶尔兼顾商务用途。

3．新CROWN皇冠用户用车评价

相比竞品，新CROWN皇冠带来的乘坐舒适体验，以及卓越的驾驶感是用户最为满意的地方。

4．新CROWN皇冠与竞品车型对比

新CROWN皇冠在原有稳重风格中，增添了运动时尚元素，而内饰在保持高

档舒适的同时，增添科技感，与原有车型相比有所变化，为消费者带来惊喜，满足了用户低调个性的需求，对30～40岁和40～50岁人群均有着较大的吸引力。

5. 新CROWN皇冠价格接受度

新CROWN皇冠虽然产品力强，但相比竞品，品牌溢价不足，提示品牌后，用户购买意向有所下滑。新CROWN皇冠空间及乘坐舒适性不仅是其产品亮点，同时也是用户主要推荐点。

6. 新CROWN皇冠安全性配置接受度

相比竞品，新CROWN皇冠对安全性、舒适性配置的关注度更高。安全配置方面，新CROWN皇冠用户对安全配置重视度极高，特别是保护乘员安全及主动规避性安全配置。

7. 新CROWN皇冠的品牌印象

高级、商务是CROWN皇冠品牌曾经的形象。新CROWN皇冠的推出，将CROWN皇冠的商务形象有所弱化，新增添了些许年轻、亲民的形象。虽然产品力强，但由于新CROWN皇冠宣传力不足，品牌定位模糊，造成用户对CROWN皇冠品牌形象认知混乱。

二、调查总结

1. 新CROWN皇冠目标用户

新CROWN皇冠用户是一群理性、追求平稳、追求少许个性、重视安全性、舒适性的成熟理性的汽车消费者。

1）理性消费：用户以高学历人群为主，消费更加理性；购物时不会盲目追随大众，倾向于购买有个性的产品。

2）追求平稳的人生：用户更重视家人，追求轻松稳定的生活，对社会地位追求程度相对偏低。

3）年轻化趋势：新CROWN皇冠用户年龄层开始年轻化，30～40岁用户有所增加。部分消费者甚至不足30岁，但多为父母出资，购车选择受父母影响较大。

4）重视安全性及舒适性配置：新CROWN皇冠用户对安全性配置重视程度

明显高于竞品用户，特别是保护乘员安全及主动规避性安全配置，同时对乘坐舒适度重视程度也更高。

5）成熟的汽车消费观：购车时相对品牌，更重视低调且能展示自己风格的车型；虽然也重视面子，但是更希望通过汽车品质、配置、乘坐者的感受体现。

2．新 CROWN 皇冠现状

新 CROWN 皇冠最大的竞争力在于其产品力强，而劣势在于其品牌力相对较弱，品牌定位模糊。

1）产品力强：新 CROWN 皇冠外观、内饰、空间均获得用户较高评价，安全性配置也对用户有较强的吸引力。外观方面，稳重中带有运动时尚元素，进气格栅、进气口、轮毂、后尾灯好评度较高；内饰方面，高档、舒适、科技感十足，以液晶显示屏、中控台设计及乘坐舒适度为主要亮点；空间方面，相比同级别竞品具有一定优势，特别是后排空间优势明显；另外，安全性配置也在同级别竞品中领先。

2）品牌力相对较弱，品牌定位模糊：CROWN 皇冠以高端、商务形象进入我国，但由于宣传较少，以及豪华品牌（尤其是奥迪、宝马、奔驰）的进入，导致高端形象不断降低，虽然产品力强，但相对于豪华品牌溢价能力不足。对于追求品牌、考虑商务用途的竞品用户，吸引力偏低。对此，新 CROWN 皇冠虽然增添了亲民、年轻的形象，但变化不明显，用户印象中依旧多为原有形象，导致品牌定位模糊，造成用户对 CROWN 皇冠品牌形象认知混乱。

（作者：罗宁）

2015 年广汽本田产品调查报告

一、2015 年广汽本田的整体市场表现

2015 年对于广汽本田乃至汽车业界来说都将注定是不平凡的一年。整体经济增速放缓，股市跌宕起伏，乘用车市场持续负增长，促销降价此起彼伏，新能源汽车迅速崛起，传统燃油车日趋受到挑战，排放标准燃油消耗越来越严格，售后市场开放迫在眉睫。纵观 2015 年，整体外部环境呈现出弊大于利、挑战大于机遇的趋势，并且这一趋势或将继续。

在不利的外部环境背景下，2015 年 1～11 月，广汽本田汽车依然实现了累计销量 48 万辆，相比 2014 年同期增长 27.6%的好成绩，超过乘用车 5.8%的增速，实现相对行业的逆势增长（见图 1）。

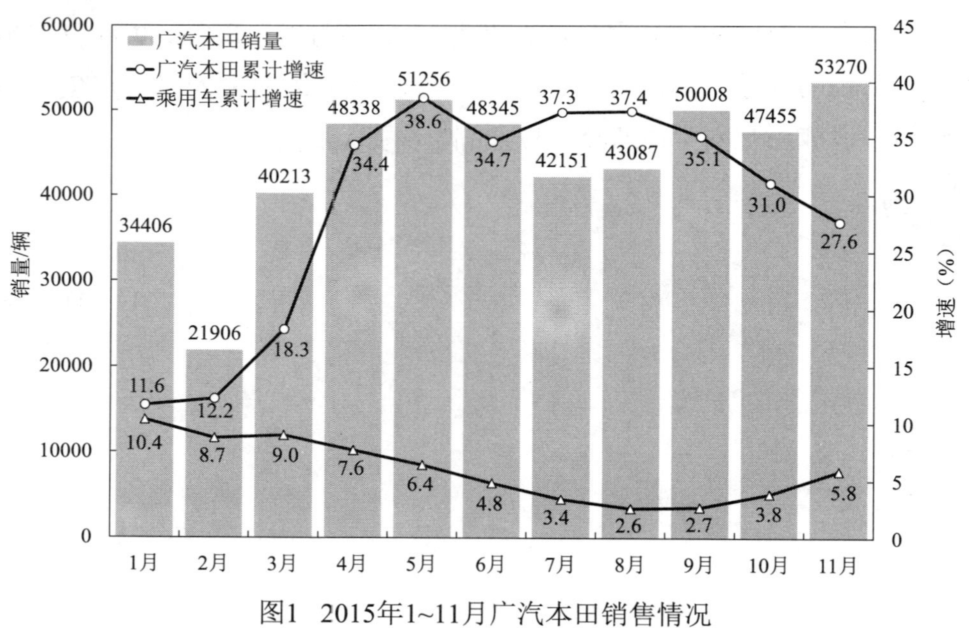

图1　2015年1~11月广汽本田销售情况

二、2015 年广汽本田细分市场产品的表现

1．雅阁市场表现

雅阁所在的中高级细分市场，2015 年受豪华品牌及高级车型的打压，价格持续下探，终端价格 20 万元以上车型的销量大幅减少，20 万元以下成为主力，且增速较 2014 年放缓，出现负增长。

雅阁作为广本的代表性车型，一直以来都承担着销量中流砥柱的作用，其销量表现对广汽本田至关重要。在细分市场低迷的背景下，2015 年 1～11 月累计增长超 27%（见图 2），11 月更是勇夺日系第一。这其中 2014 年上市的 2.0LX 以及 2015 年上市的 2.0LXS 功不可没，贡献雅阁总销量比例超过 50%。

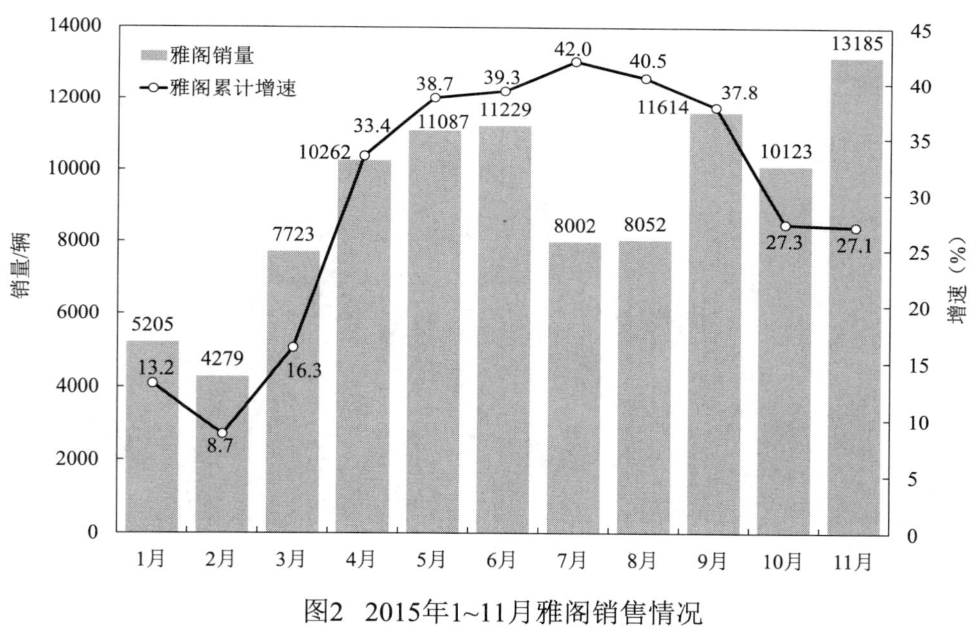

图2 2015年1~11月雅阁销售情况

2015 年 3 月雅阁适时推出新版本 2.0LXS，相比 2.0LX 该车型在外观、内饰及配置方面将有所提升，特别能迎合喜爱高配置低价格车型的消费者。

配置方面，2.0LXS 精英版车型在现款 2.0LX 舒适版的基础上增加了真皮座椅、驾驶员座椅 10 向电动调节/副驾驶座椅 4 向电动调节、前排座椅加热、真皮方向盘/换档杆以及倒车影像系统。

动力方面，依然采用着兼顾驾驶乐趣和燃油经济性的全新一代动力总成技

术——Earth Dreams Technology（地球梦科技），实现同级别车最高的燃油经济性和超越以往车型的动力性能及灵敏反应，同时保持了自然进气发动机技术成熟、稳定耐久等特性，以“自然进气之王”引领着动力技术潮流。

2．凌派市场表现

2015 年 1～11 月凌派累计销售 9.6 万辆，仅能保持月均 0.86 万辆。2013 年上市的凌派正经历其第三个产品年，新品上市的光环褪尽，凌派面临着诸多前所未有的挑战：受所在中级车细分市场销量的萎缩，雷凌、卡罗拉新车效应的影响，轩逸不断降价的进攻，无法享受 1.6L 及以下购置税减半优惠的冲击，凌派正在经历着一段最艰难的历程（见图 3）。

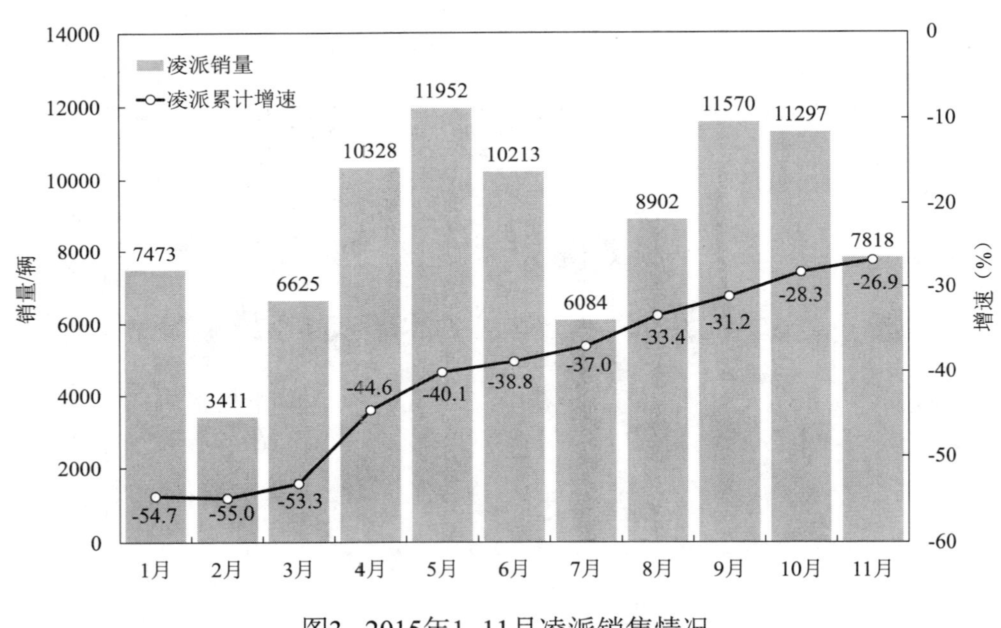

图3 2015年1~11月凌派销售情况

即便如此，纵观 2015 年凌派依然凭借着扎实的产品力及灵活的营销应对，实现了增速提升，亦步亦趋的向销量高峰攀升。更为可喜的是，12 月凌派迎来了中改换型，新款凌派前脸采用了本田最新的家族式风格设计，相比于老款车型，前脸镀铬面积减少，采用了大嘴式的设计风格，前保险杠的造型以及两侧的雾灯都采用了新的造型，更显精致秀气。升级了CVT无级变速器，发动机自动启停，甚至搭载之前只配备在雅阁和奥德赛上的盲点信息系统，在这一系列升级之后，相信 2016 年凌派将再写辉煌。

3．锋范市场表现

2015 年锋范经历了两段不同的历程。9 月之前以老款锋范清库为主，9 月之后换代新锋范正式上市，拉开了大举进攻中级车市场的序幕，月均销量突破 6000 辆，目前正处在销量攀升期（见图 4）。

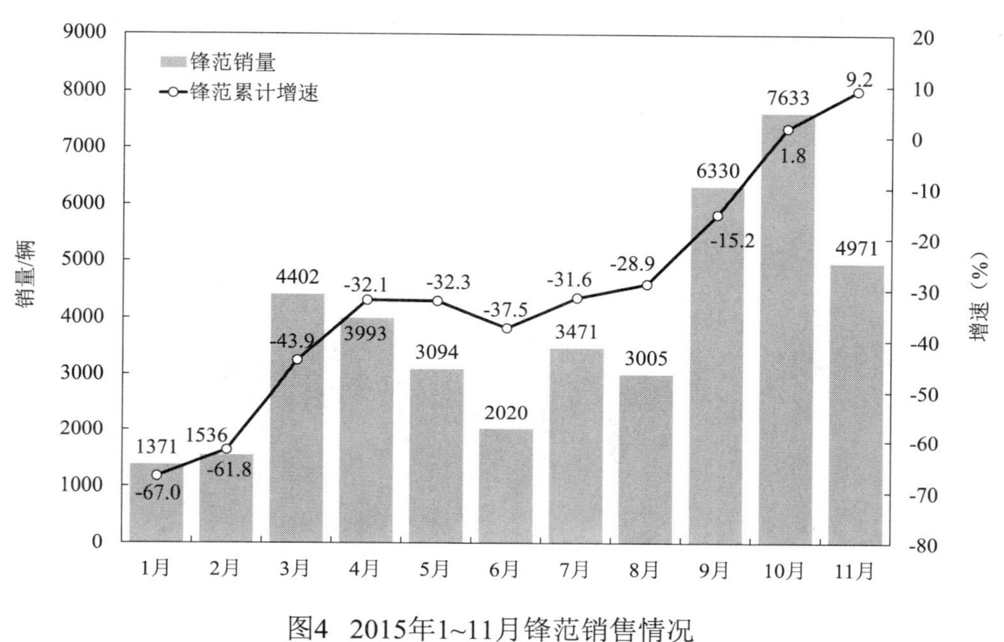

图4 2015年1~11月锋范销售情况

全新锋范共推出 7 款细分版本，外观采用“SLEEK CROSSMOTION”设计理念打造。粗壮的镀铬条修饰进气格栅，与开眼角大灯相连。无论是头灯造型还是车身线条，都运用了大量棱线勾勒。车尾加入小鸭尾设计，使车尾上翘更显动感。长/宽/高为 4450mm/1695mm/1477mm，轴距为 2600mm，真正跻身紧凑三厢车行列。

配置部分，全新锋范全系标配卤素前大灯、织物座椅、电动天窗等配置，而豪华版与豪华导航版车型的配置更为丰富，配备了包括外后视镜带转向灯、真皮方向盘、无钥匙进入、无钥匙启动、自动空调、倒车影像、7 英寸触摸屏、车载蓝牙等配置。

动力系统方面，广汽本田全新锋范搭载的是一台地球梦科技的 1.5L i-VTEC 电控燃油缸内直喷发动机，其最大输出功率为 131 马力（1 马力=735.499W），峰值扭矩为 155N·m。传动系统与发动机匹配的是 5 速手动或 CVT 变速器，动力输出非常平顺，适合城市驾驶。

4．缤智市场表现

2014年底上市的缤智，在2015年真正开始散发出惊人的活力，凭借出众的流线造型，融合时尚与科技元素的X形前脸、隐藏式的后门把手、双色刀锋造型的五辐式轮圈，橙黑色对比的内饰配色、中置油箱所带来的充足内部空间，在小型SUV集团性爆发的市场环境下，缤智1～11月累计实现销售10.9万辆，赢得了众多年轻人的喜爱（见图5）。

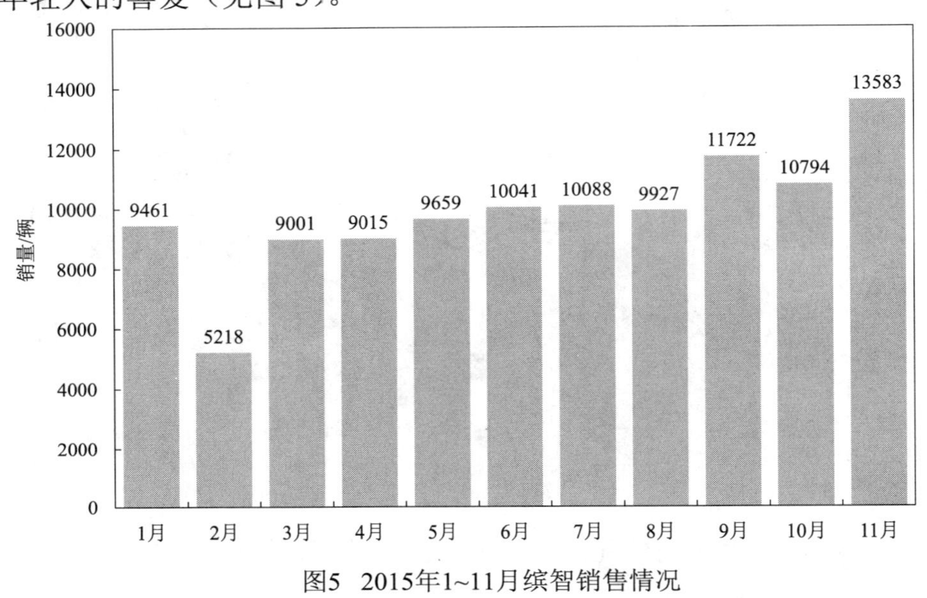

图5 2015年1~11月缤智销售情况

2015年11月20日，回应市场需要，缤智家族再添一款超高性价比的1.8L CVT先锋版，它介于1.8L CVT精英型和豪华型之间，配置比精英型增加了全景天窗、一键启动/无钥匙进入，并且装备了熏黑铝质轮圈，车内阅读灯也采用了LED光源。它上市后，缤智的车型达到7款，进一步增加了客户选择的余地。

5．奥德赛市场表现

2014年上市的全新一代奥德赛，在外观、底盘、车高、空间、车门、座椅等方面进行了全方位革新，继承原有家用MPV风格，增加了商务的定位。上市后的销量迅速上涨，到2015年11月稳定在月均4000台左右（见图6）。2015年7月2016款奥德赛再度临世，又再次进行了一系列惠及消费者的变化。新奥德赛共推出5款车型，取消了之前的尊享版，增加了智酷版。新车原有车型的售价保持不变，智酷版的售价为27.68万元，新车的总体售价区间为22.98万～29.98万元。

新增的智酷版车型采用了更加运动化的设计，其前脸采用了大面积的镀铬装饰，新样式的前后保险杠、侧裙都让其看起来更加富有激情。内饰设计方面智酷版车型增加了换档拨片，中控台面板更换为黑桃木饰，座椅则为真皮和织物双拼材质包裹。全系 2016 新款奥德赛将会标配 ABS 防抱死、EBD 电子制动力分配、VSA 车辆稳定控制、BOS 刹车优先、HSA 斜坡起动辅助、前排双安全气囊、前排座椅扶手、前排座椅背部文件袋、第二排座椅扶手（新增）等。相信这款宜商宜家的奥德赛，将继续受到消费者的热捧。

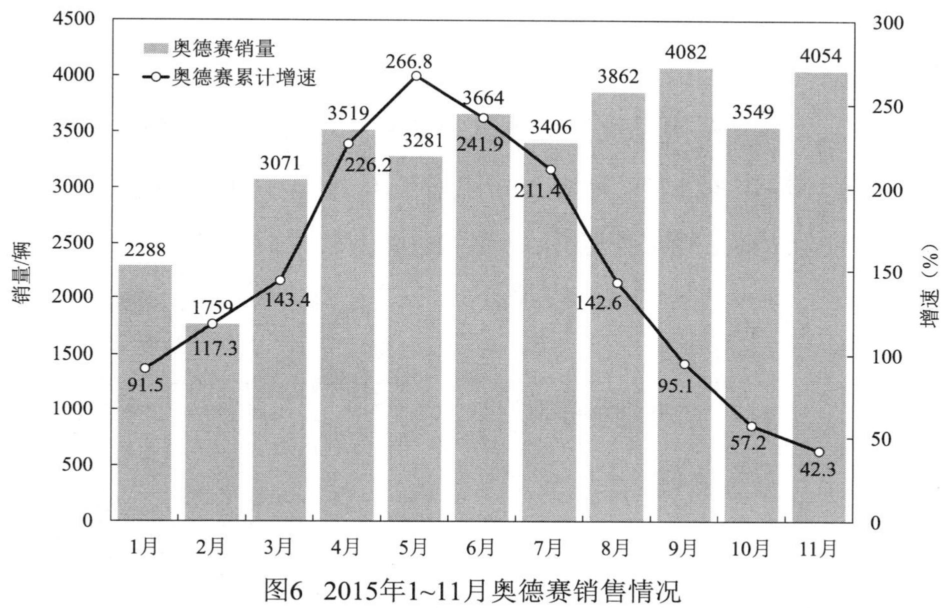

图6 2015年1~11月奥德赛销售情况

三、总结

2015 年是广汽本田的丰收年，缤智、奥德赛等全新车型支撑了广汽本田的逆市增长。展望 2016 年，乘用车市场依然面临较大的市场下行压力，广汽本田前行的道路依然不容乐观，未来的征途也并不平坦。但不断超越消费者的期待，不断超越昨天的自己，广汽本田已在路上。

（作者：张正阳）

2015年东风日产产品市场调研报告

一、2015年乘用车市场回顾

2015年乘用车整体市场增长呈V形走势（见图1）。1～7月，受国家经济增速放缓影响，乘用车市场增长逐月下滑，其中6、7月甚至出现负增长。7月后市场逐渐恢复，第四季度在购置税优惠政策的刺激和年底冲量的形势下增长快速回升。1～11月累计批售量1778万辆，同比增长8.2%。其中自主品牌677万辆，同比增长20.7%；合资品牌（含豪华品牌）1102万辆，同比增长1.7%。另外，新能源车1～11月累计批售14.2万辆，同比增长高达191%。

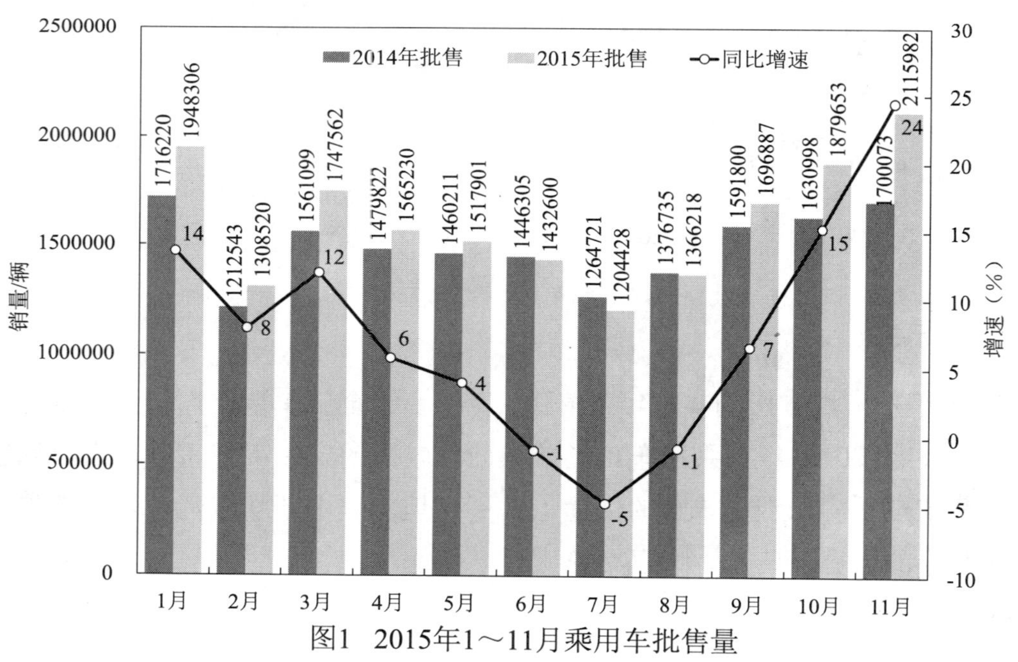

图1　2015年1～11月乘用车批售量

（注：数据来源于全国乘用车市场信息联席会）

二、2015 年东风日产市场表现及细分市场研究

1. 2015 年东风日产市场表现

2015 年东风日产销量实现稳步增长（见图 2）。上半年，受宏观经济及乘用车整体市场下行影响，日产品牌出现下滑，而 T70 的成功上市则让启辰品牌在 4、5 月逆市增长；下半年乘用车市场逐步恢复，新楼兰、新蓝鸟和新逍客三车连发，加上购置税优惠政策的刺激，日产品牌增长回升；启辰品牌也保持了上半年增长的势头。1～11 月，东风日产累计批售 87 万辆，同比增长 1.8%。其中日产品牌 76 万辆，同比增长 1.2%；启辰品牌 11 万辆，同比增长 6.2%。全年来看，预计销量将突破 100 万辆大关。

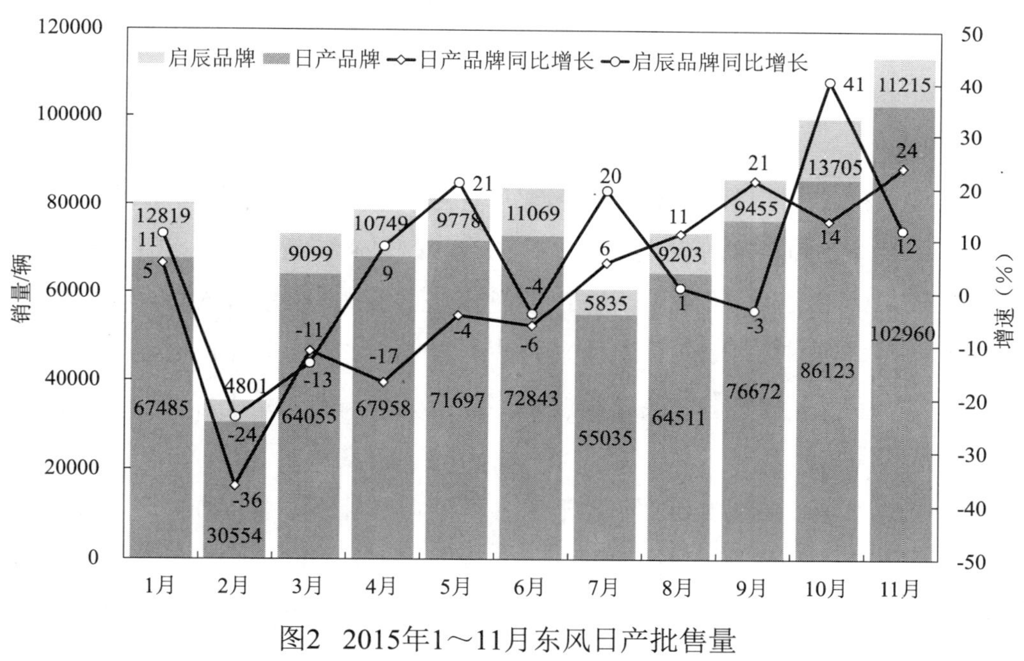

图2 2015年1～11月东风日产批售量

（注：数据来源于全国乘用车市场信息联席会）

2. 启辰 R30 及 A00 级轿车市场

2015 年 1～11 月，启辰 R30 批售 7477 辆，表现低于预期。近年来 A00 市场总量急剧萎缩，预计 2015 年全年仅 25 万辆（1～11 月 23 万辆），与 2010 年相比下跌 63%（见图 3）。

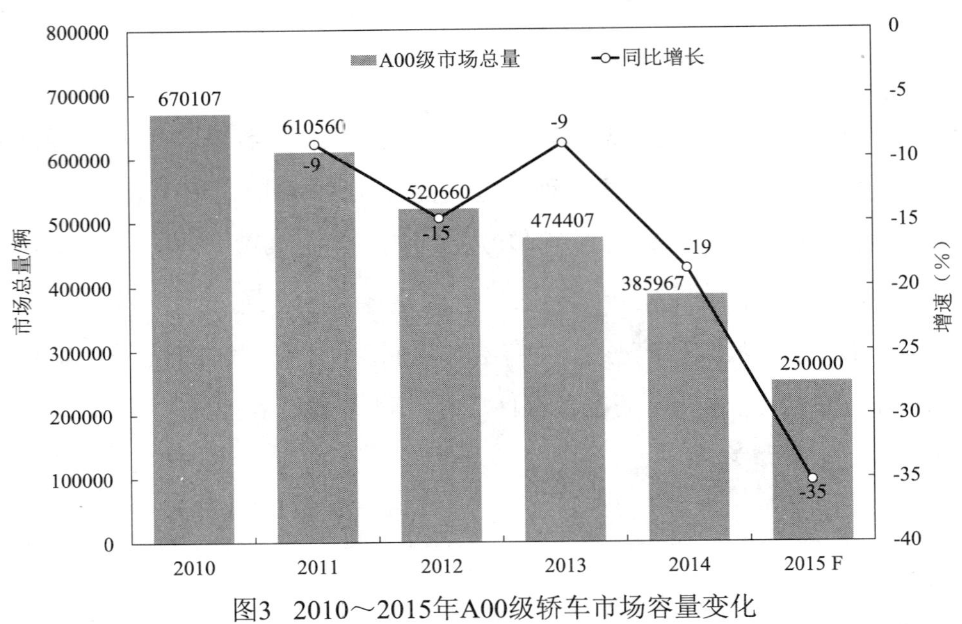

图3 2010～2015年A00级轿车市场容量变化

（注：数据来源于全国乘用车市场信息联席会）

从原因上看，主要有两点。第一，新车用户家庭收入随着国家经济发展持续上升，当年收入5万元以下的家庭在2010年占总体16%，而到2016年预计仅为6%。顾客的收入上涨消费升级，导致了越来越少的顾客考虑A00级轿车。第二：各大厂商在A00级别投入的新车越来越少，相反自主品牌A0级、A级新车越来越多，顾客只要多花少量的钱就有更高级别、多样化的选择。这种情况加大了A00级顾客的流失。

值得注意的是，虽然A00级传统燃油车销量在下降，但A00级的新能源车增长迅猛。根据全国乘用车市场信息联席会数据，2015年1～11月，吉利熊猫EV批售15689辆，与2014年全年相比增长1121%；奇瑞eQ批售5394辆，与2014年全年相比增长895%。未来A00级新能源车将大有作为。

3．阳光、玛驰、骊威及合资品牌A0级轿车市场

2015年1～11月，阳光批售75627辆，同比上升23%；玛驰1128辆，同比下降82%；骊威21931辆，同比下降58%。

（1）合资品牌A0级三厢车　2015年市场总量预计将达到150万辆，在合资品牌市场是仅次于A级三厢车和A级SUV的第三大市场。近年来，大众桑塔纳、捷达、标致301、本田歌瑞等越来越多的新车进入也使这个级别的竞争日趋

激烈。

（2）合资品牌A0级两厢车　市场总量虽然也有所下降，从2014年的57万辆下降至2015年预计49万辆，但玛驰和骊威销量的下滑还有一点主要原因：A0级顾客越趋年轻化，对车辆的要求也从稳重舒适逐渐向动感年轻方向转化。因此虽然整体市场总量有所下降，但大众Polo、本田飞度及丰田致炫都取得了不错的销量（2015年1～11月Polo批售约15万辆，飞度8万辆，致炫6万辆）。

4．轩逸、蓝鸟、骐达、启辰50系列及A级轿车市场

2015年1～11月，轩逸批售292285辆，同比增长9.4%；骐达48040辆，同比下降43.5%；启辰50系列44845辆，同比下降49.7%。

（1）合资品牌A级三厢车　轩逸表现依旧亮眼，在竞争最激烈的合资品牌A级三厢市场（2015年市场总量预计高达410万辆）市场占有率接近8%，车型销量排名第二，仅次于大众朗逸。可见轩逸出色的乘坐舒适性、跨级别的空间和良好的品质、燃油经济性能够很好地满足顾客的需求。当然，在如此巨大的一个细分市场内，肯定存在需求各异的顾客，其中很重要的一部分便是逐渐增长的90后购车人群。为了获取这些年轻的顾客，东风日产在2015年10月推出专门为我国年轻人打造的全新个性化三厢车——蓝鸟Lannia。从10月底上市至11月仅1个多月的时间内便取得了1万4000多辆的销量，在年底促销竞争白热化的环境下，可谓成绩斐然。可以用在蓝鸟身上的关键词实在太多，高颜值、领潮、热情、先锋、炫酷，而提到最多的一个词，就是“年青”。“年青”不是年龄，是一种状态，一种范儿。敢想，敢玩，敢干，要做就要做到极致，站在时代的前锋，拥抱内心的热情。所以，蓝鸟不仅仅是一个代步工具，它可能是你用来开启生活的第一步车，它可以让你不用因为油耗而忧心忡忡。它在外观、内饰等方面都站在潮流领先位置，看上去一定是和现在市面上所有的三厢车都不太相同。为此，在设计蓝鸟的时候，突破了传统三厢车的设计理念，采用了同级独有的悬浮式车顶造型，创造出一种截然不同的三厢车比例，让它在拥有三厢车空间的同时，又兼具了溜背车型的动感，从而满足年轻人成为人群焦点的渴望。另外，便捷的车载智能系统能让车主在车里也时刻与网络生活相连。它，就是为“我”打造的一款车，一切以“我”为中心。正是因为拥有了这些要素，希望蓝鸟可以做到让人一提到年青就能想到它。我，就这YOUNG。

（2）合资品牌A级两厢车　2015年市场总量预计57万辆，同比下降约27%。骐达的下降速度比整体A级两厢车要更快，主要因为接近生涯末期，车型老化所致。预计在换代后骐达销量将有所上升。

（3）自主品牌A级轿车　2015年市场总量预计150万辆，同比下降约19%。启辰50系列作为以实用性、可靠性见长的产品，在2015年的表现不佳，除了受整体自主品牌A级轿车下滑影响外，顾客对外观、内饰造型及品质感的要求日益增高也是另一个主要原因。可以看到长安、吉利等自主品牌在外观内饰的造型跟合资品牌的差距越来越小，这已经成为自主品牌产品必备的竞争力。

5．天籁及B级轿车市场

2015年1～11月，天籁批售100797辆，同比增长2.9%。2015年市场总量预计146万辆，同比下降14%。在五六年前，市场上流传着“得B级车者得天下”的说法。从销量的角度来说，这种说法已不复准确。受SUV和入门级豪华品牌的双重蚕食，B级轿车市场总量自2013年以后逐年下跌，未来预计也会维持下跌的趋势。但是，B级轿车作为旗舰车型，对品牌的总体评价（OaO）仍是有非常积极的作用的。因此B级轿车仍是各大汽车厂家的“必争之地”。

6．逍客、奇骏、楼兰、启辰T70及SUV市场

2015年1～11月，逍客批售49680辆，同比下降38%；奇骏146211辆，同比增长44.8%；楼兰9924辆，同比增长4741%；启辰T70/T70X 54428辆，为纯增销量。在2014年奇骏的成功上市后，东风日产在SUV市场继续发力，2015年根据对三个不同SUV细分市场的理解，分别投放了新逍客、新楼兰、启辰T70及T70X等4款新车型。

（1）合资品牌A&A0级SUV　2015年市场总量预计将高达200万辆，同比增长16%。在A级SUV市场东风日产已有一款强有力的产品奇骏，主要覆盖主流的家庭顾客市场。然而跟A级三厢车市场一样，年轻的购车群体在成长。在这个年轻化潮流的背景下，新逍客应运而生。新逍客是基于日产雷诺联盟共同开发的模块化CMF平台打造的，与现款的奇骏一样。造型上也与奇骏有些相似，采用的是日产最新的家族化设计语言，但除了尺寸比奇骏小一号以外，新逍客的高宽比也更小，整体比例更接近轿车，给人更年轻有活力的感觉。而且这样的变化也提升了新逍客的操控。新逍客定位在A0级与A级SUV市场，这意味着目前，

新逍客并没有真正意义上正面竞争的对手。

（2）合资品牌B级SUV 2015年市场总量预计36万辆，同比增长高达67%。2015年可谓是B级SUV最火的一年，丰田汉兰达的换代、别克昂科威、福特锐界及新楼兰等全新车型的上市，引爆了市场。而新楼兰，与其他几款成熟、稳重、凸显地位的新车不同，其年轻动感的方向，给B级SUV市场注入一股新的活力。新楼兰是基于resonance概念车打造而来，采用了日产全新的V-motion设计语言，整体设计比上一代车型更加激进、大胆，极具个性。在细节方面，回旋镖大灯、车身侧面锐利的腰线、隐藏式D柱设计等，无不让人眼前一亮。动力总成方面，除了有基础的2.5L发动机外，还导入了让人耳目一新的2.5L机械增压+HEV动力总成。这使得楼兰不仅拥有了强劲的动力，还获得了燃油的经济性。综合以上，可以说，新楼兰在B级SUV市场内与其他竞争对手是完全不同的，或许它不能获得目前这个级别里主流的中年成熟男性顾客，但却能捕获正在增长中的最求个性和时尚的高收入年轻人群，进入蓝海的领域。

（3）自主品牌SUV 2015年市场总量预计316万辆，同比增长约73%，是增长最快的一年。同时自主品牌SUV也是2015年增长最快的市场。启辰T70/T70X也赶上了这一波潮流，为2015年启辰的销量增长提供了强有力的支撑。

从启辰以前的车型身上或许仍能看见日产车型的影子，但T70/T70X则已与上一代的逍客和奇骏看起来完全不同，相反启辰家族化“羿”的设计语言则更为凸显，在前大灯的镀铬饰条、后尾灯和内饰中控上都有很好地体现。究其根本原因，是虽然T70和T70X都是基于日产的C平台打造，但其实已经根据T70/T70X的车辆尺寸，造型和性能的要求做了许多深入的变更，而车身的设计更是完全的自主开发。

自成立以来，启辰凭借50系列和R30等车型在市场站稳了脚跟，成了真正意义上存活下来的合资自主品牌。而今T70/T70X的成功上市则是东风日产的自主研发能力在摸索前进的重要里程碑。未来，启辰必将向市场推出更多更好的自主研发车型。

至于启辰晨风e30级新能源车市场，2015年1～11月，晨风e30批售978辆，同比增长171%，与整体新能源市场增速接近（新能源车1～11月累计批售14.2万辆，同比增长191%）。当然，从绝对销量上仍处于较低的水平。但相信随着新能源各区域市场的进一步规范化发展，以及顾客对新能源汽车的理解更深入，作为世界销量第一的日产聆风的兄弟车型，电池品质及续航里程稳定、驾驶性能优秀的晨风 e30 有望获得更多消费者的青睐。

三、2016 年展望

2016 年是国家“十三五”规划的开端，国家将继续深化改革，经济将继续保持在新常态下发展，而结构调整对经济的负面影响也可能进一步显现。预计 2016 年 GDP 增速将继续放缓至 6.7%左右。这对 2016 年乘用车市场存在一定的负面影响。但 2015 年年底实施的购置税优惠政策在 2016 年仍将持续。从 2015 年对市场的刺激效果来看，2016 年市场仍有望保持增长态势。

对东风日产而言，2015 年的新楼兰、新蓝鸟和新逍客的上市，无不体现了产品线的 YOUNG NISSAN 战略。而 2016 年，一台全新的运动型 B 级轿跑西玛也即将上市。看来，2016 年又是东风日产往年轻化上继续前行的一年。

（作者：黄凯峰）

2015年神龙汽车市场调查报告

2015年注定是不平凡的一年，这一年是国家“十二五”计划的收官之年，但宏观经济却不给力，经济增速真正进入了“破 7”的新常态，尽管中央政府采取了各种措施，从以“调结构”为主又不得不回到了以“保增长”为主的基调，但毫无疑问，高增长时代一去不复返了；这一年，救房市、救股市、救车市、救融资，危机四起，但幸运的是，汽车市场还比较争气，过去用过的政策拿出来再用，仍然奏效，这根救命的稻草发挥了意想不到的作用，成为救市的法宝。在这种形势下，乘用车市场增速出现明显的V形反转，从年中罕见的负增长逐月回升，年底甚至达到井喷行情。

神龙自成立以来就一直在经历各种坎坷和波折，居危思变、砺志卓远的企业精神和企业文化，让神龙在各种大风大浪中愈战愈勇。自2011年到2015年，神龙公司加快推进“5A计划”，年产销量从2010年底的37万辆提升到71万辆以上（见图1和图2），基本上实现翻番；并以年均13.7%的销量增长速度，超越市场平均增长速度3个百分点以上（市场平均增长为10.4%）；营业收入5年来由373亿元提升到800多亿元，实现翻番；同时，工业能力、研发能力、产品结构和竞争力、质量水平、盈利能力、事业结构、管理水平等方面也实现了全面地“跨越”，已形成“六地五厂”的宏大事业布局，在双方股东整体事业中的战略地位已日渐提升。特别是2015年以来，神龙公司克服了汽车市场整体放缓、合资品牌销量普遍下滑的严峻挑战，努力实现了销量正增长，营业收入进一步提升，并荣获“全国质量奖”，进一步夯实了神龙事业发展壮大的坚实基础。

1．成功登顶我国质量“奥斯卡”奖

2015年11月4日，在全国第15届追求卓越大会上，通过多年来持续推进卓越绩效管理以及在体系质量和卓越管理上积累的领先优势，神龙公司一举捧得我国质量最高荣誉——“全国质量奖”，同时被授予“全国实施卓越绩效模式先进

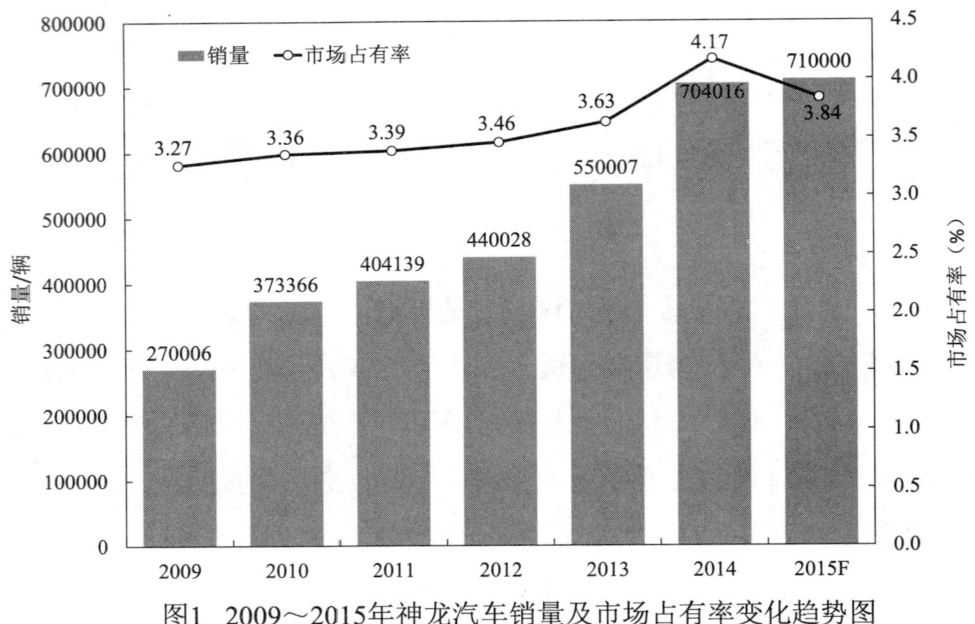

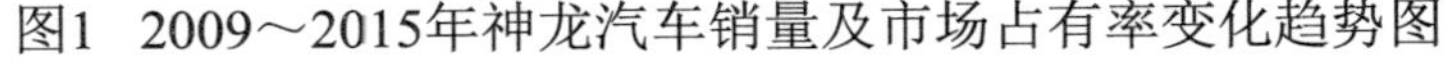
图1 2009～2015年神龙汽车销量及市场占有率变化趋势图

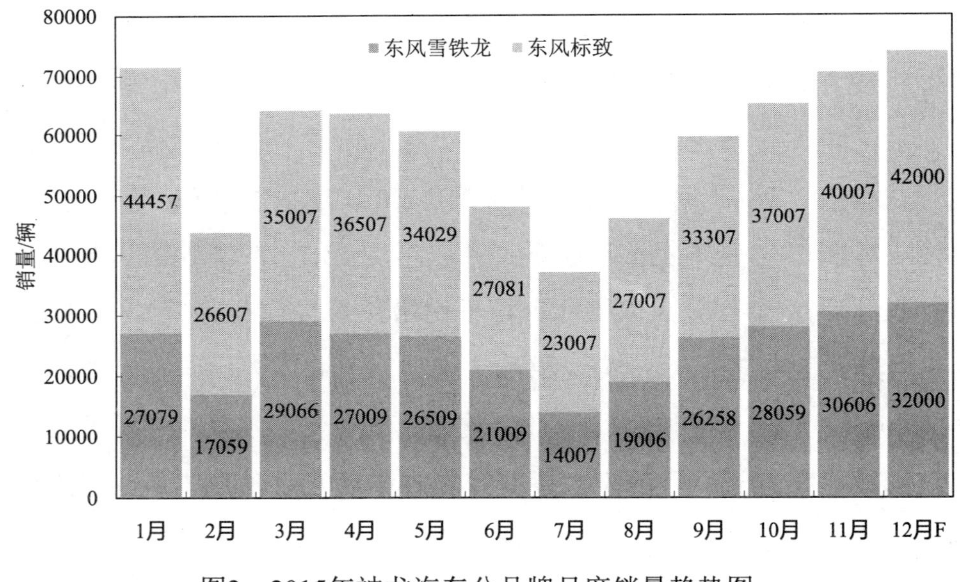

图2 2015年神龙汽车分品牌月度销量趋势图

企业”称号。由此，神龙公司也成为汽车央企所属的首家获得“全国质量奖”荣誉的企业，也是湖北省内第一家获此奖项的汽车企业，树立了“央企制造”和“湖北制造”的品质标杆，神龙公司在行业的影响力和美誉度又上升到了一个新的高度。

全国质量奖，设立于 2001 年，由我国质量协会组织评审。是对国内实施卓越绩效管理，并在质量、经济、社会效益等方面取得显著成绩的企业授予的质量方面的至高荣誉。目前，全国质量奖，已经成为与美国波多里奇国家质量奖、欧洲 EFQM 卓越奖、日本戴明奖齐名的国家级、全国性的质量奖励，象征着我国质量的最高荣誉。

本届全国质量奖评委从卓越绩效模式的各个维度全面考核了神龙公司的质量管理体系，并一致认为神龙公司在文化引领、战略导向、顾客和市场、学习与发展、技术研发等方面具备五大显著优势：培育了具备特色的企业文化体系、建立了战略目标为导向的完善的战略绩效管理机制和流程、坚持关注和满足目标顾客群需求的精准营销体系、注重员工个人的发展以及各层级人员能力全面提升的人才培养体系，以及积极推进产品开发和基础设施建设，开创了“后合资时代”我国自主品牌发展的新模式。这些优势也正是神龙公司近年来面对激烈市场竞争，实现跨越式发展，取得成功的关键因素。

随着神龙公司的股东双方东风公司与 PSA 集团全球战略联盟深入推进，神龙公司在迎来自己发展的“黄金机遇期”的同时，也开启了我国汽车“后合资时代”发展新模式。

技术上，神龙公司将与股东双方一起成立新的研发中心，共同开发新的产品和产品平台，在进一步提升自身研发创新能力、构建全价值链研发体系的同时，也能更好地面向我国市场，适应我国用户；品牌上，突破了传统合资企业的只生产外方母公司品牌的模式，开创了我国自主品牌发展新模式，未来神龙公司将同时研发生产东风标致、东风雪铁龙和东风（风神）三个品牌的产品，目前神龙公司首款东风风神品牌产品 L60 已成功投放市场；市场上，随着神龙公司正式承接标致雪铁龙东盟国家出口业务，在成为国内第一家真正走出国门的中外合资企业的同时，也意味着神龙公司未来将同时面对国际国内两个市场，突破以往汽车合资企业只关注国内市场的限制；战略发展上，神龙公司正在演变成涵盖研发、生产制造、销售、汽车金融、二手车等全价值链的企业，全面突破合资企业“代工厂”的局限。

2．共同研发中心签约，战略联盟系列新事业全面展开

2015 年 4 月 19 日，股东双方东风集团与 PSA 集团联合开发“全球模块化平台（CMP）”和设立“共同研发中心（DPCT）”项目成功签约，开启了全球战略联盟新的发展进程。

2015年，公司深化落实推进股东双方全球战略联盟协议，各项新事业、新项目全面展开。1月1日起，公司成为标致雪铁龙品牌汽车在我国的独家进口总经销商；4月17日，国际公司实现首辆进口车开票，国际公司承接PSA东盟业务正式进入实质化运营阶段；2015全年实现进出口整车销售4350辆，成功实现T93在马来西亚CKD工业化投产。战略协同项目系列深入推进，制造协同上，EW10发动机生产线成功搬迁至柳汽，并顺利投产，A94成功转产至东风乘用车新能源工厂；全球采购协同深入推进，公司与PSA联合采购成效显著；共同研发中心推进顺利，即将纳入神龙一体化管理。系列新事业的全面展开，将促进神龙事业进一步向全面涵盖研发、生产制造、销售、汽车金融、二手车的全价值产业链纵深演变。

3．J.D.POWER连续三年第一，质量管理水平再攀新高

2015年7月31日，J.D.Power亚太公司正式发布了2015年我国汽车售后服务满意度研究（CSI）报告。报告显示，在主流车品牌排名中，东风雪铁龙以804分的绝对优势高居榜首，东风标致以780分的成绩排名第三。这也是公司连续第三年位居第一。同时，在之前公布的J.D. Power 2015年我国汽车销售满意度调研（SSI）报告中，东风雪铁龙位居第二，东风标致位居第七，得分均远高于市场平均分值。

2015年10月9日，在我国质量协会发布2015年汽车行业用户满意度（CACSI）测评结果中，公司双品牌包揽我国汽车行业合资品牌售时和售后服务满意度冠军；东风雪铁龙C4L，东风标致3008、2008在车型满意度测评中，取得了各自细分市场第一。2015年11月4日，公司捧得“全国质量奖”。质量的频繁“问鼎”，反映了公司追求“质量领先”的不懈努力和取得的积极成效。

2015年，公司以客户满意为中心，持续深化质量领先战略，深入推进实施PQ365质量行动，进一步落实质量责任，聚焦IQS新车质量改善，加强新项目质量源头管控，加快重大质量攻关项目推进，加强客户关系改善，强化质量体系建设，在全员、全过程、全价值链的广泛参与下，公司产品质量和服务质量保持较好水平，EQC、IQS on-line、3MR保用故障率等各项质量指标完成良好，QC改善如火如荼，质量管理水平迈上新台阶。

4．新车投放按部就班

每年向市场推出至少两款以上的全新产品是神龙对消费者的承诺，也是神龙的实力所在。2015 年也不例外，尽管在不利的市场环境下，竞争厂家有放缓新车投放节奏的倾向，但神龙的承诺不会改变。东风标致 308S、东风雪铁龙 C4 世嘉、东风风神 L60 就是 2015 年全新车型的典型代表。

（1）东风标致 308S　2015 年 4 月 15 日，东风标致 308S 正式上市，售价为 11.27 万～17.97 万元。作为东风标致“升蓝计划”的压轴车型，308S 带着“2014 欧洲年度车”的荣耀，凭借“热血的”T+STT 高效动力，“嗨爆的”绝赞视野，“超拽的”极智装备，“我要的”i-Cockpit 唯我座舱四大优势，为东风标致品牌注入了全新的激情与活力，更以定义市场全新标准的态度，尽显“我无所畏”的新锐驾驭魅力。

东风标致 308ST+STT 高效动力，可以给驾驶者带来刺激的超嗨驾控乐趣。其搭载的 1.6THP 涡轮增压直喷发动机连续 8 年获得“国际年度发动机大奖”，最大功率 123kW，峰值转矩 245N•m，强大的动力输出尽显“王牌钢炮”的风范。而被称为“小 T 大作”的 1.2THP 涡轮增压直喷发动机，最大功率 100kW，峰值转矩 230N•m，也是小排量发动机领域绝对的强悍选手。同时，STT 发动机智能启停系统的节油能力高达 15%。308S 在速度任性的同时让节能环保变得更加简单。

东风标致 308S 面对复杂路况时可以任意穿行的优势，则得益于其“超拽的”极智装备及“我要的”i-Cockpit 唯我座舱。为了全面引领“车联网”时代，308S 搭载了 Blue-i 车载互联系统，该系统配备了先进的一键导航功能，驾驶者可通过便捷的操作完成对路线的规划，从而享受智能行车所带来的便利。此外，盲区探测系统、City Park 智能泊车辅助系统这些高科技智能装备，更是让智能、安全、便利的多重体验与驾驶者形影不离。i-Cockpit 设计理念一切以驾驶员为核心。倾斜式中控以 7.5 度向驾驶员倾斜，灵动多功能方向盘小巧饱满，握感出色。9.7in 超大触控屏幕集空调、多媒体、行车电脑、导航、设置、网络、蓝牙电话等 7 大功能于一身，与智能炫彩高位组合仪表一起减少驾驶时的视线移动，随时掌控路上信息，提升行车安全。

引领S MAN主宰未来“超级贷”让你即刻拥有。东风标致308S的“S”代表三重含义——“Supreme品质”“Smart智能”“Sport运动”，处处彰显个性风范。308S的目标人群定位于S MAN。S MAN指的是一群“主宰自我的品质控”，这个群体的代表萧敬腾，当晚以308S代言人的身份亮相，并诠释了S MAN与众不同的个性：对于S MAN来说，他们没有瞻前顾后，没有犹豫不决，喜欢就放胆去做，不强求结果，因为S MAN只忠于自己。而他们追求的生活方式则推崇“品质至上”，不刻意追求奢侈，但精致绝对要成为一种腔调。“超级智能运动型车”308S的特质与S MAN的精神不谋而合。

（2）东风雪铁龙C4世嘉 2015年11月18日，东风雪铁龙C4世嘉正式上市。作为新一代高效能中级车，东风雪铁龙C4世嘉搭载了1.2THP涡轮增压直喷发动机、1.6THP涡轮增压直喷发动机、1.6L CVVT三款发动机，售价为10.78万～16.48万元，覆盖中级车市场主流消费价格区间，并且全系车型享受国家购置税减半的政策。

东风雪铁龙C4世嘉的目标人群为时下的“智活族”。“智活族”是当今我国社会的“中坚力量”，他们乐观自信、善择其适，对生活有着自己明确的看法，却又一步一步扎实地向着目标迈进。他们用最从容的态度面对工作和生活的挑战，他们用最高效的方式来实现中坚力量社会价值的最大化，而在这种价值观中，最重要的事情就是不断为家人创造美好生活，“行智•有效”是他们的生活准则。

东风雪铁龙C4世嘉集“势能、动能、智能、潜能”于一体，为消费者带来动力效率最高、体验效果最好、经济效益最优“三效合一”的驾乘体验，与“智活族”的生活哲学相得益彰。

采用欧式新平衡主义设计理念，东风雪铁龙C4世嘉完美融合了功能与审美价值，尽显具有设计张力的势能。饱满、稳重的体量与韵律变化的型面相配合，整车沉稳大气中不失优雅时尚，力量中又不失温情。汲取了家族元素的锐丽黑魅自适应前大灯与双回旋深邃尾灯相呼应，以画龙点睛之笔勾勒出整车的神采；钻石切割立体运动轮毂通过强烈的双色对比，营造出醒目的动感。

在内饰的设计中，C4世嘉同样实现了功能性与审美价值的平衡。风塑流沙式仪表板造型，自然而简洁；马赫环宇航式组合仪表、异形仪表遮罩，在设计中释放未来科技感。考虑到我国消费者的用车喜好，C4世嘉多处应用哑光镀铬饰件，在细节中流露出整车的品质感；仪表台全软质搪塑工艺，是它用料考究的展现；

在座舱舒适度的营造上，C4 世嘉也一展雪铁龙在此项上的先天优势。得益于合理的车内布局，C4 世嘉为用户预留了舒适的前后排乘坐空间；极具立体感的座椅采用独特型面分割设计，厚实而稳固，让驾乘更舒适。

在动力上，东风雪铁龙 C4 世嘉带来了三款高效发动机——1.2THP、1.6THP、1.6CVVT，它们出色的表现尽情释放动能的本色。

东风雪铁龙 C4 世嘉应用了诸多智能科技配置，让驾乘更加便捷，更富有乐趣。智能免钥匙进入系统、一键启动功能，化繁为简；全系标配的 7 英寸彩色智能多媒体触屏系统，集成了多界面显示自律导航等功能，便捷的操作在方寸间即可完成；全新升级的 Citroen Connect 车载互联系统，除了具有智能导航、娱乐资讯、汽车安防服务、远程车辆诊断、车载互联通信等功能外，还新增了云语音控制系统，轻松实现语音导航、收发邮件等操作，有效解放了双手。采用的双区全自动空调，不仅可实现双区独立控制，同时自带 PM2.5 过滤功能可有效“屏蔽”雾霾的困扰，营造清新健康的驾乘环境。

越领同级的安全系统是 C4 世嘉对用户最用心的呵护。太空舱式高强度吸能车身，大量运用高强度钢板，更大程度为车内驾乘人员提供周到防护；全方位 6 安全气囊，在极端情况下及时保护用户的安全。全系标配博世最新第九代电子稳定系统，集成 ABS 防抱死制动系统、EBD 电子制动力分配系统、TCS 牵引力控制系统、VDC 车辆动态控制系统、TPM-C 胎压监测系统等 8 项大主动安全功能，无论是深陷泥泞地，抑或是紧急制动，均可精准介入避免危险发生。此外 C4 世嘉还采用了 Safeye 盲区系统，监测范围可达 $35m^2$，有效降低侧面刮擦事故；对于刚出道的新手，C4 世嘉也毫无偏见，如应用了 0 坡感智能坡道辅助系统，在上下两难之际，及时防止溜坡。

（3）东风风神 L60　2015 年 3 月 2 日，东风风神 L60 在武汉一厂成功下线，开创了“后合资时代”我国自主品牌发展的新模式，创造行业“三个第一”，即第一次实现中外股东、合资公司三方共同开发；第一次实现合资公司同时研发、生产中外双方股东品牌的产品；第一次超越合资公司新创自主品牌的思维定式。东风风神 L60，作为公司正向自主开发的首款车型产品，是对全价值链研发体系能力的一次全面考验，意义重大而深远。

5．区域市场重点突破

2015 年，神龙公司在继续聚焦产品、聚焦客户的同时，也在区域营销方面寻求突破。在强化增速较快的二、三线市场排兵布阵的同时，也加大了重点区域的投入力度。北京、上海虽然是限购城市，但对周边乃至全国具有不可低估的示范作用，因此神龙在北京、上海等中心城市的开拓力度也从来没有放松过。随着一线城市逐步进入饱和，湖北、湖南、四川、山西等中西部省份是 2015 年新的增长点，也是各厂家争夺的焦点。神龙公司抓住机遇，重点突破，在以上省份取得了不错的成绩，区域销量贡献度同比显著上升（见图 3）。

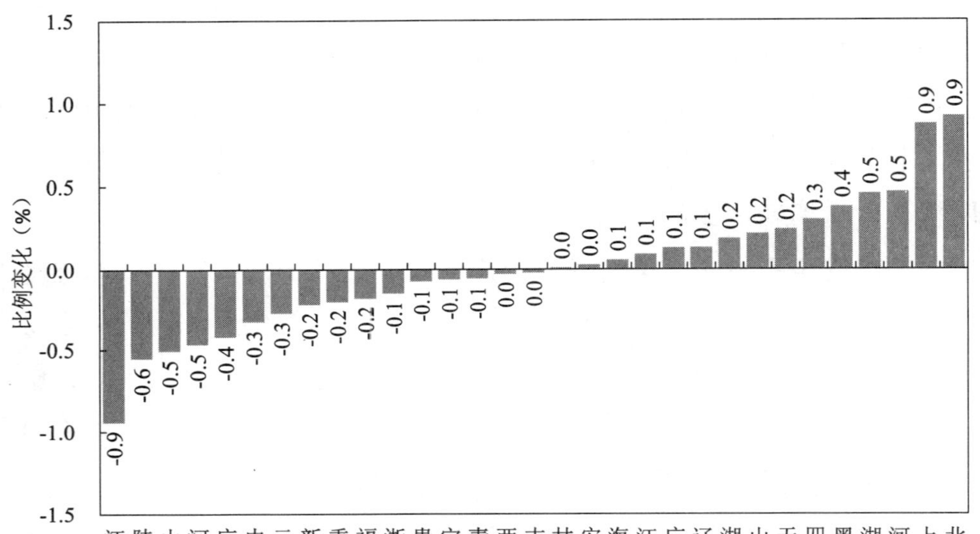

图3 神龙汽车2015年1～11月与2014年全年分省销量比例变化情况

（作者：李锦泉）

2015年北京现代产品市场调研报告

一、北京现代2015年总体市场表现

从21世纪初，国内汽车市场就开始了飞跃式发展，其中还出现了好几次销量上的井喷。不过随着汽车竞争加剧和保有量逐步提高，特别是2015年，国内汽车的销量整体上显现下滑的趋势。各大品牌虽然绞尽了脑汁，使用了包括让利促销在内等诸多手段，但依然不能阻止下滑趋势。

从大趋势来看，经济低迷是影响国内汽车销量发展的一个主因，另外,2015年的股市也发生了激烈震荡，更加剧了诸多不确定因素。消费者在上半年持币观望情绪强烈，因而从诸多实力车企来看，销量的下滑已经在所难免。作为国内重要车企之一，北京现代主攻方向早已经转向家用市场，主流车企地位加强，因而遭受到的销量阻力也比较大。

面对如此严峻的市场环境，截至2015年11月北京现代产销达到93万辆稳居行业第四，畅销车型纷纷进入行业主流位置，小汽车市场和SUV产品组合均位居合资厂家领头羊地位。

北京现代的“D+S”战略，即“中高端车型+SUV”战略，起到了积极的销量贡献作用。SUV家族继2015年9月销量重夺第一，10月、11月霸气依旧，全新途胜销量继续破万辆至12646辆，ix35销量11650辆，ix25销量11995辆，全新胜达销量4015辆，SUV家族坐稳第一销量。轿车方面也同样有斩获，中高级车索纳塔九销量继续升温，11月销量6682辆，较低迷期呈翻倍增长。名图销量12610辆，表现稳定、强劲。朗动以28581辆的销量直逼3万辆俱乐部，有望回归中级车前三甲。小型车瑞纳19836辆，稳居小型车冠军宝座（见图1）。

根据J.D.Power 2014年发布的我国SSI、CSI和IQS调研报告结果，北京现代成绩稳居行业前列。其中IQS得分70分，排名第一位；SSI得分812分，排名第一位；CSI得分794分，排名第二位。

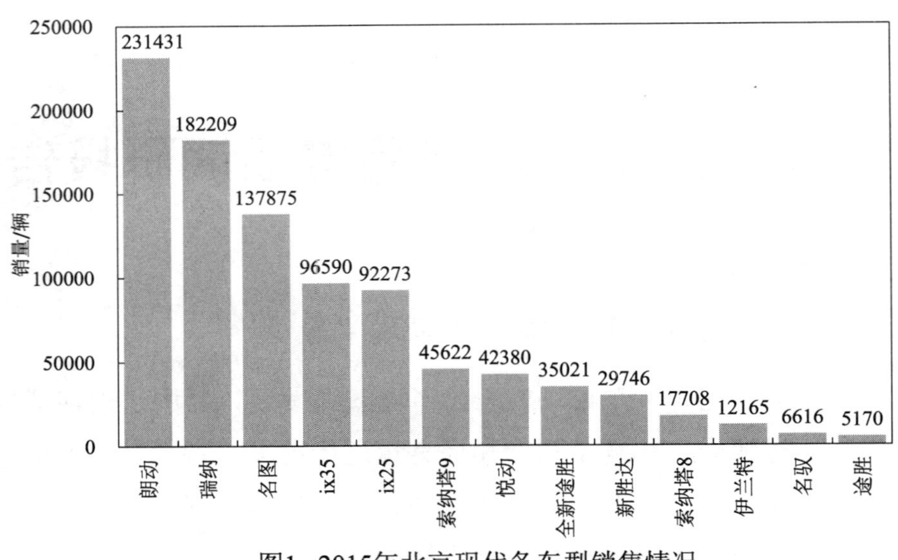

图1 2015年北京现代各车型销售情况

二、北京现代 2015 年各车型市场表现

1. 瑞纳

由北京现代汽车有限公司开发的一款小汽车瑞纳，英文车名VERNA，来源于意大利语，原意是年轻和激情，同时“瑞”在我国还有吉祥之意。该车凭借现代汽车当前最新的流体雕塑设计理念在年轻人群中占有一席之地。2014 年瑞纳进行大改款，并推出全新两厢车瑞奕，截至 2015 年 11 月瑞纳销售 18.2 万辆，稳居级别第一位（见图 2）。

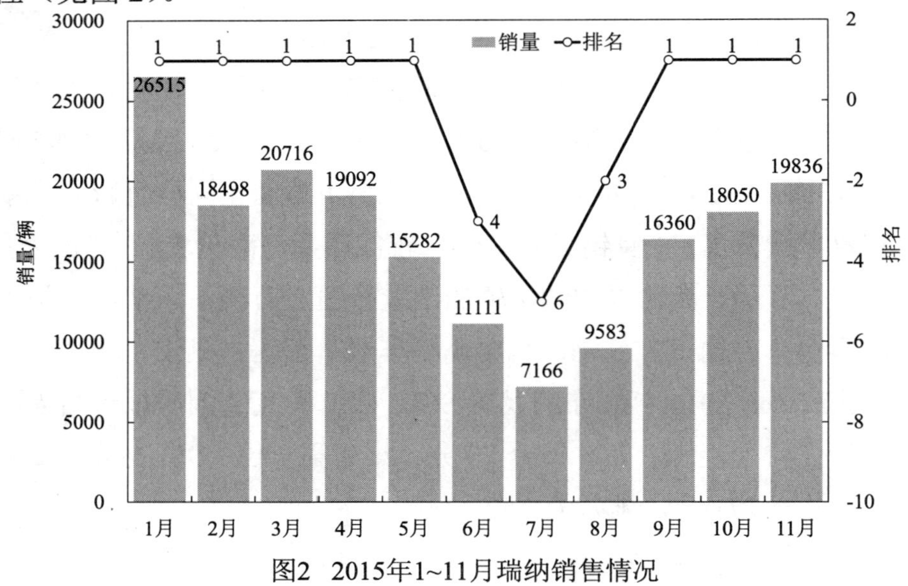

图2 2015年1~11月瑞纳销售情况

2．悦动

悦动 2008 年 4 月上市，以其时尚的外形和合理的定价，创造上市当月销量过万的纪录。作为伊兰特的平行换代车型，与伊兰特并行销售，同伊兰特一样获得了我国市场的肯定。“悦动”流畅的线条设计、宽大的驾乘空间、经济环保的动力系统，以及无微不至的车身安全，全面迎合了消费者的需求，为整个细分市场吹响了全面升级的号角。2009 年开始，悦动单月销量能达到 2 万辆以上，年销量基本在 20 万辆以上，仅用 5 年时间累计销量过百万辆，成为北京现代第 2 款累计销量过百万的车型。然而由于上市时间较久，2015 年悦动销量疲软，预计 2016 年会代替老款伊兰特主打出租车市场（见图 3）。

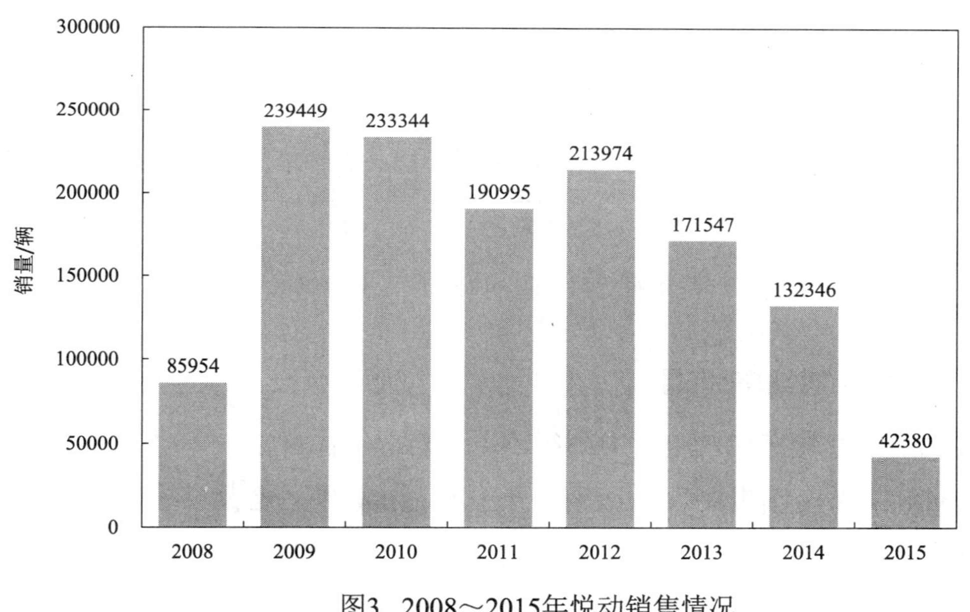

图3 2008～2015年悦动销售情况

3．朗动

朗动（Elantra）于 2012 年 8 月 23 日上市，朗动将延续现代富有特色的“流体雕塑”设计理念，强调年轻、动感。与上一代车型（悦动）相比，朗动的定位将更趋于运动，主打的客户群体也更年轻。朗动以其时尚的外形和合理的定价，创造了上市当月销量过万的纪录，车身尺寸上，2700mm 的轴距，使得朗动在紧凑型车中的空间表现相当优异。前脸是典型的家族脸谱，线条少了些锋利但多了些饱满，全镀铬处理的进气格栅提升了时尚感，加上夸张的前大灯，使朗动更加飘逸、动感。2015 年（前 11 个月）朗动累计销售 23 万辆，在竞争最为激烈的中级车市场名列前茅（见图 4）。

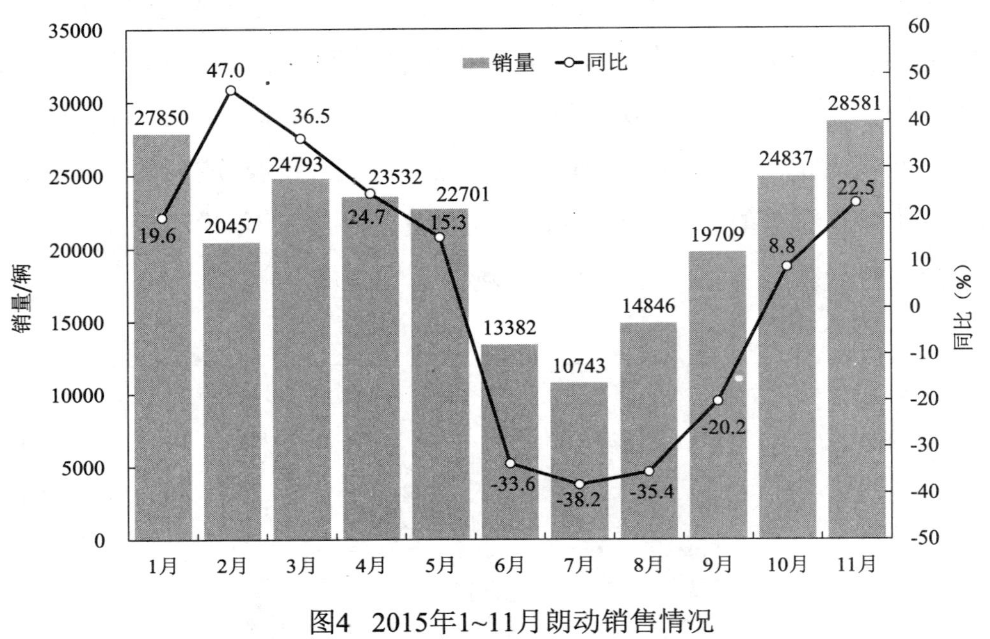

图4　2015年1~11月朗动销售情况

4．第九代索纳塔+名图

名图是一款北京现代全新中高级轿车，延续流体雕塑设计语言基础上进一步深化。MISTRA 名图定位于 B 级别，介于朗动和索纳塔之间，是北京现代瞄准细分市场空隙，在 B 级中高级轿车市场投放的又一款精品之作，也是又一款专门针对我国市场研发的车型。于 2013 年 4 月 20 日在 2013（第十五届）上海车展亮相，同时这也是该车在国内的首发亮相。“MISTRA”的命名灵感来源于希腊南部拉哥尼亚地区一个优美的城市，为拜占庭帝国的遗址，它蕴含着美丽、高贵和神秘，彰显着巨匠之韵。名图的潮流大气外观、精湛设计内饰、人性科技配置、全能呵护安全、宽大舒适空间和平顺稳定动力，全面超越竞争车型，能够全方位满足客户的多样化需求。

2015 年 2 月 2 日，第九代索纳塔在北京现代第二工厂正式下线，于 3 月 20 日正式上市销售。设计方面，第九代索纳塔采用流体雕塑 2.0 设计理念，收敛线条主张“扁平化”，整体感觉更加稳重大气，并在一定程度上减少了风阻系数。新车在结构上进行了调整，A 柱前段向前移动了 23mm，与此同时在保证一定后备箱空间的情况下最大限度地增加了车内空间，进一步提升了驾乘感受。内饰方面，第九代索纳塔也进行了全新设计，中控台由原来的 Y 形构造，改变为 T 形，功能键布局也更加层次分明。第九代索纳塔给不同动力的车型配置了不同的中网，1.6T 采用更具有动感的蜂窝状，而 2.4L 车型则是相对稳重的多副式。

为提高市场占有率北京现代采取的“D+S”战略，即“中高端车型+SUV”战略，起到了积极的销量贡献作用。“D”就是第九代索纳塔加名图，两者定位差异化、人群差异化、价格差异化、销售差异化，但品质却同样是一流的。

2015 年（截至 11 月）第九代索纳塔累计销售 4.6 万辆；名图累计销售 13.8 万辆，为北京现代的销量做出巨大贡献（见图 5）。

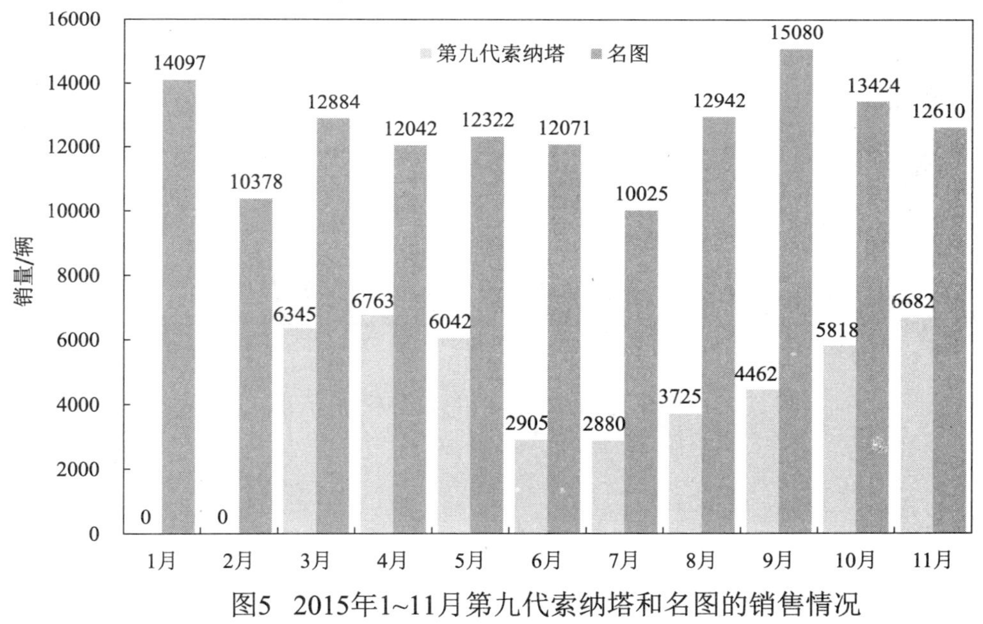

图5 2015年1~11月第九代索纳塔和名图的销售情况

5．ix25

北京现代小型 SUV-ix25 于 2014 年 10 月在广州举行上市。ix25 同样运用了现代的流体雕塑设计理念，年轻动感的风格很抢眼，硬朗的车身线条与各种潮流的细节结合得十分完美。现代 ix25 与全新胜达也有许多近似之处，只是其无需彰显大气饱满，而更多突出灵活时尚的小型SUV特色。黑色的A 柱是较为惹眼的设计，据说这样隐形的做法可以带来不同的视觉感受。北京现代 ix25 定位为“青春实力派 SUV”的全新车型，以硬朗个性的纯正 SUV 之势闪耀登场，正式加入小型 SUV 市场竞争。

ix25 自 2014 年 10 月上市以来市场销售异常火爆，截至 2015 年 11 月 ix25 累计销售 9.2 万辆，11 月单月更是达到 1.2 万辆的销量，同比大增 80.9%，已成为合资小型 SUV 市场的领军车型（见图 6）。

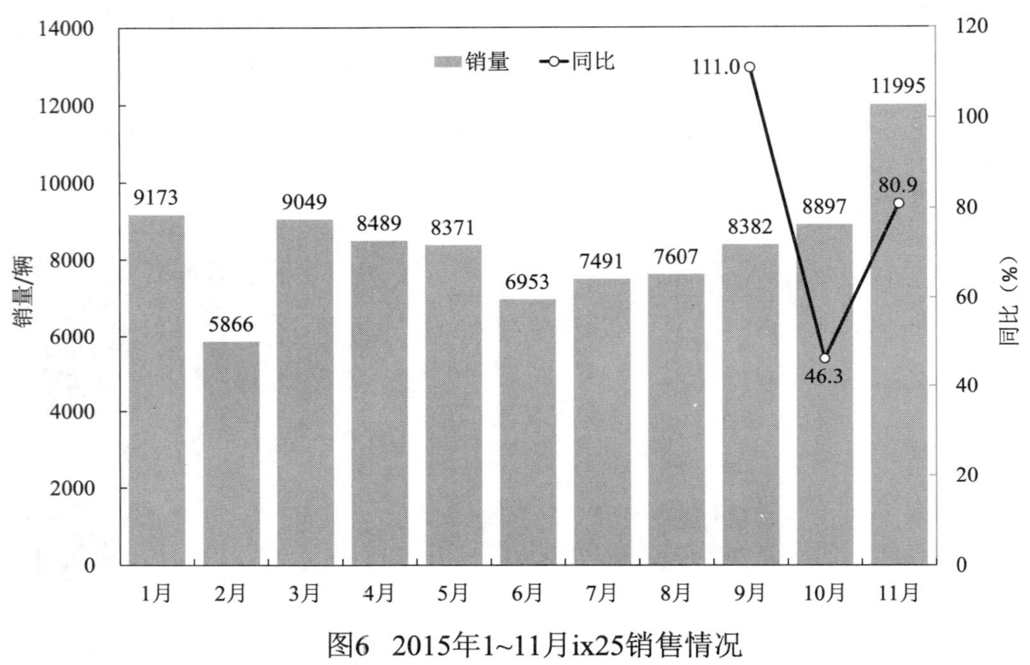

图6 2015年1~11月ix25销售情况

6．ix35

ix35 于 2010 年正式引入国内，是现代首款欧洲研发的 SUV 车型，秉承了 i 品牌的高端品质与内涵，采用欧洲顶级的安全设计理念以严格的欧洲生产标准打造完美的产品品质。ix35 作为北京现代首款试水“流体雕塑”设计风格的车型，上市后取得巨大成功。

上市五年多来 ix35 销量稳居同级前茅，累计销售 67.3 万辆，由于上市时间较久，2015 年 ix35 销量有所下滑。随着全新途胜的推出，北京现代对 ix35 官方降价，给全新途胜腾出价格区间（见图 7）。

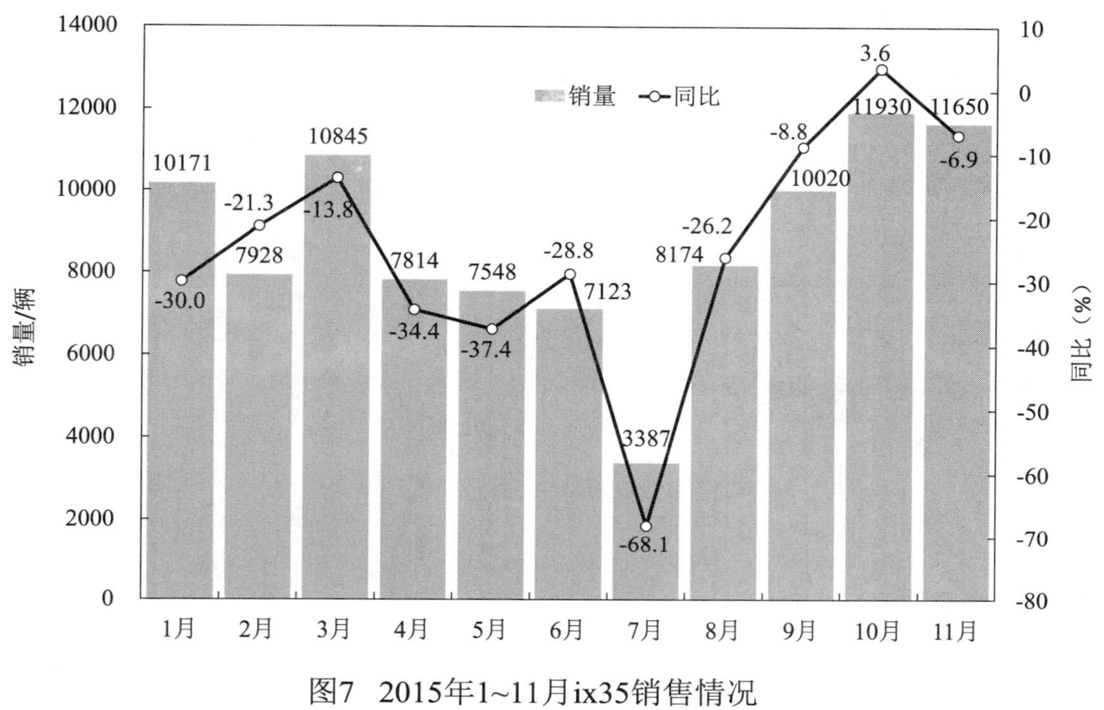

图7 2015年1~11月ix35销售情况

7．全新胜达

全新胜达是北京现代旗下的高端全尺寸豪华SUV，风暴前沿设计展现灵动大气的视觉感官，2700mm 超长轴距、7 座豪华灵动空间、全视角全景天窗营造出超大豪华空间。该车是北京现代第一款搭载涡轮增压+缸内燃油直喷技术的车型——装备 2.0T GDI 增压发动机和 2.4 GDI 发动机。颇具天赋的设计师从无形的风暴中吸取创意灵感，创造性地将风暴前沿设计应用于魅动外观，令整车展现灵动大气的视觉感官。

全新胜达定位为“T 动力全尺寸豪华 SUV”，整体设计强调“外刚内柔”的合二为一，无论外形、动力、配置都全面领先同级车型。2015 年汽车市场遭遇寒冬加上上市时间较久全年全新胜达销量疲软，有望 2016 年改款，重新拉动销量（见图 8）。

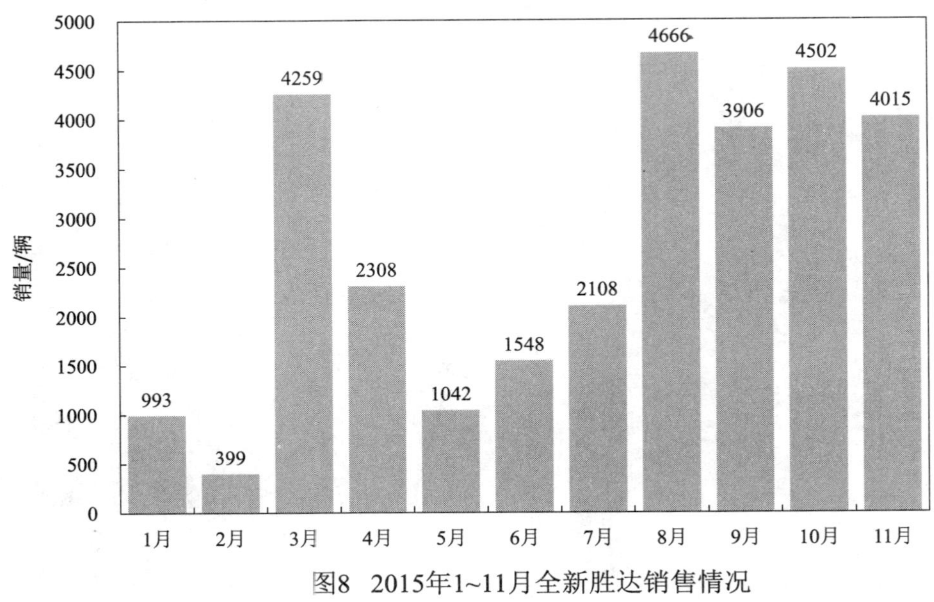

图8　2015年1~11月全新胜达销售情况

8．全新途胜

北京现代全新途胜：去征服所有不服，去开拓从未有的路，去凌驾无人敢及的高度。在追寻内心世界的路上，真正靠近自己，在离开与走近间，遇见最深的自我。北京现代全新途胜，去自由，去 SUV。

2005 年，途胜作为北京现代首款 SUV 引入国内，是北京现代 SUV 产品的开端。上市 10 年，累计销售超过 42 万辆。2015 年 9 月 5 日全新途胜正式上市销售，官方售价为 15.99 万～23.99 万元，全新途胜推出搭载两套动力系统的共 8 款车型，外观颜色提供共 9 种颜色选择。

全新途胜延续现代汽车最新的流体雕塑 2.0 设计语言，更多应用平直线体及扁平化设计，体现扁平硬朗运动的形象。优化的外观造型、更符合空气动力学的车底护板，使全新途胜风阻数值达到 0.33，有助于减少风噪声，改善燃油效率和高速稳定性，并且拥有更安静的行驶体验。

随着都市 SUV 领域的竞争日益激烈，都市 SUV 产品同质化倾向逐渐显现。因对于灵活自如的动力操控和个性需求而催生的都市 SUV 细分市场已经到来，为了响应市场的发展变化，北京现代这次推出的全新途胜在操控、安全、外观、科技、舒适等进行了全面的优化和提升。操控：在全新途胜上，北京现代搭载了 1.6T+7DCT 的动力组合，同时配备有 EPB+AUTO HOLD、全轮驱动 4WD、前麦弗逊式+后多连杆悬挂、电动助力转向系统等；安全：全新途胜除了传统的主被动安全装置之外，还搭配有 EPB+AUTO HOLD 电子驻车制动功能，并首次应用了 BSD 盲点监测等一系列安全功能；科技：全新途胜包括几十项的便利配置，其中智能泊车辅助系统（SPAS）、智能尾门极大方便了用户在城市中使用；而引入的 Car Life 为全新途胜的用户带来最新的科技体验；其他：全新途胜还将实行“5 年 10 万 km 整车保修”政策，在为消费者带来更优质完善服务。全新途胜上市三月累计销售 3.5 万辆，月均 1.2 万辆，同级别领先。

三、结束语

十三年风雨洗礼，春去秋来又一载。北京现代在瞬息万变的市场竞争中，始终保持勇于开拓，奋力前进的精神面貌。如今，辉煌与荣耀抛却身后，新的征程道阻且长，北京现代将会继续奋勇前行，坚守“追求卓越品质，共创幸福生活的诺言”，以超赞的驾驭体验来回馈消费者，以非凡性能的产品缔造北京现代辉煌篇章！

（作者：姜滕飞）

2015年奇瑞SUV产品市场调查报告

2015年上半年汽车市场的颓势让很多汽车厂商一筹莫展，前7个月增长率逐月下滑，7月更是出现负增长（-4.2%）。下半年随着季节性的回升以及国家相关支持政策的推出，如对购买1.6L及以下排量乘用车实施减半征收车辆购置，终于让沉寂了大半年的汽车市场出现转机，8～11月国内提车数据出现“V”字反弹。总体来看，2015年1～11月累计增速还是放缓的（见图1）。

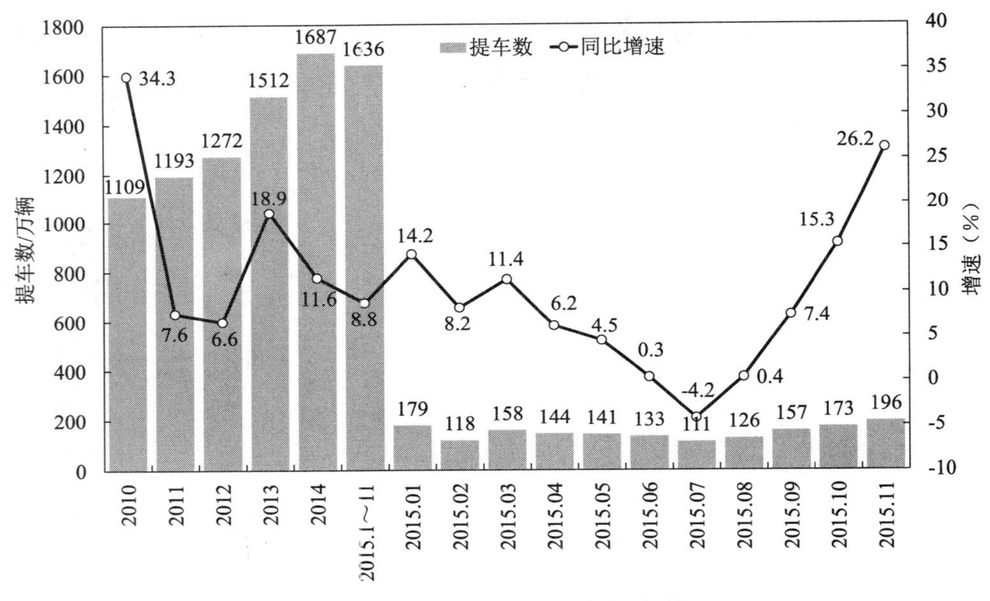

图1　2010～2015年国内乘用车提车情况

（注：数据来源于全国乘用车市场信息联席会国内提车数据）

虽然2015年上半年汽车市场不尽如人意，不过自主品牌的表现还是不错的，从5月开始自主品牌的份额稳步上升（见图2）。

奇瑞2015年前3季度销量比较低迷，总体低于2014年同期水平，从10月开始销量形势出现好转，11月提车量达到3.9万辆，同比增长13.7%（见图3、图4）。1～11月累计提车约28万辆，其中瑞虎3、瑞虎5两款产品就占了一半以

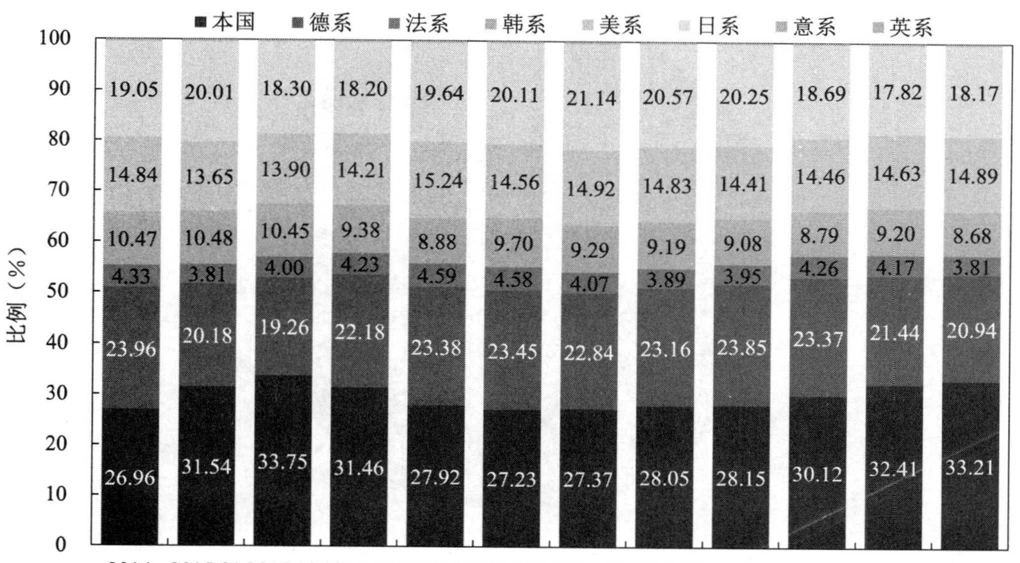

图2 2014～2015年分国别市场份额推移图

（注：数据来源于公安部上牌数据）

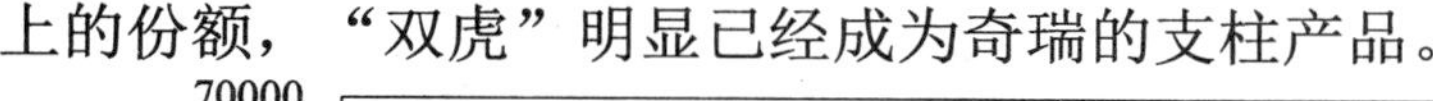
上的份额，“双虎”明显已经成为奇瑞的支柱产品。

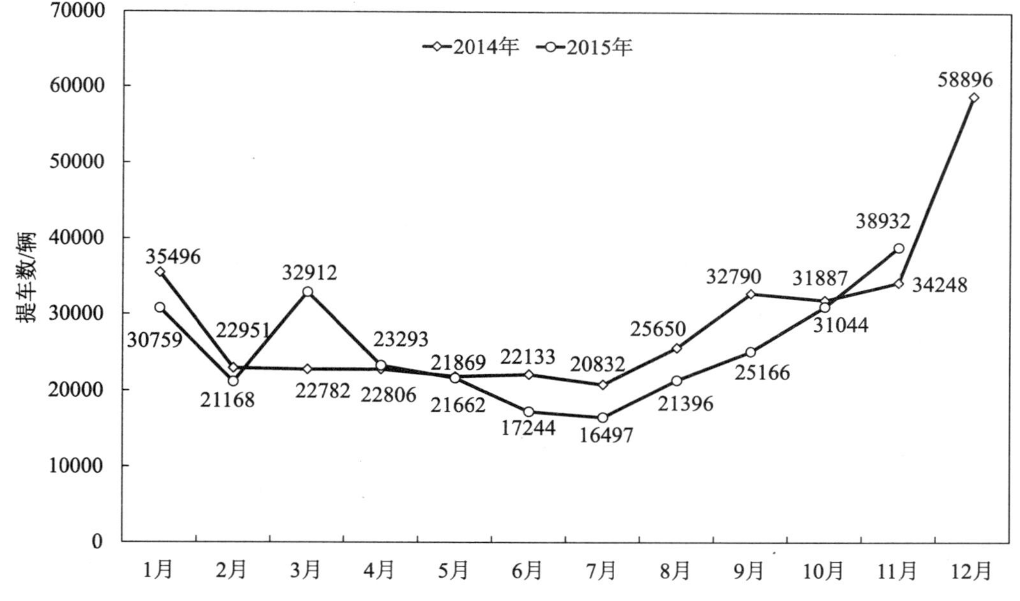

图3 奇瑞2014～2015年提车量

（注：数据来源于奇瑞提车数据）

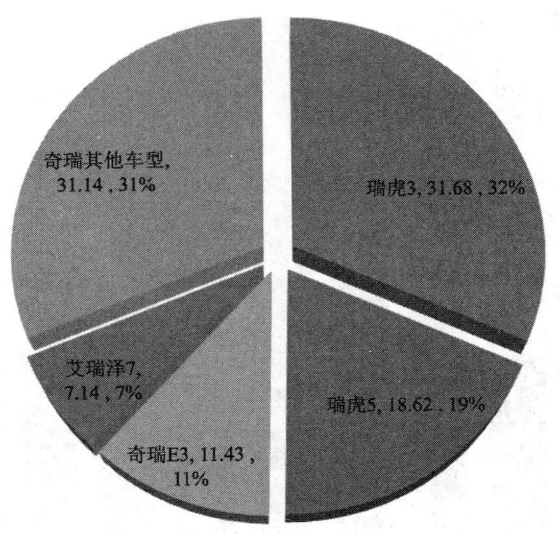

图4 奇瑞2015年1～11月份提车量分车型占比

（注：数据来源于奇瑞提车数据）

下文将从产品简介、销售业绩、用户分析以及用户反馈等多方面分别介绍奇瑞“双虎”（见表1）。

表1 瑞虎3和瑞虎5车型主要参数

产品名	类型	价位段/万元	尺寸（长×宽×高×轴距）/mm	动力总成	最大功率/kW	最大转矩/N·m
瑞虎3	A0级SUV	7.39~9.59	4420×1760×1670 ×2510	1.6DVVT/MT/CVT	93/6150 r/min	160/3900 r/min
瑞虎5	A级SUV	9.39~15.09	4506×1841×1740×2610	2.0DVVT/MT/CVT	102/5750 r/min	182/4500 r/min

一、瑞虎3

1. 销售情况：销量迅速提升、月销量过万

自2014年外观、品质全面升级后的奇瑞新瑞虎3正式上市以来销量迅速提升，致使瑞虎3的销量取得较大突破、创出新高，2015年初销量更是过万，创出新高。瑞虎3在2015年较2014年的销量有了大幅上升，同比上涨72%（见图5）。

随着越来越多的车型进入该细分市场，该细分市场的竞争也日趋激烈，瑞虎3的地位受到了很大的挑战，目前瑞虎3的主要竞争对手包括：长安CS35、瑞风

S3、哈弗 H2 等，这几款竞品现在都是月销量过万的热销车型，相比之下，瑞虎 3 的竞争力有所下降。

不过瑞虎 3 作为奇瑞一款经典车型，加上瑞虎 5，销量已突破百万。经过十年磨砺，“瑞虎”已成为海内外公认的、与国际标准接轨的我国品牌车型，同时也重塑了我国品牌SUV品质标准。

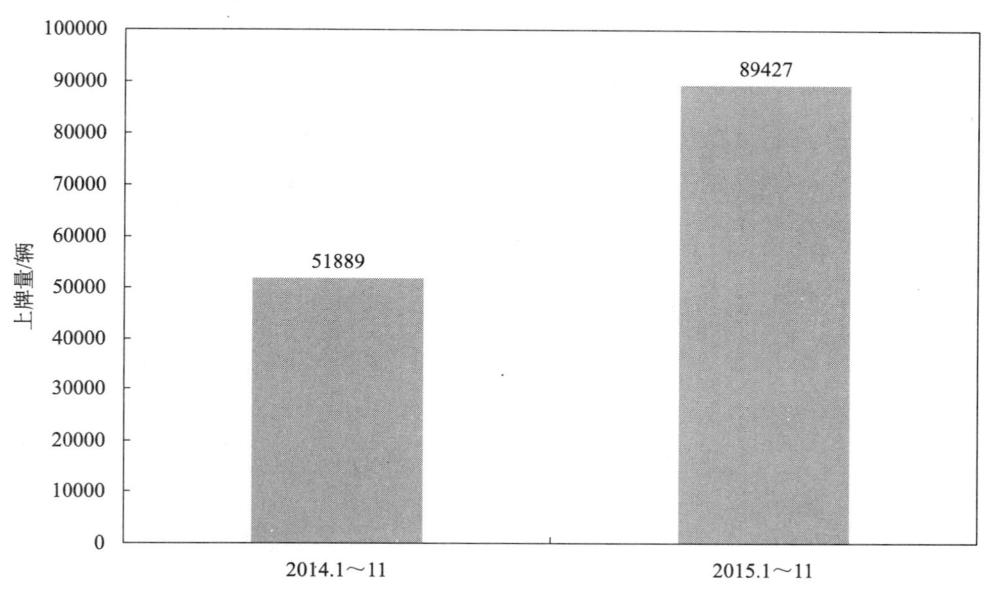

图5 新瑞虎3上市后年销量推移

（注：数据来源于用户上牌数据）

2．用户特征：成熟，理性，务实，传统，同时也注重享受生活

在新瑞虎 3 的目标人群中，男性用户占绝大多数，占比达到 66%，2015 年瑞虎 3 的女性用户较 2014 年有小幅增加；用户年龄较以往更加年轻化，年龄以 26～45 岁的用户最多，占比高达 74%，大多数已婚有孩子；工作性质上，以民营/私营企业为主，其次个体工商户，另外事业单位、国有/集体企业也占有一定比例；心理特征上，理性、务实，价值观比较传统，重视家庭，且思想相对保守；购车主要是为了日常出行方便，以及方便节假日到附近地区郊游；购车用途主要是私人自用（见图 6、图 7、图 8）。

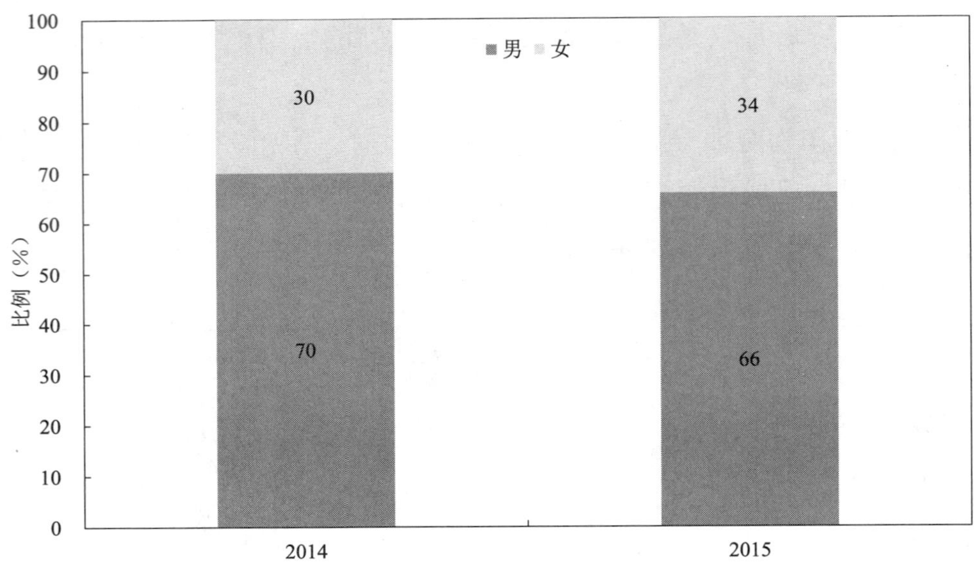

图6 2015年新瑞虎3用户性别特征

（注：数据来源于用户上牌数）

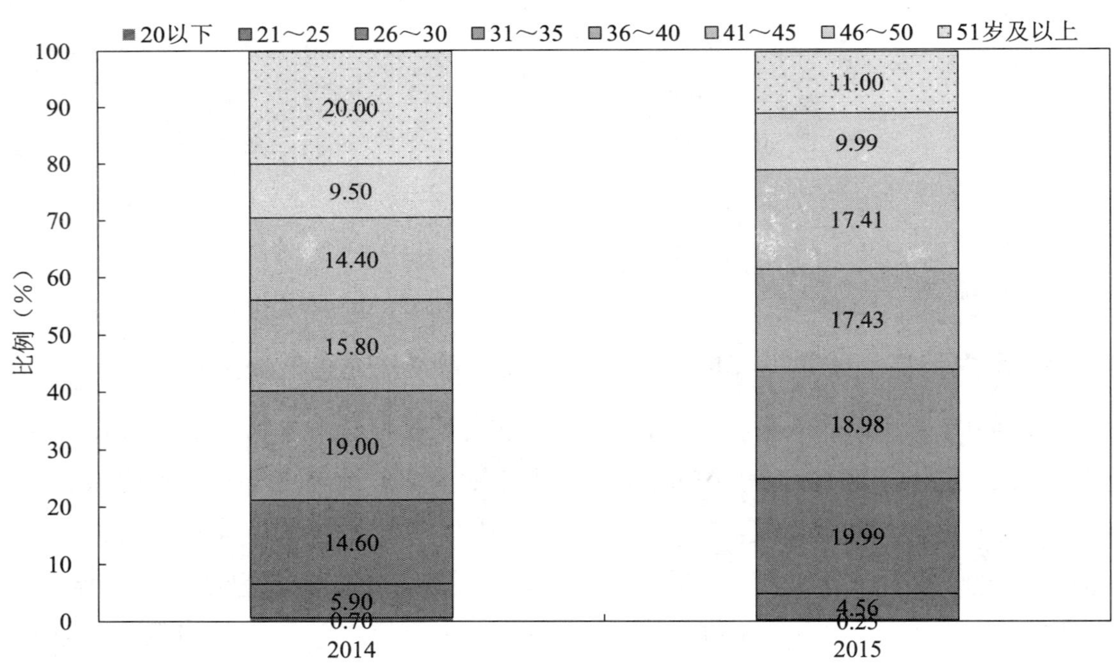

图7 2015年瑞虎3用户年龄特征

（注：数据来源于用户上牌数）

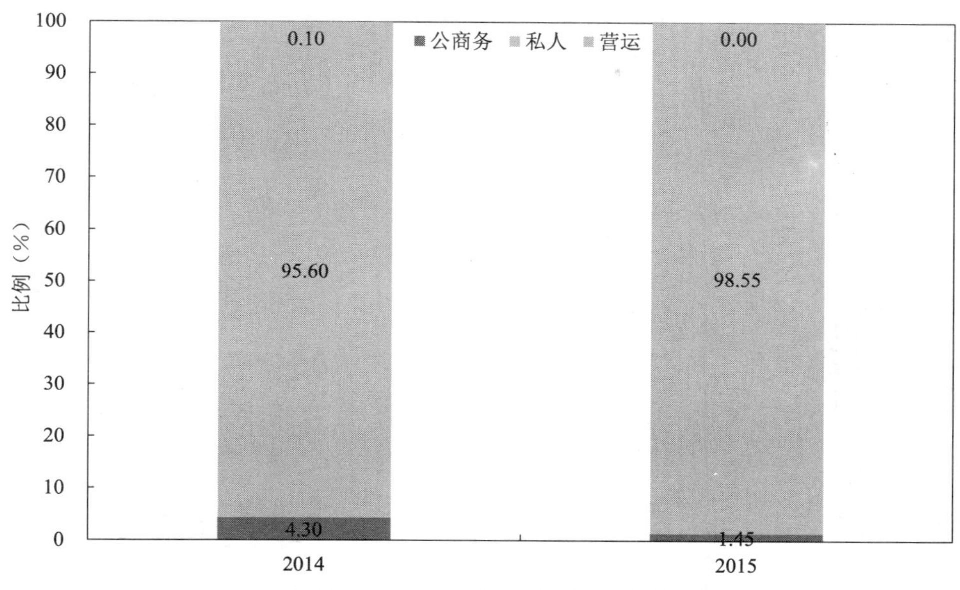

图8 2015年瑞虎3用户用途特征

（注：数据来源于用户上牌数）

3．用户反馈：品质提升明显，内饰造型略有过时，改进空间较大

新瑞虎 3 上市一年多以来，已经拥有相当规模的用户，通过各种用户反馈信息渠道获知：新瑞虎 3 的目标消费者购车时，吸引用户购买的主要因素是安全性、外观、乘坐空间和油耗；相比竞品，新瑞虎 3 的经济性更突出一些；在产品形象上，用户认为新瑞虎 3 是“男性化”“简洁”“越野风格”“硬朗”和“内敛”的，新瑞虎 3 前脸更精致、时尚、更运动，整体比较秀气，是很适合家庭用的车型；在产品满意情况上，用户对新瑞虎 3 的安全性和动力性满意度较高，在空间上满意度较高，特别是储物空间的实用性上；在期望产品改进上，一些用户认为新瑞虎 3 内饰造型有些过时，尤其在工艺和颜色上与竞争对手存在的差距较大；另外新瑞虎 3 在舒适性上存在较大改进空间，作为卖点的独立悬挂也没有带来更高的满意度。

二、瑞虎 5

1．销量成绩：销量快速增长，低端 SUV 主销车型

奇瑞全新瑞虎 5 是奇瑞运用国际标准正向体系流程打造的首款 SUV 车型，该车定位“一部值得信赖的家庭 SUV”，自 2013 年底正式上市以来，市场反应热烈，销量节节攀升。瑞虎 5 所在的目标细分市场主要竞品有哈弗 H6、长安 CS75、

传祺 GS4、启晨 T70 等车型。随着该细分市场进入车型逐渐增多、竞争日趋激烈，所以 2015 年 1～11 月瑞虎 5 的销量较 2014 年同期下降较多（见图 9）。

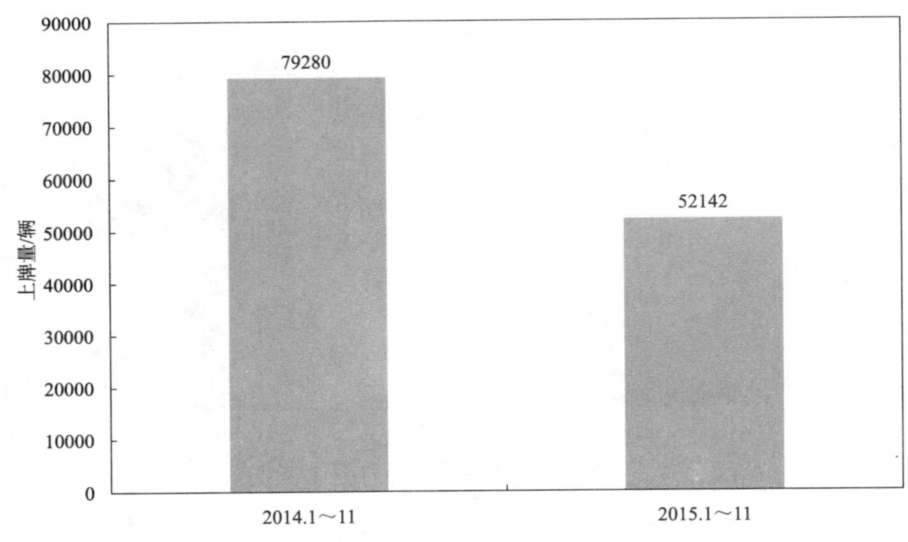

图9 瑞虎5上市后年销量推移

（注：数据来源于用户上牌数）

为了巩固瑞虎 5 的竞争力，奇瑞于 2015 年 10 月 21 日在大连推出了瑞虎 5 的中期改款，共推出 9 款车型，官方指导售价 8.99 万～15.09 万元。动力上包括了 2.0L 和 1.5T 两种。作为中期改款车型，新款瑞虎 5 的外观设计更精致，经过调整后新车看上去与奇瑞 β5 概念车有着更高的相似度，同时给人感觉也更加年轻化；而配置上也做了一定的提升，ESP 电子稳定系统已成为标配，而智云互联系统、8in 大屏也近乎标配，另外高配车型还增加了全景天窗等。紧接着瑞虎 5 还与汽车之家车商城合作独家销售新款瑞虎 5 中的 1.5T 家悦版，在市场上也是获得了不错的反响。

2015 年 12 月，新瑞虎 5 以出色的市场表现和品牌力，荣获“年度消费车型”大奖，奇瑞由此成为惟一获得该年度最大奖项的自主品牌。

2．用户特征：“成熟”“顾家”“传统”“理性”

在瑞虎 5 的目标人群中，男性用户多于女性，60%～70%为男性受众；年龄范围较广，覆盖每个年龄层次，其中 26～45 岁占主导，该部分人群所占比例较 2014 年有大幅上涨；3 口之家为主；学历上，瑞虎 5 用户基本都受过高等教育，其中大专及以上学历超过 75%；私营业主/个体户是主体，和竞品的目标人群相比，事业单位和国企的员工稍多，在外企或者合资企业的员工相对少；他们执着、顾家，对社会、家庭极富责任感，崇尚简单而实惠的生活，消费重心更倾向于食品、子女教育和服装等日常生活开支，对人际交往、运动健身等投资较少；车辆基本用途为家用（见图 10、图 11、图 12）。

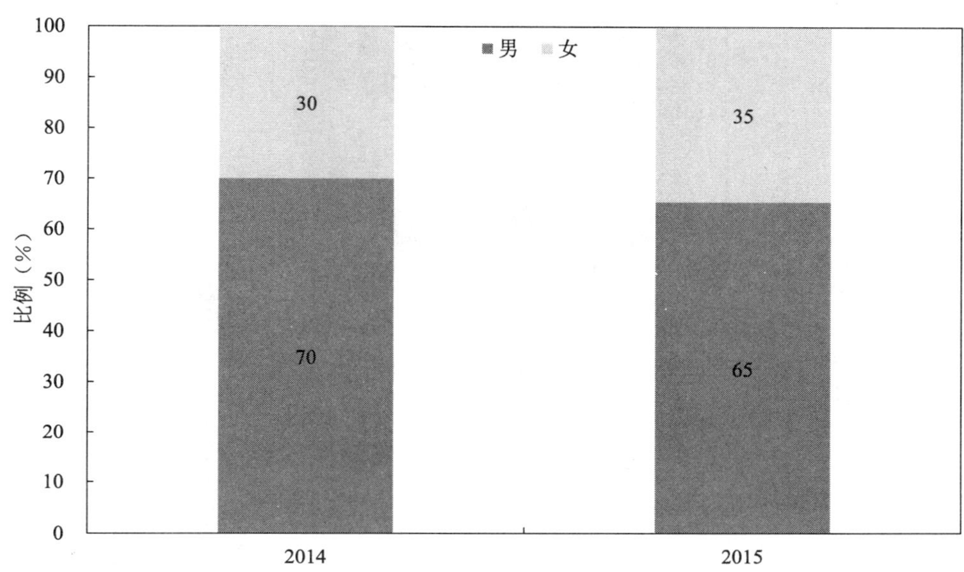

图10 2015年瑞虎5用户性别特征

（注：数据来源于用户上牌数）

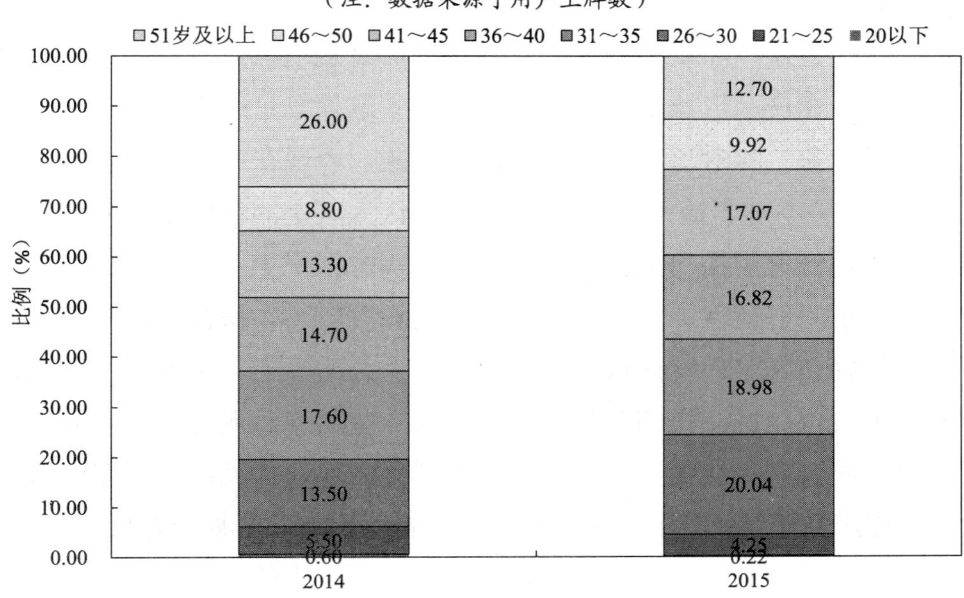

图11 2015年瑞虎5用户年龄特征

（注：数据来源于用户上牌数）

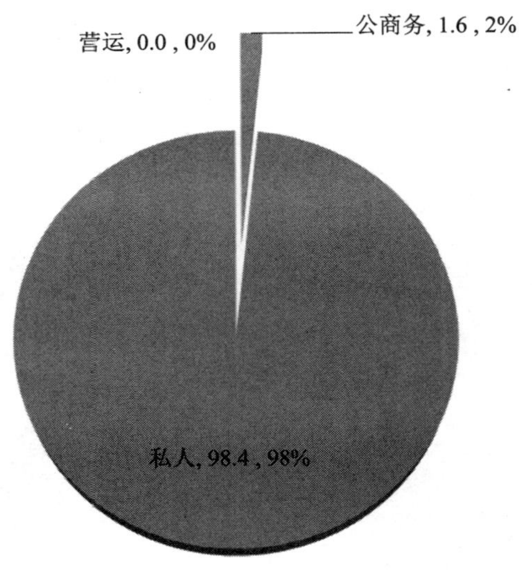

图12 2015年瑞虎5用户用途特征

（注：数据来源于用户上牌数）

3．用户反馈：外观、舒适性、操控性满意度较高，噪声控制待提升

由于瑞虎 5 上市后销量快速上升，已拥有相当规模的用户，通过开展的上市后用户调研以及各种用户反馈信息渠道获知：瑞虎 5 的目标消费者购车时，以家人为核心，关注外观、品质、质量以及舒适性，对发动机性能、通过性、底盘技术也较为在意；在产品形象上，用户认为瑞虎 5 这款车是属于比较现代时尚、稳重大气的产品形象，相对更加中庸和平衡的形象，表现在：和其他一些车比起来又会比较内敛，又不过于棱角分明，粗狂霸气，认为其走的仍然是“简洁的”“优雅精致的”“适合家用的”亲民路线；在产品满意情况上，用户总体评价较高，对瑞虎 5 的外观、舒适性、操控性以及空间满意度较高。操控中的制动、换档和转向上表现较好，7CVT 变速器较竞品有优势；舒适性上，空调、座椅人体工程学和便利性上表现较好；在期望产品改进上，一些用户对瑞虎 5 后备厢容积空间仍不太满意，同时有人认为在噪声控制和悬挂上表现待提高；从客服的信息反馈看，瑞虎 5 在产品质量抱怨较多的方面有：方向盘异响，导航仪故障，刹车异响，发动机异响，打不着火等。这些方面也是后续急待改进的。

在 2013 年奇瑞开展战略转型，将奇瑞、开瑞、威麟和瑞麟四大品牌整合，启用全新品牌 LOGO。与此同时，奇瑞还重新梳理产品系列，并划分为瑞虎、QQ、艾瑞泽、风云四大车系，将定位重复的产品进行删减，如今战略转型已初见成效。2015 年 12 月 18 日随着奇瑞第 500 万辆汽车下线，奇瑞战略转型第二阶段正式启动，依托“技术 2.0”“品质 2.0”“国际化 2.0”三大升级，实现消费者体验升级。相信在未来，奇瑞还将不断为消费者提供更多高品质的产品。

（作者：孔玉蓉）

2015年夏利产品市场调查报告

2015年12月18日天津一汽夏利N3系列最后一款车型下线，标志着老款夏利的停产，但夏利的发展线路也是值得纪念的。20世纪80年代以来，中国汽车工业已经历经三十年的发展，其间中国品牌也从当初的微不足道，逐渐成长为如今市场上一股不可忽视的力量。夏利作为乘用车自主品牌的长期销量领军的车型，历经沧桑，见证了中国汽车市场和自主品牌的发展。2013年国内乘用车市场逐步走向火爆，但汽车市场需求分化带来自主品牌经济型车出现严峻的负增长压力，夏利也进入痛苦的深度调整。从夏利保持自主品牌常青树地位的历程看，只有持续的自主改善和自主创新，夏利才能有可持续发展的空间。这也为后面的国有大集团自主和民营自主企业的发展积累了充足的经验。

从20世纪80年代末开始的三大三小开始，作为中国第一个自主品牌的经济型轿车企业，生产夏利为主的天津一汽是中国经济型轿车的摇篮。天津一汽始终坚持自主发展道路，坚定实施自主创新战略，成功地走出了一条“引进、消化、吸收、再创新”的成长之路，全力打造中国人自己的国民车。经过近30年的品牌积淀与积累，天津一汽秉承“造小车精品、做小车大师、建和谐企业”的发展愿景，针对国内经济型轿车市场特性全新开发的夏利N3、N5、N7等款式车型。在技术输入断绝的情况下，天津夏利自身技术研发体系保持10年不下滑的稳定状态，产品自主改善，为天津夏利的自立自强和维持发展注入了全新动力。但随着近期微型轿车市场的下滑，夏利的发展也是困难重重。

一、夏利的市场表现

1. 夏利的销量走势

夏利是有20多年历史的产品，其近10年来走势跌宕起伏。21世纪以来，夏利在2002～2005年持续保持强势增长，在2006～2008年出现一定的持续下滑，2009～2011年的夏利恢复较快增长态势，实现了连续两年的较快增长。2012～2013年夏利的销量结构面临调整而下滑较快，2014年天津限购对夏利的冲击较大，2015 年夏利所在细分市场持续下滑，且下滑后的经济型车市场增长压力巨大（见图 1）。

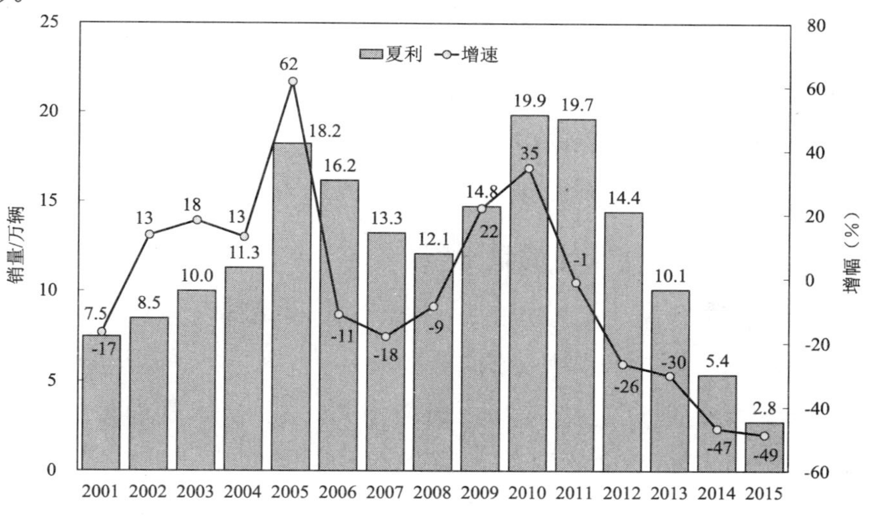

图1 2001~2015年夏利批发销量走势

2．夏利的年度走势特征

历年的夏利都是月度波动较大，夏季表现稍弱，秋冬季表现超强。近两年夏利虽然有下行压力，但月度走势仍保持合理态势。2015 年夏利走势稍有波动，1 季度夏利走势开局稍弱，2 季度后走势出现探底调整，尤其是受到股市冲击的影响，6～8 月份的销量严重低迷，9 月份后的销量表现较好（见图 2）。但购置税减半政策对 10 月份后的夏利促进不大，消费高端化趋势也是必然的方向。

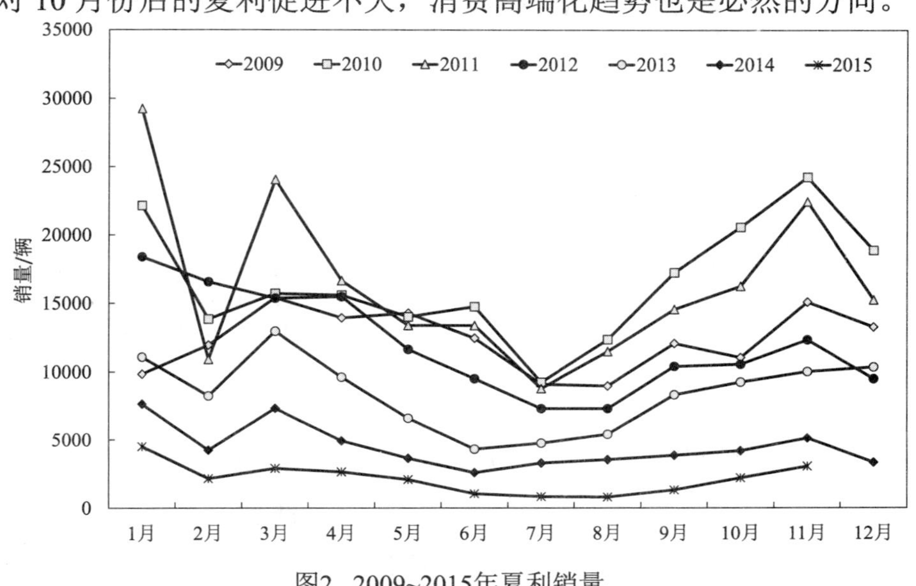

图2 2009~2015年夏利销量

3．夏利产品可靠性表现较好

夏利作为老款车型，其设计和制造水平仍是较高的，在2015年的权威评价中，夏利的N3车型在微轿中评测的可靠性达到良好的质量水平，白扯故障点数仅有143个，这样可靠的产品也是行业公认的较好水平。而且在夏利N5的产品评价中其故障点数仅有126个，也是相对其他同级别市场的主力车型表现更为突出的。

4．夏利是轿车市场普及化的晴雨表

夏利在近几年轿车普及化过程的地位没有其他品牌可以比拟。这几年轿车市场的风雨波澜变化，夏利都是潮头的导向者。

A0级轿车市场的前期走势与夏利密切相关。2002年夏利降价导致私车普及浪潮的兴起，夏利成为2002年春轿车市场爆发的导火索，A0级轿车份额也由此达到30%的高点。2005～2008年的增长周期中夏利领涨。2005年轿车市场从低迷回升，夏利又是率先打破僵局的主导品牌，2005年A0级轿车份额是25%，夏利也逐步走向下滑趋势。2007年轿车市场微车低迷，夏利又是市场普及的晴雨表，低端市场的普及减速，夏利独立抗争，但无奈大环境的影响太大（见图3）。

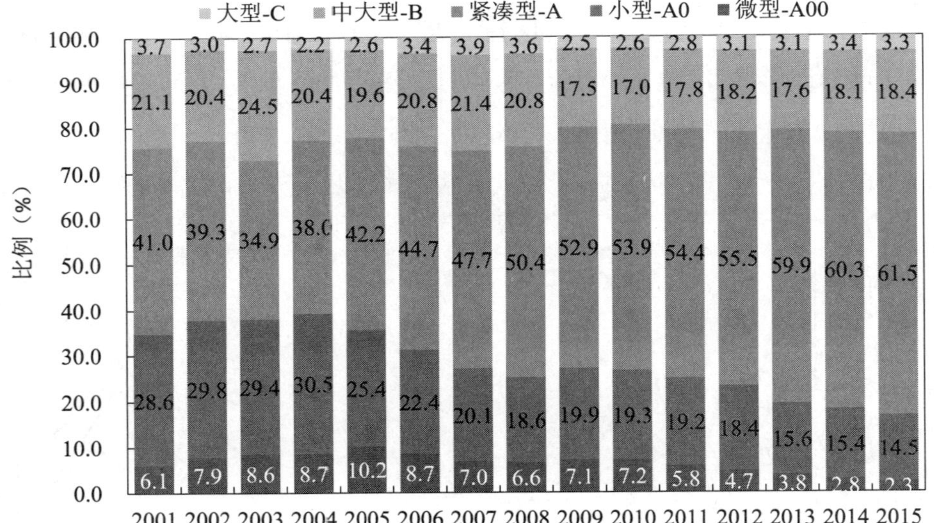

图3 2001~2015年轿车零售级别份额

2009～2012年的增长潮，夏利也是领军车型。2008年夏利又成为小排量车市场反弹的先锋，2009年的夏利N5上市拉动夏利的进一步提升。这对2009年的轿车暴增潮起到领军的增量促进作用。2010年的夏利主力车型进入节能车补贴

的范畴。随着2011年后市场低迷，夏利的销量也明显走低。但2011～2012年的夏利走势实现了新的突破，夏利N5与夏利低端车型共同实现高增长，实现了高端车型的持续拉升，改善了低端车型占比过大的问题，并为其他自主品牌的增量留下入门级更好的发展空间。2013年启动了新一轮高增长期，夏利受低端入门级市场萎缩的影响较大，销量出现严重下滑，没有抓住新一轮增长期的机遇，这也是其他微型车自主品牌同样面临的困境。

2014年大城市限购潮蔓延到天津，2014年的小型轿车份额也是有所下滑，夏利的产品技术来源断绝和市场组合导致2015年夏利持续下行压力。

二、夏利销售结构分析

2015年夏利销售结构最大的变化是1.0L两厢车型的停产，主打1.3L N7系列（见图4）。由于人工成本上升和产品技术投入的放缓，夏利升级受到一些影响，1L两厢车型走势较弱。夏利主力产品的表现可圈可点。但受众多因素的影响，夏利似乎表现不好。

近两年，小排量自主品牌大部分进入调整期，夏利的调整也较艰难。国家政策对小排量的鼓励政策重于宣传，无行动计划和实际改进。因此夏利的走势受到大环境的严重压制。2015年的夏利自救突破的效果较好，通过消化过剩的厂房产能获得恢复发展的新机遇。

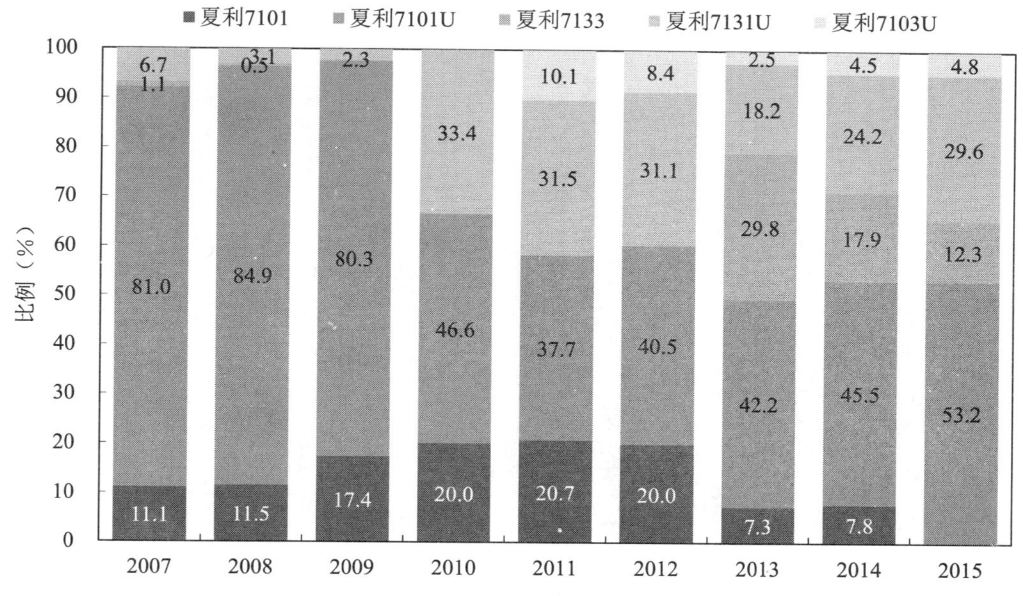

图4 2007~2015年夏利内部销售结构分析

三、夏利用户流向结构分析

2001 年前，出租车需求在夏利轿车总销量中所占的比例一般都在 85%以上，私人购车所占的比例还不足 10%。随着 2002 年私人轿车市场的有效启动，夏利系列轿车的市场结构迅速发生巨大的变化，2007 年私人用户的比例已经达到了 90%，而出租需求仅为 8%，工商务需求达到 2%（见图 5）。这种市场结构的重大改变，说明天津一汽及经销商的销售理念、手段、方法、技巧已经发生了相应的转变，特许经销店已经从紧盯出租市场不放的传统销售套路中脱离出来，将市场开拓的重点转移到了方兴未艾的私人购车上来，基本完成了由出租市场为主向家用车市场为主的重大战略性转移。

2007～2009 年的夏利销量下降主要在于高端的出租和私家车型需求的双下降，部分地区的出租升级，而夏利的高端出租和黑出租市场需求严重萎缩。2010 年夏利的销量高速增长，主要贡献仍是私人和出租市场。2011～2013 年的夏利努力拓展北方地区的出租市场，利用新上市的夏利 1L N5 系列车型实现对北方地县市场的有效开拓，满足了夏利 1L 系列的产品升级难题，达到了低油耗的出租市场占领。2014 年夏利出租市场有所萎缩，捷达等出租表现较强。2015 年夏利私人市场下降较大，出租市场继续萎缩，但下降得慢，因此出租占比反而上升。

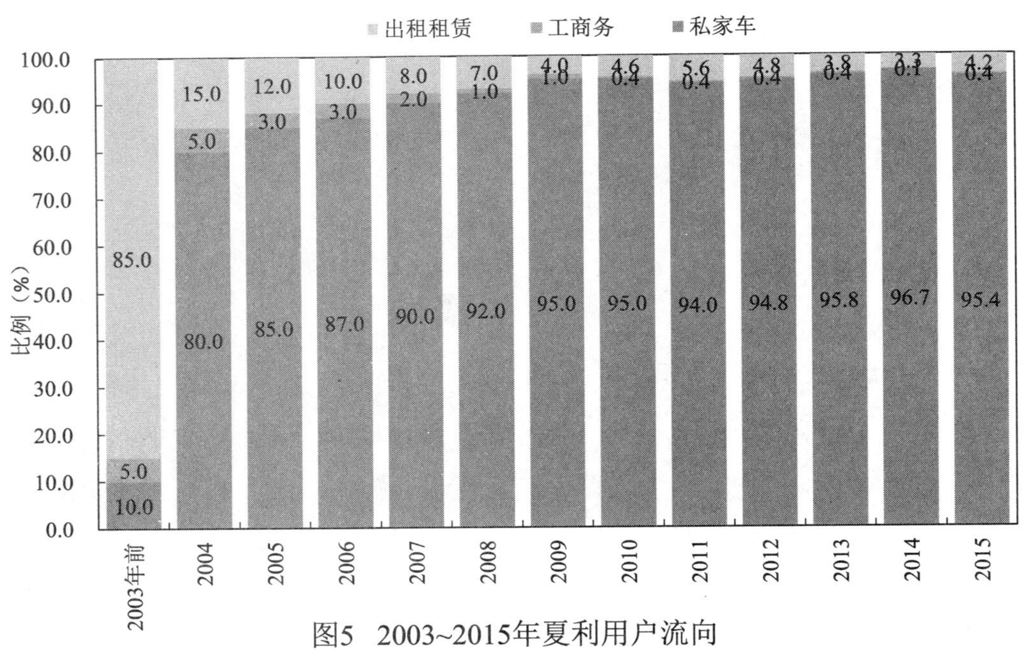

图5 2003~2015年夏利用户流向

四、夏利市场调查分析

1. 男性消费比例保持高位

夏利的产品特征主要是面向经济家用车。其目标消费群：城乡接合部和县乡市场家庭代步用车，个体私营小业主，年龄偏大的务实群体。老夏利面向普通市民用车群体。这也是夏利相对消费群体逐步萎缩的较大压力（见图6）。

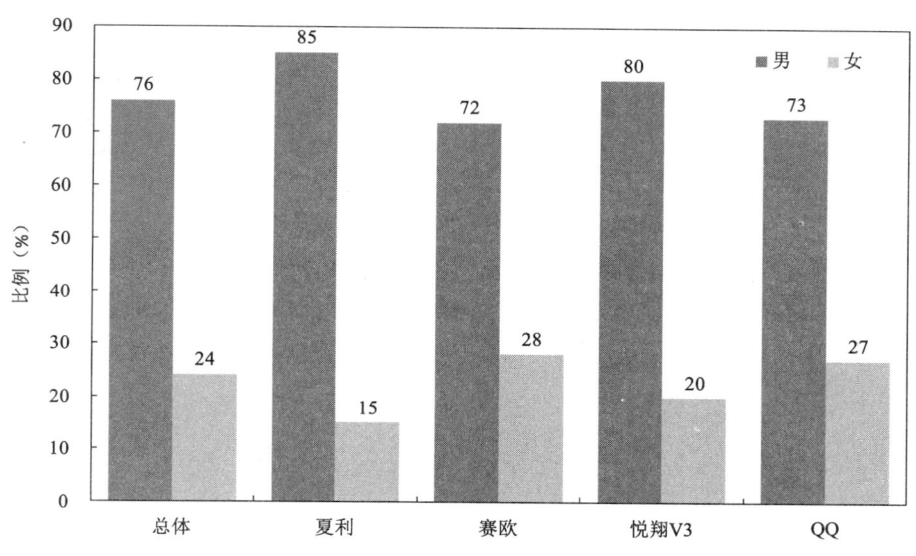

图6 夏利车与主要竞争车型用户的性别结构

2. 夏利N5产品的消费者评价

夏利N5产品成熟可靠，尤其是设计时偏向实用性，形成独特的消费选择群体。夏利的产品设计偏向低油耗和动力的平衡，因此油耗表现特别突出，而动力上相对稍差，尤其是夏利1L的动力表现偏低。夏利的操控性评价偏低，相对其他新车的弱势相对明显。羚羊等也有类似问题（见图7）。

3. 夏利N7产品消费调研评价

夏利的N7产品是夏利基础产品的升级改善，其产品也是在现有总量很少的研发人员全力投入下的产品改善，体现了投入少，人员少，能力不强下的自强精神。夏利N7作为两厢时尚型产品的外观相对较好，改变了老夏利的外观成熟老化问题。而且夏利N7的产品操控表现也是相对N5的改善较好的（见图8）。

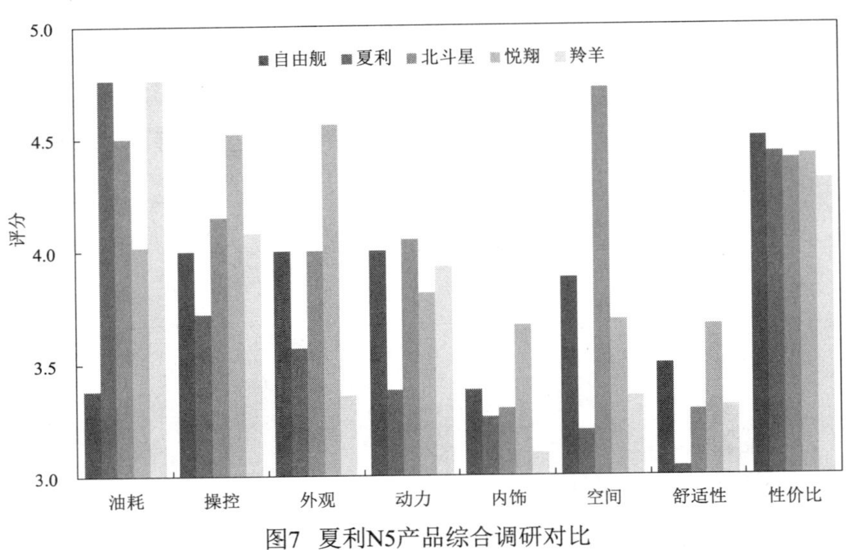

图7 夏利N5产品综合调研对比

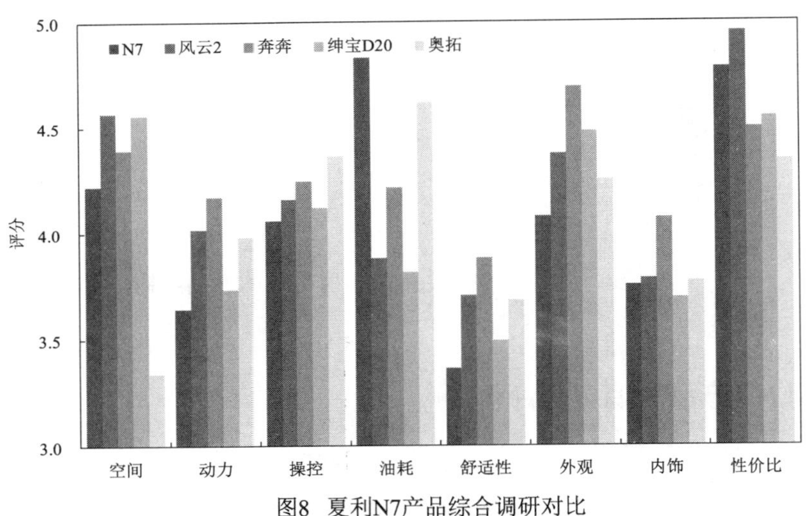

图8 夏利N7产品综合调研对比

近些年一汽夏利一直只设计生产A0级小车，虽然有很多优势资源，但不造A级车，这不是自身的问题，是历史定位等国企的遗留问题，因此销量下滑是必然的趋势，最终导致老款夏利停产和技术线路的迷失，但夏利自强的精神和为生存而抗争发展的努力也是值得纪念的。

（作者：崔东树）

2015 年吉利汽车产品调查报告

2015 年，我国经济进入新常态，“十三五”经济正式定调不低于 6.5%。我国乘用车市场在这一年也跌宕起伏，这一年，有“官降”价格战的惨烈，有新能源车和 SUV 的火爆，有小排量汽车“购置税减半”的政策刺激，也有出口的持续下滑。2015 年，是吉利汽车正式发布“造每个人的精品车”的品牌使命和全新品牌价值定义“动感精致、自信激扬”后的第一个年头。经历 2014 年的低谷之后，2015 年，吉利汽车稳扎稳打，激流勇进，1～11 月以高于行业平均增长，实现 45.62 万辆的销量，完成全年销量目标。

一、吉利汽车 2015 年整体市场表现

2015 年 1～11 月，吉利汽车累计销量 45.62 万辆，同比增长约 30%，均高于乘用车市场（见图 1）。

从附表中可见，自进入第四季度，加上“购置税减半”的政策刺激，整体乘用车市场的增长非常快速。而吉利汽车多款产品及后续 SUV 产品却无法惠及。

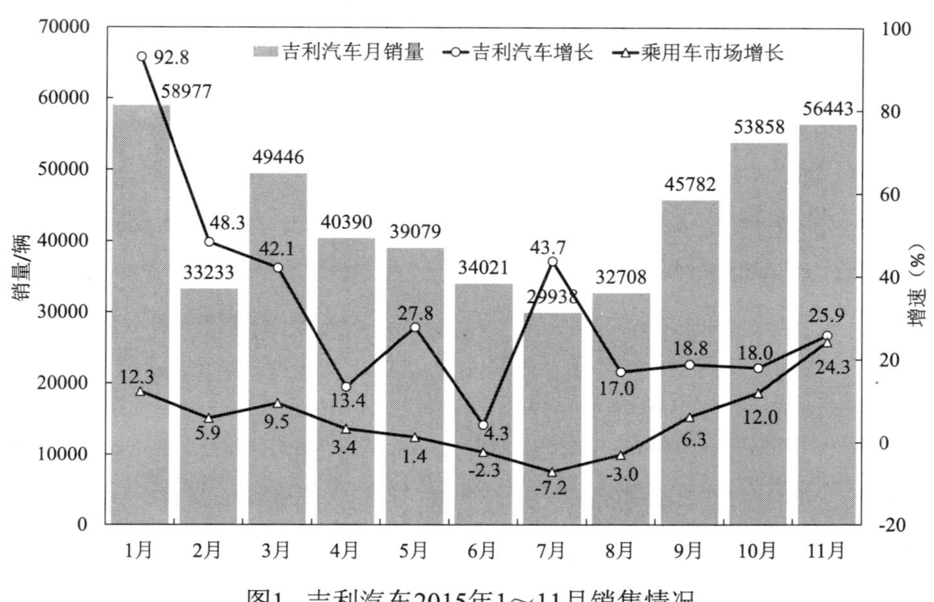

图1 吉利汽车2015年1～11月销售情况

二、吉利汽车各产品细分市场产品表现

1. 博瑞市场表现

博瑞产品最终经全民定价活动后，于 2015 年 4 月正式上市，表现稳健，成绩抢眼（见图 2）。作为吉利集团实施战略转型之后的首款中高级轿车，在 2015 年 11 月 19 日，吉利博瑞力压梅赛德斯-迈巴赫 S 级轿车和捷豹 XE 以总分 104 分（超过第二名 43 分）的压倒性优势当选“2016 我国年度车”！并在“2016 我国年度设计车”入围前三甲。由此证明吉利博瑞获得汽车业界和消费者的双重认可。

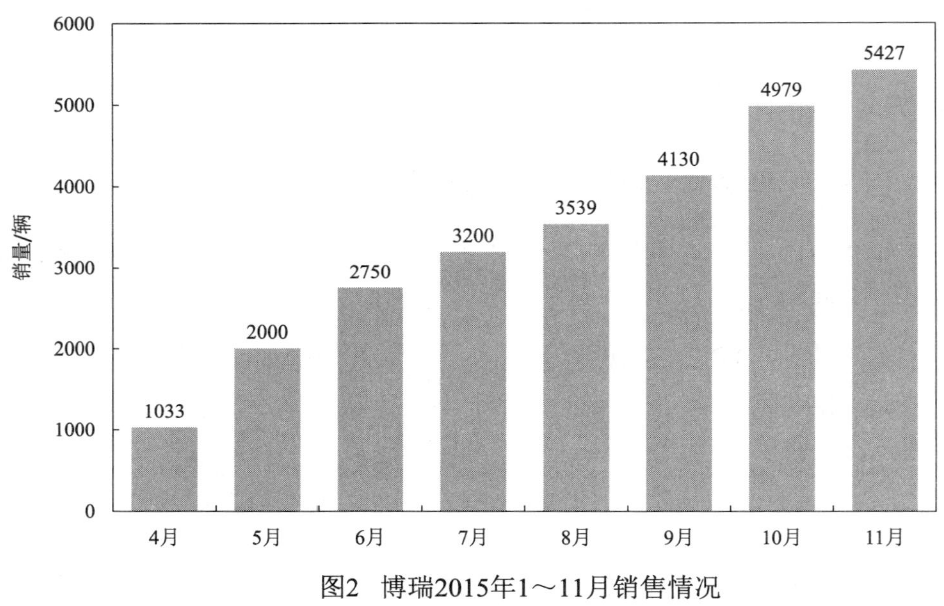

图2 博瑞2015年1～11月销售情况

博瑞所在的 B 级中低端细分市场中，已经成为自主品牌 B 级轿车的代表作，但与 K4、名图、马自达 6 等传统日韩强势产品相比，还存在较大的进步空间。

2. 新帝豪市场表现

作为吉利汽车一款重要的战略车型，吉利帝豪上市六年来，凭借良好的口碑和可靠的品质，累计销量突破了 85 万辆，创造了令业界瞩目的“帝豪速度”和“帝豪现象”。2014 年 7 月新帝豪上市之前，吉利帝豪已经上市 5 年，为了更好地满足年轻消费者群体的需求，吉利新帝豪在外观造型、做工、质量与互联网配置方面不断提升，最终延续了帝豪 EC7 的产品表现（见图 3）。

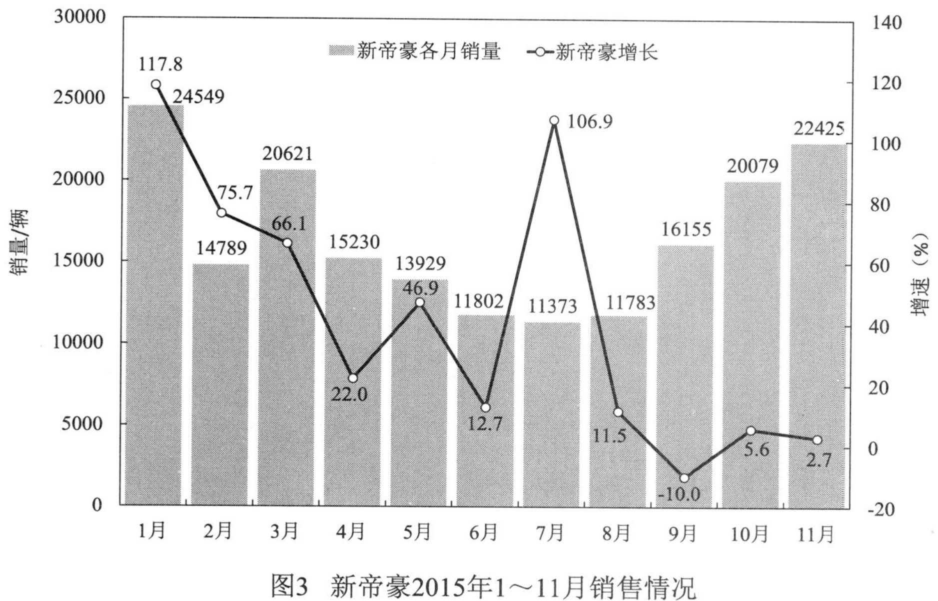

图3 新帝豪2015年1～11月销售情况

在针对新帝豪用户上市后的验证性专项调研中，我们发现：用户购买新帝豪的原因主要是外观设计吸引人、车身大小合适、内部整体空间设计好（见图 4）；而放弃原因是内饰材质、车身颜色、车身大小（见图 5）。用户认知新帝豪的 6 安全气囊、倒车雷达+倒车影像、无钥匙进入+一键启动、低油耗、惠民 3000 元、车载 WiFi，优异车内环境品质，5 年 60 万销量口碑对用户有比较明显的提升购买意愿作用。

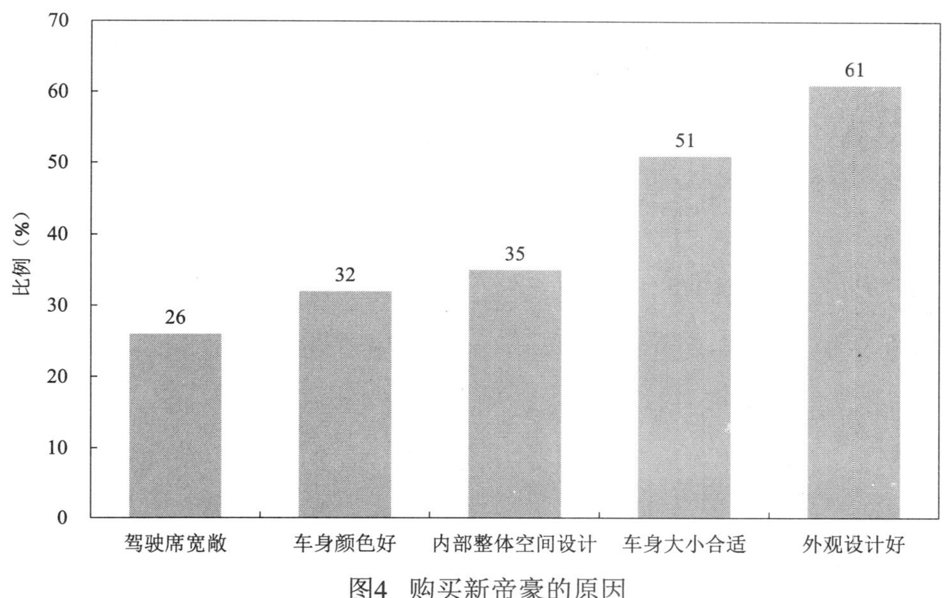

图4 购买新帝豪的原因

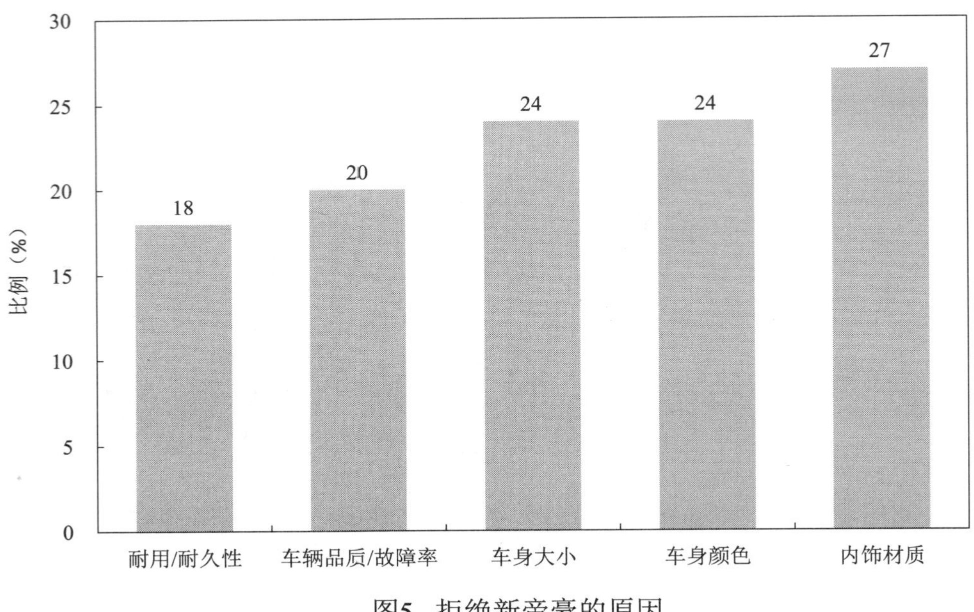

图5 拒绝新帝豪的原因

在A级中低端细分市场，新帝豪与长安逸动竞争最为激烈，成为该细分市场的两大代表车型。相对而言，吉利新帝豪在二、三、四线城市的涨幅较为平均，但长安逸动则在三、四线城市发力较快。

3．新远景市场表现

2011年吉利推出全球鹰GC7，品质及内在的配置都不错，但市场认可度却不高。在做新远景时，一直都在思考消费者的想法，研究产品趋势。最终呈现出的新远景，有了两个比较明确的指向：一个是贴近消费者，为80后新实用主义者和追求幸福生活的人群提供更加合理的产品要素；另一个注入新内涵——“在这个人生的段位当中，我们给他恰到好处的给予，让他付出也是恰到好处的付出。”而不是粗暴地把自主品牌的性价比理解为高配置、低价格。所以新远景才在2014年11月上市以来，呈现几何式数量级的增长水平（见图6）。

同样来自新远景上市后验证的专项调研中，我们发现：新远景的用户主要是80后甚至涵盖了一小部分90后，年龄相对不大，刚步入社会时间不长，所以事业上刚刚起步或仍处于上升期，努力拼搏、挣钱养家为他们现阶段的核心任务。

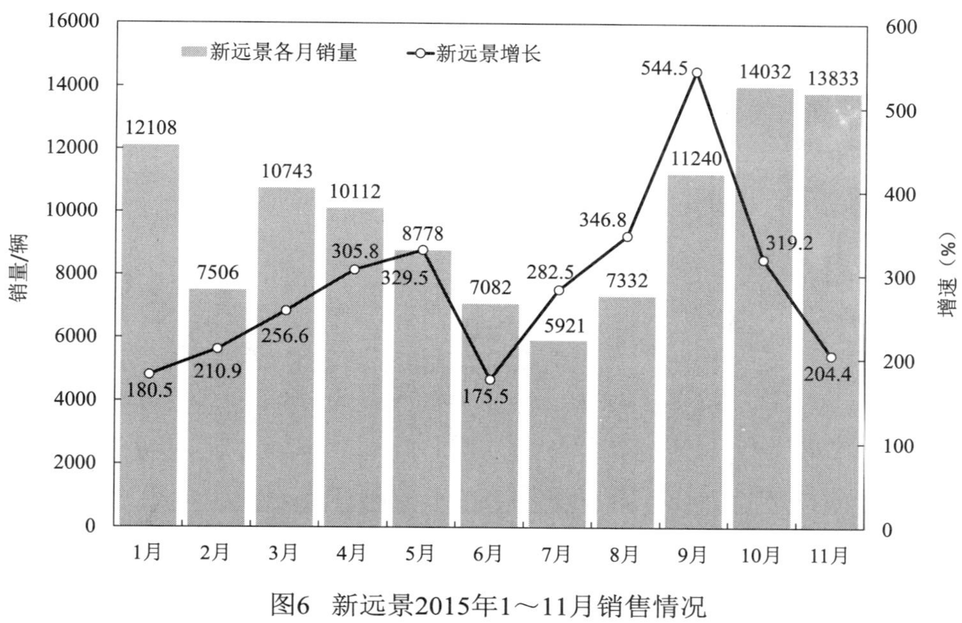

图6 新远景2015年1～11月销售情况

多数用户还是城市和城乡接合部的用户，同时，城市新移民也占据了很大的比例，这些新移民为了更好地融入城市生活中，迫切需要通过一些外显的东西（如车和房）来证明自己的能力和实力。他们注重价格、经济性、对外观、配置和空间均有一定的要求。这也进一步验证了我们对于消费者、产品趋势的思考。

4．GX7/GX9 市场表现

2015 年吉利 GX7 的销量下滑明显（见图 7），这款产品自 2012 年上市以来，市场表现较吉利汽车相关轿车产品颇为逊色。2014 年上市的 7 座豪情 SUV 表现较差。这也导致吉利汽车 2015 来对于 SUV 新产品规划与研发的重视。

三、2016 年展望

1．对于 SUV 产品的期望

2015 年 10 月，内部代号为 NL-3 的全新 SUV 车型正式定名为“博越”，博越是众网友的票选结果。由 126 万网友定名而来的吉利博越，代表了消费者对这款全新 SUV 的热情期待，“博越”寓意着“博采众长、驾越不凡”。

吉利博越 SUV 采用了最新的家族式设计，整车线条肌肉感十足。在车头的

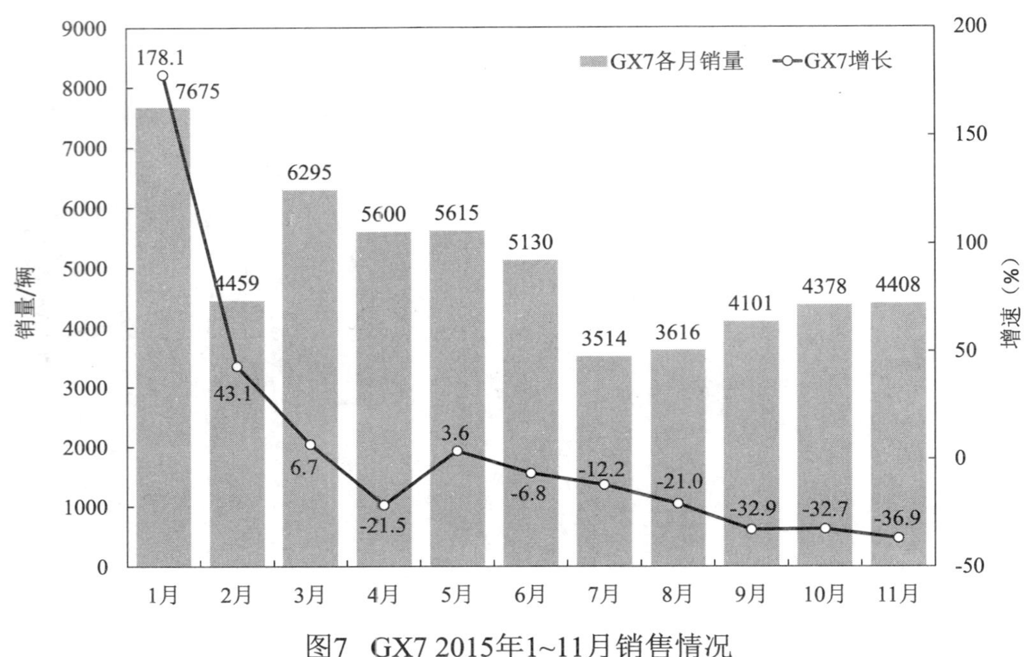

图7 GX7 2015年1~11月销售情况

进气格栅部分延续了吉利博瑞的“水波涟漪”造型，鹰眼式头灯组使用了LED光源。车辆顶部加入了全景天窗设计，并在两侧配有金属行李架。车辆尾部的尾灯组同样使用了LED光源，同时在后保险杠底部加入了双侧双出的排气布局。吉利博越的中控采用大面积银色拉丝面板与黑色搭配，科技感很足。中控采用了7英寸的触摸屏，并支持苹果CarPlay系统。此外，博越搭配双区自动空调、前座椅加热、棕色真皮座椅以及座椅多向电动调节等功能，而空调旋钮以及座椅旋钮都采用了银色外框，体现了很好的工艺水准。

吉利博越SUV预计于2016年初上市，这款车仍将基于高要求的设计、工艺、品质、配置及技术。它将承载吉利汽车对于SUV细分市场期望的开始。接下来CMA的第一款产品也是SUV，在3～5年之内，吉利大概会有六七款SUV，吉利汽车将在SUV市场迎头追赶。

2．对于新能源产品的重视

2015年11月18日，吉利汽车正式发布了新能源汽车发展战略——“蓝色吉利行动”，承诺提前全面实现2020年企业平均5.0L/100km燃油消耗限值，吉利汽车公司也将加快从传统汽车向新能源汽车转型，并致力于成为我国领先的新能源汽车公司。

在纯电动车领域内，吉利将打造 FE 纯电动平台和 PE 纯电动平台，而刚上市的帝豪 EV 就是基于 FE 纯电动平台的产物，未来该平台还将打造高性能中高端电动车，续航里程将进一步提升。至 2020 年其续航里程将达到 500km，百公里耗电量仅为 11kW・h。另外一个 PE 纯电动平台则是属于吉利小型车新能源专属平台，未来该平台将推出轻量化、智能化、高性价比的小型纯电动车，首款车型或 2017 年发布，续航里程为 200km。至 2020 年其续航里程将达到 400km，百公里耗电量仅为 8kW・h。油电混动领域，搭载吉利自主研发的 GHS 油电混动系统的首款车型将于 2016 年正式上市，其将是一款紧凑型车，搭载了行星齿轮功率分流系统，将实现车辆切换动力来源路径（油或电）。插电式混动方面，吉利这套插电式混动系统将由 1.5T 发动机和电动机组成，与之匹配的是 7 速双离合变速器，这套系统未来将搭载在吉利全系车型之上，首款插电车型将于 2017 年正式上市。

（作者：张培利）

2015年华晨汽车中华V3市场研究报告

一、中华品牌的市场表现

中华品牌自2002年诞生以来，经过十几年的时间，从只有一款中华尊驰车型，发展到现在的两大平台，10款车型。销量也从年销量不足1万辆，做到了现在的年销量十几万辆。十几年的时间，华晨汽车的中华品牌正稳步发展，并一步步走向成熟。中华成为华晨中、高档自主品牌轿车的骨干力量。2010～2015年华晨中华各品牌销量见表1。

表1 2010～2015年华晨中华各品牌销量

（单位：辆）

	2010年	2011年	2012年	2013年	2014年	2015年1～11月
尊驰	7175	2036	1851	809	1900	331
骏捷	30229	12244	6989	3011	1316	652
骏捷FRV	80827	63180	23959	7981	1959	3271
骏捷FSV	40723	39625	41561	30980	18240	1899
酷宝	845	9	—	—	—	—
H530	—	16801	24476	17494	8021	2778
H230	—	—	19713	51134	12889	3853
H330	—	—	—	24690	42894	36512
H220	—	—	—	4108	9462	3002
V5	—	277	51238	70643	29298	27384
V3	—	—	—	—	—	54176

目前华晨中华在售的车型有中华H220、H230、H320、H330、H530、骏捷FRV、骏捷FSV、骏捷、尊驰九款轿车与中华V3、V5两款SUV车型，其中V3是2015年5月推出，V5是2011年推出，H230与H320都是2012年推出的产品，H330是2013年推出的，骏捷FRV、骏捷FSV、骏捷、尊驰则是比较早期的产品。

中华品牌产品覆盖B级车、A级车市场、A0级车市场、SUV市场，2015年1～11月累计销量达到133858辆，同比增长6.3%。

作为中华品牌代表的骏捷，2008年上市，上市以后有着不俗的表现，月销量近万辆，在B级车市场来讲可谓火爆，成为我国国产车市场上的一个传奇车型，但近几年表现欠佳，使得中华品牌销量一度低迷。虽然后期推出中华 H530、中华V5、中华H320、中华H330、中华H220，但每款车型的表现都不是很近如人意，2014年中华品牌销量137936辆，同期相比增速下降了26.7%。

近年来，凭借时尚、漂亮、空间大，配置丰富且动力先进的产品特性，自主品牌SUV已逐渐迎合国内消费者的主流需求，在SUV市场快速崛起。特别是汽车市场用户的年轻化，为时尚的小型 SUV 市场需求创造了更大的空间，使得迎合用户口味的中华V3刚刚上市就销量火爆，11月销量已达16257辆，占据中华品牌11月总销量2万辆的81%，带动中华品牌进入历史性拐点。

二、中华V3的市场定位

1. 我国汽车消费者构成变化趋势

30岁以下年轻用户逐渐成为我国汽车市场新生力军。据汽车行业专业公司的调查，近几年随着我国经济增长，我国汽车市场的主流消费群体也越来越倾向于年轻人，年轻化主导消费潮流。年轻化还驱动行业提供更个性化、智能化、全方位的汽车消费体验。SUV和MPV继续风靡，挤占轿车份额，尤其是A级或更小型轿车。

2. 中华V3用户群体定位

（1）*用户人口、社会学特征* 目前小型SUV用户六大关键特征：男性、年轻、学历偏低、已婚有小孩、小业主、注重安全、性价比和空间。未来发展趋势以男性为主，但需考虑女性需求；年轻化趋势明显，但仍是家庭车；学历水平逐步提高，工作行业逐步分散，白领会成为主力用户群体。

（2）*小型SUV市场人群细分* 奋斗惠族以30岁以上的小业主为主，占比28%；居家稳族以35岁以下白领已婚有小孩的为主，占比21%；时尚锐族以30岁以下白领未婚或已婚无小孩的为主，占比15%。

基于以上的市场研究和调研结论，在消费者需求日渐多元化的当下，年轻化是市场发展的必然趋势，新锐的年轻一代开始厌倦设计风格传统的车型，而期待购买设计理念前卫，能表达自身品味，适合自身生活方式的个性化SUV。因此基于市场需求，着眼于“泛 90 后”群体定位的中华 V3，将产品定位在“动感时尚、五星安全、智能互联、澎湃动力”这 16 字方针中，在设计上凸显年轻运动，尤其是外观设计上突显个性，提供 1.5L 及 1.5T 两种动力选择，实现通过数据线手机的互联，定价在 6.57 万～10.27 万元的完美车型中华 V3 于 2015 年 5 月荣耀登场。

三、中华 V3 的市场营销

中华V3 自 2015 年 5 月上市，一直闪耀在媒体的聚光灯下，助力国家女排世界杯摘冠，联合著名主持人杨澜携“正青春”走进校园，量产车性能大赛上得冠称王，助阵由赵薇、黄晓明、佟大为主演的电影“横冲直撞好莱坞”等，作为中华战略车型，中华V3 自上市以来，就受到广大年轻消费者的喜爱。中华V3 出色的市场表现，诠释出了优秀产品和积极向上营销的成功本质，它将传递给年轻人敢想敢干、为梦想勇敢拼搏的精神，彻底地激发了中华品牌在SUV市场的活力。

1. 赞助我国女排

2015 年我国女排获得了世界冠军，中华 V3 取得了很好的广告效果，女排精神是我国女排的青春精髓，贯穿着整个“80 后”童年的是辉煌的战绩，从 1981～2015 年，7 次冠军铸就女排精神，5 连冠掀起振兴中华之热潮。女排精神也与“用心去做，永不满足”的华晨精神不谋而合，诠释了中华 V3 带给用户的感受。中华品牌通过我国女排这种顽强拼搏的精神传递，鼓励更多的年轻人敢于去挑战，去奋斗，去追逐自己的梦想。

2. “正青春”校园活动

“正青春”是由著名媒体人杨澜发起，阳光媒体集团联合各大知名高校携手打造的励志、青春校园活动品牌，已经走进全国 25 所重点高校，传播着顽强拼搏的青春正能量。中华 V3 通过与“正青春”活动的合作，响应国家“万众创业、万众创新”的战略规划，突显中华品牌对年轻人成长、创新、创业的支持，其“敞开想、放肆动”的主题，符合当今学子敞开思路、放手去做的创业精神，更是和正青春敢想、敢做、敢担当的理念契合。因此在社会上引起了广泛关注及巨大反响，中华品牌形象、口碑均得到空前提升，在众多权威媒体的奖项评选中更是屡获殊荣：腾讯汽车 2015TTA 最具影响力自主小型SUV大奖；爱卡 2015 小型SUV年度车型奖；2015 搜狐“最佳广告创意创新奖”；中国长城广告奖 2015 年度广告主奖——年度成就奖；2015 中国传播论坛蒲公英之夜特别大奖——社会营销奖等。

3．中国量产车性能大赛中华 V3 获 CPC 全场冠军

2015 年 8 月在中国量产车性能大赛上，中华V3 力压所有中外品牌，包揽了所有类别的奖项，荣膺蛇形绕桩项目全场冠军，以实力加冕“小型SUV弯道王”，以品质颠覆了国人对自主品牌的认知！为了中华V3 重现弯道王的精彩表现，让更多车迷零距离感受中华V3 的卓越性能，中华在全国 6 个城市举办了 V3 弯道王纵横之旅，旨在为用户带来身临其境的赛道感受。中华V3 弯道王纵横之旅是一次纵贯东西、横穿南北的跨越之旅，也是中华V3 超越期待的探寻之旅、体验之旅，为用户带来身临其境的赛道感受，让更多的人零距离感受中华V3 的高颜值、高性能，将个性融合到中华V3 奔跑的路上，在人车合一的超然境界里追逐梦想，享受快意人生。中华V3 为自主品牌SUV赢得了掌声与喝彩，以征服者的姿态笑傲江湖！

4．中华 V3“横冲直撞好莱坞”带你去追疯

2015 年 6 月 23 日，华晨汽车中华品牌倾情助阵的由赵薇、黄晓明、佟大为主演的电影“横冲直撞好莱坞”新闻发布会在北京隆重举行。此次，中华品牌旗下专为年轻群体打造的高性能智控SUV中华V3 与“横冲直撞好莱坞”全面携手，以“敞开想、放肆动”的 V 态度与广大影迷一起追疯好莱坞！

本次中华V3 携手该影片，通过二者身上共同具有的年轻、时尚、品质等因素，与目标消费群体产生共鸣，让消费者全面感知华晨汽车创新的汽车工业科技和自主高端的品牌魅力。

四、中华 V3 的市场表现及竞争优势

作为中华品牌明星产品的中华 V3，自 2015 年 5 月上市，仅用半年时间迅速跻身小型SUV主流市场，排名迅速进入前四位，直逼小型 SUV 市场销冠。在全国乘用车市场联席会公布的 11 月数据中，中华 V3 以月销量 1.6 万辆（见表 2），

占中华品牌当月销量的 81%。中华V3 是继中华骏捷之后，中华品牌再次站稳自主品牌一线阵营，重返巅峰。

表 2 小型 SUV 2015 年市场销量

序号	生产厂商	品牌	车型名称	2015 年 11 月销量/辆	2015 年 1～11 月销量/辆	售价/万元
1	江淮汽车	江淮	江淮瑞风 S3	20520	170942	6.58～8.48
2	长城汽车	哈弗	哈弗 H2	18077	148495	9.88～12.88
3	北汽银翔	北汽幻速	北汽幻速 S3	18005	27384	6.18～7.38
4	华晨汽车	中华	中华 V3	16257	54176	6.57～10.27
5	长安汽车	长安	长安 CS35	14489	156899	7.89～9.89
6	奇瑞汽车	奇瑞	奇瑞瑞虎 3	14004	103276	7.39～9.89
7	长城汽车	哈弗	哈弗 H1	7965	62841	5.49～8.29
8	长城汽车	长城	长城 M4	3586	36270	6.49～7.79
9	天津一汽	夏利	骏派 D60	2297	26404	6.49～9.99

2015 年以来，低迷的市场环境使自主品牌举步维艰，而中华 V3 在 11 月的销量不俗，打响了华晨汽车2015 收官之战。市场证明中华 V3 不仅是中华品牌的贵子，同时也是我国小型SUV市场一个格局的重要成员，作为自主品牌的引领者，中华汽车重新回到了巅峰之路。

1．中华 V3 从产品力打造开始

中华 V3 是华晨中华历时三年精心打造的一款智控型 SUV。它由意大利专家迪米特里·维切多米尼等国际级大师倾心打造，将更多国际时尚元素融合其中。透过中华 V3 产品可以看到，中华 V3 外观时尚、配置丰富、空间丰裕、动力充沛、操控灵活五大优势，其硬朗的外观、智能的新互联、极致的安全感，尤其是车内引入的智能手机互联系统以及多样的丰富配置，在小型SUV市场中有着极强的号召力。动力方面，中华V3 搭载的 1.5T发动机高转矩输出的动力，同时搭配韩国原装进口 5AT 变速器换档顺畅，让其也无愧于“高性能智控SUV”的定位。外观方面，前脸的设计延续了中华家族的风格，亮黑的进气隔栅配以夺目大灯的设计，个性张扬且不失活泼。灵动的腰线与悬浮式车顶营造了简洁干练且向前俯冲的势态，运动激情。大尺寸的轮毂加上立体圆润的尾部，硬朗风格十足。视觉效果更显时尚。内饰方面，中华 V3 以时尚简约风格为主，车内采用红、黑相间的颜色

搭配，更符合年轻消费者的口味，且中控台各功能按键布局易于操作。另外，中华 V3 将提供天窗、无钥匙启动、智能互联、定速巡航、前排气囊、侧气囊、头部气帘等配置。

2．中华 V3 的竞争优势

与竞品车型相比，中华 V3 在造型方面的优势体现在：外观造型方面，更加动感、青春、精致；内饰方面更加简约质感，更适合当今年轻人的审美追求；多媒体系统方面，手机互联系统实现手机与车辆无缝对接，提高操作便利性和行驶安全，同时更为时尚。同时，与竞品车型相比，中华 V3 轴距最长，决定了车的舒适性和稳定性。另外，在发动机方面，动力性能和经济性方面优势更明显（见表 3）。

表 3　不同竞品发动机性能对比

对比项	中华 V3				长安 CS35		瑞风 S3		新瑞虎 3	
车型分类	1.5 MT	1.5 AT	1.5T MT	1.5T AT	1.6 MT	1.6 AT	1.5 MT	1.5 CVT	1.6 MT	1.6 CVT
整备质量/kg	1325	1350	1330	1370	1270	1290	1210	1220	1358	1390
最大扭矩/（N·m）	145		220		160		146		160	
最大功率/kW	82		110		92		83		93	
综合工况油耗/L	6.9	7.6	7.3	7.6	7.3	7.9	7.1	8	8.2	8.4

中华 V3 是华晨汽车 2015 年的杰作，对于华晨汽车整体产品及未来规划具有至关重要的战略意义。在未来的几年中，华晨汽车都将按照中华 V3 的模式把中华系列产品做强、做大，实现中华品牌的华丽转身。

（作者：李清）

附 录

附录 A　与汽车行业相关的统计数据

表 A-1　主要宏观经济指标（绝对额）

指　　标	2007 年	2008 年	2009 年	2010 年	2011 年	2012 年	2013 年	2014 年
国内生产总值（GDP）/亿元	265810.0	314045.0	340903.0	401513.0	472881.6	518942.1	588018.8	636138.7
全社会固定资产投资/亿元	137323.9	172828.4	224598.8	278121.9	311485.1	374694.7	446294.1	512020.7
社会消费品零售总额/亿元	89210.0	108487.7	132678.0	156998.4	183918.6	210307.0	242842.8	271896.1
出口总额/亿美元	12177.76	14306.9	12016.1	15777.5	18983.8	20487.1	22090.0	23422.9
进口总额/亿美元	9559.5	11325.6	10059.2	13962.4	17434.8	18184.1	19499.9	19592.3
财政收入/亿元	51321.78	61330.4	68518.3	83101.5	103874.4	117253.5	129209.6	140370.0
财政支出/亿元	49781.4	62592.7	76299.9	89874.2	109247.8	125953.0	140212.1	151785.6
城镇家庭人均可支配收入/元	13785.8	15781.0	17175.0	19109.4	21809.8	24565.0	26955.1	29381.0
农村家庭人均年纯收入/元	4140.4	4760.6	5153.0	5919.0	6977.3	7917.0	8895.9	9892.0
城乡居民储蓄存款年末余额/亿元	172534.2	217885.4	260772	303302.2	343635.9	399551.0	447601.6	485261.3
全国零售物价总指数（上年＝100）	103.8	105.9	98.8	103.1	104.9	102.0	101.4	101.0
居民消费价格指数（上年＝100）	113.7	105.9	99.3	103.3	105.4	102.6	102.6	102.0

表 A-2　主要宏观经济指标（增长率）

指　　标	2007 年	2008 年	2009 年	2010 年	2011 年	2012 年	2013 年	2014 年
国内生产总值（GDP）增长率（%）	11.9	9.0	9.2	10.4	17.9	9.7	13.3	8.2
全社会固定资产投资增长率（%）	24.8	25.9	30.0	23.8	12.0	20.3	19.1	14.7
社会消费品零售总额增长率（%）	16.8	20.0	15.5	18.3	17.1	14.3	15.5	12.0
出口总额增长率（%）	25.7	17.5	−16.0	31.3	20.3	7.9	7.8	6.0
进口总额增长率（%）	20.8	18.5	−11.2	38.8	24.9	4.3	7.2	0.5
财政收入增长率（%）	32.4	19.5	11.7	21.3	25.0	12.9	10.2	8.6
财政支出增长率（%）	23.2	25.7	21.9	17.8	21.6	15.3	11.3	8.3
城镇家庭人均可支配收入（现价增长率（%））	17.2	14.5	8.8	11.3	14.1	12.6	9.7	9.0
农村家庭人均年纯收入（现价）增长率（%）	15.4	15.0	8.2	14.9	17.9	13.5	12.4	11.2
城乡居民储蓄存款余额增长率（%）	6.8	26.3	19.7	16.3	13.3	16.3	12.0	8.4
全国零售物价总指数（上年＝100）增长率（%）	2.8	2.0	−6.7	4.4	1.7	−2.8	−0.6	−0.4
居民消费价格指数（上年＝100）增长率（%）	3.2	1.0	−6.2	4.0	2.0	−2.7	0.0	−0.6

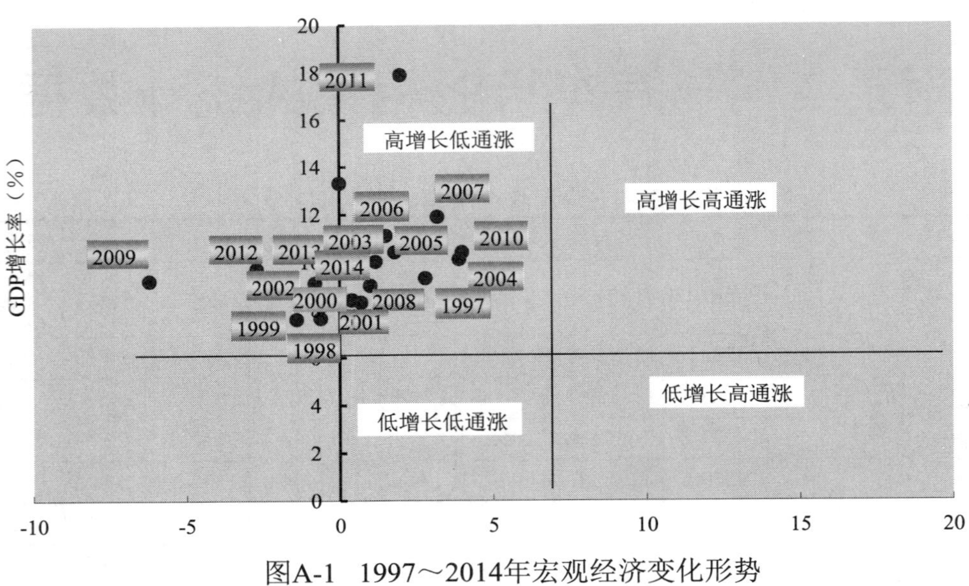

图A-1 1997～2014年宏观经济变化形势

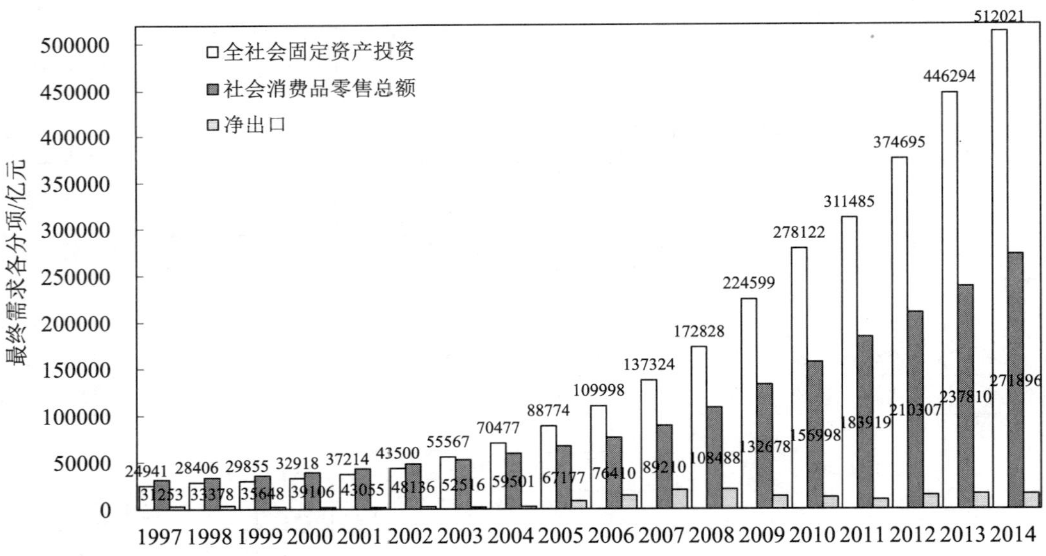

图A-2 1997～2014年社会消费品最终需求变动情况

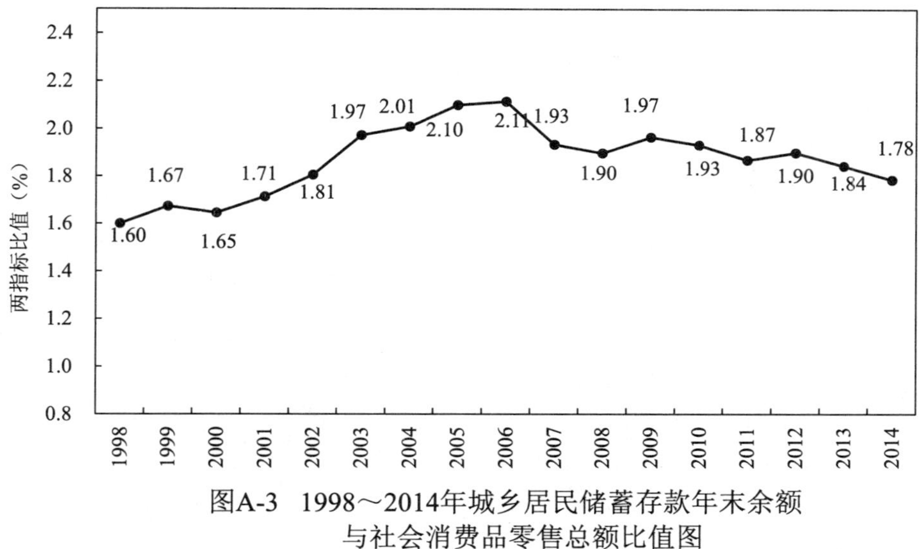

图A-3　1998～2014年城乡居民储蓄存款年末余额与社会消费品零售总额比值图

表 A-3　现价国内生产总值

年份	国民生产总值/亿元	国内生产总值/亿元	第一产业	第二产业	工业	建筑业	第三产业	人均国内生产总值/元
1997	77653	78973	14265	37543	32921	4622	27165	6420
1998	83024	84402	14618	39004	34018	4986	30780	6796
1999	88189	89677	14548	41034	35861	5172	34095	7159
2000	98000	99215	14716	45556	40034	5522	38942	7858
2001	108068	109655	15516	49512	43581	5932	44627	8622
2002	119096	120333	16239	53897	47431	6465	50197	9398
2003	135174	135823	17068	62436	54946	7491	56318	10542
2004	159587	159878	21413	73904	65210	8694	64561	12336
2005	184739	184937	23070	87365	77231	10134	73433	14185
2006	211808	216314	24737	103162	91311	11851	82972	16500
2007	251483	265810	28095	121381	107367	14014	100054	20169
2008	315275	314045	33702	149003	130260	18743	131340	23708
2009	341401	340903	35226	157639	135240	22399	148038	25608
2010	403260	401513	40534	187581	160867	26714	173087	29992
2011	472115	472882	47486	220413	188470	31943	204983	35181
2012	516282	518942	52373	235162	199670	35491	231406	38420
2013	583197	588019	55322	256810	217264	40807	275887	43320
2014	634043	636139	58336	271764	228123	44790	306038	46629

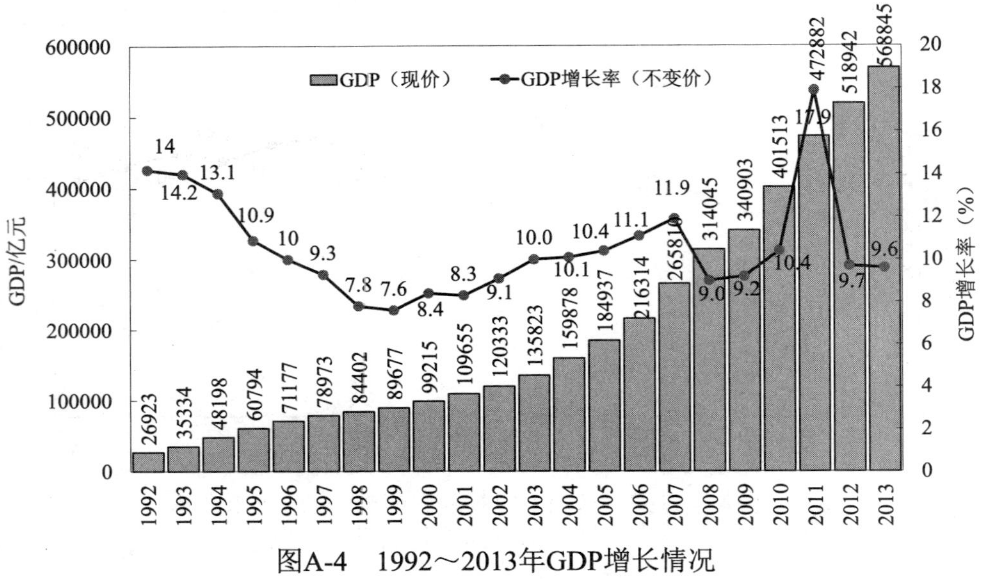

图A-4　1992～2013年GDP增长情况

表 A-4　国内生产总值 GDP 增长率（不变价）

年份	国民生产总值增长率（%）	国内生产总值增长率（%）	第一产业	第二产业			第三产业	人均 GDP 增长率（%）
					工业	建筑业		
1997	9.1	9.3	3.5	10.5	11.3	2.6	10.7	8.2
1998	7.9	7.8	3.5	8.9	8.9	9.0	8.3	6.8
1999	7.6	7.6	2.8	8.1	8.5	4.3	9.3	6.7
2000	8.9	8.4	2.4	9.4	9.8	5.7	9.7	7.6
2001	8.1	8.3	2.8	8.4	8.7	6.8	10.2	7.5
2002	9.5	9.1	2.9	9.8	10.0	8.8	10.4	8.4
2003	10.6	10.0	2.5	12.7	12.8	12.1	9.5	9.3
2004	10.4	10.1	6.3	11.1	11.5	8.1	10.0	9.4
2005	11.2	10.4	5.2	11.7	11.6	12.6	10.5	9.8
2006	11.1	11.1	5.0	13.0	12.9	13.7	10.8	10.5
2007	12.2	11.9	3.7	13.4	13.5	12.6	12.6	11.4
2008	8.9	9.0	5.5	9.3	9.5	7.1	9.5	8.4
2009	9.3	9.2	4.2	9.9	8.7	18.6	9.3	8.6
2010	10.8	10.4	4.3	12.4	12.2	13.7	9.6	9.9
2011	17.1	17.9	17.2	17.5	17.2	19.6	18.4	17.3
2012	9.4	9.7	10.3	6.7	5.9	11.1	12.9	9.2
2013	9.7	9.6	8.8	6.2	5.5	9.9	13.3	9.1

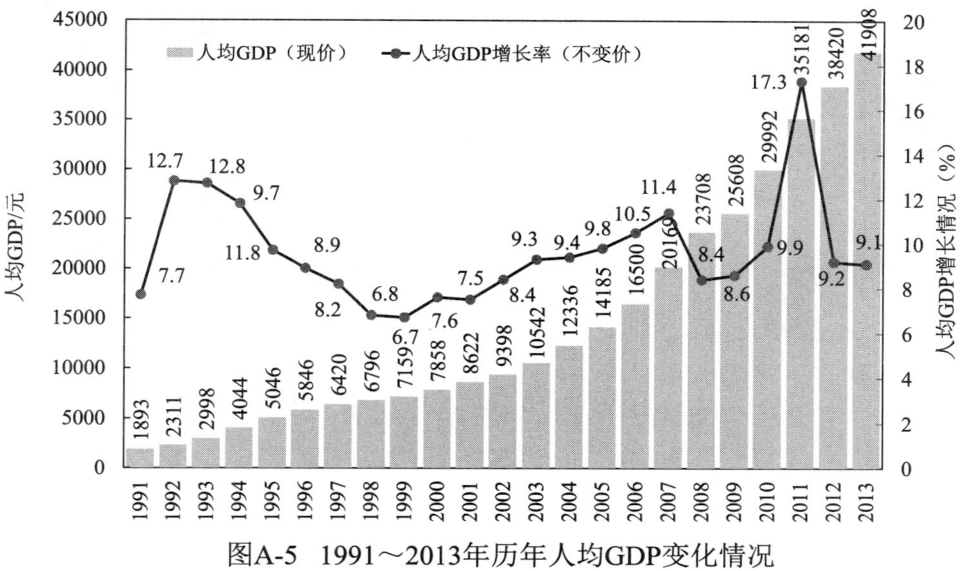

图A-5　1991～2013年历年人均GDP变化情况

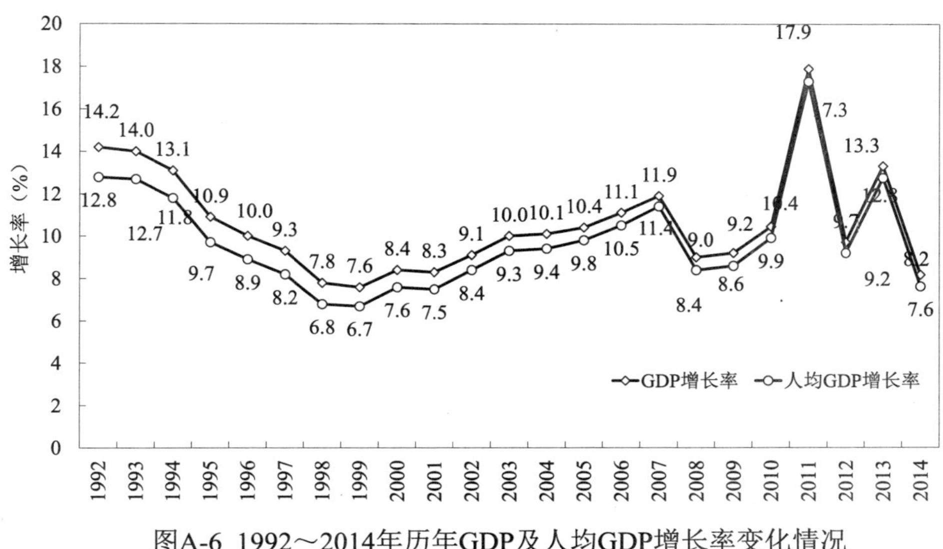

图A-6 1992～2014年历年GDP及人均GDP增长率变化情况

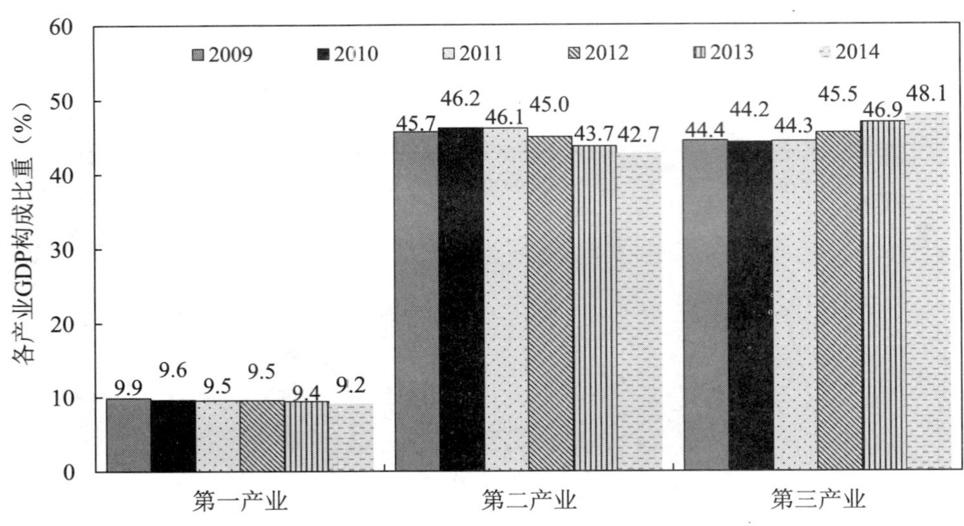

图A-7 2009～2014年全国GDP构成对比

表 A-5 现价国内生产总值（GDP）构成

年份	国内生产总值占比（%）	第一产业	第二产业	工业	建筑业	第三产业
1996	100.0	19.7	47.5	41.4	6.2	32.8
1997	100.0	18.3	47.5	41.7	5.9	34.2
1998	100.0	17.6	46.2	40.3	5.9	36.2
1999	100.0	16.5	45.8	40.0	5.8	37.7
2000	100.0	15.1	45.9	40.4	5.6	39.0
2001	100.0	14.4	45.1	39.7	5.4	40.5
2002	100.0	13.7	44.8	39.4	5.4	41.5
2003	100.0	12.8	46.0	40.5	5.5	41.2
2004	100.0	13.4	46.2	40.8	5.4	40.4
2005	100.0	12.1	47.4	41.8	5.6	40.5
2006	100.0	11.1	47.9	42.2	5.7	40.9
2007	100.0	10.8	47.3	41.6	5.8	41.9
2008	100.0	10.7	47.4	41.5	6.0	41.8
2009	100.0	10.3	46.3	39.7	6.6	43.4
2010	100.0	10.1	46.8	40.1	6.7	43.1
2011	100.0	10.0	46.6	39.9	6.8	43.4
2012	100.0	10.1	45.3	38.5	6.8	44.6
2013	100.0	10.0	43.9	37.0	6.9	46.1
2014	100.0	9.2	42.7	35.9	7.0	48.1

表 A-6　各地区国内生产总值（现价）

（单位：亿元）

地区	2005年	2006年	2007年	2008年	2009年	2010年	2011年	2012年	2013年	2014年
北京	6886.31	7870.3	9353.3	10488.0	12153.03	14113.6	16251.93	17879.40	19500.56	21330.83
天津	3697.62	4359.2	5050.4	6354.4	7521.85	9224.5	11307.28	12893.88	14370.16	15726.93
河北	10096.11	11660.4	13709.5	16188.6	17235.48	20394.3	24515.76	26575.01	28301.41	29421.15
山西	4179.52	4752.5	5733.4	6938.7	7358.31	9200.9	11237.55	12112.83	12602.24	12761.49
内蒙古	3895.55	4791.5	6091.1	7761.8	9740.25	11672.0	14359.88	15880.58	16832.38	17770.19
辽宁	8009.01	9251.2	11023.5	13461.6	15212.49	18457.3	22226.70	24846.43	27077.65	28626.58
吉林	3620.27	4275.1	5284.7	6424.1	7278.75	8667.6	10568.83	11939.24	12981.46	13803.14
黑龙江	5511.50	6188.9	7065.0	8310.0	8587.00	10368.6	12582.00	13691.58	14382.93	15039.38
上海	9154.18	10366.4	12188.85	13698.2	15046.45	17166.0	19195.69	20181.72	21602.12	23567.70
江苏	18305.66	21645.1	25741.2	30312.6	34457.3	41425.5	49110.27	54058.22	59161.75	65088.32
浙江	13437.85	15742.5	18780.4	21486.9	22990.35	27722.3	32318.85	34665.33	37568.49	40173.03
安徽	5375.12	6148.7	7364.2	8874.2	10062.82	12359.3	15300.65	17212.05	19038.87	20848.75
福建	6568.93	7614.6	9249.1	10823.1	12236.53	14737.1	17560.18	19701.78	21759.64	24055.76
江西	4056.76	4670.5	5500.3	6480.3	7955.18	9451.3	11702.82	12948.88	14338.50	15714.63
山东	18516.87	22077.4	25965.9	31072.1	33896.65	39169.9	45361.85	50013.24	54684.33	59426.59
河南	10587.42	12496.0	15012.5	18407.8	19480.46	23092.4	26931.03	29599.31	32155.86	34938.24
湖北	6520.14	7581.3	9230.7	11330.4	12961.1	15967.6	19632.26	22250.45	24668.49	27379.22
湖南	6511.34	7568.9	9200.0	11156.6	13059.69	16038.0	19669.56	22154.23	24501.67	27037.32
广东	22366.54	26204.5	31084.4	35696.5	39482.56	46013.1	53210.28	57067.92	62163.97	67809.85
广西	4075.75	4828.5	5955.7	7171.6	7759.16	9569.9	11720.87	13035.10	14378.00	15672.89
海南	894.57	1052.9	1223.3	1459.2	1654.21	2064.5	2522.66	2855.54	3146.46	3500.72
重庆	3070.49	3491.6	4122.5	5096.7	6530.01	7925.6	10011.37	11409.60	12656.69	14262.60
四川	7385.11	8637.8	10505.3	12506.3	14151.28	17185.5	21026.68	23872.80	26260.77	28536.66
贵州	1979.06	2282.0	2741.9	3333.4	3912.68	4602.2	5701.84	6852.20	8006.79	9266.39
云南	3472.89	4006.7	4741.3	5700.1	6169.75	7224.2	8893.12	10309.47	11720.91	12814.59
西藏	251.21	291.0	342.2	395.9	441.36	507.5	605.83	701.03	807.67	920.83
陕西	3675.66	4523.7	5465.79	6851.3	8169.8	10123.5	12512.30	14453.68	16045.21	17689.94
甘肃	1933.98	2276.7	2702.4	3176.1	3387.56	4120.8	5020.37	5650.20	6268.01	6836.82
青海	543.32	641.6	783.6	961.5	1081.27	1350.4	1670.44	1893.54	2101.05	2303.32
宁夏	606.10	710.8	889.2	1098.5	1353.31	1689.7	2102.21	2341.29	2565.06	2752.10
新疆	2604.19	3045.3	3523.2	4203.4	4277.05	5437.5	6610.05	7505.31	8360.24	9273.46

表A-7　各地区国内生产总值占全国比例

地　区	2005年	2006年	2007年	2008年	2009年	2010年	2011年	2012年	2013年	2014年
北　京(%)	3.48	3.41	3.75	3.21	3.32	3.23	3.12	3.10	3.10	3.12
天　津(%)	1.87	1.89	2.02	1.94	2.06	2.11	2.17	2.24	2.28	2.30
河　北(%)	5.10	5.05	5.49	4.95	4.71	4.67	4.70	4.61	4.49	4.30
山　西(%)	2.11	2.06	2.30	2.12	2.01	2.11	2.16	2.10	2.00	1.86
内蒙古(%)	1.97	2.07	2.44	2.37	2.66	2.67	2.75	2.75	2.67	2.60
辽　宁(%)	4.05	4.00	4.42	4.11	4.16	4.22	4.26	4.31	4.30	4.18
吉　林(%)	1.83	1.85	2.12	1.96	1.99	1.98	2.03	2.07	2.06	2.02
黑龙江(%)	2.79	2.68	2.83	2.54	2.35	2.37	2.41	2.37	2.28	2.20
上　海(%)	4.63	4.49	4.88	4.19	4.12	3.93	3.68	3.50	3.43	3.44
江　苏(%)	9.26	9.37	10.32	9.26	9.42	9.48	9.42	9.38	9.39	9.51
浙　江(%)	6.79	6.81	7.53	6.57	6.29	6.34	6.20	6.01	5.96	5.87
安　徽(%)	2.72	2.66	2.95	2.71	2.75	2.83	2.93	2.99	3.02	3.05
福　建(%)	3.32	3.30	3.71	3.31	3.35	3.37	3.37	3.42	3.45	3.52
江　西(%)	2.05	2.02	2.20	1.98	2.18	2.16	2.24	2.25	2.28	2.30
山　东(%)	9.36	9.56	10.41	9.50	9.27	8.96	8.70	8.67	8.68	8.68
河　南(%)	5.35	5.41	6.02	5.63	5.33	5.28	5.16	5.13	5.10	5.11
湖　北(%)	3.30	3.28	3.70	3.46	3.55	3.65	3.77	3.86	3.92	4.00
湖　南(%)	3.29	3.28	3.69	3.41	3.57	3.67	3.77	3.84	3.89	3.95
广　东(%)	11.31	11.34	12.46	10.91	10.80	10.53	10.20	9.90	9.87	9.91
广　西(%)	2.06	2.09	2.39	2.19	2.12	2.19	2.25	2.26	2.28	2.29
海　南(%)	0.45	0.46	0.49	0.45	0.45	0.47	0.48	0.50	0.50	0.51
重　庆(%)	1.55	1.51	1.65	1.56	1.79	1.81	1.92	1.98	2.01	2.08
四　川(%)	3.73	3.74	4.21	3.82	3.87	3.93	4.03	4.14	4.17	4.17
贵　州(%)	1.00	0.99	1.10	1.02	1.07	1.05	1.09	1.19	1.27	1.35
云　南(%)	1.76	1.73	1.90	1.74	1.69	1.65	1.71	1.79	1.86	1.87
西　藏(%)	0.13	0.13	0.14	0.12	0.12	0.12	0.12	0.12	0.13	0.13
陕　西(%)	1.86	1.96	2.19	2.09	2.23	2.32	2.40	2.51	2.55	2.58
甘　肃(%)	0.98	0.99	1.08	0.97	0.93	0.94	0.96	0.98	0.99	1.00
青　海(%)	0.27	0.28	1.08	0.29	0.30	0.31	0.32	0.33	0.33	0.34
宁　夏(%)	0.31	0.31	0.36	0.34	0.37	0.39	0.40	0.41	0.41	0.40
新　疆(%)	1.32	1.32	1.41	1.28	1.17	1.24	1.27	1.30	1.33	1.36
合　计(%)	100	100	100	100	100	100	100	100	100	100

表 A-8　各地区国内生产总值增长率

地　区	2006 年	2007 年	2008 年	2009 年	2010 年	2011 年	2012 年	2013 年	2014 年
北　京（%）	12.8	14.5	9.1	10.2	10.3	8.1	7.7	7.7	12.6
天　津（%）	14.5	15.5	16.5	16.5	17.4	16.4	13.8	12.5	16.4
河　北（%）	13.4	12.8	10.1	10.0	12.2	11.3	9.6	8.2	10.6
山　西（%）	11.8	15.9	8.5	5.4	13.9	13.0	10.1	8.9	11.1
内蒙古（%）	18.7	19.2	17.8	16.9	15.0	14.3	11.5	9.0	15.1
辽　宁（%）	13.8	15.0	13.4	13.1	14.2	12.2	9.5	8.7	13.5
吉　林（%）	15.0	16.1	16.0	13.6	13.8	13.8	12.0	8.3	13.7
黑龙江（%）	12.1	11.2	11.8	11.4	12.7	12.3	10.0	8.0	10.6
上　海（%）	12.0	15.2	9.7	8.2	10.3	8.2	7.5	7.7	9.5
江　苏（%）	14.9	14.9	12.7	12.4	12.7	11.0	10.1	9.6	13.7
浙　江（%）	13.9	14.7	10.1	8.9	11.9	9.0	8.0	8.2	11.1
安　徽（%）	12.8	14.2	12.7	12.9	14.6	13.5	12.1	10.4	15.4
福　建（%）	14.8	15.2	13.0	12.3	13.9	12.3	11.4	11.0	14.3
江　西（%）	12.3	13.2	13.2	13.1	14.0	12.5	11.0	10.1	16.1
山　东（%）	14.8	14.2	12.0	12.2	12.3	10.9	9.8	9.6	11.5
河　南（%）	14.4	14.6	12.1	10.9	12.5	11.9	10.1	9.0	11.4
湖　北（%）	13.2	14.6	13.4	13.5	14.8	13.8	11.3	10.1	16.0
湖　南（%）	12.2	15.0	13.9	13.7	14.6	12.8	11.3	10.1	16.0
广　东（%）	14.6	14.9	10.4	9.7	12.4	10.0	8.2	8.5	11.3
广　西（%）	13.6	15.1	12.8	13.9	14.2	12.3	11.3	10.2	14.1
海　南（%）	12.5	15.8	10.3	11.7	16.0	12.0	9.1	9.9	15.8
重　庆（%）	12.2	15.9	14.5	14.9	17.1	16.4	13.6	12.3	18.9
四　川（%）	13.3	14.5	11.0	14.5	15.1	15.0	12.6	10.0	14.9
贵　州（%）	11.6	14.8	11.3	11.4	12.8	15.0	13.6	12.5	18.6
云　南（%）	11.9	12.2	10.6	12.1	12.3	13.7	13.0	12.1	14.6
西　藏（%）	13.3	14.0	10.1	12.4	12.3	12.7	11.8	12.1	15.1
陕　西（%）	12.8	15.8	16.4	13.6	14.6	13.9	12.9	11.0	17.3
甘　肃（%）	11.5	12.3	10.1	10.3	11.8	12.5	12.6	10.8	13.8
青　海（%）	12.2	13.5	13.5	10.1	15.3	13.5	12.3	10.8	15.8
宁　夏（%）	12.7	12.7	12.6	11.9	13.5	12.1	11.5	9.8	16.8
新　疆（%）	11.0	12.2	11.1	8.1	10.6	12.0	12.0	11.0	14.4

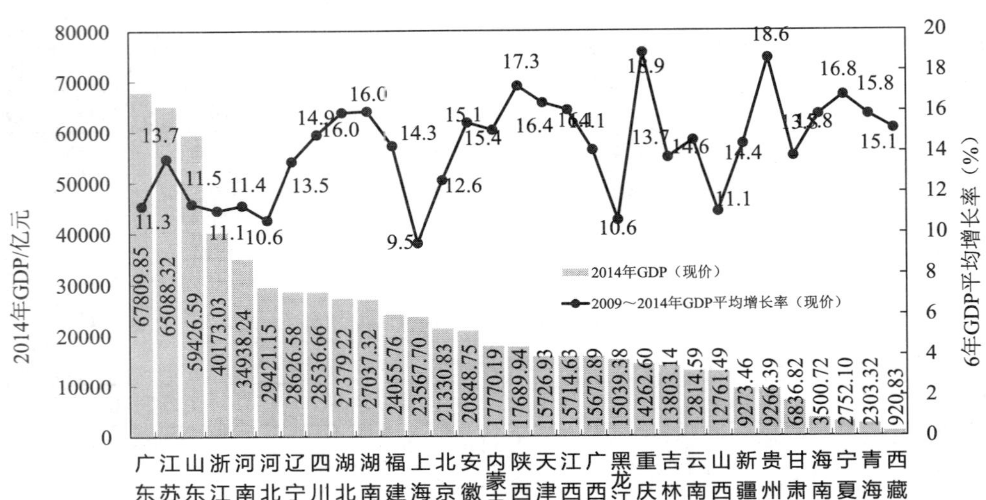

图A-8　2014年分地区GDP总值及2009～2014年GDP平均增长率

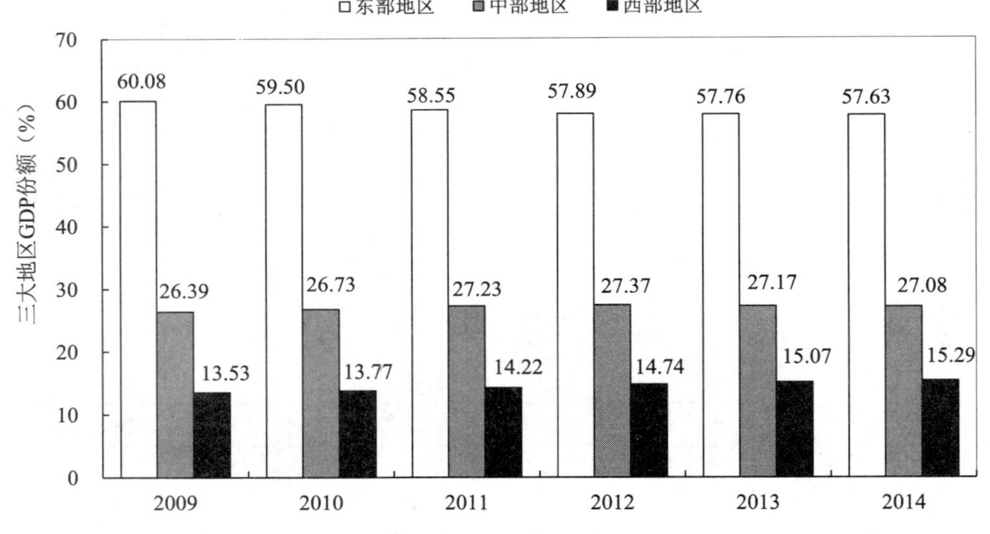

图A-9　2009～2014年三大地区GDP份额对比

表 A-9　全部国有及规模以上非国有工业企业总产值（当年价）

企业分类	项　目	2009 年	2010 年	2011 年	2012 年	2013 年	2014 年
国有及国有控股工业企业	企业单位数/个	20510	20253	17052	17851	18197	18449
	工业总产值/亿元	146630.00	185861.02	221036.25	—	—	—
	工业增加值/亿元	—	—	—	—	—	—
私营工业企业	企业单位数/个	256031	273259	180612	189289	194945	215303
	工业总产值/亿元	162026.18	213338.57	252325.74	—	—	—
	工业增加值/亿元	—	—	—	—	—	—
“三资”工业企业	企业单位数/个	75376	74045	57216	56908	57402	55172
	工业总产值/亿元	152686.62	189917.11	218417.20	—	—	—
	工业增加值/亿元	—	—	—	—	—	—

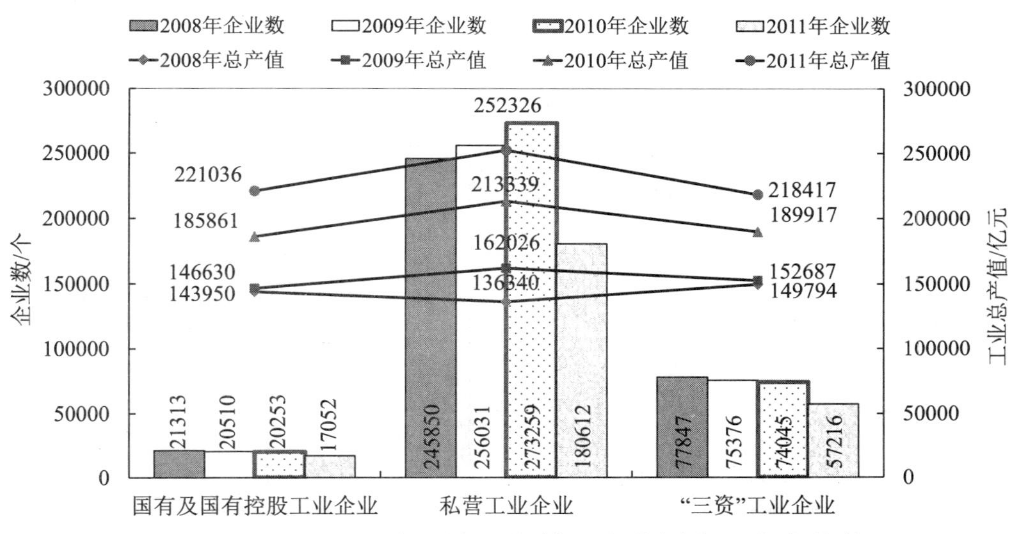

图A-10　2008~2011年国有及规模以上非国有工业企业数及工业总产值对比图

表 A-10 各地区工业总产值（现价）

（单位：亿元）

地 区	2004 年	2005 年	2006 年	2007 年	2008 年	2009 年	2010 年	2011 年
北 京	5974.70	6946.07	8210.00	9648.38	10413.09	11039.13	13699.84	14513.63
天 津	6119.08	6774.1	8527.70	10075.07	12503.25	13083.63	16751.82	20862.74
河 北	10194.40	11008.12	13489.80	17054.78	23030.73	24062.76	31143.29	39698.80
山 西	4173.93	4850.91	5902.84	7791.71	10023.87	9249.98	12471.33	16013.83
内蒙古	2327.48	2995.59	4140.05	5812.96	8740.18	10699.44	13406.11	17774.82
辽 宁	9140.61	10814.51	14167.95	18249.53	24769.09	28152.73	36219.42	41776.73
吉 林	3551.72	3791.96	4752.72	6486.01	8406.85	10026.55	13098.35	16917.61
黑龙江	3955.70	4714.91	5440.17	6143.17	7624.54	7301.60	9535.15	11514.56
上 海	14594.15	15767.51	18573.13	22259.94	25120.92	24091.26	30114.41	32445.15
江 苏	29476.66	32707.09	41410.40	53316.38	67798.68	73200.03	92056.48	107680.68
浙 江	21227.20	23106.76	29129.94	36073.93	40832.10	41035.29	51394.20	56410.48
安 徽	4236.39	4567.23	5915.59	7945.17	11162.16	13312.59	18732.00	25875.87
福 建	7516.05	8135.98	10005.08	12517.91	15212.81	16762.82	21901.23	27443.90
江 西	2736.69	2978.88	4245.49	6194.18	8499.58	9783.96	13883.06	17949.38
山 东	24678.50	30522.86	38780.10	49873.00	62958.53	71209.42	83851.40	99504.98
河 南	9236.80	10487.38	13889.77	20442.21	26028.41	27708.15	34995.53	46856.14
湖 北	5329.23	6066.96	7454.07	9601.52	13454.94	15567.02	21623.12	28073.07
湖 南	4341.88	4754.86	6131.18	8464.08	11553.31	13507.64	19008.83	26386.58
广 东	31519.61	35942.74	44674.75	55252.86	65424.61	68275.77	85824.64	94860.79
广 西	2242.26	2547.32	3356.76	4587.35	6071.98	6880.04	9644.13	12836.57
海 南	429.42	473.06	640.26	1002.78	1103.07	1057.45	1381.25	1600.13
重 庆	2598.84	2525.87	3213.45	4363.25	5755.90	6772.90	9143.55	11847.06
四 川	5303.64	6178.03	7934.41	11047.04	14761.86	18071.68	23147.38	30485.09
贵 州	1546.17	1690.40	2066.77	2520.36	3111.13	3426.69	4206.37	5519.96
云 南	2344.07	2596.21	3393.09	4298.29	5144.58	5197.45	6464.63	7780.83
西 藏	24.85	27.29	33.33	41.36	48.19	51.60	62.22	74.85
陕 西	3150.79	3397.71	4442.81	5692.33	7480.79	8470.40	11199.84	14283.48
甘 肃	1695.79	1988.26	2483.56	3231.52	3667.52	3770.38	4882.68	6175.24
青 海	388.12	486.86	640.66	822.72	1103.10	1080.35	1481.99	1893.54
宁 夏	605.19	671.54	859.70	1070.71	1366.46	1461.58	1924.39	2491.44
新 疆	1656.02	2102.53	2683.44	3296.61	4276.05	4001.12	5341.90	6720.85

表 A-11　各地区工业总产值占全国的比例

地　区	2003 年	2004 年	2005 年	2006 年	2007 年	2008 年	2009 年	2010 年	2011 年
北　京（%）	2.68	2.69	2.76	2.59	2.38	2.05	2.01	1.96	1.72
天　津（%）	2.85	2.75	2.69	2.69	2.49	2.46	2.39	2.40	2.47
河　北（%）	4.01	4.59	4.37	4.26	4.21	4.54	4.39	4.46	4.70
山　西（%）	1.71	1.88	1.93	1.86	1.92	1.98	1.69	1.79	1.90
内蒙古（%）	0.95	1.05	1.19	1.31	1.43	1.72	1.95	1.92	2.11
辽　宁（%）	4.30	4.11	4.30	4.48	4.50	4.88	5.13	5.18	4.95
吉　林（%）	1.87	1.60	1.51	1.50	1.60	1.66	1.83	1.87	2.00
黑龙江（%）	2.05	1.78	1.87	1.72	1.52	1.50	1.33	1.36	1.36
上　海（%）	7.27	6.56	6.27	5.87	5.49	4.95	4.39	4.31	3.84
江　苏（%）	12.68	13.26	13.00	13.08	13.16	13.36	13.35	13.18	12.75
浙　江（%）	9.04	9.55	9.18	9.20	8.90	8.05	7.48	7.36	6.68
安　徽（%）	1.83	1.91	1.82	1.87	1.96	2.20	2.43	2.68	3.06
福　建（%）	3.48	3.38	3.23	3.16	3.09	3.00	3.06	3.14	3.25
江　西（%）	1.03	1.23	1.18	1.34	1.53	1.67	1.78	1.99	2.13
山　东（%）	10.81	11.10	12.13	12.25	12.31	12.41	12.99	12.00	11.79
河　南（%）	3.77	4.15	4.17	4.39	5.05	5.13	5.05	5.01	5.55
湖　北（%）	2.83	2.40	2.41	2.35	2.37	2.65	2.84	3.10	3.33
湖　南（%）	1.84	1.95	1.89	1.94	2.09	2.28	2.46	2.72	3.13
广　东（%）	15.12	14.18	14.28	14.11	13.64	12.89	12.45	12.29	11.24
广　西（%）	1.01	1.01	1.01	1.06	1.13	1.20	1.25	1.38	1.52
海　南（%）	0.23	0.19	0.19	0.20	0.25	0.22	0.19	0.20	0.19
重　庆（%）	1.12	1.17	1.00	1.02	1.08	1.13	1.24	1.31	1.40
四　川（%）	2.38	2.39	2.46	2.51	2.73	2.91	3.30	3.31	3.61
贵　州（%）	0.69	0.70	0.67	0.65	0.62	0.61	0.62	0.60	0.65
云　南（%）	1.09	1.05	1.03	1.07	1.06	1.01	0.95	0.93	0.92
西　藏（%）	0.02	0.01	0.01	0.01	0.01	0.01	0.01	0.01	0.01
陕　西（%）	1.32	1.42	1.35	1.40	1.40	1.47	1.54	1.60	1.69
甘　肃（%）	0.81	0.76	0.79	0.78	0.80	0.72	0.69	0.70	0.73
青　海（%）	0.17	0.17	0.19	0.20	0.20	0.22	0.20	0.21	0.22
宁　夏（%）	0.25	0.27	0.27	0.27	0.26	0.27	0.27	0.28	0.30
新　疆（%）	0.78	0.74	0.84	0.85	0.81	0.84	0.73	0.76	0.80
全　国（%）	100	100	100	100	100	100	100	100	100

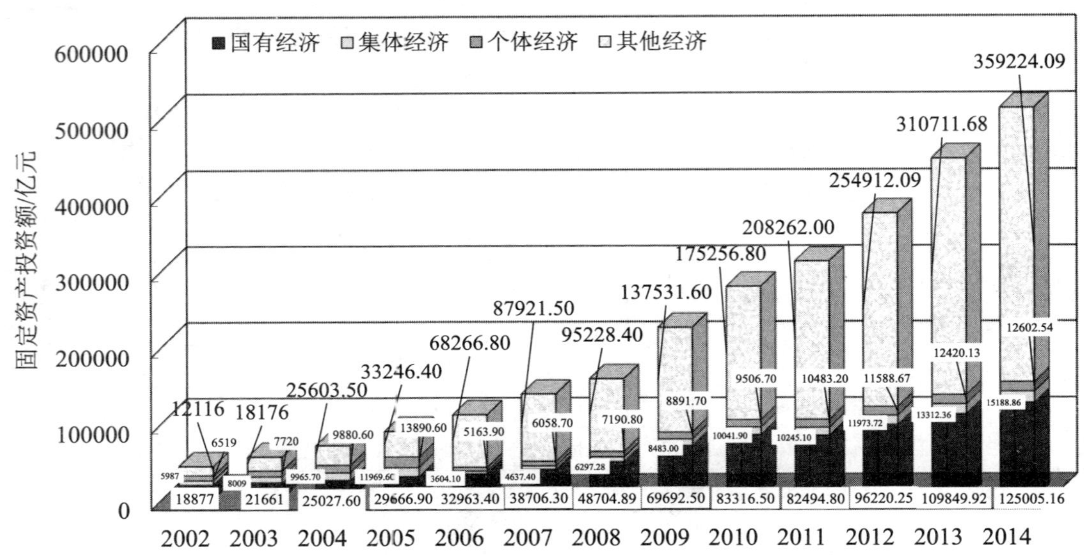

图A-11 2002～2014年分经济类型固定资产投资情况

表 A-12 历年各种经济类型固定资产投资

（单位：亿元）

年 份	合计	国有经济	集体经济	个体经济	其他经济
2003	55566.6	21661.0	8009.5	7720.1	18176.0
2004	70477.4	25027.6	9965.7	9880.6	25603.5
2005	88773.6	29666.9	11969.6	13890.6	33246.4
2006	109998.2	32963.4	3604.1	5163.9	68266.8
2007	137323.9	38706.3	4637.4	6058.7	87921.5
2008	172828..4	48704.9	6297.3	7190.8	95228.4
2009	224598.8	69692.5	8483.0	8891.7	137531.6
2010	278121.9	83316.5	10041.9	9506.7	175256.8
2011	311485.1	82494.8	10245.1	10483.2	208262.0
2012	374694.7	96220.2	11973.7	11588.7	254912.1
2013	446294.1	109849.9	13312.4	12420.1	310711.7
2014	512020.7	125005.2	15188.9	12602.5	359224.1

注：根据 1994 年房地产快速调查结果，对 1990 年以来的全社会固定资产投资数据进行了调整。

表 A-13　各地区全社会固定资产投资（现价）

（单位：亿元）

地区	2005 年	2006 年	2007 年	2008 年	2009 年	2010 年	2011 年	2012 年	2013 年	2014 年
全国合计	88773.61	109998.2	137323.9	172828.4	224598.8	278121.9	311485.1	374694.7	446294.1	6924.2
北京	2827.23	3296.4	3907.2	3814.7	4616.9	5403.0	5578.9	6112.4	6847.1	10518.2
天津	1495.14	1820.5	2353.1	3389.8	4738.2	6278.1	7067.7	7934.8	9130.2	26671.9
河北	4139.69	5470.2	6884.7	8866.6	12269.8	15083.4	16389.3	19661.3	23194.2	12354.5
山西	1826.58	2255.7	2861.5	3531.2	4943.2	6063.2	7073.1	8863.3	11031.9	17591.8
内蒙古	2643.60	3363.2	4372.9	5475.4	7336.8	8926.5	10365.2	11875.7	14217.4	24730.8
辽宁	4200.45	5689.6	7435.2	10019.1	12292.5	16043.0	17726.3	21836.3	25107.7	11339.6
吉林	1741.09	2594.3	3651.4	5038.9	6411.6	7870.4	7441.7	9511.5	9979.3	9829.0
黑龙江	1737.27	2236.0	2833.5	3656.0	5028.8	6812.6	7475.4	9694.7	11453.1	6016.4
上海	3509.66	3900.0	4420.4	4823.1	5043.8	5108.9	4962.1	5117.6	5647.8	41938.6
江苏	8165.38	10069.2	12268.1	15300.6	18949.9	23184.3	26692.6	30854.2	36373.3	24262.8
浙江	6520.07	7590.2	8420.4	9323.0	10742.3	12376.0	14185.3	17649.4	20782.1	21875.6
安徽	2525.11	3533.6	5087.5	6747.0	8990.7	11542.9	12455.7	15425.8	18621.9	18177.9
福建	2316.72	2981.8	4287.8	5207.7	6231.2	8199.1	9910.9	12439.9	15327.4	15079.3
江西	2176.60	2683.6	3301.9	4745.4	6643.1	8772.3	9087.6	10774.2	12850.3	42495.5
山东	9307.30	11111.4	12537.7	15435.9	19034.5	23280.5	26749.7	31256.0	36789.1	30782.2
河南	4311.63	5904.7	8010.1	10490.6	13704.5	16585.9	17769.0	21450.0	26087.5	22915.3
湖北	2676.58	3343.5	4330.4	5647.0	7866.9	10262.7	12557.3	15578.3	19307.3	21242.9
湖南	2629.07	3175.5	4154.8	5534.0	7703.4	9663.6	11880.9	14523.2	17841.4	26293.9
广东	6977.93	7973.4	9294.3	10868.7	12933.1	15623.7	17069.2	18751.5	22308.4	13843.2
广西	1661.17	2198.7	2939.7	3756.4	5237.2	7057.6	7990.7	9808.6	11907.7	3112.2
海南	367.17	423.9	502.4	705.4	988.3	1317.0	1657.2	2145.4	2697.9	12285.4
重庆	1933.16	2407.4	3127.7	3979.6	5214.3	6688.9	7473.4	8736.2	10435.2	23318.6
四川	3585.18	4412.9	5639.8	7127.8	11371.9	13116.7	14222.2	17040.0	20326.1	9025.8
贵州	998.25	1197.4	1488.8	1864.5	2412.0	3104.9	4235.9	5717.8	7373.6	11498.5
云南	1777.63	2208.6	2759.0	3435.9	4526.4	5528.7	6191.0	7831.1	9968.3	1069.2
西藏	181.39	231.1	270.3	309.9	378.3	462.7	516.3	670.5	876.0	17191.9
陕西	1882.18	2480.7	3415.0	4614.4	6246.9	7963.7	9431.1	12044.5	14884.1	7884.1
甘肃	870.36	1022.6	1304.2	1712.8	2363.0	3158.3	3965.8	5145.0	6527.9	2861.2
青海	329.81	408.5	482.8	583.2	798.2	1016.9	1435.6	1883.4	2361.1	3173.8
宁夏	443.25	498.7	599.8	828.9	1075.9	1444.2	1644.7	2096.9	2651.1	9447.7
新疆	1339.06	1567.1	1850.8	2260.0	2725.5	3423.2	4632.1	6158.8	7732.3	6268.4
不分地区	1677.90	1947.6	2530.8	3734.9	5779.7	6759.1	5651.3	6106.4	5655.4	6924.2

注：本表“全国”指不含港、澳、台地区的大陆各省、直辖市、自治区。以下各表的“全国”同此注。

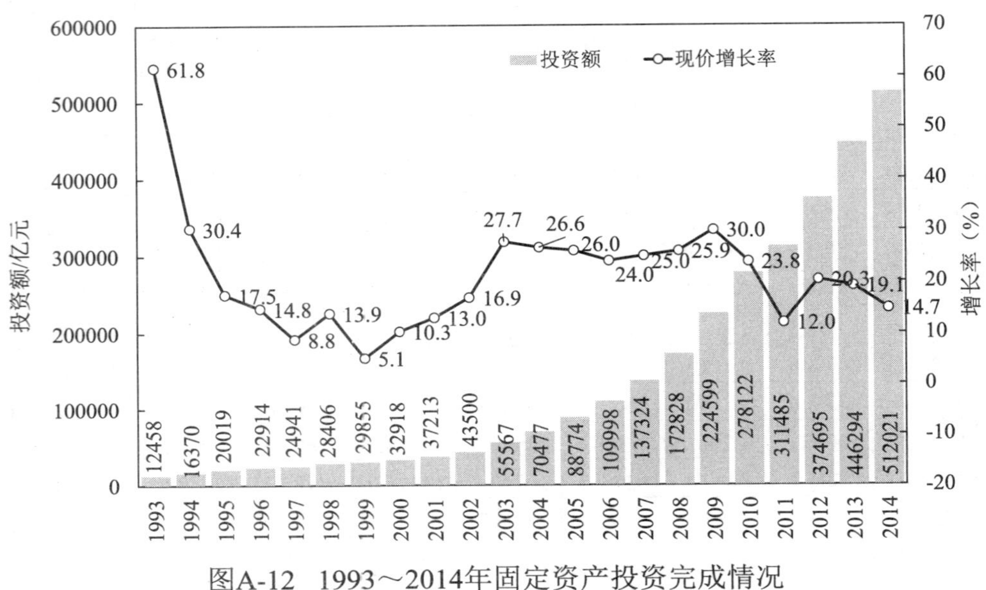

图A-12　1993～2014年固定资产投资完成情况

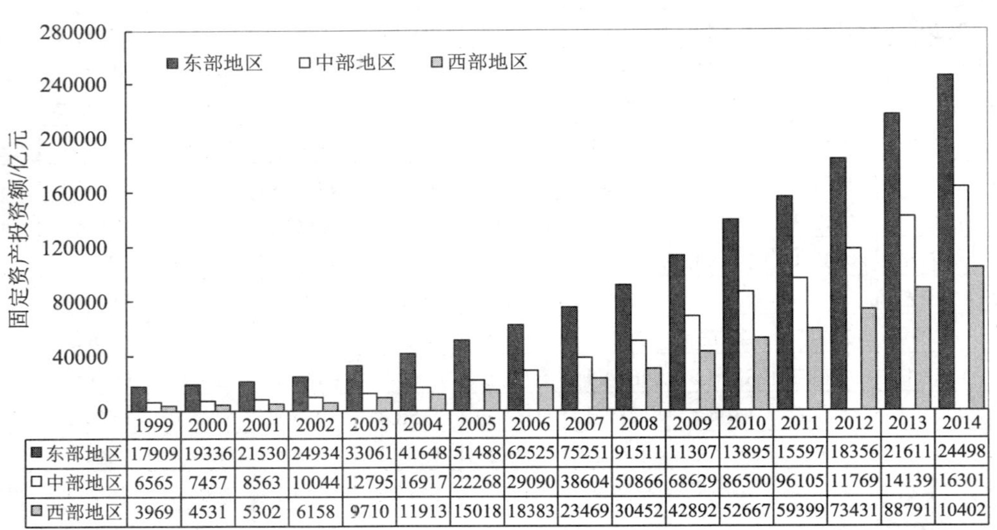

	1999	2000	2001	2002	2003	2004	2005	2006	2007	2008	2009	2010	2011	2012	2013	2014
■东部地区	17909	19336	21530	24934	33061	41648	51488	62525	75251	91511	11307	13895	15597	18356	21611	24498
□中部地区	6565	7457	8563	10044	12795	16917	22268	29090	38604	50866	68629	86500	96105	11769	14139	16301
□西部地区	3969	4531	5302	6158	9710	11913	15018	18383	23469	30452	42892	52667	59399	73431	88791	10402

图A-13　1999～2014年三大地区固定资产投资变化图

表 A-14 各地区固定资产投资占全国的比例（全国＝100%）

地 区	2004 年	2005 年	2006 年	2007 年	2008 年	2009 年	2010 年	2011 年	2012 年	2013 年	2014 年
北 京（%）	3.59	3.18	3.00	2.85	2.21	2.06	1.94	1.79	1.63	1.53	1.35
天 津（%）	1.77	1.68	1.66	1.71	1.96	2.11	2.26	2.27	2.12	2.05	2.05
河 北（%）	4.57	4.66	4.97	5.01	5.13	5.46	5.42	5.26	5.25	5.20	5.21
山 西（%）	2.05	2.06	2.05	2.08	2.04	2.20	2.18	2.27	2.37	2.47	2.41
内蒙古（%）	2.54	2.98	3.06	3.18	3.17	3.27	3.21	3.33	3.17	3.19	3.44
辽 宁（%）	4.23	4.73	5.17	5.41	5.80	5.47	5.77	5.69	5.83	5.63	4.83
吉 林（%）	1.66	1.96	2.36	2.66	2.92	2.85	2.83	2.39	2.54	2.24	2.21
黑龙江（%）	2.03	1.96	2.03	2.06	2.12	2.24	2.45	2.40	2.59	2.57	1.92
上 海（%）	4.33	3.95	3.55	3.22	2.79	2.25	1.84	1.59	1.37	1.27	1.18
江 苏（%）	9.30	9.20	9.15	8.93	8.85	8.44	8.34	8.57	8.23	8.15	8.19
浙 江（%）	8.20	7.34	6.90	6.13	5.39	4.78	4.45	4.55	4.71	4.66	4.74
安 徽（%）	2.75	2.84	3.21	3.70	3.90	4.00	4.15	4.00	4.12	4.17	4.27
福 建（%）	2.69	2.61	2.71	3.12	3.01	2.77	2.95	3.18	3.32	3.43	3.55
江 西（%）	2.43	2.45	2.44	2.40	2.75	2.96	3.15	2.92	2.88	2.88	2.95
山 东（%）	9.89	10.48	10.10	9.13	8.93	8.47	8.37	8.59	8.34	8.24	8.30
河 南（%）	4.40	4.86	5.37	5.83	6.07	6.10	5.96	5.70	5.72	5.85	6.01
湖 北（%）	3.21	3.02	3.04	3.15	3.27	3.50	3.69	4.03	4.16	4.33	4.48
湖 南（%）	2.94	2.96	2.89	3.03	3.20	3.43	3.47	3.81	3.88	4.00	4.15
广 东（%）	8.33	7.86	7.25	6.77	6.29	5.76	5.62	5.48	5.00	5.00	5.14
广 西（%）	1.75	1.87	2.00	2.14	2.17	2.33	2.54	2.57	2.62	2.67	2.70
海 南（%）	0.45	0.41	0.39	0.37	0.41	0.44	0.47	0.53	0.57	0.60	0.61
重 庆（%）	2.18	2.18	2.19	2.28	2.30	2.32	2.41	2.40	2.33	2.34	2.40
四 川（%）	4.00	4.04	4.01	4.11	4.12	5.06	4.72	4.57	4.55	4.55	4.55
贵 州（%）	1.23	1.12	1.09	1.08	1.08	1.07	1.12	1.36	1.53	1.65	1.76
云 南（%）	1.83	2.00	2.01	2.01	1.99	2.02	1.99	1.99	2.09	2.23	2.25
西 藏（%）	0.23	0.20	0.21	0.20	0.18	0.17	0.17	0.17	0.18	0.20	0.21
陕 西（%）	2.14	2.12	2.26	2.49	2.67	2.78	2.86	3.03	3.21	3.34	3.36
甘 肃（%）	1.04	0.98	0.93	0.95	0.99	1.05	1.14	1.27	1.37	1.46	1.54
青 海（%）	0.41	0.37	0.37	0.35	0.34	0.36	0.37	0.46	0.50	0.53	0.56
宁 夏（%）	0.53	0.50	0.45	0.44	0.48	0.48	0.52	0.53	0.56	0.59	0.62
新 疆（%）	1.63	1.51	1.42	1.35	1.31	1.21	1.23	1.49	1.64	1.73	1.85
不分地区（%）	1.68	1.89	1.77	1.84	2.16	2.57	2.43	1.81	1.63	1.27	1.22

表 A-15 各地区进出口商品总值（按经营单位所在地分）

（单位：万美元）

地区	2012年			2013年			2014年		
	进出口	出口	进口	进出口	出口	进口	进出口	出口	进口
全国合计	386711942	204871442	181840500	415899347	220900400	194998947	430152735	234229270	195923465
北京	40810732	5963208.9	34847523	42899581	6309756	36589825	41551859	6233842	35318018
天津	11563427	4831256.3	6732170.9	12850179	4900494	7949685	13388608	5259066	8129542
河北	5056305.5	2959820.2	2096485.3	5491157	3096061	2395096	5987736	3571020	2416716
山西	1504310.9	701604.1	802706.8	1579098	799557	779541	1623281	894087	729194
内蒙古	1125898.2	397016.3	728881.9	1199457	409256	790201	1455632	639355	816277
辽宁	10409000	5795905.3	4613094.4	11447819	6452201	4995618	11399826	5874518	5525307
吉林	2456300.9	598268.4	1858032.5	2583174	673891	1909283	2638079	577759	2060320
黑龙江	3759029.1	1443517.3	2315511.8	3887909	1623173	2264737	3890093	1733524	2156569
上海	43658695	20673017	22985679	44126822	20418003	23708819	46639984	21013386	25626598
江苏	54796149	32852352	21943797	55080227	32880175	22200052	56355308	34183250	22172058
浙江	31240136	22451714	8788421.3	33578871	24874624	8704246	35503977	27332705	8171272
安徽	3928454.3	2674850.2	1253604.1	4551897	2825131	1726766	4917730	3148537	1769193
福建	15593796	9783259.4	5810536.3	16932090	10647442	6284648	17740784	11345229	6395555
江西	3341382.9	2511278.7	830104.3	3674663	2816665	857998	4273082	3202532	1070550
山东	24554432	12870921	11683512	26653153	13419013	13234141	27692940	14470865	13222074
河南	5173880.6	2967644.5	2206236	5995687	3598710	2396977	6497221	3938303	2558918
湖北	3196375.1	1939849.8	1256525.3	3638008	2283621	1354387	4303962	2664242	1639720
湖南	2194873.2	1260220	934653.2	2517531	1482120	1035411	3083160	1994300	1088860
广东	98402046	57405077	40996969	109158144	63636385	45521759	107658447	64608701	43049746
广西	2948446	1546775.2	1401670.8	3282750	1869326	1413424	4054885	2432743	1622143
海南	1432209.6	313610	1118599.6	1498543	370649	1127895	1586266	441674	1144592
重庆	5320358.2	3856758.2	1463600.1	6869216	4679590	2189627	9543158	6340080	3203078
四川	5914359.8	3846906.5	2067453.2	6457466	4194906	2262560	7020297	4483913	2536384
贵州	663155.8	495222.9	167932.9	829010	688598	140413	1077133	939726	137407
云南	2101373.2	1001737.1	1099636.1	2530356	1567138	963218	2960742	1878747	1081996
西藏	342414.3	335518.4	6896	331941	326905	5036	225495	210087	15408
陕西	1479903.2	865226.4	614676.8	2012806	1022566	990240	2736449	1392980	1343469
甘肃	890075.2	357354.5	532720.7	1023611	467732	555879	864062	532948	331113
青海	115747	72876.4	42870.5	140274	84726	55548	171789	112790	58999
宁夏	221670.6	164111.7	57558.8	321769	255216	66553	543521	430285	113236
新疆	2517005.9	1934564.7	582441.2	2756139	2226774	529366	2767232	2348076	419155

表 A-16　各季度各层次货币供应量

年份	季　度	广义货币供应量 M2		狭义货币供应量 M1		流通中的现金 M0	
		季末余额/亿元	同比增长率（%）	季末余额/亿元	同比增长率（%）	季末余额/亿元	同比增长率（%）
2007	第 1 季度	364104.66	17.27	127881.31	19.81	27387.95	16.68
	第 2 季度	377832.15	17.06	135847.4	20.92	26881.09	14.54
	第 3 季度	393098.91	18.45	142591.57	22.07	29030.58	13.01
	第 4 季度	403401.3	16.73	152519.17	21.02	30334.32	12.05
2008	第 1 季度	423054.53	16.19	150867.47	17.97	30433.07	11.12
	第 2 季度	443141.02	17.29	154820.15	13.97	30181.32	12.28
	第 3 季度	452898.71	15.21	155748.97	9.23	31724.88	9.28
	第 4 季度	475166.60	17.79	166217.13	8.98	34218.96	12.81
2009	第 1 季度	530626.71	25.43	176541.13	17.02	33746.42	10.89
	第 2 季度	568916.20	28.38	193138.15	24.75	33640.98	11.46
	第 3 季度	585405.34	29.26	201708.14	29.51	36787.89	15.96
	第 4 季度	610224.52	28.42	221445.81	33.23	38246.97	11.77
2010	第 1 季度	649947.46	22.49	229397.93	29.94	39080.58	15.81
	第 2 季度	673921.72	18.46	240580.00	24.56	38904.85	15.65
	第 3 季度	696471.50	18.97	243821.90	20.88	41854.41	13.77
	第 4 季度	725851.79	18.95	266621.54	20.40	44628.17	16.68
2011	第 1 季度	758130.88	16.64	266255.48	16.07	44845.22	14.75
	第 2 季度	780820.85	15.86	274662.57	14.17	44477.80	14.32
	第 3 季度	787406.20	13.06	267193.16	9.59	47145.29	12.64
	第 4 季度	851590.90	17.32	289847.70	8.71	50748.46	13.71
2012	第 1 季度	895565.50	18.13	277998.11	4.41	49595.74	10.59
	第 2 季度	924991.20	18.46	287526.17	4.68	49284.64	10.81
	第 3 季度	943688.75	19.85	286788.21	7.33	53433.49	13.34
	第 4 季度	974148.80	14.39	308664.23	6.49	54659.77	7.71
2013	第 1 季度	1035858.37	15.67	310898.29	11.83	55460.52	11.83
	第 2 季度	1054403.69	13.99	313499.82	9.03	54063.91	9.70
	第 3 季度	1077379.16	14.17	312330.34	8.91	56492.53	5.72
	第 4 季度	1106509.15	13.59	337260.63	9.26	58558.31	7.13
2014	第 1 季度	1275332.78	23.12	337210.52	8.46	61949.81	11.70
	第 2 季度	1333375.36	26.46	356082.86	13.58	58604.26	8.40
	第 3 季度	1359824.06	26.22	364416.90	16.68	61022.97	8.02
	第 4 季度	1392278.11	25.83	400953.44	18.89	63216.58	7.95

注：1. 自 2011 年 10 月起，货币供应量包括住房公积金中心存款和非存款类金融机构在存款类金融机构的存款。

2. 2014年数据来源于中国人民银行调查统计司网站。

表A-17 各地区农村居民家庭年人均纯收入

（单位：元）

地区	2004年	2005年	2006年	2007年	2008年	2009年	2010年	2011年	2012年	2013年	2014年
全国平均	2936.40	3254.93	3587.04	4140.36	4760.62	5153.17	5919.01	6977.29	7916.58	9429.59	10488.88
北京	6170.33	7346.26	8275.47	9439.63	10661.9	11668.6	13262.3	14735.68	16475.74	17101.18	18867.30
天津	5019.53	5579.87	6227.94	7010.06	7910.78	8687.56	10074.9	12321.22	14025.54	15352.60	17014.18
河北	3171.06	3481.64	3801.82	4293.43	4795.46	5149.67	5957.98	7119.69	8081.39	9187.71	10186.14
山西	2589.60	2890.66	3180.92	3665.66	4097.24	4244.10	4736.25	5601.4	6356.63	7949.47	8809.44
内蒙古	2606.37	2988.87	3341.88	3953.10	4656.18	4937.80	5529.59	6641.56	7611.31	8984.92	9976.30
辽宁	3307.14	3690.21	4090.40	4773.43	5576.48	5958.00	6907.93	8296.54	9383.72	10161.21	11191.49
吉林	2999.62	3263.99	3641.13	4191.34	4932.74	5265.91	6237.44	7509.95	8598.17	9780.68	10780.12
黑龙江	3005.18	3221.27	3552.43	4132.29	4855.59	5206.76	6210.72	7590.68	8603.85	9369.01	10453.20
上海	7066.33	8247.77	9138.65	10144.6	11440.3	12483.0	13978.0	16053.79	17803.68	19208.31	21191.64
江苏	4753.85	5276.29	5813.23	6561.01	7356.47	8003.54	9118.24	10804.95	12201.95	13521.29	14958.44
浙江	5944.06	6659.95	7334.81	8265.15	9257.93	10007.3	11302.6	13070.69	14551.92	17493.92	19373.28
安徽	2499.33	2640.96	2969.08	3556.27	4202.49	4504.32	5285.17	6232.21	7160.46	8850.00	9916.42
福建	4089.38	4450.36	4834.75	5467.08	6196.07	6680.18	7426.86	8778.55	9967.17	11404.85	12650.19
江西	2786.78	3128.89	3459.53	4044.70	4697.19	5075.01	5788.56	6891.63	7829.43	9088.78	10116.58
山东	3507.43	3930.55	4368.33	4985.34	5641.43	6118.77	6990.28	8342.13	9446.54	10686.86	11882.26
河南	2553.15	2870.58	3261.03	3851.60	4454.24	4806.95	5523.73	6604.03	7524.94	8969.11	9966.07
湖北	2890.01	3099.20	3419.35	3997.48	4656.38	5035.26	5832.27	6897.92	7851.71	9691.80	10849.06
湖南	2837.76	3117.74	3389.62	3904.20	4512.46	4909.04	5621.96	6567.06	7440.17	9028.55	10060.17
广东	4365.87	4690.49	5079.78	5624.04	6399.79	6906.93	7890.25	9371.73	10542.84	11067.79	12245.56
广西	2305.22	2494.67	2770.48	3224.05	3690.34	3980.44	4543.41	5231.33	6007.55	7793.08	8683.18
海南	2817.62	3004.03	3255.53	3791.37	4389.97	4744.36	5275.37	6446.01	7408.00	8801.73	9912.57
重庆	2510.41	2809.32	2873.83	3509.29	4126.21	4478.35	5276.66	6480.41	7383.27	8492.55	9489.82
四川	2518.93	2802.78	3002.38	3546.69	4121.21	4462.05	5086.89	6128.55	7001.43	8380.69	9347.74
贵州	1721.55	1876.96	1984.62	2373.99	2796.93	3005.41	3471.93	4145.35	4753.00	5897.77	6671.22
云南	1864.19	2041.79	2250.46	2634.09	3102.60	3369.34	3952.03	4721.99	5416.54	6723.64	7456.13
西藏	1864.31	2077.90	2435.02	2788.20	3175.82	3531.72	4138.71	4904.28	5719.38	6553.38	7359.20
陕西	1866.52	2052.63	2260.19	2644.69	3136.46	3437.55	4104.98	5027.87	5762.52	7092.20	7932.21
甘肃	1852.22	1979.88	2134.05	2328.92	2723.79	2908.10	3424.65	3909.37	4506.66	5588.78	6276.59
青海	1957.65	2151.46	2358.37	2683.78	3061.24	3346.15	3862.68	4608.46	5364.38	6461.59	7282.73
宁夏	2320.05	2508.89	2760.14	3180.84	3681.42	4048.33	4674.89	5409.95	6180.32	7598.67	8410.02
新疆	2244.93	2482.15	2737.28	3182.97	3502.90	3883.10	4642.67	5442.15	6393.68	7846.59	8723.83

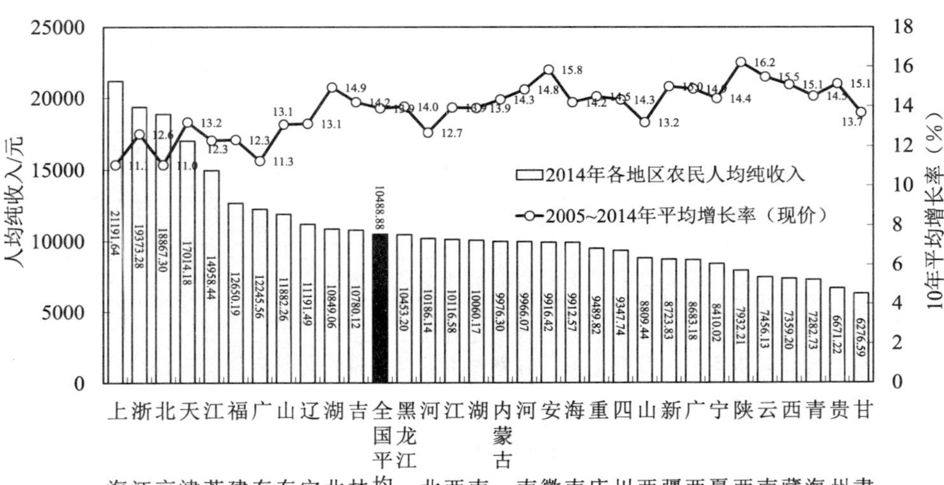

图A-14　2014年各地区农民人均纯收入

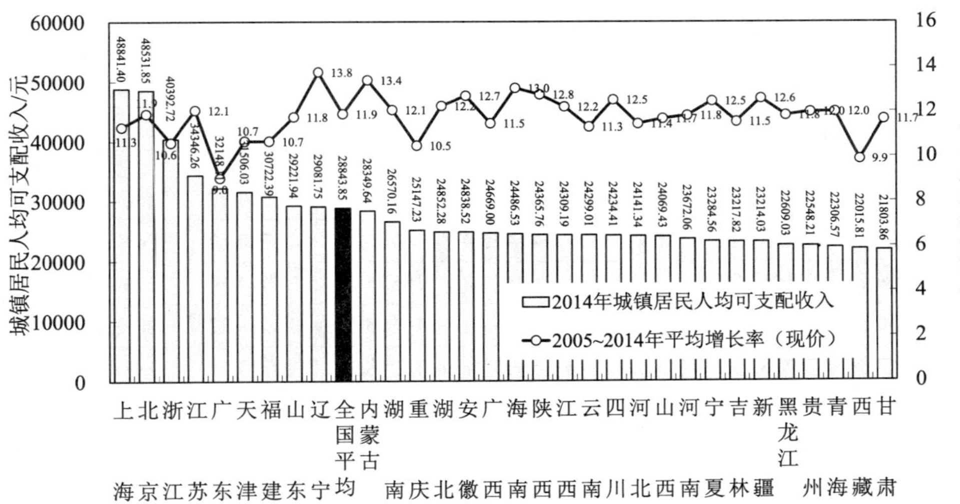

图A-15　2014年各地区城镇居民人均可支配收入

表 A-18　各地区城镇居民家庭年人均可支配收入

（单位：元）

地　区	2007年	2008年	2009年	2010年	2011年	2012年	2013年	2014年
北　京	21988.71	24724.89	26738.48	29072.93	32903.03	36468.75	40321.00	48531.85
天　津	16357.35	19422.53	21402.01	24292.60	26920.86	29626.41	32293.57	31506.03
河　北	11690.47	13441.09	14718.25	16263.43	18292.23	20543.44	22580.35	24141.34
山　西	11564.95	13119.05	13996.55	15647.66	18123.87	20411.71	22455.63	24069.43
内蒙古	12377.84	14432.55	15849.19	17698.15	20407.57	23150.26	25496.67	28349.64
辽　宁	12300.39	14392.69	15761.38	17712.58	20466.84	23222.67	25578.17	29081.75
吉　林	11285.52	12829.45	14006.27	15411.47	17796.57	20208.04	22274.60	23217.82
黑龙江	10245.28	11581.28	12565.98	13856.51	15696.18	17759.75	19596.96	22609.03
上　海	23622.73	26674.9	28837.78	31838.08	36230.48	40188.34	43851.36	48841.40
江　苏	16378.01	18679.52	20551.72	22944.26	26340.73	29676.97	32537.53	34346.26
浙　江	20573.82	22726.66	24610.81	27359.02	30970.68	34550.30	37850.84	40392.72
安　徽	11473.58	12990.35	14085.74	15788.17	18606.13	21024.21	23114.22	24838.52
福　建	15506.05	17961.45	19576.83	21781.31	24907.4	28055.24	30816.37	30722.39
江　西	11451.69	12866.44	14021.54	15481.12	17494.87	19860.36	21872.68	24309.19
山　东	14264.70	16305.41	17811.04	19945.83	22791.84	25755.19	28264.10	29221.94
河　南	11477.05	13231.11	14371.56	15930.26	18194.80	20442.62	22398.03	23672.06
湖　北	11485.80	13152.86	14367.48	16058.37	18373.87	20839.59	22906.42	24852.28
湖　南	12293.54	13821.16	15048.31	16565.70	18844.05	21318.76	23413.99	26570.16
广　东	17699.30	19732.86	21547.72	23897.80	26897.48	30226.71	33090.05	32148.11
广　西	12200.44	14146.04	15451.48	17063.89	18854.06	21242.80	23305.38	24669.00
海　南	10996.87	12607.84	13750.85	15581.05	18368.95	20917.71	22928.90	24486.53
重　庆	12590.78	14367.55	15748.67	17532.43	20249.7	22968.14	25216.13	25147.23
四　川	11098.28	12633.38	13839.40	15461.16	17899.12	20306.99	22367.63	24234.41
贵　州	10678.4	11758.76	12862.53	14142.74	16495.01	18700.51	20667.07	22548.21
云　南	11496.11	13250.22	14423.93	16064.54	18575.62	21074.50	23235.53	24299.01
西　藏	11130.93	12481.51	13544.41	14980.47	16195.56	18028.32	20023.35	22015.81
陕　西	10763.34	12857.89	14128.76	15695.21	18245.23	20733.88	22858.37	24365.76
甘　肃	10012.34	10969.41	11929.78	13188.55	14988.68	17156.89	18964.78	21803.86
青　海	10276.06	11640.43	12691.85	13854.99	15603.31	17566.28	19498.54	22306.57
宁　夏	10859.33	12931.53	14024.70	15344.49	17578.92	19831.41	21833.33	23284.56
新　疆	10313.44	11432.10	12257.52	13643.77	15513.62	17920.68	19873.77	23214.03
全国平均	13785.81	15780.76	17174.65	19109.44	21809.78	24564.72	26955.10	28843.85

表 A-19 2014 年年底各地区分等级公路里程

（单位：km）

地区	公路里程	等级公路	其中			等外公路
			高速	一级	二级	
全国总计	4463913	3900834	111936	85362	348351	563079
北京	21849	21816	982	1267	3295	33
天津	16110	16110	1113	1329	3132	
河北	179200	172891	5888	5092	19274	6309
山西	140436	137094	5011	2472	15164	3342
内蒙古	172167	160123	4237	6290	14484	12044
辽宁	115430	100854	4172	3464	17971	14576
吉林	96041	88667	2348	2016	9109	7374
黑龙江	162464	135033	4084	1771	10598	27431
上海	12945	12945	825	449	3395	
江苏	157521	149845	4488	12015	22790	7676
浙江	116367	113730	3884	5679	9819	2636
安徽	174373	169639	3752	2623	10694	4734
福建	101190	82907	4053	776	9192	18283
江西	155515	128262	4484	1902	9941	27254
山东	259515	258442	5108	9775	25371	1073
河南	249857	197624	5859	1778	25641	52233
湖北	236933	224184	5096	3344	18033	12749
湖南	236250	211279	5493	1184	11550	24971
广东	212094	197131	6266	10787	19233	14963
广西	114900	100647	3722	1026	10618	14252
海南	26002	25386	757	307	1655	616
重庆	127392	98680	2401	662	7766	28712
四川	309742	257027	5506	3309	13881	52715
贵州	179079	107573	4007	393	4497	71506
云南	230398	189481	3255	1068	10596	40917
西藏	75470	54443	38		1033	21026
陕西	167145	151189	4466	1186	8409	15955
甘肃	138084	114080	3262	321	7519	24004
青海	72703	60806	1719	370	6447	11897
宁夏	31276	31057	1343	1451	3350	219
新疆	175468	131889	4316	1254	13894	43579

表 A-20 历年货运量及货物周转量

年份	货运量/万 t		公路比例 (%)	货物周转量/亿 t·km		公路比例 (%)
	全社会	公路		全社会	公路	
1997	1278218	976536	76.40	38385	5271.5	13.73
1998	1267427	976004	77.01	38089	5483.4	14.40
1999	1293008	990444	76.60	40568	5724.3	14.11
2000	1358682	1038813	76.46	44321	6129.4	13.83
2001	1401786	1056312	75.35	47710	6330.4	13.27
2002	1483446	1116324	75.25	50686	6782.5	13.38
2003	1561422	1159957	74.29	53859	7099.5	13.18
2004	1706412	1244990	72.96	69445	7840.9	11.29
2005	1862066	1341778	72.06	80258	8693.2	10.83
2006	2037892	1466347	71.95	88952	9754.2	10.97
2007	2275822	1639432	72.04	101419	11354.7	11.20
2008	2587413	1916759	74.08	110301	32868.2	29.80
2009	2825222	2127834	75.32	122133	37189.0	30.45
2010	3241807	2448052	75.52	141837	43389.7	30.59
2011	3696961	2820100	76.28	159324	51374.7	32.25
2012	4100436	3188475	77.78	173804	59535.0	34.26
2013	4098900	3076648	75.06	168014	55738.1	33.17
2014	4386800	3332838	75.97	185837	61016.6	32.83

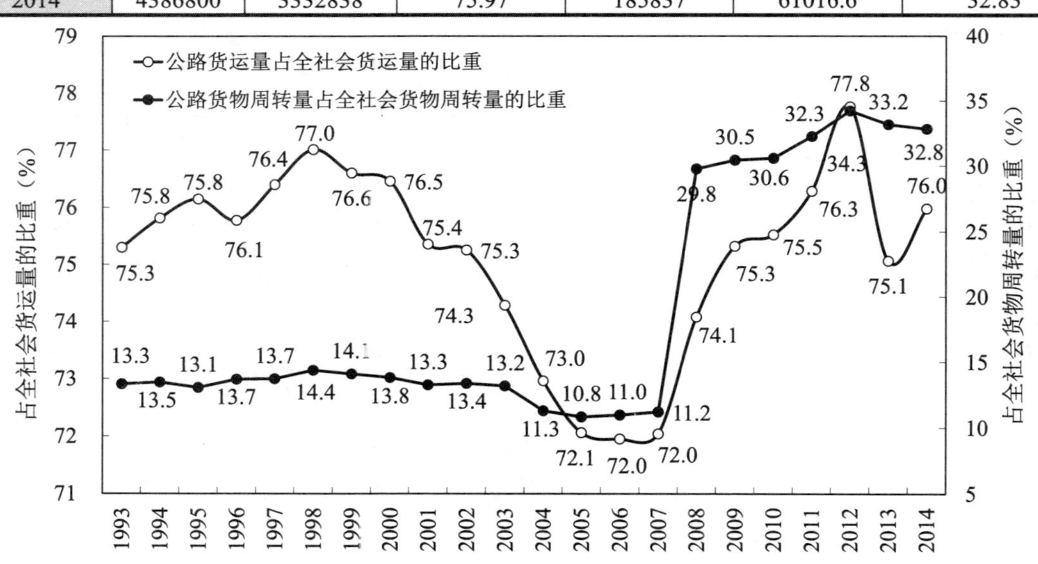

图A-16 1993～2014年公路货运地位变化曲线图

（注：从1985年起，包括私营运输完成的数量）

表 A-21　历年客运量及客运周转量

年份	客运量/万人		公路比例（%）	客运周转量/亿人·km		公路比例（%）
	全社会	公路		全社会	公路	
1997	1326094	1204583	90.84	10056	5541	55.11
1998	1378717	1257332	91.20	10637	5943	55.87
1999	1394413	1269004	91.01	11300	6199	54.86
2000	1478573	1347392	91.13	12261	6657	54.30
2001	1534122	1402798	91.44	13155	7207	54.79
2002	1608150	1475257	91.74	14126	7806	55.26
2003	1587497	1464335	92.24	13811	7696	55.72
2004	1767453	1624526	91.91	16309	8748	53.64
2005	1847018	1697381	91.90	17467	9292	53.20
2006	2024158	1860487	91.91	19197	10131	52.77
2007	2227761	2050680	92.05	21593	11507	53.29
2008	2867892	2682114	93.52	23197	12476	53.78
2009	2976898	2779081	93.35	24835	13511	54.40
2010	3269508	3052738	93.37	27894	15021	53.85
2011	3526319	3286220	93.19	30984	16760.2	54.09
2012	3804035	3557010	93.51	33383	18468	55.32
2013	2122992	1853463	87.30	27571.7	11250.9	40.81
2014	2209391	1908198.36	86.37	30097.4	12084.1	40.15

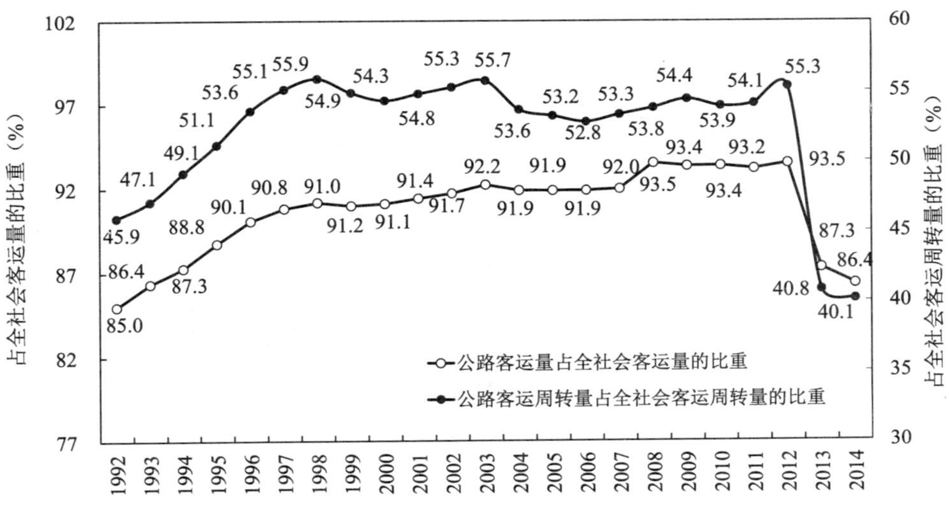

图A-17　1992～2014年公路客运地位变化曲线图

表 A-22 各地区公路货运量

（单位：万 t）

地 区	2005 年	2006 年	2007 年	2008 年	2009 年	2010 年	2011 年	2012 年	2013 年	2014 年
全国合计	1341778	1466347	1639432	1916759	2127834	2448052	2820100	3188475	3076648	3332838
北 京	30050	30953	17872	18689	18753	20184	23276	24925	24651	25416
天 津	19850	20290	23500	18160	19800	20855	23505	27735	28206	31130
河 北	68652	73263	79822	91342	106530	135938	166680	195530	172492	185286
山 西	76201	78513	82084	66710	54786	60819	65201	73150	82834	88491
内蒙古	51020	58978	73300	60941	70832	85162	103651	125260	97058	126704
辽 宁	74799	82142	90387	92938	105088	127361	151773	174355	172923	189174
吉 林	27441	28965	31573	23558	27032	33013	39308	47130	38063	41830
黑龙江	44376	48389	51996	35424	36486	40582	44420	47465	45288	47173
上 海	32684	33799	35634	40328	37745	40890	42685	42911	43877	42848
江 苏	76301	84319	97474	95625	104002	123500	140803	153698	103709	114449
浙 江	81448	89342	98742	91625	95802	103394	108654	113393	107186	117070
安 徽	49614	54717	62065	140381	157991	183658	219467	259461	284534	315223
福 建	27579	29806	34829	38367	40317	45575	52558	59431	69876	82573
江 西	25025	27477	30032	70270	75200	88445	98358	113703	121279	137782
山 东	120455	136750	163959	216604	251587	264366	279380	296754	227746	230018
河 南	62684	69898	83537	118198	151343	183291	220122	251772	162040	179680
湖 北	33481	35361	39568	52759	59563	71020	82741	97136	100945	116279
湖 南	67040	72457	85432	98759	111351	127635	144241	166670	156269	172613
广 东	84861	97461	112611	101429	125433	140689	166567	189034	261273	257136
广 西	27861	30525	34190	64884	75766	93552	113549	135112	124677	134330
海 南	6615	7981	10158	9489	10839	13947	15095	16600	10290	11015
重 庆	33378	36254	42011	54589	58532	69438	82818	71272	71842	81206
四 川	56594	63719	69163	103068	106472	121017	139771	158396	151689	142132
贵 州	15082	17284	18834	25272	27031	30834	36684	44892	65100	78017
云 南	56702	60614	65537	39119	40765	45665	54186	63239	98675	103161
西 藏	356	346	360	711	920	952	979	1042	1778	1871
陕 西	33282	35811	39736	60713	67963	77123	90419	104593	105566	119343
甘 肃	22520	23826	25325	18201	20812	24050	28790	39517	45072	50781
青 海	5491	5864	6278	6805	7173	7962	8952	9700	9588	11030
宁 夏	5648	6029	6583	21762	23263	25453	29016	32646	32502	34318
新 疆	24688	25214	26840	40039	38657	41682	46451	51954	59620	64758

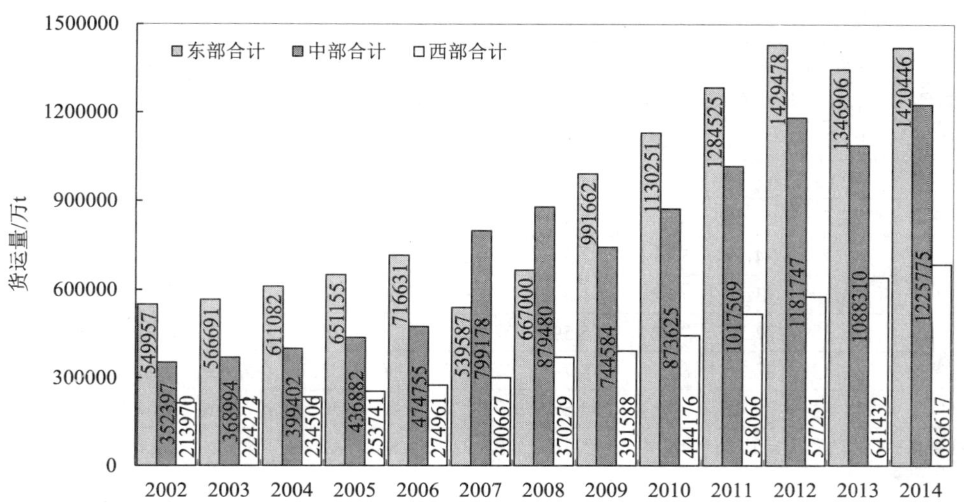

图A-18 2002～2014年三大地区公路货运量变化曲线图

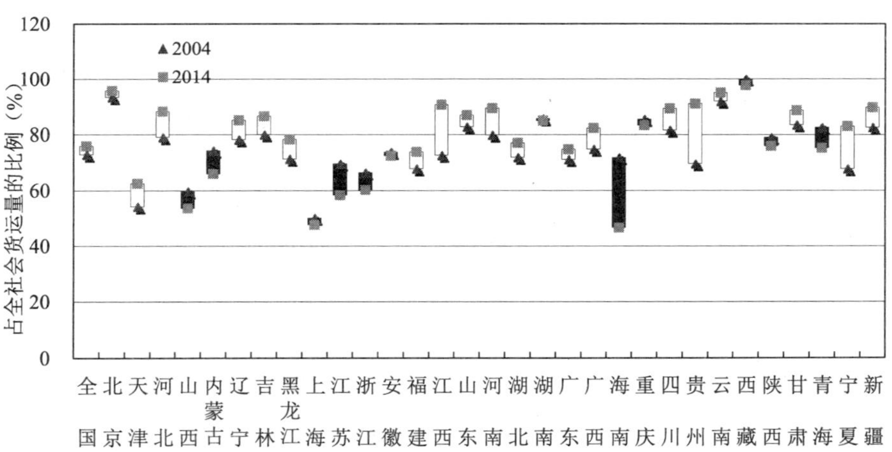

图A-19 2004年和2014年公路货运量占本地区
全社会货运量比例变化情况

表 A-23　各地区公路货运量占本地区全社会货运量的比例

地　区	2005年	2006年	2007年	2008年	2009年	2010年	2011年	2012年	2013年	2014年
全国平均(%)	72.06	71.95	72.04	74.08	75.32	75.52	76.28	77.78	75.06	75.97
北　京(%)	93.58	93.77	89.91	91.05	91.61	92.75	94.37	95.27	95.74	95.73
天　津(%)	50.61	48.38	46.76	53.23	46.78	52.12	53.91	60.27	62.36	62.57
河　北(%)	77.71	80.66	82.38	85.43	86.56	86.81	87.82	89.23	87.11	88.25
山　西(%)	57.01	54.52	52.91	52.58	50.02	48.90	48.50	50.59	53.08	53.66
内蒙古(%)	73.74	73.38	74.28	61.37	62.18	62.06	61.58	65.95	59.06	66.04
辽　宁(%)	78.28	77.52	77.31	76.59	77.81	80.36	82.05	84.32	83.59	85.16
吉　林(%)	80.33	82.26	83.23	75.74	77.74	81.06	82.84	85.99	84.94	86.58
黑龙江(%)	71.81	73.49	74.14	65.63	67.31	68.42	70.27	72.76	74.13	78.34
上　海(%)	47.62	46.70	45.49	47.78	49.23	46.86	45.92	45.63	52.05	47.62
江　苏(%)	68.60	68.55	69.05	68.44	68.16	68.99	69.52	69.86	57.05	58.35
浙　江(%)	64.18	63.41	64.00	65.86	63.21	60.45	58.30	59.12	56.81	60.27
安　徽(%)	73.91	73.80	74.45	77.92	80.34	80.52	81.76	83.04	71.78	72.58
福　建(%)	66.94	66.45	67.94	67.07	69.32	68.97	69.90	70.46	72.28	73.89
江　西(%)	73.61	73.24	73.39	86.83	87.38	87.89	87.94	89.39	89.72	90.72
山　东(%)	83.24	83.32	83.97	88.56	88.56	87.74	87.74	88.95	86.23	86.98
河　南(%)	79.65	80.76	82.43	85.38	89.06	90.31	91.33	92.52	87.67	89.48
湖　北(%)	71.59	71.72	72.06	73.38	75.41	76.02	77.39	79.01	77.06	77.13
湖　南(%)	86.47	84.65	85.37	85.03	86.37	85.35	85.59	87.24	84.68	85.01
广　东(%)	71.14	73.62	74.44	71.19	73.94	73.14	74.23	73.82	74.86	74.86
广　西(%)	72.88	71.00	69.98	78.06	80.20	81.01	83.41	83.74	82.49	82.40
海　南(%)	64.97	56.36	56.83	62.00	58.93	62.11	60.10	61.76	59.39	46.61
重　庆(%)	84.87	84.29	83.57	85.61	85.37	85.33	85.58	82.42	82.35	83.39
四　川(%)	84.03	84.88	84.94	89.84	90.04	90.11	89.99	90.85	90.42	89.37
贵　州(%)	69.28	69.95	70.31	77.30	77.67	77.60	81.72	85.26	89.54	91.06
云　南(%)	91.43	91.59	91.64	87.55	88.54	88.56	90.06	92.00	94.58	95.04
西　藏(%)	100.00	99.00	97.00	96.53	97.56	96.95	95.27	92.49	96.10	97.74
陕　西(%)	80.10	80.99	80.80	72.72	73.43	73.86	74.78	76.50	74.56	76.01
甘　肃(%)	84.49	83.59	82.96	76.67	78.23	79.45	81.63	86.22	87.58	88.72
青　海(%)	80.56	80.65	77.98	74.66	72.65	72.01	71.13	71.94	71.70	75.35
宁　夏(%)	66.22	64.43	62.46	83.18	79.55	78.74	78.71	79.40	79.44	83.08
新　疆(%)	82.18	80.91	82.16	86.88	85.82	86.01	87.23	88.37	89.11	89.73

表 A-24　各地区公路货物周转量

（单位：亿 t·km）

地　区	2006 年	2007 年	2008 年	2009 年	2010 年	2011 年	2012 年	2013 年	2014 年
全国合计	9754.2	11354.7	32868.2	37188.8	43389.7	51374.7	59534.9	55738.08	61016.6
北　京	88.6	79.3	84.1	87.9	101.6	132.3	139.8	156.19	165.2
天　津	75.8	88.0	178.3	205.9	231.2	266.7	318.2	313.70	349.0
河　北	748.9	843.2	2548.0	2998.5	4011.2	5219.3	6133.5	6577.89	7019.6
山　西	402.8	427.5	1102.2	906.4	969.9	1047.1	1202.2	1278.57	1363.2
内蒙古	384.1	492.0	1637.4	1885.3	2261.1	2737.6	3299.8	1872.71	2103.5
辽　宁	474.7	568.1	1354.2	1550.5	1930.3	2328.5	2675.4	2792.02	3074.9
吉　林	106.3	124.0	563.6	596.2	683.1	816.0	974.1	1100.00	1190.8
黑龙江	252.1	289.9	653.2	657.1	762.4	843.5	929.0	972.92	1008.5
上　海	79.8	84.8	253.0	229.6	265.9	283.8	288.2	352.42	300.8
江　苏	542.1	638.6	885.1	971.1	1149.1	1315.3	1452.4	1790.40	1978.5
浙　江	431.1	493.6	1114.5	1188.7	1298.7	1434.8	1525.6	1322.13	1419.4
安　徽	464.2	542.8	3773.3	4237.2	5004.9	6123.2	7266.8	6544.02	7392.4
福　建	266.3	317.4	483.6	507.2	578.3	659.5	771.1	821.44	974.8
江　西	224.2	240.6	1494.2	1536.5	1850.2	2066.8	2559.8	2829.02	3073.3
山　东	845.1	1069.3	5117.9	6045.0	6216.8	6624.4	7059.2	5494.78	5711.4
河　南	538.8	681.9	2995.2	3927.1	4860.6	5949.0	6863.0	4488.01	4822.4
湖　北	266.1	302.1	789.4	930.1	1079.1	1277.7	1565.4	2046.28	2340.6
湖　南	592.4	682.7	1085.1	1259.7	1539.4	1878.6	2392.5	2329.54	2578.9
广　东	742.7	906.8	1225.3	1518.4	1735.4	2150.0	2434.9	3003.36	3113.8
广　西	286.8	320.1	800.0	934.7	1173.4	1494.0	1878.3	1857.18	2068.5
海　南	66.6	85.4	66.4	79.4	90.8	97.1	109.4	75.42	81.5
重　庆	172.6	205.4	453.2	503.3	610.3	779.8	731.9	695.89	797.8
四　川	311.1	343.4	827.8	851.3	985.1	1139.1	1325.2	1273.13	1510.5
贵　州	114.5	128.0	230.4	241.6	286.7	350.1	464.6	610.64	776.9
云　南	409.5	450.8	468.6	496.1	548.5	617.3	702.5	921.98	1002.3
西　藏	36.6	37.5	28.8	25.4	26.6	27.1	27.9	81.46	86.0
陕　西	228.6	255.2	904.5	1032.4	1195.9	1469.7	1744.6	1685.02	1917.5
甘　肃	146.5	156.5	474.8	489.7	524.1	647.4	894.6	811.21	992.6
青　海	51.4	55.6	186.6	198.7	227.5	258.0	281.0	202.76	234.4
宁　夏	72.1	78.2	477.9	497.0	538.3	608.1	700.1	509.43	530.5
新　疆	331.9	366.2	611.9	600.9	653.0	732.9	823.8	928.54	1037.3

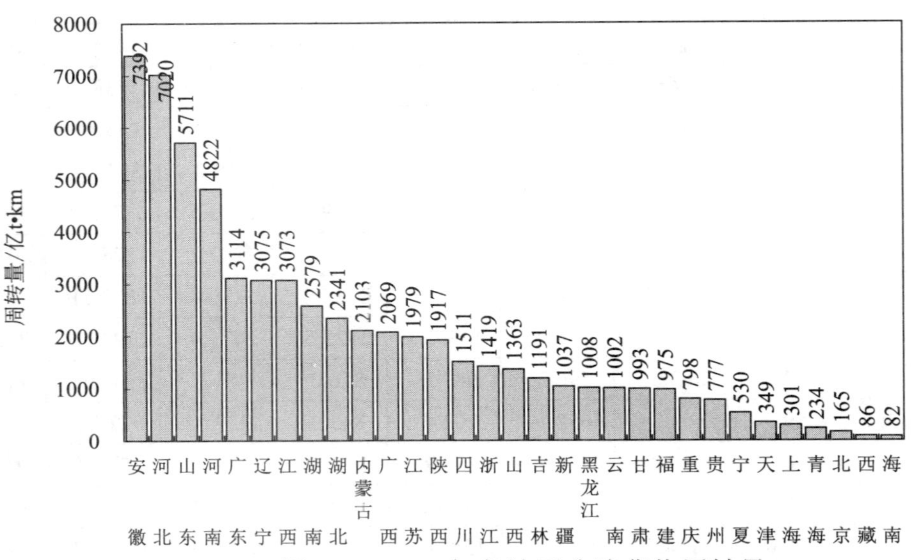

图A-20　2014年各地区公路货物周转量

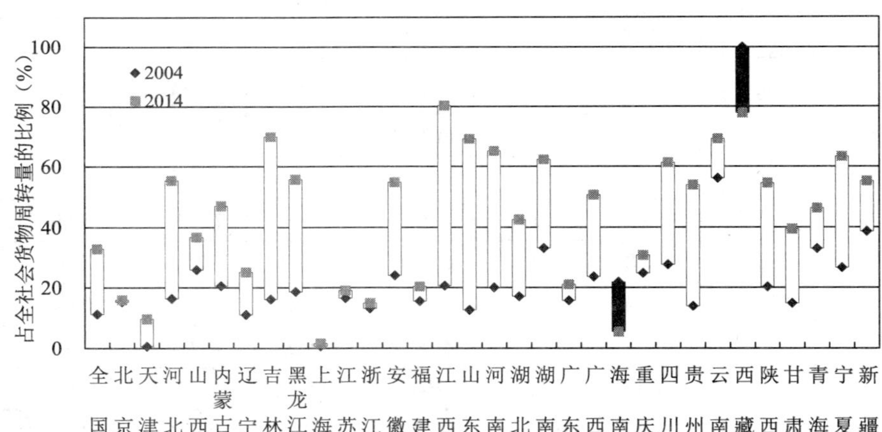

图A-21　2004年和2014年公路货物周转量占
全社会货物周转量的比例变化情况

表 A-25　公路货物周转量占全社会货物周转量的比例（分地区）

地　区	2005 年	2006 年	2007 年	2008 年	2009 年	2010 年	2011 年	2012 年	2013 年	2014 年
全国平均(%)	10.83	10.97	11.20	29.80	30.45	30.59	32.25	34.26	33.17	32.83
北　京（%）	14.69	13.56	10.94	11.08	12.01	11.59	13.24	13.96	14.86	15.93
天　津（%）	0.59	0.62	0.58	6.59	2.14	2.30	2.58	4.06	10.13	9.69
河　北（%）	13.64	13.48	14.04	43.00	46.81	49.70	54.20	57.84	56.35	55.34
山　西（%）	23.23	23.23	23.24	43.02	37.92	34.15	34.19	35.98	35.59	36.74
内蒙古（%）	22.42	22.42	24.32	44.75	45.79	47.98	50.49	56.21	41.97	47.05
辽　宁（%）	12.40	11.74	9.77	19.25	20.00	21.38	22.38	23.14	23.32	25.13
吉　林（%）	16.30	17.37	18.93	48.68	51.08	53.28	56.18	61.03	65.42	69.89
黑龙江（%）	19.50	20.83	22.61	38.63	39.95	41.75	42.85	46.40	50.41	55.68
上　海（%）	0.61	0.58	0.53	1.58	1.60	1.41	1.40	1.41	2.46	1.61
江　苏（%）	15.34	15.28	16.01	20.58	20.77	20.56	18.90	18.38	18.04	18.99
浙　江（%）	10.91	9.88	9.95	22.40	21.00	18.25	16.62	16.61	14.77	14.88
安　徽（%）	26.99	27.26	27.30	64.58	67.03	69.97	72.50	74.02	53.05	54.76
福　建（%）	15.15	14.02	15.25	20.18	20.52	19.43	19.42	19.92	20.85	20.39
江　西（%）	21.06	23.55	23.38	65.38	65.83	68.04	69.24	74.55	77.72	80.29
山　东（%）	12.82	13.23	16.67	50.63	54.84	52.54	52.22	63.72	67.06	69.20
河　南（%）	19.85	22.10	24.91	57.99	63.81	67.49	69.74	72.32	61.82	65.16
湖　北（%）	17.74	17.87	18.37	31.24	36.24	34.84	33.63	35.26	43.06	42.53
湖　南（%）	33.07	33.98	35.51	46.18	50.12	52.60	55.74	60.16	60.79	62.32
广　东（%）	16.75	18.36	21.13	27.67	31.83	30.38	31.14	25.45	32.54	21.04
广　西（%）	23.53	23.50	22.79	38.48	39.99	40.09	42.95	45.69	48.16	50.58
海　南（%）	12.46	10.14	10.37	11.11	10.02	9.13	7.10	7.06	12.14	5.48
重　庆（%）	23.83	20.93	19.53	30.41	30.49	30.28	30.84	27.58	30.27	30.74
四　川（%）	28.78	32.11	32.42	52.44	53.52	54.49	56.50	59.21	56.62	61.28
贵　州（%）	14.56	16.81	17.74	28.60	26.09	28.50	33.01	39.55	47.17	53.89
云　南（%）	56.12	58.98	56.25	57.06	57.18	57.90	60.26	62.54	67.70	69.34
西　藏（%）	100.00	95.61	90.12	81.13	71.95	68.93	67.72	60.37	78.77	77.88
陕　西（%）	20.20	21.14	21.42	44.62	46.53	48.52	52.03	54.65	52.65	54.45
甘　肃（%）	13.97	14.05	13.61	29.77	30.24	29.71	31.78	38.04	34.34	39.46
青　海（%）	32.82	35.66	31.52	55.59	54.56	54.20	53.05	53.26	44.86	46.23
宁　夏（%）	26.56	25.97	26.81	67.92	66.23	65.75	65.18	65.69	58.35	63.39
新　疆（%）	38.73	37.16	38.31	48.07	47.85	48.06	49.68	51.03	51.68	55.15

表 A-26 2003～2014 年年末全国民用汽车保有量

（单位：万辆）

年份	全社会民用汽车保有量[3]			营运汽车保有量[2]			私人汽车保有量		
	合计	载客汽车[1]	载货汽车	合计	载客汽车	载货汽车	合计	载客汽车	普通载货汽车
2003	2382.93	1478.81	853.51	924.64	352.19	572.45	1219.23	845.87	367.35
2004	2693.71	1735.91	893.00	1067.18	439.09	628.09	1481.66	1069.69	402.82
2005	3159.66	2132.46	955.55	733.22	128.40	604.82	1848.07	1383.93	452.11
2006	3697.35	2619.57	986.30	802.58	161.92	640.66	2333.32	1823.57	494.91
2007	4358.36	3195.99	1054.06	849.22	164.73	684.49	2876.22	2316.91	539.45
2008	5099.61	3838.92	1126.07	930.61	169.64	760.97	3501.39	2880.50	596.39
2009	6280.61	4845.09	1368.60	1087.35	180.79	906.56	4574.91	3808.33	753.40
2010	7801.83	6124.30	1597.55	1132.32	83.13	1050.19	5938.71	4989.50	931.52
2011	9356.32	7478.37	1787.99	1263.75	84.34	1179.41	7326.79	6237.46	1067.43
2012	10933.09	8943.01	1894.75	1339.89	86.71	1253.19	8838.60	7637.87	1175.63
2013	12670.14	10561.78	2010.62	1504.73	85.26	1419.48	10501.68	9198.23	1275.49
2014	14598.11	12326.70	2125.46	1537.93	84.58	1453.36	12339.36	10945.39	1352.78

注：1.小轿车包括在载客汽车中。

2.营运汽车保有量 1999 年以前仅为公路部门营运汽车保有量，1999 年为全国营运汽车保有量。公路部门营运汽车总计中含公路部门直属企业营运汽车。

3.汽车保有量分为载客汽车、载货汽车及其他汽车，此表中其他汽车省略。

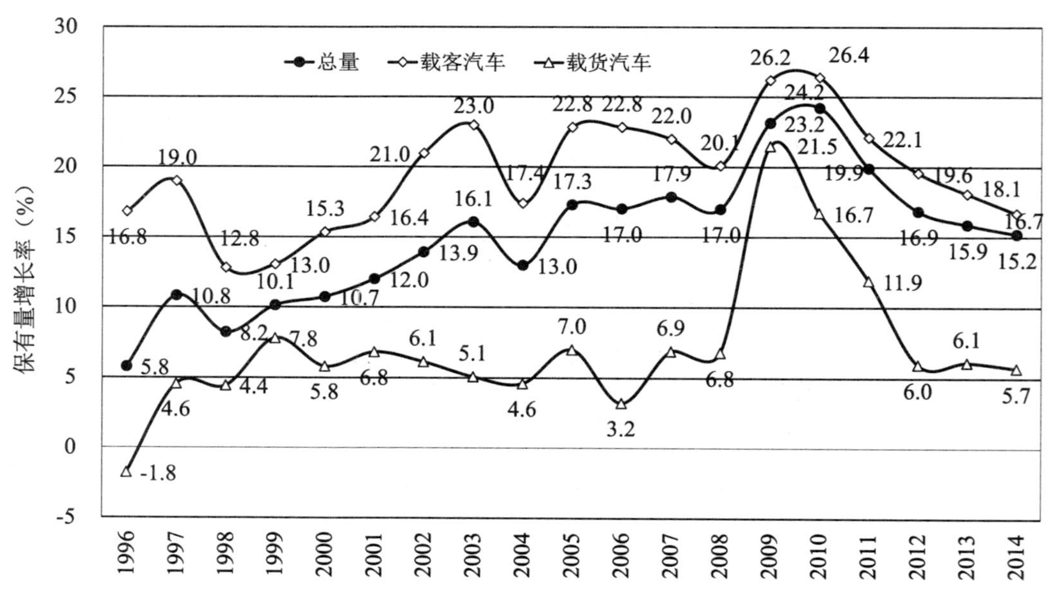

图A-22 1996～2014年全社会民用汽车保有量增长情况

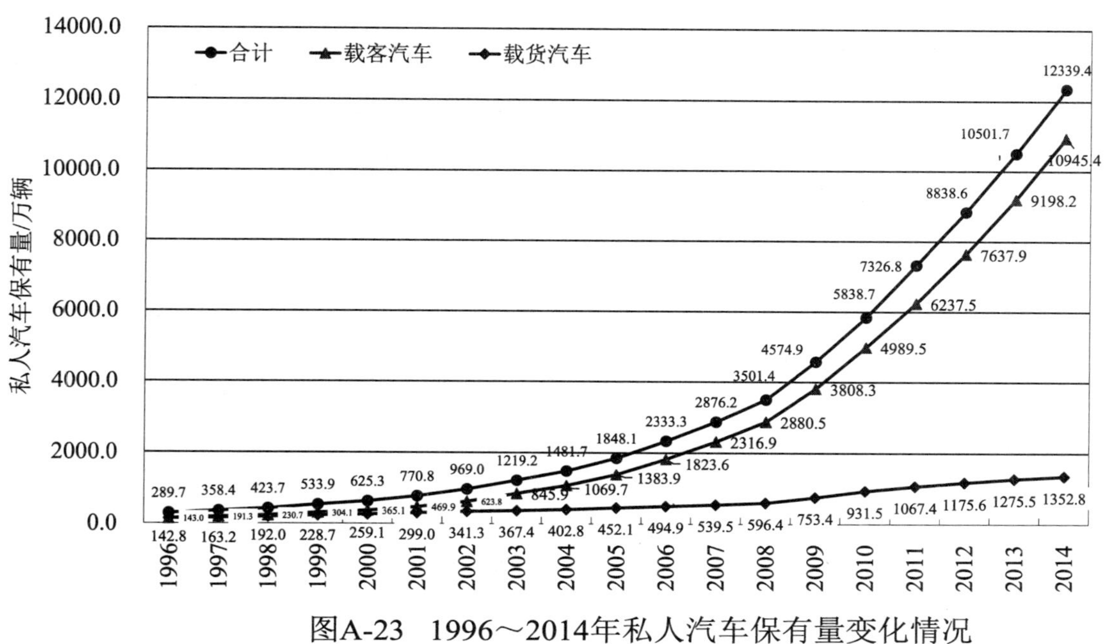

图A-23　1996～2014年私人汽车保有量变化情况

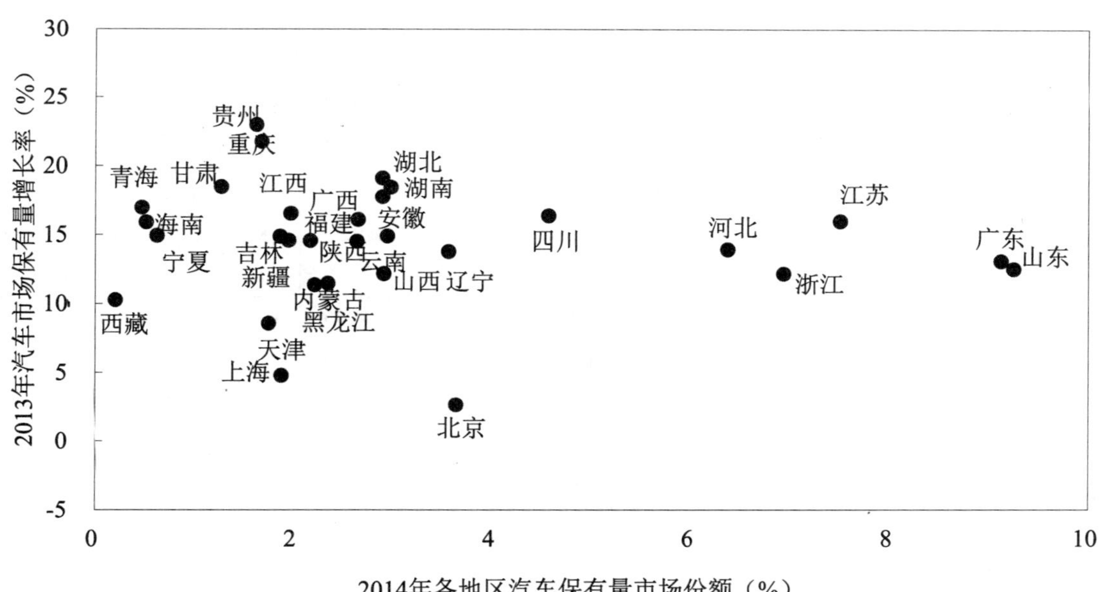

图A-24　分地区汽车市场状况

表 A-27 各地区历年民用汽车保有量

（单位：万辆）

地区	2005年	2006年	2007年	2008年	2009年	2010年	2011年	2012年	2013年	2014年
北京	209.73	239.12	273.36	313.68	368.11	449.72	470.53	493.56	517.11	530.83
天津	67.68	79.22	93.25	108.47	130.00	158.24	190.78	221.12	261.58	274.14
河北	198.23	229.34	273.25	316.77	395.80	492.88	607.19	728.51	816.29	930.08
山西	107.44	121.55	144.33	174.22	205.95	247.89	295.33	329.95	378.27	424.36
内蒙古	65.82	83.79	99.77	121.07	150.06	187.80	233.15	266.08	306.87	342.14
辽宁	134.87	159.22	171.36	194.98	242.07	296.32	356.75	414.88	457.05	520.04
吉林	65.27	72.25	86.80	98.98	123.74	152.89	183.00	209.49	248.35	284.57
黑龙江	85.90	94.00	108.10	126.21	160.17	194.79	231.10	259.87	289.81	322.78
上海	95.16	107.04	119.70	132.12	147.11	175.51	194.75	212.66	234.91	255.03
江苏	192.25	240.80	296.31	349.51	436.81	550.80	675.18	802.20	944.35	1095.45
浙江	202.92	248.36	301.61	352.84	431.73	542.05	656.80	773.56	901.99	1012.05
安徽	80.50	94.61	113.42	134.89	167.36	209.81	258.62	303.13	358.74	422.46
福建	69.79	89.57	110.87	130.76	159.34	197.08	239.93	283.92	332.97	386.60
江西	48.36	58.07	69.90	82.97	107.08	137.43	171.55	201.64	246.84	287.68
山东	246.96	299.23	359.59	426.31	553.51	705.89	851.12	1027.16	1199.71	1350.25
河南	152.17	183.38	210.32	249.04	316.07	399.73	501.28	581.95	700.69	969.28
湖北	86.24	98.74	115.46	136.86	168.32	207.49	249.49	293.64	354.40	422.23
湖南	78.34	91.76	109.83	134.04	167.59	211.06	258.22	308.14	366.74	434.48
广东	372.96	428.95	505.29	573.46	658.90	782.26	910.93	1037.42	1177.37	1331.84
广西	59.14	66.14	79.64	94.89	119.85	152.06	187.75	227.44	276.29	316.53
海南	16.40	19.23	22.11	25.81	30.64	39.24	47.81	55.46	64.80	75.11
重庆	46.93	56.07	63.63	73.64	90.89	114.30	129.68	159.36	192.77	237.04
四川	138.00	157.23	183.62	219.05	284.69	354.97	422.17	493.22	573.03	666.92
贵州	46.77	49.36	60.05	71.92	91.43	115.76	136.37	164.36	201.00	244.72
云南	103.60	114.72	133.23	153.57	189.10	233.91	280.04	328.53	374.01	429.74
西藏	7.07	9.82	11.61	12.86	14.85	16.62	19.92	22.77	26.72	29.47
陕西	63.21	75.70	91.13	111.66	146.27	190.64	236.43	284.64	336.08	384.88
甘肃	33.74	37.26	43.04	50.57	65.75	85.04	105.59	129.14	156.38	185.31
青海	12.18	13.34	15.60	20.25	24.35	30.99	39.85	49.13	58.84	68.84
宁夏	15.63	16.86	20.09	24.35	31.54	41.52	53.35	66.35	79.23	91.05
新疆	56.42	62.63	72.10	83.86	101.53	127.14	161.66	203.82	236.96	272.21
全国合计	3159.66	3697.35	4358.36	5099.61	6280.61	7801.83	9356.32	10933.09	12670.14	14598.11

表 A-28　各地区民用货车保有量

（单位：万辆）

地　区	2005 年	2006 年	2007 年	2008 年	2009 年	2010 年	2011 年	2012 年	2013 年	2014 年
北　京	17.73	17.69	17.56	18.13	18.30	19.39	21.49	23.70	25.71	28.91
天　津	11.96	12.82	14.00	14.68	16.62	19.15	21.34	22.19	24.34	27.09
河　北	70.86	70.39	75.07	79.92	104.36	121.50	137.15	153.42	150.01	143.54
山　西	37.96	36.29	38.72	42.65	48.54	55.82	61.27	56.78	58.29	59.11
内蒙古	24.88	28.43	30.52	33.80	42.20	48.51	54.52	47.72	49.96	51.17
辽　宁	42.39	47.31	42.46	44.00	56.79	67.42	76.85	82.22	73.51	80.04
吉　林	17.91	17.62	20.80	22.29	27.73	32.85	36.98	36.99	40.23	42.22
黑龙江	26.28	25.80	27.96	30.77	41.27	48.98	55.27	55.86	58.14	61.77
上　海	19.16	19.98	20.78	21.39	22.19	23.81	24.83	20.73	20.14	19.56
江　苏	43.35	44.90	47.99	49.82	61.23	72.50	82.39	89.29	96.79	97.17
浙　江	55.90	59.74	63.81	66.90	76.65	87.29	97.00	105.02	112.36	111.56
安　徽	33.21	36.45	40.58	44.37	56.60	66.34	74.51	74.23	79.94	86.15
福　建	23.14	27.23	30.70	32.85	38.46	45.11	51.77	57.49	62.36	66.48
江　西	19.89	21.96	24.69	27.23	33.42	40.17	46.76	47.01	54.56	58.40
山　东	72.89	76.44	79.36	83.03	112.87	134.45	149.06	159.88	176.22	175.39
河　南	49.17	51.88	57.16	59.25	76.35	90.75	106.35	109.61	120.78	165.63
湖　北	30.96	30.96	33.92	38.54	46.07	53.29	59.72	62.69	68.62	72.73
湖　南	27.97	29.46	31.85	35.35	41.07	48.22	54.92	58.17	61.17	66.40
广　东	118.84	118.88	122.68	122.97	133.24	147.53	159.92	169.86	178.89	181.81
广　西	19.48	18.76	21.66	24.48	30.10	36.82	42.90	49.20	55.74	57.22
海　南	5.61	5.86	6.24	6.32	7.00	8.58	10.17	11.12	12.14	13.02
重　庆	20.09	22.61	23.86	25.47	29.30	34.03	28.34	31.56	34.44	36.94
四　川	39.39	40.33	44.37	49.78	61.24	70.45	77.49	83.77	87.99	91.02
贵　州	17.56	16.68	19.10	22.26	27.29	32.73	34.23	36.72	41.50	47.77
云　南	40.38	39.38	43.00	47.16	54.55	63.39	71.66	77.88	78.46	80.94
西　藏	3.96	4.19	5.04	4.62	5.74	6.32	7.42	8.33	9.80	10.96
陕　西	18.82	17.76	19.89	22.08	28.97	36.32	41.74	45.54	47.88	49.86
甘　肃	13.62	13.60	14.71	16.36	20.91	26.37	31.00	35.42	39.89	43.79
青　海	4.85	4.83	5.25	6.15	7.42	8.99	10.62	11.77	12.79	13.82
宁　夏	6.90	6.63	7.15	8.11	10.75	13.52	16.51	19.41	22.35	24.45
新　疆	20.46	21.45	23.17	25.35	31.38	36.96	43.79	51.18	55.61	60.55
全国合计	955.55	986.30	1054.06	1126.07	1368.60	1597.55	1787.99	1894.75	2010.62	2125.46

表 A-29 各地区民用客车保有量

（单位：万辆）

地区	2005年	2006年	2007年	2008年	2009年	2010年	2011年	2012年	2013年	2014年
北京	188.31	217.56	251.63	291.02	345.44	425.74	444.16	464.86	486.14	496.92
天津	54.27	64.82	77.40	91.71	112.04	137.64	167.85	197.30	235.56	245.40
河北	119.98	149.52	185.31	219.99	286.07	365.36	463.41	568.13	660.24	780.56
山西	67.77	83.28	102.86	127.23	155.53	189.93	231.62	270.80	317.56	362.84
内蒙古	38.46	51.34	64.36	81.19	106.15	137.19	176.10	215.94	254.46	288.62
辽宁	89.62	107.34	124.13	144.88	182.41	225.67	276.16	328.63	379.92	436.52
吉林	46.56	53.42	64.29	74.47	94.92	118.78	144.54	170.94	206.55	240.74
黑龙江	57.67	65.84	77.01	91.09	117.00	143.66	173.37	201.42	228.94	258.34
上海	76.00	87.06	98.92	110.73	124.91	146.24	163.91	185.71	207.99	228.58
江苏	144.63	190.73	241.49	291.75	370.58	472.78	586.59	706.27	840.53	991.13
浙江	143.51	184.47	232.93	280.41	351.47	450.83	555.58	664.08	785.00	895.99
安徽	43.64	53.52	66.78	83.27	108.38	140.99	181.33	225.98	275.84	333.37
福建	44.96	60.14	77.40	94.73	119.25	150.30	186.30	224.45	268.59	318.06
江西	27.18	34.46	43.11	53.18	72.24	95.65	122.93	152.73	190.11	227.02
山东	166.40	213.58	268.63	329.04	435.84	566.09	696.07	860.89	1016.85	1168.25
河南	98.88	121.29	146.38	180.31	236.67	304.90	390.20	467.49	574.84	750.08
湖北	53.40	65.39	78.62	94.41	119.81	151.52	186.72	227.76	282.29	345.84
湖南	49.46	60.73	75.26	94.87	125.11	161.23	201.44	247.99	303.54	365.66
广东	247.44	302.49	373.68	440.60	520.38	629.30	745.35	861.60	992.39	1144.18
广西	38.00	45.52	55.67	67.71	87.77	113.13	142.58	175.77	217.94	256.99
海南	10.54	12.56	15.52	19.07	23.27	30.23	37.11	43.75	52.10	61.52
重庆	26.07	32.21	38.39	46.66	60.04	78.54	99.31	125.42	156.54	198.38
四川	97.13	115.14	137.13	166.61	220.84	281.60	341.48	406.08	481.50	572.33
贵州	26.25	32.20	40.36	48.95	63.4	82.19	101.14	126.47	158.03	195.17
云南	62.49	74.46	89.17	105.17	133.38	169.08	206.70	248.76	293.55	346.66
西藏	3.11	5.63	6.43	8.18	8.92	10.15	12.26	14.16	16.75	18.30
陕西	42.84	56.13	68.53	85.84	115.01	151.64	191.55	235.61	284.52	331.64
甘肃	19.31	22.71	27.18	32.89	43.86	57.52	73.30	92.32	114.92	139.91
青海	7.08	8.18	9.94	13.54	16.49	21.45	28.60	36.65	45.28	54.26
宁夏	8.04	9.51	11.82	14.81	20.11	27.23	35.93	45.94	55.78	65.55
新疆	33.47	38.37	45.63	54.59	67.79	87.56	114.79	149.08	177.52	207.89
全国合计	2132.46	2619.57	3195.99	3838.92	4845.09	6124.13	7478.37	8943.01	10561.78	12326.70

表 A-30　2014 年各地区私人汽车保有量

（单位：万辆）

地　区	汽车总计	载客汽车	载货汽车	其他汽车
全　国	12339.36	10945.39	1352.78	41.20
北　京	435.79	425.98	8.83	0.98
天　津	235.15	215.21	19.44	0.50
河　北	834.90	732.04	100.40	2.45
山　西	367.02	326.13	40.03	0.86
内蒙古	300.49	263.02	36.53	0.93
辽　宁	416.98	376.72	39.43	0.84
吉　林	242.18	211.84	29.81	0.53
黑龙江	265.03	222.71	41.67	0.66
上　海	183.30	182.81	0.28	0.21
江　苏	927.48	875.50	49.66	2.33
浙　江	869.95	797.75	71.36	0.84
安　徽	335.40	293.40	41.01	0.99
福　建	329.53	282.34	46.56	0.62
江　西	234.17	200.56	33.04	0.57
山　东	1191.62	1075.52	113.34	2.76
河　南	775.77	660.04	102.44	13.29
湖　北	349.64	300.61	47.88	1.16
湖　南	384.71	328.42	55.14	1.15
广　东	1149.83	1033.42	114.47	1.94
广　西	266.87	229.16	36.89	0.83
海　南	61.65	51.09	10.38	0.19
重　庆	190.58	171.72	18.48	0.38
四　川	576.10	513.54	61.28	1.28
贵　州	207.47	170.46	36.42	0.59
云　南	373.78	306.38	66.56	0.84
西　藏	23.01	13.85	9.04	0.12
陕　西	331.66	293.83	36.72	1.11
甘　肃	141.96	112.34	29.09	0.53
青　海	54.10	44.26	9.59	0.26
宁　夏	77.61	57.76	19.39	0.46
新　疆	205.60	177.00	27.62	0.98

表 A-31 历年汽车产量

（单位：辆）

年份	汽车产量合计	其中					
		载货汽车	越野汽车	其中：轻型越野汽车	客 车	轿 车	汽车底盘
1982	196304	121789	18883	15326	—	4030	42541
1983	239886	137100	22510	18247	6211	6046	62263
1984	316367	179846	21588	16553	6990	6010	85348
1985	443377	236934	25173	20747	11897	5207	114069
1986	372753	218863	23739	21891	9189	12297	81262
1987	472538	299356	27781	27351	20461	20865	92260
1988	646951	364000	36384	35978	50922	36798	136234
1989	586935	342835	48934	48291	47639	28820	103896
1990	509242	269098	44719	44348	23148	42409	90574
1991	708820	361310	54018	53371	42756	81055	122873
1992	1061721	460274	63373	61747	84551	162725	199162
1993	1296778	623184	59257	57057	142774	229697	171769
1994	1353368	613152	72111	70317	193006	250333	169106
1995	1452697	571751	91766	89765	247430	325461	162713
1996	1474905	537673	77587	73233	267236	391099	167651
1997	1582628	465098	59328	56547	317948	487695	178644
1998	1629182	573766	43608	38423	431947	507861	206325
1999	1831596	581990	36944	33602	418272	566105	229113
2000	2068186	668831	41624	35508	671831	607455	252063
2001	2341528	803076	41260	33247	834927	703525	317946
2002	3253655	1092546	43543	34232	1068347	1092762	425601
2003	4443522	1228181	86089	78622	1177476	2037865	381116
2004	5070452	1514869	79600	72245	1243022	2312561	398351
2005	5707688	1509893	—	—	1430073	2767722	381183
2006	7279726	1752973	—	—	1657259	3869494	442201
2007	8883122	2157335	—	—	1927433	4797688	558673
2008	9345101	2270207	—	—	2037540	5037334	530271
2009	13790994	3049170	—	—	3270630	7471194	596657
2010	18264667	3920363	—	—	4768414	9575890	791635
2011	18418876	2898046	—	—	4746156	10137517	637157
2012	19271808	2802110	—	—	2691613	13257833	520252
2013	22116825	3468501	—	—	6547552	12100772	581944
2014	23722890	3195901	—	—	8045937	12481052	553563

注：本表不含改装车产量；轿车产量已包含切诺基 BJ2021。

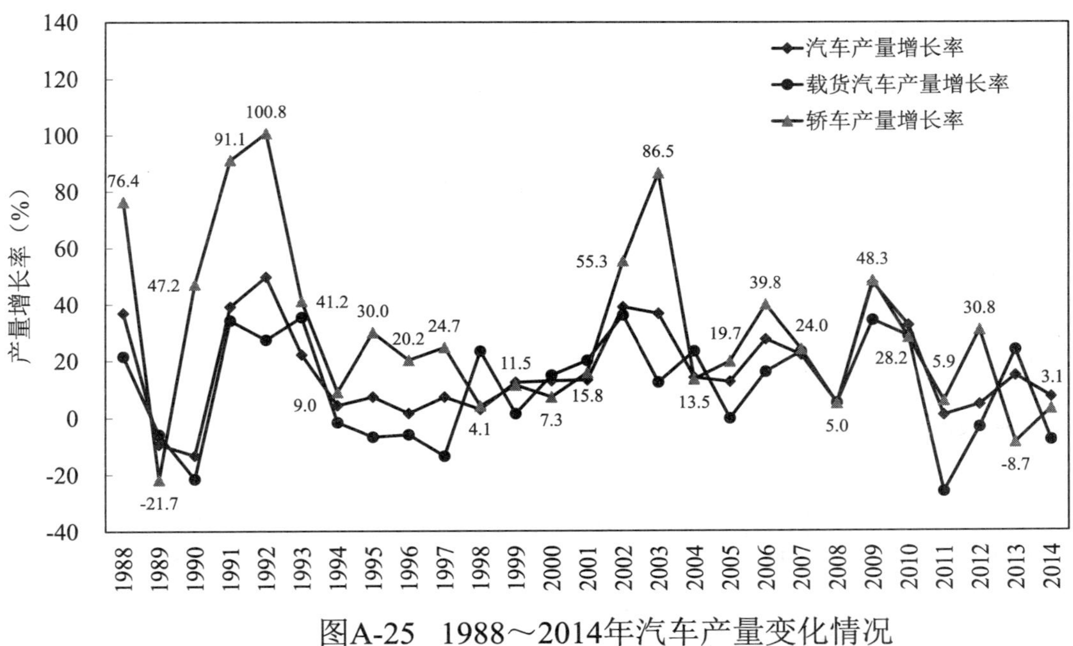

图A-25　1988～2014年汽车产量变化情况

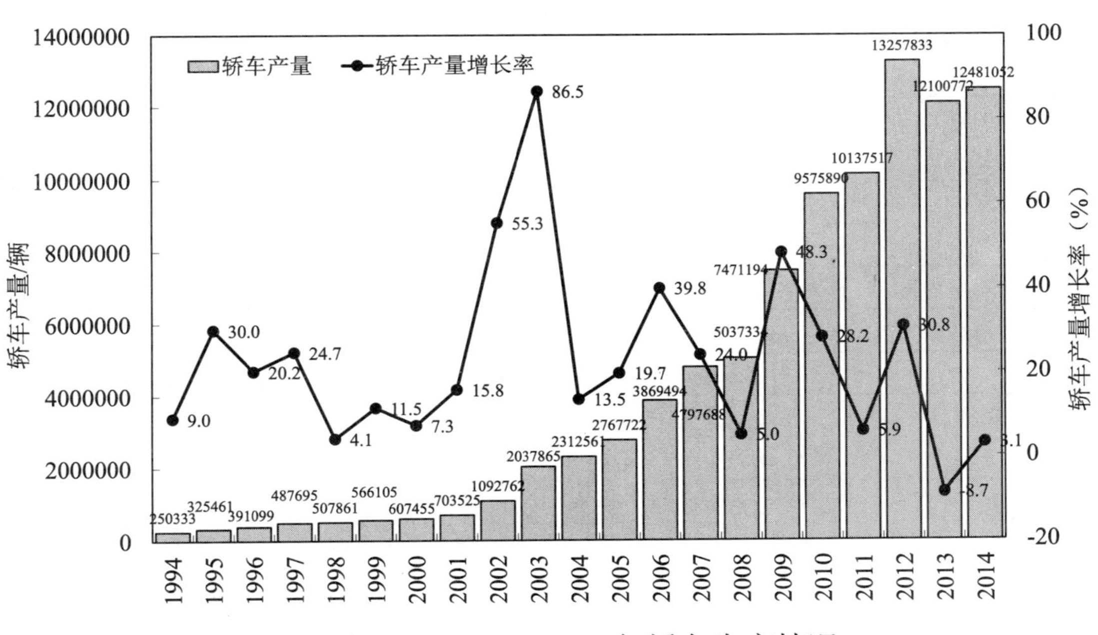

图A-26　1994～2014年轿车生产情况

表 A-32 2014年汽车分车型产销量

车型		产量/辆			销量/辆		
		总计	国内制造	CKD	总计	国内制造	CKD
汽车总计		23722890	23440427	282463	23491893	23208269	283624
乘用车合计		19919795	19637547	282248	19700569	19417052	283517
其中1	基本型乘用车（轿车）	12481052	12343818	137234	12376702	12237047	139655
	多用途乘用车（MPV）	1972697	1969166	3531	1914255	1910678	3577
	运动型多功能乘用车（SUV）	4166507	4025024	141483	4077897	3937612	140285
	交叉型乘用车	1299539	1299539	0	1331715	1331715	0
其中2	排量≤1.0L	574103	574103	0	573695	573695	0
	1.0L<排量≤1.6L	12705735	12705735	0	12565737	12565737	0
	1.6L<排量≤2.0L	5087678	4906758	180920	5025164	4841355	183809
	2.0L<排量≤.5L	1297843	1213018	84825	1285628	1201560	84068
	2.5L<排量≤3.0L	225097	225062	35	222717	222682	35
	3.0L<排量≤4.0L	26262	12871	13391	24868	12023	12845
	排量>4.0L	3077	0	3077	2760	0	2760
其中3	手动档	11020055	11014783	5272	10929121	10923925	5196
	自动档	7689800	7505360	184440	7562097	7378465	183632
	其他档	1209940	1117404	92536	1209351	1114662	94689
其中4	柴油汽车	69231	69231	0	68009	68009	0
	汽油汽车	19758542	19477508	281034	19541467	19259238	282229
	其他燃料汽车	92022	90808	1214	91093	89805	1288
商用车合计		4031612	3803095	3802880	215	3791324	3791217
其中1	柴油汽车	2803464	2803249	215	2805966	2805859	107
	汽油汽车	913598	913598	0	899970	899970	0
	其他燃料汽车	86033	86033	0	85388	85388	0
其中2	客车	529555	529555	0	529548	529548	0
	货车	2433275	2433275	0	2436493	2436493	0
	半挂牵引车	286702	286702	0	278990	278990	0
	客车非完整车辆	77639	77639	0	77370	77370	0
	货车非完整车辆	475924	475709	215	468923	468816	107

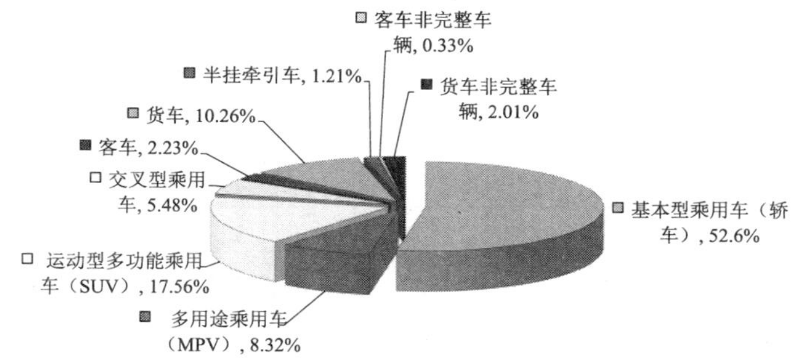

图A-27 2014年分车型产量构成情况

表 A-33 2006～2014 年全国改装汽车产量分类构成

（单位：辆）

车 型	2006 年	2007 年	2008 年	2010 年	2011 年	2012 年	2013 年	2014 年
汽车总计	**550947**	**649607**	**631428**	**965399**	**844024**	**667178**	**700612**	**673344**
载货汽车	38434	60099	69912	76114	49124	45156	51900	42776
重型	2472	8040	4882	5918	4397	6688	12032	7412
中型	3052	9907	9978	1641	2814	713	181	773
轻型	32910	42152	54250	68555	40882	37643	39687	34591
微型	0	0	802	0	1031	114	—	—
越野汽车	763	443	3706	2057	1908	511	10	1153
自卸汽车	120240	155608	162032	269623	256932	198864	188216	178663
矿用	—	—	—	—	—	—	—	—
重型	62408	90779	112941	207623	194656	148547	154950	150284
中型	41318	36465	21780	27526	29492	29098	19949	17311
牵引汽车	—	—	—	—	—	—	—	—
载客汽车	147437	121404	101315	96497	101669	85953	77128	66460
特大型	888	—	—	—	—	300	—	1835
大型	16517	121325	17318	18826	16539	9486	8323	9140
中型	52070	46827	36597	22500	27107	24079	21297	16724
轻型	74447	54943	46311	55000	58011	52088	47508	38761
微型	3515	3105	771	149	—	—	—	—
厢式专用车	72710	70972	64100	137051	73787	75366	80083	70044
罐式专用车	30906	44557	44220	87044	92330	47062	67893	52436
专用自卸汽车	6287	8955	8805	15228	19898	22518	20114	20770
起重举升专用车	19089	27538	30286	50253	27513	17010	16115	16684
仓栅式专用车	8818	2511	6015	1627	1655	914	8899	14685
特种结构专用汽车	10708	15244	15705	—	27705	22577	22575	22937

表 A-34 历年低速货车产销情况

（单位：辆）

年份	产销量	低速货车合计	低速货车	三轮汽车
2009	产量	2231679	499916	1731763
	销量	2216478	493570	1722908
2010	产量	2431542	528620	1902922
	销量	2422684	525223	1897461
2011	产量	2537119	453139	2083980
	销量	2532326	446946	2085380
2012	产量	2794784	430266	2364518
	销量	2785527	426587	2358670
2013	产量	2904377	405145	2499232
	销量	2897926	402564	2495362
2014	产量	2926147	423729	2502418
	销量	2923534	422645	2500889

表 A-35 汽车行业综合指标与全国工业企业的比较

指	标	2008年	2009年	2010年	2011年	2012年	2013年	2014年
销售收入/亿元	汽车工业	18767	23817.5	29964.03	33617.3	36373.10	37155.31	41262.97
	全国工业企业	500020.07	542522.43	697744.00	841830.2	929291.51	1029149.76	1107032.52
汽车/全国（%）		3.75	4.39	4.29	3.99	3.91	3.61	3.73
总产值/亿元	汽车工业	18780.5	23437.8	30248.60	33155.18	35774.40	39225.43	42324.24
	全国工业总计	507448	548311.42	698590.54	844268.8	—	—	—
汽车/全国（%）		3.70	4.27	4.33	3.93	—	—	—
增加值/亿元	汽车工业	4104.1	5378.7	6759.72	7451.69	7940.40	8606.24	9174.25
	全国工业总计	—	—	—	—	—	—	—
汽车/全国（%）		—	—	—	—	—	—	—
产品销售税金及附加/亿元	汽车工业	365.77	453.78	635.70	694.96	749.86	726.043	766.70
	全国工业企业	6277.28	8995.95	11183.11	12669.53	14462.73	15617.67	16961.12
汽车/全国（%）		5.83	5.04	5.68	5.49	5.18	4.65	4.52
利润总额/亿元	汽车工业	923.58	1687.65	2598.60	2842.12	3166.65	2717.12	2844.82
	全国工业企业	30562.37	34542.22	53049.66	61396.33	61910.06	62831.02	68154.89
汽车/全国（%）		3.02	4.89	4.90	4.63	5.11	4.32	4.17
固定资产投资/亿元	汽车工业	772.26	921.8	1278.12	1398.8	1509.30	1456.43	1554.01
	全社会	172828.4	224845.6	278139.80	311485.1	374694.70	446294.10	512020.65
汽车/全社会（%）		0.45	0.41	0.46	0.45	0.40	0.33	0.30
汽车增加值占 GDP 比例（%）		1.37	1.58	1.68	1.58	1.53	1.51	1.44

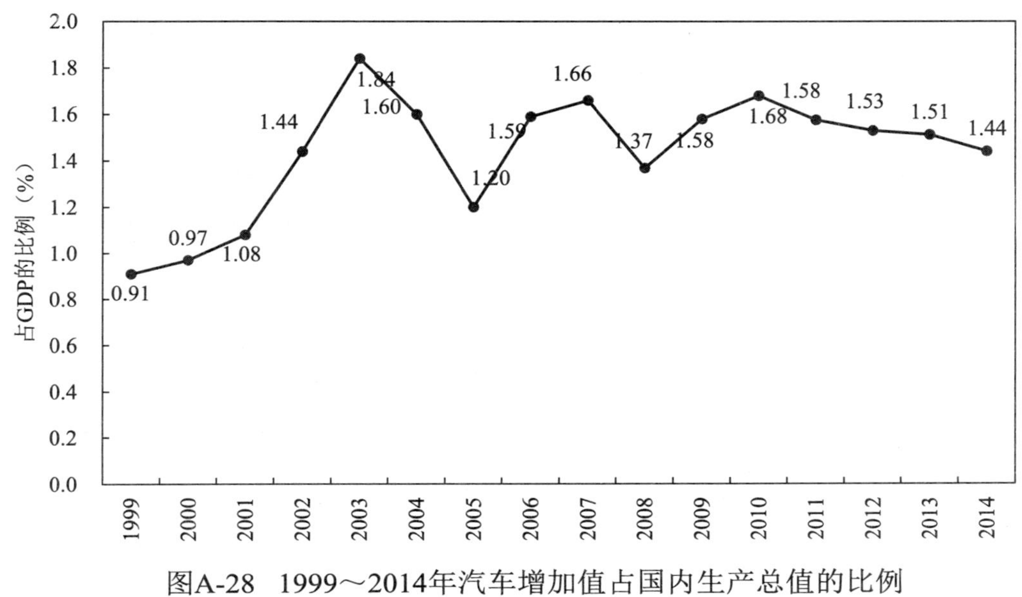

图A-28　1999～2014年汽车增加值占国内生产总值的比例

表 A-36　汽车行业效益指标与全国工业企业的比较

指	标	2007 年	2008 年	2009 年	2010 年	2011 年	2012 年	2013 年	2014 年
工业增加值率	汽车工业（%）	25.69	—	—	—	—	—	—	21.68
	全国工业企业（%）	28.89	—	—	—	—	—	—	—
	汽车/全国	0.89	—	—	—	—	—	—	—
工业成本费用利润率	汽车工业（%）	6.34	5.22	—	—	—	—	—	8.72
	全国工业企业（%）	7.00	5.90	6.91	8.31	7.71	7.11	6.60	6.52
	汽车/全国	0.91	0.88	—	—	—	—	—	1.34
流动资产周转次数	汽车工业/（次/年）	2.30	2.22	2.40	2.42	2.20	2.30	2.37	2.40
	全国工业企业/（次/年）	2.50	2.60	2.43	2.5	2.62	2.57	2.67	2.53
	汽车/全国	0.92	0.85	0.98	0.97	0.92	0.89	—	0.95

注：表中数据为全部国有及规模以上非国有工业企业统计口径。

表 A-37　能源生产总量及其构成

能源构成		2008年	2009年	2010年	2011年	2012年	2013年	2014年
能源生产总量/万 t		260552	274618	296916	317987	331848	340000	360000
原油/万 t	进口	17888	20379	23931	25378	27103	28174	30837
	出口	416	507	303	252	243	162	60
成品油/万 t	进口	3885	3696	3688	4060	3982	3959	3000
	出口	1703	2504	2688	2570	2427	2851	2967
原油产量/万 t		18973.00	27187.18	29097.77	28936.82	29534.47	30260	30240

表 A-38　2008～2014 年分车型汽车进口数量

（单位：辆）

品　种	2008年	2009年	2010年	2011年	2012年	2013年	2014年
总计（含底盘品种）	409769	420696	813345	1038622	1132031	1195040	1425846
一、乘用车	395799	409225	791126	1011871	1108730	1179979	1411561
1. 大客车（30 座以上）	—	—	—	—	2526	2386	2
2. 中型客车（10～30 座）	—	1902	5092	5196			963
3. 旅行车（9 座以下）	24674	35693	89919	162911	179508	230915	344179
4. 其他机动小客车	—	—	—	—	25868	20282	8822
5. 越野车	215062	207381	351408	430886	456362	505343	588921
6. 轿车	154521	164837	343653	410270	446992	423439	469639
7. 机坪客车	—	—	—	—	—	—	66
二、载货汽车	10171	8201	14977	19453	19452	11197	11501
柴油：总重＜5 t	253	119	65	—	—	—	83
5 t≤总重＜14 t	418	213	146	—	—	—	102
14 t≤总重＜20 t	289	140	60	—	—	—	146
总重≥20 t	6461	6038	11454	—	—	—	1812
汽油：总重＜5 t	1268	607	1599	—	—	—	7374
总重≥5 t	16	1	8	—	—	—	40
未列名货车	1466	—	—	—	—	—	1944
三、专用车	498	1314	333	—	235	224	298
四、底盘	990	375	—	1888	1088	1254	1455

表 A-39　历年汽车进口数量及金额

年份	汽车进口数量/辆			进口金额合计/万美元	汽车配件金额/万美元
	总　量	其中			
		载货汽车	轿　车		
1986	150052	64570	48276	195459.5	27708.5
1987	67182	17554	30536	121431	41885
1988	99233	14201	57433	161240	33913
1989	85554	12587	45000	132732	34750
1990	65430	18395	34063	120293.3	43740
1991	98454	18578	54009	165992.3	58263
1992	210087	42005	115641	353523.5	87071.6
1993	310099	72935	180717	535143	97065.7
1994	283060	68269	169995	471482.6	68794.4
1995	158115	12037	129176	257549.8	85469
1996	75863	6256	57942	250018.5	107757
1997	49039	7077	32019	207821	92800
1998	40216	4373	18016	205789	80492
1999	35192	2685	19953	258018	100425
2000	42703	3085	21620	404750	211281
2001	71398	3138	46632	470326	261767
2002	127513	6692	70329	659985	231236
2003	171710	9862	103017	1483964	738430
2004	175480	8078	116085	1686001	867960
2005	161324	3032	76542	1543392	768494
2006	227773	5582	111777	2127410	1052519
2007	314130	7980	139867	2676775	1421523.8
2008	409769	10171	154521	3222993	1268125
2009	420696	8201	164837	3419834	1457311
2010	813345	14977	343653	5818595	2116655
2011	1038622	19453	410270	6527468	2218233.4
2012	1132031	19452	446992	7992432	2572334
2013	1195040	11197	423439	8422289	2836174
2014	1425846	11501	469639	10040689	3709990

注：1. 1986～1999 年数据来源于海关总署《统计报表》，1999 年以后数据来源于《汽车工业年鉴》。

2.本表将进口汽车散件归入进口整车中、车身归入零部件中。

3.1992～1994 年进口金额合计中含发动机、摩托车、挂车进口额，发动机中含部分非汽车、摩托车用发动机。

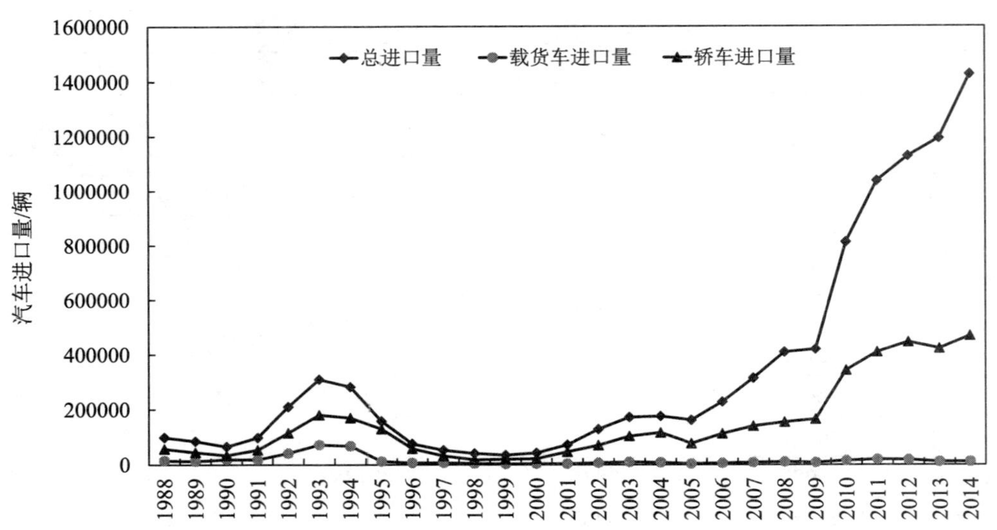

图A-29 1988～2014年汽车进口情况

表 A-40 主要国家历年汽车产量及品种构成

国别	年份	总产量/万辆	乘用车		商用车	
			产量/万辆	占总产量（%）	产量/万辆	占总产量（%）
美国	2014	1165.9	429.5	36.8	736.5	63.2
	2013	1108.0	437.3	39.5	670.7	60.5
	2012	1033.0	624.5	39.5	408.5	60.5
	2011	862.9	296.8	34.4	566.1	65.6
	2010	773.0	274.5	35.5	498.5	64.5
	2009	870.5	377.6	43.4	492.9	56.6
	2008	1078.1	392.4	36.4	685.7	63.6
日本	2014	900.8	762.8	84.7	138.0	15.3
	2013	963.0	818.9	85.0	144.1	15.0
	2012	996.5	855.4	85.8	141.1	14.2
	2011	839.9	715.9	85.2	124	14.8
	2010	962.9	831.0	86.3	131.9	13.7
	2009	1156.4	991.6	85.7	164.8	14.3
	2008	1159.6	994.5	85.8	165.1	14.2
德国	2014	593.0	562.4	94.8	30.5	5.2
	2013	572.7	544.9	95.1	27.8	4.9
	2012	564.3	538.2	95.4	26.1	4.6
	2011	631.1	587.2	93.0	43.9	7.0
	2010	590.6	555.1	94.0	35.5	6.0
	2009	604.1	552.7	91.5	51.4	8.5
	2008	621.3	570.9	91.9	50.4	8.1

（续）

国别	年份	总产量/万辆	轿车		商用车	
			产量/万辆	占总产量（%）	产量/万辆	占总产量（%）
英国	2014	160.8	153.5	95.5	7.2	4.5
	2013	159.7	150.9	94.5	8.7	5.5
	2012	157.6	146.4	92.9	11.2	7.1
	2011	145.8	134.4	92.2	11.4	7.8
	2010	139.5	127.2	91.2	12.3	8.8
	2009	109.0	100.0	91.7	9.1	8.3
	2008	165.0	144.7	87.7	20.3	12.3
法国	2014	—	—	—	—	—
	2013	174.0	146.0	83.9	28.0	16.1
	2012	192.2	168.3	87.6	23.9	12.4
	2011	200.8	167.8	83.6	33	16.4
	2010	193.8	166.6	85.9	27.2	14.1
	2009	210.4	186.5	88.6	23.9	11.4
	2008	256.9	214.6	83.5	42.3	16.5
意大利	2014	54.5	32.5	59.7	22.0	40.3
	2013	65.8	38.9	59.0	27.0	41.0
	2012	67.2	39.7	59.1	27.5	40.9
	2011	79.03	48.56	61.4	30.47	38.6
	2010	84.3	57.3	68.0	26.2	31.0
	2009	84.3	66.1	78.4	18.2	21.6
	2008	102.4	71.7	70.0	30.7	30.0
加拿大	2014	231.1	87.6	37.9	143.6	62.1
	2013	237.9	96.7	40.6	141.2	59.4
	2012	245.7	103.7	42.2	142	57.8
	2011	213.2	98.8	46.3	114.4	53.7
	2010	206.4	97.1	47.1	109.3	52.9
	2009	149.4	82.2	55.0	67.2	45.0
	2008	207.8	119.5	57.5	88.3	42.5

注：资料来源于日本《主要国汽车统计》。2013 年数据来源于中国汽车工业协会。

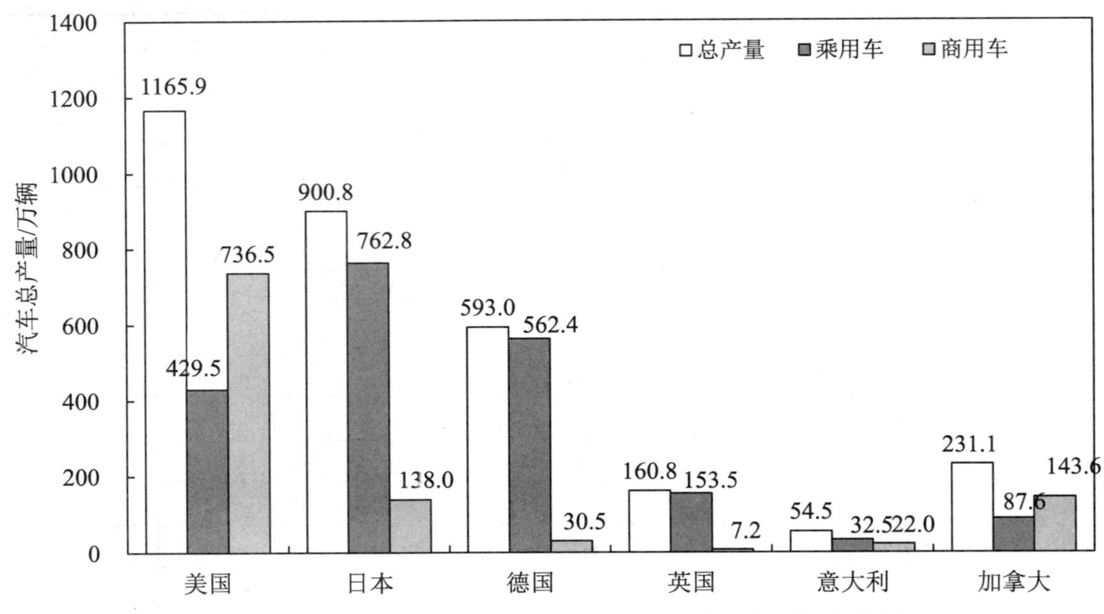

图A-30 2014年主要国家汽车产量及品种构成情况

表A-41 2010～2014年世界主要国家轿车生产量排序

（单位：万辆）

排序	2014年		2013年		2012年		2011年		2010年	
	国别	产量	国别	产量	国别	产量	国别	产量	国别	产量
1	中国	2372.3	中国	1808.5	中国	1552.4	中国	1448.5	中国	1389.7
2	美国	1166.1	日本	818.9	日本	855.4	日本	715.8	日本	830.7
3	日本	977.5	德国	544.0	德国	538.8	德国	587.2	德国	555.2
4	德国	590.8	韩国	434.7	韩国	416.7	韩国	422.2	韩国	386.6
5	韩国	452.5	美国	412.3	美国	410.6	印度	305.4	巴西	282.8
6	印度	384	印度	313.9	印度	328.5	美国	296.6	印度	281.5
7	墨西哥	336.5	巴西	274.2	巴西	262.4	巴西	253.5	美国	273.1
8	巴西	314.6	俄罗斯	192.0	俄罗斯	196.9	法国	193.1	法国	192.2
9	西班牙	240.3	墨西哥	177.2	墨西哥	181	西班牙	181.9	西班牙	191.4
10	加拿大	239.4	英国	172.0	英国	146.5	俄罗斯	173.8	墨西哥	139.0

注：资料来源于日本《自动车统计月报》。

表 A-42 1984～2014 年主要国家商用车产量

（单位：千辆）

年份	美国	日本	法国	西班牙	巴西	德国	意大利	英国	俄罗斯	瑞典
1984	3161	4392	349	132	185	255	162	225	885	59
1985	3463	4624	384	188	208	279	184	266	900	60
1986	3501	4450	422	251	241	286	159	229	900	66
1987	3805	4358	411	302	237	260	199	247	870	70
1988	4097	4501	474	368	286	279	227	317	885	76.5
1989	4025	3973	511	407	282	288	249	327	844	81.7
1990	3703	3539	474	320	251	292	231	257	929	60.6
1991	3444	3484	423	305	255	356	245	217	807	75.3
1992	4119	3069	438	331	276	330	209	248	518	63.1
1993	4917	2734	319	262	291	237	150	193	650	58
1994	5649	2753	383	321	334	262	194	228	254	82
1995	5635	2585	424	375	333	307	245	233	192	102
1996	5749	2482	443	471	346	303	227	238	179	96
1997	6196	2484	479	552	392	345	254	238	—	115
1998	6452	1994	351	609	329	379	290	227	188	133
1999	5648	2585	424	375	333	307	245	233	192	—
2000	7235	1781	418	667	322	395	316	185	—	—
2001	6293	1053	395	614	215	248	265	181	170	113
2002	7227	948	367	585	194	346	303	191	—	35
2003	7535	1747	365	166	275	361	292	189	—	117
2004	7759	1792	439	609	454	378	309	209	275	140
2005	7606	1783	401	654	506	407	313	206	286	145
2006	6843	1728	446	699	519	421	319	206	325	134
2007	6857	1651	465	694	548	504	373	215	376	162
2008	4929	1648	423	599	659	514	315	203	321	—
2009	3495	1072	239	358	584	245	182	91	125	87
2010	4985	1319	272	474	792	355	262	123	196	147
2011	5661	1240	330	533	868	439	305	115	251	154
2012	6245	1411	239	454	719	261	275	112	263	—
2013	6707	14409	280	443.6	908.1	278.4	269.8	87.2	256.1	—
2014	7365	1380	—	500	823	305	220	72	174	—

注：资料来源于日本《自动车统计月报》；2013 年数据来源于中国汽车工业协会。

附录B　国家信息中心
汽车研究与咨询业务简介

国家信息中心（简称SIC）于1986年开始进行汽车市场预测分析及调查研究工作，至今已有30年的历史，汽车研究与咨询业务不断扩大，目前这项工作由国家信息中心下属的信息资源开发部负责。

一、主体业务

国家信息中心汽车研究与咨询业务主要分为三大板块。

1．产业研究板块

（1）汽车与零部件产业研究　重点方向和领域：汽车产业发展趋势与产业布局研究、新能源汽车研究、汽车零部件产业研究、自主创新与自主品牌建设和国际化。

新能源汽车是近几年的研究重点，研究的课题包括：未来5～10年新能源汽车发展趋势判断、国家新能源汽车示范推广工程推进状况调研、全国车用动力电池材料产业化调研、新能源车商业推广模式研究、新能源汽车材料产业调研、国内外新能源汽车发展动态跟踪研究、电动汽车消费意向调研等。

在汽车零部件方面完成的研究包括：对汽车零部件产业的调查，对关键零部件、总成系统的调查，新能源汽车零部件的调查等。

在汽车产业发展趋势与产业布局研究方面，近年来研究了工业化、城市化对中国汽车产业的影响，中国汽车产业地域性优势，限行限购对中国汽车产业的影响等课题。

（2）经济与政策研究　每月跟踪宏观经济及相关政策的变化，包括各种宏观经济指标、宏观经济政策、汽车重大相关政策及社会重大事件等，研究经济变化或重大事件对汽车市场的影响，研究各种政策出台的背景、目的、作用对象，并对政策效果进行评价。

（3）汽车产品与技术研究　及时跟踪了解全球市场最新产品与技术的发展动

态，把握汽车产品与技术的发展趋势。分析研究国内市场产品的表现，以及新产品、新技术在国内市场的前景。

此外，产业研究板块还就汽车产业发展中的问题进行了相关的研究，包括汽车产业兼并重组研究、合资企业可持续发展研究、汽车社会研究等，同时还拓展了地方汽车产业规划方面的研究，如玉溪新能源汽车规划、成都汽车产业规划等。

2．市场预测研究板块

市场预测研究主要包含六大业务模块。

（1）*乘用车短期市场研究*　SIC 自 2003 年开始组织专门的研究小组对乘用车市场进行短期预测。该小组目前为多家用户提供服务，通过持续跟踪产品与市场动态，以及每月持续对 700 多家经销商的调查，了解当期市场的发展变化情况，发现乘用车市场运行的新特点和新变化，探求导致市场变化的原因，评价各企业、各车型在市场中的表现，并对未来各月的市场走势作出预测。

（2）*乘用车中长期市场研究*　中长期市场预测业务是 SIC 历史最久的业务。目前每年都要对乘用车市场进行 10 年滚动预测，并承接来自客户的有关总体市场及细分市场的中长期预测研究课题。主要研究未来 3～5 年或 5～10 年，甚至未来 20 年的乘用车市场发展趋势。包括对总量市场，乘用车分车型、分级别、分价位市场的全方位预测，也可以根据客户的要求做到分用户或目标市场的预测。中长期预测的基本手段是利用 SIC 各种中长期预测模型建立外生变量与内生变量的关系，并研究各种环境因素对关键变量的影响及其变化趋势，从而对总量市场及各种细分市场进行预测。

（3）*商用车市场研究*　主要研究商用车整体市场、分车型市场（客车、货车、皮卡）、细分市场（重、中、轻、微型货车和大、中、轻、微型客车 8 大车型）和专用车市场，分析跟踪影响这些市场发展的关键因素，研究这些因素对商用车市场的传导机制和规律，并对未来 1 年内各月各季、1 年、3 年、5 年，甚至 10 年的商用车市场走势进行预测。

（4）*豪华车与进口车市场研究*　对超豪华车、豪华车和进口车的整体市场进行月度跟踪分析与中长期预测分析，并对这些车分级别、分车型、分豪华程度、分产地等细分市场进行分析和预测。

（5）*区域市场研究*　该项研究主要帮助企业解决三方面问题：第一，制订销售网络发展规划；第二，年度销售任务分配；第三，制定区域营销策略。目前区域市场研究的车型范围包括乘用车和商用车，研究的内容包括地区市场分级、地区市场特征研究、地区市场预测、地区市场营销方式研究、地区市场专题研究等。其中，地区市场预测可以做到分大区、分省、分地级市多个层次，在时间维度上可以做到分月、分季度、分年度、中长期预测。

（6）出口与海外市场研究　主要包括以下三项内容。

1）针对先导国家的国际比较研究。总结研究汽车市场发展的内在规律，研究市场发展环境及其影响因素，研究市场快速发展的条件等，并依据先导国家的规律，对中国市场的发展轨迹做出判断。

2）出口市场的研究。出口量的历史分析和前景预测，研究各厂商的出口现状与未来走势，主要出口市场的研究，包括出口国、出口量、车型及价格等，各主要厂商（包括国内和跨国公司）出口战略的现状和未来趋势，厂商的海外生产和扩张计划。

3）主要出口目的国研究。研究某特定的出口目的国的经济、社会、人口发展情况，研究其乘用车需求量与需求特征、需求偏好，研究针对其出口的商务政策、出口市场的潜力和目前存在的问题等。

3．市场调查研究板块

2012 年 SIC 对市场调查业务进行了重新定位，按照企业产品开发流程确定了两大业务方向。

（1）基础类调查　对应产品开发流程的前端——“战略规划/前瞻设计”阶段。具体又细分为四个业务模块。

1）需求动向研究。具备地域覆盖广、样本量大、全面性、持续性的特点，可面对总体市场、细分市场或出租车、租赁车、公务车等专用车市场进行调查，了解各类消费者汽车保有和购买情况、购买和使用行为、消费者需求偏好、用户人群特征等，以持续积累消费者动态信息，为企业了解消费者本身构成的变化及其需求偏好变化服务。

2）消费者研究。主要包括消费者人群分类研究和特定人群的特征与偏好研究。其中人群分类研究方面，SIC 于 2013 年完成了乘用车用户的人群分类研究、商用车人群分类研究，开发了识别用户类别的人群细分工具，该成果被一些企业广泛应用在车型开发、用户定位上。此外，还针对有代表性的区域用户、世代用户进行了特定的研究，完成了三线市场消费者、县域市场和农村市场消费者研究，也针对“90 后”年轻群体展开了调研。

3）产品研究。SIC 开发了一整套服务于企业产品规划与研发的基础性产品类调研体系，包括产品意识研究、产品偏好研究、产品配置需求研究和产品满意度研究，通过该体系能比较完整地提供产品企划阶段关于产品信息的基本输入，以及售后阶段关于产品评价的基本输入。SIC 通过联合研究的方式持续开展产品意识、产品偏好、产品配置需求调研，逐年积累了大量的消费者数据，以了解消费者对产品认知的变化、对需求偏好及配置需求的变化，为企业新产品开发设计提供输入；针对企业个案需求的产品上市后满意度调查，为企业改进产品提供输入。

4）品牌研究。从消费者的角度出发，构建消费者的品牌意识体系，研究品牌对消费者产品购买决策的影响程度及影响机制，并通过调查消费者的品牌认知度、喜爱度、购买意向等，客观中立地衡量各品牌的品牌绩效、形象健康度指标和品牌溢价，最终为企业理解消费者的品牌意识形成，找出品牌建设中存在的差距和问题提供帮助，为企业提升品牌价值提供支持。

（2）产品企划类专项调查　对应产品开发流程的前端——“概念设计、产品开发、生产上市准备”阶段，为企业产品设计的特殊需求服务。

SIC 每年执行 60000 多个定量样本，包括各类消费者调查、机构用户调查等。定量调查的执行是与 SIC 在全国的 120 多个城市的调查代理共同完成的。这些代理与 SIC 有多年的合作关系，并积累了丰富的汽车市场调查经验。

除了大量的定量研究外，SIC 每年还执行非常广泛的定性调查，每年接触 1500 多个汽车定性样本。所有深访调查的执行者都是 SIC 的研究员，这种深入一线的面对面的调研，对我们理解用户、理解市场、深度分析具有极大的帮助。

二、汽车市场研究的支撑体系

1．模型方法

国家信息中心自从开展汽车研究和咨询业务以来，非常重视研究手段的建设，曾通过与国际知名汽车厂商合作、自主研发等多种方式研发了一批汽车市场研究与预测模型。SIC 的主要模型工具如下。

1987 年开发的“中国汽车市场预测模型”，此模型为计量经济模型，并在 1990

年和1994年进行了两次改版。

1999年与美国通用公司合作研制了"中国汽车工业发展模型"。此模型参考了美国、巴西、波兰等国家的汽车预测模型，并根据中国的实际情况进行改造。模型运行10余年来，每年SIC研究人员均要会同美国的模型专家对模型进行持续改进调整，使该模型成为国内乃至国际上高水平的产业模型。为了给该模型提供大量的输入变量，SIC每年都会展开一次大规模的消费者调查，2011年更是在10多年调查数据的基础上进行了大量的实证研究，将模型中的细分市场预测部分进一步完善。

2002年开发了"中国大中型客车市场预测模型""中重型货车预测模型"和"地区市场预测模型"，并在以后的几年内连续改进；2003年引进并开发了"出租车市场预测模型"和"公务车需求预测模型"；2005年开发了"乘用车短期预测模型"，并在近年的实际应用中持续改进，特别是2009年形成了TSCI的评估预测框架体系，并开发了乘用车市场景气监测指标体系，配合短期预测的展开。

2012年，开发了"乘用车、中重型货车、轻型车及微型车的N+3模型""商用车的分地区预测模型"等；基于TSCI的模型思想，通过大量的实证研究，完善了"重型货车月度和年度预测模型"。

2013年，开发了"豪华车、超豪华车和进口车预测模型"，还研究开发了"进口车总量及细分市场的分省分城市预测模型""二手车跨区流动情况下的汽车需求量和保有量估计模型"汽车限购的交通和环保压力评估指标体系"等，使SIC的预测模型体系更加体系化、细分化、实用化。

2014年通过国际比较研究，拓展了豪华车、SUV、MPV预测研究的思路，开发了"公务车及机构用车的推算模型"，修改完善了"微型汽车和轻型货车市场预测模型"，开发了"二手车对新车影响的定量分析模型"等。

同时，在市场研究方面也积累和开发了大量的研究模型，包括人群细分模型、产品意识研究体系、产品偏好研究体系、产品满意度模型、配置与客户价值分析模型、企业产品表现评估模型、品牌健康度模型、产品特征分析模型等。

SIC一直积极鼓励员工创新，从2011年开始每年举办一次创新大赛，目前已经举办四次，每年征集到各个研究领域的新方法、分析框架和模型等20～30余项。这些方法大都和日常业务、项目研究紧密联系，部分方法在国内相关领域都处于领先水平。这些方法不仅提升了已有项目的研究水平，同时为拓展汽车行业研究新业务、不断满足客户新需求提供了可靠的保障。

2．数据库系统

为了支撑SIC汽车市场研究的需要，迎合部分汽车厂商的数据需求，SIC的汽车行业相关数据库的建设也逐步形成了规模，并成为SIC和汽车厂商所依赖的重要资源之一。目前SIC已经形成了宏观经济数据库、乘用车产销数据库、注册数据库、商用车产销数据库、注册数据库、汽车保有量数据库、地区市场数据库、地区经济数据库、厂商与产品数据库、价格跟踪数据库、产品配置数据库、汽车进出口数据库、国际乘用车市场数据库、汽车行业相关政策数据库、汽车零部件企业数据库、经销商数据库、消费者调查信息数据库等。SIC的各相关业务模块组持续更新、维护各种数据库，并拆分出多种分类变量，便于各种维度的分析。

3．资源体系

SIC建立了十大资源体系，分别是政府关系系统、专家系统、经销商关系系统、跨国公司关系网络、横向合作系统、国内厂商关系网络、大用户系统、零部件厂商关系系统、汽车金融系统、媒体关系系统，这些系统能随时帮助我们获取第一手信息，让我们及时了解市场的活情况，帮助我们深入挖掘事件背后的原因。SIC针对各资源系统定期组织了如下活动。

（1）*每月定期做经销商调查*　针对乘用车和商用车的经销商做调查，了解当月的市场情况及变化原因，为SIC的月度市场评估分析与预测服务。

（2）*定期召集汽车市场研讨会*　从1992年起，国家信息中心每年在年中和年底召集两次国内汽车厂家及行业市场分析专家参加的“宏观经济与汽车市场形势”高级研讨会，目前这个会议已经成为汽车界了解汽车市场发展趋势，切磋对市场的看法，进行各种信息交流的平台。

（3）*定期组织跨国公司交流平台的活动*　国家信息中心从2006年起开始搭建乘用车跨国公司交流平台，2008年的第四季度又成立了商用车跨国公司交流平台。全球主要的汽车跨国公司均加入了交流平台。两个平台每个季度分别开展一次活动，研讨当前的宏观经济形势和汽车市场形势。

（4）*每月邀请专家讲座*　通过请进来和走出去的方式每月与多名专家进行交流，借助外脑及时跟踪了解经济、政策、市场动态及专家对形势的判断。

（5）*参加政府组织的各种会议*　参加国家发展和改革委员会、工业和信息化部、商务部等汽车主管部门组织的有关规范和促进中国汽车市场发展的研讨会、政策分析会、五年规划会等，为政府制定政策出谋划策。

三、汽车市场研究团队

SIC汽车市场研究团队共100人，团队带头人是SIC信息资源开发部徐长明主任，他自1986年开始从事汽车市场研究，见证了中国汽车行业的整个发展过程，对中国汽车市场有深刻的认识和理解，是目前国内知名的汽车市场研究专家之一。

SIC汽车市场研究团队是一支高素质的团队，97%的员工拥有硕士以上学历，且80%以上毕业于国内外知名大学，如清华大学、北京大学、中国人民大学、南开大学、北京师范大学、英国帝国理工大学、新加坡国立大学、日本早稻田大学等。他们不仅具有经济、计量经济、管理、数学、心理学、统计学、社会学、汽车、法律等专业知识，其中57%的人更具备五年以上的汽车市场研究经验。正是这支“专业与经验”相结合的团队才使我们能够持续保持较强的研究能力、学习能力和创新能力。

四、国家信息中心近两年来承接的部分专项咨询项目（见表B-1～表B-2）

表B-1 国家信息中心2014年承接的部分专项咨询项目

市场预测板块—2014年		
1	2013年上市新产品趋势特征研究	分析新产品的投放特点、企业的新产品投放策略，透过新产品看细分市场发展趋势，并深入分析总结重点新产品成功、失败的原因
2	乘用车市场月度评估和预测	通过持续跟踪经济、政策环境以及产品与市场动态，定量和定性调查，了解当期市场的发展变化情况，发现乘用车市场运行的新特点和新变化，探求导致市场变化的原因，并对未来各月的市场走势作出预测，为多家企业提供个案化服务
3	月度市场表现分析和季度策略研究	每月对乘用车市场的月度走势进行分析与评价，发现乘用车市场运行的新特点和新变化，对当期的市场热点问题进行深入分析，对未来各月的市场走势作出判断。此外，综合内外部竞争环境，评价企业、主销车型在市场中的表现，并揭示其面临的机遇与调整，提供短期应对策略
4	乘用车市场终端监测	每月在全国范围内，对经销商的销售及运营状况进行监测调研，以了解市场真实销售情况以及终端运营压力和存在的问题。为多家企业提供个案化服务

（续）

市场预测板块—2014 年		
5	乘用车细分市场季度分析	通过对细分市场的季度表现进行定量化分解测算，揭示当前细分市场变化的主要原因，进而判断该变化是否具有可持续性还是短期突发因素所致，进而有助于为企业制定产品策略提供帮助
6	乘用车购车驱动力研究	通过大样本用户的定量调研以及部分用户的深度访谈，剖析消费者购车的驱动力因素，以及哪些因素会促使其购车时间点变化。然后再结合定量指标的设计与合成，构建乘用车市场短期预警指标体系，为预判短期市场变化提供依据
7	产品生命周期研究与单产品销量预测	剥离外部冲击，从市场及产品的内生力量出发，自下而上，定量化预测 3～5 年内单一车型与目标市场中其他产品之间竞争格局的变化，进而有助于企业产品策略的制订
8	2014 产品研究	分析新产品的投放特点、企业的新产品投放策略，透过新产品看细分市场发展趋势，并深入分析总结重点新产品成功、失败的原因
9	黄标车淘汰更新影响研究	环保压力下黄标车淘汰明显加速，对汽车市场有较大影响，定量化测算其对车市的影响程度，分车型、分区域给出量化结果，有助于企业制订针对性措施
10	2014 年乘用车市场特征总结	综合 2014 年全年车市总体以及细分市场的变化，揭示其原因及未来趋势性
11	国际乘用车动态追踪（联合课题）	跟踪 2013 年度国际市场的新车型、新技术、新趋势；按国别和汽车集团分析乘用车总体市场和细分市场与宏观经济的关系和未来的发展方向
12	新型城镇化及其对乘用车市场的影响（联合课题）	基于《国家新型城镇化规划（2014－2020 年）》，研究新型城镇化的推进对乘用车市场的用户人群、车型偏好、级别偏好等产生的一系列影响；通过定量与定性相结合的调研手段深挖农业转移人口的消费偏好；推算地级市 2020 年的常住人口流动情况
13	乘用车市场 N+3/N+5/N+10 预测	在充分分析未来 3 年及 10 年汽车市场环境变化的基础上，分别开发建立中短期模型和中长期模型，为某汽车集团提供未来 3～10 年的乘用车市场预测
14	未来汽车油耗预测	通过预测 2015 和 2020 年乘用车分车型、分级别各个细分市场的平均油耗水平，对比企业的产品结构与节油技术储备，为企业实现“优于行业平均”的油耗水平提供建议
15	乘用车市场中长期预测	接受多家用户委托，按企业的个性化细分要求对我国的乘用车市场进行中长期分析和预测
16	东南亚汽车市场研究	通过对东南亚汽车市场现状分析以及未来趋势的判断，力图为某汽车集团出口东南亚地区提供决策支持
17	中国汽车出口形势和海外市场研究	每季度持续对海关汽车出口数据进行分析，了解中国汽车出口市场的总量变化，主要出口国的变化，出口车型的变化等，分析导致变化的原因，并针对重点出口国市场进行更深入的分析
18	SUV&MPV 国际比较研究	通过国际比较规律，发现 SUV、MPV 车型渗透率的高低及发展路径规律，指导中国的 SUV、MPV 未来 10 年渗透率预测
19	商用车市场月度/季度分析预测	为多家企业提供个案化服务，监控国内商用车市场、细分市场及区域市场变化，分析与商用车关联的宏观经济、行业政策、突发事件等，及时捕捉市场及环境变化，运用短期分析模型，判断未来走势变化

（续）

市场预测板块—2014年		
20	商用车市场年度需求预测	为多家企业提供个案化服务，建立商用车各细分市场与宏观经济、政策的关联关系，通过预测下一年宏观经济走势及政策变化，进而预测商用车各细分市场的未来趋势及需求变化
21	未来3～5年商用车市场预测	为多家企业提供个案化服务，对中重型货车、大中型客车、轻型汽车、微型汽车等商用车进行分析，研究影响各车型的主要因素，分析未来3～5年环境变化导致关键因素的变化方向以及对各类车型的影响，最终给出未来3～5年的预测结果
22	未来10年商用车市场预测	为多家企业提供个案化服务，对商用车的8大车型进行分析，研究影响各车型的主要因素，分析未来10年环境变化导致关键因素的变化方向以及对各类车型的影响，最终给出未来10年商用车的预测结果
23	微型客车市场未来趋势研究	关于微客的全方位研究，涉及传统微型客车和Mini MPV。研究内容包含2020年之前宏观经济及市场容量判断、微客政策法规、微客消费者特征及需求偏好、主流厂商及产品研究，以及对于某微型汽车品牌产品规划建议
24	电商物流对商用车需求影响研究	联合国内主流商用车企业，对电商零售、电商物流、仓储模式演变及趋势，电商物流商用车需求总量及结构现状及预测，产品需求特点等进行全面研究，为电商物流用车产品开发和营销提供依据
25	某企业轻型货车市场预测及产品企划	对轻卡市场总量及细分市场(分品种、吨位、档次等)进行分析预测，结合某企业自身品牌力及产品线情况，为其新产品锁定目标市场；结合针对目标市场的大样本消费者定量调研，最终输出新产品的市场定位、产品特征定义、定价策略等信息
26	分省分季度乘用车总体/豪华车/进口车需求总量预测	接受多家用户委托，对分省分季度的当前乘用车/豪华车/进口车市场及经济、政策、环境形势进行评估，并对年内未来几个季度的预测进行更新
27	不同省乘用车市场饱和点、拐点研究	接受多家用户委托，通过国际比较研究思路得到饱和点、拐点的关键影响因素，通过关键影响因素的分析判断得到各个省的乘用车需求拐点、饱和点判断
28	轻型汽车需分省求预测	分析轻型客车、轻型货车、皮卡、SUV四类车型未来5年的分省、分城市区域流向变化趋势
29	分省乘用车市场深度研究	研究每个省的资源禀赋、人口结构、经济发展、城市布局特征，反映到各省不同的乘用车市场特征，并对各省及所辖地级市到2020年需求规模进行预测
30	二手车对新车的影响研究（联合课题）	分析未来10年的二手车总量及二手车车龄及价格的发展趋势，并在此基础上分析二手车发展对新车的冲击及机会
31	限购趋势及影响研究（联合课题）	分析大城市的限购风险及企业、经销商的应对策略
32	2014分省大客户保有、需求拆分	研究集团大用户的拆分，具体拆分到分省的机关公务车、出租车、租赁车、驾校车、国企用车、非国企用车
33	宏观经济与政策月度评估	经济方面，每月滚动跟踪宏观经济政策和指标并及时解读，评估宏观经济政策和宏观经济形势变化对汽车市场的影响；政策方面，每天跟踪最新公布的汽车产业政策，并及时对政策进行评估和解读，并对政策的执行效果进行预判

（续）

市场预测板块—2014 年		
34	油耗核算	根据企业产品销量，计算国内外各企业平均油耗实际值和目标值
35	节能车	分析新一批节能车目录对市场总量和结构的影响
36	豪华车经销商调查	在全国范围内建立了豪华车经销商资源网络，每月定期进行经销商问卷调查，内容涵盖人气、订单、销售、库存、资金、盈利、信心等多个方面，及时、准确获知豪华车市场真实情况
37	豪华车年度市场预测	为多家企业提供个案化服务。通过研究和判断宏观经济、政策、消费环境、供给价格等因素对豪华车市场的影响规律和变化趋势，预测下一年豪华车市场需求走势
38	豪华车月度市场预测	为多家企业提供个案化服务。从经济、政策、市场、突发因素等多个方面对上月豪华车市场变化进行评估，并在此基础上预测年内豪华车市场各月销量
39	豪华车市场中长期预测	在连续多年对豪华车用户的调研和豪华车需求影响因素研究判断的基础上，预测未来 10 年中国豪华车市场总量及细分市场需求
40	超豪华车中长期预测	主要研究劳斯莱斯、宾利、法拉利、兰博基尼、阿斯顿·马丁、玛莎拉蒂等单价在 200 万元以上的乘用车市场的未来 10 年需求趋势
41	进口车月度市场研究	评估各月进口车总量、细分市场、主要厂商竞争格局的变化趋势及其成因，在预判宏观经济、政策、消费环境、供给于本地化生产对进口车市场的影响的基础上，预测各月进口车市场变动趋势
42	豪华车国际比较（联合课题）	在对美、德、法、英、日、韩等先进国家豪华车市场总量及细分市场变动规律和成因的总结和提炼的基础上，判断未来 10 年中国豪华车市场总量及细分市场变动趋势
调查研究板块—2014 年		
1	人群分类拓展研究	这是 2013 年 SIC 人群分类研究模型及工具的一个拓展和延续，将 SIC 开发的人群分类模型具体应用到新产品概念及开发中，完成对 A0 级轿车、A 级三厢轿车以及 A0 级 SUV、A 级 SUV 四个细分市场的市场机会、市场细分、用户定位及产品定位的分析
2	全国乘用车需求动向调查与 10 年滚动预测（联合课题）	该课题是 SIC 组织的联合课题，通过对 87 个城市的私人用户、集团用户和出租租赁用户的调查，了解不同类型用户需求的变化，并对未来 10 年乘用车总需求、分价位需求结构、分级别需求结构等细分市场进行预测
3	某 SUV 车型上市跟踪调研	这是针对某新 SUV 车型上市半年后进行的上市后跟踪调研，主要通过对该车型的市场定位、营销诊断、产品的使用满意度评价和后续营销措施等方面的调查，为厂家提升产品销量、制定下一步营销策略提供决策依据
4	某品牌健康度调查	通过运用品牌漏斗和品牌形象测试，对企业品牌和车型品牌的健康度进行诊断，并利用消费者的品牌意识认知过程，分析形成该品牌意识的原因，从而为厂家的品牌管理和广泛传播提供依据，并为品牌提升提出策略建议
5	乘用车消费者品牌意识研究（联合课题）	从消费者角度出发，采用 VOC 方法构建消费者品牌意识体系，探寻消费者品牌印象形成机理，同时，客观中立的评价各品牌的品牌力和品牌绩效表现，为企业品牌管理和营销传播提供信息支持和策略建议

（续）

调查研究板块—2014年		
6	货车新车购买者调查	这是SIC连续12年执行的基础性调查，针对货车新车用户进行的全方位的调查，包括用户特征、购买使用行为、购车信息来源、关注因素、成本盈利情况、车辆的基本特征与需求偏好等
7	新政下公务车市场走向及厂家应对策略	该课题着重研究公务用车取消后，公转私市场和社会化租赁市场的未来可能规模以及转换方式，并提出企业应该如何应对的策略建议
8	经销商经营状况调查及渠道可持续发展对策研究（联合课题）	近年来，随着乘用车市场增长速度的减缓，渠道竞争的加剧，加上外部环境的影响，造成厂家传统的4S店面临模式转变和提升盈利能力的问题，因而通过该课题的研究，着重解决未来厂家的网点布局和盈利模式等问题
9	新能源出租车项目	在国家加大新能源出租车推广力度的背景下，该项目分析未来新能源出租车的发展前景，包括未来的市场规模以及对企业的传统出租业务的影响程度
10	某企业实车测试项目	为某企业的一款新车进行上市前测试，通过采取静态车展的方式采集消费者关于产品、价格等方面的需求及偏好，为该企业提出产品定位、产品竞争力以及价格定位策略等建议
11	农村市场典型调研（联合课题）	项目通过案头研究和农村问题专家访谈，分析了农村市场的概况，对农村市场进行了梯度划分；并通过对7个典型县，14个典型村、77个农村家庭和村干部、9家经销商的深访和观察，对农村目前乘用车的保有、需求、使用和购买情况进行了深入的了解，并提出了相关的营销建议
12	营销评估季度调研	根据企业需求，对企业的营销效果进行追踪和评估，通过消费者调研，为企业及时反馈消费者对企业各类营销促销活动的认知及评价，并同时发现问题，为企业调整营销策略提供决策依据和相应建议
13	互联网时代的营销特征研究（联合课题）	通过业内专家、消费者的定性研究，深入分析汽车行业互联网营销特征及用户的需求特征，判断互联网时代营销的未来发展趋势及提出相应的策略建议
14	车联网研究（联合课题）	通过定性研究方法，研究车联网在我国的发展状况，包括人车交互信息、车与车的智能驾驶等方面内容，对车联网产业链、商业模式进行深入分析并判断未来的发展趋势以及未来车联网产品的设计参考点
15	精品小车市场调查（联合课题）	该项目主要采用国际比较、用户定量和定性调查的方式，解决小车市场中的精品车型在我国的发展前景、市场规模及对当期企业的启示等问题
16	乘用车产品偏好研究（联合课题）	基于本项目，搭建了涵盖乘用车7大系统、105个测试点的乘用车产品偏好测试体系，并在43个城市进行消费者调研，获得各细分市场消费者对各产品特征的需求及偏好，为企业产品设计、规划及改进提供决策依据
17	某系列发动机研究	通过调研分析国内发动机企业2.0L以上大排量节能汽油机开发应用情况，分析预判某一系列发动机投产后未来市场前景，并协助企业挖掘市场潜在需求和机会，为某汽车发动机公司某系列发动机提供决策支持
18	乘用车消费者配置研究	连续四期的追踪乘用车消费者对于汽车配置的需求程度以及感知价格，包括对于影响购车决策的关键配置以及USP配置的分析和挖掘，为企业配置运营搭载策略提供决策依据
19	6速手动变速器调查	通过消费者定性和定量调研，了解手动档的用户特征、变速器对手动档用户的决策影响分析、不同档位数的认知选择和价差分析以及用户的使用经验和评价等内容，为厂家新上市车型是否搭载六速手动变速器提供策略建议

（续）

产业研究板块—2014 年		
1	2014 国内外新能源汽车发展动态跟踪联合研究	跟踪国内外新能源汽车市场动态、产品动态、企业动态以及技术发展、跟踪新能源汽车推广示范进展，解读新能源汽车发展政策
2	2014 柴油乘用车的市场前景与机会联合研究	分析中国柴油乘用车市场发展现状，研究制约柴油乘用车发展的关键因素，预测未来柴油乘用车市场前景，并分析进入柴油市场机会点
3	中国新能源汽车示范状况调查研究	分析 2013～2015 年各地新能源汽车示范推广规划规模和基本特征，调查分析各地推广市场进展情况，对新能源汽车推广前景做出判断
4	新能源出租车市场调查研究	分析新能源出租车市场发展现状，调查出租车市场对新能源的态度和使用经验，分析各地新能源出租车推广规划，判断新能源出租车未来发展前景

表 B-2　国家信息中心 2015 年承接的部分专项咨询项目

市场预测板块—2015 年		
1	全国乘用车用户需求动向调查与十年滚动预测（联合课题）	该项目是由国家信息中心组织发起，由国内十余家主要乘用车企业参加的大型联合研究项目；该项目从 1999 年开始执行第一期，每年进行一次，本期是第 15 期；该项目每年在全国 60～90 个城市执行 10000 左右样本的调查，调查对象囊括私人用户、单位用户、出租租赁公司用户，调查内容包括用户特征、车辆特征、车辆购买、使用、替换、未来消费环境、用户偏好等；在调查的基础上，形成丰富的调查报告，并结合最新的宏观经济、人口、社会、政策、用车方式变化，预测次年及未来 10 年乘用车总量及细分市场的需求
2	第二高速期发展规律研究（联合课题）	通过收集多个国家跨度百年的历史数据，深入比较先导市场乘用车市场特征和主要影响因素，得出乘用车市场发展的国际规律，为未来 10 年中国乘用车市场预测提供国际经验参考
3	A 级轿车细分市场趋势研究（联合课题）	通过 A 级轿车多维度交叉细分发现 A 级轿车的产品特征趋势、分企业的 A 级轿车战略趋势，并通过细分市场预测找到 A 级轿车潜在的机会市场
4	B 级轿车市场前景研究（联合课题）	研究 B 级轿车近年来市场发生变化的背后原因，从消费人群角度研究消费者对 B 级轿车偏好的变化，从而预测未来 B 级轿车的市场发展方向与机会，为企业布局 B 级轿车市场提供参考
5	小 SUV 的市场趋势研究（联合课题）	通过分析小 SUV 市场快速成长的背景及原因，预测小 SUV 市场长期的发展趋势及产品特征趋势
6	重点城市限购预警及限购影响分析（第三期）（联合课题）	在限购传闻减弱的背景下，综合考虑政府限购的综合考量，分析未来大城市限购的趋势、节奏以及对市场的影响
7	2015 年乘用车新技术追踪（联合课题）	全方位跟踪、分析 2013～2015 年乘用车领域出现的新技术。筛选技术新颖、企业关心、发展有潜力但前景不甚明朗的具体新技术，结合案头研究、专家和消费者调研判断未来趋势，给企业提供策略建议

（续）

市场预测板块—2015年		
8	2015年上市新产品趋势特征研究	分析新产品的投放特点、企业的新产品投放策略，透过新产品看细分市场发展趋势，并深入分析总结重点新产品成功、失败的原因
9	乘用车市场月度评估和预测	通过持续跟踪经济、政策环境以及产品与市场动态，定量和定性调查，了解当期市场的发展变化情况，发现乘用车市场运行的新特点和新变化，探求导致市场变化的原因，并对未来各月的市场走势作出预测，为多家企业提供个案化服务
10	乘用车月度市场表现分析和季度策略研究	每月对乘用车市场的月度走势进行分析与评价，发现乘用车市场运行的新特点和新变化，对当期的市场热点问题进行深入分析，对未来各月的市场走势作出判断。此外，综合内外部竞争环境，评价企业、主销车型在市场中的表现，并揭示其面临的机遇与调整，提供短期应对策略
11	乘用车市场终端监测	每月在全国范围内，对经销商的销售及运营状况进行监测调研，以了解市场真实销售情况以及终端运营压力和存在的问题。为多家企业提供个案化服务
12	乘用车细分市场季度分析	通过对细分市场的季度表现进行定量化分解测算，揭示当前细分市场的变化的主要原因，进而判断该变化是否具有可持续性还是短期突发因素所致，进而有助于为企业制定产品策略提供帮助
13	某企业市场销量分析及预测	综合企业的内外部各影响因素分析其当前的销售表现及原因，并对其未来销售走势作出预测
14	2015年乘用车市场特征总结	综合2015年全年车市总体以及细分市场的变化，揭示其原因及未来趋势性
15	乘用车市场N+3/N+5/N+10预测	在充分分析未来3年及10年汽车市场环境变化的基础上，分别开发建立中短期模型和中长期模型，为某汽车集团提供未来3～10年的乘用车市场预测
16	乘用车总体及细分市场中长期预测	通过车型、级别、档次的三维交叉，将市场分为50多个细分市场，并重点关注企业已有及将有产品投放的十余个细分市场，给出重点细分市场的发展趋势预测
17	乘用车市场中长期预测	接受多家用户委托，按企业的个性化细分要求对我国的乘用车市场进行中长期分析和预测
18	2015分省大客户保有、需求拆分	研究集团大用户的拆分，具体拆分到分省的机关公务车、出租车、租赁车、驾校车、国企用车、非国企用车，企业拆分到分行业的需求
19	中国汽车出口形势和海外市场研究	每季度持续对海关汽车出口数据进行分析，了解中国汽车出口市场的总量变化，主要出口国的变化，出口车型的变化等，分析导致变化的原因，并针对重点出口国市场进行更深入的分析
20	“十三五”宏观环境研究	通过PEST的研究方法，分析企业“十三五”面临的政治政策、经济、社会、技术等各个领域的宏观环境变化及对企业可能产生的影响
21	豪华车市场跟踪研究预测	为多家企业提供个案化服务。通过不断跟踪豪华车市场及宏观经济、政策、消费环境、供给价格等市场环境因素变化趋势，判断豪华车市场的变化规律，预测豪华车市场月度、年度、中长期总量及细分市场需求走势

（续）

市场预测板块—2015 年		
22	进口车和豪华车跟踪研究及研讨	通过不断分析进口车和豪华车市场和行业变化动态和宏观经济政策变化动态，预测未来 12~*N* 月进口车和豪华车市场趋势；分析乘用车市场的热点问题，包括汽车共享、二胎政策、用户变化对乘用车的影响，自主品牌发展趋势等；预测未来 10 年乘用车分级别、分车型、分价位变化趋势
23	豪华车市场中长期预测	在连续多年对豪华车用户的调研和分析判断豪华车市场环境的 9 大趋势的基础上，预测未来 10 年中国豪华车市场总量及细分市场需求
24	进口车月度市场研究	评估各月进口车总量、细分市场、主要厂商竞争格局的变化趋势及其成因，在预判宏观经济、政策、消费环境、供给于本地化生产对进口车市场的影响的基础上，预测各月进口车市场变动趋势
25	豪华车行业信息跟踪	定期跟踪国内豪华车企业、市场、产品、政策动态，评估其对企业的影响，为企业的决策提供信息支持
26	分省分季度乘用车/豪华车总体/细分市场需求预测	接受多家用户委托，对分省分季度的当前乘用车/豪华车总体/细分市场及经济、政策、环境形势进行评估，并对年内未来几个季度的预测进行更新
27	分省乘用车市场深度研究	研究每个省的资源禀赋、人口结构、经济发展、城市布局特征，反映到各省不同的乘用车市场特征，并对各省及所辖地级市到 2020 年需求规模进行预测
28	分城市乘用车/豪华车总体/细分市场需求中长期预测	接受多家用户委托，对分城市的当前乘用车/豪华车总体/细分市场特征进行分析，并研究影响未来需求的发展阶段、经济增长、政策环境等因素，对分城市中长期市场进行预测
29	典型三线城市研究	通过大量案头研究和实地调研，分析典型三线城市的市场特征和未来市场的发展潜力，为企业未来布局三线城市提供可靠依据
30	轻型汽车需求分省预测	分析轻型客车、轻型货车、皮卡、SUV 四类车型未来 5 年的分省、分城市区域流向变化趋势
31	商用车市场月度/季度分析预测	为多家企业提供个案化服务，监控国内商用车市场、细分市场及区域市场变化，分析与商用车关联的宏观经济、行业政策、突发事件等，及时捕捉市场及环境变化，运用短期分析模型，判断未来走势变化
32	商用车市场年度需求预测	为多家企业提供个案化服务，建立商用车各细分市场与宏观经济、政策的关联关系，通过预测下一年宏观经济走势及政策变化，进而预测商用车各细分市场的未来趋势及需求变化
33	未来 3～5 年商用车市场预测	为多家企业提供个案化服务，对中重型货车、大中型客车、轻型汽车、微型汽车等商用车进行分析，研究影响各车型的主要因素，分析未来 3～5 年环境变化导致关键因素的变化方向以及对各类车型的影响，最终给出未来 3～5 年的预测结果
34	未来 10 年商用车市场预测	为多家企业提供个案化服务，对商用车的 8 大车型进行分析，研究影响各车型的主要因素，分析未来 10 年环境变化导致关键因素的变化方向以及对各类车型的影响，最终给出未来 10 年商用车的预测结果
35	重型货车市场外围数据库研究	每月提供与重型货车市场相关的各类宏观经济指标、主要资源产品的产销及价格信息等，为重型货车市场分析提供基础

（续）

市场预测板块—2015年		
36	混合动力货车国际比较研究	研究国内外中重型货车企业及动力总成企业研发混合动力卡车的情况，对重要产品的动力参数、尺寸参数进行分析，并研判未来中国混合动力卡车的发展前景
37	某企业轻型货车市场预测及产品企划	对轻型货车市场总量及细分市场(分品种、吨位、档次等)进行分析预测，结合某企业自身品牌力及产品线情况，为其新产品锁定目标市场；结合针对目标市场的大样本消费者定量调研，最终输出新产品的市场定位、产品特征定义、定价策略等信息
38	商用车市场预警体系研究	从宏观经济指标、车市走势、政策动向、经销商动态等多个角度形成商用车市场预警体系，更好研判短期市场走势
39	宏观经济跟踪评估及预测	接受多用户委托。主要通过定期跟踪宏观经济关键指标（包括经济增长、经济结构、货币金融、物价、收入、就业等）趋势和宏观政策动向，预测其未来趋势，为判断未来汽车行业及市场变化趋势提供依据
40	汽车行业相关政策跟踪评估	接受多用户委托。主要通过不定期跟踪汽车行业政策（如投资准入、生产制造、销售购买、使用置换、报废等）、汽车相关行业（如能源、交通等）以及重大事件的变化趋势，评估其对汽车产业、市场、厂商的影响
41	“十三五”汽车产业政策动向研究	通过访问专家、政府官员以及回顾“十二五”政策的执行效果
调查研究板块—2015年		
1	某集团中重型货车竞争力调查项目	该课题对中重型货车分产业链进行系统的调查，一共调研了17个货运产业链，包括快递、干线快运、散杂货、冷链、资源钢材等，涉及四大品系，如牵引、载货、自卸和专用车等，调研客户包括法人客户和普通客户，是目前中重型货车研究领域最大的一次全面调研，调研用户层次高，各个细分产业链Top10的企业都有覆盖，调研内容包括产业链的特点、需求动向、产品竞争力评价等，对于企业的产品规划、市场营销有显著的指导意义
2	SUV及A级车消费者细分研究	对SUV市场和A级车市场进行了用户细分研究，建立了以需求为导向的用户细分模型，对每一类用户的特征和需求进行了深入刻画，其结果能直接地应用于企业的产品中长期规划
3	新车需求特征暨人群分类深度探索	对2015年新车购买用户的人群特征购买行为、使用行为、产品需求、车型竞争关系等进行了全方位的研究，同时也是2013年SIC人群分类研究模型及工具的一个拓展和延续，将SIC开发的人群分类模型进一步完善
4	年轻消费者及其汽车需求研究	作为SIC持续跟踪研究年轻群体的第二期课题，深入刻画了当前年轻群体（18～25岁）的群体特征，全景式描述了年轻群体的汽车观和汽车需求，并对年轻群体进行了人群细分，刻画了各细分人群的群体特征，最后为企业未来5～10年目标用户定位、产品开发、广告营销设计提供了策略建议
5	2015全国乘用车需求动向调查与10年滚动预测	该课题是SIC组织的联合课题，通过对87个城市的私人用户、集团用户和出租租赁用户的调查，了解不同类型用户需求的变化，并对未来10年乘用车总需求、分价位需求结构、分级别需求结构等细分市场进行预测

（续）

调查研究板块—2015 年		
6	某企业年轻群体及其产品需求调研	通过深入的定性研究进行消费和洞察，从“85 后”和“90 后”的日常行为和态度入手，结合其成长背景、社会环境等，分析“85 后”的行为和心理特征；并将其转化成全方位、全周期的汽车需求；运用到汽车开发及营销、售后服务、汽车改装等各个环节。
7	汽车产品的个性化需求及产品定制策略研究	洞察中国消费者的汽车个性化需求偏好（包括对个性化内涵认知、内容、需求和费用周期态度等），通过国际比较判断中国个性化市场发展前景，给企业提出应对汽车个性化的汽车定制策略
8	从国际大型车展看汽车产品流行趋势	对东京车展、日内瓦车展、法兰克福车展等国际大型车展进行跟踪，完成展前报告和展后报告，从中分析产品未来的造型趋势、内饰趋势、新技术动态、企业产品战略等内容
9	某产品上市后跟踪调研	这是针对某新 SUV 车型上市半年后进行的上市后跟踪调研，主要通过对该车型的市场定位、营销诊断、产品的使用满意度评价和后续营销措施等方面的调查，为厂家提升产品销量、制定下一步营销策略提供决策依据
10	某产品上市后跟踪调研	这是针对某新轿车产品上市半年后进行的上市后跟踪调研，主要通过对该车型的市场定位、营销诊断、产品的使用满意度评价和后续营销措施等方面的调查，为厂家提升产品销量、制定下一步营销策略提供决策依据
11	乘用车配置需求及用户感知价值研究	追踪乘用车消费者对于汽车配置的需求程度以及感知价格，为企业配置运营搭载策略提供决策依据
12	某企业配置装备率及 PVA 动态调研项目	按照企业需求研究乘用车产品配置的装备率变化情况以及未来趋势，同时调查乘用车消费者对于汽车配置的需求程度以及感知价格，二者结合为企业配置运营搭载策略提供决策依据
13	SUV 车型市场调研	某厂家拟开发一款 SUV 产品，本项目作为产品开发前的可行性和机会探索性调研，目的是：①通过调研探寻潜在市场机会是否存在；②如潜在市场存在，分析该市场潜在人群特征及需求、市场潜力、产品竞争关系等内容；③探讨市场切入点及产品核心利益点
14	某小 SUV 产品定义调查	针对某企业未来三年将要上市的产品，深入了解其目标群体的家庭背景、生活方式、价值观与需求等，完成产品定义，完成造型效果图测试
15	某企业营销活动效果评估	根据企业需求，对企业的营销效果进行追踪和评估，通过消费者调研，为企业及时反馈消费者对企业各类营销促销活动的认知及评价，并同时发现问题，为企业调整营销策略提供决策依据和相应建议
16	豪华品牌成功之路研究	通过研究豪华车用户的品牌意识体系，以及用体系化指标搜集用户对豪华车品牌的评价，并对典型豪华品牌进行案例分析，从中总结豪华品牌成功的经验，并针对性地对部分品牌未来发展提出了策略建议
17	某品牌品牌健康度调查	通过品牌绩效测试，对企业的伞品牌和车型品牌的健康度进行诊断，并利用消费者的品牌意识认知过程，分析用户形成该品牌意识的原因，从而为厂家的品牌管理和广泛传播提供依据，并为品牌提升提出策略建议
18	二手车市场发展新阶段的企业应对策略	该课题通过研究二手车的经营模式以及用户的需求特征，综合判断未来的二手车交易模式发展趋势，为企业的二手车业务发展策略提供支持

（续）

调查研究板块—2015年		
19	某企业专用车项目	该项目全面调研了专用车领域的生产企业和终端用户，覆盖环卫、搅拌、粉粒物料、冷藏车等领域，目的是了解专用车企业的需求、技术路线、销售特征以及终端用户的需求、使用评价等，并且通过国际比较，形成改装车领域的现状、特点、优劣势、未来发展方向和趋势等，从而更好地为主机厂服务，形成主机厂未来在改装领域的策略建议
20	北京居民出行调查	该项目通过定量调查的方式了解北京居民出行方式及出行的偏好选择
产业研究板块—2015年		
1	国内外新能源汽车发展动态跟踪联合研究	跟踪国内外新能源汽车市场动态、产品动态、企业动态以及技术发展，跟踪新能源汽车推广示范进展，解读新能源汽车发展政策
2	新能源汽车消费者调查研究	对购买新能源汽车用户进行定性访谈和定量调查，了解购买动机、用户特征、使用状况以及对新能源汽车需求偏好等
3	新能源出租车市场调查研究	调查新能源汽车汽车在出租市场使用情况，了解租赁公司、出租车司机对新能源汽车态度及未来偏好
4	电子商务对汽车销售服务体系影响	研究汽车电子商务发展对汽车销售、售后服务的影响，重点分析汽车电商对4S新车销售、维修保养以及衍射业务影响，提出汽车厂家应对建议
5	新形势下中国汽车租赁市场发展前景研究	针对汽车共享、分时租赁、融资租赁以及新能源汽车租赁的兴起，研究新的情况下租赁模式、租赁用户以及车型需求变化
6	汽车零部件行业发展趋势研究	分析中国汽车零部件行业发展现状、存在问题，研究未来5～10年影响汽车零部件行业发展关键要素，判断未来零部件行业变化趋势

国家信息中心经济咨询中心的通信地址和联系电话

地址：北京市西城区三里河路58号国家信息中心大楼A座704房间

邮编：100045　　传真：010-68557465

电话：010-68558704　010-68558531　E-mail：panzhu@cei.gov.cn